Wolfgang Menzel

Geschichte der neuesten Jesuitenumtriebe in Deutschland

1870 - 1872

Wolfgang Menzel

Geschichte der neuesten Jesuitenumtriebe in Deutschland
1870 - 1872

ISBN/EAN: 9783741171499

Hergestellt in Europa, USA, Kanada, Australien, Japan

Cover: Foto ©ninafisch / pixelio.de

Manufactured and distributed by brebook publishing software
(www.brebook.com)

Wolfgang Menzel

Geschichte der neuesten Jesuitenumtriebe in Deutschland

Geschichte

der

neuesten Jesuitenumtriebe

in Deutschland

(1870—1872).

Von

Wolfgang Menzel.

Stuttgart.
Verlag von A. Kröner.
1873.

Vorrede.

Die Jesuitenfrage wird in Kammern, Zeitungen und Flugschriften aufs Angelegentlichste besprochen, und die Literatur darüber
noch mehr anzuschwellen würde ich Anstand nehmen, wenn es nicht
in der That als ein Bedürfniß des Publikums angesehen werden
dürfte, die Ereignisse einmal in ihrem Zusammenhange überblicken
zu können. Ein solcher historischer Ueberblick fehlt noch, und deshalb habe ich ihn in dem vorliegenden Werke zu geben versucht,
welches zugleich als integrirender Bestandtheil meiner übrigen Dar-
stellungen der neuesten Weltbegebenheiten zu betrachten ist.

Ich werde den unumstößlichen, aus ultramontanen Quellen
selbst geschöpften Beweis führen, daß bei dem ganzen Jesuitenlärm
die Religion nur Vorwand, der Zweck aber ein politischer ist. Nachdem uns die Franzosen 1870 vergeblich überfallen haben, wollen
die Jesuiten, welche von Anfang an mit ihnen einverstanden waren,
ihnen helfen und durch eine Revolutionirung der Katholiken in

Deutschland unser neues Reich soweit zerrütten und schwächen, daß die Franzosen den Rachekrieg, den sie uns wiederholt ankündigen, endlich wagen dürfen. Zum Vorwand nehmen sie den alleinseligmachenden Glauben und lügen dem unwissenden Landvolke vor, der protestantische Kaiser wolle es lutherisch machen, ja die Cultminister Falk und Lutz wollten mittelst der Schule das ganze Christenthum ausrotten.

Die Wahrheit ist, daß jene Minister, wie die deutsche Regierung und der deutsche Reichstag, nicht das Geringste an den bisherigen kirchlichen Zuständen im deutschen Reich, in denen ein so langer Religionsfrieden bewahrt wurde, ändern wollen, sondern daß nur die Ultramontanen unter der Leitung der Jesuiten jenen Religionsfrieden stören, das gute Alte auf die Seite werfen und durch unerhörte Neuerungen (Syllabus und Infallibilität) verdrängen wollen. Dagegen nun hat die deutsche Regierung das Recht und die Pflicht, die bisherigen kirchlichen Zustände, also die altkatholischen, und den damit verbunden gewesenen Religionsfrieden zu vertheidigen und die ehrlichen deutschen Katholiken gegen das unehrliche Lügen und Anstürmen der Jesuiten zu schützen. Sie hat ferner das Recht und die Pflicht gegenüber der unerhörten Neuerung des Syllabus und des neuen Dogmas, welche den Papst zum Alleinherrn der Welt machen, die bisherigen Rechte, welche den Bischöfen gegenüber dem Papste zustanden, und das jus circa sacra, welches der weltlichen Staatsgewalt zukam, wahrzunehmen. Sie hat das Recht und die Pflicht, nicht zu dulden, daß deutsche Katholiken, die dem alten Glauben und Herkommen treu bleiben, von den Römlingen excommunicirt, sogar rechtschaffene Staatsdiener einseitig auf kirchlichen Befehl abgesetzt werden. Sie hat das Recht und die Pflicht, nicht zu dulden, daß die unmündigen Kinder in den Schulen, und daß das fromme, aber unwissende und leichtgläubige Landvolk durch abscheuliche Lügen und Verleumdungen gegen die Regierung und gegen seine altkatholischen und protestantischen Mitbürger, mit denen es bisher in gutem Frieden lebte, zu blutgierigem Fanatismus aufgehetzt werde.

Den Standpunkt der deutschen Regierung bezeichnet am deutlichsten das Antwortschreiben Bismarcks auf die ihm von Kinnaird überreichte englische Adresse. In dieser Antwort sagt der große deutsche Staatsmann: „Sehr richtig würdigt die Adresse die Schwierigkeiten des Kampfes, welcher uns gegen den Willen und die Erwartungen der deutschen Regierungen aufgenöthigt wurde. Die Staatsaufgabe, den konfessionellen Frieden und die Glaubensfreiheit Aller gleichmäßig zu schützen, würde auch dann keine leichte seyn, wenn sie den Regierungen nicht durch Mißbrauch berechtigter Einflüsse und durch künstliche Beunruhigung der gläubigen Gemüther erschwert würde. Ich freue mich mit Ihnen in dem Grundsatze einverstanden zu seyn, daß in einem geordneten Gemeinwesen jede Person, jedes Bekenntniß dasjenige Maaß von Freiheit genießen soll, welches mit der Freiheit der übrigen und der Sicherheit und Unabhängigkeit des Landes vereinbar ist. Im Kampfe für diesen Grundsatz wird Gott das deutsche Reich auch gegen solche Gegner schützen, welche seinen heiligen Namen zum Vorwand für ihre Feindschaft gegen unsern innern Frieden nehmen.“

Das vorliegende Buch steht in genauem Zusammenhange mit meinem 1871 erschienenen Buche, „Roms Unrecht", Stuttgart bei A. Kröner, worin ich alles Unrecht, was die deutsche Nation durch das römische Papstthum im Verlauf der Jahrhunderte zu leiden gehabt hat, übersichtlich zusammengestellt habe, und dient demselben als Fortsetzung bis auf die neuesten Tage.

Die Herausgabe einer zweiten Abtheilung des vorliegenden Werkes wird von den folgenden Ereignissen abhängen denen der Verfasser aufmerksam folgen wird.

Inhalt.

Erstes Buch.
Der Jesuitenplan.

Kapitel 1.

Was wollen die Jesuiten?

Man muß vor allen Dingen sich klar machen, daß die Jesuiten von der ältern und ursprünglichen römisch-katholischen Kirche abgewichen und in jeder Beziehung Neukatholiken sind, also kein Recht haben, sich für die Inhaber des allein echten katholischen Glaubens und Geistes auszugeben. Die katholische Kirche bestand schon fünfzehn Jahrhunderte lang, ehe es Jesuiten gab, und als sie aufkamen, haben sie etwas anderes aus ihr gemacht und auch noch in der neuesten Zeit durch das aus ihren Umtrieben allein hervorgegangene neue Dogma von der angeblichen Unfehlbarkeit des Papstes immer mehr daran geändert.

Das Christenthum bildete sich in den ersten Jahrhunderten in den beiden Formen der morgenländischen oder griechischen und der abendländischen oder römischen Kirche aus. Auf die letztere übten sodann die Deutschen als Eroberer des römischen Reichs großen Einfluß, so daß sie in der ersten Hälfte des Mittelalters einen auffallend germanischen Charakter annahm. Die germanischen National-

concile in Deutschland, England, Frankreich, Spanien und Italien
selbst, weil hier überall deutsche Völkerstämme herrschend geworden
waren, beriethen unabhängig vom Papste die Beziehungen zwischen
Kirche und Staat und wehrten nicht selten mit gesunder Vernunft
dem Aberglauben ab, der von Rom ausging. Auch das unter den
Deutschen ausgebildete abendländische Mönchthum, gestiftet vom
h. Benedikt, dem Freunde des Gothenkönig Totilas, hatte noch einen
ganz deutschen Charakter, indem es den Grundsatz der Freiwilligkeit
festhielt. Denn Benedikts Gesetzbuch befahl ausdrücklich, welchem
Mönche die Gelübde zu halten zu schwer falle, solle frei das
Kloster verlassen dürfen (si non potes servare, liber discede).
Da war noch keine Spur von Cölibat und Klosterzwang. Ein
longobardisches Gesetz erklärte ausdrücklich den Aberglauben, den die
römische Kirche so eifrig gepflegt hat (daß es Hexen gebe und
Menschen mit Hülfe der Dämonen zaubern könnten), für einen dummen
Wahn. Außer den wahrhaft frommen und ehrlichen Benediktinern
übten damals die irischen und angelsächsischen Missionäre unter den
Deutschen einen wohlthätigen Einfluß und setzten sich nicht selten
der Herrsch- und Habgier entgegen, in der von Rom aus das Welschthum unser Deutschland zu verführen oder zu überrumpeln suchte.
Aber auch die deutschen Bischöfe und insbesondere die mächtig ge=
wordenen deutschen Städte, die Theologie in den Klosterschulen und
die beliebtesten deutschen Prediger behaupteten eine große Unabhängig=
keit von Rom. Der bedeutende Einfluß des deutschen Elementes
auf die römische Kirche gab sich schon äußerlich im Bau der sog.
gothischen, d. h. deutschen Kirchen zu erkennen, die sich in ihren er=
habenen, heiligen und zarten Formen von den ältern byzantinischen
und romanischen Kirchen wesentlich unterschieden.

Nun ruhten aber die römischen Päpste nicht, bis sie das ro=
manische oder welsche Element in der abendländischen Kirche zum
vorherrschenden gemacht und das germanische zurückgedrängt hatten.
Es glückte ihnen mit Hülfe Frankreichs und einiger verrätherischer
Fürsten in Deutschland selbst, das deutsche Kaiserthum zu schwächen
und zu zerrütten. Weil aber nun das triumphirende Papstthum
in seinem Uebermuth in immer unerträglichere Tyrannei und wegen

seiner welschen Einseitigkeit immer tiefer in Laster hineingerieth, er-
schöpfte es endlich die Geduld der ehrlichen und frommen Deutschen,
und nachdem schon mehrere Concilien vergeblich eine sittliche Reformation des verderbten welschen Papstthums und namentlich auch
eine Abstellung der ungeheuern Betrügereien und Geldschneidereien
des päpstlichen Fiscus versucht hatten, brach endlich die deutsche
Reformation aus, welche die Kirche von dem welschen Unwesen reinigen und zu ihrer ältern sittlichen Einfachheit zurückführen wollte.
Dagegen stemmten sich nun die Welschen mit aller Macht, denn sie
wollten ihre Herrschaft über die Deutschen und das unermeßlich viele
Geld nicht verlieren, was sie mit ihrem Ablaß und andern heiligen
Betrügereien bisher aus Deutschland gezogen hatten. Um nun die
deutsche Reformation in ihrem Fortschritt zu hemmen und womöglich ganz zu unterdrücken, ersahen der römische Papst und die katholischen Fürsten den damals neu entstandenen Mönchsorden der
Jesuiten zu ihrem Werkzeug.

Der Orden war bekanntlich von dem Spanier Ignaz von
Loyola gegründet worden, brachte sich durch strenge Askese in den
Ruf der Heiligkeit und wurde dadurch populär, ließ sich aber von
den weltlichen Monarchen, von den Häusern Habsburg und Bourbon,
für die Zwecke ihres Despotismus gewinnen, um die Völker durch
Aberglauben zu verdummen und gegen die deutsche Reformation
zu fanatisiren.*) Und es gelang. Die Reformation blieb auf den
germanischen Norden beschränkt. Nachdem aber der Jesuitenorden
zwei Jahrhunderte hindurch den katholischen Dynastien diesen guten
Dienst geleistet hatte und die Völker in Gewohnheitsgehorsam hinlänglich tief eingeschlafen waren, hieß es: Du hast deine Schuldigkeit
gethan, Mohr, und kannst jetzt gehen. Die in Frankreich, Spanien
und Neapel regierenden Bourbons, denen sich auch das Haus Habs-

---

*) Im Jubiläumsbuch der Jesuiten aus dem ersten Jahrhundert des
Ordens ist zu lesen: So lange der Athem des Lebens in uns wohnt, werden
wir gegen die ketzerischen Wölfe kämpfen; der Same des Hasses ist uns ein-
geboren, auf des Ignatius Anstiftung haben wir an den Altären ewigen
Haß, ewigen Krieg geschworen.

burg anschloß, confiscirten die reichen Güter der Jesuiten und zwangen den Papst, den Orden ganz aufzuheben. Es sind jetzt gerade hundert Jahre her.

Bald aber ertrug das französische Volk den Druck seiner schlechten Regierung nicht länger und machte die große Revolution. Da wurde alles verdammt, was die Jesuiten bisher so eifrig befördert hatten, der dumme Aberglaube, wie der blinde Gehorsam, und das Feldgeschrei war: Friede den Hütten, aber Krieg den Kirchen und Palästen! Und man rief: Es wird nicht eher besser, bis an dem letzten Pfaffendarm der letzte König hängt! Das Volk nahm eine späte, aber furchtbare Rache an denen, die es so lange im jesuitischen System hatten erziehen lassen. Aber auch die Revolution war ein Extrem, wie der Jesuitismus, eines durchs andere hervorgerufen. Deswegen hatte sie keinen Bestand. Nach Napoleons Sturz wurden die alten Monarchien und wurde auch das Papstthum wieder hergestellt, welche nun reumüthig auch den Jesuitenorden zurückriefen, damit er womöglich die Völker noch einmal in Dummheit und sclavischen Gehorsam einschläfere. Diesmal aber gelang es nicht mehr so gut, wie das erstemal. Der Jesuitenorden vermochte weder den Bourbons in Paris, Madrid und Neapel ihre Kronen zu retten, noch auch Oesterreich vor den Stürmen des Jahres 1848 zu schützen. Da fiel er in Mißcredit, und das Unglaubliche geschah, daß sogar der neue Papst Pius IX. selbst nach seinem Regierungsantritt den Traditionen des h. Stuhls entsagte und sich dem Liberalismus hingab. Das Wunder erklärt sich aber auf natürliche Weise. Kurz vorher hatte Gioberti den Italienern gerathen, ihre nationale Einheit im Papst zu suchen, während sich der Italiener eine heiße Sehnsucht bemeisterte, das Joch der Oesterreicher abzuwerfen. Es schien einen Augenblick, der Papst könne nur an Ansehen gewinnen, wenn er mit dem nationalen Strome schwimme. Um nun die Liberalen noch mehr an sich zu fesseln, wollte der Papst sogar den von ihnen verhaßten Jesuitenorden aufheben. Es ist urkundlich erwiesen, Pius IX. habe geschwankt, ob er nicht den Jesuitenorden zum zweitenmal aufheben solle, und Theiner beauftragt, Clemens XIV. zu rechtfertigen, was dieser in seinem berühmten Werke auch gethan hat.

In der Vorrede sagt Theiner: „Wir werden zeigen, daß Clemens XIV. geistesgroß, charakterrein, makellos, fast bewunderungswürdig war gerade in der Sache der Jesuiten. Er müßte uns noch großartiger erscheinen, wenn nicht ein Theil der Actenstücke, welche seine Amts= führung betreffen, entwendet worden wäre. Einige kamen durch seine eigene Unvorsichtigkeit weg; er hatte sie seinem Beichtvater Bontempi anvertraut. Dieser hat sie vorschriftswidrig nicht dem Archiv des Vaticans übergeben, sondern seinem Kloster (zu den zwölf Aposteln). Der Ordensgeneral lieferte sie nach Spanien aus, und im Archiv zu Madrid wurden sie sofort entwendet. Mehrere dieser Urkunden scheinen in die Hände des Cretineau=Joly gekommen zu seyn. Nach den Urkunden zu schließen, die er veröffentlicht und die wirklich amt= liche Original=Archivstücke sind, haben diejenigen, welche sie ihm ver= schafft haben (die Jesuiten), es in ihrer Macht gehabt, auch noch aus anderen Archiven Urkunden zu stehlen, wenigstens aus jenen zu Paris und Lissabon. Es scheint gewiß, daß verwegene Hände so= gar bis in die geheimsten Archive des Vaticans einzudringen ver= mochten; denn abgesehen von so vielen wichtigen Urkunden aus der Amtsführung Clemens' XIV., welche abhanden kamen, ist auch ein ganzer Band der Briefe dieses Papstes, nämlich jener über das vierte Jahr seines Amtes, der die Zeit vom 19. Mai 1772 bis 1773 umfaßt, ganz verschwunden. Gerade dieser Band hätte uns die gewichtigsten Aufklärungen über den Grund der Aufhebung dieses Ordens verschafft."

Es ist der Mühe werth, an solche Dinge zu erinnern, weil sie beweisen, wie ganz anders Papst Pius IX. zu Anfang seiner Re= gierung vom Jesuitenorden gedacht hat als später. Derselbe Papst, dem man nachher Unfehlbarkeit andichtete, ließ sich, wie jeder andere gemeine Sterbliche vom Nützlichkeitsprinzipe leiten. Er war im Be= griff den Jesuitenorden zum zweitenmal aufzuheben, weil es ihm nützlicher schien, sich die Liberalen zu befreunden. Später schien es ihm wieder nützlicher, den Liberalen den Rücken zu kehren und sich in die Arme der Jesuiten zu werfen.

Dazu scheint zunächst das Glück der österreichischen Waffen in Italien und die aggressive Politik des Fürsten Schwarzenberg bei=

getragen zu haben. Die „Neue Fr. Presse" erzählte (im Juni 1872),
im Jahre 1851 habe der Freiburger Professor Buß, in die Ziel=
punkte der Schwarzenbergischen Politik tief eingeweiht und von der
Erzherzogin Sophie vielfach zu Rathe gezogen, aus Anlaß der
Bronzeller Begegnung und des darauf erfolgten Friedens sich ge=
äußert: „Es ist dieser friedliche Ausgang der Differenz mit Preußen
ein großer Schlag für die katholische Kirche. Steht unser Radetzky
in Berlin, so ist die Burg des Protestantismus gefallen, und der
Papst wird von Berlin aus den deutschen Protestantismus in den
Schooß der Kirche zurückführen. Staunen Sie nicht, meine Herren,
ich weiß, was ich sage. In Württemberg allein schon haben wir
über 50 protestantische Pfarrer, die ihre Unterwerfung unter den
Primat bereits zugesagt haben, wenn ihnen gestattet würde, ihre
Ehe fortzusetzen, und in Norddeutschland werden es noch mehr seyn,
wenn nur erst einmal Schwarzenberg dareinzufahren hat. Es war
die Hauptabsicht, durch den Sieg über die Preußen den Protestan=
tismus zur Anerkennung der ‚Kirche' und des Papstes zu zwingen,
denn so lange jener besteht, wird die deutsche Kaiserwürde nur ein
zauberischer Wunsch bleiben. Das Kaiserreich muß wieder errichtet
werden, und ‚die Ungarn, die Polaken und die Kroaten und Slo=
venen nehm' ich Alle herein', und diese Schirmvogtei, mit den
Bajonneten von 70 Millionen hinter sich, wird die dreifache Krone
des Papstes wieder zur Gesetzgeberin Europas machen. Für jetzt
ist Schwarzenberg zu schwach gewesen, seinen großen Gedanken durch=
zuführen. Aber die Kirche rastet nicht, und mit den Mauerbrechern
der Kirche werden wir diese Burg des Protestantismus langsam zer=
bröckeln müssen. Wir werden in den vorgeschobensten norddeutschen
Distrikten die zerstreuten Katholiken sammeln und mit Geldmitteln unter=
stützen, damit sie dem Katholicismus erhalten und Pioniere nach Vor=
wärts werden. Mit einem Netze von katholischen Vereinen werden wir
den altprotestantischen Herd in Preußen von Osten und Westen um=
klammern und durch eine Unzahl von Klöstern diese Klammern be=
festigen und damit den Protestantismus erdrücken und die katholischen
Provinzen, die zur Schmach aller Katholiken der Mark Brandenburg zu=
getheilt worden sind, befreien und die Hohenzollern unschädlich machen."

Nun starb aber der geniale Fürst Schwarzenberg und geriethen die beiden katholischen Großmächte Frankreich und Oesterreich zu ihrem eigenen Schaden in Collision. Napoleon III. strebte nach der Hegemonie in allen romanischen Ländern und wollte daher Italien unter sein alleiniges Protektorat nehmen und Oesterreich daraus verdrängen, was ihm auch 1859 gelungen ist. Aber während sie beide um Italien haderten, wuchs in Deutschland die neue Macht Preußens empor, wurzelnd in dem großen Gedanken von 1813, und begann die so lange ersehnte Einheit Deutschlands sich zu verwirklichen. Wären die beiden katholischen Großmächte einig geblieben, so würde Deutschland diese Erfolge nicht errungen haben. Ohne Solferino hätte es kein Königgrätz und auch kein Sedan gegeben. Den Jesuiten aber öffnete sich jetzt plötzlich ein neues und weites Feld der Thätigkeit. Die besiegten Franzosen suchten in ihnen Bundesgenossen, und alle Feinde der deutschen Einheit, sogar Parteien, denen die Jesuiten bisher ein Greuel gewesen waren, erkannten jetzt in ihnen nützliche Waffenbrüder.

Vom Regierungsantritt Wilhelms I. in Berlin an datiren sich alle antideutschen Intriguen der Jesuiten, die seitdem in so großem Maßstab uns vor Augen traten. Vor allem wurden sie Meister des Papstes, der sie vorher verachtet hatte, schmeichelten seiner Eitelkeit, spiegelten ihm vor, er werde die erste Rolle in der Welt spielen, und dictirten ihm den Syllabus, worin er sich wirklich als Herr der Welt proclamirte. Endlich leiteten sie das Concil ein und setzten durch ein erkünsteltes Stimmenmehr das Dogma von der Untrüglichkeit des Papstes durch. Ganz ebenso bearbeiteten sie Frankreich, standen in enger Verbindung mit ihrer bonne et sainte femme, der Kaiserin Eugenie, die ihren Gemahl zum Kriege gegen Deutschland hetzen mußte, und mit der zum Lohne ihrer Tugend vom Papst mit der goldenen Rose belohnten Königin Isabella von Spanien, die es übernahm, mit einem spanischen Heere Italien zu hüten, daß dem Papst nichts geschähe, während der französische Kaiser mit Heeresmacht feindlich in Deutschland einfallen würde. Auch in Oesterreich unterhielten die Jesuiten intime Verbindungen mit den vornehmsten Damen des Hofes und mit dem hohen Adel.

So folgte der Thronbesteigung König Wilhelms von Preußen (1861) und dem Eintritt Bismarks ins preußische Ministerium (1862) die Verkündigung des Syllabus im Jahr 1864 und die übereilte Kriegserklärung Oesterreichs gegen Preußen im Jahr 1866. Endlich 1870 fast am gleichen Tage die Kriegserklärung Frankreichs gegen Deutschland (am 15. Juli) und die Verkündigung des neuen Dogma (am 18. desselben Monats). Man erkennt daraus den nahen Zusammenhang der Ereignisse und ihrer Motive. Der Jesuitenorden lenkte alle Fäden.

In seiner auswärtigen Politik war der Orden nicht glücklich. Erst der österreichische, dann der französische Angriff wurde von den Deutschen zurückgeschlagen. Desto eifriger warf sich nun der Orden auf die innere Politik und organisirte auf heimlichen Schleichwegen mit ameisenartiger Rührigkeit und gleichsam unterirdischen Minen eine formidable Macht der Ignoranz und des Fanatismus im Volke.

Wir werfen einen Blick auf die innere Verfassung des Ordens. Wie früher immer, so hüllten sich auch jetzt wieder die Obern des Ordens in tiefes Geheimniß. Ihr dermaliger General, der Niederländer Betx, ist es heute noch. Wie viel Unruhe die Jesuiten in der Welt verursachen, sein Portrait, seine persönliche Charakteristik, wie auch die seiner vertrautesten Räthe, des ganzen so einflußreichen jesuitischen Generalstabs, kennt niemand.

Noch eine weitere Bemerkung ist vielleicht nicht überflüssig. Es gibt nämlich sehr viele unschuldige Jesuiten, fromme Schwärmer, welche sich besonders eignen, im Missionsdienst verwendet zu werden, und die man in politische und geheime Zwecke des Ordens nicht einweiht. Viele treten in gutem Glauben in den Orden ein und hören und sehen dann nichts mehr, als was ihnen befohlen wird, ohne nur die Vernunft fragen zu dürfen. — Den wenigsten Menschen ist der Inhalt des Gelübdes bekannt, welches der Jesuit beim Eintritt in den Orden abzulegen hat. In demselben heißt es: „Ich habe keine Eltern, ich habe keine Familie, Vater und Mutter sind mir gestorben, ich habe keine Heimat, kein Vaterland, keinen Gegenstand der Liebe und Verehrung, als allein den Orden." Manche

Jesuitenfreunde haben es selber wohl eingesehen und die Einmischung der Jesuiten in die nur den Weltpriestern zukommende Seelsorge getadelt.

Unter allen sog. Patrioten der bayrischen Kammer hat sich Dr. Ruland als der fanatischeste Ultramontane gezeigt, und doch gab derselbe im Jahr 1846 eine Flugschrift heraus, in welcher er die zu jener Zeit eben durch Petitionen an den würzburger Bischof angeregte Berufung von Redemptoristen zur Abhaltung von Missionen in Franken in scharfer Weise bekämpft. Die Broschüre schickt voran, daß Volk und Klerus von Franken stets achtungswerth in Glauben und Sitten gewesen seyen, daß der fränkische Klerus in seiner großen Mehrheit stets die Einmischung von Orden und Congregationen, namentlich der Jesuiten, in die heimathliche Seelsorge ungern gesehen habe, und fährt dann fort: „Was ist der Ruf nach Hülfe von außen — seyen es Jesuiten, Redemptoristen oder welche Congregationen immer —, sobald er vom Klerus selbst ausgeht — anderes als die Selbstanklage eigener Untüchtigkeit, der eigenen Versunkenheit und schimpflicher Pflichtversäumniß? Ist dieser Ruf nicht ein gänzliches Verkennen und Vergessen seiner eigenen Mission? Was hätte der Klerus zu thun, wenn nicht zu lehren, zu unterrichten, und welche Erbärmlichkeit, wenn er bekennen muß, daß Priester einer Congregation befähigter sind, jene zu lehren, zu unterrichten, die sie kaum sehen und nie kennen lernen, als Pfarrer und Curatpriester, die beständig mit den Ihrigen im Umgange sind? So unbehülflich wäre ein Klerus im Predigeramt geworden? So unbeholfen im Unterrichte der Jugend, daß fremde Priester in einigen Tagen, in einigen Predigten, durch einige Religions-Unterweisungen mehr wirken sollen als sie, die eigentlichen Hirten, in Jahren!? Fort, fort mit dem Klerus, der nicht mehr versteht, was seine Aufgabe ist, und nicht mehr weiß, wie er ihr genügen kann; der nicht mehr die Mittel kennt, welche zum Heile führen!“ Im weiteren Verlaufe seiner Ausführung fragt Dr. Ruland: ob vielleicht das fränkische Volk die Berufung von Redemptoristen wünsche? Er verneint diese Frage; das Volk hange seinen ordentlichen Seelsorgern an, und der intelligentere Theil der Bevölkerung betrachte die Missionen als geistliche Comödien. Ueber die Wirksamkeit der Missionen theilt Dr. Ruland die Aeußerung eines tüchtigen Pfarrers mit, welcher sagte: „Nichts ist es! die schlecht waren, sind schlecht geblieben!" Auch von Redemptoristen, als Leitern von Priester-Exercitien, will Dr. Ruland nichts wissen; er verwirft jeden physischen und moralischen Zwang zur Theilnahme an solchen Uebungen und zeigt in ergreifender Weise, daß der Seelsorger am Sterbebette fast täglich das eindringlichste Exercitium habe. Ueberdies gebe es in Franken Klöster genug, in die man sich auf einige Zeit zurückziehen könne. Die Broschüre schließt mit den Worten: „Der fränkische Klerus in seiner Mehrzahl bedarf der Redemptoristen nicht; der fränkische Klerus in seiner Mehrzahl wünscht sie nicht!"

Dieses Zeugniß ist wichtig. In der That soll und kann die deutsche Geistlichkeit auf eigenen Füßen stehen und bedarf der unberufenen Welschen nicht, die sich ihr nur unverschämt aufbrängen, um sie zu übertölpeln und zu tyrannisiren. Mit eben so viel Frechheit könnten sich in jede deutsche Municipalpolizei französische Gensdarmen oder Mouchards einschleichen wollen. Die Jesuiten drängen sich zur deutschen Seelsorge nur, um dem Deutschen arglistig seine ehrliche deutsche Seele in eine welsche Seele umzuwandeln. „Da wird alles Gewicht auf die alten Sprachen gelegt und der Schüler mit lateinischen Reden gemartert, die deutsche Muttersprache aber schändlich vernachlässigt, deutsche Sprache und Gesinnung systematisch unterdrückt." Man denke nur an Südtirol und Posen.

Aus Süddeutschland schrieb man der Nordd. A. Z. über die Thätigkeit der Jesuiten: Auf die naive Frage im Reichstage, was denn diese Ehrenmänner Unrechtes gethan haben, antworte ich: sie haben allerdings in ihren Missionen manches Gewissen wieder wach gerufen, das ist wahr. Aber sie haben die gesunden Reste der katholischen Kirchenorganisation, die den Frieden im Lande noch hielten, vollends unterwühlt. Sie haben vor allem durch ihre Missionen jene Pfarrherren, die den confessionellen Frieden pflegten, untergraben, indem sie fanatische Betschwesternvereine gründeten, die dem Pfarrherrn das Leben sauer machten, weil er nicht fromm, d. h. nicht unduldsam genug war. Diesem war damit das Messer an den Hals gesetzt (ich kenne Beispiele), entweder von den Betschwestern und ihren Führern, jesuitischen Kaplänen, gepeinigt zu werden, oder in ihr fanatisches Treiben einzustimmen, oder, nach oben verdächtig, die gute Pfarrei mit einer schlechten zu vertauschen. Sie haben ferner die Seminarerziehung an sich gebracht und einen Priesterstand geschaffen, dessen Werth tief unter jenem steht, den die dreißiger und vierziger Jahre herangebildet hatten. Sie haben an die Stelle der Amtsführung berufener Kirchenbeamten die Camarillaherrschaft gesetzt und dadurch das Beruf= und Pflichtgefühl geschwächt, ein napoleonisches Günstlings= und Partisanenregiment eingeführt und dadurch auf die bloße Leistungsfähigkeit für das System auch ohne innere Religiosität eine Prämie gesetzt und damit die Moral in der Kirchenverwaltung corrumpirt. Sie haben ferner, den Syllabus und die Unfehlbarkeit und den päpstlichen Universalabsolutismus vorbereitend, durch thatsächliche Beseitigung von Gesetzesvorschriften die Autorität von Obrigkeit und Gesetz untergraben und dem Volke das schlimmste Beispiel gegeben, die pfiffige Umgehung der Gesetze. Sie haben ferner die religiösen Gegensätze verschärft, um die katholischen Bevölkerungen zur Arbeit des Bürgerkrieges geneigter und fanatisch thatkräftiger zu machen. Sie haben endlich die Auffassung in die Volksmassen gelegt, daß „für die Religion“, d. h. für die jesuitischen Parteizwecke alles erlaubt sey, und dadurch Rechts= und Pflichtgefühl gelockert. So z. B. ward mir von einem Mitgliede der betreffenden Familie 1865 der Brief eines jesuitischen jungen Geistlichen zur Einsicht angeboten, worin er seinem Vater in einem Prozesse den Meineid anräth und verschiedene Reservationen angibt, unter denen dann das Gewissen frei sey.

Am wichtigsten und schädlichsten aber ist der Einfluß der Jesuiten und der päpstlichen Nuntien auf die deutschen Bischöfe, denen sie die Hand führen, um durch sie in einem angeblich deutschen Interesse durchzusetzen, was sie allein nicht vermöchten, gegenüber theils den weltlichen Regierungen, theils dem niedern Klerus. Die Religion bleibt dabei immer nur das große Aushängeschild, während die eigentlichen Zwecke und Motive durchweg nur politische sind. Zugleich umgeben sich die Jesuiten mit andern affiliirten Orden und zahlreichen katholischen Vereinen und Brüderschaften, die alle ihren Zwecken dienen.

Professor v. Schulte hat in einer kleinen Schrift über die katholischen Orden und Congregationen eine statistische Uebersicht über den raschen Zuwachs dieser Orden in Deutschland gegeben, woraus man am besten erkennt, mit welcher erstaunlichen Gutmüthigkeit und Sorglosigkeit unsere Regierungen den emsigen Wühlereien der Jesuiten Jahrzehnte lang zugesehen haben, so daß man sich nicht wundern darf, daß endlich, nachdem man in den Abgrund des Uebels hineinsah, auf Mühler und die ihm zunächst vorgehenden Cultminister in Preußen schwere Vorwürfe gehäuft worden sind. „Vor 1848 gab es im außerösterreichischen Deutschland einige Klöster der Benediktiner, Karmeliter und Franziskaner; von Frauenorden verschiedene Klöster der Ursulinerinnen, Klarissinnen, Dominikanerinnen und Karmeliterinnen, englische Fräulein und einige Arten barmherzige Schwestern. Jetzt ist die Zahl und Varietät der Orden enorm. Beispielsweise hat die Diözese Köln 10 Arten männliche, 31 Arten weibliche, Trier 6 Arten männliche, 12 Arten weibliche, Paderborn 3 Arten männliche, 13 Arten weibliche, Münster 4 Arten männliche, 14 Arten weibliche, Breslau 3 Arten männliche, 12 Arten weibliche, Würzburg 5 Arten männliche, 7 Arten weibliche, München 4 Arten männliche, 11 Arten weibliche, Regensburg 7 Arten männliche, 11 Arten weibliche, Mainz 3 Arten männliche, 8 Arten weibliche. Was aber noch immer nicht genug beachtet wird, ist, daß die meisten dieser Gesellschaften ihre unumschränkt herrschenden Oberen im Auslande und zwar im deutschfeindlichen Auslande haben. Von den männlichen stehen die Dominikaner, Mendikanten, Jesuiten, Redemptoristen, Lazaristen, Augustiner, Karmeliter unter italienischen (römischen) Oberen, die Trappisten, Schulbrüder von La Salle unter französischen. Von den weiblichen haben die Borromäerinnen (Nancy), die Schulschwestern von Notre-Dame, die Frauen vom guten Hirten, die Schulschwestern von der heiligen Vorsehung (Nancy), die Benediktinerinnen von der ewigen Anbetung, die Töchter des h. Herzens Jesu ihre Generaloberinnen in Frankreich." Die von Schulte angefertigten statistischen Uebersichten ergeben, daß ein Priester und nichtpriesterliche

Ordensperson kommt: in Preußen auf 584, in Bayern auf 300, in ganz Deutschland auf 481 Katholiken! Sieht man auf die Geburtsörter, so liefern die Diözesen Paderborn, Münster und Köln von den preußischen die meisten Geistlichen und Nonnen; aus ihnen sind massenhaft solche in andern Diözesen. Und welche Disziplin in diesen Gesellschaften herrscht, dafür gibt Schulte ein Beispiel, das um so bezeichnender erscheint, da es aus einem weiblichen Orden genommen ist. Im Jahr 1871 hatte eine Schwester vom „Armen Kinde Jesu" zu Aachen dem Erzbischofe gewisse Vorgänge brieflich mitgetheilt, die als richtig befunden wurden. Die Oberin inquirirt, die Schwester bekennt; die Oberin dekretirt Versetzung nach Afrika, die Schwester wendet sich an den Erzbischof, der ihr räth, sich in Gehorsam zu fügen. Kein Staat kann seinen Unterthan fortjagen, die demüthige Oberin kann das arme Geschöpf vom Boden der Heimath verbannen. „Die Orden und Congregationen der Neuzeit — leider werden auch, wie die vatikanische Versammlung gezeigt hat, alte ihrer Tradition untreu — sind," sagt Schulte, „ein Mittel, das nicht besser erdacht werden könnte, um eine Idee, einen Plan unvermerkt in das katholische Volk zu bringen." An ihrer Spitze stehen als Korpsführer die Väter der Gesellschaft Jesu, denen, nach wiederholt dem Verfasser gemachten Mittheilungen, z. B. manche weibliche Orden vom Sacré Coeur Tantièmen von den „Mitgiften" der dem Kloster zugeführten Himmelsbräute bezahlen sollen. Auf die Statistik noch einmal zurückkommend, zeigt Schulte, wie das Verhältniß der geistlichen Personen zur katholischen Bevölkerung in einzelnen Städten noch ein viel erschreckenderes ist, als nach den oben mitgetheilten allgemeinen Zahlen. In Köln ist der 213. Katholik (Erwachsene und Kinder zusammengerechnet) eine „geistliche" Person, in Aachen kommt eine solche Person auf 110, in Münster auf 61, in Trier auf 56, in Paderborn gar eine auf 33 Katholiken! Werden die Unmündigen abgerechnet, so ist fast jede erwachsene beziehungsweise mündige 10. Person in Paderborn, jede 20. in Münster eine geistliche.

Nach Angabe des „Catalogus provinciae austriaco-hungaricae S. J." zählte die Gesellschaft Jesu Eingangs 1871 überhaupt in

22 Provinzen: der englischen, aragonischen, österreichisch-ungarischen, belgischen, castilischen, galizischen, deutschen, irländischen, Lyoner, mexikanischen, neapolitanischen, niederländischen, römischen, sicilischen und venetianischen, dann der von Champagne, Francien, Maryland, Missouri, New-York, Turin und Toulouse benannten, oder in den fünf Assistenzen: Italien, Deutschland, Frankreich, Spanien und England 8809 Mitglieder. Die Assistenz England ist zusammengesetzt aus den Provinzen England, Irland, Maryland und Missouri; die Assistenz Deutschland aus der deutschen, österreichisch-ungarischen, galizischen, belgischen und holländischen Provinz; die Assistenz Frankreich aus den Provinzen Champagne, France, Lyon, Toulouse und New-York (abgezweigt von Lyon); zur Assistenz Spanien gehört auch die Provinz Mexiko — das übrige ist von selbst klar. — Die größte Zahl der Jesuiten fällt auf die Provinzen Castilien (744) und Deutschland (738), die geringste auf die Provinz Mexiko (17); die österreichisch-ungarische nimmt die neunte Stelle ein, mit 451 Mitgliedern, resp. 456 mit Anfang des Jahres 1872; diese theilen sich in 193 Priester, 112 Scholastiker (Kleriker und Kleriker-Novizen) und 151 Coadjutoren (helfende Brüder). Senior der letztgenannten Provinz ist der gegenwärtige hochwürdigste P. General Johann Peter Beckx in Rom, physisch ist jedoch P. Stöger um 25 Monate älter. Diese Provinz umfaßt die Häuser des Ordens in Wien, Kalksburg, St. Andrä (Kärnten), Innsbruck, Linz, Steyer, Mariaschein, Prag und Repy (in Böhmen), Preßburg, Tyrnau, Szathmar, Calcosa und Kapornak (in Ungarn, letzteres im Szalaer Comitat), dann die Mission in Südaustralien, bestehend aus den Residenzen zu Sevenhill und Norwood (Vorstadt von Adelaide).

Zu Anfang des Jahres 1871 wurden als Missionäre (mit Einschluß von Scholastikern und Brüdern) aufgeführt 1644, worunter 168 in Europa, 352 in Asien, 159 in Afrika, 815 in Nordamerika (obwohl von 249 Mitgliedern der Provinz Maryland nur 1 als Missionär eingestellt ist, von 234 der Provinz Missouri 29 und von 212 der Provinz New-York 19), 337 in Südamerika, 96 in Oceanien (Australien mit Einschluß der Philippinen und der holländischen Inseln im Süden von Asien), endlich 17 auf der Reise. Die meisten Missionäre waren aus den Provinzen Castilien (291), Aragonien (177), Lyon (173), Deutschland (135). Die Letztgenannten waren vertheilt auf Asien (54), Afrika (3), Nordamerika (39), Südamerika (besonders Brasilien, 35) und 4 befanden sich auf der Reise.

Bevor die Jesuitenarmee ihren Krieg gegen Deutschland eröffnen konnte, brauchte sie Geld. Geldgeschäfte waren ja früher schon dem Orden sehr geläufig gewesen. Er wußte wohl, was man alles mit Geld ausrichten kann, und dachte mit Montecuculi: Zum Kriege braucht man nur Geld, Geld, Geld! Seine Agenten bettelten also mit ungeheurer Heuchelei, als ob der Papst in der tiefsten Armuth schmachte, in allen katholischen Ländern, hauptsächlich aber im frommen Deutschland, welches von dem eigentlichen Plan der Jesuiten keine Ahnung hatte, den sog. Peterspfennig zusammen. Ein Pfennig, die allerkleinste Münze, wie bescheiden sind doch diese Jesuiten! dachte man, und doch wurde der Ertrag des Peterpfennigs seit 1860 jährlich zu 60 Millionen Franken angeschlagen. Zugleich sammelte ein zu den Jesuiten in der intimsten Beziehung stehender Schwindler Langrand-Dumanceau für den Papst ungeheure Summen. Im Jahr 1864 brachte derselbe päpstliche Obligationen zum Werth von 20 Millionen al pari unter und erhielt dafür vom Papst die Grafenwürde. Wie er noch weiter geschwindelt, enthüllte 1871 ein Prozeß in Brüssel, in Folge dessen das mit ihm in sträflicher Verbindung gestandene ultramontane Ministerium in Belgien gestürzt und Langrand selbst, der sich mit dem gestohlenen Gelde flüchtig gemacht hatte, wegen betrügerischen Bankerotts zu zehn Jahr Kerker verurtheilt wurde. Der Betrüger hatte nämlich unter dem scheinheiligen Vorwand, das Kapital „christianisiren" zu wollen und um den armen gefangenen Papst zu unterstützen, immer mehr werthloses Papier gegen Silber ausgegeben, das letztere aber theils dem bigotten reichen Adel in Belgien und dem katholischen Deutschland, theils den frommen Bürgern und Bauern abgeschwindelt. Damit er überall sammeln könne, wurden auf den Dörfern Lokalbanken unter Vorsitz des Pfarrers errichtet. Man schätzt die Summe, um die allein das fürstliche Haus Thurn und Taxis betrogen wurde, zu 8 Millionen, und die Summen, die im Ganzen erschwindelt wurden, zu 400 Millionen Franken.

Interessant sind auch folgende Notizen über die Einkünfte deutscher Bischöfe und deren Verwendung: Der Erzbischof von Köln hat jährlich eine Einnahme von 9000 Thalern aus „Fasten-Almosen", wie die „Köln. V.-Ztg.", aus „Fastendispensen", wie wohl richtiger Professor v. Schulte sagt. Die „Spen. Ztg." bringt hiezu folgende aus amtlichen Quellen geschöpfte Mittheilung: Der Erzbischof hat erklärt, er werde diese Gelder „für die Anstalten zur Bildung guter Priester und für andere dringende Bedürfnisse verwenden" und „die Verwendung in geeigneterer Weise zur öffentlichen Kenntniß bringen." Letzteres ist nie geschehen. In derselben Diözese hat in den Jahren 1857—70 die Kirchenkollekte für das h. Grab in Jerusalem 44,647 Thlr. eingebracht, die Sammlung des Peterpfennigs 1861—70 die Summe von 546,062 Thlrn, also jährlich durchschnittlich 54,606 Thlr. Zu letzterer Summe kommen noch einige außerordentliche Kollekten für den h. Vater im Betrage von 14,000 Thlr., so daß im Ganzen in 11 Jahren über 600,000 Thaler allein aus der Erzdiözese Köln als Peterspfennige nach Rom gegangen sind. Die Gesammtsumme aus allen preußischen Diözesen wird eine Million übersteigen. Dazu kommen noch die Dispensionsgelder, welche für die preußischen Diözesen auf jährlich 3200 Thaler veranschlagt werden. An Gebühren für die Bestätigung der Bischöfe sind seit 1820 aus Preußen 250,000 Gulden nach Rom gegangen; auch für die Bestätigung eines Weihbischofs müssen jedesmal 300 Thaler bezahlt werden. Die „Spen. Ztg." schließt mit der Bemerkung: „Man nimmt von ultramontaner Seite den Mund voll, wenn es sich um Erleichterung der Lasten des Volkes ꝛc. handelt. Die Herren haben es ja in der Hand, dem Volke Hunderttausende zu sparen. Für die Regierungen und Landtage dürften die obigen Ziffern beweisen, daß man an einem Punkte angelangt ist, wo ferneres Zuwarten unheilbringend werden kann."

Indirecte Einnahmen flossen der Kirche und sonderlich den Jesuiten aus einer Menge Schenkungen und Erbschaften zu. Geistliche Erbschleicher lockten bigotten Damen ihr Vermögen ab und wirkten auf reiche Eltern ein, daß sie ihre Töchter, um sie aus der bösen Welt zu retten, Nonnen werden ließen. Töchter aus niedern Klassen lockte man in die Klöster durch die Aussicht auf eine bequeme lebenslängliche Versorgung. Die Betteleien für die Kirche mehrten sich unter den mannigfaltigsten Vorwänden, und man merkte die Anhäufung des geistlichen Reichthums nicht einmal, weil Ordensgüter auf den Namen von Laien eingeschrieben wurden oder scheinbar nur Armenhäusern gehörten.

Damit der Klerus lerne, daß er nicht mehr vom Bischof, sondern von Rom abhänge, mußte alles, was sonst der Bischof hatte erledigen können, nach Rom berichtet und dort entschieden werden. Um ferner so viel einflußreiche Personen als möglich zu unmittelbaren Dienern des Papstes zu machen, ernannte dieser eine Menge deutscher Kleriker zu päpstlichen Hausprälaten, Kämmerern, Protonotaren, Notaren, apostolischen Missionären und zu Rittern päpstlicher Orden. Solche Orden erhielten namentlich auch eine Menge Laien von Adel, die Redacteure ultramontaner Blätter. Auch wurde mit päpstlichen Orden ein förmlicher Handel getrieben.

Die Hauptaufgabe der Jesuiten war, mit geistlichen Waffen das weltliche Interesse Frankreichs, als der romanischen Vormacht, und sodann überhaupt der romanischen Race und der mit ihr sympathisirenden, gegen Deutschland feindlich gesinnten Theile der slavischen Race zu verfechten. Die Religion diente immer nur zum Vorwand, während der Hauptzweck die Zerrüttung und der Umsturz des neuen deutschen Reiches war. Die ungeheure Macht, welche man dem Papste durch den Syllabus und durch das neue Dogma zuerkannte, sollte nur den einfältigen Deutschen imponiren und den ungebildetsten Theil der deutschen Katholiken einschüchtern, um sie, ohne daß sie es merkten, als gehorsame Sclaven des Papstes zugleich zu Werkzeugen der französischen Politik zu machen.

Daher mußten dem eigentlichen Kriege noch große Rüstungen und Paraden vorausgehen. Man mußte von der Macht des Papstes

und von der Zahl seiner Anhänger ganz neue großartige Vorstellun=
gen erwecken. Für je ohnmächtiger man bisher den Papst gehalten
hatte, in einer desto überraschenderen Macht, ja Furchtbarkeit, sollte
er plötzlich den Zeitgenossen wieder entgegentreten. Die Welt sollte
erinnert werden, daß, so lange es noch eine katholische Kirche gibt,
auch die Gregore und Innocenze noch nicht ausgestorben seyen. Wie
man diesseits der Alpen katholische Vereine und Generalversamm=
lungen organisirte, um die Laien für den bevorstehenden Kampf ein=
zuexerciren und zu discipliniren, und in derselben Weise auch die
katholische Presse reorganisirte, vermehrte und gleicher Disciplin
unterwarf, so wurden auch jenseits der Alpen, in Rom selbst, groß=
artige Kundgebungen des Papstthums in Scene gesetzt, welche die
Welt erstaunen machten. So wurden wiederholte Bischofsver=
sammlungen nach Rom berufen, um ein Jubiläum zu feiern
oder Heiligsprechungen vorzunehmen. Unter den letztern fiel beson=
ders die des Arbues auf, des scheuslichen spanischen Inquisitors,
der tausend unschuldige Menschen als Ketzer lebendig hatte ver=
brennen lassen. Diese Heiligsprechung war eine Herausforderung,
eine Kriegserklärung gegen jede Toleranz und eine Drohung, wenn
erst die Jesuitensonne wieder hell am deutschen Himmel strahlen
werde, so werde sie auch brennen und Protestanten und Liberale
vertilgen.

Der verwegene Versuch, die unbefleckte Empfängniß zum
Dogma zu erheben, ein Versuch, den selbst die übermüthigsten Päpste
im Mittelalter nicht gemacht hatten, wurde von Pius IX. mit ganz
unschuldiger Miene gemacht und sollte vorerst nur ein Fühler seyn,
ob man nicht noch wichtigere, der Jesuitenpolitik noch ersprießlichere
Dogmen fabriciren dürfe, und siehe — der Versuch gelang. Man
achtete kaum darauf, die gebildete Welt hatte anderes zu thun und
rümpfte nur die Nase als über eine Lächerlichkeit. Aber sie miß=
kannte die Tragweite des Versuchs. Noch lauter pochte bald dar=
auf der Jesuitenfinger an die Pforte der Zeit, indem der Papst den
Syllabus und darin seine Oberherrlichkeit über die ganze Erde
verkündete. Alle diese überraschenden, von der Welt für Thorheit
gehaltenen, aber wohl berechneten Manöver schlossen mit der Ein=

berufung des vatikanischen Concils, welches das Dogma von der Unfehlbarkeit des Papstes verkünden sollte. Die äußerste Zuspitzung päpstlicher Machtvollkommenheit und Willkür sollte den Massen am meisten imponiren und den Gegensatz der Autorität gegen den autoritätslosen Zeitgeist am schärfsten und bestimmtesten ausdrücken.

Die Jesuiten verfuhren dabei nicht ohne Ironie, indem sie ihre gefährlichsten Waffen sich grade in demselben Deutschland schmieden ließen, gegen welches allein ihre ganze Kriegswuth gerichtet war. Wie sie nämlich die reichsten Beiträge zum Peterspfennig in Deutschland gesammelt hatten, so suchten sie sich auch so recht zu unserer Verspottung grade einen Deutschen aus, der das neue Dogma von der Unfehlbarkeit formuliren mußte. Er blieb lange unbekannt und versteckt. Erst im Frühjahr 1872 erkannte man als Vater und Fabrikanten des neuen Dogmas den Jesuiten-Pater Kleutgen, einen gebornen Münsterländer. Die Commission de fide beauftragte nämlich zwei Jesuiten mit der Ausarbeitung der Constitutio dogmatica de fide, P. Franzelin, Professor der Dogmatik am Collegium Romanum, und P. Kleutgen; des letztern Ausarbeitung wurde bekanntlich mit unwesentlichen Aenderungen angenommen. Kleutgen war während des Concils der Theologe des Brixener Bischofs und hielt sich nach demselben längere Zeit in Brixen auf; jetzt ist er in der sog. Residenz der Jesuiten in Görz. Derselbe war vor einigen Jahren einmal suspendirt vom Beichthören und vom Lehrstuhl. Eine Nonne in Rom gerirte sich à la Maria von Mörl; P. Kleutgen und noch ein Jesuit hatten die Untersuchung zu leiten, wurden indeß von der schlauen Nonne hintergangen. Auf dieses hin suspendirte der Gerichtshof der Inquisition die beiden klugen Patres vom Beichthören. Kleutgen wurde dagegen vom Papste wieder reaktivirt, indem er bald dessen Aufmerksamkeit auf sich zu lenken wußte.

Die römischen Briefe vom Concil gaben auf S. 294 f. eine umfassende Uebersicht über die Rechte, die das Concil dem Papst theils unmittelbar zuerkannt hatte, theils mittelbar dadurch, daß auch alles, was frühere Päpste verordnet hätten, als untrügliches

Gesetz gelten sollte. Darnach sollte dem Papste die Oberherrlichkeit über die ganze Erde, über alle Könige und Nationen zukommen. Insbesondere die Oberherrschaft über das deutsche Reich, gemäß einer Bulle Johanns XXII. Alle nicht katholischen Völker sollte der Papst zu Sclaven machen dürfen. Keine weltliche Gewalt sollte etwas über die katholische Geistlichkeit zu befehlen haben. Dem Papst sollte das Recht zustehen, alle Nicht-Katholiken auszurotten, der Inquisition, der Confiscation ihrer Güter, der Tortur und dem Feuertode zu unterwerfen. Deßgleichen sollte er ihnen die Kinder wegnehmen dürfen, um sie katholisch zu erziehen. Allen, welche gegen die Feinde des Papstes kämpfen würden, sollte er vollkommen Ablaß ihrer Sünden gewähren. Jegliche Eide der Laien dürfe er auflösen, die Völker der Treue gegen ihre Regierung entbinden, geschworne Verträge für nichtig erklären, selbst Gelübde, die man Gott gelobt, und Ehen aufheben dürfen.

Da es sich von selbst verstand, daß der Papst die ihm vom Syllabus zugedachte Alleinherrschaft nicht gegen den Willen der katholischen Großmächte würde usurpiren können, so konnte der Syllabus auch nur den Zweck haben, unter dem Scheine, als ob alles nur für den Papst und die h. Kirche geschehe, doch wesentlich jenen katholischen Großstaaten zu nutzen. Die Verdammung des Parlamentarismus war ausdrücklich darauf berechnet, dem von eben diesem Parlamentarismus gleichsam belagerten Kaiser der Franzosen und dem Kaiser von Oesterreich Luft zu machen, damit sie, im Innern frei geworden, um so ungehinderter den Kampf gegen Preußen beginnen könnten. Die einstweilen nur illusorische Erhebung des Papstes über alle auch katholische Kaiser und Könige war nur eine Maske und sollte, wenn Preußen besiegt und das neue deutsche Reich wieder beseitigt worden wäre, nur dazu dienen, die protestantischen Bevölkerungen, die bisher des preußischen Schutzes sich erfreut, eben so gewaltsam wieder katholisch zu machen, wie unter Philipp II. und Ferdinand II.

Als alles gehörig vorbereitet schien, wurde der Krieg gleichzeitig im Juli 1870 von Frankreich und von Rom aus gegen Deutschland eröffnet. Napoleon III. schickte seine Armeen ins Feld, das Concil promulgirte die Unfehlbarkeit des Papstes.*) Es war der ungerechteste und muthwilligste Krieg von der Welt, denn Deutschland hatte weder Frankreich bedroht, noch die Katholiken gefährdet. Aber Rom und Frankreich hatten ja von jeher Deutschland Unrecht gethan und diesmal standen ihnen zum Glück für den schlechten Zweck auch nur schlechte Mittel zu Gebote. Das französische Heer war dem deutschen nicht ebenbürtig und die ultramontane Presse hatte durch ihre Lügen den französischen Kaiser in eine täuschende Sicherheit eingewiegt, als könne es gar nicht fehlen, als daß Süddeutschland sich an Oesterreich und Frankreich anschließen würde.

Die Franzosen erlebten die bekannten furchtbaren Niederlagen und ihr Kaiser wurde gefangen; dessen Unglück übte nun natürlicherweise auch einen Rückschlag auf Rom. Napoleon III. hatte bereits

―――――

*) Bekanntlich hat der berühmte Maler Kaulbach in München ein Autodafé (eine Ketzerverbrennung) gemalt, welches der spanische Inquisitor, der vom Papst vor wenigen Jahren zum Heiligen erhobene grausame Arbues abhielt. Als ein Pfaff in Meran öffentlich gegen den Verkauf des Kaulbachschen Bildes predigte, erhielt der Kunsthändler in Meran von Kaulbach einen Brief, welcher nach der Kölner Zeitung lautete: „Hochverehrter Herr! Von einer canailleusen Meute, die alles Schöne, Freie und Große in Wissenschaft und Kunst anbellt, gleichfalls verfolgt und verwünscht zu werden, gereicht uns nur zur Ehre und zum Zeichen, daß wir nicht vergebens da sind. Nehmen Sie die beifolgende Kleinigkeit zum Troste hin und fahren Sie fort, gute Bilder auszustellen. Ergebenster W. Kaulbach. (Hier steht statt der Ortsangabe das Bild des Münchener Kindels), 22. Mai 1872.“ Die beigelegte Zeichnung mit der Ueberschrift: „Romanische Milchbrüder“ parodirt die den Romulus und Remus säugende Wölfin. Statt jener römischen Prinzen saugen zwei Knaben, der eine mit der Krone, der andere mit der Tiara auf dem Kopfe, an den Brüsten des Thieres. Zu ihren Füßen liegen Blitze und Ketten. Am unteren Rande der Zeichnung steht das Motto· „Aus der wölfischen Milch sogt ihr bestialische Denkart“, und das Datum: München 1871. — Am 16. und 18. Juli desselben Jahres erklärten uns die Säuglinge der Wölfin den Krieg.

am 19. Juli die französischen Truppen, welche den Papst bisher bewacht und beschützt hatten, unter General Dumont zurückgezogen, und seinem italienischen Vasallen, dem König Victor Emanuel, befohlen, den Schutz des Papstes einstweilen selbst zu übernehmen. Hätte Napoleon gesiegt, so würde der König von Italien dem Befehl gehorsam geblieben seyn; da es anders kam, hatte Napoleon auch keine Macht mehr zu verhindern, daß Victor Emanuel sein eigenes Interesse wahrnahm. Der Papst war so vorsichtig, schon am 22. Juli an den König von Preußen zu schreiben, wie auch an den Kaiser der Franzosen, und beiden zuzusprechen, sie möchten womöglich den Frieden erhalten. Preußen hatte den Krieg nicht angefangen, derselbe wurde ihm von Frankreich aufgedrungen, es konnte ihm also auch nicht ausweichen. Der Papst hätte also nur Frankreich ermahnen sollen, den Krieg zu unterlassen. Es war ihm aber gar nicht Ernst. Der verhängnißvolle Krieg war heimlich von Rom gutgeheißen und längst mit Frankreich verabredet.

Am 2. September wurde der französische Kaiser bei Sedan gefangen, und nur vier Tage später, am 6., ließ Victor Emanuel, ohne sich weiter um den Befehl des gestürzten Kaisers zu bekümmern, die italienischen Truppen unter General Cadorna in den Kirchenstaat einrücken. Vergebens protestirte der Papst, vergebens versuchten die päpstlichen Truppen unter dem General Canzler einen kurzen Widerstand. Man darf dabei nicht unbemerkt lassen, daß der Papst einen Theil dieser seiner Truppen nach dem Muster der französischen Zuaven, türkische Kleidung hatte anlegen lassen. Durchaus unwürdig eines christlichen Oberhirten. Nach einem unbedeutenden Kampf mußte Rom am 20. September kapituliren, und am folgenden Tage hielt Cadorna seinen Einzug in der h. Stadt und nahm sie und den ganzen Kirchenstaat als integrirenden Theil des Königreichs Italien für seinen Herrn in Besitz. Der Papst blieb in seinem Vatican zurück und erließ am 26. ein Umlaufschreiben an alle Mächte, worin er seinen Protest gegen die gewaltsame Besitznahme Roms durch Victor Emanuel wiederholte und von Allen Schutz seines anerkannten Rechts verlangte. Die Mächte waren aber anders beschäftigt oder für die Wiederherstellung der weltlichen

Herrschaft des Papstes nicht interessirt und antworteten alle sehr höf-
lich, bedauerten jedoch, dermalen dem Papst keine Hülfe leisten zu
können, und ermahnten ihn, nur in Rom zu bleiben und das Weitere
abzuwarten. Er blieb also im Vatican, der König aber sandte am
10. October den bekannten General Lamarmora als Gouverneur
nach Rom, der für ihn selbst im päpstlichen Palast des Quirinal
Quartier machte. Unmittelbar vorher, am 7. October, hatte der
Papst noch einmal an den König von Preußen geschrieben, konnte
von demselben aber, da der Krieg in Frankreich noch in vollem
Gange war, nur damit vertröstet werden, daß Preußen, obgleich es
sich in die Angelegenheiten anderer Länder nicht einmischen könne,
sich doch bei der Fürsorge für die Würde und Unabhängigkeit des
Oberhaupts der katholischen Kirche gern betheiligen werde. Victor
Emanuel seinerseits suchte durch ein Umlaufschreiben vom 18. October
alle Mächte zu beruhigen, er werde die Unabhängigkeit des Papstes
auf dem geistlichen Gebiete in keiner Weise antasten, ihn sein geistliches Amt in Rom ungehindert verwalten lassen und eigne sich als
König von Italien nur die weltliche Gewalt im Kirchenstaate und
in Rom, als der natürlichen Hauptstadt Italiens an.

Der Papst erklärte am 20. October, das nur vertagte Concil
könne, da es in Rom nicht mehr frei sey, auch noch nicht dahin
zurückgerufen werden, und vertagte es noch auf längere unbestimmte
Zeit. Am 1. November that er Victor Emanuel förmlich in den
Bann, was aber kaum einige Aufmerksamkeit und nirgends eine Unruhe erregte. Eben so gleichgültig nahm man es auf, daß der Papst
noch am Schlusse des Jahres den h. Joseph zum Schutzpatron der
Kirche erklärte, als ob Christus selber nicht schon Schutzpatron genug wäre. Gleichzeitig wurde die Fabel verbreitet, die Jungfrau
Maria sey dem Papst erschienen und habe ihm ein unvergleichlich
schönes Bild ihres Sohnes gezeigt. Inzwischen ließ sich der Papst
doch herbei, neue Bischöfe für Italien zu ernennen, weil es an
solchen mangelte; nur wollte er nicht zugeben, daß dieselben dem
Staat verpflichtet würden, da sie aber ihre Temporalien nur vom
Staat erhalten konnten, entstand bald neuer Streit.

Die Nachwelt wird den Jesuiten die Anerkennung nicht ver-

sagen, daß sie ihren an sich ruchlosen und durch nichts zu recht=
fertigenden Plan doch mit äußerster Kühnheit und Geschicklichkeit,
Rührigkeit und Ausdauer verfolgt haben, denn nach den Vorgängen
in Frankreich und Italien waren ihre besten Waffen zerbrochen, der
Cäsarismus in Paris und der Papismus in Rom. Sie wußten
sich aber neue Waffen zu verschaffen. Sie waren so gut in Europa
orientirt, daß ihnen von den zahlreichen Feinden der deutschen Ein=
heit auch nicht einer entging, dem sie nicht Muth gemacht, den sie
nicht in ihr Netz gezogen und in die große Verschwörung gegen den
protestantischen Kaiser verwickelt hätten. Was sie durch Cäsars Schwert
nicht hatten mit Gewalt erobern können, das hofften sie mit ihrer
Schlangenlist doch noch zu erschleichen.

Sie versicherten sich ihrer Bundesgenossen und fanden bei
der Musterung: 1) Alle Parteien in Frankreich ohne Ausnahme,
denn alle brannten vor Begierde, an Deutschland Rache zu nehmen,
sobald sie wieder genug erstarkt seyn, oder Alliirte gefunden haben
würden; 2) die Camarilla in Oesterreich, bei der die Begierde, sich
an Preußen zu rächen, vielleicht noch heißer brannte, wenn sie sich
auch nicht so offen zu äußern wagte; 3) die vereinigte Feigheit der
deutschen Bischöfe; 4) der Ultramontanismus in Belgien, Holland
und der Schweiz, unterstützt von den Angstmännern, die da fürchteten,
ihre kleinen Länder könnten vom deutschen Reich verschlungen werden;
5) der Particularismus und die Rheinbundgelüste, welche diesseits
des Main immer noch die deutsche Gesinnung bekämpften; 6) die
Centrumspartei im deutschen Reichstage im Bunde mit den An=
hängern der depossedirten Fürsten und sogar mit einem Theil der
preußischen Feudalen; 7) unglaublicherweise und doch wirklich ein
Theil der lutherischen Orthodoxen, die früher lieber mit Rußland
gegangen wären, als mit den deutschen Nationalliberalen, und die
jetzt wieder lieber mit den Jesuiten gingen, als mit dem Protestanten=
verein; 8) die Slaven in Oesterreich und Preußen, selbst die hussitisch=
gesinnten Czechen, wie auch die Polen weniger aus katholischem
Eifer, als aus Nationalhaß gegen die Deutschen.

So die große Armada gegen das neue deutsche Reich, gemustert
vom jesuitischen Generalstabe. Der Operationsplan aber war

der folgende. Es galt: 1) Die Wiederherstellung der weltlichen Herrschaft des Papstes durch diplomatische Verwendung, durch unaufhörliches Anstürmen von Abressen, Deputationen, Interpellationen; 2) Wiederherstellung der Kriegsmacht Frankreichs und Oesterreichs, um mit besserm Erfolge als früher dem deutschen Reich den Krieg erklären zu können; 3) Bearbeitung aller europäischen Höfe und Aristokratien, theils durch jesuitische Beichtväter, theils durch diplomatische Agenten und namentlich auch durch ehrgeizige Nebenbuhler der dermaligen Minister; 4) Einfluß auf die Wahlen im katholischen Volk zu Gunsten solcher Abgeordneten, die sich als Feinde des deutschen Kaisers bewährten; 5) Bearbeitung der Bischöfe durch Drohungen und Versprechungen, Niederhaltung des niederen Klerus und Verhinderung seiner ökonomischen Aufbesserung; 6) Bestechung und Bevorzugung aller Dienstbeflissenen; 7) Bethörung des gemeinen Volkes durch Schreckbilder, man wollte es lutherisch machen oder gar den Freimaurern und Juden überliefern, durch Auffrischung des gröbsten Aberglaubens, erlogene neue Wunder ꝛc.; 8) Bekämpfung der deutschen Wissenschaft, Unterdrückung der Lehrfreiheit auf den Universitäten; 9) Unterdrückung jedes nicht streng infallibilistischen Volksunterrichts, absichtliche Verdummung der Jugend, damit die Jesuiten der künftigen Generationen vollkommen Herr würden.

Ueberhaupt galt den Jesuiten jedes Mittel für recht, wenn es nur zum Zweck führte. Daher verschmähten sie es nicht, sich auch mit den Ungläubigen und Atheisten, Demokraten und Socialisten, z. B. bei Wahlumtrieben und in Kammerdebatten zu alliiren, wenn dieselben nur Feinde Deutschlands waren. Wie oft sahen wir schon Ultramontane und Republikaner, die Schwarzen und die Rothen, Hand in Hand gehen! Während die ultramontane Presse alles revolutionäre, irreligiöse und unsittliche Wesen der Neuzeit aus der Reformation ableitete und den Protestanten zur Last legte, ignorirte sie, daß nirgends mehr Unglaube und Corruption zu finden ist, als im katholischen Süden, und daß die römische Hierarchie mit ihren Mißbräuchen hauptsächlich daran Schuld ist. Nirgends hat man gehört, daß der Papst, oder der mächtige Jesuitenorden selbst, je im Ernst der furchtbaren Corruption in Paris, Wien ꝛc. entgegengetreten wäre. Im Gegentheil bewies der Prozeß Langrand, daß die Ultramontanen in der Ausplünderung des leichtgläubigen Volks mit den Börsenjuden wetteiferten.

Die Jesuitenpartei hetzte alles gegen Deutschland. Gleichviel, woher sie ihre Bundesgenossen nahm, wenn nur alle gegen die Einheit der deutschen Nation zu kämpfen bereit waren. Wie immer, so fand auch jetzt wieder Rom seinen eifrigsten Bundesgenossen in Frankreich. Die Organe der legitimistischen Partei in Frankreich sprachen offen aus, von Frankreich aus müsse der Papst in der ganzen Fülle seiner alten Macht hergestellt werden, wogegen auch er mit allen seinen geistlichen Waffen Frankreich beistehen würde, um Revanche an den Deutschen nehmen zu können. Unterdeß wurde kein Mittel gescheut, um in Deutschland selbst die katholischen Bevölkerungen nach dem Maaß ihrer Leichtgläubigkeit und Unwissenheit oder des ihnen gewohnten kleinstaatlichen Particularismus gegen das neue deutsche Reich aufzuhetzen. Um diesem Reiche auch im Rücken Feinde zu erwecken, kokettirte der Ultramontanismus gleichzeitig mit Polen und mit Rußland. Wie sehr auch die Katholiken in Polen von den Russen mißhandelt waren, beide slavische Völker waren doch Feinde der Deutschen, also durften die Jesuiten hoffen, irgend etwas an ihnen zu gewinnen.

Kaum gibt es einen schlagenderen Beweis dafür, daß es Rom und den Jesuiten nicht um den Glauben, sondern nur um die Politik zu thun ist, als ihre Anschmeichelungsversuche an Rußland. Obgleich Rußland den Katholicismus in Polen zu Boden getreten hat, ist es doch als Vorkämpfer des Slaventhums ein Gegner Deutschlands und insofern ein wünschenswerther Bundesgenosse Roms. Wie nun damals die französische Regierung vor dem Czaaren schweifwedelte, um ihn zu einem Bündniß gegen Deutschland zu verlocken, so that es auch Rom. Man schrieb von dort im Juni 1872: Der Vatican bietet Alles auf, sich mit dem Czaaren wegen der polnischen Kirche auszugleichen. Die Verhandlungen wurden in der letzten Zeit besonders lebhaft geführt. Rußland hat mehrere Concessionen verlangt, um Polen auch religiös zu unterwerfen, und der Vatican zeigt sich nicht abgeneigt. Das Interesse der katholischen Kirche ließe eine Weigerung rathsam erscheinen; aber die politischen und weltlichen Rücksichten herrschen auch diesmal vor. Dieselben Menschen, klagt ein italienischer Offiziöser, welche mit Schauder und Entsetzen jeden Gedanken an eine Versöhnung mit einer katholischen Regierung, wie der des Königs von Italien, von sich weisen, lächeln, machen Bücklinge und sind zu allen Concessionen bereit gegenüber einer ketzerischen Regierung wie der des Czaars.

In Italien selbst durften die Jesuiten auf keine Erhebung des Volks zu Gunsten des Papstes rechnen, zum Beweise, wie wenig sich das italienische Volk durch die lange Pfaffenherrschaft beglückt oder auch nur befriedigt gefühlt hatte. Victor Emanuel war zwar nicht der Mann, für den sich das Volk hätte begeistern können, aber der Gedanke, der Viel- und Kleinstaaterei in Italien ein Ende zu machen, Italien zu einigen und ihm unter den Staaten Europas wieder eine würdigere Stellung zu geben, mußte allen besonnenen Italienern einleuchten und ihrem nationalen Ehrgefühle schmeicheln. Daher die Begeisterung für Garibaldi und der Stolz auf diesen Nationalhelden. So war denn der Papst seiner weltlichen Herrschaft beraubt worden und fast in Rom, wenn auch nicht gefangen, doch jeder Willkür ausgesetzt, die Victor Emanuel, sobald es ihm einfiel, an ihm üben konnte, und das italienische Volk regte keine Hand für den Papst.

Dennoch war Italien für die Jesuiten immer noch ein Stützpunkt und ein unschätzbares Arsenal. Der Papst übte zwar keine weltliche Herrschaft mehr, aber seine geistliche einzuschränken, wagte Victor Emanuel nicht. Die römische Curie und ihr großer Diplomat Antonelli unterhielten also alle alten Beziehungen zu den europäischen Mächten wie früher, und die Bischöfe der verschiedenen Länder bezeigten grade jetzt dem Papst in seinem Unglück mehr Gehorsam als je zuvor. Das Concil hatte bewiesen, wie ungeheuer die italienischen Bischöfe trotz ihrer Unwissenheit und Armuth allen Episcopaten des übrigen Europa überlegen waren, theils durch die Stimmenzahl, zu der sie nicht berechtigt waren, die sie aber usurpirt hatten, theils durch ihren blinden Gehorsam gegenüber dem Papst und seiner jesuitischen Camarilla. Man kann nicht leugnen, daß die, wenn auch nur erschlichene Mehrheit der italienischen Bischöfe oder sog. Kostgänger des Papstes nach außen hin die Einheit der römischen Kirche in einer imposanten Weise darstellten, während die Minderheit der deutschen, österreichischen und französischen Bischöfe mit ihrer ohnmächtigen Opposition sich nur ausnahmen, wie schwächliche und ohnmächtige Schismatiker. Die Vorgänge am Concil hatten für die Jesuiten überdies noch den unschätzbaren Werth, die ganze moralische und nationale Impotenz des deutschen Episcopats an den Tag gezogen zu haben. Wie mußten die Jesuiten in die Hände klatschen, indem sie sich sagen konnten: Wenn die große deutsche Nation nur solche Schwachköpfe zu Bischöfen hat, so werden wir mit ihr fertig werden, und werden auch ihre Döllinger und ihre ganze papierene Wissenschaftlichkeit nichts gegen unsere welsche Praktik ausrichten.

Ferner kam den Jesuiten zu gute, daß alle Versuche Passaglias und der wenigen andern Reformatoren, dem italienischen Volk Protestantismus oder auch nur Altkatholicismus einzuimpfen, nichts fruchteten, weil die Italiener, wie alle romanischen Völker, zwischen dem gröbsten Aberglauben und frechsten Unglauben eine Mitte zu finden und überhaupt einer sittlichen Reform unfähig sind.

Zudem behielten die Jesuiten in ihrer italienischen Presse eine mächtige Waffe in der Hand. Denn indem ihre Blätter durch ganz Europa versendet wurden, während diesseits der Alpen niemand die liberalen Blätter Italiens las, nahmen sie den Schein an, als führten sie die Stimme des italienischen Volks. So erklärte die voce della Verità, Bismark, d. h. das neue deutsche Reich und überhaupt die deutsche Nation, habe einfach zu erklären, ob er sich Rom unterwerfen und die Beschützung aller derer aufgeben wolle, die dem Papst nicht unbedingt gehorchten, widrigenfalls die römische Kirche ihn als Feind behandeln und unversöhnlichen Krieg ankündigen müsse. So erklärte auch der Osservatore Romano, das neue deutsche Reich wolle nur die Nationalpolitik der Hohenstaufen erneuern, deshalb müssen alle Italiener es hassen. Diese Grundgedanken der jesuitischen Presse in Italien leuchteten vielen Italienern ein, auch solchen, die dem Papstthum nicht ergeben waren. Die

jesuitischen Blätter wandten sich insofern nicht blos an die katholischen Antipathien gegen den Protestantismus, sondern auch an die
uralt nationalen der Welschen gegen die Deutschen.

Eins der einflußreichsten ultramontanen Organe wurde die
Genfer Correspondenz, ein Bollwerk des Papismus, welches
alle seine schweren Geschütze gegen Deutschland richtete. Dieses Blatt
ist 1870 von einer Anzahl von ultramontanen Adeligen und Geistlichen gegründet worden. Wie in einem durch den Rheinischen
Merkur in die Oeffentlichkeit gebrachten Schreiben des Fürsten Karl
v. Löwenstein ausdrücklich gesagt wird, „ist die Genfer Correspondenz ganz genau über die Wünsche und Anschauungen der römischen
Curie unterrichtet" und wird den klericalen Blättern der Abdruck
ihrer Artikel empfohlen, „um auf diese Weise die katholische Anschauung in der öffentlichen Meinung zur Geltung zu bringen und
somit auch auf die Regierungen eine moralische Pression zu üben."
„Dieses Unternehmen," fügt der Fürst bei, „ist von dem h. Vater
gutgeheißen und gesegnet worden." Nun brachte aber die Genfer
Correspondenz doch manche Artikel, deren Abdruck deutsche Blätter
in Collision mit dem Preßgesetze gebracht haben würde, oder welche
die ultramontanen und regierungsfeindlichen Tendenzen so unver-
hüllt aussprachen, daß sie der klericalen Sache eher schaden als
nützen konnten. So trafen denn die Redactionen der deutschen klericalen Blätter aus dem ihnen von Genf zugesandten Material eine
mehr oder minder vorsichtige Auswahl. Der Bischof von Mainz
erklärte öffentlich, er habe die Genfer Correspondenz seit den ersten
Nummern, die ihm zugeschickt worden, nicht mehr gelesen, weil er
„den Geist und Ton dieses Blattes der großen Sache, der es dienen
wolle, nicht angemessen erachte." Ueber solche Meuterei im ultramontanen Lager haben dann die Herausgeber der Genfer Correspondenz bei den „höchsten und einflußreichsten Personen in Rom," mit
denen sie „in ununterbrochenem Verkehr stehen," — wie Fürst Löwenstein sagt — Klage geführt, und diese haben ihnen nun das vom
Papste unterzeichnete Schreiben, d. d. Rom bei St. Peter, 26. Febr.
1872, besorgt, worin ihnen „Glück gewünscht wird, daß sie, um
jeden Irrthum zu vermeiden, von Anbeginn an die Augen auf den

Lehrstuhl der Wahrheit gerichtet und mit Eifer Sorge getragen haben, um keinen Preis von dessen Lehren abzuweichen," — worin es ferner als eine „Verleumbung" bezeichnet wird, wenn man der Genfer Correspondenz übertriebene Bestrebungen vorwerfe und sie des Hyperkatholicismus beschuldige. „Diese boshafte Anschuldigung," heißt es weiter, „geht von denjenigen aus, welche entweder bestrebt sind, die Herzen der Gläubigen Uns zu entfremden, oder welche danach trachten Christus mit Belial zu versöhnen." Der Papst selbst hat also hiermit, wie es scheint, jetzt die Erklärungen zu den seinigen gemacht, welche die Genfer Correspondenz vorgetragen hat, z. B.: „Der Papst verlangt von den Fürsten nicht schöne Worte, sondern Thaten, Restitution des Kirchenstaates, Hülfe durch das Schwert. Wenn die Fürsten diese Hülfe nicht leisten, wird der Papst sich direkt an die Völker wenden. Dem Papste eignet das gottverliehene Recht, zu erkennen, welcher Krieg ein gerechter, welcher ein ungerechter sey, und die Fürsten zum Kriegführen oder zum Friedenhalten durch geistliche Strafen zu zwingen." (Rhein. Merkur 1871, Nr. 31.) Bischof Ketteler handelte der Klugheit gemäß, da die Presse innerhalb des deutschen Reichs doch nicht so frech auftreten konnte, wie in Genf.

Noch in Nr. 100 der Genfer Correspondenz von 1872 konnte man lesen: „Das ganze Rheinland gährt, die Kinder der rothen Erde sind empört, der Schwarzwald schafft seiner Entrüstung in seiner derben Sprache Luft, die Schwaben spotten über solche legislative Meisterstücke, und der bayerische Löwe? — er schläft noch, und wir wollen ihn schlafen lassen: denn, wenn er erwacht, der katholische Leu, dann möchte ich den Karthäuser von Varzin doch gebeten haben, ihm aus dem Wege zu gehen und auch seine Armeekörper auf anderem Wege nach Italien zu schicken, als auf jenen, die über die Brücken der Donau führen. Wahrscheinlich wird man auch wieder diese Nummer der Genfer Correspondenz durch Famulus Wagener Sr. Majestät dem Kaiser zum Frühstück vorlegen lassen, damit sich allerhöchst dieselben überzeugen, wie wir Revolution predigen. Um dem vorzubeugen, erklären wir, daß wir nicht den Aufruhr predigen und ihn nicht wollen, sondern daß wir einfach —

die Wand bezeichnen, an welcher sich über kurz oder lang ein System den verkehrten Schädel einrennen muß, das nicht zu rechnen versteht mit der Ueberzeugung von Millionen."

Die ultramontane Partei organisirte auf deutschem Boden eine rührige und einflußreiche Presse, indem sich zu ihren älteren Blättern immer neue gesellten. Am meisten spezifisch jesuitisch waren die „Stimmen von Maria-Laach", von Jesuiten dieser Anstalt in der Nähe von Köln geschrieben und darauf berechnet, die katholische Bevölkerung in den preußischen Rheinlanden dahin zu inspiriren, daß sie nicht an deutsches, sondern nur an römisches Interesse denken, sich nicht für deutsch, sondern nur für römisch-katholisch halten solle. Das war zugleich das beste Mittel, mit dem Ultramontanismus im nahen Belgien und Frankreich Fühlung zu unterhalten und die Gemüther von Deutschland abzuwenden. Begreiflicherweise wurde überall der niedere Klerus instruirt, den ihrer Seelsorge anvertrauten Laien das Lesen anderer als ultramontaner Blätter als schwere Sünde zu verbieten.

Die Stimmen aus Maria-Laach stellten sich ganz auf den Standpunkt des Syllabus und bereiteten bei ihren Lesern durch den moralischen am Ende auch einen thätlichen Widerstand gegen die Staatsgewalt vor. Sie schrieben über den Staat z. B.: „Daß die Staaten heutzutage das kirchliche Strafrecht fast nur in Bezug auf Geistliche anerkennen und vollziehen, ist nicht ganz folgerichtig; denn die Kirche hat von Gott nicht nur über die Geistlichen, sondern auch über die Laien eine wirkliche Gewalt empfangen." (VII. 27.) „Es ist zu unterscheiden zwischen denjenigen, welche sich immer außer dem Schooße der Kirche befinden, als da sind die Ungläubigen und die Juden, und jenen, die sich der Kirche durch den Empfang des Taufsacramentes unterworfen haben. Die ersten dürfen zum Bekenntniß des katholischen Glaubens nicht gezwungen werden; dagegen sind die anderen dazu anzuhalten." (XII. 52.) Der Staat hat keine Gewalt über die Gewissen, nur die Kirche. Deshalb kann der Staat auch den Getauften keine Gewissensfreiheit geben, und somit fällt der Anspruch auf Cultusfreiheit von selber weg. (XII. 201.) Deutlicher konnten die Jesuiten nicht aussprechen, daß die Staatsgewalt ganz von der Kirchengewalt verschlungen seyn und daß jeder, der als Christ getauft ist, wenn auch in einer andern als der katholischen Kirche, gleichwohl der Sclave des Papstes und demselben unbedingt unterworfen seyn soll.

Auch die einst von Görres gegründeten, jetzt von Jörg redigirten historisch-politischen Blätter legten den letzten Respekt vor deutschem Geist, deutscher Vaterlandsliebe ab und trompeteten mit naiver Voreiligkeit den Triumph des Welschthums aus. Das zur Zeit noch so bitter verhöhnte „unfehlbare Lehramt des Papstes" — meint der Artikel — werde dereinst noch angerufen werden von den Fürsten in der Stunde der Noth, wenn „die modernen Ideen, die Gesetzgebung ohne religiöse Grundlage, die ewigen Kriege voll Blut und Thränen alle Schranken der Autorität durchbrochen haben" — dann werde auch die „ganze Welt erkennen, daß der Syllabus das wahrhaft bewundernswertheste Meisterstück staatsmännischer Weisheit in sich schließe und der Grundriß sey zum Neubau der christlichen Staaten." (Wortwörtlich!!) Wenn alsdann in jenem goldenen Zeitalter der unfehlbare Papst als Oberherrscher des ganzen Erdballes auf dem Throne sitze, werde diesem zunächst stehen als weltlicher Schirmvogt — das Haus Habsburg! An diese „weltgeschichtliche Mission" des letzteren glaubt der Verfasser des Artikels, „trotz der Ungeheuerlichkeiten, welche im Augenblicke täglich an der Donau drüben offenbar werden." Denn „Oesterreich mit seinen unzähligen Völkergruppen sey das weltliche Spiegelbild der katholischen Kirche, es stelle dar die Sammlung der verschiedenartigsten Völker zur Einheit durch die friedliche Vermählung des Imperiums mit der Kirche.

Am wahnsinnigsten tobte das in München erscheinende Siglsche „Vaterland" gegen Preußen. Dieses Blatt schrieb unter anderm: „Wir lieben dieses euer ‚Deutsches Reich‘ nicht, wir haben nie etwas davon wissen wollen, für uns existirt es nur als eine vorüberziehende Gewitterwolke am Himmel; es ist gut, daß ihr selbst uns davon befreien werdet. Denkt an die wandelnde Gerechtigkeit Gottes, die Internationale, welche Gottes und der Menschen Recht an euch rächen wird! Die Franzosen haben sich einen Napoleon gefallen lassen, aber das deutsche Kaiserreich, vor dem jetzt halb

Deutschland anbetend auf dem Bauche liegt, hätten sie sich nicht gefallen lassen." .... „Ist der Napoleonismus in Berlin ver= ehrungswürdiger als der Napoleonismus in Paris? Oder ist die Ehrlichkeit und die Gerechtigkeit auf preußischer Seite größer, als sie es je auf napoleonisch=französischer Seite gewesen?" Diesem Blatte ertheilte ein päpstliches Breve vom 6. Juli 1871 ausdrück= lich ein Lob. Ihm trat das „Münchener Volksblatt" würdig zur Seite. Die grobe Sprache dieser Presse war zum Theil affectirt, um den rohesten und bornirtesten, von zu viel Bier erhitzten Köpfen im Wirthshause zu schmeicheln.

Unter den neuern und gelesensten Blättern der Partei ragte die Berliner Germania und die Deutsche Reichszeitung hervor. Absichtlich nahm die Partei die Miene an, als verfechte sie den Germanismus, gegen den sie doch den giftigsten romanischen Haß trug, und als sey sie begeistert für das deutsche Reich und sogar ein Organ desselben, da sie unser neues deutsches Reich doch nur zerrütten wollte. Daher die Jesuitenpartei in Bayern sich aus= drücklich die der „Patrioten" nannte und die Jesuitenblätter alle die deutsche Farbe trugen: Germania, Vaterland, Volksblatt, Deut= sches Volksblatt, Reichszeitung ꝛc.

Die Frechheit, mit welcher die ultramontane Presse bald die patriotische Maske vornahm, bald wieder ungenirt Preußen als den einzigen Feind und Frankreich als den einzigen Freund und künfti= gen Retter Deutschlands bezeichnete, übertraf alles, was man bisher von Preßmißbrauch erlebt hatte. Am gefährlichsten aber waren wegen ihrer großen Zahl und wegen ihrer weiten Verbreitung unter dem gemeinen Volk die kleinen Amts= und Intelligenzblätter. Ueber sie schrieb man im Juni 1872 einmal in Württemberg: „Sie sind nicht nur aus Staats= und Gemeindemitteln subventionirt und zwar oft so, daß sie ohne diese Subvention gar nicht bestehen könnten, sondern es wird dadurch auch ihr Inhalt wenigstens in den Augen des größern Theils des Publikums, in dessen Hände sie gelangen, mit einer gewissen Autorität bekleidet. Dieser Inhalt beschränkt sich jedoch keineswegs auf die Bekanntmachung der Erlasse der Amts= stellen und der Inserate von Privaten in deren Privatangelegen=

heiten; die Amtsblätter enthalten auch regelmäßig Unterhaltendes und politische Mittheilungen. Was soll man nun dazu sagen, wenn es solche Blätter gibt, deren Tendenz in diesen politischen Mittheilungen eine geradezu reichsfeindliche ist?" Der Verfasser führt Beispiele an, wie solche Blätter gegen das deutsche Reich und gegen die neue Ordnung der Dinge hetzen. „Da wird von der Auswanderung gesprochen, als ob dieselbe in Württemberg, ehe es in das Reich eintrat, noch etwas Unerhörtes gewesen wäre, während sie jetzt gewaltig überhandnehme, da wird das Militärstrafgesetz des Reichs, das jedenfalls, wenn es auch noch nichts Vollkommenes seyn mag, viel besser und selbst humaner ist, als das württembergische Militärstrafgesetz, frischweg ein ‚Blutgesetz' genannt und in dieser und ähnlicher Weise alles, was vom Reiche kommt, entstellt, verdächtigt und verdreht. Gibt es dagegen kein Mittel?" Der Verfasser meint, wenn man auch die gleichsam heilig gesprochene Preßfreiheit nicht antasten wolle, so sollten solche Preßorgane, die wie schmutziges Ungeziefer am Leibe des Reichs herumkriechen, doch nicht subventionirt, nicht mit dem Schilde der staatlichen Autorität gedeckt seyn.

Kapitel 2.

Die Jesuiten im Dienst der französischen Politik.

Der Bund Frankreichs mit Rom gegen Deutschland ist uralt und erklärt sich aus dem Raceninstinkt und Racenhaß der süd- und westeuropäischen, romanischen oder welschen Bevölkerung gegen die Deutschen. Durch den altrömischen Kaiserdespotismus und ungeheuere Corruption physisch und moralisch tief heruntergekommen, wurden jene Romanen in der Völkerwanderung den naturwüchsigen und kerngesunden Deutschen unterworfen, trachteten aber nach und nach sie mit ihren Lastern anzustecken und sich dadurch ihrer Herrschaft wieder zu entziehen. Das gelang ihnen auch in Italien und

Frankreich, wo die Minderheit der Sieger allmälig die Sprache und die Fehler der Mehrheit der Besiegten annahm und verwelschte. Die neuen Italiener und Franzosen aber schlossen sich bald an einander, nicht nur, um sich von der bisherigen Herrschaft der Deutschen freizumachen, sondern um selber über die Deutschen zu herrschen. Schon Gregor VII. verband das Papstthum mit Frankreich, um Deutschland unter dem unfähigen Kaiser Heinrich IV. möglichst zu schwächen.*) Noch enger verbündeten sich Rom und Frankreich gegen Deutschland zur Zeit der Hohenstaufen, und es gelang ihnen, den Untergang dieses edlen Kaiserhauses herbeizuführen und dem verblendeten Deutschland in Rudolf von Habsburg einen Kaiser aufzudringen, der ganz ihr Werkzeug war, denn er mußte schwören, dem Willen des Papstes blind zu gehorchen, und mußte seine Tochter einem französischen Prinzen vermählen, dem Sohne des Henkers des letzten Hohenstaufen.

Seitdem wurde jeder deutsche Kaiser, welcher sich nicht zum Werkzeug der päpstlich-französischen Allianz (der Papst saß damals nicht mehr in Rom, sondern in Avignon, wo er die Befehle des französischen Königs empfing), hergeben wollte, vom Papst gebannt, von verrätherischen deutschen Fürsten bedrängt, die der Papst gegen ihn hetzte. So Heinrich VII., den ein Pfaff im Abendmahl vergiftete, so Ludwig der Bayer, der vergebens Deutschlands Recht und Ehre zu wahren suchte; so auch Ruprecht von der Pfalz. Nur die Habsburger gewannen, weil sie es fortwährend mit Rom und Frankreich hielten und durch das Wiener Concordat 1448 alle Bemühungen der Concile von Constanz und Basel, durch eine Reformation der Kirche den Greueln des Papstthums ein Ende zu machen, vereitelten. Erst hundert Jahre später wurde die Reformation durch Luther durchgesetzt und das Joch Roms wenigstens im deutschen Norden zerbrochen. Sogleich aber schlossen die Habsburger, Frankreich und der Papst einen Compromiß, die römische Kirche mit allen ihren Mißbräuchen gegen die Reformation zu beschützen unter der Bedingung, daß der Papst und die ganze

_____

*) Vergl. mein Werk: Roms Unrecht. Stuttg. Kröner. 1871.

Klerisei mit ihrer geistlichen Macht über die Seelen den weltlichen Despotismus der katholischen Dynastien durch Verdummung und Geistesknechtschaft der Völker unterstützen sollten. Als das brauchbarste Mittel zu diesem Zwecke aber wählten sie den Jesuitenorden aus, der, mit ihrer Gunst überhäuft, mehr Ansehen gewann als die Bischöfe und als die ältern Mönchsorden und dem der Volksunterricht ausschließlich anvertraut wurde.

Diese Jesuiten hielten nun nicht blos alle alten Mißbräuche der römischen Kirche aufrecht, sondern vermehrten sie auch noch durch viele neue. Vor allem verfolgten sie alles Germanische, was im Verlauf des Mittelalters in die römische Kirche und zum Heil derselben eingedrungen war, als Welsche mit instinktivem und systematischem Hasse. Alle gothischen Kirchen rissen sie ein oder ließen sie unvollendet stehen. Alle Gothik ersetzten sie durch Renaissance, die ehrwürdigen, altdeutschen Kirchen durch palastähnliche, geschmacklose und weltliche Neubauten im Renaissance- oder Zopfstyl. Aus ihren Schulen wurde die deutsche Sprache, wurde der deutsche Geist, die deutsche Innigkeit und Gemüthlichkeit verbannt. An die Stelle der tiefsinnigen deutschen Mystik trat welsche Scholastik und rabulistische Casuistik. Die verhältnißmäßige Selbständigkeit deutscher Erzbischöfe und Bischöfe und die deutschen Nationalconcile hörten auf, alles wurde dem neurömischen Absolutismus unterthan, alles vom Papst und seinen Nuntien allein abhängig.

Auch die Politik der Jesuiten diente nur den Interessen Roms und Frankreichs. Trotz der Wohlthaten, mit denen sie vom deutschen Hause Habsburg überhäuft worden waren, suchten sie als Beichtväter, Erzieher und Rathgeber doch nur den Geist der Habsburger von Jugend auf abzuschwächen und einzuschläfern, während sie den französischen Königen mit Feuereifer dienten und hauptsächlich dazu beitrugen, daß im spanischen Erbfolgekriege Spanien und Italien den Habsburgern durch Frankreich entrissen wurden. Für den Undank aber, den sie am Hause Habsburg begingen, wurden sie selbst durch den Undank bestraft, mit dem sie von den bourbonischen

Häusern, denen sie so große Dienste geleistet hatten, schließlich aus=
geplündert und vertrieben wurden. Wie hier immer ein Unrecht
das andere bestrafte, so wurden auch wieder die Bourbons von allen
ihren Thronen vertrieben, aber wieder hergestellt, und nun bewogen
sie den Papst, auch den Jesuitenorden wieder herzustellen. Es ge=
schah, half ihnen aber nichts, da sie abermals vertrieben wurden.
Dagegen nahm sich Napoleon III., nachdem er das zweite Kaiser=
reich in Frankreich gegründet hatte, der Jesuiten und des Papstes
wieder an und operirte gemeinschaftlich mit ihnen gegen das neue
deutsche Reich.

Welche geheime Fäden zwischen Paris und Rom angesponnen
waren, ehe man fast am gleichen Tage im Juli 1870 in Paris den
Krieg an Deutschland erklärte und in Rom das neue, Deutschland
bedrohende Dogma verkündete, darüber gibt die in Genf erschienene
Flugschrift des Herrn v. Rougemont die beste Auskunft. Frank=
reich und Rom, die ältesten und bösesten Feinde Deutschlands, hatten
sich verschworen, unser nationales Einigungswerk zu verhindern.
Hätte Frankreich gesiegt, so waren das neue Dogma von der Un=
fehlbarkeit des Papstes und der Syllabus schon fertig, um mit
französischen Bajonetten die dreifache große Reaction durchzuführen,
1) die romanische gegen den Germanismus, 2) die katholische gegen
den Protestantismus, 3) die absolutistische gegen Liberalismus und
Parlamentarismus.

Frankreich aber wurde besiegt, und nun konnte auch der König
von Italien sich Roms bemeistern und der weltlichen Herrschaft des
Papstes ein Ende machen. Gewiß ein schrecklicher Schlag für den
Papst, wie für den französischen Imperator, und eine gerechte Strafe
für ihren übermüthigen Angriff auf Deutschland. Aber die Jesuiten
waren schlau. Das Unglück des Papstes selbst mußte ihnen dienen,
um Mitleid mit ihm, besonders bei den frommen Katholiken in
Deutschland zu erwecken und überall die Meinung zu verbreiten, in
der Person des Papstes sey die Kirche und die Religion selbst ge=
fährdet. Hatten noch kurz vorher hunderttausende von Katholiken
im deutschen Reichsheere, mit ihren protestantischen Brüdern ver=
einigt, unsterbliche Siege über die Franzosen erfochten, so hielten es

die Jesuiten doch für möglich, in der Heimath und in den Familien jener tapfern Krieger Haß und Erbitterung gegen den protestantischen Kaiser, ja wo möglich katholische Bauernaufstände mitten in Deutschland zu entzünden, was einer militärischen Diversion im Rücken Deutschlands zu Gunsten Frankreichs gleichkäme. Gelang es ihnen, durch solche Mittel einen Religionskrieg in Deutschland anzufachen, so konnte auch Frankreich alles Verlorene wieder gewinnen. Inzwischen mußte Frankreich selbst in seiner damaligen Ohnmacht und so lange noch Theile seines Gebietes von deutschen Truppen besetzt waren, sich ruhig verhalten und konnte nur begierig den Operationen der Jesuiten in Deutschland zusehen, ihnen höchstens in der Presse Beifall klatschen.

Die französische Regierung, auf die es hauptsächlich ankam, war damals ohnmächtig und mußte sogar ihre Sympathien für den Papst verschleiern, um es mit den Republikanern in Frankreich selbst und mit den Italienern nicht zu verderben, die im Stande gewesen wären, Savoyen und Nizza zu reclamiren. Um dies zu verhindern, hatte man den alten Garibaldi übertölpelt, daß er, statt seine Vaterstadt Nizza wegzunehmen, sich mit Gambetta alliirte. Da sah die Welt das staunenswürdige Schauspiel, daß der alte Jude Cremieux als damaliger französischer Kriegsminister die abgedankten päpstlichen Zuaven und das bigotte südfranzösische Landvolk unter der Fahne der Gottesmutter auf der einen, und die Republikaner mit der Freiheitsfahne und rothen Jakobinermütze auf der andern Seite Arm in Arm gegen die Deutschen ins Feld schickte.

Sie alle wurden von den Deutschen über den Haufen geworfen, Gambettas tollköpfiges Regiment nahm ein Ende, man machte Frieden, und der neue Präsident der französischen Republik, Thiers, hatte zunächst andere Sorgen, als dem Papst helfen zu können. Uebrigens war er von jeher der eifrigste Gegner der italienischen Einheit gewesen und, obgleich er als alter Liberaler nichts weniger als bigott war, doch aus politischen Gründen dem Papste geneigt, der ihm jedenfalls als Bundesgenosse gegen Deutschland dienen konnte. Er lavirte daher nach seiner intriganten Art zwischen Florenz und Rom. Der neue französische Gesandte Harcourt wurde am 26. April 1871 vom Papste sehr freundlich empfangen, konnte aber nichts zusagen, dagegen war Choiseul, der französische Gesandte in Florenz, heimlich instruirt, dem König Victor Emanuel zu rathen, er möge sich mit seiner Uebersiedlung nach Rom nicht übereilen. So lange nämlich Rom noch nicht definitiv die Residenz des Königs geworden war, konnte er, ohne sich zu compromittiren, immer noch zurücktreten und Rom dem Papst wieder zurückgeben, wenn es Frankreich unter neuen Umständen etwa möglich würde, den Papst zu schützen. Natürlicherweise lag es in Frankreichs Interesse, es trotz seiner Allianz mit dem Papstthum doch auch nicht mit Victor Emanuel zu verderben, sondern wie früher beide mehr oder weniger von Frankreich abhängig zu machen.

Der beim Papst accreditirte französische Gesandte Graf Harcourt maßte sich an, als ein Nonnenkloster in Rom in Abgang decretirt wurde, die städtische Behörde, welche das Inventar darin aufnehmen wollte, hinauszuweisen, denn das Kloster sey eine französische Stiftung. Der italienische Gesandte in Versailles, Nigra, machte Vorstellungen, als aber Thiers constatirte, „daß Frankreich die vollendeten Thatsachen in Italien adoptire", gab auch die römische Behörde ihren Anspruch auf das Kloster „freiwillig" auf.

Man spielte gegenseitig Comödie. Thiers war gallicanisch gesinnt, mußte aber auf das gläubige Landvolk in Frankreich Rücksicht nehmen und trachtete zugleich die französische Vormundschaft über Rom nicht ganz fahren zu lassen. Der ultramontane Monde warf ihm bitter vor, er habe bei drei Bischofsernennungen die Freiheiten der gallicanischen Kirche vorbehalten. Der Eid, den Erzbischof Guibert von Paris leisten mußte, lautete: „Ich schwöre im Namen Gottes und der heiligen Evangelien, der durch die französische Republik eingesetzten Verfassung Gehorsam zu leisten. Ich verspreche auch, kein Einverständniß zu unterhalten, keiner Berathung beizuwohnen und weder nach Innen noch nach Außen einer der öffentlichen Ruhe gefährlichen Verbindung anzugehören. Und wenn ich erfahre, daß in meinem Sprengel oder anderwärts gegen den Staat irgend etwas geplant wird, so werde ich es meiner Regierung bekannt geben."

Die ultramontanen Blätter waren alle mit Thiers unzufrieden. Thiers gestand ein, daß er einen Brief an den Papst geschrieben, nur fügte er hinzu, daß es nicht derjenige Brief gewesen sey, den der „International" in Florenz veröffentlicht hatte. Aber was Thiers über seinen Brief mittheilte, entsprach genau dem Inhalte des in die Oeffentlichkeit gelangten. „Ich habe dem Papste, sagte Thiers, keine Rathschläge ertheilt, denn dazu hat Niemand ein Recht; aber ich habe ihm die Gesinnungen Frankreichs ausgedrückt und ihm gesagt, daß, wenn er jemals in die Verbannung gehen sollte, Frankreich ihm offen steht. Ich habe ihm nur mit aller Achtung, welche die Lage gebietet, gesagt: Sparen Sie das Brod der Seelen, schonen Sie Frankreich, denn es bedarf des religiösen Friedens eben so sehr wie des politischen." Das heißt wohl nichts anderes, als den Papst auf diplomatische Weise auffordern, sich ruhig zu verhalten und Frankreich in Ruhe zu lassen. Die Ultramontanen in Frankreich, welche nun einsehen, daß sie jetzt nichts erreichen können, geben ihrem Unmuth über Thiers einen unverhohlenen Ausdruck. Louis Veuillot, der Kampfhahn der französischen Ultramontanen, hat in einem Artikel des Univers den Herrn Thiers als frivolen Greis verhöhnt. „Man darf sich nicht länger täuschen, klagt der Univers, die Sache der weltlichen Herrschaft des Papstes ist in der Nationalversammlung verloren gegangen. Alle unsere Hoffnungen sind enttäuscht, die letzte Stütze fehlt dem Papstthum in der einzigen Nation, auf die es zählen konnte. Nach aller menschlichen Voraussicht ist die Sache zu Ende."

Damit hing zusammen, daß auf Befehl des französischen Kriegsministers das Corps, welches Oberst Charette für Heinrich V. zu organisiren angefangen hatte, aufgelöst wurde. Ob auch die großen Feuersbrünste jener Tage aus einer antilegitimistischen und antiklerikalen Aufregung hervorgingen, bleibt ungewiß. Immerhin war es auffallend, daß im Juli bald nacheinander der alte Herzogspalast in Nancy und der Palast des Erzbischofs von Bourges ein Raub der Flammen wurden. Mit dem ersten verbrannte ein reicher Schatz von historischen Alterthümern Lothringens, mit dem zweiten die Stadtbibliothek von Bourges.

Die französischen Bischöfe waren vor dem Kriege in ihren Ansichten getheilt. Einige waren von jeher ultramontan gesinnt, aber die gelehrtesten und talentvollsten, die in Reden und Schriften glänzten, dachten mehr gallicanisch und sahen auf die dummen Kostgänger des Papstes beim Concil mit derselben Verachtung hinab, wie die gelehrten deutschen Bischöfe. Bekanntlich haben Maret, Darboy, Dupanloup ec. auf dem Concil das neue Dogma verworfen. Allein nach dem großen Kriege änderten sie ihre Meinung und zwar hauptsächlich aus zwei Gründen. Erstens schlossen sie sich aus französischem Instinkt und Nationalstolz jetzt erst den Ultramontanen an, weil diese die entschlossensten Feinde Deutschlands waren. Zweitens schauderten sie vor den Greueln zurück, welche die Pariser Commune an den Priestern, an dem edlen Darboy selbst begangen hatte, ließen die mißbrauchte Fahne der Freiheit im Stich und folgten der Fahne der Infallibilität, des Aberglaubens und der Geistesknechtschaft. Sogar der geistreiche Dupanloup selbst verkündete, nur durch die innigste Hingebung an die Kirche könne das französische Volk regenerirt werden. Dagegen machte nun Gambetta im November 1871 in seinem neuen Blatte la république française die schlagende Bemerkung: Am ganzen sittlichen Verderben Frankreichs sey nur die Kirche schuld, sofern sie das Volk absichtlich in Dummheit und Aberglauben, sittlicher Schlaffheit und geistlicher Sclaverei niedergehalten habe.

Auch der verstorbene Graf Montalembert theilte die Meinung Dupanloups keineswegs. Dieser edle Geist hatte eine mehr germanische als romanische Grundstimmung, wie seine Sympathien für Deutschland und England, für die Gothik im Gegensatz gegen die Renaissance und für das germanische Verfassungswesen im Gegensatz gegen den romanischen Imperialismus und Despotismus, in seinen vielen Schriften klar bewiesen haben. *) Derselbe nun hinter-

____

*) Daß er mir befreundet war und blieb (obgleich mich der Jude Börne in Paris als den „Franzosenfresser" proclamirt hatte), mich mehrmals in Stuttgart besuchte, seinen Correspondant regelmäßig gegen mein Literaturblatt austauschte ec., ist ein Beweis mehr.

ließ, als er zur Zeit des Concils in Rom starb, einen letzten Auf=
satz, worin er den Jesuiten zum schweren Vorwurf macht, daß sie
unehrlich zur Zeit des herrschenden Liberalismus stets die Freiheit
für sich angerufen hätten, sie jetzt aber allen andern absprachen. Er
nannte das ein „malhonettes“ Verfahren. *)

Begreiflicherweise waffnete sich nun auch der ganze französische
Episcopat gegen das vom Minister Simon der Nationalversammlung
vorgeschlagene Unterrichtsgesetz, welches der grassen, hauptsächlich
durch den Klerus verschuldeten und von Gambetta so streng gerügten
Unwissenheit ein Ende machen sollte. Unter Anführung des Erz=
bischof von Rouen, Cardinal Bonnechose, reichte ein Bischof nach
dem andern bei der Regierung und Nationalversammlung seinen
energischen Protest gegen das neue Gesetz ein. Alle diese Proteste
setzten voraus, der Staat wolle die Kirche zerstören, der Atheismus
der modernen Gesellschaft wolle die Religion überhaupt ausrotten;
es gelte nun, die Religion zu retten. Der Bischof von Viviers
schrieb, inmitten der Mißgeschicke, welche Frankreich betroffen haben,
bleibe nur eine Hoffnung, nämlich mittelst der Kirche die Jugend
der Nation zu leiten und zu kräftigen. Nichts erscheint bezeichnender
für den nationalen Fanatismus der Franzosen, als daß auch Renan,
der bekanntlich in seinem Leben Jesu den Messias für einen Be=
trüger erklärte, sich jetzt an die Ultramontanen anschloß, nur um
Deutschland anzufeinden. Selbst der Unterrichtsminister Simon, Ver=
fasser einer „natürlichen Religion“, erklärte sich jetzt in einer Rede
an die Schulbrüder (frères ignorantins) zum Beschützer des Ultra=
montanismus und jammerte theatralisch: „daß ‚zwei Seelen, ach!
in seiner Brust‘ schlagen, von denen die eine freidenkerisch und vol=
tairianisch fühlt, indeß die andere darnach strebt, sich der Segnungen
des Papstes theilhaftig zu machen.“

Unter diesen Umständen konnte der neue Schulgesetzentwurf,
auf den Dupanloup am meisten einwirkte, im Widerspruch mit
Simons früherer Absicht, nur wieder die innige Allianz des neuen
wie des alten Frankreich mit dem Papstthum beurkunden.

---

*) A. A. Zeitung 1872, Nr. 179.

Am 22. Juni wurden in Versailles Petitionen von fünf französischen Bischöfen veröffentlicht, welche von der Nationalversammlung verlangten, sie solle in Verbindung mit den europäischen Großmächten die weltliche Herrschaft des Papstes wieder herstellen. Dieses Aktenstück ist sehr interessant, weil es aufs deutlichste beweist, was wir im vorliegenden, wie auch in unserm Werk „Roms Unrecht" behauptet haben, die uralte und unabänderliche Cooperation Frankreichs mit Rom gegen Deutschland. Die fünf Bischöfe sagen nämlich: „Wer begreift nicht, daß, wenn der souveraine Pontifex den göttlichen Auftrag erhalten hat, die Kirche zu regieren, die Gläubigen das gebieterische Bedürfniß haben, frei von dem regiert zu werden, den sie als den Vater ihrer Seelen anerkennen? Dieser hohe Grund der Gerechtigkeit und des socialen Interesses ist es, welcher stets die Politik Frankreichs erfüllt und es von Anfang unserer Geschichte an bewogen hat, den Schutz des souverainen Pontifex in die Hand zu nehmen. Die Päpste selbst haben gewissermaßen dieses Protectorat Frankreichs geweiht; denn wenn sie in ihren Prüfungen die Mitwirkung befreundeter Mächte angenommen haben, so haben sie immer zuerst diejenige Frankreichs angerufen. Oft haben sie die Dienste der Nation gesegnet und gepriesen, welche von ihnen die Würde der ältesten Tochter der Kirche empfangen hat. In dieser Empfindung schrieb Papst Anastasius der Zweite im Morgenroth unserer nationalen Entfaltung, ‚daß er in der französischen Nation eine von Gott zur Stütze der heiligen Kirche aufgerichtete eherne Säule erblicke.‘ Sanct Gregor der Große in seinen Briefen an Brunehild huldigt dieser Mission Frankreichs, von dem er verkündigt, ‚es sey ebenso erhaben über den anderen Ländern, wie der Herrscher über den Unterthanen.‘ Der Papst Stephan der Zweite im achten Jahrhundert wiederholt Pipin dem Kleinen, ‚daß die Zukunft des Papstthums und diejenige des ganzen römischen Volkes hauptsächlich von der französischen Nation abhängen.‘ Und Alexander der Dritte schreibt im zwölften Jahrhundert diese Worte, deren Bedeutung Niemandem entgehen wird und welche die Geschichte feierlich bestätigt hat: ‚Frankreich ist eine von Gott auserwählte Nation, eine Nation, deren Erhöhung untrennbar ist von der des h. Stuhles.‘ Wie viele andere Zeugnisse Hadrians des Ersten, Innocenz' des Dritten, Gregors des Neunten, Bonifaz' des Achten und fast aller souverainen Oberpriester in den uns näher liegenden Jahrhunderten könnten wir zum Beweise für die providentielle Mission anführen! So lange es getreulich die Ehre, die Unabhängigkeit, die freie Action der Kirche und des h. Stuhles gestützt, hat es von der Vorsehung eine hinreichende Macht zur Erfüllung seiner Mission empfangen. Weil es zu Anfang dieses Jahrhunderts dieselbe vergessen, hat es in seinem Busen die fremde Invasion und den unerwarteten Sturz des mächtigsten seiner Herrscher gesehen. Die Republik nahm 1849 das glorreiche Erbtheil der monarchischen Ueberlieferungen wieder auf und setzte den Papst wieder in seine Staaten ein. Das Kaiser= reich seinerseits setzte diese Politik bis zu dem Tage fort, wo es sich, einem verhängnißvollen Einflusse nachgebend, mit den Feinden des h. Stuhles verband, ihre schuldvollen Unternehmungen gegen den Kirchenstaat duldete und schließlich Pius den Neunten ohne Ver= theidigung den Angriffen der Revolution ausgesetzt seyn ließ. Aber wenn Frankreich seinen Degen zurückgezogen hatte, so hatte es sein Wort und seine Ehre verpfändet gelassen; denn der Vertrag von Zürich hatte ausdrücklich die Schonung der päpstlichen Monarchie stipulirt. Wir Bischöfe von Frankreich, als Dolmetscher der Wünsche der unserer Leitung unterstellten Gläubigen, kommen, um davon vor der Nationalversammlung Zeugniß abzulegen, und indem wir selbst Wächter der katholischen Interessen sind, bitten wir, die Regierung einzuladen, daß sie sich mit den fremden Mächten ins Einvernehmen setze, um den souverainen Pontifex in die zur Freiheit seines Han= delns und zur Regierung der katholischen Kirche nothwendigen Ver= hältnisse wieder einzusetzen. Genehmigen Sie u. s. w. Henry, Cardinal de Bonnechose, Erzbischof von Rouen; Charles Frédéric, Bischof von Seez; Jean Pierre, Bischof von Coutances und Avranches; Flavien, Bischof von Bayeux und Lisieux; François, Bischof von Evreux."

Hatten nun die Jesuiten die Bischöfe Frankreichs für ihren Plan gewonnen, und durften sie bei der provisorischen Regierung die wärmste Theilnahme an allem, was ihnen etwa gelingen könnte, durch die ultramontanen Hetzereien in Deutschland zu erreichen, voraussetzen, so waren sie auch durch ihre alte Verbindung mit der Kaiserin Eugenie der bonapartistischen Partei sicher, wenn diese etwa in Frankreich noch einmal ans Ruder kommen sollte. Damals aber legten sie noch das größte Gewicht auf das bigotte Landvolk, welches immer noch an der legitimen Linie der Bourbons hing. Daher bevorwortete die ultramontane Presse in Frankreich die Pläne der Legitimisten. Völlig einverstanden mit den Chauvinisten, daß Frankreich seine Niederlagen baldmöglichst an den Deutschen rächen müsse, sah diese Presse doch in der Wiederherstellung der Bourbons das beste Mittel zu diesem Zwecke. „Wir haben den Frieden, schrieb Veuillot in seinem Univers, aber den Frieden unter solchen Bedingungen, daß Frankreich, um ihn zu halten, auf den letzten Grad der Schwäche und der Erniedrigung heruntergekommen seyn müßte. Diesem Schicksal wird es nicht entgehen, wenn die Nationalversammlung sich einschüchtern lassen wird. Thut jedoch die Mehrheit ihre Schuldigkeit und gibt dem Lande eine christliche monarchische Regierung, so wird der Vertrag, der uns heute beohrfeigt, zerrissen werden!“

Der Kölner Zeitung wurde aus Frankreich geschrieben: „Man würde nicht enden, wollte man alle die Petitionen, Eingaben, Adressen und Kundgebungen aller Art zu Gunsten Heinrichs V. und Pius IX. aufzählen, welche jetzt in Frankreich verfaßt, verbreitet und unterzeichnet werden. So hat man zu Niort, im Departement der Deux-Sèvres, der Fronleichnams-Procession einen ganz politischen Charakter gegeben. Alle Kinder in der Procession trugen weiße Lilienstengel, deren Wurzeln nicht abgeschnitten waren; ein leicht faßbares Symbol. Das legitimistische Memorial des Deux-Sèvres hat einen pompösen Bericht über diese Ceremonie veröffentlicht und verbreitet sich dabei über die Ergebenheit der Bevölkerung von Niort an die Sache des Königs Henri V. Bei Gelegenheit des Jubelfestes des Papstes bringt das Univers ein Schreiben des ehrwürdigen Paters Jandel, worin alle Franzosen aufgefordert werden, sich der Verbindung der „Dévoués au Cœur de Jésus“ anzuschließen. Strebt dahin, sagt der Pater, daß die Zutretenden nach Millionen zählen, damit eine wirkliche nationale Protestation daraus hervorgehe. Oesterreichische Katholiken hatten vom h. Vater erbeten, daß er das Fest des h. Herzens Jesu zum großen Kirchen=feste erhebe; nun bringt das Univers darauf, daß alle Franzosen gleichfalls dieselbe Gunst von Pius IX. erbitten sollen."

Der große Mann, dem die Ultramontanen die Rolle zumutheten, Italien dem Papste zu unterwerfen und in neuen Kriegen gegen Deutschland die Eroberungen Ludwigs XIV. und Napoleons zu er=neuern, der Graf von Chambord, war bereits 50 Jahre alt, kinderlos, korpulent und wenig fähig, ja von zweifelhafter Legitimität, wenn man die Umstände seiner Geburt und den üblen Ruf seiner Mama in Erinnerung bringt. Man dichtete ihm aber in der Proclamation vom 5. Juli, die ihm den Thron erbetteln sollte, alle für den Thron erforderlichen Eigenschaften an. Allein er hatte den Eigensinn, wie die Fusion mit den Orleans, so auch die drei=farbige Fahne zu verwerfen und wollte nur die weiße Fahne der ältern Bourbons gelten lassen. Der Aufruf machte daher einen schlechten Eindruck, selbst bei der eigenen Partei Chambords. Das ultramontane Univers schrieb: „‚Wir gehören nicht zu denen, welche ausgehen, um einen König zu suchen. Unseren König haben wir längst: Jesus Christus.‘ Der sichtbare König des Univers ist zu Rom. Dennoch würde das Univers sich noch am liebsten Heinrich V als König gefallen lassen: denn nur der sey würdig, als König oder Präsident der Republik die Geschicke Frankreichs zu leiten, der die Interessen der Kirche zur obersten Richtschnur seines Handelns mache und dem Könige aller Könige, dem Papst, in allem unterthänig sey."

Die Neue Fr. Presse schrieb im Sommer aus Belgien: „Brügge, das nordische Venedig, mit dem es ein und dasselbe Schicksal gemein hat, sieht in seinen Mauern bei hellem lichten Tage den legenda=rischen Spuk vom verzauberten Schloß sich erneuern, wo Ritter und Ritterfräulein, Knappen und Spielleute um Mitternacht er=scheinen und einen gespenstischen Reigen halten, bis der Hahnenschrei sie der Verwesung zurückgibt. Flattert auch die weiße Fahne nicht von den Zinnen des Flandrischen Hotels, so weiß doch jetzt alle Welt in Brügge, daß der letzte der Legitimen, Henri V., vulgo der

Graf von Chambord, dort seinen Hof hält und die Huldigungen seiner Getreuen entgegennimmt. Allmorgendlich öffnen sich die Thore des Hotels, und bei Morgengrauen zieht der Ritter von der traurigen Gestalt, umgeben von seinem Hofstaat, zur Kirche, um da die Frühmesse zu hören. In derselben Ordnung kehrt der Aufzug wieder zurück, und dann verbleibt der Graf in seinen Gemächern. Ganze Ladungen von Lilienbouquets kamen am 12. Juli aus Frankreich bei Gelegenheit seines Namenstages. Es war großer Empfang, und in den Straßen von Brügge, wo man sonst das Gras wachsen hört, war ein Rennen und ein Fahren, das kein Ende nehmen wollte. Alle Hotels sind voll von Legitimisten, welche dem Sprößling des h. Ludwig und dem Erben Heinrichs IV. huldigen wollen. Sie haben den längst ertönten Hahnenschrei überhört und geberden sich wirklich, als glaubten sie sich noch lebendig. Man läßt den Schattenkönig und sein unschuldiges Spiel natürlich ruhig gewähren. Niemand denkt in Versailles daran, sich ob dies in Brügge umgehenden Spuks zu beunruhigen. Zwischen Brügge und Gent, wo weiland Ludwig XVIII. während der Hundert Tage residirte, liege ein nicht zu überbrückender Abgrund. Der Graf von Chambord, der dies wohl fühlt, hat wohl mit müder Hand das weiße Banner ein letztesmal geschwungen, ehe er daraus das Leichentuch des legitimistischen Königthums machte."

Da viele französische Ultramontane meinten, wenn der Papst nach Frankreich käme, würde die Begeisterung für ihn und also auch für Chambord den höchsten Grad erreichen, so achteten die Jesuiten auch diese Meinung für entsprechend ihren Zwecken und nahmen die Miene an, als billigten sie dieselbe. Im schlimmsten Fall wollten sie sich verwahren, daß nicht sie die Schuld trügen, wenn der Papst in Rom bliebe und dort Unglück erführe. Es wurden deshalb Unterhandlungen mit dem Papst gepflogen und man frug auch bei Thiers an. Dieser aber bezeigte bei aller Artigkeit gegen den Papst doch wenig Lust, ihn nach Frankreich kommen zu lassen. Nur für den schlimmsten Fall bot er ihm das Schloß Pau als Asyl an. Immerhin mußte es Frankreich zum Vortheil gereichen, daß, wenn der ohnehin hochbetagte Papst stürbe, hier

auch das Conclave gehalten und ein neuer Papst im Sinne Frankreichs gewählt werden könnte.

Merkwürdigerweise wagte es ein französischer Priester, den
Bischöfen zu trotzen, und scheute sich sogar nicht, dem wahnsinnigen
Deutschenhaß seiner Landsleute gegenüber, Fühlung mit der altkatholischen Bewegung in Deutschland zu suchen. In den ersten
Tagen des Februar veröffentlichte der Temps einen Brief Michaud's,
Doctors der Theologie, Ehren-Canonicus zu Chalons und Vicars
an der Kirche Madelaine, an Guibert, Erzbischof von Paris. Michaud erklärt sich in seinem Briefe gegen die Unfehlbarkeit des Papstes
und für die Altkatholiken; er erinnert Guibert an seine früheren
anti-ultramontanen Ansichten und verurtheilt das Verfahren des
Erzbischofs, der von den Priestern nicht nur äußere Unterwerfung
unter die neuen Dogmen, sondern auch inneren Glauben an dieselben
verlangt. Der Erzbischof versündigt sich damit am Andenken seines
Vorgängers Darboy und an seinem eigenen Rufe. Michaud sagt,
Guibert werde sich vielleicht auf die officielle Sprache Darboy's berufen. Aber Darboy sagte ihm vier Tage vor seiner Gefangen-
nehmung: „Da Eure Streitmacht aus nur acht Leuten besteht, so
könnt Ihr Euch nicht gegen die Führer auflehnen, noch den Papst
angreifen, der mächtiger ist als Ihr. Ihr müßt Euch deßhalb
äußerlich der Unfehlbarkeit und dem Concile unterwerfen. Was
Euer Gewissen betrifft, so habt Ihr genug Erfahrung gesammelt,
um zu wissen, woran Ihr Euch zu halten habt. Mögen sie machen
und sprechen, was sie wollen, ihr Dogma wird immer ein abge-
schmacktes Dogma, ihr Concil ein Concil von Küstern seyn. Lebt
also in Frieden und thut Eure Pflicht, ohne Euch um sie zu
kümmern." Michaud weist den Vorwurf zurück, als habe er seine
Ueberzeugungen geändert und seine Fahne vertauscht; er sagt,
wenn der Soldat, welcher seine Fahne verläßt, Verachtung verdient, mit welcher Schande wird sich dann nicht der Soldat
Christi bedecken, der, nachdem er dem katholischen Banner Treue
gelobt hat, seine Fahne in solcher Weise entwürdigen läßt, daß
sie nicht mehr den Katholicismus bedeutet, sondern den Ultramontanismus. Michaud will sich niemals zum Mitschuldigen

solcher Missethat machen und aus diesem Grunde nimmt er seine Entlassung.

In einem zweiten Briefe verwahrte sich Michaud gegen den Vorwurf, das französische Nationalgefühl durch seine Verbindung mit dem deutschen Klerus, welcher „keine andere Autorität in Religionssachen als die des Herrn v. Bismarck anerkennt", zu verletzen. Er hoffte zur Ehre seines nur allzu leichtgläubigen und was das Ausland betrifft unwissenden Landes, daß derlei Behauptungen nicht außerhalb der Zeitung, die sie aufnimmt, ein Echo finden. „Uebrigens," meint er, „sind etwa jene Bischöfe und Ultramontanen so patriotisch, welche gegenwärtig die allgemeine Schulpflicht bekämpfen, wo es doch bewiesen ist, daß unsere Unwissenheit die hauptsächlichste Ursache unserer Unglücksfälle war? Welche im Augenblicke, wo Frankreich erschöpft vom Blutverluste Ruhe begehrte, um die Wiederherstellung der weltlichen Herrschaft des Papstes auf die Gefahr eines Krieges mit Italien und vielleicht selbst mit Preußen hin petitionirten? Welche die Unfehlbarkeit als göttliche Wahrheit verkünden, obwohl sie wissen, daß dieselbe nur die Sanction der autokratischen Doctrinen des Syllabus ist, welche Frankreich an Händen und Füßen gebunden dem italienischen Papste als seinem eigentlichen Könige und unumschränkten Herrn überliefern würden? Nicht durch solche Lehren darf man hoffen, Frankreich wieder aufzurichten, das des Lichtes, der Wissenschaften, des Friedens und der Freiheit bedarf."

Auch in Bordeaux traten zwei katholische Priester, Junqua und Mouls, zum Altkatholicismus über, trotz der Wuth des Univers und trotz des Erzbischof von Bordeaux, Cardinal Donnet, der seinen ganzen Einfluß aufbot, um sie bei der weltlichen Behörde zu verdächtigen, jedoch ohne Erfolg. Am 23. März hielten die Altkatholiken in Bordeaux ihre erste Versammlung. Der Professor des dortigen Lyzeums, Laporte, hatte den Vorsitz; Beisitzende waren zwei Mitglieder des Gemeinderathes. Der Priester Junqua hielt eine Vorlesung. Ein neukatholischer Priester, der sich zur Versammlung Zutritt verschafft hatte und es sich herausnahm, Junqua mit Schimpfreden zu überschütten, wurde an die Thüre gesetzt.

Allein Donnet, der Erzbischof von Bordeaux, befahl den Herrn Junqua und Mouls, das geistliche Kleid abzulegen, und die weltliche Polizeibehörde machte sie auf den Artikel 259 des Strafgesetzbuchs aufmerksam und befahl ihnen, dem Erzbischof zu gehorchen. Man vermuthete, das sey auf einen Wink von Thiers geschehen. Junqua ließ sich nicht schrecken, sondern erklärte, die Tracht, welche er trage, sey nicht die eines römischen, sondern die eines gallicanischen Priesters, welche ihm abzusprechen die römische Kirche keine Gewalt habe. Gleichwohl wurde Junqua zu zweijährigem Gefängniß verurtheilt.

Thiers drückte dem italienischen Gesandten Nigra seine Mißbilligung darüber aus, daß die italienische Regierung, indem sie doch Rücksicht gegen den h. Stuhl zur Schau trage, doch den Professoren in Rom erlaubt habe, zustimmende Adressen an Döllinger zu schicken. Der Papst selbst setzte seine ganze Hoffnung auf Frankreich. Wie er sich früher schon rühmte, er habe während des Krieges von 1870 immer für Frankreich gebetet (nicht für Deutschland), so äußerte er sich auch wieder bei dem großen Empfang am Weihnachtsfest 1871.

Graf Harcourt, französischer Botschafter, und sein Personal wurden zuerst vorgelassen. Nach den Vorstellungen richtete der Papst in französischer Sprache das Wort an die Diplomaten und Seeleute, die Harcourt mitgebracht hatte. Er sagte, er sey glücklich, in ihnen das theure und unglückliche Frankreich zu segnen, dessen Wiederauferstehung er in seinem täglichen Gebete von Gott verlange; er segne mit Inbrunst Frankreich und sein berühmtes Oberhaupt, indem er den Allmächtigen bitte, beide zu erleuchten und ihre Anstrengungen fruchtbringend zu machen; er segne auch in ihnen die ganze französische Armee, welche er so lange an seiner Seite gesehen, namentlich die Marine, deren Geist, Mannszucht und Aufopferung über alles Lob erhaben sey.

Die klerikale Partei in der französischen Nationalversammlung ging zu weit vor, sofern sie die Befreiung des Papstes verlangte. Thiers konnte dieselbe unmöglich jetzt schon durchsetzen, bat also, die Berathung lieber noch zu vertagen, und Dupanloup war artig und klug genug, ihm zu willfahren und seine Partei zu gleicher Resignation zu stimmen.

Die Berathung des Unterrichtsgesetzes führte noch zu einigen liberalen Reclamationen. Der Unterrichtsminister Simon hatte es den Franzosen noch kurz vorher beständig eingeschärft, der preußische Schulmeister habe bei Königgrätz und bei Sedan gesiegt; nur seinen bessern Schulen verdanke Deutschland sein besseres Heer. Auch Blätter wie Siècle und Debats empfahlen diese Angelegenheit dringend. Aber Thiers wollte kein Geld für die Schule ausgeben, um destomehr auf die Armee verwenden zu können, und da die Kirche der Bundesgenosse Frankreichs gegen Deutschland war, behielt ihre Partei natürlicherweise die Oberhand über die Schulpartei. Jetzt erst erfolgte auch die feierliche Verkündigung des neuen Dogma, obgleich sie der bisherigen gallicanischen Kirchenpolitik Frankreichs widersprach. Am 11. April erließ Erzbischof Guibert von Paris einen langen Hirtenbrief, worin er sich auf ein angebliches Schreiben seines Vorgängers Darboy stützte, wonach sich derselbe dem neuen Dogma gefügt haben sollte.

Der Erzbischof von Chambery benahm sich, als ob gar keine weltliche Regierung in Frankreich mehr existire. Er schrieb eine Volkszählung vor, verbot Zeitungen, organisirte in allen Cantonen katholische Comités, die unter einem Centralcomité in Chambery stehen sollten, und veranlaßte den in Neapel erscheinenden Pungolo, alles Ernstes zu besorgen, in Frankreich würde bald niemand mehr regieren, als der infallible Papst und die Klerisei und werde demnächst das Königreich Italien wieder zu nichte machen. Man erkennt daraus wenigstens, wie weit die Ultramontanen sich verstiegen und daß sie ganz auf die Passivität der französischen Regierung rechneten, der nichts erwünschter seyn könne, als die Einheit Italiens wie diejenige Deutschlands durch den katholischen Fanatismus zu sprengen und Frankreichs Präponderanz wieder herzustellen.

Frankreich mußte einen besondern Botschafter beim König Victor Emanuel und einen besondern beim Papst bestellen, und einer (Fournier) wie der andere (Bourgoing) sicherte hier dem König, dort dem Papst die Sympathien Frankreichs zu. Der römische Correspondent des

Wiener Tagblatts schrieb: „Herr v. Bourgoing, der französische Bot=
schafter beim h. Stuhle, hat dem diplomatischen Corps in Rom
Erklärungen über seine Unterredungen mit dem Papste gegeben.
Herr v. Bourgoing beeilt sich zu versichern, daß alle Mittheilungen,
die in dieser Beziehung gemacht wurden, übertrieben seyen, daß er
dem h. Vater nicht von dessen weltlicher Herrschaft gesprochen, daß
er ihm keinerlei Versprechen im Namen Frankreichs gemacht habe.
Er habe im Gegentheile gesagt, daß Frankreich trostlos sey, nichts,
absolut nichts für den h. Vater thun zu können, und daß Frank=
reich den Papst bitten müsse, nicht auf dasselbe zu zählen." —
Das Tagblatt meint, „daß diese Aeußerungen des Herrn v. Bourgoing
Italien nur noch — vorsichtiger machen sollten. Daß Frankreich
jetzt ohnmächtig ist, weiß man, aber die Worte seines Botschafters
in Rom zeigen doch deutlich seinen bösen Willen."

Anfang Juni schrieb man aus Constantinopel, der französische
Gesandte daselbst habe, vom österreichischen unterstützt, gegen die
vom Sultan vorgenommene Ernennung eines neuen Patriarchen der
katholischen Armenier protestirt, nachdem der vom größten Theil der
armenischen Geistlichkeit als Kreatur Roms und der Jesuiten ver=
worfene Patriarch Hassun abgesetzt worden war.

Eine officiöse Berliner Correspondenz machte darauf aufmerk=
sam, daß, wenn Frankreich, um den Papst wieder herzustellen,
Italien angreife, Deutschland sich des letztern werde annehmen
müssen, und daß dann alle Verantwortung auf Frankreich allein
fallen würde. Diese Bemerkung soll auf Thiers großen Eindruck
gemacht und dessen Abmahnung an Dupanloup veranlaßt haben.
Was die Ultramontanen in Frankreich aber nicht mit Thiers durch=
setzen konnten, das machten sie wenigstens in einer damals im Univers
abgedruckten Adresse an den Papst geltend, worin sie ihn auf die
Zukunft vertrösteten. Die Adresse war überschrieben: Die Katholiken
Frankreichs an den Papst=König! Der Hauptgedanke darin war:
Wir wissen, daß die ganze sociale Ordnung auf dem Felsen ruht,
auf den Sie Gott gesetzt hat, damit sie von Ihnen ihre ganze
Festigkeit erhalte. Jener Botschafter, der aus Frankreich zu dem
Fürsten gekommen ist, welcher sich König von Italien nennt, der

aber niemals der König von Rom seyn wird, wurde in Folge eines politischen Zwischenfalles, einer Art von Ueberraschung abgesandt, welche keine Dauer haben kann. Unsere Vernunft wie unsere Herzen erheben Einspruch dagegen. Unsere Vernunft und unsere Herzen gehören Ihnen an, und Gott wird uns die Zukunft geben, weil wir mit Ihnen sind. Vor Zeiten sah einer unserer Generale, als er auf dem Schlachtfelde ankam, unsere Truppen wanken. Er sagte: „Die Schlacht ist verloren, aber es bleibt uns die Zeit, eine andere zu gewinnen." Er begann die Schlacht von Neuem, und er siegte. Segnen Sie ihre Kinder von Frankreich, heiligster Vater; sie werden die Schlacht von Neuem anfangen, und sie werden sie gewinnen.

Damals machte auch der ultramontane General du Temple im „Figaro" auf folgendes nach seiner Meinung überaus wunderbare Zusammentreffen aufmerksam: Genau an demselben Tage, an welchem die französischen Truppen Rom verließen, erlitten wir unsere erste Niederlage bei Weissenburg, und wir verloren hier genau so viel Soldaten, als wir aus der ewigen Stadt zurückzogen. — Mit Recht spottete man dieses Wunderglaubens und bemerkte, der Papst würde sicherer verfahren seyn, wenn er sich mit dem König von Italien friedlich arrangirt hätte, anstatt sich den Jesuiten hinzugeben. Es könne ihm ergehen, wie es allen den weltlichen Dynastien ergangen sey, die sich jemals den Jesuiten anvertraut, wie den Stuarts, wie den Bourbons in Frankreich, Spanien und Neapel, wie den Fürsten von Modena und Toskana. Auch an den Schweizer Sonderbundskrieg hätte der Papst denken dürfen und an die Niederlagen Oesterreichs in den Jahren 1859 und 1866, denen jedesmal ein jesuitenfreundliches Ministerium vorangegangen war. Die goldene Rose, die der Papst unter jesuitischem Einfluß der keuschen Königin von Spanien übersandte, wurde in den Todtenkranz der Bourbons geflochten. Auch der jesuitische Anhang der Kaiserin Eugenie bestand nur aus den Todtengräbern des zweiten Kaiserthums.

Am 4. Juni hielt der Elsässer Keller in der Nationalversammlung eine Rede, worin er das Programm der französischen Ultra-

montanen preisgab: „Erst Rache an Deutschland, und dann be=
waffnete Intervention in Italien zur Herstellung des Kirchenstaates,
und dadurch Herstellung der Frankreich zustehenden Stellung in
Europa an der Spitze der Civilisation." Dieser Mensch sollte sich
doch schämen, einen deutschen Namen zu tragen. Man bemerkte, daß
dieser ultramontane Keller auch den Beifall Gambettas und der
Republikaner einerntete. Natürlicherweise waren die Letztern, die
Rothen, mit den Ultramontanen oder Schwarzen im Deutschenhaß
vollkommen einverstanden.

Wie viel der Regierung daran lag, es mit den Klerikalen
nicht zu verderben, bewies damals ein Vorgang in Marseille. Hier
sollte am 7. Juni zur Erinnerung, daß vor hundert Jahren einmal
die Pest durch eine große Prozession zu Ehren der Jungfrau Maria
abgewendet worden war, auf Anordnung des Bischofs eine gleiche
Feier stattfinden. Der Maire von Marseille verbot die Prozession,
aber der Präfect Keratry kam eilig herbei, um das Verbot des
Maire zu annulliren und die Prozession zuzulassen.

Die legitimistisch=klerikale „Union" faßte den Gedanken auf und
rief: „Ach, wenn Frankreich ahnte, was eine katholische Politik ihm
jenseits des Rheins Sympathien eintragen würde, um die Pläne
Bismarks zu bekämpfen, und wie viel schneller die Stunde der Re=
vanche schlagen würde." Der „Temps" bemerkte dagegen: „Indem
unsere Devoten verlangen, daß Frankreich sich in Europa zum Ritter
der weltlichen Gewalt des Papstes und als Vertreter der ultramon=
tanen Ziele aufwerfen solle, oder schon indem sie sich in kindischen
Ausfällen gegen Italien ergehen, merken sie nicht, daß sie uns nicht
blos die Sympathien dieser Macht entfremden, daß sie dieselbe nicht
blos vollständiger in Deutschlands Arme treiben, sondern daß sie
auch zu einem Bruche Frankreichs mit den Ueberlieferungen seiner
Revolution führen, ihm alle Sympathien des europäischen Fortschritts
entfremden und es isoliren."

Auch die französische Akademie vergaß, wie in frühern Zeiten
französischer Geist dem Jesuitismus entgegengewirkt und auf welche
Höhe der Humanität und des Universalismus sich emporgeschwungen
hatte. Wenn öffentliche Blätter im Juli 1872 aus Paris schreiben

konnten: „Die französische Akademie scheint jetzt das Hauptnest der französischen Kleriker zu seyn," so muß man die Energie des Nationalgefühls an den französischen Gelehrten bewundern, ihnen aber zugleich die Ehre absprechen, daß ihre Wissenschaft sich auf gleich unparteiischer Höhe mit der deutschen befindet.

Auch der Kriegsminister Cisey schmeichelte dem Klerus und befahl seinen Soldaten, fleißig in die Kirche zu gehen.

Die Generalräthe, von denen man gegenüber der Nationalversammlung große Erwartungen hegte, entsprachen denselben nicht. Nach dem Gesetz durften sie sich nicht mit Politik befassen, sondern nur Verwaltungsgegenstände berathen. Obgleich sie aber häufig ins politische Gebiet hinüber schweiften, waren sie doch in ihren Ansichten zu sehr getheilt und hielten sich die monarchische und republikanische Partei die Waage.

Als charakteristisches Zeichen der Stimmung in den mittleren politischen Regionen ist zu beachten, daß die große Mehrzahl der Generalräthe von 1872 sich nachdrücklichst zu Gunsten des unentgeltlichen Volksschulunterrichts und des Schulzwanges in der Elementarschule ausgesprochen hat; „die Regierung kann daher kaum umhin, sich gegen die Anträge im Berichte des Bischofs von Orleans auszusprechen und es mit den Ultramontanen in dieser Frage zu verderben. Indeß hat Msgr. Dupanloup die Freude, daß die Generalräthe nicht den Muth hatten, sich gleich entschieden für den Laienunterricht auszusprechen, und es ist ja doch die Hauptsache für die Ultramontanen, daß die Schule in der Hand der Congregationen bleibt."

Weil der Ultramontanismus der wichtigste Bundesgenosse Frankreichs gegen Deutschland war, kokettirte mit ihm nicht nur der glaubenslose Thiers, sondern auch der Jude Gambetta. „Wie Thiers, so spielt auch Gambetta doppeltes Spiel um die Gunst der großen Nation. Der alte Voltairianer macht den Ultramontanen den Hof, der Radicale spielt den Conservativen gegenüber in der République Française den politischen Mäßigkeitsapostel." Doch beschwerte sich Gambettas Organ über den Cultminister: „Herr Jules Simon liefert unsere Kinder den Congregationen aus, die Priester organi siren frei, unter der Schminke der Religion und der Wallfahrten politische Kundgebungen und eine royalistische Agitation; die Bischöfe versuchen unter dem Vorwande katholischer Arbeitervereine die Errichtung geheimer Gesellschaften in Frankreich, welche in Rom ihr Stichwort und Weisungen für ihre Richtung entgegennehmen. Während derselben Zeit untersagt man es im Namen der Ordnung und des politischen Friedens, wenn die Republikaner sich versammeln wollen, um sich über die Interessen der Republik zu unterhalten." Von dem Zustande des französischen Volksunterrichtswesens hat neuerdings der Präfect der Côtes-du-Nord ein entsetzliches Bild entworfen. In seinem Departement erhalten 26,000 Kinder gar keinen Unterricht, und die 81,000, welche die Schule besuchen, müssen aus Mangel an genügenden Räumlichkeiten in der beklagenswerthesten Weise zusammengepfercht werden. Die meisten Schulgebäude befinden sich in einem Zustande, daß nach dem Ausdrucke des Schulinspektors von St.-Brieue „verständige Landwirthe in dieselben ihr Vieh nicht einsperren würden".

Wenn auch das Papstthum seine größten Hoffnungen auf Frankreich setzt, so doch nur auf ein Frankreich, wie es unter der Monarchie war, während ihm die provisorische Republik des Herrn Thiers und dessen Kokettiren mit Victor Emanuel überaus verhaßt war. Der Papst sprach in einer seiner Reden von einer „sogenannten Regierung in Paris". Das Univers hatte diese Stelle in seiner Mittheilung über diese Kundgebung des Papstes unterdrückt, das Siècle und die Agence Havas theilen die betreffende Stelle wörtlich mit, und ersteres fragt verwundert, wie Pius IX. wohl dazu komme, eine durch das allgemeine Stimmrecht errichtete und von allen Mächten anerkannte Regierung nur als eine „sogenannte" zu behandeln. Freilich habe diese Regierung Frankreich nicht in die abenteuerliche Politik stürzen wollen, statt ihres Landes Wunden zu heilen, für den Kirchenstaat das Schwert zu ziehen. „Werden," so fügt das Siècle hinzu, „die Völker endlich einsehen, daß die römische Curie sie stets nur als Packesel betrachtet hat und daß sie ihre Schmeicheleien oder ihre Peitschenhiebe je nach der Willigkeit vertheile, die sie ihr bezeigen? Zum Glück sind die Zeiten vorbei, wo

Rom in seiner Allmacht Könige ein- und absetzte nach Belieben und wo es die Unterthanen vom Eide der Treue entband. Die Gendarmen unserer Tage kennen nur die Befehle ihrer gesetzlichen Regierung, und der heilige Vater mag sagen so viel er will, daß die Regierung des Herrn Thiers nur eine ‚sogenannte Regierung‘ sey; die Regierung selbst wird dadurch kein Haar schlechter!" Das Univers hat diese Bemerkungen des Siècle sogleich aufgegriffen, um zu erklären, daß auch jetzt noch die Regierungen nicht ungestraft den Fluch des Papstes hervorriefen; im vorliegenden Falle aber habe der Papst sagen wollen, daß die Regierung des Herrn Thiers des Namens einer Regierung nicht würdig sey, weil sie Angriffe auf das Princip dulde, auf dem jede Regierung beruhe; „Regierungen, welche die Attentate Victor Emanuels in Rom duldeten, seyen keine Regierungen mehr," sie sollten aber, statt gegen die Worte des Papstes Einrede zu erheben, nachdenken und einsehen, daß diejenigen ihre wahren Freunde seyen, welche ihnen sagten, daß sie, indem sie so handelten, nur noch sogenannte Regierungen seyen. Wie man sieht, haben Thiers und Jules Simon mit allen ihren Rücksichten gegen die Ultramontanen und mit ihrer Aufopferung der Landesinteressen dem Episcopate gegenüber nichts erlangt als Spott und Hohn. Jene gefährlichste aller Wühlereien, welche den Boden der Regierung unterminirt, indem sie die Gewissen gegen die Regierung aufhetzt, geht stolz ihren Gang und täglich wird im Univers, in der Union u. s. w. die Auflehnung gegen die weltliche Obrigkeit als gutes Werk gepredigt.

Im Juli 1872 gab es eine Jesuitenverfolgung in Brest. Das Volk warf den Jesuiten die Fenster ein, weil einer von ihnen in einem Eisenbahnwaggon mit einer Dame in einer zweideutigen Situation ertappt worden war. Die Erregung, welche in Brest durch diesen Vorgang hervorgerufen wurde, war hauptsächlich deßhalb so groß, weil der Bischof von Quimper, zu dessen Sprengel Brest gehört, es durchgesetzt hatte, daß das Gymnasium dieser Stadt vom 1. Oktober ab unter die Leitung der Jesuiten gestellt werden sollte. Selbstverständlich leugneten der Jesuit und die Dame, aber der Eisenbahnconducteur hat seine Aussagen eidlich erhärtet, und in Brest schenkte man ihm vollständig Glauben.

Bald meldeten die Blätter: Die in Brest gegen den Jesuiten Pater D.... und seine Mitschuldige, die Vicomtesse be B...., eingeleitete Untersuchung hat folgende Einzelheiten festgestellt: Der Pater D...., Jesuit erster Classe, Gründer und Direktor einer Erziehungsanstalt, die eine Succursale der Jesuitenanstalt der Rue des Postes in Paris ist, nahm auf der Brester Eisenbahnstation ein ganzes Coupé von acht Plätzen. Der Oberbeamte der Eisenbahn, dem dies auffiel, beobachtete das Coupé und er bemerkte, daß nur eine einzige Dame in dasselbe stieg und der Pater D. sodann Reisende, die in seinem Coupé Platz nehmen wollten, mit den Worten zurückwies, daß er alle Plätze bezahlt habe. Da dies dem Oberbeamten des Bahnhofs verdächtig vorkam, so beauftragte er einen der Conducteure, den Wagen zu überwachen. Kaum hatte der Zug Brest verlassen, so fand der Conducteur die Gelegenheit, sein Protokoll Betreffs der Beschimpfung der öffentlichen Moral aufzunehmen. Dem mit der Untersuchung betrauten Staatsprocu= rator gegenüber behauptete der Pater D., daß sein einziges Unrecht darin bestehe, seiner Reisebegleiterin nicht genug Widerstand geleistet zu haben. Was die Vicomtesse anbelangt, so entschuldigt sie sich damit, daß der Pater ihr Gewalt angethan. In Brest hat diese Geschichte eine ungeheure Aufregung hervorgerufen. Die Zusammen= rottungen vor dem Jesuitenkloster waren so drohend, daß die Militär= macht requirirt werden mußte. Sie gab auch Feuer; nach den Einen schoß sie aber in die Luft, während nach den Andern mehrere junge Leute von der Marine und medicinischen Facultät verwundet wor= den seyn sollen. Am 5. September wurde der Prozeß verhandelt und die Thatsache constatirt. Die Stadt Brest verlangte in einer Petition von Thiers die Ausweisung der Jesuiten aus Frankreich. Aber die klerikale Partei war zu mächtig. Beide Angeklagten wur= den freigesprochen, weil der Schaffner kein Recht gehabt habe, ein Protocoll über den Vorgang aufzunehmen, und weil ein in der Fahrt begriffener Zug nicht als ein öffentlicher Ort zu betrachten sey. Ja, es fehlte nicht an klerikalen Stimmen, welche den Pater Dufour zu einem Heiligen und Märtyrer machten, während sie in der Verheirathung des guten Pater Hyacinth den ungeheuersten Frevel sehen wollten.

In demselben Monat wurden zehn Bauern und Bäuerinnen in la Chatre Langlin vor Gericht verurtheilt, weil sie ihren Pfarrer durchgeprügelt hatten. Derselbe hatte nämlich ihre Felder eingesegnet und sie versichert, nun sey ihre Ernte ungefährdet, gleichwohl aber sey sie ihnen verhagelt worden.

Im Anfang des August las man im Fanfulla, der Papst habe den französischen Finanzminister Goulard wegen des Resultats, welches die französische Anleihe gehabt, in einer besonderen Zuschrift förmlich beglückwünscht und Frankreich glücklich gepriesen, welches diesen Erfolg erlangt habe, während Goulard Minister war. Den größten Theil dieses Erfolges, so fügt die Fanfulla hinzu, schreibe der Papst dem Umstande zu, daß Goulard es seiner Zeit abgelehnt, Frankreich in Rom bei jener Macht zu vertreten, welche dort widerrechtlich eingedrungen sey.

Zur Feier der Bartholomäusnacht bemerkte Veuillot im „Univers“, dieselbe sey gar nicht so schlimm wie ihr Ruf. Die französische Regierung habe nur eine Pflicht erfüllt, indem sie den französischen Boden vom Protestantismus gereinigt habe. „Die Invasion des Protestantismus war eine Kriegserklärung gegen die Gesellschaft und folglich gegen die Religion, welche die Grundveste des ganzen Gebäudes war. — Die Religion ist unschuldig an allen Verbrechen, die in der Welt vorgehen, und es gibt nur dort Verbrechen, wo ihre Gesetze nicht erkannt oder nicht befolgt werden... Nicht sie (die Religion) hat den Vernichtungsengel heraufbeschworen, nicht ihr Fehler ist es, wenn Gott denen, welche sich gegen ihn waffnen, eine Mission der Rache ertheilt. Im Gefolge des Vernichtungsengels ist sie der Engel der Barmherzigkeit und des Trostes.“ Daraus sollen nun französische Leser lernen, daß die Ausrottung des Protestantismus auch in der ganzen übrigen Welt die Aufgabe, das Recht und die Pflicht der Katholiken ist und daß mithin auch ein Krieg gegen das neue Deutschland mit seinem protestantischen Kaiser das größte Verdienst der Franzosen und ihr größter Ruhm in den Augen Gottes seyn würde.

Im September empfahl die klerikale „Union“ ein Buch: La politique prussienne et le catholicisme en Allemagne, worin gradezu gesagt war, die Katholiken in Deutschland sollten mit den Franzosen vereinigt dem protestantischen Kaiserthum ein Ende machen. Der Artikel schließt: „Das Buch beweist, daß Frankreich sicher ist, Freunde und Verbündete bei Allen zu finden, welche das reine Licht des Katholicismus erleuchtet. Es ist der Ruhm unserer Nation und auch das Geheimniß unserer unbesiegbaren Hoffnungen. Möchten wir endlich begreifen, daß das Uebergewicht Frankreichs von der Treue abhängt, mit der es in der Welt seine Rolle erfüllt, die ihm sein Titel als älteste Tochter der Kirche anweist."

Der berühmte Pater Hyacinth, der sich jetzt nur noch Herr Loison nennen ließ, verkündete Anfangs September, er werde nächstens heirathen. Das orleanistische „Journal de Paris" tobte gegen ihn. „Dies kann, wie eine andere Pariser Correspondenz bemerkt, jedoch kein Erstaunen erregen, da die Orleanisten — es ist deren Organ — tagtäglich klerikaler werden. Bei dieser Gelegenheit mag bemerkt seyn, daß die monarchischen Parteien aller Schattirungen, Legitimisten, Orleanisten und Bonapartisten, immer mehr und mehr dem Ultramontanismus huldigen, was jedoch keineswegs ein Schaden für die Republik ist, da alle diejenigen Leute dieser verschiedenen Parteien, die mit Louis Veuillot nicht durch Dick und Dünn gehen wollen, sich der Republik zuwenden. — Des Paters Ehe wurde am 3. September vollzogen. Seine Gattin ist eine Wittwe Edwin Ruthven Merivan, geborene Emilie Jane Butterfield, aus den Vereinigten Staaten."

Es ist ziemlich charakteristisch für die Franzosen, daß sie sich für besondere Günstlinge der Jungfrau Maria und Frankreich selbst für das gelobte Land derselben halten. Man findet in den Friedensbildern des Jesuitenpater Marly (2. Aufl. Amberg 1872) merkwürdige Notizen über die häufigen Erscheinungen der Gottesmutter in Frankreich. Bei einer solchen in Paris im Jahr 1830 soll sie befohlen haben, auf ihre unbefleckte Empfängniß Medaillen zu prägen, denen dann eine besondere Wunderkraft innegewohnt habe. In den Jahren 1846 und 1858 soll sie als schmerzensreiche Mutter erschienen seyn und im Januar 1871, fünf Tage nach der großen Niederlage der französischen Westarmee bei Le Mans, erschien sie zu Portmain in einem ganz schwarzen Schleier, um ihren Schmerz über die Niederlage der Franzosen auszubrücken. Damit hängt die Fabel zusammen, Dionysios Areopagita, der die Schönheit der h. Jungfrau über alles pries, liege in St. Denis begraben. Schon im 17. Jahrhundert erklärte Crignon die h. Jungfrau für das höchste Wesen selbst, und wenn sie auch bei der ersten Wiederkunft Christi im Hintergrund gestanden sey, so werde sie doch bei der zweiten in den vollen Vordergrund treten und durch ihre alles bezaubernde Schönheit sich die Menschheit unterwerfen. Bekanntlich schwärmt auch Pius IX. für sie und hält sie, wie das französische Volk, für seine ganz besonders hohe Gönnerin.

In neuester Zeit war am meisten der Cultus einer Mutter Gottes von der Befreiung in die Mode gekommen. „Am 22. August fand in Bayeux die Krönung von Notre Dame de la Delivrance statt. Der Cardinal Bonnechose, Erzbischof von Rouen, sechs Bischöfe, der Abt der Trappisten von Briquebec und eine große Anzahl anderer Geistlichen betheiligten sich bei dieser Ceremonie. Die Notre Dame de la Delivrance hat in der Normandie großen Anhang, und die dortigen Gläubigen citiren mit Stolz, daß Ludwig XI., Ludwig XIII., Marie Josephine von Sachsen, Ludwig XVI., Marie Antoinette und die Herzogin von Berry zu ihrer Notre Dame gewallfahrtet sind. Der Zudrang der Gläubigen war daher sehr bedeutend und man schätzt die, welche aus der Umgegend herbeigeströmt waren, auf über 20,000. Die Krönung ging mit großer Feierlichkeit vor sich. Die Civil- und Militärbehörden wohnten derselben ebenfalls an, und der Generalrath des Calvados, so heißt das Departement, wo Bayeux liegt, setzte zur Feier des Tags seine Sitzungen aus. Aber in den entgegengesetzten, d. h. in den antiklerikalen Kreisen, machte dies Schauspiel, welches man in der Normandie zum besten gab, ebenfalls viel böses Blut. Man findet es auffallend, daß die Behörden sich dabei betheiligten und der Generalrath des Calvados es für gut erachtete, seine Sitzungen zu suspendiren.“ Am 28. August empfing Thiers den Erzbischof von Rouen und sanctionirte damit als Staatsoberhaupt die Krönung der Madonna.

Im Jahr 1846, als die Jesuiten aus Frankreich ausgewiesen wurden, ersannen sie ein Wunder, welches sich zu La Salette bei Grenoble sollte zugetragen haben. Die Jungfrau Maria soll nämlich hier zwei Hirtenknaben erschienen seyn, und seitdem wurde dahin gewallfahrtet. Auf Antrieb des Klerus aber war 1872 der Zudrang der Pilger ungeheuer groß und fanden sich sogar 700 derselben aus dem gottlosen Paris ein. Diese wurden aber von den Einwohnern von Grenoble auf offener Straße verhöhnt und es kam zu stürmischen Auftritten. Man schrieb aus Paris am 28. August: Die klerikale Bewegung ist in der Zunahme begriffen. Kaum sind die Wallfahrten nach Lourdes, La Salette und Notre Dame de la Delivrance beendet, so werden die Gläubigen vom Bischof von Angers aufgefordert, nach der Kirche von Puy Notre Dame zu wallfahrten, wo der Gürtel der Jungfrau Maria (er wurde bei Gelegenheit der Kreuzzüge von französischen Kreuzrittern erbeutet) aufbewahrt wird.

In dem Programm der Pilger nach Lourdes hieß es: „Die Erscheinung der heiligen Jungfrau in der Grotte hat gewiß das größte Gewicht in der Wagschale unserer Geschicke. Dort ist der Culminationspunkt der Epoche! Die Hoffnung, welche sie dem Katholicismus zubringt, der Schrecken, welchen sie dem Freidenker einflößt, sind die glänzenden Beweise. Dieses Ereigniß muß einen entscheidenden Einfluß auf die Geschicke der Welt, besonders auf die des französischen Volkes ausüben, denn Frankreich ist das Königreich Mariä. Die älteste Tochter der Kirche hat das Privilegium, nicht mehr zu altern, als der Felsen, auf welchen ihre Mutter sich stützt.“

Dagegen schrieb man aus Lourdes: Dahin sey „ein 19jähriges Mädchen, das die Schwindsucht hatte, mit ihrem Vater gekommen, um von der Jungfrau Maria ihre Rettung zu erflehen. Während ihr Vater das Magnificat sang, steckte man sie zehn Minuten lang in eine Wanne mit eiskaltem Wasser, zog sie dann, und zwar noch lebend, heraus, zeigte sie den Pilgern, denen man weis machte, sie sey geheilt, und übergab sie dann dem Vater, der sie als Leiche nach Marseille zurückführte. Wahrscheinlich wird man die Sache zu vertuschen suchen, aber Thiers würde wohl daran thun, endlich mit

Entschlossenheit aufzutreten, da es sonst leicht anderen einfallen könnte, Dingen ein Ziel zu setzen, die Frankreich tief unter das mittelalterliche Spanien herabwürdigen würden."

Am 26. September wurden die von Lourdes zurückkehrenden Pilger zu Nantes von den dortigen Einwohnern verhöhnt und es kam zu blutigen Schlägereien. Diese Opposition ging nicht von Protestanten, sondern von Republikanern aus, weil die frommen Pilger weiße Fahnen trugen und oft ein vive Henri V ertönen ließen, also dadurch nur zu deutlich verriethen, es sey ihnen nicht um die Religion, sondern nur um eine politische Demonstration zu Gunsten Chambords zu thun.

Die größte Wallfahrt nach Lourdes war auf den 6. October angesagt. In Paris selbst wurden 1300 Pilger unter ungeheuerm Zulauf des Volks in der Kirche Notre Dame de Victoire feierlich eingesegnet und reisten in zwei großen Extrazügen ab. Unterwegs in Tarbes wurden sie eben so feierlich vom Bischof und der Bevölkerung empfangen. Ein Dominikaner, der in der Notre Dame-Kirche predigte, schloß mit den Worten: „Es lebe die Kirche! Es lebe Frankreich!" — Rufe, in welche die Gemeinde begeistert einstimmte. Es ist die nämliche Kirche, in welcher die Kaiserin Eugenie ihre „Lieblingsmuttergottes" halte, der sie nach dem „Siege" von Saarbrücken ein reichgeschmücktes, unter der Commune abhanden gekommenes, goldenes Kreuz verehrte. — Zu Lourdes selbst wurden die massenhaft eintreffenden Pilger feierlich empfangen und in Baraken untergebracht. Aus der ungeheuern Menge ragten dreihundert Fahnen hervor, darunter vier von Elsaß-Lothringen in Trauerflor. Der Erzbischof von Auch erflehte vom Himmel die Rückkehr dieser Provinzen zu Frankreich. Acht Bischöfe und Erzbischöfe und 19 Mitglieder der Nationalversammlung wohnten der Feier bei. Ein neuer Volksgesang, die legitimistische Lourdaise begrüßte Heinrich V. als neuen Charlemagne. Uebrigens arbeitete die Industrie der Politik in die Arme. In tausenden von Buden wurde aller möglicher Wunderplunder verkauft. In der überfüllten Stadt kostete ein Zimmer 40—50 Franken, „jedoch boten junge, hübsche Mädchen auch Zimmer mit Feuer — denn es ist schon kalt — für 10 Franken an."

Das Gebet der Pilger lautete: „O Maria, unbefleckte Jung=
frau, unsere liebe Frau von Lourdes! Du stehst zu deinen Füßen
alle deine Kinder. Wir sind als Sendlinge aus allen Departements
unseres Frankreich gekommen, um dir ins Gedächtniß zurückzurufen,
daß unser Volk dein Volk ist und daß, auf deine Stimme hörend,
es dir von Neuem sagen will, daß du sein Glaube und seine Hoff=
nung bist. Wir kommen, um dir für deine wunderbare Erscheinung
zu danken; wir kommen, damit du für Frankreich Verzeihung und
Barmherzigkeit erhältst. Sey barmherzig und wir werden leben;
verlösche die Schmerzen unseres Vaterlandes, erneuere Frankreich,
indem du uns unsere unglücklichen Brüder (die Elsaß=Lothringer)
zurückgibst; es ist immer die älteste Tochter der Kirche; es glaubt,
es liebt, es betet, und du bist die Himmelskönigin! Es ist sicher
seines Heils und glaubt fest, daß es durch dich die alte und mächtige
katholische Nation wieder werden wird! Amen.“

Die Pilgerfahrten wurden Mode. So hat zu Marseille eine
große Procession nach Notre Dame de Marseille stattgefunden; von
Laval aus hat sich eine Procession des gesammten Klerus der Stadt
und Umgegend, begleitet von den Zöglingen der Seminarien und
einem Haufen von Weibern, nach der Kirche von Notre Dame
d'Avesnières begeben und ist mit Sang und Klang durch die
Straßen gezogen. Wegen der in Nantes vorgefallenen Scenen
schrieb Fournier, Bischof daselbst, einen groben Brief an den Prä=
fecten, und Bischof Dupanloup einen andern groben Brief an den
Cultminister Simon, ohne daß Thiers sich entschließen konnte, die
Bischöfe zur Rechenschaft zu ziehen. Vielmehr machte derselbe einen
ehrerbietigen Besuch beim Erzbischof von Paris.

Während Thiers in dieser Weise mit den Klerikalen in Frank=
reich kokettirte, ließ er durch den französischen Gesandten Fournier
in Rom die äußersten Anstrengungen machen, um Victor Emanuel
wieder ganz auf die französische Seite herüber zu ziehen. Der
deutsche Gesandte Graf Brassier, war erkrankt, konnte daher keine
Gegenmine anlegen. Die Intrigue war auf den schwankenden und
feigen Charakter Victor Emanuels berechnet, der immerfort noch
Angst vor Frankreich hatte. Die Drohung Frankreichs, Minen

unter dem Mont=Cenis=Tunnel anzulegen und die zahllosen der französischen Regierung zugehenden Adressen, sie solle den Papst im Kirchenstaat wieder herstellen, nährten seine Angst. Da er nun eine alte Vorliebe für seinen früheren Minister Ratazzi hatte, so ging Fourniers Plan dahin, das bisherige italienische Ministerium, welches mehr zu Deutschland als Frankreich hinneigte, zu stürzen und durch ein Ministerium Ratazzi zu ersetzen.

Kapitel 3.

Ultramontane Wühlereien in den Niederlanden und der Schweiz.

Das nordwestliche und das südwestliche Bollwerk Deutschlands gegen die romanische Race, die Niederlande und die Schweiz, Länder mit echten, deutschen Volksstämmen, die einst zu unserm großen, deutschen Reich gehörten und nicht wenig zu dessen Macht und Ehre beitrugen, sind von uns abgerissen worden. Und wodurch? Einzig durch die undeutsche Politik des Hauses Habsburg, gegen dessen grausame Despotie die freien Alemannen in den Alpen und die freien Friesen in Holland ihre Freiheit vertheidigen mußten, und von welchem die freien Vlamingen an Spanien verschachert wurden, um endlich ganz dem Franzosenthum anheimzufallen. Die zwischen Holland und Belgien getheilten deutschen Niederlande und die Schweizer Eidgenossenschaft waren seit ihrer Trennung vom deutschen Reich beständig den Verführungskünsten Roms und Frankreichs ausgesetzt und sind es heute noch. Obgleich ihnen alles Elend immer nur durch die Wälschen zugefügt wurde, ließen sie sich doch theils von den Jesuiten, theils durch die französische Mode, der deutschen Gesinnung, in Belgien sogar der deutschen Sprache entfremden.

Bekanntlich hat Fürst Bismarck Genf und Brüssel als die Hauptquartiere der rothen und schwarzen Internationalen, der Jesuiten und der Socialdemokraten, die beide durch und durch wälsch und geschworene Feinde Deutschlands sind, bezeichnet.

Hier werden alle Intriguen und Hezereien gegen Deutschland aus-
gebrütet. Die Jesuiten betreiben von dort aus die Wiederherstellung
des Papstes, den Triumph des Syllabus, den Untergang des Protestantismus, also auch des neuen deutschen Reichs, zugleich aber
die Wiedererstarkung Frankreichs, ohne dessen bewaffnete Hülfe sie
ihren Plan nicht durchsetzen können. Die Socialdemokraten wollen
nichts vom Papste wissen, helfen aber gern das neue deutsche Reich
unterwühlen, weil auch sie auf Frankreich rechnen.

Belgien hatten die Jesuiten längst zu einem mächtigen Bollwerke des Ultramontanismus gemacht. Hier gab es noch von den
Zeiten Philipps II. her einen massiven Kern spanischer Bigotterie,
genährt durch Bischöfe und Mönchsorden, welche das deutsche Element in Flandern und Brabant in den unwissenden Bauernstand
hinabbrückten, deutsche Bildung und Literatur gänzlich ausschlossen
und sich gegen das erste Licht der Vernunft, welches Kaiser Joseph II. unter sie bringen wollte, wie wahnsinnig empörten. Inzwischen brach die französische Revolution aus und die Jacobiner
überschwemmten Belgien. Doch schon nach kurzer Zeit stellte Napoleon I. die alte Kirche wieder her. Weil aber nach seinem Sturze
Belgien mit dem calvinistischen Holland vereinigt wurde, schloß sich
die altspanische klerikale Partei eng an die französischen Liberalen
an, bis es ihnen gelang, die Trennung von Holland durchzusetzen.
Belgien bekam einen eigenen König, der eine Tochter Frankreichs
heirathete. So lange den Ultramontanen in Belgien nun vor den
ungläubigen Liberalen in Frankreich bange war, kamen unter ihnen
wieder österreichische Sympathien zum Vorschein, welche auch durch
die österreichische Heirath des Thronfolgers begünstigt wurden. Nachdem aber Napoleon III. Kaiser und zugleich Beschützer des Papstes
geworden war, trat auch beim belgischen Klerus der romanische und
deutschfeindliche Charakter wieder in seiner ganzen Härte hervor.

Dies wurde nach einem Plane, dem die Jesuiten wohl schwerlich fremd geblieben sind, zunächst zu einer großartigen Besteuerung
des bigotten Adels und Volks in Belgien benutzt, durch den berüchtigten Schwindler Langrand-Dumonceau. Ich habe bereits
in meinen Weltbegebenheiten von 1866—70 Theil I, 391 f. den

Prozeß dieses Elenden ausführlicher besprochen, aber wegen seines Zusammenhanges mit den römischen Plänen ist es nothwendig, hier in der Kürze die Hauptsache wiederzugeben. Langrand kam, durch ein Schreiben des Papstes vom 21. April 1864, worin ihn dieser seinen lieben Sohn nennt, legitimirt und zum römischen Grafen ernannt, nach Belgien, und der päpstliche Nuntius in Brüssel, Graf Ledochowski (nachher Erzbischof und wärmster Jesuitenfreund in Preußisch-Polen) forderte den Primas in Belgien, Erzbischof Dechamp von Mecheln, in einem Schreiben vom 21. Mai 1864 auf, die Finanz=operation Langrands durch den belgischen Klerus aus allen Kräften unterstützen zu lassen. Langrand log, er sammle für den h. Vater, und stellte jedem, der für baares Geld eine Actie nahm, hohe Ge=winne in Aussicht. Nun floßen ihm mit Hülfe des Klerus viele Millionen zu. Aber die Gewinne blieben aus, plötzlich war er selbst verschwunden, und die frommen Belgier waren um ihr schönes Geld schändlich betrogen.

Mittlerweile wurde nach dem großen Plane der Jesuiten durch den ganz von ihnen beherrschten Papst das Concil in Rom eröffnet und der Papst für untrüglich erklärt, während gleichzeitig Napo=leon III. Deutschland mit Krieg überzog. Die Gemahlin des Letztern stand mit den Jesuiten in Verbindung und hatte schon lange zu diesem Kriege gehetzt, der freilich ganz anders endete, als sie gewünscht hatte. Kaum war daher Napoleon III. gestürzt und Rom von den Truppen Viktor Emanuels besetzt worden, so be=stürmten die belgischen Bischöfe und die mächtige ultramontane Partei des Landes, aus der sogar das Ministerium gebildet war, den König von Belgien Leopold II., alles Mögliche zu thun, um den Papst in seine weltliche Herrschaft wieder einzusetzen. Er war dazu freilich viel zu schwach, aber es kam den Jesuiten auch nur auf die Demonstration, auf die laute Kundgebung papistischer Sym=pathien an. Im Kriege selbst blieb Belgien neutral. Aber seine Ultramontanen und Liberalen hegten doch viel mehr Wünsche für Frankreich als für Deutschland.

Inzwischen erinnerten sich doch damals manche ehrliche Vla=mingen, daß sie deutschen Stammes seyen, daß sie einst zum

deutschen Reich gehört und ihr Deutschthum und ihre Unabhängig=
keit, gleich den Schweizern, oft in siegreichen Schlachten gegen die
übermüthigen Franzosen vertheidigt hatten. Wie sie nun den großen
Siegen der Deutschen in Frankreich 1870 so ganz aus der Nähe
zusahen, wallte in vielen von ihnen das deutsche Blut auf und es
war wieder einmal die Rede von dem schmählich unterdrückten Reste
der deutschen Vlamingen.

Man schrieb aus Brüssel: Die Vlamen hatten bis jetzt zwei
Gegner zu bekämpfen: der eine war ihre eigene Gespaltenheit und
Uneinigkeit, dem Ultramontanismus gelang es auch hier, verschiedene
vlamische Parteiführer in das Lager der wallonischen klerikalen Heiß=
sporne zu treiben und zu unwürdigen Spannknechtsdiensten gegen
die Interessen ihrer eigenen Nationalität zu verwenden. Der zweite
und gefährlichste Feind war die belgische Regierung selbst. Seit
1830 machen die Vlamen ungeheure Kraftanstrengungen, um ihren
Wünschen Eingang und Gehör zu verschaffen; stets predigte man
aber tauben Ohren und klopfte man an festverschlossene Thüren; bei
den Wahlen wogen die vlamischen Stimmen so leicht, daß die Re=
gierung mit dem Scheine wenigstens einer äußeren Berechtigung die
betreffenden Klagen einfach ignoriren oder todtschweigen konnte. Da=
her auch die Thatsache, daß das liberale oder quasi=liberale Kabinet
Frère=Orbans hauptsächlich durch vlamischen Einfluß gestürzt wurde;
denn die Vlamen, obwohl im Grunde freisinnig, gaben klericalen
Candidaten ihre Stimme, um nur den verhaßten Orban zu Fall
zu bringen, der am meisten unter allen Ministern ihre Nationalität
mit Füßen getreten und die berechtigtsten Ansprüche hochmüthig igno=
rirt hatte. Und hinter der belgischen Regierung stand der fran=
zösische Einfluß, und die Springfluthen des französischen nivelliren=
den Centralisationsgeistes sprangen natürlich auch auf Belgien über
und unterwühlten mit gutem Erfolg den Boden. Heute ist die Lage
aber etwas anders geworden. Frankreich ist ein zerbrochener Stab,
auf den sich die Wallonen nicht mehr stützen können, und so wird
der Kampf mit gleichen Waffen geführt, und daß das Bewußtseyn
dieser veränderten Sachlage tief in die Rücksichten der vlamischen
Bevölkerung eingedrungen ist, beweist der lebensmuthige und ver=

jüngte Ton, welchen die vlamische Presse neuerdings anschlägt und der sehr wohlthätig absticht gegen den hyperboreischen Schlaf, in dem sie früher gelegen. Das Gefühl, daß man doch lebensfähig sey, woran früher im Busen der eigenen Partei hin und wieder Zweifel aufgestiegen waren, gewinnt mehr und mehr Bestand und steigert sich in direktem Verhältniß zu den Siegen der deutschen Waffen auf Frankreichs Boden. Mit den beredtesten Worten wird in manchen vlamischen Zeitungen jetzt die Hoffnung, die man auf Deutschland und Holland setzt, geschildert, und wenn natürlich dabei an eine drohende Haltung Deutschlands gegen Belgien nicht im Ent= ferntesten gedacht werden kann, so verhehlt man sich auf der andern Seite aber auch nicht, daß die Sympathien, welche die vlamische Sache in Holland und Deutschland findet, es der vorsichtigen bel= gischen Regierung zur unumgehbaren Pflicht machen werden, sich zu hüten, das Gefühl zweier benachbarter Länder durch Verunglimpfung der Stammesgenossen der letztern zu kränken.

Im Dezember 1870 erschien in Brüssel eine Flugschrift, in welcher sich deutlich die Sorge verrieth, die deutsche Geduld könnte einmal reißen und die französischen Affen, die von Belgien aus Deutschland jeden Hohn anthaten, könnten einmal verdientermaßen gezüchtiget werden. Jene Flugschrift nun sucht darzuthun, daß die belgische Regierung und das belgische Volk keineswegs Deutschland feindselig gesinnt seyen. Sie gibt zu, daß die Sprache gewisser Blätter das Mißtrauen Deutschlands hätte wachrufen können, daß diese aber die öffentliche Meinung in keiner Weise engagirten; das belgische Volk habe sich keines Aktes, keiner Demonstration schuldig gemacht, welche den Verdacht Deutschlands rechtfertigen könnten, und sehe mit Vertrauen das Erwachen der germanischen Völkerschaften. Diese Broschüre stammt aus dem Cabinet des Königs der Belgier.

In der „Revue de la Belgique" erschien ein von Leo van der Kindere unterzeichneter Artikel: „Belgien im Jahr 1870 und die vlamische Partei," der nicht nur wegen des unverkennbaren Talents, mit welchem er geschrieben, sondern auch wegen des un= erwarteten Resultats, zu dem er gelangt, Beachtung verdient. Der Verfasser, bekannt als einer der unerschrockensten und feurigsten Vor=

kämpfer für die Rechte der belgischen Vlamen, betrachtet vom Standpunkt der letztern die Ereignisse des Jahres 1870. Es steht ihm
als Thatsache ein= für allemal fest, daß auch auf dem Gebiet von
Wissenschaft und Bildung die erste Rolle in Zukunft nicht mehr
Frankreich, sondern Deutschland zukommen wird, und daß der Rück=
schlag dieser Verschiebung des zukünftigen geistigen Schwerpunkts
in Europa auch auf die Vlamen seinen Einfluß nicht verfehlen wird.
„Niederländisch Belgien" wird das Joch des gefallenen und ge-
demüthigten Frankreichs nun nicht mehr länger zu tragen haben;
es muß sich an das große Deutschland anschließen, mit welchem es
durch Abstammung und Sprache verwandt ist.

Bitter beklagte Vanderkindere die bisherige Zurücksetzung des
Deutschen in Belgien: „Hat der das Recht eines Menschen, welcher
nicht theilnehmen kann an dem öffentlichen Leben? Und das ist grade
die Lage des Flamänders in Belgien. Trotz aller Versprechungen
der Constitution, welche ihm die Erhaltung seiner Sprache zusichert,
wird er nur in französischer Sprache regiert, d. h. er wird in seinem
Lande behandelt wie anderswo durch Eroberung unterworfene Völker=
schaften: der König und die Minister sprechen nur Französisch, Senat
und Kammer berathen französisch, die Verwaltung ist französisch,
das Recht wird auf Französisch gesprochen, auf Französisch wird die
Armee commandirt, auf Französisch wird der mittlere und höhere
Unterricht ertheilt — so zwar, daß der Flamänder keine juristische,
administrative oder militärische Function ausüben, keine Rolle in
den politischen Körperschaften, im Unterricht, am Gerichte ausfüllen,
daß er selbst nicht einmal gesetzlich seinen Herd und sein Vaterland
vertheidigen kann, ohne eine fremde Sprache zu lernen, die Sprache
derer, welche seine entstehenden Freiheiten vernichtet und seinem uralten Wohlstande den ersten Stoß gegeben haben."

Wie ist da zu helfen? An anderer Stelle sagt er: „Anstatt der
flämischen Sache günstig zu seyn, ist der größte Theil des Landes
ihr so feindlich; wie viele widerspänstige Elemente findet man nicht
selbst unter den geborenen Flamändern! Alle, welche einige Erziehung
genossen haben, verstehen Französisch und sprechen es, und so stark
ist der Einfluß der gewöhnlichen Umgebung, daß viele aufrichtige

Flaminganten im öffentlichen Leben die Sprache der Verachtung Preis geben, deren sie sich doch innerhalb ihrer Familie bedienen. Personen, welche sich für wohlerzogen halten, setzen eine Ehre darein, nur Französisch zu sprechen, selbst mit ihrer Dienerschaft, und die Damen der guten Gesellschaft würden sich für beschmutzt halten, wenn nur ein Wort dieser gemeinen Volkssprache aus ihrem Munde ginge..... Was ist die Lage eines namhaften Theiles der unteren Classen? Sie fühlen sich unglücklich in dem nebelhaften Horizonte, der sie umgibt; sie sehen nicht das mindeste Licht, sie haben keine Beziehung zu den Regionen des Wohlstandes und der Aufklärung, und nicht wissend, wem dieses Unglück zuzuschreiben, sind sie geneigt, die Ursache davon in ihrer Sprache zu finden. Um sich her hören sie nur Französisch sprechen von allen denen, welchen sie zu dienen oder sie zu beneiden gewohnt sind, und durch eine sehr natürliche Verbindung schließt sich für sie die Idee des Französischen an die Idee der Achtbarkeit und des Glückes. Das ist so wahr, daß in dem gegenwärtigen Kriege alle Unwissenden in Belgien die hitzigsten Freunde von Frankreich sind." Diesen Uebelständen abzuhelfen, will Herr Vanderkindere, daß die französische Lehr= und Umgangssprache allmälig durch die deutsche Sprache ersetzt werde, die dem flämischen Idiome so verwandt ist, daß jeder Flamänder sie ohne Mühe in kürzester Zeit verstehen und selbst sprechen lernt, denn „Deutschland ist das natürliche Centrum für Flandern, die Flamänder sind Germanen, ihre Sprache ist ein germanischer Dialect, am mütterlichen Busen muß sie sich wieder erkräftigen und verjüngen."

Nachdem bereits in den belgischen Kammern dem Papst warme Sympathien gewidmet worden waren und man von der Regierung einen Schritt zum Schutz des Papstes in Rom zu thun verlangt hatte, dem jedoch die vorsichtige Regierung ausgewichen war, setzten die Ultramontanen eine Volksdemonstration in Scene. Am 2. Februar 1871 zogen ganze Dorfgemeinden mit ihren Pfarrern an der Spitze in Brüssel ein und machten einen ostensiblen Bittgang für den h. Vater. Man bemerkte zwar wenig Männer aus höheren Ständen in dieser Procession, desto mehr derselben aber in der Gudulakirche, in welcher Erzbischof Deschamps die Messe las. In

der zweiten Kammer warf Frés dem bekanntlich ultramontan ge=
sinnten Ministerium vor, daß es eine solche Schaustellung geduldet
habe, die der König von Italien als eine Beleidigung aufnehmen
könne, aber der Minister d'Anethan antwortete ihm ziemlich frivol,
die Sache habe gar keine politische Bedeutung, wenn man dem
König von Italien auf eine ähnliche Weise in Brüssel huldigen
wolle, wie dem Papste, so habe das gar keinen Anstand. Es fehlte
jedoch an Gegendemonstrationen auch nicht. Ein liberal gesinnter
Volkshaufe insultirte die aus der Kirche kommenden Ultramontanen.
Es kam zum Handgemenge. Die Place Royale, wo es am heiße=
sten zuging, war mit Kopfbedeckungen aller Art, besonders aber mit
geistlichen Dreimastern bedeckt. Die Polizei schritt aber bald ein,
und die Sache blieb ohne weitere Folgen.

Im Juni veranlaßte die Jubelfeier des Papstes einen Tumult
in Brüssel. Die Ultramontanen illuminirten, und ihre Pöbelhaufen
versuchten die von den liberalen aufgepflanzten italienischen Fahnen
abzureißen und umheulten das Hotel der italienischen Gesandtschaft.
Liberale Volkshaufen verhöhnten dagegen den Palast des Nuntius
und warfen den Jesuiten die Fenster ein. Es gab Schlägereien,
die Polizei mußte einschreiten und verhaftete unter anderm einen
Kirchendiener von St. Gudula.

Das unwissende Volk, besonders auf dem Lande, war fast ganz
in den Händen der Pfaffen. Im „Echo du Luxembourg" hieß es:
„Wir haben die Freiheit der Presse, wer aber die Kühnheit hat,
ein anderes Blatt zu lesen, als das dem Pfarrer gefällt, erhält un=
barmherzig die Absolution versagt. Wir haben die Freiheit des
Unterrichts; aber die Kinder, welche nicht in die Schulen der Geist=
lichen gehen, werden nicht zur ersten Communion zugelassen. Wir
haben Vereinsfreiheit; wer aber Mitglied eines vom Klerus ver=
urtheilten Vereines ist, z. B. einer Freimaurerloge, wird förmlich
und entschieden in den Bann gethan. Wir haben Religionsfreiheit,
aber wehe dem, der sich herausnehmen wollte, die Bibel zu predigen
oder was den Geistlichen sonst nicht gefällt. Wir haben die Frei=
heit der Predigt, aber sie dient nur zur Beleidigung und Ein=
schüchterung der Staatsgewalten. Wir haben Wahlfreiheit, aber

wer nicht in die Wahlurne den Zettel legt, den ihm der Pfarrer in die Hand schiebt, der wird mit Verweigerung des Abendmahls im Leben und des Begräbnisses in geweihter Erde nach dem Tode bestraft."

Bald regte sich in der Hauptstadt Brüssel selbst eine starke Opposition gegen die Ultramontanen, welche damals noch das Ministerium inne hatten. Am 22. November protestirte der frühere Justizminister Bara gegen die vom Ministerium verfügte Ernennung des in dem Langrandschwindel tief verstrickt gewesenen de Decker zum Gouverneur von Limburg. Während der stürmischen Verhandlung in der Kammer wurde dieselbe draußen von zornigen Volksmassen umringt, welche Bara leben ließen und: Nieder mit dem Ministerium! riefen. Anspach, der Bürgermeister von Brüssel, eilte hinaus, und seinem Ansehen gelang es, das Volk zu beruhigen, so wie er auch in den folgenden Tagen mit Hülfe der Bürgerwehr die Ordnung aufrecht erhielt. Aber er sagte den Ministern gradezu, daß die Bewegung kein Parteimanöver, vielmehr die gesammte Bevölkerung der Hauptstadt wie der Provinz aufs tiefste erregt sey.

Das Ministerium trotzte zwar dem Sturm und machte durch einen Mehrheitsbeschluß der Kammer der Discussion ein Ende. Am folgenden Tage, dem 24., erneuerte sich aber der Sturm. In der Kammer erzählte Nothomb, wie er mißhandelt worden sey, „von einer Menge Schufte mit zerknitterten Hüten und ausgetretenen Schuhen." — „Diese Leute", unterbricht ihn Bara, „haben nicht wie Sie Dividende bei Langrand bezogen." — Nothomb entgegnet Bara: Er sey der böse Genius des Liberalismus, und der wahre Beweggrund seiner Opposition sey, daß er wieder Minister werden wolle. — Bara: „Wie? Sie unterstehen sich, andere Leute anzugreifen, die Menge zu beleidigen, während tausende von armen flandrischen Bauern vergeblich das ihrige von Ihnen fordern? Ich weiß wohl, daß Sie so wenig wie Ihre Collegen ihre Demission geben werden; die Administratoren Langrands geben nur gezwungen heraus, was sie geben müssen, aber die Stunde der Gerechtigkeit wird und muß kommen." — Draußen in der Stadt hielt der wackere Bürgermeister Anspach mit größter Anstrengung die Ordnung auf-

recht, damit das Ministerium keinen Vorwand bekäme, mit Militär
einzuschreiten.   Dennoch ließ dasselbe ein Regiment aus Antwerpen
kommen.   Doch machte dasselbe auch eine Concession durch Ent=
lassung des verhaßten de Decker.

Die Ruhe wurde in den nächsten Tagen nicht mehr gestört,
obgleich die Aufregung noch fortdauerte.   Am 29. erschienen eine
Menge Deputationen aus den Provinzen in Brüssel, um Bara eine
Dankadresse zu überreichen.   Sie hatten sich am Nordbahnhofe ver=
einigt und gingen im Zuge, die Studenten der Brüsseler Universität
mit der belgischen Fahne voran, nach der Wohnung des Herrn
Bara.   An der Spitze der Deputation stand der Bürgermeister von
Gent, Graf de Kerchove; vertreten waren die liberalen Vereine von
Gent, Antwerpen, Namur, Termonde, Mecheln, Lier, Verviers, Aude=
naerde, Renaix, Menin, Brügge, Hasselt, Lokeren, St. Tronb, Gram=
mont, Alost, Dixmude, Ypern, Furnes; es hatten sich aber noch
eine große Zahl von Notabilitäten Brüssels, sowie eine Anzahl von
Kammermitgliedern angeschlossen.   Von der Wohnung des Herrn
Bara zurückkehrend, begab sich der Zug vor den Palast, wo dem
Könige ein lebhaftes Hoch gebracht, aber auch der oft gehörte Ruf:
„Demission! Demission!" mehrfach wiederholt wurde.   Die Krise
währte nicht lange mehr, denn schon am 1. Dezember entschloß sich
der König, Knall und Fall das ganze Ministerium zu entlassen, er=
nannte jedoch gleich wieder ein neues aus derselben ultramontanen
Partei, nur solche Männer, die in der Langrandschen Affaire nicht
compromittirt waren.   An die Spitze derselben trat der bereits
77jährige Graf de Theux.

Inzwischen setzte auch der rührige Bara seine Opposition fort
und drang mit einer neuen Waffe gegen die Ultramontanen vor,
nämlich was uns in Deutschland am meisten interessiren muß, mit der
Waffe der germanischen Sprache und Nationalität.   In der Sitzung
der Repräsentantenkammer vom 30. Januar 1872 stellte er den
Antrag, den französirten Belgiern der höhern Klassen ihr bisheriges
Sprachvorrecht zu Gunsten der vlämischen Landessprache zu
entziehen.   Die Unverschämtheit der Franzosennarren war so weit
gegangen, daß die Verhandlungen der Landvertretung nur in französi=

scher Sprache hatten gedruckt werden können, so daß das vlämische Landvolk, welches nur seine niederdeutsche Mundart spricht und kein Französisch versteht, über alles, was die doch von ihm selbst gewählten Abgeordneten im Repräsentantenhause trieben, im Dunkeln blieb, oder es nur in dem gefälschten Lichte ansah, in welchem es ihm die von den Jesuiten exercirten Pfaffen vorspiegelten. Gegen dieses bisher der deutschen Nationalität angethane schwere und schmähliche Unrecht trat nun Bara auf, indem er den Antrag stellte: „Die Verhandlungen der Kammern, die ‚Annales parlementaires‘, ins Vlämische übersetzen zu lassen und jedem Wähler nach seinem Wunsche ein französisches oder vlämisches Exemplar derselben gratis zuzustellen. Dieser Publication soll dann ein Auszug aus den Verhandlungen der Kammern und die Gesetze und königlichen Erlasse hinzugefügt werden, welche für die Gesammtheit der Bürger von Interesse sind.“

Die Affaire Langrand, wodurch die Ultramontanen so schwer compromittirt waren, blieb fortwährend auf der Tagesordnung. Der Sekretär Langrands, Camille Nothomb, Neffe des belgischen Gesandten in Berlin, wurde angeklagt, im Interesse seines entflohenen Prinzipals bedeutende Werthe entwendet zu haben, und man verlangte, es solle gegen Langrand selbst verfahren werden, was auch geschah. Am 11. März wurde er wegen betrügerischen Bankerotts in contumaciam zu zehnjährigem Gefängniß verurtheilt.

Im katholischen Großherzogthum Luxemburg, dessen Großherzog der calvinische König der Niederlande ist, geschah von diesem kein Schritt, der ultramontanen Wühlerei, die sich mit dem fanatischen Deutschenhasse paarte, entgegenzutreten. Das durchaus deutsche Landvolk folgte blind den Pfaffen, während in den Städten französische Bildung und Mode vorherrschten. Das Luxemburger Blatt, welches strotzend von Lüge und ungerechtfertigtem Hasse sich gleichwohl das „Wort für Wahrheit und Recht“ nennt, wüthete Tag für Tag gegen Preußen und das neue deutsche Reich. Daß Luxemburg noch im deutschen Zollverbande und seit der Occupation des Metzer Gebietes auch im Süden ganz von Preußen eingeschlossen ist, macht den Ultramontanen ungeheuern Verdruß. Man las in der Kölner Zeitung: Die Leute träumen von einer sehr nahen und allgemeinen Schilderhebung Frankreichs und der andern katholischen Völkerschaften Europas; und bis dahin glauben sie unser Land wenigstens hin= halten und vor seinem innigeren Verbande mit Deutschland abhalten zu können. Als unsere Selbständigkeit durch Frankreich, dessen Werkzeug die Ostbahn=Gesellschaft war, bedroht wurde, da schwiegen das „Wort" und seine Creaturen mäuschenstill, ja, freuten sich wohl gar darüber. Doch heute ist das ganz was anderes!

Im calvinischen Holland machte sich dagegen eine altkatho= lische Bewegung bemerklich, unterstützt vom katholischen, jedoch schis= matischen Jansenismus. Ein gut unterrichteter Correspondent des Schwäb. Merkur berichtete darüber im August 1871: Bis jetzt war es nur Ein liberaler Katholik, der Baron Hugenpoth tot Den Beerenklaauw, gewesen, der öffentlich und dazu noch in einem der Brennpunkte des niederländischen Ultramontanismus, in Herzogen= busch, die Fahne des Liberalismus hoch gehalten hatte. Nun hat sich ihm aber ein sehr streitfertiger Kämpfer, ein Arzt aus der Provinz Nordholland, zur Seite gestellt. Dieser, Dr. Merz, wurde, da er sich vor einigen Monaten geweigert hatte, die von der ultra= montanen Partei colportirte Adresse an den König zu unterzeichnen, in welcher darauf gedrungen wurde, daß sich auch Holland an der Wiederherstellung der weltlichen Macht des Papstes zu betheiligen habe, mit dem Verlust seiner ärztlichen Praxis gestraft, indem der Geistliche seines Dorfes den ihm untergebenen Schafen bei Strafe der ewigen Verdammniß verbot, einem räudigen Schafe den Leib anzuvertrauen. Schon vor einigen Wochen erschien von dem ge= nannten Arzt eine kleine Broschüre, in welcher er die Unvereinbarkeit zwischen den Pflichten eines freien, ehrlichen Staatsbürgers und den die holländische Verfassung, wie die ganze moderne Civilisation verdammenden Grundsätzen des Syllabus nachwies. Vor einigen Tagen ließ nun Dr. Merz seiner ersten Broschüre eine zweite und zwar in Form eines offenen Sendschreibens an den Bischof von Haarlem folgen, in welchem er sich von der römischen Kirche los= sagt. Sollte sich diese Bewegung weiter ausbreiten, so steht dem liberalen katholischen Element ein schwer ins Gewicht fallender Bundesgenosse zur Seite, nämlich die Jansenisten, oder wie sie sich selbst nennen, die oud-bischoppelijke Clerezie. Denn diese halten sich ja bekanntlich für die Vertreter der wahren katholischen Kirche und, wie verlautet, haben sie sich auch bereits mit verschiedenen Altkatholiken in Deutschland in Verbindung gesetzt. Ihr Bischof in Deventer ist seit 1853 im Banne, wobei sich die Curie der Ausdrücke pestis und monstrum bediente, aber sie haben sich hier durch ihr stilles Wesen, ihren Wohlthätigkeitssinn und ihre Vertragsamkeit gegen andere Confessionen die allgemeine Achtung erworben. Uebrigens ist die Zahl der Jansenisten eine sehr geringe. Ueber die altkatholische Kirche Hollands schrieb Visser im Haag 1870 ein einläßliches Buch.

Die niederländische Gesandtschaft am päpstlichen Hofe wurde im Februar 1872 aufgelöst. Der letzte Gesandte, Graf Duchatel, hatte in Rom hauptsächlich der Andacht gelebt und sich nur dadurch bemerklich gemacht, daß er dem preußischen Gesandten von Arnim entgegentrat, als dieser dem Papst den Rath gab, doch lieber Rom zu verlassen, als sich seinen Feinden preiszugeben, da die italienischen Truppen Victor Emanuels bereits in die Stadt eindrangen.

Das ist Nebensache, die Hauptsache aber ist, daß die niederländische Regierung blos aus dem Grunde mit Victor Emanuel keinen Verkehr mehr haben will, weil derselbe nur durch die Siege Preußens über Oesterreich und Frankreich in den Stand gesetzt worden ist, Venedig und Rom einzunehmen und dadurch sein Königreich abzurunden. Noch nie hat sich der Deutschenhaß im Haag so unverblümt ausgesprochen. Die Holländer, die vor dreihundert Jahren ihr Blut und Leben einsetzten für ihre Unabhängigkeit und ihren reformirten Glauben, unterstützten jetzt den Ultramontanismus gegen Deutschland.

Am 1. April 1872 wurde in ganz Holland ein großes Nationalfest begangen, nämlich die dreihundertjährige Jubelfeier des Sieges der Wassergeusen bei Briell. Mit dieser an sich unbedeutenden Eroberung einer kleinen Festung am Ausfluß der Maas begann

doch die großartige Erhebung der bis dahin geduldigen Holländer
gegen die Spanier unter dem berüchtigten Herzog von Alba, jener
ewig denkwürdige Kampf freiheitsliebender und protestantischer
deutscher Männer gegen die unerträgliche Glaubenstyrannei und
zugleich den weltlichen Despotismus der romanischen Race, ein
Kampf, welcher bekanntlich mit dem Siege der Holländer und ihrer
vollständigen Befreiung endete. Mit Recht freuten sich nun die
späten Enkel der heldenmüthigen Väter und ganz Holland feierte
den Jahrestag. Wohl äußerlich glänzend, doch innerlich nicht mit
dem vollen und klaren Bewußtseyn des germanischen Raceinteresses.
Denn diese kerndeutschen Holländer hatten sich in einen unnatürlichen Haß ihrer deutschen Brüder hineinhetzen lassen, namentlich
weil man ihnen Angst gemacht hatte, sie würden von Preußen, wie
Hannover, aufgefressen und dem neuen deutschen Reiche einverleibt
werden. Als ob das ein ungeheures Unglück wäre, sträubten sie
sich dagegen mit Händen und Füßen, und eine kleine ultramontane
Partei unter ihnen war unverschämt genug, ihnen zuzumuthen, sie
sollten das Siegesfest von Briell entweder gar nicht oder in einem
gradezu verkehrten Sinne feiern und in den damaligen ultramontanen
Spaniern, welche gegen die deutsche Nationalität und Reformation
kämpften, ihre Gesinnungsgenossen, in dem protestantischen Kaiser
und dem neuen deutschen Reiche aber ihre Todfeinde sehen. Eine
Correspondenz aus Amsterdam beschrieb die glänzenden Feste mit
folgenden Worten: Der König begab sich nach dem Briell, wo dieser
Geburtstag der Nation und der Größe des Hauses Oranien durch
Gottesdienst und Truppenschau ziemlich einfach begangen wurde.
Am großartigsten war die Feier in Amsterdam, der alten Landeshauptstadt. Die Glanzpunkte des Festes bildeten ein allegorisch-
historischer Aufzug von circa 4000 Menschen, bei dem die Trachten,
Waffen, Schiffe, Handwerksgeräthe u. s. w. des 16. Jahrhunderts
in hübscher Weise zusammengestellt waren, und eine glänzende Illu-
mination. Amsterdam, das nordische Venedig, ist von über hundert
schiffbaren Canälen (Grachten genannt) durchschnitten, und die Ränder
dieser Grachten waren mit Hunderttausenden von Lampions beleuchtet,
die das Wasser in ihrem Widerschein wie einen Feuerstrom ansehen

ließen. Interessant für den Deutschen war besonders noch Eins. Die Deutschen sind hier zu Lande nicht beliebt, werden vom gewöhnlichen Publikum der Straßen nur mit dem Schimpfnamen mutf' titulirt; aber in den letzten Monaten und besonders hervortretend an dem Festabend hörte man auf den Straßen kein anderes Lied, als eine schlechte Uebersetzung der — Wacht am Rhein.

Im Ganzen siegte doch die gute deutsche Natur im Volk, welches bei dem Fest freudig erregt war. Nur an einigen Orten erfrechten sich die Ultramontanen, die Feier zu stören. Zu Osterhaut in Nordbrabant ließen sie den Papst und die Katholiken leben und schrieen: Nieder mit den Liberalen, Freimaurern und Geusen. So auch in Amersford, Pfselstein und Losduinen, wobei Schlägerei und Verwundungen vorkamen. Der katholische Fanatismus stürmte auch bis über die deutsche Grenze. Der Emmericher Volksbote erzählt: „Die evangelischen Einwohner Heerenbergs an der Spitze, denen sich auch die Beamten der Hohenzollern'schen Verwaltung anschlossen, hatten gestern ein bescheidenes Fest in dem Societätsgebäude veranstaltet, hauptsächlich darin bestehend, daß alle Kinder des Orts, selbstredend ohne Unterschied der Religion, bewirthet werden und sich am Fahren auf einem innerhalb des Societätsgebäudes aufgestellten Caroussel erfreuen sollten. Die Festlichkeit begann Nachmittags 4 Uhr; vorher hatte sich in den Straßen des Städtchens Pöbel von dem benachbarten Emmerich gezeigt, aus dessen Mitte der Ruf: ‚Oranje in de Goet' erscholl. Unter den Frauen verbreitete sich bald Angst und Schrecken, daß das Fest gestört werden möchte, und so geschah es leider auch. Der Haufen Emmericher und die Betrunkenheit mehrte sich, und bald kam es zu Thätlichkeiten, indem der Reichsfeldwächter Straatmann niedergeschlagen, ihm seine Waffen entrissen und auch sein zur Hülfe herbeigeeilter Sohn mißhandelt wurde. In dem Societätsgebäude und in einigen Häusern wurden Fenster zertrümmert und in Angst und Schrecken flohen die Menschen aus dem Festlocale. Nachdem der Plebs vor dem Hause des Pastors ein dreimaliges Hoch gebracht und ein geistliches Lied gesungen hatte, verließ er unter Schreien und Tumult gegen Mitternacht das Städtchen."

Wie Belgien, so sollte auch die Schweiz der jesuitischen Offensive gegen Deutschland zur Basis dienen. Die Schweiz wäre nie vom deutschen Reich abgefallen, wenn die Habsburger sie nicht unter ein unerträgliches Joch hätten zwingen wollen. Nun blieben sie freilich beide dem deutschen Reiche fremd, und sie wurden von Frankreich umlistet und zuletzt von Napoleon unterjocht. Nach der Restauration aber versäumten die wiederhergestellten Jesuiten keinen Augenblick, sich wie in Belgien, so auch in der Schweiz einzunisten. Ihr extremes Gebahren aber rief hier das andere Extrem eines rücksichtslosen kirchenfeindlichen Radicalismus hervor. Im Sonderbundskriege 1847 platzten die Geister auf einander und die Jesuiten erlitten eine schreckliche Niederlage.

Die Jesuiten wurden aus der Schweiz verbannt, allein ihr Einfluß auf den katholischen Theil der Eidgenossen hörte damit nicht auf. Eine kühne Operation aber wagten sie in Genf, wobei sie durch den geheimen Wunsch Frankreichs, sich einmal dieser Grenzstadt bemächtigen zu können, unterstützt wurden. Zu Werkzeugen diente daher ein jesuitisch-römischer und ein französischer Agent. Ersterer war ein gewisser Mermillod, der mitten in Genf, der Stadt Calvins, das katholische Banner aufpflanzte und nichts Geringeres hoffte, als Genf allmälig katholisch zu machen; der andere aber, der Agent Napoleons III., war in demselben Genf der demokratische Agitator Fazy, dem es wirklich gelang, unter dem Schutz des in der Schweiz überhaupt zur Herrschaft gelangenden Radicalismus, die alte calvinische Aristokratie zu stürzen und die Festungswerke Genfs, hinter denen sich die Eidgenossenschaft vielleicht einmal Frankreichs hätte erwehren können, zu schleifen. Zugleich rief dieser Fazy eine Menge katholisches Proletariat aus dem benachbarten Frankreich und Savoyen herbei und gab ihm das Genfer Bürgerrecht, um die calvinische Bevölkerung allmälig durch eine katholische zu verdrängen. Er selbst machte sich Geld durch Eröffnung einer Spielhölle. Sein in jeder Beziehung nichtswürdiges Regiment wurde nun zwar durch eine Contrerevolution der guten Bürger Genfs gestürzt, nun aber mußte Mermillod in die Lücke eintreten, um den Jesuitenplan mit frischen Kräften durchzuführen. Der Bischof vom benachbarten Freiburg im Uechtlande, dem alten Jesuitenneſt, gab ſich dazu her, ihn zum katholiſchen Pfarrer in Genf, welches zu ſeinem Bisthum gehörte, zu ernennen, und als durch Fazys Umtriebe die katholiſche Bevölkerung der Stadt zugenommen hatte, wurde Mermillod vom Papſt ſelbſt im Jahr 1864 zum Biſchof von Hebron in partibus ernannt, und wurde Fazy durch einen andern weltlichen Agenten, den Grafen Blome, erſetzt, der mit der Camarilla in Wien und allen Häuptern der Jesuitenpartei in Deutſchland in Verbindung ſtand und deſſen Hauptaufgabe es war, die Macht der Preſſe für Rom in Bewegung zu ſetzen. Ein Artikel aus Genf vom 16. Februar 1872, der in die meiſten deutſchen Zeitungen überging, ließ einen Blick in das geheime Treiben in Genf thun. Er lautete: Das Berliner Jesuitenblatt leugnete bekanntlich vor einiger Zeit, daß es hier Jesuiten gebe. Dem gegenüber iſt zu conſtatiren, daß die Mitglieder der Geſellſchaft Loyolas zwar in Genf kein Ordens= haus beſitzen, wohl aber in den Kreiſen des Biſchofs Mermillod ein Stelldichein haben, wo ſie, wie in einem Taubenſchlag, aus= und einfliegen, Bericht abſtatten, Weiſungen mitnehmen, Rath er= theilen und erhalten. Dies iſt ſeit einigen Wochen in dem Grade bemerkbar, daß man Genf, ſoweit es ſich um jene Kreiſe handelt, geradezu als die Hauptfiliale der römiſchen Oberleitung aller ultra= montanen Beſtrebung bezeichnen kann. Ein beſonders regſamer und vielgeltender Dirigent dieſes Treibens iſt der bekannte holſteiniſche Convertit Graf Blome. Unter den in letzter Zeit hier durchgereiſten Ordensmitgliedern war der Schotte Monteith, den man zu den Sommitäten der Jesuiten rechnet und der nach Rom ging, nachdem er mit den hieſigen Parteiführern der Ultramontanen eine Beſprechung gehabt. Preßorgane dieſes Jesuitenneſtes in der Stadt Calvins ſind die heimlich verbreitete „Correſpondenz de Genève" und der „Courrier de Genève", der jener in der Oeffentlichkeit ſecundirt. Kaum je vorher war man im hieſigen ultramontanen Lager ſo rührig, und mit welcher Leidenſchaftlichkeit der Kampf zwiſchen der radicalen Regierung des Cantons und den Ultramontanen von Seiten der letzteren geführt wird, zeigt jede Nummer des obengenannten „Cour= rier". In Betreff Deutſchlands richtet die von den Jesuiten dirigirte ultramontane Clique, wie man hört, ihr Augenmerk vor Allem auf Bayern, doch wird auch das Rheinland nicht außer Acht gelassen.

Während in der Genfer Correspondenz durch ihre weite Verbreitung ganz Deutschland alarmirt wurde, erhob der Papst plötzlich und eigenmächtig Genf zu einem besondern Bisthum und ernannte Mermillod zum Bischof, im September 1872. Die Genfer Regierung erkannte aber diese Ernennung nicht an und setzte Mermillod auch von seinem bisherigen Pfarramt ab.

Zum Beweise, wie viel jesuitische Organisation schon in den Episcopat eingedrungen war, erließen sämmtliche Schweizer Bischöfe ein Schreiben an Mermillod, worin sie ihm vollkommen zustimmten und ihn ermuthigten, im Widerstand gegen die weltliche Regierung fortzufahren. Gegeben am h. Grabe der Märtyrer von der thebaischen Legion in der Abtei von St. Moriz, 24. September 1872. Peter Joseph, Bischof von Sitten; Etienne, Bischof von Lausanne und Genf; Karl Johann, Bischof von St. Gallen; Eugen, Bischof von Basel; Etienne, Bischof von Bethlehem, Abt von St. Moriz; Gaspard, Bischof von Antipatris; Auxiliar von Chur, im Namen des Bischofs von Chur. — Dagegen proclamirte der Genfer Staatsrath am 22. October, den Befehlen des Bischof Mermillod sey keine Folge zu geben, die ihm anhängenden Pfarrer seyen abzusetzen und neue Pfarrer durch die Gemeinden zu wählen.

Neben diesen Genfer Händeln regten die Jesuiten noch andere in andern Schweizer Kantonen an.

Der Kanton Aargau, bekanntlich der vorgerückteste auf der liberalen Seite, der auch vor dem Sonderbundskriege zuerst die Klöster aufgehoben hatte, ging auch diesmal im Kampf gegen den Ultramontanismus voran. Man schrieb im Anfang des Jahres 1871: „Der Regierungsrath des Kantons Aargau hat, nach Einsicht des diesjährigen Fasten-Mandats des Bischofs von Basel vom 6. Februar, sich veranlaßt gesehen, den Abschnitten, die vom neuen Dogma der Unfehlbarkeit des Papstes, von der Erhebung des Josephstages zu einem Festtag erster Klasse und von dem Liebeswerke zu Gunsten der Bisthumsbedürfnisse handeln, das hoheitliche Placet zu verweigern und den Geistlichen die Verlesung der betreffenden Abschnitte zu untersagen. — In der Klosterkirche in Muri hatte der Pfarrer Christen das neue Dogma verkündet und beigefügt: ‚Wer es nicht glaubt, der mag die Kirche verlassen.‘ Natürlich blieben die Schafe im Stall. Als aber der Präsident der aargau'schen Regierung davon Wind bekommen hatte, ließ er den Fall amtlich untersuchen, und der Herr Pfarrer erklärte bei dieser Gelegenheit: ‚Daß er in Sachen der Glaubens= und Sittenlehre, getreu seinem Priestereide, mit dem schweizerischen Episkopat, ja mit dem Bischof und dem Papst halten werde.‘ Auf diese Erwiderung gab die Regierung eine Antwort, welche an Deutlichkeit nicht das geringste zu wünschen übrig läßt. Sie sagte: ‚Der Regierungsrath sey weit davon entfernt, dem Religionslehrer Christen Zwang anzuthun, und ertheile ihm hiemit als öffentlichem Beamten, gestützt auf die einschlagenden Bestimmungen des Organisationsentwurfes, auf Ende August seine Entlassung. Zugleich höre für ihn dann das mit der Stelle eines Religionslehrers an der Bezirksschule stiftungsgemäß verbundene Benefizium eines Pfarrhelfers von Muri auf und zwar in dem Sinne, daß damit auch die ihm seinerzeit ertheilte Pfründekompetenz für den Kanton staatlich zurückgezogen werde.‘ Herr Christen kann nun glauben und lehren, was er will, sich aber auch Jemanden suchen, der ihm den Gehalt zahlt, wo er will.“ — Im Juli hieß es: „Die Regierung hat dem Pfarrer Fuchs in Niederwyl wegen wiederholter Auflehnung gegen Staatsgesetze und weil er die Neukommunikanten durch ein feierliches Gelübde auf das Dogma der Unfehlbarkeit förmlich verpflichtet hat, vom 1. September an die Pfründkompetenzfähigkeit für den Kanton Aargau entzogen.“

Im Kanton Solothurn wurde der Strafhauspfarrer Egli vom Bischof Lachat suspendirt, weil er die Unfehlbarkeit des Papstes nicht anerkennen wollte, aber von der Kantonsregierung geschützt. Im Kanton Neuenburg reichte ein Verein „liberaler Christen“ dem großen Rath eine Petition ein, worin er Trennung der Kirche vom Staat und unbedingte Religionsfreiheit verlangte.

Am 20. Juli 1871 beschloß man im Kanton Aargau mit 21,000 gegen 14,000 Stimmen ein Gesetz, wonach alle Geistlichen

je nach sechs Jahren einer Wiederwahl durch die Gemeinden unterliegen sollten. Am 6. August erstattete aber Landammann Keller
von Aargau der Altkatholikenversammlung in Heidelberg Bericht
über die kirchlichen Zustände der Schweiz und bemerkte, es fehle
dort nicht an aufgeklärten Laien, wohl aber an aufgeklärten und
muthigen Priestern, denn die Priester seyen von den Jesuiten terrorisirt. Brosi kündigte eine Altkatholikenversammlung in der Schweiz
an und drang auf Verbindung der Altkatholiken in der Schweiz
mit denen in Deutschland.

Im Kanton Luzern wurde die bisherige liberale Regierung ge-
stürzt und an ihre Stelle trat eine ultramontane von so fanatischem
Eifer, daß man förmlich Jagd machte auf Gegner der Infallibilität.
Nicht viel anders in Zug und St. Gallen.

Eine Volksversammlung zu Langenthal reichte durch ihren Ausschuß der Bundesversammlung eine Denkschrift ein, worin scharf betont wurde, daß die Infallibilität und Alleinherrschaft des Papstes
keine andern Staaten so nahe bedrohe, wie die Republiken, denn
nirgends stehe das monarchische Princip dem demokratischen schroffer
gegenüber. Im August erklärten sich die Schweizer Bischöfe gemeinschaftlich für die Infallibilität. Der Piusverein in Freiburg erklärte
sich im September 1871 gegen die von vielen Seiten gewünschte
Reform der schweizerischen Bundesverfassung.

Dagegen wurde am 18. September zu Solothurn eine große
Versammlung von Altkatholiken eröffnet, worin beschlossen wurde,
folgende Forderungen den Kantonsregierungen zu unterbreiten:
1) Das Dogma von der Unfehlbarkeit des römischen Papstes,
welches unter dem 18. Juli 1870 in der vatikanischen Versammlung
zu Rom promulgirt wurde, sowie den von Pius IX. am 8. Dezember 1864 erlassenen Syllabus als mit dem Schweizer Ver-
fassungsrecht unvereinbar zu erklären, insbesondere deren Lehre im
Jugendunterrichte sowohl in der Schule als in dem konfessionellen
Religionsunterrichte mit allen dem Staate zu Gebote stehenden
Mitteln (als Ausübung der Oberaufsicht, Dienstentlassung, Be-
soldungsentziehung zc.) zu verhindern. 2) Daß, wenn sich katholische
Kirchengemeinden oder einzelne derselben (Mehrheiten oder Minder-

heiten) von der Kirche der päpstlichen Unfehlbarkeit trennen wollen, ihr Miteigenthumsrecht an dem gesammten Kirchen- und Pfründvermögen anerkannt werde, beziehungsweise dieselben das Recht der Mitbenützung der Amobilien (Kirchen, Pfarrhäuser, Begräbnißstätten u. s. w.) erhalten und von dem übrigen Vermögen ihnen so viel, als zur Einrichtung und Dotation eines eigenen Cultus erforderlich ist, oder zum mindesten ihr proportioneller Antheil nach der Seelenzahl herausgegeben werde. 3) Das freie Wahlrecht der Gemeinde bei Besetzung der Pfründen anzuerkennen und zu schützen, so daß die Verweigerung der bischöflichen Admission keinen Hinderungsgrund für einen gewählten Geistlichen bilden dürfe, sein Amt mit Zustimmung der Gemeinde anzutreten.

Seitdem in unserm Jahrhundert die Jesuiten wieder aufgekommen sind, suchten sie auch die katholische Theologie auf den Universitäten und auf den Priesterseminarien wieder ganz in ihre Hände zu bekommen. So wurde in den französischen Seminaren die Möchialogie des Trappisten Debreyme verbreitet, an sittlichem Schmutz wetteifernd mit Sanchez, und in den deutschen Seminaren die Moraltheologie des Jesuiten Gury, aus den lateinischen Ausgaben 1858 übersetzt von Wesselak. Schon Hirscher ließ sich 1823 in einer Schrift „über das Verhältniß des Evangeliums zur theologischen Scholastik der neuesten Zeit" in ernsten Worten gegen die Wiederkehr der jesuitischen Casuistik aus, aber es half nichts, die Jesuiten spotteten über „Hirschers überwundenen Standpunkt." In den letzten Jahren rügte Landammann Keller im argauischen großen Rathe die Infamien, welche Gury's auch im Seminar des Bisthum Basel eingeführtes Lehrbuch enthalte, worauf der Regens jenes Seminars das Lehrbuch vertheidigte. Auch Bischof Ketteler von Mainz half es in einer Flugschrift vertheidigen, obgleich er sich schlau genug verwahrte, er unterschreibe nicht alles, was in jenem Lehrbuch stehe. Wer dieses Lehrbuch nun liest, ersieht daraus auf jeder Seite, daß es ein rabulistisches Lügengewebe zur Entschuldigung jeder denkbaren Immoralität ist. Die jungen Priester werden darin angewiesen, wie sie es machen sollen, um von jeder solcher Immoralität in der Beichte zu absolviren, indem sie dieselbe durch den

Probabilismus, durch die Richtung der Absicht, durch den mentalen Vorbehalt 2c. entschuldigen. Zur Absolution genügt es schon, wenn durch die begangene Sünde ein großer Nachtheil für den Sünder oder auch ein bloßes incommodum vermieden wurde. Meineid z. B. wird erlaubt, wenn man „einen wichtigen Grund" dazu gehabt hat. Von der ungeheuern Frivolität, mit welcher die Jesuiten gleich Komikern im Theater die ernstesten Dinge behandeln, hier nur einige Beispiele aus jenem Lehrbuch. Da wird Seite 78 gelehrt: Willst du oft und immer wieder stehlen, so brauchst du doch nur die Absolution für einen einzigen Diebstahl, wenn du dir von vorn herein vornimmst, eine sehr große Summe zu stehlen, von der dann die einzelnen Diebstähle nur Abschlagszahlungen sind. Auf Seite 97 wird dem christlichen Gebot „Liebe deine Feinde" mit affenartigem Grinsen Hohn gesprochen und behauptet, der Grund aller Liebe sey Egoismus, man könne und solle sich nur selber lieben. Am allerraffinirtesten aber erscheint die jesuitische Wollüstelei im Kapitel von der Verführung der Beichtkinder Seite 684 bis 690. Darin werden dem Beichtvater ohne weiteres gegenüber der Beichttochter Schmeicheleien, Handgriffe 2c. erlaubt, wenn es nur zum Scherz (ex mera levitate) geschieht. Man denke sich nun, wie solche ruchlose Bücher auf die Einbildungskraft junger Priester wirken mögen, welche das Gelübde der Keuschheit ablegen sollen. Zum Ueberfluß enthält jenes Lehrbuch von Gury auch schon den Satz, kein katholischer Geistlicher sey an ein weltliches Gesetz gebunden, sofern demselben die Kirche nicht ausdrücklich zugestimmt habe.

Nachdem Keller die Sache aufgedeckt hatte, vereinigten sich die weltlichen Regierungen der Kantone, die zum Bisthum Basel gehören, dem Bischof die Abschaffung des ruchlosen Lehrbuchs abzunöthigen. Nun aber führte er das noch ärgere von Kemrick ein, worauf den Kantonen die Geduld riß und sie dem Seminar die Subsidien entzogen. Am 2. Oktober 1871 trat der Kanton Aargau ganz aus dem Bisthum aus. Der Bischof machte dem Kanton Aargau deshalb Vorwürfe in einem Schreiben „von solcher Maßlosigkeit und Unanständigkeit", daß im großen Rath des Kantons darauf angetragen wurde, es gar nicht anzunehmen. Doch zog man vor, mit einer einfachen That zu antworten, und fast einstimmig wurde beschlossen, alle confessionellen Verfassungsbestimmungen zu beseitigen und den confessionslosen Unterricht durchzuführen.

Auch der Kanton Bern erklärte sich gegen die ultramontanen Wühlereien im Jura und sperrte zwei fanatischen Geistlichen die Temporalien.

Am 16. Dezember 1871 beschloß der schweizerische Nationalrath in Bern, den Jesuiten die Aufnahme in der Schweiz, die Ausübung einer kirchlichen oder Lehrthätigkeit, wie auch überhaupt die Errichtung neuer oder Wiederherstellung alter Klöster auf eidgenössischem Boden zu verbieten. Der Ständerath stimmte nur dem ersteren bei, nicht dem letzteren.

Im Kanton Zürich wurde die Trennung der Schule von der Kirche vollständig durchgeführt. Man schrieb aus Zürich: Bei der Abstimmung siegte die Vermittlung, so daß der Religionsunterricht und die Geistlichkeit, übrigens letztere nur in den drei letzten Klassen und mit einem bestimmten, vom Erziehungsrath erlassenen Lehrplan zugelassen wurde, aber mit „Ausschluß alles Dogmatischen und Confessionellen“ und im Sinne der Verfassung, welche jeden Zwang in religiösen Dingen ausschließt, so daß der Religionsunterricht in der Volksschule nicht obligatorisch ist. Ob dieser Beschluß eine korrekte Lösung des Knotens enthält?

Uebrigens arbeitete der Radicalismus im Kanton Zürich den Jesuiten in die Hände, indem er zu hohe Ansprüche an die Bauernkinder machte. Nach dem Entwurf des neuen Unterrichtsgesetzes sollten diese Kinder bis zu ihrem vollendeten fünfzehnten Jahre in der Schule bleiben, und die Schulmeister sollten sogar auf Universitäten gebildet werden. Die Bauern aber wollten nicht so hoch hinaus und brauchten ihre Kinder bei der Haus- und Feldarbeit. Deshalb wurde das Unterrichtsgesetz in der Volksabstimmung vom 14. April 1872 verworfen.

Nicht besser erging es dem vom eidgenössischen Bundesrath mit so viel Mühe und Eifer zustandegebrachten Entwurf einer Bundesrevision, die zu einer größern Conzentrirung der Eidgenossenschaft und zur Abschwächung des kantonalen Particularismus führen mußte.

Ohne Zweifel war es ein dringendes Bedürfniß, die Eidgenossen=
schaft durch eine Armeereorganisation nach außen und durch Rechts=
einheit nach innen zu stärken, aber das radicale Regiment hatte sich
seit dem Sonderbundskriege nicht nur den katholischen Kantonen
verhaßt gemacht, sondern auch, wie Zürich bewies, den einfachen
Bauern zu viel zugemuthet und flößte schließlich nach den großen
Niederlagen Frankreichs den welschen Kantonen in der süblichen und
westlichen Schweiz die Angst ein, die neu projectirte Bundesverfassung
werde das germanische Element in der Eidgenossenschaft zu sehr
verstärken, das romanische zu sehr abschwächen. Als daher am
12. Mai 1872 der Revisionsentwurf der doppelten Abstimmung
theils des gesammten Volks, theils der Stände oder Kantone unter=
worfen wurde, fiel dieselbe mit 257,244 gegen 252,477 Volks=
stimmen und mit den Stimmen von 13 Kantonen gegen 9 durch.
Die Jesuiten jubelten, denn sie sahen diese Entscheidung als ihren
Sieg an, weil sie aus einer Allianz der katholischen mit den welschen
Kantonen hervorgegangen war.

Zweites Buch.
Die deutschen Bischöfe.

Kapitel 1.

Die süddeutschen Bischöfe.

Die deutschen Bischöfe hatten eine große Aufgabe. Ihnen zunächst kam es zu, Deutschland zum Schilde gegen Rom zu dienen. Die deutschen Bischöfe hatten im frühern Mittelalter selbständige Nationalsynoden gehalten, und als pares dem primus inter pares in Rom oft genug bewiesen, daß er nicht ihr Herr sey. Wie oft hatten sie nicht Kaiser und Reich gegen die römischen Anmaßungen vertheidigt! Nach der Reformation und dem Tridentinum wurde Rom gänzlich abhängig von den beiden Dynastien Habsburg und Bourbon und diente unter Vermittlung der Jesuiten mit geistlichen Mitteln nur noch dem weltlichen Despotismus. Diejenigen deutschen Bischöfe aber, welche nicht von der Reformation waren verschlungen worden und welche auch nicht unmittelbar der Territorialhoheit in einem habsburgischen Kronland unterworfen waren, behielten ihre weltlichen Besitzungen und blieben Reichsfürsten gleich den weltlichen. Mehrere von ihnen hätten gerne ihre Erzbisthümer und Bisthümer säcularisirt, um ihren Familien ein weltliches Erbe zu gründen.

Fast alle aber ahmten die Ueppigkeit der weltlichen Höfe nach. Als nun die sämmtlichen bourbonischen Höfe sich der Jesuiten entledigten und nach dem Aussterben des habsburgischen Mannsstammes der Lothringer Joseph II. dem Papst trotzte, machten auch die geistlichen Kurfürsten des deutschen Reichs den Versuch, sich von Rom unabhängig zu machen und eine deutsche Nationalkirche zu gründen, mittelst der berühmten Emser Punctationen 1786. Unglücklicherweise aber wollte Joseph II. damals Bayern gegen die Niederlande austauschen und Bayern suchte und fand Schutz bei Friedrich dem Großen, der durch den sog. Fürstenbund Josephs Pläne vereitelte und damit dem Papstthum, ohne es zu wollen, einen großen Dienst leistete.

Das Papstthum wurde nun zwar wenige Jahre später von der französischen Revolution verschlungen, aber nach Napoleons Sturz im Jahr 1814 wiederhergestellt. Nun wünschte einerseits der Papst den neuen deutschen Bund als Einheit, wie früher das deutsche Reich, durch seine Nuntien beaufsichtigen zu können, während andererseits Wessenberg eine von Rom möglichst unabhängige deutsche Nationalkirche zustandezubringen hoffte. Das Metternich'sche System aber, wie es sich auf dem Wiener Congreß geltend machte, wollte keine deutsche Einheit weder in dieser noch in jener Form. Es kam also zu keiner Nationalkirche, sondern nur zu Concordaten oder Separatverträgen der einzelnen deutschen Regierungen mit Rom. Unter diesen Umständen wurden auch die deutschen Bischöfe fast durchgängig nur unselbständige Zwittergeschöpfe der dynastischen und curialistischen Politik. Wessenberg wurde im Stich gelassen. Die Versuche junger katholischer Priester in Schlesien und Baden, sich vom Cölibat zu befreien und dadurch den Protestanten zu nähern, wurden vereitelt. Der Versuch des ehrwürdigen Sailer, die ganz äußerlich gewordene römische Kirche wieder durch Innerlichkeit zu beleben, mißlang ebenfalls, da die römische Curie und damals auch schon die Jesuiten aus der Schwäche und Nachgiebigkeit der weltlichen, namentlich auch protestantischen Regierungen die Hoffnung schöpften, eine katholische Reaction im Großen könne jetzt gelingen. Die Probe wurde gemacht in den sog. Kölner Wirren. Zum damaligen Siege der katholischen Kirche trug freilich der Unglauben viel bei, der auf Universitäten und in der Presse vorherrschend geworden war und gegen den auch die conservativen Protestanten ankämpften. Unter der wohlwollenden aber schwachen Regierung Friedrich Wilhelms IV., der den Ausbau des Kölner Doms in Angriff nahm, vollzog sich die Hingabe der meisten katholischen Bischöfe Deutschlands an die römische Curie und die gänzliche Beseitigung des Wessenberg'schen und Sailer'schen Geistes. Die jungen katholischen Priester wurden begeistert für die in ihrer Einheit bestehende Macht der römischen Kirche und ihr Ehrgeiz wurde entflammt, so daß sich die Wenigsten mehr innerlich in Gott versenkten, sondern nach äußerer Geltung und Herrschaft trachteten.

Das erste Opfer dieses im deutschen Klerus eingetretenen Umschwungs war der edle Fürstbischof von Sedlnitzky in Breslau. Derselbe mußte schon 1840, bald nach dem Regierungsantritt Friedrich Wilhelms IV., der römischen Curie zu Gefallen seine Stelle niederlegen, sah mit Kummer der jesuitischen Unterminirung der katholischen Kirche Deutschlands zu und trat 1862 zur evangelischen Kirche über.

Aus diesen Vorgängen mag sich nun erklären, warum die deutschen Bischöfe seitdem und bis in die neueste Zeit mit der römischen Curie gegangen sind oder ihr wenigstens nur einen äußerst schwachen nnd erfolglosen Widerstand geleistet haben. Das ändert jedoch nichts an der Aufgabe, welche dem deutschen Episcopat gestellt war. Derselbe durfte sich niemals blind an Rom verkaufen, sondern er war wie Christo, dem Stifter der Kirche, so auch Deutschland verantwortlich.

Die deutschen Bischöfe hatten das Recht und die Pflicht, gegen das neue Dogma, welches keinen andern Zweck hatte, als der französischen Politik gegen Deutschland zu dienen, sich ernstlich zu verwahren und die Verbreitung desselben in ihren Diöcesen um keinen Preis zu dulden. Und zwar auf Grund 1) der h. Schrift, die nicht einmal einen Primat, noch viel weniger eine Infallibilität des Papstes kennt, 2) des kirchlichen Herkommens und des bestehenden Rechtsverhältnisses zwischen Kirche und Staat, 3) der unveräußerlichen Rechte des Episcopats. Die Jesuiten waren von jeher Gegner der Bischöfe, weil diese das Interesse einzelner Länder und Volksstämme vertraten, sie dagegen unter der absoluten Monarchie des Papstes, wie die Janitscharen unter dem Sultan, alle Völker nur als ihre Sclaven behandeln wollten. Sodann 4) im Interesse der gesunden Vernunft, die nicht erlaubt, einen Menschen für untrüglich zu halten, 5) im Interesse der Wissenschaft und des in der deutschen Theologie gesammelten Schatzes, der nicht im Sumpfe romanischer Ignoranz versinken soll, 6) im Interesse des Germanismus überhaupt, für welchen die deutschen Bischöfe Sympathien und Pflichten haben sollten, 7) im Interesse der Ehre, die nicht erlaubt, daß deutsche Bischöfe auf bloßen Befehl hohnlachender Welschen heute zu glauben schwören, was sie gestern ausdrücklich verworfen haben.

Der bayrische Abgeordnete beim Zollparlament, Professor Dr. Sepp, bisher ein Haupt der sog. bayrischen Patrioten, gab eine Schrift „Deutschland und das Vaticanum" heraus, worin er erzählte, eine Anzahl katholische Zollparlamentsabgeordnete hätten in Berlin kurz vor dem Zusammentritt des Concils eine Art von Laienconcil gehalten, „woran außer Sepp Dr. Jörg, Peter Reichensperger, Geheimerath von Savigny, Ministerialdirektor von Krätzig, Herr von Mittnacht, Rechtskonsulent Probst u. s. w. Theil nahmen. Man sprach damals dem deutschen Episcopate für seine sicher zu erwartende Unerschütterlichkeit den Vorlagen gegenüber Dank und Anerkennung aus, und Reichensperger war, wie es scheint, der entschiedenste der Unfehlbarkeitsgegner. Der Fürstbischof von Breslau war der geistige und geistliche Rückhalt dieser Demonstration." Damals also scheinen die betreffenden Herren, welche später die eifrigsten Werkzeuge der Jesuiten abgaben, noch nicht instruirt gewesen zu seyn, oder sie täuschten den ehrlichen Sepp, wie die Fuldaer Bischöfe auf ihrer ersten Versammlung das katholische Volk.

Die geheimen Lenker des Jesuitenordens sahen sehr auf Verschwiegenheit und waren weit entfernt, sich durch Herausforderungen und Prahlereien bemerklich zu machen. Im Jahr 1863 suchten sie eine neue Universität mit rein ultramontaner Tendenz zu gründen, was aber an der Abneigung der deutschen Regierungen und an

Widerstand der katholisch=theologischen Facultäten an den bereits bestehenden Universitäten scheiterte, daher die giftigen Blicke, welche damals schon aus dem Jesuitenlager auf München und Tübingen fielen, und die Bedrohungen einiger Professoren mit dem Index.

Welchen Antheil die deutschen Bischöfe an diesen Versuchen genommen haben, ist nicht bekannt geworden. In der Kölner Zeitung las man einmal: „Man ernannte Männer, welche entweder bei den Jesuiten erzogen wurden, oder, weil unselbständig, der Spielball der Jesuiten geworden sind." Jedenfalls waren die deutschen Bischöfe im Falle, die Absichten der Jesuiten zu kennen und zu wissen, wie rasch innerhalb ihrer einzelnen Diöcesen die Zahl der Jesuitenhäuser und der ihnen affiliirten Klöster anwuchs, sowie auch, welchen Zweck die zahlreichen unter den mannigfaltigsten Namen hervortretenden katholischen Vereine hatten. Bei der Stiftung des berühmten katholischen Gesellenvereins durch Kaplan Kolping bildete man sich ein, es handle sich blos um sittliche Veredlung von Jünglingen. Das Centralblatt des Volksbildungsvereins berichtete dagegen 1872 und verbürgte sich für die Wahrheit, daß ein preußischer Geh. Oberregierungsrath auf der Eisenbahn zwischen Bonn und Köln mit Kolping in demselben Coupé ins Gespräch gekommen sey, und schreibt ausdrücklich: Kolping sprach im Laufe der Unterhaltung das offene Geständniß aus, daß die katholischen Gesellenvereine zur Bekämpfung des Preußenthums dienen und einen Damm gegen die Hohenzollern bilden sollten. Nach einiger Zeit, als die Bildung solcher Vereine vor sich gegangen war, kam man um Gewährung der Corporations= rechte beim Ministerium des Innern ein. Herr von Kleist=Retzow befürwortete diese Gewährung auf das lebhafteste. Der damalige Minister, Westphalen, der sich Kleist=Retzow gegenüber als stets dienstwilliges Werkzeug fühlte, war bereit, das Gesuch zu gewähren. Da schien es dem Geheimenrath X., einem im Dienste des preußischen Staates ergrauten Beamten, Zeit, mit seiner Wissenschaft, die er so unfreiwillig aus erster Quelle geschöpft hatte, hervorzutreten. Er sagte dem Minister, was er von Kolping gehört habe, indem er sich Verschweigung seines Namens ausbat. Herr v. Westphalen hatte nichts Eiligeres zu thun, als diese Mittheilungen an

Kleist-Retzow, das damalige Haupt der feudal-pietistischen Partei, zu berichten, und nannte gegen sein gegebenes Versprechen den Geheimenrath X. als Quelle. Herr v. Kleist-Retzow stellte sich in Folge dessen bei X. ein, und hier kam es zu folgender erbaulichen Unterhaltung, die vortrefflich das Verhältniß des ehrenhaften altpreußischen Beamtenthums gegen die neupreußische Junkerpartei kennzeichnet. Herr v. Kleist-Retzow hielt es nämlich für hinreichend, zu erklären: ‚Herr Geheimerath! Ich verbürge mich für die Loyalität der Zwecke der katholischen Gesellenvereine; was Ihre Mittheilungen über das angeht, was Sie von dem Caplan Kolping gehört haben wollen, so nehme ich an, daß Sie sich vielleicht verhört haben.' Das war dem alten Beamten denn doch etwas zu stark. Er antwortete Herrn v. Kleist-Retzow darauf: ‚Ich will Ihnen etwas sagen: wenn es bei Ihnen vielleicht vorkommt, daß Sie Berichte machen über Dinge, die Sie nicht genau gehört haben und nicht verbürgen können, so kommt das bei mir nicht vor. Was die Loyalität der Zwecke der Vereine anbetrifft, so führen loyale Leute solche Sprache nicht, oder ich weiß nicht mehr, was noch loyal heißt.' Herr v. Kleist-Retzow beklagte sich bei dem Minister über diese Antwort des Geheimenrathes, und Herr v. Westphalen sagte zu letzterem: ‚Sie hätten doch gegen einen Mann von solchem Patriotismus, wie Herr v. Kleist-Retzow besitzt, eine andere Sprache führen müssen.' Herr X. erwiderte hierauf: ‚Excellenz! Ich habe die reine Wahrheit gesagt und bin bereit, sie an den König zu berichten; im Uebrigen, was den Patriotismus des Herrn v. Kleist-Retzow betrifft, so ist auch mein Patriotismus noch nie angezweifelt worden.' Der Geheimerath X. erhielt darauf seinem Decernate gemäß den Auftrag, über den Seitens der katholischen Gesellenvereine gestellten Antrag an den König zu berichten."

Abgesehen von diesem einzelnen Fall ist bekannt, wie rührig die Jesuiten und ihre Werkzeuge in den Missionen, in den Schulen, in den Vereinen und namentlich in der Presse arbeiteten, welchen großen Einfluß sie auf das weibliche Geschlecht, besonders der vornehmen Klassen übten rc. Man darf nun allerdings fragen, warum ließen sich die Bischöfe, warum ließ sich überhaupt die Weltgeistlichkeit von der Klostergeistlichkeit so auf einmal überflügeln? In frühern Zeiten hatten deutsche Bischöfe ihre Provinzen gegen die welschen Eindringlinge doch besser gewahrt. Der deutsche Episcopat war eine Macht gewesen, die in deutschem Boden wurzelnd ihr Ansehen nicht durch des Papstes Gnaden, sondern durch ihre altherkömmlichen bischöflichen Rechte und durch Tugenden bewahrt hatte, unter denen nicht selten der Patriotismus mit wahrer Frömmigkeit Hand in Hand ging. Deutsche Bischöfe hatten sich bei geringern Anlässen römischen Uebergriffen widersetzt. Nun Rom sich mitten im gebildet= sten Jahrhundert das Ungeheuerlichste und Unvernünftigste, was es irgend geben kann, anmaßte und allein die ganze Welt beherrschen wollte, da schien unser Episcopat entweder gänzlich perplex oder mit dem schlimmsten Feinde Deutschlands einverstanden.

„Die Infallibilisten überfielen gewissermaßen meuchlings die Gewissen des Volks.“*) Erst später wird genauer enthüllt werden, welcher Verrath am deutschen Volke be= gangen worden ist, indem ihm unvermerkt das von den Jesuiten gestrickte Netz über den Kopf geworfen wurde, wie dem Herkules das vergiftete Kleid des Nessus.

Die deutschen Bischöfe haben weder als Bischöfe, noch als Deutsche ehrlich und correkt gehandelt. Als Bischöfe nicht, weil sie auf dem Concil die Rechte der Bischöfe nicht besser vertheidigt und sie nachher dem päpstlichen Absolutismus völlig preisgegeben haben. Nur ein einziger deutscher Bischof, der aber unter den Croaten lebt, Stroßmayer, hat auf dem Concil wie ein echter deutscher Bischof gesprochen. In unvergänglichen Zügen wird seine Rede in den Tafeln der Geschichte eingegraben bleiben. Er sagte: „Zur Lösung dieser ernsten Frage war es für mich nothwendig, den gegenwärtigen Stand der Dinge zu ignoriren und mich im Geist, mit der Fackel des Evangeliums in der Hand, in jene Zeit zu versetzen, wo es weder einen Ultramontanismus noch einen Gallikanismus gab, wo die Kirche nur den heiligen Paulus, Petrus, Jakobus und Johannes zu Lehrern hatte, denen Niemand die göttliche Autorität absprechen

*) Augsb. A. Zeitung 1871, Nr. 308.

kann, ohne die Lehre der heiligen Bibel, welche hier vor mir liegt, in Zweifel zu ziehen und welche das Concil zu Trient für die Richt= schnur des Glaubens und der Sittenlehre erklärt hat.

Ich habe nun diese heiligen Blätter geöffnet und — darf ich es offen sagen? — ich habe nah und fern nichts gefunden, was die Ansicht der Ultramontanen bestätigte. Und noch mehr, zu meinem großen Erstaunen finde ich in der apostolischen Zeit nicht einmal die Frage über einen Papst, welcher der Nachfolger des heil. Petrus und der Stellvertreter Jesu Christi wäre, so wenig als von Muha= med, welcher damals noch nicht existirte. Ich habe das ganze Neue Testament gelesen und erkläre vor Gott, mit meiner Hand zu diesem großen Kruzifix erhoben, daß ich keine Spur vom Papstthum, wie es jetzt ist, gefunden habe. Beim Lesen der heiligen Schriften mit der Aufmerksamkeit, deren der Herr mich fähig machte, finde ich kein einziges Kapitel, keinen einzigen Vers, in welchem Jesus Christus dem heil. Petrus die Herrschaft über die Apostel, seine Mitarbeiter, gegeben hätte. Wenn Simon, der Sohn Jonas, das gewesen wäre, wofür wir heutzutage Se. Hl. Pius IX. halten, so ist es wunderbar, daß Christus nicht zu ihm sagte: ,Wenn ich zu meinem Vater aufgefahren bin, sollt ihr alle dem Simon Petrus gehorchen, wie ihr mir gehorchet. Ich setze ihn zu meinem Stell= vertreter auf Erden ein.‘ Christus schweigt über diesen Punkt und dachte nicht im geringsten daran, der Kirche ein Haupt zu geben. Ja, als er den Aposteln Throne versprach, um zu richten die zwölf Geschlechter Israels, so versprach er sie allen Zwölfen, ohne zu sagen, daß unter diesen Thronen einer höher seyn soll als der andere, und daß dieser höhere Thron dem Petrus gehören soll. Als Christus die Apostel zur Eroberung der Welt aussandte, gab er allen die gleiche Macht zu binden und zu lösen; auch gab er allen die Ver= heißung des heil. Geistes. Es sey mir erlaubt, das oben Gesagte zu wiederholen: Wenn Christus hätte den Petrus zu seinem Stell= vertreter einsetzen wollen, so hätte er ihm den Oberbefehl über seine geistliche Armee gegeben. — Christus, so sagt die heil. Schrift, ver= bot dem Petrus und seinen Mitaposteln, zu herrschen und Gewalt auszuüben, oder Macht zu haben über die Gläubigen nach Art der

Könige der Heiden (Luc. 22, 25). Aber hier kommt noch eine wichtigere Frage in Betracht. Ein allgemeines Concil war in Jerusalem versammelt zur Beschlußfassung über Fragen, welche die Gläubigen von einander trennten. Wenn Petrus der Papst gewesen wäre, wer würde dieses Concil zusammenberufen haben? Der heil. Petrus. Wer würde der Präsident dieses Concils gewesen sein? Der heil. Petrus. Wer würde die Beschlüsse formulirt und bekannt gemacht haben? Der heil. Petrus. Gut! Aber nichts von allem diesem geschah. Petrus half bei dem Concil, wie alle übrigen Apostel, und nicht er, sondern der heil. Jakobus faßte alles dem Hauptinhalte nach zusammen, und als die Beschlüsse verkündigt wurden, geschah es im Namen der Apostel, der Aeltesten und der Brüder (Ap.-Gesch. 15). Und während wir lehren, daß die Kirche auf den heil. Petrus gegründet sey, sagt der Apostel Paulus, dessen Ansehen nicht bezweifelt werden kann, in seiner Epistel an die Epheser (Kap. 2, 20), daß die Kirche gebaut ist auf den Grund der Apostel und Propheten, da Christus der Eckstein ist. Derselbe Apostel Paulus erwähnt der Apostel, der Propheten, der Evangelisten, der Lehrer und Hirten, wenn er die Aemter der Kirche aufzählt. Man darf glauben, daß der große Heidenapostel Paulus nicht vergessen haben würde, das erste dieser Aemter, nämlich das Papstthum, zu erwähnen, wenn dasselbe eine göttliche Einsetzung gewesen wäre. Was mich am meisten überraschte und was überdies eines augenscheinlichen Beweises fähig ist, das ist das Stillschweigen des heil. Petrus selbst. Wenn der Apostel der Vikar Christi auf Erden gewesen wäre, wofür wir ihn ausgeben, so müßte er doch sicherlich es gewußt haben; und wenn er es wußte, warum hat er nicht auch ein einziges Mal als Papst gehandelt? Er hätte es am Pfingsttag thun können, als er seine erste Predigt hielt, aber er hat es nicht gethan; er hätte es auch auf dem Concil zu Jerusalem oder in Antiochien thun können, aber er that es nicht; noch that er es in den zwei Briefen, welche er an die Kirche gerichtet hat. Aber ich höre auf allen Seiten sagen: war nicht Petrus in Rom? Wurde er nicht gekreuzigt, mit seinem Haupte nach unten gelehrt? Sind die Sitze, auf welchen er lehrte und die Altäre, auf denen er Messe las, nicht in dieser ewigen Stadt? Daß Petrus in Rom gewesen sey, meine ehrwürdigen Brüder, ruht nur auf Ueberlieferung; aber wenn er Bischof in Rom war, wie können Sie aus seiner Bischofswürde seine Oberherrschaft beweisen? Scaliger, einer der gelehrtesten Männer, nahm keinen Anstand, zu behaupten, daß der Episcopat und der Aufenthalt des Petrus in Rom unter die lächerlichen Sagen gerechnet werden müssen. Keiner von Ihnen wird das große Ansehen des heil. Bischofs von Hippo, des großen und gesegneten Augustinus bezweifeln. Dieser fromme Lehrer, die Ehre und der Ruhm der katholischen Kirche, war der Sekretär auf dem Concile zu Melive. Unter den Beschlüssen jener ehrwürdigen Versammlung finden sich diese bedeutsamen Worte: ‚Wer sich auf diejenigen berufen will, welche jenseits des Meeres sind, soll von Niemand in Afrika in die Kirchengemeinschaft aufgenommen werden.‘ Die Bischöfe von Afrika erkannten den Bischof zu Rom so wenig an, daß sie alle verbannten, welche an Rom appellirten. Wer weiß es nicht, daß die Concilien von den Kaisern, ohne daß dem Bischof von Rom Nachricht gegeben wurde und selbst gegen seinen Wunsch berufen wurden? Wer weiß es nicht, daß Hosius, der Bischof von Cordova, den Vorsitz bei dem Niceanischen Concil hatte, und daß er dessen Beschlüsse herausgab? Unter allen Lehrern des christlichen Alterthums nimmt der heil. Augustinus die erste Stelle ein, was Gelehrsamkeit und Heiligkeit betrifft; so hören Sie, was er in seiner zweiten Abhandlung über die erste Epistel des Johannes schreibt: ‚Was wollen die Worte: Ich will meine Gemeinde auf diesen Felsen bauen? Auf diesen Glauben, nämlich auf den Glauben, welcher sagte: Du bist Christus, der Sohn des lebendigen Gottes!‘ Und in der 124. Abhandlung über den Johannes finden wir diese sehr bedeutsame Stelle: ‚Auf diesen Felsen, welchen du bekannt hast, will ich meine Gemeinde bauen, da Christus ja der Felsen war.‘ Der große Bischof glaubte so wenig, daß die Kirche auf den heil. Petrus gebaut sey, daß er in seiner 13. Predigt zu seinen Zuhörern sagte: ‚Du bist Petrus und auf diesen Felsen, welchen du kennen gelernt hast, nämlich dein Bekenntniß: Du bist Christus, des lebendigen Gottes Sohn, will ich meine Kirche bauen, auf mich selbst, der ich der Sohn des lebendigen Gottes bin: ich will sie bauen auf mich und nicht mich auf dich.' Aber was Augustin über diese berühmte Stelle dachte, das war die Ansicht der ganzen Christenheit seiner Zeit. Ich bin kein unverschämter Protestant! Nein, und tausendmal nein! Die Geschichte ist weder katholisch, noch englisch, noch kalvinistisch, noch lutherisch, noch arminianisch, noch schismatisch-griechisch, noch ultramontan. Sie ist, was sie ist — nämlich viel stärker als alle Glaubensbekenntnisse und Gesetze der ökumenischen Concilien. Schreibe dagegen, wenn du es wagst, aber du kannst sie nicht zerstören. — Monsignor Dupanloup in seinen berühmten Bemerkungen über dieses vatikanische Concil hat mit Recht gesagt, daß, wenn wir Pius IX. für unfehlbar erklärten, wir nach dem natürlichen Denkgesetz auch behaupten müssen, daß alle seine Vorgänger eben so unfehlbar waren. Papst Victor (192) billigte zuerst den Montanismus und nachher verdammte er ihn. — Marcellinus (296—303) war ein Götzendiener. Er ging in den Tempel der Vesta und brachte Weihrauch dieser Göttin dar. Sie werden sagen, dies war ein Akt der Schwäche, aber ich antworte, ein Stellvertreter Christi stirbt, wird aber kein Abfälliger. — Liberius (358) stimmte der Verdammung des Athanasius zu und bekannte sich zum Arianismus, damit er von seiner Verbannung zurückgerufen und wieder in sein Amt eingesetzt würde. — Honorius (625) war ein Anhänger des Monotheletismus; Vater Gratry hat es augenfällig bewiesen. — Gregor I. (578—590) heißt jeden den Antichrist, welcher sich als allgemeinen Bischof tituliren läßt, und umgekehrt; Bonifacius III. (607—608) veranlaßte den vatermörderischen Kaiser Phocas, daß er diesen Titel ihm verlieh. — Pascal II. 1088—1099 und Eugenius III. (1145—1153) autorisirten das Duell, während Julius II. (1509) und Pius IV. (1560) es verboten. — Eugenius IV. (1431—1439) hieß das Basler Concil und die Kelchverleihung an die böhmische Kirche gut, während Pius II. (1458) diese Concession widerrief. — Hadrian II. (867—872) erklärte bürgerliche Heirathen für giltig; aber Pius VII. (1800—1823) verdammte sie. — Sixtus V. (1585—1590) veröffentlicht eine Ausgabe der Bibel und empfahl durch eine Bulle, deren Lesung. Pius VII.

verdammte, das Lesen derselben. — Clemens XVI. (1700—1721) schaffte den Jesuitenorden ab, den Paul III. (1540) erlaubt hatte, Pius VII. stellte ihn wieder her.

Aber warum blicken wir hin auf so ferne Beweise? Hat nicht unser hier gegenwärtiger heiliger Vater in seiner Bulle, welche dieses Concil regelte, im Falle seines Todes (während der Sitzungen dieses Concils) alles widerrufen, was in vergangener Zeit demselben entgegensteht, selbst wenn es von der Entscheidung seiner Vorgänger ausgegangen ist? Und gewiß, wenn Pius IX. ex cathedra gesprochen hat, so ist es nicht, als wenn er von der Tiefe seines Grabes seinen Willen den Kirchenbeherrschern auferlegt. Papst Vigilius (538) erkaufte die Papstwürde von Belisar, dem Statthalter des Kaisers Justinian. Es ist wahr, er brach sein Versprechen und bezahlte nie die verheißene Summe.

Ist dies eine gesetzliche Weise, sich die dreifache Krone aufzusetzen? Das zweite Concil zu Chalcedon hat sie förmlich verdammt. In einem seiner Beschlüsse liest man: ‚Der Bischof, der seine Bischofswürde durch Geld erlangt, soll sie verlieren und degradirt werden.‘

Papst Eugenius III. (1145) hat den Vigilius nachgeahmt; St. Bernhard, der glänzende Stern seiner Zeit, tadelte den Papst mit den Worten: ‚Könnt Ihr mir in dieser großen Stadt Rom Jemand zeigen, welcher Euch als Papst aufgenommen hätte, wenn Ihr nicht Gold und Silber dafür erhalten hättet?‘ Verehrte Brüder, kann ein Papst, welcher eine Bank in den Thoren des Tempels aufrichtet, vom heiligen Geist inspirirt seyn? Hat er irgend ein Recht, die Kirche unfehlbar zu lehren?

Sie kennen die Geschichte von Formosus zu gut, als daß ich sie hinzuzufügen brauche. Stephan XI. ließ dessen Leichnam, der in die päpstlichen Kleider eingenäht war, ausgraben, die Finger, welche er zum Segen gebrauchte, abhauen und ihn dann in die Tiber werfen, mit der Erklärung, daß er ein Meineidiger und ein Bastard sey. Er wurde dann vom Volke eingekerkert, vergiftet und erdrosselt. Aber sehet, wie die Sache wieder in Ordnung gebracht wurde. Romanus, der Nachfolger des Stephan, und nach ihm

Johann X. stellten das Andenken an Formosus wieder her. Der gelehrte Cardinal Baronius, wenn er von dem päpstlichen Hof spricht, sagt (merken Sie, verehrte Brüder, wohl auf diese Worte): ‚Wem war die römische Kirche in jenen Tagen gleich, — welche verrufenen, allein mächtigen Buhlerinnen regierten damals in Rom? Sie waren es, welche Bischofswürden gaben, austauschten und nahmen; und, es ist schrecklich zu sagen, sie konnten ihre Verliebten, die falschen Päpste auf den Thron Petri versetzen.‘ (Baronius A. D. 912.) Ich kann es begreifen, wie der berühmte Baronius erröthen mußte, wenn er die Thaten dieser römischen Bischöfe erzählte. Als er von Johann XI. (931), dem natürlichen Sohn des Papstes Sergius und der Marozia sprach, schrieb er folgende Worte in seine Annalen: ‚Die heilige Kirche, das ist die römische, ist schmählich von diesem Ungeheuer unter die Füße getreten worden.‘ — Johann XII. (956), der im Alter von 18 Jahren erwählt wurde durch den Einfluß von Buhlerinnen, war um kein Haar besser als seine Vorgänger. Es schmerzt mich, verehrte Brüder, so viel Schmutz aufzurütteln. Ich schweige von Alexander VI., dem Vater und Liebhaber der Lucretia; ich wende mich ab von Johann XXII. (1416), welcher die Unsterblichkeit der Seele leugnete und der von dem ökumenischen Concil in Constanz abgesetzt wurde. Manche werden behaupten, dieses Concil sey kein öffentliches gewesen! Es sey so, aber wenn Sie ihm das Ansehen absprechen, so müssen Sie in logischer Consequenz die Ernennung von Martin V. (1417) als ungesetzlich betrachten. Was wird dann aus der päpstlichen Succession? Können Sie dann den Faden wieder finden? Ich spreche nicht von den Spaltungen, welche die Kirche entehrt haben. In jenen unglücklichen Tagen war der Stuhl in Rom von zwei und oft von drei Bewerbern eingenommen. Welcher von ihnen war der wahre Papst? Können Sie es thun und behaupten, daß geizige, blutschänderische, mörderische und der Simonie schuldige Päpste die Statthalter Jesu Christi gewesen sind? Ach! ehrwürdige Brüder, eine solche Abscheulichkeit zu behaupten, hieße Christum verrathen, viel schlimmer als Judas gethan hat: es hieße ihm Koth ins Angesicht werfen! (Rufe: „Herab von der Kanzel, schnell! Stopfet den Mund des Ketzers!“ Heftiges Geschrei: „Her-

unter, hinaus mit dem Protestanten, dem Calvinisten, dem Verräther der Kirche!") — Ihr Geschrei, Monsignori, erschreckt mich
nicht. Wenn meine Worte heiß sind, so ist doch mein Kopf kühl.
Ich gehöre weder zu Luther, noch zu Calvin, noch zu Paulus, noch
zu Apollo, sondern zu Christus. (Erneuertes Geschrei: „Anathema!
Anathema dem Abtrünnigen!") — Anathema! Monsignori, Anathema! Sie wissen wohl, daß Sie nicht gegen mich protestiren, sondern gegen die heil. Apostel, unter deren Schutz ich wünschte, daß
dieses Concil die Kirche stellen möchte. Ach! wenn sie mit ihren
Grabtüchern aus ihren Gräbern hervorkämen, würden sie eine Sprache
reden, welche von der meinigen sich unterscheidet?"

So hätten alle deutschen Bischöfe auf dem Concil denken und
reden sollen, oder sie hätten wie einst die Bischöfe auf dem Con-
stanzer Concil geltend machen sollen, daß das Concil über dem
Papst steht. Sie hätten dieses neue Concil, dessen Mehrheit un-
befugt und gegen allen Gebrauch aus Kostgängern des Papstes,
Titularbischöfen und Hirten ohne Heerden zusammengesetzt war, dem
alle Rechte eines freien Concils entzogen wurden und worin von
den Jesuiten schon vorher alles bestimmt und ausgemacht war,
nimmermehr anerkennen, sie hätten es einmüthig und mit einem
lauten Protest verlassen sollen. Dagegen legitimirten sie es, indem
sie darin sitzen blieben.

Noch mehr, sie hatten vorher in ihrer ersten Fuldaer Versammlung heilig versichert, es werde auf dem Concil ganz ehrlich
zugehen, die extreme Partei (der Jesuiten) werde nichts Neues
oder Störendes durchsetzen, man solle sich vollkommen darüber beruhigen. In ihrem ersten Fuldaer Hirtenbrief vom 6. Sept. 1869
hieß es wörtlich: „Es werden Befürchtungen laut, als ob das Concil
neue Glaubenslehren verkündigen könne und werde. Man beschul-
bigt den heil. Vater, unter dem Einfluß einer Partei die Macht
des apostolischen Stuhles über Gebühr zu erhöhen, die alte und
ächte Verfassung der Kirche zu ändern, es werde den deutschen
Bischöfen die volle Freiheit der Berathung nicht gegeben seyn. Man
stellt in Folge davon sogar die Giltigkeit des Concils in Frage.
Nie und nimmer kann ein allgemeines Concil eine neue Lehre aus-

sprechen, welche in der heil. Schrift oder apostolischen Ueberlieferung nicht enthalten ist. Das Concil wird keine anderen Grundsätze aufstellen, als diejenigen, welche Euch allen durch den Glauben und das Gewissen ins Herz geschrieben sind, welche die christlichen Völker durch alle Jahrhunderte geheiligt haben. In einem Concil suchen nicht einzelne Mitglieder durch bloße Gewinnung einer Mehrheit das Uebergewicht über Gegner zu erlangen. Das Concil wird nicht das Mindeste beschließen, ohne zuvor die Mittel der Wissenschaft und der reifsten Ueberlegung erschöpft zu haben." — Und als nun doch das Concil blos ein Werkzeug der Jesuiten wurde und in dem Infallibilitätsdogma eine grundstürzende Neuerung beschloß, die den religiösen Frieden und die Eintracht zwischen Kirche und Staat aufs tiefste erschütterte, fügten sich die deutschen Bischöfe fast alle darein, und auch die, welche es auf dem Concil selbst noch bekämpft hatten, erkannten es nachträglich an. Sie beriethen sich nicht einmal vorher mit den deutschen Regierungen, sondern folgten blind der geheimen Ordre der Jesuiten. Sie konnten wissen, daß es den Jesuiten von Anfang an gar nicht um die Religion zu thun gewesen war, sondern nur um die Politik, daß die ganze Agitation in Rom, die Einberufung und Beschlußfassung des Concils im engsten Zusammenhange stand mit dem Angriffsplan des französischen Kaisers auf Deutschland, daß Rom und die Jesuiten gar keine andere Absicht hatten, als im Bunde mit Frankreich das Zustandekommen der deutschen Einheit zu verhüten. Das alles konnten sie wissen, und doch gaben sie sich zu blinden Werkzeugen der Jesuiten her.

Werfen wir einen Blick auf das Concil zurück, so fällt es vor allem auf, daß die katholischen Großmächte sich um dasselbe gar nicht zu bekümmern schienen, daß sie den Papst und seine Jesuiten ruhig fortmachen ließen, daß die Mahnung des bayrischen Ministerpräsidenten, des Fürsten Hohenlohe, die weltlichen Mächte sollten ihr Interesse in Acht nehmen und in Bezug auf das Concil gemeinschaftliche Vorkehrungen treffen, kalt und von Oesterreich in einer Note Beusts sogar ein wenig hofmeisternd zurückgewiesen wurde. Daraus läßt sich schließen, die katholischen Großmächte waren entweder in den Jesuitenplan eingeweiht, oder wußten wenigstens, daß der Papst und die Jesuiten in Rom das Concil in einer Weise lenken würden, wie es den katholischen Großstaaten nur zum Vortheil gereichen könne. Man darf nicht vergessen, wie lange schon die Kriegserklärung Frankreichs gegen Deutschland vor= bereitet war und wie Frankreich auch auf eine Cooperation Oesterreichs und der deutschen Mittelstaaten gegen Preußen rechnete. Einzig zu diesem Zweck hatte die ultramontane Presse seit König= grätz bisher unerhörte Anstrengungen gemacht, um namentlich in Süddeutschland alles für Frankreich zu stimmen und gegen Preußen aufzuhetzen. Der Ultramontanismus, den man auf dem Concil glorificiren wollte, sollte als dritter Factor neben Frankreich und Oesterreich, als geistliche Macht neben den beiden weltlichen Großmächten ins Feld rücken, um den Norddeutschen Bund zu erdrücken, ehe daraus ein protestantisches Kaiserthum erwachsen könne.

Die katholischen Großmächte wollten also das Concil nicht stören, in der Ueberzeugung, es würde ihnen um so mehr nützen, je weniger es den Anschein hätte, als ob ihre weltliche Politik dabei mit im Spiele wäre. Hätten sie ihre Gesandten am Concil theil= nehmen lassen, wie sich die weltlichen Mächte dieses Recht noch bei allen frühern Concilien gewahrt hatten, so hätten sie der öffentlichen Meinung zu Liebe doch manches, was auf dem Concil vorging, nicht dulden dürfen, ohne sich zu compromittiren. Sie blieben also lieber weg. Der Norddeutsche Bund, zu welchem so viele Millionen Katholiken gehören, und dessen Lenkern auch gewiß der ganze Jesuitenplan hinlänglich bekannt war, konnte ohne Frankreich und Oesterreich nicht allein handeln und verlangen wollen, daß er durch eine Gesandtschaft beim Concil vertreten werde. Professor Friedrich macht in seinem Tagebuch vom Concil ein Gerücht bekannt, welches in Rom verbreitet gewesen seyn soll, demzufolge Preußen und Bayern den König von Sachsen ersucht haben sollten, sich mit dem Papst zu verständigen, derselbe habe es jedoch abgelehnt. Sey dem wie ihm wolle, so konnte weder Preußen als protestantische Macht, noch auch Bayern, nachdem die Hohenlohe'sche Mahnung nicht beachtet worden war, sich in die Concilsangelegenheiten einmischen. Noch weniger Italien, so lange Frankreich mächtig und Rom noch von französischen Truppen besetzt war. Bischof Hefele machte einmal in der Versammlung deutscher Bischöfe in Rom während des Concils den Vorschlag, die opponirenden Bischöfe und die weltlichen Regierungen zugleich möchten dem Papst Vorstellungen machen. Ein Diplomat in Rom rieth, die opponirenden Bischöfe sollten durch die weltlichen Regierungen noch vor der Abstimmung über das neue Dogma förmlich zurückberufen werden; allein das war alles unausführbar, weil, wie gesagt, die weltlichen Großmächte über diese Frage nicht einig dachten und die beiden katholischen Großmächte, auf die es zunächst angekommen wäre, das Concil, d. h. die Jesuiten auf dem Concil ganz sich selbst überlassen wollten und überließen.

Was nun die deutschen Bischöfe betrifft, welche vor dem Concil zu Fulda tagten, um die Katholiken Deutschlands über dasselbe gänzlich zu beruhigen und namentlich die Besorgniß vor den Jesuiten zu beschwichtigen, die auch noch auf dem Concile selbst gegen das neue Dogma eiferten, nachher aber, als die Jesuiten ihr neues Dogma durchgesetzt und ihren Zweck erreicht hatten, in wenig Wochen wieder, am 1. September 1870 in Fulda tagten und diesmal das neue Dogma anerkannten und alle Katholiken Deutschlands darauf verpflichteten, — was diese Bischöfe und ihr zweideutiges und sich widersprechendes Benehmen betrifft, so kann man sich das Letztere doch kaum anders erklären, als durch die Vermuthung, wenigstens ihre hauptsächlichsten Wortführer und Tonangeber seyen von Anfang an in den Jesuitenplan eingeweiht gewesen und hätten die Rolle übernommen, die Katholiken Deutschlands in Sicherheit zu wiegen, den Argwohn der Nationalgesinnten und Liberalen einzuschläfern, bis man in Rom fertig seyn würde. Ja, das auffallende Benehmen einiger dieser Bischöfe auf dem Concile selbst erweckt den Verdacht, es sey ihnen mit ihrer Opposition gegen das neue Dogma kein rechter Ernst gewesen.

Man hat mit Recht gefragt, wie es komme, daß mehrere dieser Bischöfe, welche gegenüber den deutschen Regierungen sich so erstaunlich kühn und consequent aufgelehnt hätten, doch gegenüber von Rom so charakterschwach und nachgiebig gewesen seyen? Die Sache läßt sich psychologisch am einfachsten dadurch erklären, daß die deutschen Regierungen selber sich den Bischöfen gegenüber immer nur schwach benommen hatten, von ihnen also nicht gefürchtet wurden, während dieselben Bischöfe von Rom und den Jesuiten gebieterisch behandelt und terrorisirt wurden, also nach dieser Seite hin Angst hatten und gehorchten. Ueberdies ließen sich die Bischöfe durch das Schreck= bild täuschen, aus dessen verzerrten Zügen doch etwas Wahres hin= durchblickte. Man hörte nämlich nicht auf, ihnen vorzustellen, die Unbotmäßigkeit, Autoritäts= und Glaubenslosigkeit nehmen reißend überhand, also sey es dringend nöthig und erste Pflicht der Bischöfe, daß diese die göttliche Autorität aufrecht erhielten, und das könne nur mittelst der festen Einheit der katholischen Kirche und des neuen Dogmas geschehen. Diese Behauptung hatte schon Bischof Dupan= loup von Orleans aufgestellt, aber Gambetta hatte ihm schlagend geantwortet: Euer kirchlicher Aberglaube allein hat den Unglauben als anderes Extrem hervorgerufen.

Damit der Geschichtschreiber den Bischöfen nicht Unrecht thue, muß er den Hauptinhalt ihres zweiten Hirtenbriefs mittheilen. „Mit dem Papste in Einheit des Glaubens und der Liebe verbunden, haben die versammelten Bischöfe — gleichviel ob sie in christlichen Ländern festbegründete Diöcesen verwalten oder unter den Heiden in apostolischer Armuth das Reich Gottes auszubreiten berufen sind, ob sie größere oder kleinere Heerden zu hüten haben — als recht= mäßige Nachfolger der Apostel alle mit gleicher Berechtigung an dem Concil Antheil genommen und haben alles in reifliche Erwägung gezogen. So lange die Berathungen dauerten, haben die Bischöfe, wie es ihre Ueberzeugung forderte und ihrer Amtspflicht entsprach, ihre Ansichten mit unumwundener Offenheit und mit der noth= wendigen Freiheit ausgesprochen, und es sind hierbei, wie dies bei einer Versammlung von nahezu 800 Vätern kaum anders zu er= warten war, auch manche Meinungsverschiedenheiten hervorgetreten. Wegen dieser Meinungsverschiedenheiten kann aber die Giltigkeit der Concilsbeschlüsse in keiner Weise bestritten werden, selbst ab= gesehen von dem Umstande, daß fast sämmtliche Bischöfe, welche zur

Zeit der öffentlichen Sitzung noch abweichender Ansicht waren, sich der Abstimmung in derselben enthalten haben. Deßungeachtet behaupten, daß die eine oder die andere vom allgemeinen Concil entschiedene Lehre in der heiligen Schrift und in der kirchlichen Ueberlieferung, den beiden Quellen des katholischen Glaubens, nicht enthalten sey, oder mit denselben sogar in Widerspruch stehe, ist ein mit den Grundsätzen der katholischen Kirche unvereinbares Beginnen, welches zur Trennung von der Gemeinschaft der Kirche führt. Diesem nach erklären wir hierdurch, daß das gegenwärtige Vatikanische Concil ein rechtmäßiges, allgemeines Concil ist; daß ferner dieses Concil ebensowenig, wie irgend eine andere allgemeine Kirchenversammlung, eine neue, von der alten abweichende Lehre aufgestellt oder geschaffen, sondern lediglich die alte, in der Hinterlage des Glaubens enthaltene und treu gehütete Wahrheit entwickelt, erklärt und den Irrthümern der Zeit gegenüber ausdrücklich zu glauben vorgestellt hat; daß endlich dessen Beschlüsse ihre für alle Gläubigen verbindende Kraft durch die in der öffentlichen Sitzung vom Oberhaupte der Kirche in der feierlichsten Weise vollzogene Publikation erhalten haben. Indem wir mit vollem und rückhaltlosem Glauben den Beschlüssen des Concils beistimmen, ermahnen wir als Euere von Gott gesetzten Hirten und Lehrer und bitten Euch in der Liebe zu Eueren Seelen, daß ihr allen widerstrebenden Behauptungen, von welcher Seite sie auch kommen mögen, kein Gehör schenket." Den Hirtenbrief unterzeichneten die Erzbischöfe von Köln und München, der Erzbisthumsverweser von Freiburg, die Bischöfe von Augsburg, Culm, Eichstädt, Ermeland, Fulda, Hildesheim, Limburg, Mainz. Münster, Paderborn, Speier, Trier und ein Feldbischof. Dagegen fehlten die Bischöfe von Bamberg, Osnabrück, Passau und Rottenburg, wie auch der Fürstbischof von Breslau, der Bischof von Posen und die österreichischen Bischöfe.

Das „Ausland" von 1872, Nr. 8. S. 181, theilte das Urtheil eines arabischen Christen über die europäischen Kirchenconflicte mit, worin die Bischöfe ein schlechtes Lob erhalten. „Viele Bischöfe widersprachen der Unfehlbarkeit des Papstes, kehrten aber dann aus Menschenfurcht um und wollten die Menschen zwingen, das als

Wahrheit anzunehmen, was sie selbst vorher als Unwahrheit dargestellt hatten. Diese Zustände sind schrecklich, und der alte Mann, der sich selbst den Stellvertreter des Herrn auf Erden nennt, ich denke, er ist aberwitzig." Der gute Araber bemerkt schließlich: „Die osmanische Regierung ist weiser in dieser Sache, als die Regierungen der Franken, denn sie hat bereits gesagt, sie könne dem unfehlbaren Papste keine Macht über ihre Unterthanen einräumen, oder sie hören auf, ihre Unterthanen zu seyn."

Man hat darauf aufmerksam gemacht, daß der in Fulda begrabene h. Bonifacius zum erstenmal das deutsche Reich mit dem römischen Papstthum innig verbunden hat; allein man hat vergessen, daß in dieser Verbindung das deutsche Reich selbständig blieb und nicht etwa Rom unterworfen wurde, wie denn auch die deutschen Bisthümer von deutschen Fürsten und vom deutschen Kaiser gegründet wurden, auf deutschen Nationalconcilen Rom selbständig gegenüber traten und den Papst nur als primus inter pares anerkannten, weil die höchste Kirchengewalt von dem über dem Papst stehenden Concilium der Bischöfe ausgeübt wurde. Es hat sich noch ein Ausspruch vom h. Bonifacius erhalten, welcher hier maßgebend ist: Papa a nemine est judicandus, nisi a fide devius, d. h. Niemand darf den Papst richten, außer wenn er vom Glauben abweicht, womit zugleich gesagt ist: Wenn er abweicht, sollen die Bischöfe ihn richten. Nun ist aber das Dogma, das ihn für infallibel erklärt, die stärkste Abweichung vom altkatholischen Glauben, und somit hat der h. Bonifacius seinen Nachfolgern eine Lehre gegeben, von der sie nicht hätten abweichen sollen.

Der Papst verfehlte nicht, der Bischofsversammlung in Fulda seinen wärmsten Dank auszudrücken, am 28. October. Die Einwürfe aber, die er in seinem Schreiben gegen die Altkatholiken machte, waren schwach, eigentlich erbärmlich. Er schrieb: „Nach der Gewohnheit aller derjenigen, welche jemals Häresien und Schismen ausgesäet haben, rühmen sie sich fälschlich, sie hängen an dem alten katholischen Glauben, in demselben Augenblicke, wo sie das Fundamental-Prinzip des katholischen Glaubens und der katholischen Lehre umstoßen. Denn, obwohl sie bekennen, daß die Schrift und die Tradition die Quellen der göttlichen Offenbarung sind, weigern sie sich trotzdem, das immer lebendige Lehramt der Kirche zu hören, welches die Schrift und die Tradition offenkundig aufstellt und welches von Gott eingesetzt wurde, um die Dogmen, welche die Schrift und die Tradition uns überliefert haben, sowohl beständig zu bewahren als auch unfehlbar auszulegen und zu erklären."

Nach dieser Definition könnte die katholische Kirchenlehre durch abermals und immer wiederholte eben so unberechtigte und parteiische sog. „unfehlbare Auslegungen" den evangelischen und sogar auch traditionellen Boden gänzlich Preis geben und am Ende verordnen Allah ist Allah und Muhamed sein Prophet!

Damit die Wendung zum neuen Dogma hin auch als Volkssache erscheine, wurde eine große Wallfahrt zum Grabe des h. Bonifacius nach demselben Fulda am 11. und 12. October 1870 in Scene gesetzt. Sie ging hauptsächlich vom katholischen Adel aus. Domkapitular Moufang von Mainz, der kampflustigste Ultramontane, hielt die Predigt, der Bischof celebrirte das Hochamt. Bei der nachherigen Versammlung präsidirte der badische Freiherr v. Andlaw. Auch der westphälische Herr v. Mallinckrodt hatte sich eingefunden. Fürst Löwenstein brachte Nachricht von einem Schreiben des päpstlichen Nuntius in München, wonach der Papst der Versammlung seinen Segen ertheilte. Die Versammlung beschloß eine Erklärung, worin sie zur Befreiung des Papstes und Wiederherstellung desselben in seine weltliche Herrschaft aufforderte und nicht ohne eine deutliche Anspielung auf Deutschland die Italiener verdammte, welche ein angebliches Recht der Nationalität vorschützen, um dem h. Petrus sein Erbgut zu rauben und göttliche und menschliche Gesetze zu verletzen.

Was den bayrischen Staat betrifft, der hierzu erst in Frage kommt, so war derselbe bekanntlich seit der Reformation dem Papstthum blind ergeben gewesen und hatte den Jesuiten Thür und Thor geöffnet. Indessen drang die Aufklärung auch in Bayern ein, und am Ende des vorigen Jahrhunderts trat grade hier dem Jesuitenorden im Illuminatenorden der bitterste Feind gegenüber. Die

französische Revolution führte zu Napoleons Weltherrschaft und zum
Rheinbunde, in welchem Bayern unter Max Josef, dem Napoleon den
Königsrang verlieh, ganz napoleonisch regiert wurde. Der Papst
war gefangen, der Kirchenstaat dem französischen Reiche einverleibt,
die Bischöfe waren nur noch Kreaturen der weltlichen Macht. In
Bayern handhabte Minister Montgelas als alter Illuminat ein
durchaus kirchenfeindliches System unter Beraubung der Kirche und
Verhöhnung ihrer Gebräuche. Nach Napoleons Sturz und nachdem
das neue Frankreich wie auch Oesterreich das Papstthum wieder
hergestellt hatten, konnte sich Montgelas nicht mehr behaupten, und
ohne den Wessenbergischen Gedanken einer katholischen Nationalkirche
des neuen deutschen Bundes zu unterstützen, ratificirte der König
schon 1817 ein neues Concordat mit Rom. Dasselbe wurde nicht
veröffentlicht, bis im folgenden Jahr 1818 die neue bayrische Ver=
fassung fertig war. Das Concordat wurde nun für einen bloßen
Anhang an diese Verfassung ausgegeben. Rom aber wollte nicht,
daß sein Concordat von der Verfassung und den darin proclamirten
Rechten der protestantischen Kirche abhängig würde. Da fügte sich
der König dem Willen Roms 1821 in der Erklärung von Tegern=
see: daß nach Beseitigung der Anstände das Concordat in allen
seinen Theilen in Ausführung gebracht werden, die Katholiken aber
mit dem Verfassungseide nur für die bürgerlichen Verhältnisse sich
verbindlich machten. Somit war die Rechtsfrage unklar geblieben.
Unter König Ludwig I. kam ein ultramontanes Ministerium Abel
auf, und die große jesuitische Strömung, die endlich zum römischen
Concil führte, ergriff auch den bayrischen Episcopat, was dessen
Haltung seit dem Concil erklären hilft.

Als Haupt der bayrischen Kirche ragte von Scherr, Erzbischof
von München=Freising, hervor, der auf dem Concil gegen das neue
Dogma gestimmt und es nachher doch anerkannt hatte. In den
Denkwürdigkeiten des Concils, welche Professor Friedrich von München
als Augen= und Ohrenzeuge an Ort und Stelle aufgezeichnet hat,
lesen wir unter anderm auch, wie sich der Erzbischof von München=
Freising benahm, als er vom Concil nach Deutschland zurückkehrte.
Dieses Beispiel ist sehr belehrend in Bezug auf Charakterstärke oder

=Schwäche deutscher Bischöfe. Ohne Sang und Klang war Erz=
bischof Scherr, der Gegner der Unfehlbarkeit, am 19. Juli 1870
vom Concil zurückkehrend, um Mitternacht in München angekommen.
Am 21. Juli war die Aufwartung der Münchener theologischen
Facultät des Morgens um 10 Uhr. Friedrich schildert nach seiner
unmittelbaren Aufzeichnung, unterstützt durch die Erinnerung der
übrigen Theilnehmer, das merkwürdige Nachspiel: „Wir waren voll=
zählig und Döllinger unser Sprecher. Dieser beschränkte sich auf
Worte der Begrüßung. Der Erzbischof dankte. Nach einer Pause
hub er an: ‚Roma locuta est. Die Folgen davon kennen die
Herren selbst. Wir können nichts anderes thun, als uns darein er=
geben.‘ In Döllinger kochte es. ‚Wir haben lange gekämpft,‘
fuhr der Erzbischof fort, ‚auch manches Gute erreicht, manches
Schlimme verhütet. Noch am 15. Juli sendete die internationale
(Minoritäts=) Versammlung eine Deputation an den Papst ab,
worunter auch ich mich befunden habe. Der Papst nahm uns sehr
freundlich und gnädig auf und fragte, was wir denn eigentlich ge=
ändert wünschten. Wir baten um Einfügung der Worte: ‚gemäß
der katholischen Tradition und mit Zustimmung der Gesammtkirche
oder der Bischöfe.‘ Der Papst sagte, er habe das Schema noch
nicht gesehen, und fragte, wie viele Non placet sich dann in Placet
umwandeln würden. ‚Wir und die uns gesendet haben,‘ antwortete
die Deputation, ‚würden dann zustimmen.‘ ‚Wie viele sind es?‘
fragte der Papst. ‚Achtzig,‘ war die Antwort. ‚Aber,‘ entgeg=
nete Pius, ‚es stimmten ja 88 mit Non placet. Wenn wir etwa
hundert zusammenbringen würden, könnte man auf die Aenderung
eingehen!‘ — ‚Voll der besten Hoffnungen,‘ sagte der Erzbischof,
‚gingen wir von bannen!‘ — Allein des anderen Tages hat die
Jesuitenpartei des Concils, darunter der ‚Thronumstoßer‘ Senc=
strey von Regensburg, den Papst bearbeitet. Einen Tag später
wiederum war Cardinal Rauscher beim Papste, um ihm den Dank
der Minorität auszusprechen, und setzte bei dieser Gelegenheit die
Consequenzen der Formel der Majorität auseinander. Aber der
Papst war jetzt schon anderer Meinung. ‚Zu spät,‘ erwiderte Pius,
‚die öffentliche Sitzung ist schon anberaumt.‘ Dann erzählte der

Erzbischof noch von der Berathung der Minorität, ob man an der feierlichen Sitzung sich betheiligen solle oder nicht. Nur 20 waren dafür. Hierauf wendete sich der Erzbischof an die einzelnen Professoren, und Abt Haneberg meinte, ihm sey die persönliche Infallibilität im Schlußsatze doch zu stark. Der Erzbischof erwiderte: ‚Eine persönliche Unfehlbarkeit sey gar nicht definirt worden.‘ Zum Schluß der Aufwartung wendete sich der Erzbischof an Döllinger mit den Worten: ‚Wollen wir also aufs Neue für die heilige Kirche zu arbeiten anfangen?‘ Da fuhr Döllinger scharf heraus: ‚Ja, für die alte Kirche!‘ Mit Mühe unterdrückte der Erzbischof seinen Zorn und sagte: ‚Es gibt nur Eine Kirche, keine neue und keine alte.‘ Da warf Döllinger die Worte dazwischen: ‚Man hat eine neue gemacht!‘ Der Erzbischof versuchte nun zu erklären, daß es in der Kirche und in den Lehren immer Veränderungen gegeben habe. ‚Unvergeßlich,‘ schließt Friedrich, ‚wird mir die Haltung Döllingers und Hanebergs bleiben. Man sah Thränen in den Augen des Erzbischofs. Der Riß war geschehen. In dieser dramatisch bewegten Scene liegt der Keim zur Begründung der in München geschaffenen ‚altkatholischen‘ Kirche!“

Der Münchener Erzbischof handelte hinfort nur noch als ein Leibeigener des Papstes, uneingedenk der erzbischöflichen Rechte, die er gegenüber der Curie zu wahren hatte, und uneingedenk der Pflichten, die er dem König von Bayern und dem deutschen Reiche schuldig war. Am 5. Januar 1871 erließ er einen Hirtenbrief, worin er sich entschuldigte: Wenn er früher zur Zeit des Concils gegen die Infallibilität gestimmt habe und sie jetzt anerkenne, so liege darin kein Widerspruch: „Die Vernunft sagt uns, daß Unser Urtheil falsch und irrig seyn kann; durch den Glauben aber wissen wir, daß der Ausspruch des allgemeinen Concils ein Ausspruch des heiligen Geistes selbst ist, somit wahr seyn muß. Wäre es nun da nicht thöricht, an Unserem Urtheil festzuhalten und dem Ausspruch des heiligen Geistes Uns zu widersetzen? Auf dem Gebiete des Glaubens muß jede Sonderansicht weichen, jede Lieblingstheorie zurücktreten, da ist Unterwerfung und Gehorsam nicht ein Zeichen der Schwäche, der Unselbständigkeit, oder, wie man auch sagt, knechtischer

Gesinnung und Abhängigkeit, sondern die unerläßliche Bedingung der Gemeinschaft mit der Kirche und des ewigen Heils. Als katholischer Bischof haben Wir während der Concilsverhandlungen Unserer Pflicht gemäß Unserer Ueberzeugung offenen Ausbruck gegeben; als katholischer Bischof mußten Wir dann aber auch dem Ausspruch des Concils eben so offen und aufrichtig Uns unterwerfen, und als katholischer Bischof müssen Wir von euch das gleiche fordern." —

Das hieß also, es kommt nicht darauf an, was ihr glaubt, ob es Lüge oder Wahrheit ist, sondern nur, daß ihr glaubt, was euch der Papst zu glauben befiehlt, gesetzt auch, er befähle euch, an Muhamed oder an den Teufel zu glauben.

Der Bischof von Bamberg, v. Deinlein, diente gleichfalls der Infallibilität und veranlaßte am 20. November 1870 eine große Wallfahrt nach Bamberg zum Grabe Kaiser Heinrichs II. und seiner h. Gemahlin Kunigunde, eine Demonstration, wodurch dem neuen deutschen Kaiser ein Wink gegeben werden sollte, Deutschland könne nur einen katholischen und vom Papst abhängigen Kaiser brauchen. Deinlein celebrirte die Messe, und der Fürst von Löwenstein-Heubach präsidirte der Versammlung der Wallfahrer, die dem Papst ihre Huldigung darbrachten.

Wie alte Zeiten sich erneuern können, erlebte man im Frühjahr 1871. Seit der Reformation lag der Bischof von Bamberg mit dem lutherischen Freiherrn v. Auffeß in nur selten unterbrochener Nachbarfehde, raubte mehrmals Angehörige der Familie und ließ einmal den Erben wegstehlen und katholisch erziehen, bis er heranwachsend sich wieder emancipirte. Der edle Freiherr v. Auffeß, Gründer des germanischen Museums in Nürnberg, hat die interessante Geschichte seiner Familie und deren Kämpfe mit den Bischöfen von Bamberg beschrieben. Aber der alte Feind lauerte noch immer. Das Bamberger Pastoralblatt vom 29. April 1871 brachte folgende Notiz: „Am Ostermontage legte Hermann, Freiherr v. Auffeß, ein Sohn des bekannten Hans v. Auffeß, in die Hände des Herrn Erzbischofs das katholische Glaubensbekenntniß ab. Die Definition der Unfehlbarkeit des Papstes brachte, wie verlautet, den länger ge-

hegten Entschluß in ihm zur raschen Reife, der Kirche sich anzu=
schließen, in welcher es ein klares, unzweifelhaft göttliches Organ
der Wahrheit gibt."

Auch nach Eichstädt zum Grabe der h. Walburga wurde im
Mai 1871 eine große Wallfahrt veranstaltet. Ueber eine Versamm=
lung katholischer Volksvereine zu Schönfeld im Eichsfeld am
26. Mai 1872 berichtete der Volksbote: Da die deutsche Fahne in
Schönfeld ohne Veranlassung des Vorstandes ausgehängt war, so
sah sich derselbe zur Rettung des Vereinsprogramms genöthigt, die
roth=weiße kirchliche Fahne als die katholische Vereins= und zugleich
als die patriotische Rettungsfahne zu erklären. Deßwegen bezog er
sich auf sein politisches Vereinshandbuch und hob aus demselben
folgende Sätze hervor: 1) daß in einer rechtlichen (christlichen), so=
mit civilisirten Weltordnung es naturgemäß einen oberhirtlichen
Fürsten gebe und dieser Schutzherr des Papstthums römischer Kaiser
heiße; 2) daß dieser Kaiser nur derjenige seyn könne, welcher über
Italien eine Schutzoberherrschaft ausüben könne und wolle; 3) daß
diese kaiserliche Schutzherrschaft sogar (frömmere) heidnische Kaiser,
dann christliche byzantinische, später die abendländischen (deutschen)
Kaiser ausübten; 4) daß der künftige Kaiser nur der Beherrscher
Gesammt=Oesterreichs seyn könne; 5) daß Preußens König vom
Entwicklungsgang der preußischen Geschichte abspringen, Gesammt=
Oesterreichs rechtlicher Beherrscher werden müßte und nur dann
innerhalb einer christlichen Weltordnung genannter (Rechtsschutz=)
Kaiser werden könnte oder werden müßte; 6) daß aber die bisherige
anti=gesammt=österreichische Politik Preußens schleunigst zu einer
Europa niedertretenden Welt=Monarchie und zu einem mongoli=
sirenden und schnell wieder verschwindenden (Gewalt=) Kaiserthum
hintreibe.

Die sog. Patrioten in Bayern hatten auch ultramontane
Bauernvereine in Scene gesetzt, die zum erstenmal in Deggen=
dorf in einem Bauerntage conzentrirt wurden. Derselbe schloß am
17. September 1871. Der Abgeordnete Dr. Schleich, der nicht einge=
laden worden war, richtete an die Vorstände der Versammlung eine
Zuschrift, worin er ihnen bemerkte, die Umwandlung der bayrischen

Patriotenpartei in eine ausschließlich katholische und speciell infalli=
bilistische, heiße Bayern zerstückeln oder auf das alte Kurfürsten=
thum reduciren, denn die protestantischen Franken, Schwaben und
Pfälzer würden sich sofort von Bayern losmachen. Dem katho=
lischen Rest von Bayern würde aber nichts übrig bleiben, als dem
bayrischen Patriotismus zu entsagen, denn er würde Oesterreich
zugetrieben.

Unter allen bayrischen Bischöfen ragte Senestrey von Regens=
burg als der ultramontanste hervor. Derselbe hatte in Schwandorf
die berüchtigte Volksrede gehalten, in der er schwur, er werde der
erste seyn, um den Thron umzustürzen, wenn derselbe nicht mehr
Gott, d. h. der Kirche gehorche. Derselbe hatte sich ganz mit Je=
suiten umringt, die von allen Seiten wie die Raben nach Regens=
burg geflogen waren. Der Wochenschrift der Fortschrittspartei wurde
am 16. Dezember 1871 geschrieben: „Wer, gleich uns Regensburgern,
sie jetzt sähe, diese langen, schwarzen Talare, diese breitkrämpigen,
schwarzen Hüte, und darunter die olivenfarbigen, romanischen Ge=
sichter mit ihren fanatisch stechenden Augen, wie sie sich einschleichen
von Haus zu Haus und freudestrahlend heraustreten mit dem sieges=
gewissen Erfolge, wieder eine Sense gedengelt zu haben für den von
ihnen angefachten Kampf gegen den modernen Staat; — wer sie
schaute, diese langen hechtgrauen Oberröcke mit silbernen Knöpfen,
welche zu Dutzenden in Reth' und Glied auf Befehl ihrer fürstlichen
Herrin aufmarschiren zu der von den Jesuiten veranstalteten Abend=
andacht, und wie ihnen Hunderte von Männern und Weibern nach=
strömen; — wer mit uns wahrnähme, wie ein nicht zu unter=
schätzender Bruchtheil der Männerbevölkerung Regensburgs seinen
Bürgerstolz darin sucht, die geweihte Kerze in der Rechten den
Baldachin zu geleiten, unter welchem Bischof Ignatius, ein echter
und würdiger Jünger seines Namensvetters, mit bald gegen den
Himmel aufgeschlagenen, bald mit zur Erde gesenkten Blicken, aber
nie, wie es der Deutsche liebt, geraden Auges einherschreitet; —
wer dies alles mit uns schaute, würde nimmermehr ahnen, daß auch
Regensburg zum Deutschen Reiche zählt, er würde nimmermehr glau=
ben, daß auch unser Blut in dem jüngsten großen Kriege auf den

romanischen Gefilden in Strömen floß! Wie kommt es aber, daß gerade unter dem Krummstabe dieses einen Kirchenfürsten erlaubt ist, was den übrigen Diöcesen Bayerns nicht gestattet wird? Wie zum Hohne haben die Jesuiten sich dem Präsidialgebäude gerade gegenüber ihren Palast aufgerichtet, in dessen Nebengebäude es bereits aus- und einschwärmt mit täglich wechselnden Gesichtern italienischer, provençaler und belgischer Nationalität. Daß hier nichts Gutes für des Deutschen Wohlfahrt geplant wird, wer wagte dies zu bestreiten?

Vom Gebahren des Regensburger Bischofs erfuhr man noch weiter: Derselbe ist in erster Instanz von der wider ihn erhobenen Klage auf Ehrenkränkung an dem Bürgermeister von Kötzting freigesprochen, ist von dem Bezirksgericht in Straubing, als der Berufungsinstanz, für schuldig erklärt und in eine Geldstrafe von 75 fl. nebst Tragung der Kosten verurtheilt worden. Der Bischof hatte bei seiner Anwesenheit in Kötzting im Ornat vor dem Altar stehend eine Rede gehalten, in welcher er dem Bürgermeister, weil dieser die bekannte Museumsadresse in seiner Wohnung zur Unterzeichnung aufgelegt hatte, den Vorwurf einer sehr unrechtmäßigen, frevel- und sündhaften Handlungsweise, und der Verleitung seiner Mitbürger zur Sünde, gemacht. Der Bischof hat während der Gerichtsverhandlung durch seinen Vertheidiger die Erklärung abgeben lassen: er werde eintretenden Falles zu jeder Zeit wieder so handeln und verfahren! — Auch erklärte er am 23. Mai alle politischen Eide für ungültig, wenn sie den Kirchensatzungen widersprächen.

In dem von Professor Friedrich in München herausgegebenen Tagebuch über seinen Aufenthalt in Rom während des Concils lesen wir, der Erzbischof von München wirft seinem Regensburger Collegen vor, daß dieser nur gegen die bayrische Regierung so stark opponire, um, wie der frühere Erzbischof von München-Freising, Reisach, als hier zu Lande unbequem, zum Cardinal befördert zu werden. An einer anderen Stelle meldet Friedrich die allerdings notorische Thatsache, daß der Bischof dem Cabinets-Secretär von Pfistermeister zum Zwecke seiner Ernennung die besten Versicherungen über seine anticurialistische Haltung gegeben habe. Jetzt ist Bischof Senestrey das Haupt der Jesuitenpartei im Lande.

In demselben Regensburg waren schon lange Jesuiten eingenistet. Hier hatten Langrands Agenten den alten Fürsten von Thurn und Taxis um zehn Millionen betrogen. Man schrieb aus Regensburg im Dezember 1871, daß der aus Anlaß des Todes des alten Fürsten Taxis durch seine Nachfolgerin beseitigte Graf Tornberg, bisheriger Verwaltungschef, durch Baron Gruben ersetzt sey, denselben, der das Taxis'sche Haus in die Langrand-Affaire verwickelte, wobei mehr als 10 Millionen verloren gingen. Gruben ist Affiliirter der Jesuiten und soll auch mit dem belgischen Langrand nahe verwandt seyn.

Dem Nürnberger Anzeiger wurde unterm 10. Dezember aus Altbayern geschrieben: „Kürzlich hielt der Pfarrer in Affing, Landgericht Aichach, gelegentlich einer Bauernversammlung in Gebenhofen, Bezirksamt Friedberg, eine fulminante Ansprache an die Versammlung und schimpfte unter Anderem weidlich auf den Staat und die Protestanten in so derber Weise, daß der Friedberger Bezirksamtmann ihn veranlaßte, nochmals die Rednerbühne zu besteigen und seinem Vortrage zum größten Gaudium der Bauern als Schluß einen Widerruf beizufügen, welcher das Geständniß enthielt, daß er — gelogen habe."

Bischof Dinkel von Augsburg excommunicirte den Pfarrer Reuftle in Mehring, welcher aber, von seiner Gemeinde geliebt, seine geistlichen Funktionen fortsetzte.

Nur über den Bischof von Würzburg klagte das ultramontane „Vaterland", er verfahre zu gelinde mit den Altkatholiken, er habe sogar noch keinem seiner Geistlichen zugemuthet, das neue Dogma zu verkünden. Dieser Bischof, Dr. Reißmann, hatte jedoch Freunde, die ihn vertheidigten. In einer solchen Vertheidigung aus Unterfranken las man die bemerkenswerthe Stelle: „Hier müssen wir die sehr wichtige Bemerkung machen, daß es unter den ‚gebildeten‘ katholischen Laien und auch unter Geistlichen eine Partei gibt, welche wohl das vatikanische Concil anerkennt, aber zugleich die Möglichkeit betont, daß bei der Fortsetzung des Concils das eine oder das andere bereits erlassene Dekret, besonders das von der Unfehlbarkeit, ‚revidirt‘ werden könnte. Um das Gut der kirchlichen Einheit nicht zu gefährden, fügt sich diese Partei für den Augenblick, wünscht aber, daß jene, die sich nicht fügen, doch nicht als wahre vollendete Häretiker betrachtet und behandelt werden."

Die Jesuiten hofften indeß mit Zuversicht auf die Bigotterie des altbayrischen Landvolks. Aus Reichenhall wurde im Frühjahr 1872 geschrieben: In Bayern müssen wir bis zum nächsten Kriege die Oberhand haben, rief jüngst ein Jesuit in vertrauter Gesellschaft aus und bezeichnete damit mit voller Klarheit die Mittel, welche von Rom angewendet werden, um seine Zwecke zu erreichen. Ein neuer Krieg soll angezettelt, bis dorthin aber Bayern reif gemacht werden zum Abfalle vom deutschen Reiche, und dies alles zum Sturze des deutschen Reiches und zur Anbahnung der römischen Weltherrschaft. Mit bewunderungswürdiger Schlauheit wird dieses Ziel verfolgt. Vor allem wird Oberbayern von Jesuiten bearbeitet und überall mit katholischen Casinos, wie ein Körper mit Geschwüren bedeckt. Der Mißbrauch der Kanzel ist den Herren nur scheinbar erschwert, sie haben den betreffenden Strafparagraphen leicht zu umgehen gewußt; sie halten aber nicht mehr „Missionen", sondern „Conferenzen", denen dann die Gründung eines Casinos regelmäßig zu folgen pflegt. So hielt der Jesuit Pater Leiprecht auch hier eine „Conferenz" und schon wenige Tage darauf, am 15. März, wurde ein Casino gegründet und die erste Generalversammlung gehalten! — Ein Doctor Rittler *) prahlte: Napoleon I. rühmte sich: der Bannfluch des Papstes könne die Bajonnette seiner Soldaten nicht stumpf machen, und siehe! nach drei Jahren bleichten die Gebeine seiner Armee in Rußland. Napoleon III., der die Kirche so sehr gehaßt habe (sic!), habe sein Sedan gefunden. Auch „dieser Bismarck" möge erwägen, daß auf seine Triumphe noch ein Sedan, wenn nicht ein St. Helena folgen dürfte!

---

*) Dieses Individuum war ein wenig anrüchig, denn es wurde von den geistlichen Behörden selbst aus den Diöcesen Rottenburg, Mainz und München ausgewiesen.

Dagegen wurde bemerkt: Wie oft und wie energisch bayrische Kurfürsten trotz ihrer Hinneigung zu Rom doch ihre Souveränetäts= rechte zu wahren gewußt hätten. So Max I. 1599, so Max Emanuel 1719, Karl Albrecht 1728 2c.

In Beantwortung einer Interpellation von Hertz setzte der Cultminister v. Lutz das Verhältniß zwischen Staat und Kirche in der bayrischen Kammer klar auseinander und zeigte, wie unvernünftig, ja unmöglich es sey, daß bestehende Staaten ihre herkömmlichen und verfassungsmäßigen Grundsäulen durch den ersten besten Wind eines Pfaffen könnten umblasen wollen. „Die Kirche stelle die Lehre auf, der Papst sey Fürst der Fürsten und Oberherr aller Staaten. Halten Sie es für möglich, daß die Staaten sich das gefallen lassen, daß der Staat ruhig zusehen wird, wenn der Bischof dem Pfarrer befiehlt, er soll gegen das Staatsgesetz predigen, und sofern dieser nicht gehorcht, ihn absetzt? Oder soll gar der Staat selbst den armen Pfarrer aus dem Hause jagen, weil er die Kanzel nicht hat gegen den Staat mißbrauchen wollen?"

Die vierhundertjährige Jubelfeier der Universität München stand bevor und der bayrischen Kammer wurde ein Kostenbeitrag dazu von 26,000 Gulden angesonnen. Die ultramontane Mehrheit knüpfte an die Bewilligung aber die Bedingung, daß die Universität keinen ausschließlich altkatholischen Charakter annehme, was sie be= fürchten mußte, weil nicht weniger als 53 Münchener Professoren und Docenten die Adresse für Döllinger unterzeichnet hatten. Da nun zugleich die Bischöfe drohten, keinen Studenten altkatholischer Färbung mehr zum Priester zu weihen und anzustellen, war zu be= fürchten, es würden gar keine Studenten mehr katholische Theologie in München studiren wollen, sondern vielmehr in bischöfliche Priester= seminare gehen. Um ihre Zukunft sicher zu stellen, gab die Regie= rung den beiderseitigen Ansprüchen insofern nach, als sie sowohl altkatholische, als auch infallibilistische Theologen an der Universität bestätigte und einige der letztern, die bisher nur außerordentliche Professoren gewesen, zu Ordinarien erhob, eine Ehre, die übrigens auch dem altkatholischen Professor Friedrich widerfuhr.

Eine Hauptrolle in Fulda und bei allen Zusammenkünften der

deutschen Bischöfe spielte Wilhelm Emanuel v. Ketteler, Bischof von Mainz. Wir haben sein zweideutiges Benehmen schon bei den Verhandlungen des Concils kennen lernen. Da er früher preußischer Offizier gewesen war, hatte er noch etwas Befehlshaberisches an sich und terrorisirte gerne solche, die es sich gefallen ließen. Man hätte daher mehr Offenheit und Grabheit bei ihm vermuthen sollen und nicht ein verdecktes Spiel, Zweizüngigkeit mit Pfropfzieherwindungen und Widersprüchen, die selbst eine diabolische Sophistik wie ein krauses Haar nicht hätte grade biegen können. Bei der ersten Versammlung in Fulda vor dem Concil erklärte er es für unmöglich, was die Jesuiten doch bezweckten und nachher wirklich durchsetzten. Auf dem Concil selbst erklärte er sich gegen die Unfehlbarkeit und vertheilte eine in diesem Sinne von ihm geschriebene Schrift, erklärte aber nachher wieder, er sey nie gegen die Unfehlbarkeit an sich gewesen, sondern habe nur ihre Verkündigung damals noch nicht für opportun gehalten. Das war von seiner Seite wohl Klugheit, um, wohin auch die Würfel fallen würden, eine Chance zu behalten. Aber mit solchen Klugheiten erweckt man nur Mißtrauen gegen sich. Im Herzen war Ketteler, wie es scheint, schon längst ein ganz entschiedener Papist. In der Darmstädter Herrenhausdebatte vom 15. März berührte Dr. Hinschius unter Anderem die Stellung des Bischofs von Mainz zum Reich in folgenden Sätzen: „Ich will Sie weiter hinweisen auf einen interessanten Hirtenbrief, den im Jahre 1855 zur Bonifaciusfeier zwar nicht ein preußischer Bischof, aber doch ein Bischof erlassen hat, der, soweit ich weiß, in Preußen geboren ist, und der, soweit ich sicher unterrichtet bin, in Preußen früher mehrere katholische geistliche Stellungen gehabt hat. Ich meine den Bischof von Mainz. Es heißt da: ‚Wie das Judenvolk seinen Beruf auf Erden verloren hat‘, als es den Messias kreuzigte, so hat das deutsche Volk seinen hohen Beruf für das Reich Gottes verloren, als es die Einheit im Glauben zerriß, welche der heilige Bonifacius gegründet hat. Seitdem hat Deutschland ferner nur mehr dazu beigetragen, das Reich Christi zu zerstören und eine heidnische Weltanschauung hervorzurufen. Seitdem ist mit dem alten Glauben auch die alte Tugend mehr und mehr geschwunden, und alle Schlöffer und Riegel, alle Zuchthäufer und Zwangsanstalten, alle Controlen und Polizeien vermögen uns nicht das Gewiffen zu erfeßen. Seitdem gehen die deutfchen Herzen und die deutfchen Gedanken immer weiter auseinander, und wir find vielleicht eben jeßt mitten in einer Entwickelung begriffen, die das Verfchwinden des deutfchen Volks vorbereitet.‘"

Zum Beweife, daß er mit Rom nicht mehr im Widerfpruch ftehe, fondern ihm ganz hingegeben fey, bekam man in den Zeitungen zu lefen: Ketteler, „Sr. Päpftlichen Heiligkeit Hausprälat und Thronaffiftent" hat feinen Bisthumsangehörigen angezeigt, daß er ihnen von Rom „ein heiliges und bleibendes Andenken mitgebracht hat." Daffelbe befteht in einem von dem heiligen Vater gefegneten Abbilde eines wunderthätigen Bildes „unferer lieben Frau von der immerwährenden Hilfe". Der Bifchof verfichert: „Es wird bald kein Land mehr geben, wo nicht diefes ehrwürdige Bild aufgeftellt ift!" Es werde auch der Stadt und Diöcefe Mainz ein Unterpfand für Schuß und Hilfe der h. Jungfrau feyn, insbefondere in diefer ernften Zeit, weßhalb er fich „beeilt, das Bild der allgemeinen Verehrung zu übergeben" und eine Reihe von Feftlichkeiten zu diefem Zwecke anordnet.

Auf der am 6. September 1871 von Ketteler veranlaßten Katholiken-Verfammlung in Mainz wurde befchloffen: 1) Die weltliche Herrfchaft des Papftes müffe wieder hergeftellt werden; 2) die Unfehlbarkeit des Papftes fey von Anfang an von der Kirche geglaubt worden. Ein Freiherr v. Wambolbt meinte gar, der Papft fey der Mufterfouverän auf Erden und der Kirchenftaat der ältefte der Welt. — Hier ahmte Moufang die alberne Prahlerei Viktor Hugo's nach, der während der Belagerung von Paris einmal drucken ließ, Paris fey unüberwindlich, denn die Parifer bilden eine einzige undurchdringliche Mauer. So rief nun auch Moufang in Mainz: „Der deutfche Episcopat ift eine Mauer, gebaut zum Schuße des Haufes Gottes; wir können etwas aushalten, wir find gewachfen feit dreiundzwanzig Jahren ꝛc."

Die Wiener „Preffe" bemerkte: Es haben fchon viele Katholiken-Verfammlungen in Deutfchland und anderen Ländern Statt

gefunden, aber auf keiner ist der Gegensatz zu dem politischen Leben
der Wissenschaft und Bildung der Jetztzeit so nackt und schroff
herausgekehrt worden, wie auf dem jüngsten Mainzer Congresse.
Da athmete man reines Mittelalter und roch den Duft gebratener
Ketzer. Aus jeder Phrase der auftretenden Redner konnte man es
heraushören, wie gern sie ihre Gegner auf den Scheiterhaufen
schickten. — Die Redner behandelten den Socialismus so milde, daß
man über so viele christliche Nachsicht staunen mußte. Die Socialisten
sind z. B. dem Bischof Ketteler nur Verführte, Verblendete; die
eigentlichen Bösewichte sucht er im liberalen Bürgerthum. Die zarten
Berührungspuncte zwischen den Schwarzen und den Rothen treten
auch hier wieder zu Tage.

Im Starkenburger Boten, der zu Benzheim im Großherzogthum
Hessen erscheint, las man: „An Europas Regierungen ist es jetzt,
einen Entschluß zu fassen. Zwei politische Wege stehen ihnen offen.
Wählen sie jenen, der dem Papste die politische Herrschaft wiedergibt, so werden sie in den Katholiken die gehorsamsten Unterthanen
finden, welche in allen Fragen rein politischer Natur leicht zufrieden
zu stellen sind. Wenn sie aber im Gegentheil die Beraubung der
Kirche, d. h. den italienischen Staat, anerkennen wollen, dann haben
sie einen Krieg auf Leben und Tod gegen die neugeschaffene Ordnung der Dinge zu gewärtigen, einen thätigen, entschiedenen Krieg
ohne Rast und Ruhe. Die Regierungen mögen es wissen: unsere
Geduld war groß, aber sie ist zu Ende. Wir Katholiken haben
das Recht, die Freiheit unserer Kirche zu fordern, und die Regierungen haben die Pflicht, unsere Forderungen zu erfüllen. Wir
zahlen ihnen die Blutsteuer, aber wir sind es satt, durch eitle Versprechungen immer wieder betrogen zu werden. Die einzige Versicherung, die wir verlangen, ist die Rückkehr Viktor Emanuels und
die vollständige Wiederherstellung des ganzen Kirchenstaates. Diese
Garantie erbitten wir nicht schüchtern als Gnade, nein, wir fordern
sie gebieterisch als unser Recht. Hört es, ihr Mächtigen, Regierungen Europas, wie immer Ihr Euch nennen möget, Bismarck,
Gladstone, Beust, Andrassy: die Katholiken mahnen Euch, zu Gunsten
des h. Stuhles einzuschreiten und ihre gerechten Forderungen zu

erfüllen, glaubt uns, verkennet unsern Mahnruf nicht. Entweder werdet Ihr die katholische Kirche in alle ihre Rechte wieder einsetzen, oder nicht Eine von all den heutigen Regierungen bleibt bestehen."

Im Beginn des Jahres 1872 brachte die Mainzeitung eine bittere Klage über den Bischof: „Preußen hat seine katholische Abtheilung im Cultusministerium aufgehoben. Unsere in Hessen arbeitet unbeanstandet weiter. Das Schuledikt überträgt die Aufsicht und Leitung der Volksschulen den Geistlichen, aber damals ernannte diese die Regierung. Jetzt ernennt der Bischof von Mainz die Pfarrer, und wem gehört wohl die von diesen geleitete Schule — dem Staate oder dem Bischof? Will man sich aber einen Begriff machen, welchen Personen und welchem Geiste die Regierung die Staatsvolksschule überliefert hat, so braucht man nur in die Verhandlungen des Darmstädter Bezirksstrafgerichtes zu gehen. Dort erscheint beinahe Woche für Woche der von Caplänen geschriebene und vertriebene Starkenburger Bote vor Gericht wegen Schmähung und Beschimpfung Andersgesinnter, ja ganzer Confessionsgenossenschaften. Von dem politischen Geist, der in diesen Kreisen herrscht, hat dasselbe Blatt durch einen famos gewordenen Artikel, der mit offener Revolution drohte, Zeugniß gegeben. Könnte das seyn, wenn die Obern dieser Fanatiker nicht ihr Treiben billigten?"

Im Königreich Württemberg erwartete man vom Bischof Hefele, der sich auf dem Concile selbst so offen und freimüthig gegen die Infallibilität erklärt hatte, wie auch von der protestantischen Landesregierung, sie würden von der Verkündigung der Infallibilität Umgang nehmen. Die Regierung glaubte, um des lieben Friedens willen, Rom nachgeben zu sollen, wodurch auch der Bischof veranlaßt wurde, das neue Dogma zu verkünden. Er that es unter Entschuldigungen, die er am 10. April in einem Erlaß an den hochwürdigen Klerus folgendergestalt formulirte: „Wenn ich dem hochwürdigen Klerus den authentischen Text der beiden dogmatischen Constitutionen des vaticanischen Concils mittheile, so geschieht es nicht in der Meinung, als ob der obligatorische Charakter allgemein kirchlicher Decrete von ihrer Verkündigung durch die einzelnen Diöcesanbischöfe abhänge."

„Es ist den hochwürdigen geistlichen Amtsbrüdern bekannt, welche Stellung ich während der Verhandlungen des vaticanischen Concils eingenommen habe, und mein Gewissen hat mir hierüber noch nie den leisesten Vorwurf gemacht. Nach dem 18. Juli 1870 aber, nach vollzogener feierlicher Verkündigung der Constitution Pastor aeternus, waren es zwei Hauptgedanken, die fortan mein Thun und Lassen in dieser Sache bestimmten. Fürs Erste glaubte ich sorgfältigst alles für meine Person vermeiden und bei Andern verhüten zu müssen, was den Frieden und die Eintracht in der Kirche stören oder wenigstens zu solcher Störung führen könnte, und unsere Diöcese ist auch in der That von inneren Zerwürfnissen und ähnlichen Erscheinungen verschont geblieben. Es ist aber der kirchliche Friede und die Einheit der Kirche ein so hohes Gut, daß dafür große und schwere persönliche Opfer gebracht werden dürfen. Meine andere Erwägung war folgende. Die Constitution Pastor aeternus bildet, wie bekannt, nur einen Theil dessen, was vom vaticanischen Concil in Betreff der Lehre von der Kirche declarirt werden sollte und wollte. In dem großen, den Mitgliedern des Concils vorgelegten Schema der Doctrina de Ecclesia fand sich kein Abschnitt über die päpstliche Infallibilität, wohl aber handelte dasselbe im 9. Kapitel de Ecclesiae infallibilitate. Erst am 6. März 1870 wurde auf Bitten vieler Bischöfe ein Anhang zum zwölften, vom Primat handelnden Kapitel dieses Schemas vertheilt, des Inhalts: Romanum Pontificem in rebus fidei et morum definiendis errare non posse. Wiederum später wurde dieser Anhang in umgearbeiteter Form — und in Verbindung mit anderm aus jenem Schema entnommenen Material über den Primat — als Constitutio dogmatica prima de Ecclesia Christi zur Berathung gebracht und nach einigen neuen Umgestaltungen in der vierten öffentlichen Sitzung zum Decret erhoben, während alle übrigen Stüde des Schemas der Doctrina de Ecclesia vorderhand zurückgestellt wurden.“

„Bei dieser Sachlage lebte ich nach dem 18. Juli v. J. der Hoffnung, durch synodale Behandlung dieser noch restirenden Partieen in der Lehre von der Kirche, namentlich des Kapitels IX de

Ecclesiae infallibilitate, würden für eine sichere Interpretation der Constitutio prima feste Anhaltspuncte gewonnen, und wohl auch jene Bedenken gehoben werden, welche mich veranlaßt hatten, in der General-Congregation am 13. Juli v. J. mit Non placet zu stimmen, und dieses Non placet in schriftlicher Collectiv-Eingabe an den Papst am 17. Juli zu wiederholen. Daß aber das vaticanische Concil nicht fortgeführt werden konnte, gehört mit zu den traurigen Folgen der gewaltsamen Occupation des Kirchenstaates. Da hierdurch auch die Wiedereröffnung des Concils in unbestimmbare Ferne gerückt ist, so ist mir nicht möglich, dem authentischen Text, wie ich gewünscht, zugleich eine authentische Erklärung beizugeben, muß mich vielmehr auf wenige unmaßgebliche Anhaltspuncte zu seiner Auslegung beschränken.

1) Bei Auslegung des Decrets de Romani Pontificis infallibili magisterio müssen wir vor allem davon ausgehen, daß das urchristliche Dogma de infallibilitate Ecclesiae (sive conciliariter congregatae sive dispersae) durch die neue Constitution nicht alterirt werden konnte und wollte.

2) Die Worte unserer Constitution: Romani autem Pontifices, prout temporum et rerum conditio suadebat, nunc convocatis oecumenicis Conciliis aut explorata Ecclesiae per orbem dispersae sententia, nunc per Synodos particulares, nunc aliis, quae divina suppeditabat providentia, adhibitis auxiliis etc. enthalten nicht bloß eine historische Notiz über das, was früher geschah, sondern impliciren zugleich die Norm, nach welcher bei päpstlichen Kathedral-Entscheidungen immer verfahren wird (vgl. Feßler, Bischof v. St. Pölten, die wahre und die falsche Unfehlbarkeit, S. 21).

3) Wie die Unfehlbarkeit der Kirche, so erstreckt sich auch die des päpstlichen Magisteriums nur und ausschließlich auf die geoffenbarte Glaubens- und Sittenlehre, und auch in den diesbezüglichen Kathedral-Decreten gehören nur die eigentlichen Definitionen, nicht aber die Einleitungen, Begründungen u. dgl. zum infallibeln Inhalt (vgl. Feßler, a. a. Orte S. 24, 25).

4) Der Grund, warum eine päpstliche Kathedralbefinition, die

eine geoffenbarte Wahrheit aus dem Depositum fidei erhebt und, als allgemeine, die ganze Kirche verpflichtende Glaubensnorm verkündet, unfehlbar ist, liegt nicht in der Person des Papstes, sondern in dem göttlichen Beistand, vermöge dessen die Kirche vor allgemeinem Verfall in Irrthum bewahrt wird.

5) Ist eine solche Definitio ex cathedra erfolgt, so ist eine Appellation an ein künftiges allgemeines Concil, beziehungsweise an das Urtheil der ecclesia dispersa, unstatthaft."

Professor Fr. Michelis in Crefeld richtete ein öffentliches Schreiben an den Bischof Hefele, worin er ihm bemerklich macht: „Wenn Sie die Einheit und den Frieden der Kirche als ein so hohes Gut bezeichnen, daß ihr jedes persönliche Opfer gebracht werden muß, so wird jeder aufrichtige Katholik Ihnen darin beistimmen. Unmöglich aber können Sie sagen wollen, daß die äußere Einheit um jeden Preis, daß sie auch um den Preis der Wahrheit selbst erkauft werden müsse; unmöglich können Sie uns glauben machen wollen, daß der Katholik die von Christus gegebene Verfassung der Kirche verleugnen dürfe, um die äußere Einheit scheinbar zu bewahren. Wenn wir uns auch der Illusion hingeben wollten, daß dieses möglich wäre; unmöglich können Sie die Ungerechtigkeit begehen wollen, für die Störung des Friedens die verantwortlich machen zu wollen, welche den alten Glauben bewahren, und nicht vielmehr die, welche ohne jeglichen Grund den Zankapfel in die Kirche geworfen haben."

Ein gut unterrichteter Correspondent der Kölner Zeitung schrieb: „Der apostolische Nuntius in München hat in einem Schreiben vom 26. April seine Zufriedenheit über diese verclausulirte Unterwerfung unter die Beschlüsse des vaticanischen Concils kundgegeben, und dabei die sichere Zuversicht ausgesprochen, daß der schwerbedrängte Papst aus der Lectüre des Hirtenbriefes großen Trost schöpfen werde, auch die Klugheit und Mäßigung bewundert, wodurch die Diöcese Rottenburg von Aufregungen und Kämpfen frei erhalten worden ist. Ein Theil des württembergischen Klerus hat in einer Erklärung, welche im Mai von einer Versammlung in dem oberschwäbischen Aulendorf festgestellt wurde und etwa hundert Unterschriften trägt,

seine ‚rückhaltlose' Unterwerfung unter die Concilsbeschlüsse ausgesprochen. Im Uebrigen sind Seitens des Klerus, welcher in seinem
älteren und einflußreicheren Bestande die versöhnlichen Neigungen des
Landesbischofs theilt, weder Schritte erfolgt, noch Symptome kundgegeben worden, welche auf eine Geneigtheit hindeuten, zur Zeit in
Verfolgung der Consequenzen der vaticanischen Beschlüsse den Kampf
mit dem Staate aufzunehmen. Die württembergische Regierung,
von welcher man annimmt, daß sie zuvor hinter den Coulissen die
Inscenirung der vaticanischen Beschlüsse mit dem Landesbischof verabredet habe, hat über dessen gesetzwidrige Ansicht von dem obligatorischen Charakter päpstlicher Erlasse weggesehen, dagegen — nach
dem Vorgang des nachbarlichen Baden, dessen Spuren Württemberg bei der Regelung der kirchlichen Angelegenheiten seit einem
Jahrzehend mit Vorliebe nachgeht — in Folge einer nach Verneh-
mung des geheimen Raths getroffenen Höchsten Entschließung Sr.
Königlichen Majestät vom 18. April am 20. desselben Monats bekannt gemacht, daß sie ‚den Beschlüssen des vaticanischen Concils
in Rom, wie solche in den beiden dogmatischen Constitutionen vom
24. April und 18. Juli vorigen Jahres zusammengefaßt sind, insbesondere dem in der letztgenannten Constitution enthaltenen Dogma
von der persönlichen Unfehlbarkeit des Papstes, keinerlei Rechtswirkung
auf staatliche oder bürgerliche Verhältnisse zugesteht.“ Abgesehen
davon, daß die verfassungsmäßigen Stände auch noch ein Wort
mitzureden haben, bemerkt der Correspondent, daß eine „willens-
starke“ Regierung immerhin jede Verwahrung zu einer Rüstkammer
von Vertheidigungswaffen gegen Angriffe der römischen Curie
machen könne.

Die Nachgiebigkeit der württembergischen Regierung und des
Bischofs gegen den Ultramontanismus machte die Presse des letztern
so frech, daß man in Nr. 33 im Ellwanger katholischen Wochen-
blatte vom 13. August 1871 lesen konnte: „Gegenwärtig macht eine
Himmelserscheinung, welche an mehreren Orten Württembergs
von sehr glaubwürdigen Männern gesehen wurde, viel von sich reden.
Die Erscheinung war eine Heerstraße in der Richtung von Norden
nach Süden. Voran ritt ein großer Mann mit einer Krone auf

dem Haupte; ihm folgten Offiziere, dann Soldaten aller Waffen=
gattungen mit Fuhrwagen und Geschützen, wie wenn es zur Schlacht
ginge. Der König kam an einem Felsen vorbei, und siehe da, plötz=
lich erschien er als ein gewöhnlicher Offizier, aber mit verstüm=
meltem Haupte. Bald darauf verschwand die Erscheinung am
südlichen Horizonte. Manche wollen in dieser Erscheinung eine Dar=
stellung des Kampfes erblicken, den die Lenker des ‚deutschen‘ Reiches
soeben gegen das Papstthum und die Kirche unternommen haben,
und versteigen sich sogar so weit, zu behaupten, der Fels, an dem
der König vorbeigeritten, sey kein anderer als der Fels Petri, an
dem bisher noch Jeder, der gegen ihn gekämpft, sich den Kopf
zerschellt habe.“

In derselben Nummer heißt es: „Preußen ist seinem Ursprung
und seinem ganzen Wesen nach die Verneinung des Katholicismus,
der innigste Verbündete der Freimaurerei, welche der Kirche den
Untergang geschworen hat und eben jetzt alle Mittel in Bewegung
setzt, um das neue deutsche Reich vom Christenthum gänzlich zu
säubern und es zur Pariser Commune im Großen oder zur förm=
lichen Räuberhöhle umzugestalten. Der Kampf wird also entbrennen;
darum habt Acht, Katholiken!“ Weiter heißt es, nur Frankreich
könne die Kirche gegen Deutschland schützen und retten: „Die Zu=
kunft Frankreichs liegt im engen Zusammengehen mit
der katholischen Kirche. Die Kirche vertritt die Gerechtigkeit,
die Freiheit der Völker, den Sieg des Rechtes gegen die Gewalt;
sie ist unbezwinglich, und jener Staat allein wird aus der drohenden
allgemeinen Revolution sich retten, der an die Kirche sich anschließt;
denn ihr (d. h. den Infallibilisten) gehört die Zukunft.“

In Nummer 27 desselben Blattes wurde vom neuen deutschen
Reich gesagt, es wolle die katholische Kirche vernichten. In Ver=
bindung damit hieß es weiter, Frankreich, die älteste Tochter der
Kirche, werde den italienischen Raubstaat vernichten, und in Nummer 28
„dem neugebackenen preußischen Kaiserreich wird, sobald es seine
Drohungen gegen die Kirche zur That werden läßt, die Stunde
des Untergangs schlagen.“

Im Frühjahr 1872 kam an der obern Donau und im obern Neckar=

thal im Schwarzwald ein Zeichen- und Wunderschwindel auf, worüber das deutsche Volksblatt vom 21. April Näheres mittheilte. Man wollte nämlich an den Fensterscheiben von Bauernhäusern schwarze Kreuze gesehen haben und fand immer mehr dergleichen auf, bis in die Gegend von Biberach und Schwäbisch Gmünd. Man erfuhr aber, solche Kreuze hätten auch im Badischen vor kurzer Zeit den Leuten die Köpfe verwirrt, bis sich herausstellte, daß die dunkeln Linien im Glase von den heißen Eisen-Roststäben herstammen, auf welche das Glas in den Glashütten bei der Fabrikation gelegt wird.

Im Großherzogthum Baden wagte der Erzbisthumsverweser Kübel von Freiburg das neue Dogma verkündigen zu lassen, die Regierung aber erklärte, sie erkenne es nicht an. Das Ministerium des Innern erließ am 16. September 1870 folgenden Erlaß: In dem Anzeigeblatt für die Erzdiöcese Freiburg Nummer 18, vom 14. dieses Monats, werden mehrere dogmatische Constitutionen als verbindliche Kraft habend verkündet, ohne daß die Genehmigung des Staates vorher nachgesucht oder ertheilt worden wäre. Diese Constitutionen können deßhalb nach §. 15 des Gesetzes vom 9. Oktober 1860, die rechtliche Stellung der Kirchen und kirchlichen Vereine im Staate betreffend, keine rechtliche Geltung in Anspruch nehmen oder in Vollzug gesetzt werden, in so weit sie unmittelbar oder mittelbar in bürgerliche oder staatsbürgerliche Verhältnisse eingreifen. Dies wird hiermit zur Darnachachtung öffentlich bekannt gemacht.

Am 9. März 1872 beantwortete Minister Jolly drei Fragen, die ihm in einer Interpellation gestellt wurden, folgendermaßen: Das Dogma von der Unfehlbarkeit habe ungeheuere Sensation erregt, da es viele Leute gebe, welche nicht daran glauben könnten. Aber auch die Protestanten seyen dabei nicht unbetheiligt; sie hätten es mit dem heftigsten Widerspruch aufgenommen. Es gehe sie das auch allerdings an, — das Gebiet der Sitten sey ein unermeßlich weites und umfasse auch die zahlreichen gemischten Ehen. Diese seyen durch päpstlichen Ausspruch bedroht, dem der katholische

Theil sich unterwerfen müsse. Hier seyen also die Protestanten eben so gut betroffen wie die Katholiken. Es hätten deßhalb alle Regierungen gewarnt vor einem Beschluß, der ungeheuere Beunruhigungen hervorrufen müsse. Es sey heute noch unentschieden, ob ein Schisma in der Kirche eintrete, oder ob die katholische Bevölkerung das Dogma annehme, oder ob man sich auf irgend ein Drittes vereinbare. Er folgere, daß die Regierung eines kleinen Staates abwarten müsse, wie die Dinge kämen. Eines aber sey jedenfalls Pflicht: die Gesetze des Landes zur Geltung zu bringen. Eine rechtliche Wirksamkeit hätten die vatikanischen Dekrete nicht; denn die Erlaubniß dazu sey nicht erbeten worden. Daß sie keine Geltung erhielten, dafür werde der Staat sorgen. Er antworte also kurz zur ersten Frage: „Gedenkt die großherzogliche Regierung jene Priester und Laien, welche die Unterwerfung unter die vatikanischen Konzilsdecrete verweigern, in den Rechten, welche ihnen ihrer Eigenschaft als Mitglieder der katholischen Kirche gewährleistet sind, und insbesondere die Priester im Pfründgenuß und in ihren amtlichen Verrichtungen zu schützen?“

— Ja, denn die Konzilsbeschlüsse hätten keine rechtliche Wirkung.

Zur zweiten Frage:

„Gedenkt die großherzogliche Regierung, sich etwa bildenden altkatholischen Gemeinden ihren Rechtsschutz, z. B. durch Ueberlassung von Kirchen angedeihen zu lassen?

— Ja.

Zur dritten Frage:

„Hält sich die großherzogliche Regierung für berechtigt und verpflichtet, die obligatorische Eigenschaft des Religionsunterrichtes in den Schulen auch dann durchzuführen, wenn die Eltern oder Vormünder der Schüler verlangen, daß diese letzteren von dem Besuche des Unterrichts, wenn und insolange er durch einen die Unfehlbarkeit des Papstes lehrenden Geistlichen ertheilt wird, entbunden werden?“

— Nein, denn die Lehre habe keine rechtliche Wirkung, könne also auch keinen Zwang beanspruchen. (Beifall auf der Gallerie. Der Präsident verbietet alle Kundgebungen des Publikums.)

Am 12. März wurde in der zweiten Kammer über die von Ordensleuten geleiteten Schulanstalten im Großherzogthum Baden debattirt, und da man von mehreren derselben nachwies, sie stünden unter einem gegen Teutschland feindlichen Einflusse und hätten zum Theil die ihnen ursprünglich gewährte Concession überschritten, erklärte die Regierung, Einsicht davon nehmen zu wollen. Schmid von Tiefenstein dankte der Regierung dafür und sprach von der Anstalt Gurtweil. Diese rekrutire sich vorzugsweise aus reichen Bauerntöchtern der Umgegend, auf die zu diesem Behufe eine förmliche Jagd angestellt werde. Während früher die Erziehung verwahrloster Kinder die Hauptaufgabe der Anstalt gebildet habe, sey durch den jetzigen Vorstand ein Pensionat für schulentlassene Mädchen gegründet und die noch vorhandenen Kinder aus dem Anstaltsgebäude entfernt und in einem Bürgerhause des Dorfes untergebracht worden. Sehr anstößig sey für die Bevölkerung der Umgegend der häufige Besuch der Geistlichen in Gurtweil. Dazu komme zum großen Nachtheil der Gemeinde der Grundbesitz nach und nach zum großen Theil in die Hände der Anstalt. Redner wünscht deßhalb im pekuniären Interesse der Gemeinde sowohl als im Interesse der Sittlichkeit, daß die fragliche Anstalt aufgehoben werde. — Am 15. März nahm die Abgeordnetenkammer mit allen gegen 11 Stimmen das Gesetz an, welches Ordensleuten jede öffentliche Lehrwirksamkeit, wie auch fremden Ordensleuten das Abhalten von Missionen verbot.

Im Elsaß wurde von klerikaler Seite agitirt und eine Petition an den deutschen Kaiser heimlich bei allen katholischen Pfarrern zum Unterschreiben herumgetragen, worin dem Kaiser nichts Geringeres zugemuthet wurde, als daß er dem Klerus die Alleinherrschaft über die Schule und auch über alle Wohlthätigkeitsanstalten anheimgeben solle. Der Straßburger Bischof brachte die Petition selbst nach Berlin, im Dezember 1871, erreichte jedoch seine Absicht nicht. Die Regierung verweigerte vielmehr in einem grade damals vorkommenden Falle, eine Schule Ordensbrüdern zu überlassen. Da ging das Gerücht, Cardinal Antonelli habe im Namen des Papstes das Concordat von 1801, welches Napoleon I. mit dem Papst abgeschlossen, in Bezug auf das Elsaß gekündigt. Man schrieb aus Straßburg: „Der Art. 19 der ‚organischen Artikel‘ vom 15. Juli 1801 bestimmt, daß die Bischöfe die Geistlichen ernennen und einsetzen, daß sie diese Ernennungen aber nicht bekannt machen und den Geistlichen nicht die canonische Sendung (l'institution canonique, missio canonica) verleihen dürfen, als bis diese Ernennung durch den ersten Consul bestätigt ist. Die Geistlichen können auch nach Art. 27 desselben Grundgesetzes über die Organisation der Culte nicht in Function treten, als bis sie in die Hände des Präfecten den vorgeschriebenen Eid abgelegt haben, in welchem Gehorsam gegen die Regierung und das Fernhalten von jeder Verbindung, welche die öffentliche Ruhe zu stören geeignet ist, geschworen wird. Nun bestritt aber die katholisch-kirchliche Behörde das Recht der Regierung zu dieser vorgängigen Bestätigung. Sie suchte sich zu stützen auf den Art. 17 des mit den „organischen Artikeln“ ein untrennbares Ganzes bildenden Concordates, welcher lautet: „Unter den contrahirenden Parteien ist man übereingekommen, daß in dem Falle, wo einer der Nachfolger des gegenwärtigen ersten Consuls nicht Katholik ist, die in dem oben stehenden Artikel erwähnten Rechte und Prärogative und die Ernennung der Bischöfe im Einverständnisse mit ihm durch eine neue Convention werden geregelt werden.“ Da nun der gegenwärtige Nachfolger des ersten Consuls, der deutsche Kaiser, nicht Katholik ist, so folgerte man daraus, daß er jenes Bestätigungsrecht nicht besitze, und ohne Zweifel würde man, dies zugegeben, später auch gefolgert haben, daß er das Recht zur Ernennung der Bischöfe nicht habe. Man vergaß, daß in dem Falle, wo das Concordat von 1801 hinfällig wird, das alte gemeine französische Recht in Kraft tritt. Auf Seiten der Regierung begnügte man sich, die weltlichen Einkünfte der Pfarrer, für welche die organischen Artikel concret wurden, zurückzuhalten, und nun wurde von dem bischöflichen Ordinariat das Bestätigungsrecht des Staates nicht länger bestritten, so daß kein Hinderniß mehr im Wege steht, einige wichtige Pfarreien, u. A. auch Ruffach, ordnungsmäßig zu besetzen.“ — Die „Nordd. A. Zeitung“ erklärte: „Die Reichsregierung nimmt nunmehr die Regelung der Beziehungen des Staates zur Kirche für

Elsaß-Lothringen in ihre Hand. Die Ordnung dieser Rechtsverhältnisse durch die Staatsgesetzgebung entspricht den Wünschen und
Ueberzeugungen, die in Deutschland längst für Leben und Wissenschaft vorwiegende Geltung erlangten, nachdem auf dem Weg der
Concordate Erfahrungen gemacht sind, welche ein Einschlagen desselben widerrathen."

Cardinal Antonelli schrieb an den Bischof von Straßburg am
10. Februar, der h. Stuhl habe das Concordat von 1801 nicht
gekündigt und auch nicht kündigen können, weil er es ja gar nicht
mit dem deutschen Kaiser geschlossen habe. Nur bis ein neues Einverständniß mit dem deutschen Kaiser getroffen sey, solle das Concordat noch ferner beobachtet werden, „weshalb der Staatsgenehmigung der Kantonspfarrer keine Schwierigkeit vorliegt. Sie werden
aber selbst einsehen, daß es besser ist, sich vorläufig privatim über
diese Ernennungen zu verständigen, um sie keiner Verweigerung auszusetzen, was übrigens in Deutschland selbst zu geschehen pflegt."
Die Berliner Volkszeitung bemerkte dazu: „Unserer Meinung nach
ändert dieser Brief an der Sachlage durchaus nichts. Wenn das
Concordat, welches die Curie im Jahre 1801 in Bezug auf den
französischen Staat abgeschlossen hat, in Bezug auf das Deutsche
Reich für Elsaß-Lothringen als gar nicht existirend angesehen wird,
die Curie also gar nicht in der Lage ist, der Deutschen Regierung
ein Concordat zu kündigen, liegt die Sache grade so, als wenn ein
Concordat gekündigt worden wäre. Die Regierung des Deutschen
Reiches hat dann vollständig freie Hand, die Beziehungen zwischen dem Staat und der katholischen Kirche nach ihrem vollständigen Belieben zu ordnen, und dies wird hoffentlich in einer
Weise geschehen, die den Jesuiten der ‚Germania‘ wenig Freude be-
reiten wird."

Am 4. März kam in der Nationalversammlung zu Versailles
rühmend zur Sprache, daß die deutsch redende katholische Geistlichkeit im Elsaß in einem deutsch geschriebenen Volksblatte das Volk
gegen die neue Einrichtung aufgehetzt und die Fortdauer eines feurigen französischen Patriotismus und Deutschenhasses im Elsaß constatirt habe. Der Münchener Volksbote, eins der frechsten ultra-

montanen Blätter, ließ gleichzeitig folgende Lüge drucken: „Am vorigen Donnerstag ließ der preußische Gouverneur den hochwürdigsten Herrn Bischof Andreas durch einen seiner Abjutanten mündlich ersuchen, am 22. d. M. zur Feier des Geburtsfestes des Königs von Preußen einen Festgottesdienst in der Diözese anordnen zu wollen; der greise Prälat lehnte jedoch dies Ansinnen mit dem Bemerken ab, unter den obwaltenden Verhältnissen könne dies nicht geschehen, denn es sey zu fürchten, daß Tags vorher sonst alle Kirchen in Flammen aufgehen würden. Die kirchliche Feierlichkeit wird sich daher nur auf die Garnisonsstädte beschränken, wo in den dazu bestimmten Kirchen der übliche Gottesdienst stattfinden wird; die elsässische Geistlichkeit wird dabei nicht mitwirken." Der Bischof hat im Gegentheil auf die zuvorkommendste Weise den Münster zur Verfügung gestellt, um darin die Feier abzuhalten. Solche Lügen aber bezeichnen wenigstens die Stimmung und die traurige Wahrheit, daß es noch immer viele Deutsche gibt, die keinen Begriff von der Ehre haben, Deutsche zu seyn.

Der „Niederrheinische Courier" berichtete damals über einen galanten katholischen Priester, der sich in die Gunst einer reichen, alten Dame in Straßburg eingeschlichen, deren Nichte verführt und entführt und deren Werthpapiere gestohlen habe, jedoch später entdeckt und zur Haft gebracht worden sey.

<hr>

Kapitel 2.

Die norddeutschen Bischöfe.

Der Papst und die römische Kirche hatten von den Königen von Preußen seit geraumer Zeit immer nur Gutes erfahren. Friedrich der Große hatte nicht nur seinen katholischen Unterthanen eine ungleich größere Rücksicht bewiesen, als Oesterreich jemals seinen pro-

testantischen Unterthanen, sondern sogar die Jesuiten geschützt in derselben Zeit, in der sie aus allen katholischen Staaten vertrieben
wurden. Später wieder haben die ungeheuern Anstrengungen
Preußens mehr noch als die seiner Alliirten zum Sturze Napoleons
und zur Wiederherstellung des Papstes in Rom beigetragen, welcher
damals bekanntlich seiner weltlichen Herrschaft beraubt und in Frank=
reich gefangen war. Auch nachher noch erfuhr die katholische Kirche
in Preußen jegliche Schonung und Achtung. Nach kurzer Unter=
brechung durch die Kölner Wirren verdoppelte Friedrich Wilhelm IV.
seine Begünstigungen der katholischen Kirche in dem Grade, daß
man ihm selber katholisirende Romantik vorwarf. Katholiken und
Protestanten lebten in Preußen neben einander in ungestörtem Frie=
den, und eine Störung wäre auch nie von Berlin ausgegangen; sie
konnte nur von Rom ausgehen, wo man keine Dankbarkeit kennt
und keine Gerechtigkeit, sondern nur die alte Herrschsucht und Hab=
gier und unversöhnlichen Haß gegen das germanische Element.

Was man nun von Rom und den Jesuiten allerdings nie vor=
aussetzen durfte, einige Dankbarkeit und einige deutsche Sympathien,
das hätte man doch wohl von deutschen und zunächst preußischen
Bischöfen vorauszusetzen sich erlauben dürfen. Nachdem sie selbst in
nicht unbeträchtlicher Zahl auf dem Concil gegen das neue Dogma
votirt und dessen Verwerflichkeit begründet hatten, hätten sie auch
mit deutschem Muthe, mit deutscher Ehrlichkeit der Wahrheit und
ihrem Votum treu bleiben und vor Scham erröthen sollen, ehe sie
sich dem Jesuitenbefehl unterwarfen. Hörten sie nicht das Hohn=
gelächter über deutsche Feigheit und Dummheit? Und mit welcher
Stirn wagten sie es, als sie nach Deutschland zurückkehrten, die
eben so gewissenlose als unlogische Abänderung des
Katechismus*) vorzunehmen, wodurch die ganze katholische Lehre

---

*) Man schrieb der „Köln. Zeitung" aus Kreuznach: Daß das Un=
fehlbarkeitsdogma auch in ganz kleinen Verhältnissen Conflikte erzeugen
kann, war in der Sitzung des hiesigen königlichen Friedensgerichts vom
15. d. M. wahrzunehmen. Ein Gymnasiast hatte in einer hiesigen Buch=
handlung Martins — des infalliblen Bischofs von Paderborn — Lehr=

dergestalt auf den Kopf gestellt wurde, daß, was die Großväter und Väter bisher ehrlich geglaubt hatten, der Sohn und Enkel nun auf einmal nicht mehr glauben, sondern als Ketzerei verdammen und, wenn er sich dessen weigerte, zeitlich in den Bann und ewig in die Hölle kommen sollte.

Die Scham war noch nicht ganz ausgestorben. Die freche römische Zumuthung brachte den einen oder andern Bischof doch in große Verlegenheit, ja in eine wahre Seelennoth. Fürstbischof Förster von Breslau setzte den Klerus seines Sprengels davon in Kenntniß, daß seinem Gesuch, wegen Alters und Kränklichkeit vom Amte entbunden zu werden, vom heiligen Vater nicht willfahrt worden sey: „So schwindet denn die langjährige Hoffnung auf einen stillen, ruhigen Lebensabend." Er citirt die Worte Diepenbrocks: „Die Zukunft liegt wie ein drückender Berg auf meiner Seele, und ich muß den Gedanken, daß Gott Alles so gefügt hat, recht fest halten, wenn ich im Gefühle meiner Ohnmacht und Untüchtigkeit nicht wie in einer bitteren Flut versinken will." Fürstbischof Förster war bekanntlich ein Gegner der Unfehlbarkeit. Derselbe gehorchte nun aber dem Papst, excommunicirte die Professoren Baltzer, Reintens und Weber in Breslau und verbot dem polnischen Priester Kaminski das Predigen, weil alle diese die Infallibilität des Papstes nicht anerkannten. Ebenso verfuhr der Bischof von Ermeland gegen Priester seiner Diöcese, Michelis, Menzel, Seminardirektor Treibel. Desgleichen ließ der preußische Feldbischof Namczanowski jeden Feld-

---

buch der katholischen Religion verlangt, erhalten und mit 2 Thlr. 26 Sgr. bezahlt. Der Vater des jugendlichen Käufers klagte nun 14 Tage später den Buchhändler auf Rückzahlung des Preises und Rücknahme des Buches ein, weil dasselbe ihm in der 13. Auflage verkauft sei, diese aber vor den Augen des den Religionsunterricht ertheilenden Caplans keine Gnade gefunden, da nach dieser Auflage das unfehlbare Lehramt noch bei Papst und Episkopat beruhe, die neue 14. Auflage dagegen schon das neue Dogma von dem dem Papste allein zustehenden unfehlbaren Lehramt lehre. Der Richter gab dem Kläger den Beweis auf, daß sein Sohn die 14. Auflage bestellt habe, und wies, als Kläger diesen Beweis nicht beibringen konnte, die Klage als unbegründet ab.

priester einen Revers unterzeichnen, worin derselbe sich zum neuen Dogma bekennen mußte.

Erzbischof Melchers von Köln erließ am 10. September 1870 einen Hirtenbrief, worin er die Unfehlbarkeit des Papstes, wenn derselbe ex cathedra spreche, mit sehr schwachen Sophismen zu beweisen suchte, indem er die zwei Naturen Christi auf zwei Naturen in seinem Statthalter anwandte. Auch suspendirte und excommunicirte derselbe die Bonner Professoren Hilgers, Reusch, Langen, Knoodt und Birlinger. Der berühmte Dieringer, Vater des Bonifacius= vereins, verließ Bonn, um Pfarrer im Fürstenthum Hohenzollern zu werden. — Aus dem Bisthum Münster schrieb man: Hier ist der Overwegsche Katechismus eingeführt, welcher auf die Frage: „Müssen wir auch glauben, daß der Papst unfehlbar ist?" den unschuldigen Kindern die ketzerische Antwort in den Mund legt: „Nein, dies ist kein Glaubensartikel." Jetzt wird das verfängliche Blatt aus allen vorhandenen Exemplaren des gedachten, von mehreren Bischöfen approbirten Katechismus herausgenommen und auf einem neuen die Unfehlbarkeit als der richtige Glaube eingekleistert.

Bischof Martin von Paderborn, welcher früher in einem Lehrbuch ausschließlich die Gesammtheit der Bischöfe (und nicht den Papst) als die höchste Autorität in der Kirche erkannt hatte, behauptete jetzt auf einmal, das neue römische Concil sey dem von Nicea gleichzustellen, denn wie auf diesem der wahre Sohn Gottes proclamirt wurde, so auf jenem der wahre Statthalter Gottes. Auch verbot der Paderborner Bischof seinen jungen Theologen den Besuch der Universität: sie sollten nur in seinem Priesterseminar herangebildet werden. — In der „A. A. Zeitung" wurde geklagt: An allen preußischen Gymnasien sey das in wissenschaftlicher, wie pädagogischer Beziehung ganz unbrauchbare Handbuch des Bischof Martin v. Paderborn officiell genehmigt. Man machte den Cultminister v. Mühler aufmerksam, daß in der 14. Ausgabe dieses Schulbuchs im Jahr 1871 durch Aufnahme des neuen Dogmas der dogmatische Charakter des Buchs völlig geändert sey, der Minister fand aber nicht für nöthig, der neuen Auflage seine Genehmigung zu entziehen. Das ist derselbe Bischof Martin, der in seiner Schrift „ein bischöf-

liches Wort an die Protestanten Deutschlands" 1864 die Behaup=
tung hinwarf: „Von Gottes= und Rechtswegen bin ich Bischof der
Diöcese Paderborn, d. h. nicht blos der Katholiken dieser Diöcese,
sondern aller Christen, die innerhalb der Grenzen dieser Diöcese
wohnen, welchem Bekenntniß sie auch angehören." — Als der vom
Bischof von Ermeland excommunicirte Professor Michelis zu Pader=
born am 29. Juli einen Vortrag hielt, insultirte ihn der von den
Pfaffen fanatisirte Pöbel und ließ ihm auch noch in der Nacht keine
Ruhe, sondern wollte den verfluchten Ketzer durchaus aus der Stadt
hinaus haben, so daß ihn Polizei und Gendarmerie in seinem Hotel
schützen mußten. Das Domkapitel von Hildesheim bat den König
von Preußen in einer Adresse um Wiederherstellung der weltlichen
Herrschaft des Papstes.

Der preußische Cultminister v. Mühler kam in eine schwierige
Stellung, da er bisher mit größter Sorgfalt die Gläubigen aller
Confessionen gegen die Freidenker, wie auch das Kirchenregiment
gegen den modernen Liberalismus in Schutz genommen hatte. Das
Hauptorgan der liberalen Katholiken, der „Rheinische Merkur", warf
ihm vor, er halte es mit den Fuldaer Bischöfen. Derselbe schrieb:
„Sicherem Vernehmen nach ist das preußische Cultusministerium
entschlossen, die Infallibilitäts=Streitfrage als eine innere Angelegen=
heit der katholischen Kirche zu betrachten und demgemäß zu behan=
deln. Fallibilisten wie Infallibilisten sollen also vor dem staatlichen
Forum als Katholiken gelten und in Folge dessen keine von den
beiden Parteien von den staatlichen Rechten der katholischen Kirche
ausgeschlossen werden. Dieser Standpunkt ist aber auf die Dauer
nicht haltbar; denn in denjenigen Diöcesen — und dazu gehören
mit Ausnahme der Diöcese Osnabrück alle preußischen —, in welchen
die Infallibilität bereits proclamirt wurde, werden fortan von kirch=
licher Seite die Fallibilisten nicht mehr als Katholiken behandelt
werden. Dadurch aber sind sie factisch der Rechte beraubt, die ihnen
als Katholiken staatlich garantirt wurden. Von der katholischen
Kirchengemeinde ausgeschlossen, sind sie gezwungen, auf alle staat=
lichen Rechte derselben zu verzichten, ohne der Rechte anderer Kirchen=
gemeinschaften theilhaft werden zu können." Die „Elberfelder Ztg."

wollte sogar wissen, der Cultminister habe dem Professor Reinkens
mit dürren Worten erklärt, die Verwerfung der päpstlichen Unfehlbarkeit nach dem Spruche des Concils sey Auflehnung gegen die
kirchliche Autorität, welche er eben so wenig begünstigen könne, wie
irgend eine andere Auflehnung. „Die unabhängigen Katholiken wissen
also, was sie von dem jetzigen Cultusminister zu erwarten haben.“
Allein die „Neue preußische Zeitung“ wie auch die „Kölner“ ent-
hielten eine Berichtigung aus Breslau vom 21. November: „Durch
fürstbischöfliches Decret vom 18. und 20. d. M. sind die Professoren
der katholisch-theologischen Facultät an der königlichen Universität dahier, Dr. Balzer, Canonicus und Domscholasticus, und Dr. Reinkens,
sowie der Privatdocent in der philosophischen Facultät, Dr. Weber,
Religionslehrer an dem katholischen Mathias-Gymnasium, welche den
Protest gegen die päpstliche Infallibilität unterzeichnet und sich zum
Widerrufe nicht verstanden haben, ab ordine, d. h. von der Ver-
richtung priesterlicher Functionen, der erstere auch a beneficio, d. h.
von den ihm als Canonicus zustehenden Einkünften suspendirt worden. Professor Dr. Reinkens war schon vor mehreren Tagen genöthigt, seine Vorlesungen einzustellen, da den Studirenden der
katholischen Theologie der Besuch derselben untersagt worden war.
Das Vorgehen des Fürstbischofs Dr. Förster, welcher sich bekanntlich Anfangs sehr stark gegen die Infallibilität engagirt hatte, hat
hier um so mehr befremdet, als derselbe noch gegen Ende des vorigen Monats erklärt hat, daß gegen die Oekumenicität des vaticanischen Concils starke Bedenken vorliegen. Der Director des katholischen Gymnasiums, Dr. Reisacker, welcher mit einer Anzahl seiner
Lehrer gleichfalls einen Protest gegen die Infallibilität unterzeichnet
hatte, hat hinreichende Erklärungen gegeben, durch welche die ihm
angedrohte Excommunication beseitigt wurde. Seit zwei Tagen sind
auch die Zöglinge des bischöflichen Knabenseminars, denen bei Beginn des Conflictes der Besuch des Gymnasiums untersagt war,
wieder in die Schule zurückgekehrt. Bezüglich der Gymnasiallehrer
ist Herr v. Mühler noch nicht in der Lage gewesen, zu interveniren,
da das hiesige Provinzial-Schulcollegium denselben seinen Schutz
angedeihen läßt. Auch auf die ohnehin nur mündlich und schüchtern

gestellte Anfrage wegen Beseitigung der protestirenden Lehrer ist
auf das bestimmteste entgegnet worden: zur Absetzung eines Gym-
nasial=Lehrers gehöre die Entscheidung des Disciplinar=Gerichtshofes,
die Staatsregierung werde aber schwerlich eine Untersuchung bean=
tragen und der Gerichtshof werde, wenn ein Antrag gestellt würde,
die betreffenden Lehrer freisprechen, da sie nicht gegen die Statuten
des Gymnasiums gefehlt hätten. Bezüglich der Professoren Dr. Rein=
kens und Balzer kann die bündigste Versicherung gegeben werden,
daß sie von Seiten des Herrn Cultministers allen Schutz genießen,
d. h. in ihren Universitätsämtern und Rechten, namentlich auch in
ihrem Einkommen belassen werden. Die Suspension ab ordine
konnte natürlich der Herr Cultminister eben so wenig abwenden,
als er das Verbot des Besuchs der Reinkens'schen Vorlesungen
aufheben konnte."

Auch die Bonner Professoren wurden vom Cultminister gegen
den Erzbischof von Köln geschützt. Der Minister schrieb an den akade=
mischen Senat unterm 30. Dezember 1870: „Bereits am 24. Oc=
tober und wiederholt am 21. v. M. habe ich dem Herrn Erzbischof
von Köln zu erkennen gegeben, daß seine Verhandlungen mit den
betheiligten Professoren das rein kirchliche Gebiet in so fern über=
schritten haben, als denselben unter Androhung von Maßregeln,
welche ihre lehramtliche Thätigkeit berühren, das Versprechen ab=
gefordert worden ist, bei Ausübung ihres Lehramts den auf dem
Concil zu Rom jüngst gefaßten Beschlüssen treue Folge zu leisten.
Dem gegenüber habe ich daran erinnert, daß durch den §. 26 der
nach vorgängigem Benehmen mit der Kirche erlassenen Statuten
der katholisch=theologischen Facultät der Universität Bonn, und durch
die demgemäß von den Lehrern dieser Facultät geleistete professio
fidei Tridentina eine Norm für die Ausübung ihres Lehramts ge=
geben ist, welche ohne Zustimmung des Staates nicht verändert
werden kann. Ebenso habe ich erklärt, daran festhalten zu müssen,
daß nach §. 4 Nr. 3 jener Statuten eine bischöfliche Zurechtweisung
von Mitgliedern der gedachten Facultät, auch in ihrer Eigenschaft
als katholische Geistliche, nur mit Vorwissen des Staates eintreten
darf. Der akademische Senat wird hieraus die Ueberzeugung ge-

winnen, daß auf Seiten der Staatsregierung ein Zweifel gegen die
fortdauernde, durch die Verfassungs=Urkunde nicht veränderte Gültig=
keit der Statuten der katholisch=theologischen Facultät nicht besteht
und daß die Staatsregierung die rechtliche Stellung der Professoren
der katholischen Theologie in dem vom Staate ihnen anvertrauten
Lehramte lediglich nach den vom Staate selbst sanctionirten gesetz=
lichen und statuarischen Bestimmungen ermißt."

Durch diese einzelnen Fälle war die Hauptfrage, wie sich die
preußische Regierung überhaupt zum neuen Dogma stellen würde,
noch nicht entschieden, und da man den Cultminister von beiden
Seiten drängte, sich zu entscheiden, erfuhr man, er habe um seine
Entlassung gebeten, dieselbe aber sey ihm vom Hauptquartier in
Versailles aus nicht gewährt worden, indem man ihm und auch
seinen Bedrängern angedeutet habe, man sey jetzt vollauf mit dem
Kriege beschäftigt, und so wichtige kirchliche Angelegenheiten ließen
sich nicht gleichsam à cheval behandeln, man solle bis zum Frieden
warten. Indessen konnte nicht alles aufgeschoben werden. Im
Laufe des Februar 1871 sah sich der Cultminister veranlaßt, den
Professoren der Theologie in Bonn die Fortsetzung ihrer Vorlesungen,
die ihnen der Erzbischof verweigerte, zu gestatten, wie auch eine Be=
schwerde des Erzbischofs über die Gymnasiallehrer, die sich nicht
zur Infallibilität bekennen wollten, abschlägig zu bescheiden. Auch
untersagte der Cultminister die sog. Congregationen. Die jesuitische
Schleicherei hatte dieselben erfunden, um die Schüler der Gym=
nasien zu verführen. Unter dem Namen Marianischer Congre=
gationen hatte man sie zu größerem Eifer im Mariendienst ange=
halten und fanatisirt, der eigentliche Zweck aber war, durch sie alles
ausspioniren zu lassen, was die Lehrer sagten.*) Endlich befahl
der Cultminister auch, kein katholischer Religionslehrer dürfe Erlasse
der kirchlichen Oberbehörde bekannt machen, ohne vorher vom Vor=
steher der Lehranstalt Erlaubniß dazu erlangt zu haben.

Am 5. September 1871 kamen die preußischen Bischöfe in
Fulda zusammen, verweilten aber nur kurze Zeit und reichten am

*) Augsb. Allg. Zeitung 1871. Nr. 61.

7. September dem deutschen Kaiser eine Denkschrift ein, worin sie sich für die Unfehlbarkeitslehre erklärten und zugleich über die Maßregeln des Cultministeriums in Betreff des Religionsunterrichts Beschwerde führten. Am 18. October erfolgte die kaiserliche Antwort: Eine derartige Sprache, welche an die Sprache erinnert, die in der Presse und auf parlamentarischem Wege wohl versucht worden ist, um das berechtigte Vertrauen der katholischen Preußen zu der Regierung ihres Königs zu erschüttern, sey von preußischen Bischöfen um so mehr befremdend, als bisher nicht nur von Seiten der katholischen Bischöfe, sondern auch vom Papste die günstige rechtliche Stellung der katholischen Kirche in Preußen stets anerkannt wurde. Eine Aenderung der gerade von katholischer Seite so gewürdigten preußischen Gesetzgebung habe aber nicht stattgefunden, noch sey etwa auf geschehene Verletzung der bezüglichen Gesetze in der bischöflichen Eingabe hingewiesen worden. Wenn innere Vorgänge der katholischen Kirche selbst das bisher in Preußen bestandene befriedigende Verhältniß zwischen jener Kirche und dem Staate in Frage zu stellen drohen, so müssen entstehende Conflikte auf dem Wege der Gesetzgebung ihre Erledigung finden. Dem Kaiser liege jede Beurtheilung der dogmatischen Fragen selbst natürlich fern. Bis jene Erledigung jedoch auf verfassungsmäßigem Wege stattgefunden, sollen die bestehenden Gesetze aufrecht erhalten und Jedermann in seinen Rechten geschützt werden.

Am 25. November erließ der Cultminister v. Mühler an den Erzbischof von Köln zu Handen der übrigen Bischöfe ein Schreiben. Darin wurde gesagt, das Elaborat der Bischöfe enthalte einen logischen Widerspruch. „Denn wenn einerseits, wie Ew. Erzbischöfliche Gnaden sagen, nach uralter katholischer Lehre der mit dem Papste verbundene Episcopat (Gesammtheit der Bischöfe) der Träger des unfehlbaren Lehramtes ist, andererseits die am 18. Juli 1870 verkündete Constitution die Kathedral-Definitionen (die feierlichen Erklärungen) des Papstes ex sese, non autem ex consensu ecclesiae irreformabiles (an sich selbst und nicht erst durch Zustimmung der Kirche unfehlbar) erklärt, so folgt mit logischer Nothwendigkeit, daß die Constitution vom 18. Juli 1870 die Person des Trägers des kirchlichen Lehramtes geändert, mithin eine neue Lehrentscheidung getroffen hat, welche mit der von Ew. Erzbischöflichen Gnaden und den übrigen Unterzeichnern der Eingabe vom 7. September bezeugten uralten katholischen Glaubenslehre in Widerspruch steht. Es ist demnach nicht, wie die Denkschrift sich ausdrückt, ein Spiel mit Worten, sondern eine nicht abzulehnende Folgerung aus den eigenen Erklärungen der berufenen Organe der katholischen Kirche, wenn behauptet wird, ein Katholik, welcher vor dem 18. Juli 1870 die an diesem Tage entschiedene Glaubenslehre nicht geglaubt habe, sey, wenn er auch nach diesem Tage dieselbe nicht glaube, noch Katholik, da er dasselbe glaube, was vor diesem Tage hinreichte, um katholisch zu seyn.

Was die Denkschrift von der Pflicht des einzelnen Katholiken sagt, mit der Lehre seiner Kirche in Uebereinstimmung zu bleiben, hat eine Berechtigung nur in so weit, als die Lehre der Kirche unverändert bleibt. Tritt hierin eine Aenderung ein, wie es durch die Constitution vom 18. Juli 1870 geschehen ist, so ist der Staat weder verpflichtet, noch auch nur berechtigt, die Anhänger der alten Lehre in ihrem Verhältniß zum Staate als Abtrünnige zu behandeln. Sie sind ihres Anspruches auf den Schutz des Staates nicht dadurch verlustig geworden, daß die Kirche den Inhalt ihrer Lehre verändert hat, und dieser Schutz wird ihnen nach wie vor gewährt werden."

Ein übler Umstand war, daß die preußische Verfassung von 1850 in Bezug auf kirchliche Angelegenheiten verschiedene Auslegungen zuließ. Artikel 12 spricht jedem Preußen als Grundrecht zu: volle Freiheit des religiösen Bekenntnisses, dazu auch der beliebigen Vereinigung zu Religionsgesellschaften, und endlich der gemeinsamen häuslichen und öffentlichen „Religionsübung", und erklärt den Genuß der bürgerlichen und staatsbürgerlichen Rechte für unabhängig von dem religiösen Bekenntnisse. Allein eben der Artikel 12 fügt auch sofort hinzu: „den bürgerlichen und staatsbürgerlichen Pflichten darf durch die Ausübung der Religionsfreiheit kein Abbruch geschehen." Kein Preuße kann beanspruchen, unter Berufung auf die Freiheit seines religiösen Bekenntnisses oder auf die Cultus-

oder Sitten-Vorschriften jener Religionsgesellschaft, deren Mitglied er seyn will, landesgesetzlich verbotene Handlungen straflos zu begehen oder landesgesetzlich gebotene Handlungen straflos unterlassen zu dürfen. — Artikel 15 aber lautet: „Die evangelische und die römisch-katholische Kirche, so wie jede andere Religions-Gesellschaft ordnet und verwaltet ihre Angelegenheiten selbständig und bleibt im Besitz und Genuß der für ihre Cultus-, Unterrichts- und Wohlthätigkeitszwecke bestimmten Anstalten, Stiftungen und Fonds". Die Ultramontanen verstanden aber unter der Verwaltung ihrer Angelegenheiten vollkommene Unabhängigkeit von den Staatsgesetzen und hielten sich im Zweifelfall an den Spruch: Man muß Gott mehr gehorchen als den Menschen!

Man verfehlte nicht, die Bischöfe an den Huldigungseid zu erinnern, den die preußischen Bischöfe sämmtlich unter Vortritt des Cardinal von Geissel bei der Krönung des Königs in Königsberg 1861 geleistet hatten: „Wir haben Eurer Majestät königlichem Herrn Bruder feierlich gelobt, ihm und seinen Nachfolgern auf Preußens Thron allezeit hold, treu gehorsam und unterthänig zu seyn, und heute kommen wir, dieses eidliche Gelöbniß auch vor Eurer Majestät, auf Allerhöchstwelchen nunmehr die Krone übergegangen, zu bestätigen. Wir thun dies freudig, voll und ganz von Herzen. Wir wissen, Euer Majestät sind unser, von Gott gesetzter König und Herr, und Allerhöchstihnen gelten fortan unsere Pflichten nach Gottes Gebot, das lehrt, der Obrigkeit unterthan zu sein, den König zu ehren und dem Cäsar zu geben, was des Cäsars ist. Und diese Pflicht, wir vertiefen sie und geben ihr Weihe und Seele, indem wir sie bereitwilligst und freudigst üben und lehren." Mit welchem Vertrauen gegen diese Bischöfe mußten diese Worte das Herz des Königs erfüllen, und doch, wie wenig hielten sie ihr Versprechen!

Noch waren nicht zehn Jahre vergangen und der Bischof von Paderborn, vom Syllabus trunken gemacht, behauptete, daß er nicht nur über die Katholiken, sondern auch über die Protestanten seiner Diözese Bischof sey. Uebereinstimmend lehrte die Civilta cattolica vom 30. April 1869: „Es ist kein Uebergriff, wenn geistliche Vorgesetzte in weltliche Dinge eingreifen, um nichtig zu machen, was die weltlichen Gesetze in Widerspruch mit den kirchlichen angeordnet haben, darum hebt der Papst auch Verfassungen auf." Und am 9. Mai: „Die katholische Kirche hat das Recht, mit den schwersten körperlichen Strafen Christen zu belegen, welche den katholischen Gesetzen zuwiderhandeln, namentlich auch Schismatiker und Häretiker, d. h. Griechen und Protestanten, denn die Kirche ist nicht nur ein geistliches, sondern auch ein irdisches Reich."

Im September 1871 stand der katholische Pfarrer Prinz aus Ehreng in Trier vor Gericht, weil er in einer Predigt gesagt hatte: „Ich mußte lachen, als ich von einer Adresse an den König zu Gunsten des Papstes (also gegen Victor Emanuel) hörte. Das hieße ja den Teufel durch den Teufel austreiben." Das Oeffentliche Ministerium beantragte drei Monate Gefängniß, der Gerichtshof verurtheilte den Angeklagten zu sechs Monaten Festungsstrafe.

Im Januar 1872 starb der achtbare Notar Mosler zu Königswinter, wurde aber, weil er das Dogma der Unfehlbarkeit nicht anerkannt hatte, ohne Glockengeläut und ohne Priester begraben: „Der nackte, ohne Tuch versehene Sarg wurde bereits heute Morgen 8 Uhr ohne Sang und Klang zum Kirchhofe von rauchenden Trägern transportirt. Gewiß hatte bei einer ansteckenden Krankheit die Polizeibehörde gerechtfertigte Sorge, die Beerdigung so ungewöhnlich zu beschleunigen. Nicht zu rechtfertigen ist jedoch das Benehmen der Schuljugend, welche sich in verschiedenen Ausrufen und Verhöhnungen Luft machte, wie z. B.: da bringen sie ihn — jetzt muß er braten — er hat den Papst vergiften wollen, u. s. w. Die Einwirkung auf die Jugend scheint doch wohl nicht die richtige zu seyn."

Von Aachen wurde gemeldet, hier sey ein junges Mädchen im Kloster zum armen Kinde Jesu von den Nonnen gewaltsam zurückgehalten worden, bis die Sache öffentlich bekannt wurde und sie sich genöthigt sahen, das Kind der klagenden Mutter zurückzugeben.

Zu Elbing in Preußen wurde der Sohn des Herrn v. Forckenbeck, des bekannten Präsidenten des Berliner Abgeordnetenhauses, vom Sakrament des Altars zurückgewiesen, weil er an die Unfehlbarkeit des Papstes nicht glaubte.

Wie manches Katholische noch altheidnische Gebräuche in sich schließt, beweist die berüchtigte Springerprozession in Echternach, welcher am Pfingstdienstag 1871 nicht weniger als 24 Geistliche, 10 Fahnenträger, 1245 Beter, 8938 Springer, 98 Musiker und 764 Sänger angewohnt haben.

In den zähesten Kampf gerieth die Regierung mit Krementz, dem Bischof von Ermeland. Daß dieser Herr zu Gewaltthätigkeiten geneigt sey, bewies ein früherer Vorfall. Als derselbe nämlich noch Dechant in Coblenz war, that er am 9. August 1855 einen rechtschaffenen Bürger, Namens Sonntag, weil derselbe, von seiner ersten Frau geschieden, eine Civilehe eingegangen war, feierlich in der Kirche unter Auslöschung der Lichter in den Bann, was den armen Mann zur Verzweiflung und zum Selbstmorde trieb.[1] Nachdem Krementz Bischof von Ermeland geworden war, schloß er sich den Bischöfen an, welche das neue Dogma verwarfen, und erklärte damals wörtlich: „Es leuchtet nicht ein, wie die Rechte der allgemeinen Concilien und der Bischöfe unversehrt bleiben könnten, wenn dem Papst allein die Unfehlbarkeit zugeschrieben würde. Die Definition der päpstlichen Unfehlbarkeit erscheint gewissermaßen verderblich, denn durch das Zeugniß vieler Bischöfe steht es fest, daß in vielen Diözesen von Deutschland, Frankreich, Böhmen, Ungarn, Siebenbürgen und anderen Ländern diese Lehre dem katholischen Volke nicht einmal dem Namen nach bekannt ist. Ich kann auch nicht verschweigen, daß in der Ermeländer Diözese die fragliche Lehre in Katechesen und Predigten niemals vorgetragen wird.“ — Etwas später jedoch meldete der Elbinger Anzeiger, Krementz wisse das neue Dogma so auszulegen, daß ihm auch Anhänger der alten Lehre zustimmen könnten, und schließlich stand er ganz auf Seiten der Jesuiten und der inquisitorischen Verfolger.

Im Jahr 1871 verbot er dem Lehrer Wollmann in Braunsberg den Religionsunterricht. Das Schulkollegium wollte den letztern in seinem Rechte schützen, und am 29. Juni schrieb der Cultminister

---

*) Seine Rechtfertigungsschrift erschien in Wiesbaden bei Richter in sieben Auflagen, so großes Aufsehen hatte der Fall damals gemacht.

selbst an den Bischof und belehrte ihn: „Der Religionsunterricht ist auf den preußischen Gymnasien ein obligatorischer Lehrgegenstand. Einen rechtlichen Anspruch auf Befreiung von der Theilnahme an demselben haben nach §. 11 Th. II. Tit. 12 A. L.-R. nur solche Kinder, welche in einer andern Religion, als welche in der öffentlichen Schule gelehrt wird, nach den Gesetzen des Staates erzogen werden sollen. Wenn Ew. Bischöfliche Hochwürden hierin einen offenen Gewissenszwang, eine directe Verkümmerung der in Preußen den Katholiken feierlich garantirten Gewissensfreiheit finden, so scheint hierbei übersehen zu seyn, daß eine gesetzliche Nöthigung zum Besuche des Gymnasiums in Braunsberg oder eines Gymnasiums überhaupt nicht besteht. Wer sich aber der an der Schule gesetzlich bestehenden Ordnung nicht fügen will, muß auf die Benutzung derselben verzichten und hat, wenn er es nicht freiwillig thut, keinen Grund zur Beschwerde, wenn ihm diese Benutzung versagt wird. Die Bemerkung endlich, daß jene Anordnung auch eine Verleugnung des stiftungsmäßig katholischen Charakters des aus speciell katholischen Fonds gestifteten Braunsberger Gymnasiums und darum eine specielle Verletzung des positiven Rechtes der Katholiken sey, findet ihre Erledigung in der Erwägung, daß die Stiftung des Gymnasiums in Braunsberg und die Widmung der zu seiner Unterhaltung dienenden Fonds einer Zeit angehört, in welcher der Concilsbeschluß vom 18. Juli v. J. noch nicht bestand." — Die Antwort des Bischofs war, daß er über den Doktor Wollmann die große Excommunication verhängte, wodurch Jeder, der mit dem Excommunicirten spricht oder ihn grüßt, ispo facto der kleinen Excommunication verfällt.

Wollmann selbst erließ ein würdevolles Schreiben an den Bischof, worin er ihm sein Unrecht vorhielt und zugleich bemerkte, wie viele katholische Geistliche das neue Dogma mißbilligten, wenn sie es auch nicht zu äußern wagten. Als der Gymnasialdirektor Braun die Schüler anwies, ferner dem Religionsunterricht Wollmanns anzuwohnen, zogen fünfzig bereits fanatisirte Väter ihre Söhne vom Gymnasium zurück.

Am 13. September 1871 erließen hierauf die preußischen Bischöfe eine Beschwerdeschrift an den Kaiser, in welcher sie behaupteten, daß die Rechte der Kirche durch die Maßregeln der preußischen Schulverwaltung in Breslau, Bonn und Braunsberg verletzt seyen. Der Kaiser und König antwortete. Er wies die Anklage der Bischöfe mit ruhigster Bestimmtheit zurück und betonte, es sey dem preußischen Staate Angesichts der neuesten Vorgänge in der katholischen Kirche die Aufgabe erwachsen, „im Wege der Gesetzgebung dahin zu wirken, daß Conflicte zwischen weltlichen und geistlichen Behörden, so weit sie nicht verhütet werden können, ihre gesetzliche Lösung finden;“ bis dahin aber werden die bestehenden Gesetze aufrecht zu erhalten und ein jeder Preuße nach Maßgabe derselben in seinem Rechte zu schützen seyn.

Die Danziger Zeitung schrieb im Januar: „Die katholische Geistlichkeit des Ermlandes setzt den Kampf gegen das Brauns=berger Gymnasium mit allen Mitteln, welche ihr zu Gebote stehen, fort. Dem hiesigen Kaufmann Dobschinski wurde von Caplan Breyer in der Beichte die Absolution verweigert, weil er nicht das Versprechen geben wollte, seinen Sohn von Braunsberg fortzunehmen. Ein anderer hiesiger Bürger hat sich nach längerem Widerstreben schließlich in der Beichte bestimmen lassen, dieses Versprechen abzu=geben, und darauf erst wurde ihm die Absolution ertheilt. Zwei Andere, die ihre Söhne gleichfalls auf dem Gymnasium zu Brauns=berg haben, wollten die Beichte und damit die Entscheidung bis Ostern hinausschieben, um ihre Söhne mindestens noch bis zum Schlusse dieses Semesters in Braunsberg behalten zu können.“

Wie der ermeländische Klerus die armen Laien behandeln durfte, erhellt aus einem Bericht der Hartung'schen Zeitung in Braunsberg: Neulich erkrankte hier die Wittwe T., eine arme alte Frau, plötzlich am Blutsturze und kam dem Tode nahe. Auf die Bitte, derselben die Sterbesakramente reichen zu lassen, erklärte Erzpriester L., das könne nur unter der Bedingung geschehen, daß die Frau in Zukunft ihren Sohn, welcher das Gymnasium besucht, von dem Unterricht des Dr. W. fernhalte. Die zu Tode Geängstigte hat sich gefügt.

Indem der Bischof von Ermeland fälschlich vorgab, seine Handlungsweise stimme mit den Landesgesetzen überein, und wäre

es auch nicht der Fall, so habe er sich lediglich nach den Kirchen-
gesetzen zu richten, wurde ihm in der Provinzial-Correspondenz der
Eid vorgehalten, den er dem König von Preußen geleistet und der
mit den Worten schließt: „Ich verspreche dieses Alles um so unverbrüchlicher zu halten, als ich gewiß bin, daß ich mich durch den
Eid, welchen ich Seiner päpstlichen Heiligkeit und der Kirche geleistet
habe, zu nichts verpflichte, was dem Eide der Treue und Unter-
thänigkeit gegen Seine Königliche Majestät entgegen seyn kann". —
Die Provinzial-Correspondenz bemerkt dazu, der Bischof habe thatsächlich im Widerspruch mit dem bürgerlichen Gesetz den großen
Bann über preußische Staatsbürger ohne Genehmigung der Staatsregierung öffentlich verkündigt und sich geweigert, die den Excommunicirten hiermit zugefügte Beeinträchtigung ihrer bürgerlichen
Ehre durch eine andere amtliche Kundgebung zu beseitigen. Die
Regierung werde demzufolge bringend veranlaßt seyn, die Souve-
ränetätsrechte des Staates, falls deren ausdrückliche und thatsächliche
Anerkennung vom Bischofe ferner versagt werden sollte, mit allen
zu Gebot stehenden Mitteln zu wahren. Man erinnerte: „Noch
im März vorigen Jahres hat der Erzbischof von Köln ausdrücklich erklärt: ‚Wird die Excommunication unter namentlicher
Bezeichnung von dem kirchlichen Oberen öffentlich und amtlich bekannt gemacht, so tritt für die Katholiken, gemäß den Vorschriften
des Apostels Paulus und des Apostels Johannes und den hierauf
gegründeten kanonischen Bestimmungen, die Pflicht ein, jeden un-
nöthigen Verkehr mit dem Excommunicirten zu meiden.‘ In einem
Artikel des Pastoralblatts für Ermeland heißt es: ‚Die Gläubigen
sind streng verpflichtet, mit einem Solchen, welcher namentlich aus
der Kirche ausgeschlossen ist, keinen Verkehr zu pflegen, mag dieser
in Besuchen, Grüßen, Unterricht u. s. w. bestehen.... Wer mit
einem namentlich Excommunicirten Verkehr pflegt, verfällt der
kleineren Excommunication.... Mit namentlich Excommunicirten
dürfen nur die Eltern, die leiblichen Kinder, die Dienstboten und
dergleichen Personen verkehren.‘"

Da hiernach der große Kirchenbann keineswegs eine rein geistliche Strafe ist, sondern durch die Aechtung, mit welcher derselbe

den Betroffenen in Bezug auf den gesammten täglichen Verkehr belegt, neben der kirchlichen zugleich eine bürgerliche Bedeutung hat, so mußte die preußische Regierung nach ihrem Dafürhalten die einseitige Verhängung des Bannes durch den Bischof „als eine Verletzung der dem Schutze des Staates anheimfallenden Gerechtsame seiner Angehörigen und als einen Eingriff der Kirchengewalt in das bürgerliche Rechtsgebiet erachten, welchem der Staat zu wehren befugt und verpflichtet ist.“

Hierauf antwortete Bischof Krementz durch ein Schreiben vom 30. März 1872, in welchem er ausführte, daß, wenn ein Widerspruch zwischen seinen Anordnungen und den Landesgesetzen bestände, er nicht im Stande wäre, denselben zu lösen: er habe sich streng an die Vorschriften des katholischen Kirchenrechts gehalten. Glaubten die Staatsbehörden, daß ein Widerspruch zwischen den Vorschriften des Kirchenrechts und denen des Staates vorhanden sey, so werde es Sache der obersten Staats- und obersten Kirchenbehörde seyn, eine Beseitigung dieses Widerspruchs herbeizuführen; — er aber sey in Glaubenssachen, wie sie hier vorliegen, zunächst darauf angewiesen, nach den kirchlichen Gesetzen zu handeln. Die Kirche betrachte es allerdings als ihr unbedingtes Recht, Menschen, welche Spaltungen stiften, aus ihrer Mitte auszuschließen und ihren Angehörigen den Verkehr mit ihnen zu verbieten; — sie befolge hierbei nicht nur die Forderungen des natürlichen Gesetzes, sondern auch die ausdrücklichen Vorschriften des Wortes Gottes. Auf die Befolgung derselben werde und könne die Kirche nie verzichten.

Die ultramontane Deutsche Reichszeitung ermunterte den Bischof von Ermeland, der Staatsregierrng nicht zu gehorchen: „Als Bischof der Kirche Gottes wird er die Rechte dieser Kirche nicht preisgeben. Der Krieg wird also zu müthen beginnen und so manches Opfer fordern. Doch ist der endliche Sieg der Kirche, als der Grundveste der Wahrheit, gewiß. Deshalb kein Zagen und kein Bangen! Auf den Ruinen des modernen Staates wird die Kirche eine neue Ordnung der Dinge aufbauen, wie sie es gethan hat, als das heidnische Weltreich in Trümmer sank. Der moderne Staat hat keine lebensfähige Zukunft. Er trägt seine Auflösung in sich selbst, denn er verletzt die Menschenwürde und das Menschenrecht, die heiligsten Güter der Menschheit. Er ist sich Selbstzweck, und die Menschen will er als willenlose Werkzeuge ausbeuten, indem er deren Blut, deren geistige Kraft, deren Besitzthum für sich aus= schließlich in Anspruch nimmt. Deshalb die allgemeine Wehrpflicht und der Absolutismus im Militärstrafrecht, deshalb die Staats= schule und der Schulzwang, um den Menschen von Jugend auf für den Staat dressiren zu können, deshalb die möglichste Beförderung und Hebung der Industrie und des Gewerbes, um die Staatsbürger so steuerfähig als möglich zu machen, gerade so wie der Landmann den Acker düngt, um ihn zu höherer Ertragsfähigkeit zu bringen. Der moderne Staat ist omnipotent, der Bürger ist Staatsmaschine. Das aber widerspricht der Würde des Menschen, und deshalb ist der moderne Staat nicht ein Institut der Cultur und der Civili= sation, sondern ein vom Liberalismus gebautes Kartenhaus, das gleich der erste sociale Sturm wie Spreu hinwegfegen wird. Mit einem solchen Staate kann aber die Kirche, die Repräsentantin des Rechts, der Freiheit und der Wahrheit, nie und nimmer paktiren. Wo der Weltgeist weht, da weht nicht der Geist Gottes."

In der Stadt Königsberg befand sich nur eine kleine katho= lische Gemeinde, aber 405 Mitglieder derselben protestirten im October 1871 gegen das Dogma der Unfehlbarkeit, gründeten einen Altkatholiken=Verein und wandten sich mit einem Schreiben vom 19. April 1872 an das Kirchencollegium der katholischen Kirchen= gemeinde in Königsberg, zu Händen des Herrn Propst Dinder. Sie führen an, „daß nach den gesetzlichen und vertragsmäßigen Bestimmungen das Kirchengebäude, das Geläute, die Kirchengeräth= schaften, die Kirchhöfe, das ganze Kirchenvermögen" Niemandes Eigenthum sind als einzig und allein der Königsberger katholischen „Kirchengemeinde" oder, nach der landrechtlichen Ausdrucksweise „Kirchengesellschaft;" daß ferner die Unterzeichneten und ihre Ge= nossen und Mandanten zu den Mitgliedern dieser Kirchengesellschaft gehören und auch in Zukunft gehören wollen, daß also „unzweifel= haft ihnen auch das Recht auf Mitbenutzung dieser Gegenstände zusteht." Da es ihnen jedoch „lediglich darum zu thun ist, ihren

Gottesdienst und ihre Seelsorge ohne Gewissenszwang verrichten zu können," so verlangen sie vorläufig nur „die Mitbenutzung der Kirchengebäude, Kirchengeräthschaften, Kirchhöfe und des Geläutes," und zwar „zur Abhaltung von Gottesdienst, Seelsorge und Andachtsübungen jeder Art, unter Zuziehung von katholischen Geistlichen, welche das Vaticanum vom 18. Juli 1870 nicht anerkennen." Wie vorausgesehen, antwortete der Propst am 25. April, es hätten die Antragsteller durch ihren Protest gegen die vaticanischen Beschlüsse (ipso facto) aufgehört, Mitglieder der römisch-katholischen Kirche, also auch Mitglieder der Königsberger katholischen Gemeinde zu seyn, hätten folglich auch keine Ansprüche auf „irgend welche Rechte" derselben. Auf Recurs an den Bischof antwortete Herr Dr. Krementz am 12. Mai nichts weiter, als daß ihm die „gesetzliche Qualification und Berechtigung" der Beschwerdeführer „unerfindlich" sey. Hierauf nun wurde am 16. Mai eine Beschwerdeschrift dem Cultminister überreicht.

In einer andern Angelegenheit erfolgte eine energische Entscheidung der Regierung sogleich. Der Danziger Zeitung wurde am 12. März aus Königsberg geschrieben: Am Sonntage wurde der katholische Pfarrer Grunert zu Insterburg im Auftrage des Bischofes Dr. Krementz, da er sich zu dem Infallibilitätsdogma nicht bekennen will, durch Propst Dinder, welcher zu diesem Akte von Insterburg hinübergefahren war, in der dortigen Kirche öffentlich von Amt und Würden entsetzt. Die Gemeinde verließ, während der Propst das bischöfliche Decret verlas, mit Ostentation die Kirche. Außer zwei Mitgliedern steht nämlich die ganze Gemeinde zu Pfarrer Grunert. Derselbe war, nach dem in einer Versammlung der Altkatholiken von Professor Michelis erstatteten Berichte, vom Bischofe von Ermeland nach Frauenburg citirt worden und hatte auf die Bemerkung des Bischofs: „man müsse sich den Thatsachen accomodiren, wenn man auch zuvor, wie er früher selbst, ganz anderer Ansicht gewesen," geantwortet: „das vertrage sich nicht mit seinem Gewissen," worauf Bischof Krementz erwiderte: „das Concil und dessen Beschluß stehe über dem Gewissen!" Die Militärbehörde ertheilte dem Pfarrer Grunert den Befehl, als Militärseelsorger weiter zu fungiren.

Kapitel 3.

Die Centrumspartei.

Während Kaiser Wilhelm noch in Versailles verweilte, stellten 56 Abgeordnete des preußischen Landtags die Bitte an ihn, er möge den Papst in seine weltliche Herrschaft wieder einsetzen. „Dankbar erinnern wir uns der erhabenen Worte, in denen Ew. Majestät bei Eröffnung des Landtages der Monarchie am 15. November 1867 den Ansprüchen der katholischen Preußen auf Allerhöchstderen Für= sorge für die Würde und Unabhängigkeit des Oberhauptes ihrer Kirche gerecht zu werden feierlich verheißen. Allergnädigster Herr! Für das Papstthum gibt es keine andere Unabhängigkeit, als die Souveränetät; nur in ihr ist seine Würde vollkommen gesichert. Ein entthronter Papst ist immer ein gefangener oder ein verbannter Papst. Möge der neue Friedenstag die nothwendige Wiederauf= richtung der weltlichen Herrschaft des römischen Stuhles bringen, zu welcher auf dem Congreß zu Wien Ew. Majestät Hochseliger Vater König Friedrich Wilhelm III. glorreichen Andenkens so her= vorragend mitgewirkt.‟ — Aber die Bittsteller vergaßen: 1) daß der Papst als geistlicher Oberhirt auf einem neutralisirten Terrain auch fortbestehen kann ohne einen Kirchenstaat; 2) daß grade der internationale Charakter des Papstthums das ausschließliche Privi= legium eines Landes oder einer Nationalität, ihn allein besitzen zu sollen, ausschließt und andern Ländern und Nationen den gleichen Anspruch sichern muß; 3) daß die Infallibilität, der Syllabus und die Reactivirung der Bulle Unam sanctam alle bestehenden Staats= gewalten gefährden und daß auch bei notorischer Ohnmacht des Papstthums solche Anmaßungen niemals die Form eines Rechts= titels erhalten dürfen; 4) daß der deutsche Kaiser nicht blos über katholische Reichsgenossen waltet, also auch nicht einseitig deren Inter= esse zu vertreten hat; 5) daß er noch an die Bestimmungen der norddeutschen Bundesverfassung gebunden bleibt, bis das Verhält= niß zur römischen Curie in Uebereinstimmung mit dem neuen Reichstag etwa neu geregelt werden kann, und daß die ältere Verpflichtung nur einen falliblen und noch keinen infalliblen Papst kennt, das neue Dogma also in keinem Fall für ihn bindend ist.

Der Papst selbst behielt eine wohlwollende Miene gegen den deutschen Kaiser bei. Als die ultramontanen Blätter das für eine Fabel erklärten, wurde der Brief des Papstes wörtlich abgedruckt. Darin heißt es, der Papst habe die Mittheilung, daß der König von Preußen zum deutschen Kaiser ausgerufen worden sey, „mit großer Freude entgegen genommen, ein Ereigniß, welches, wie wir vertrauen, unter dem Beistande Gottes, für das auf das allgemeine Beste gerichtete Bestreben Euer Majestät nicht allein für Deutsch=land, sondern für ganz Europa zum Heile gereichen wird. Wir bitten den Geber aller Güter, daß er Euer k. k. Majestät jedes wahre Glück reichlich verleihe und Sie mit uns durch das Band vollkommener Liebe verbinde." Der Brief war vom 6. März 1871 datirt. Auch der preußische Gesandte in Rom, Graf Arnim, hatte dem Papst große Freundlichkeit erwiesen, persönlich mit dem Gene=ral Caborna unterhandelt, als dieser vor Rom rückte, und eine möglichst günstige Capitulation bevorwortet. Als aber ultramon=tane Blätter aus diesen zarten Rücksichten für den Papst den lächer=lichen Schluß zogen, der Kaiser werde nach alter Weise mit dem Papst Hand in Hand gehen wollen, wurden sie schnell widerlegt durch die Besuche, die derselbe preußische Gesandte bei dem Prinzen Humbert machte, als dieser im Quirinal seine Residenz nahm. Nun mußten jene Blätter wieder nicht Böses genug von Arnim zu sagen. Dazu kam, daß, als die Jesuiten für den möglichen Fall eines Papstwechsels bereits geheime Umtriebe machten, Bismarck am 26. Juli dem Cardinal Antonelli erklärt haben soll, der deutsche Kaiser werde nur einen solchen Papst anerkennen, der nach dem alten Ritus gewählt werde.

Die freundliche Miene des Papstes schien nicht seine eigentliche Gesinnung gegen Deutschland auszudrücken. Dem Wohlwollen wider=sprach wenigstens sein Breve vom 26. Februar, in welchem er die Redaction der berüchtigten Genfer Correspondenz, des giftigsten aller ultramontanen Blätter, laut pries und segnete. Es hieß darin:

„Mit Freuden haben wir die Sammlung eurer Blätter entgegen=
genommen, in der ihr bisher männlich für die Sache des h. Stuhles
gekämpft habt. Darum wünschen wir euch Glück, daß ihr, um
jeden Irrthum zu vermeiden, von Anbeginn an die Augen auf
diesen Lehrstuhl der Wahrheit gerichtet und mit Eifer Sorge ge=
tragen habt, um keinen Preis von dessen Lehre abzuweichen, so daß
ihr heute Diejenigen der Verleumdung zeihen könnt, welche Euch
und euren Schriften übertriebene Bestrebungen vorwerfen und des
„Hyperkatholicismus" beschuldigen. Da ihr dieses schwere Werk
für die Religion unternommen habt mit Vertrauen zu dem Felsen,
auf welchen der Herr Seine Kirche gebaut hat, fahret fort, euch
immerwährend an denselben lehnend, mit gehobenem Herzen euer
Unternehmen in christlicher Liebe zu fördern, und zweifelt nicht an
dem Lohne, welchen Gott denen gewährt, welche für seines Namens
Ehre kämpfen. Wir verheißen euch hohen Lohn in reichem Maße
zugleich mit der nöthigen Unterstützung, um den Kampf fortzusetzen;
als Bürgschaft hievon und Unterpfand Unseres väterlichen Wohl=
wollens verleihen Wir euch, geliebte Söhne, und denen Allen, welche
euer Vorhaben unterstützen, liebevoll den apostolischen Segen." Nun
muß man wissen, daß die Genfer Correspondenz die gedeihliche Ent=
wicklung des protestantischen Kaiserthums mit tödtlichem Hasse ver=
folgte, alles rühmte, was der deutschen Sache schaden und alles
verdammte, was ihr nützen konnte.

Der gegenwärtige Papst ist ein echter Romane, ein Welscher
durch und durch, und hat gegenüber von allem Deutschen ein Brett
vor dem Kopf. Deshalb pflegt er auch gern zu sagen: „Deutsch
verstehe ich nicht!" Ja, er versteht uns nicht, hat keine Ahnung
von deutschem Geist und Wesen, und will uns doch beherrschen. —
Es war von jeher ein großes Unglück, daß immer nur welsche Päpste
gewählt wurden, daß von den wenigen Deutschen, die je auf den
h. Stuhl gelangten, die meisten, ehe sie recht regieren konnten, schon
durch welsches Gift hingerafft wurden. Soll die katholische Kirche
die allgemeine seyn, so sind auch alle katholischen Nationen berechtigt,
daß aus ihnen der Papst gewählt werde, nicht die Italiener allein.

Im Februar 1871 begab sich eine Deputation von katholischen

Laien aus Deutschland, darunter die Grafen Stolberg, Waldburg-Zeil und Schäsberg, direkt nach Versailles, um den Kaiser Wilhelm von den Zuständen Roms zu informiren und eine Adresse zu überreichen, worin sie im Namen der Katholiken Deutschlands die Zurückgabe Roms an den Papst dringend erbitten. Begreiflicherweise konnte Kaiser Wilhelm sich durch diese Deputation nicht bewegen lassen, Italien den Krieg zu erklären.

Unterdeß wurden von Seite der Jesuiten die außerordentlichsten Anstrengungen gemacht, um bei den Wahlen für den ersten deutschen Reichstag, der am 21. März zusammentreten sollte, möglichst viel Ultramontane durchzusetzen. Alle Mittel der Verketzerung und Verleumdung wurden angewendet, um die Wähler zu überreden, das protestantische Kaiserthum gefährde den katholischen Glauben. Inzwischen brachten die Ultramontanen doch nur 36 Stimmen ihrer Partei in den ersten Reichstag. Führer derselben waren der vormals welfische Minister v. Windthorst, der Mainzer Bischof v. Ketteler, der Westfale v. Mallinkrodt, die rheinländischen Brüder Reichensperger ꝛc. Sie setzten sich im Sitzungssaale groß und breit ins Centrum, dem Ministertisch grade gegenüber und geberdeten sich, als stünden eigentlich sie an der Spitze der Volksvertretung. Diese sog. Centrumspartei hat aber kein anderes Ziel verfolgt, als die segensreiche neue Einheit Deutschlands zu stören und durch die frechsten Verleumbungen theils der Regierung, theils der protestantischen und liberalen Mehrheit des Hauses, als wollten sie die katholische Kirche, ja alle Religion unterdrücken, das katholische Volk in Deutschland in Angst und Zorn zu versetzen und zu einem Widerstande gegen die neue Reichsregierung aufzustacheln, daß das Ministerium Hohenwart in Oesterreich und das racheburstende Frankreich daraus neue Hoffnungen schöpfen sollten.

Mallinkrodt eröffnete den Angriff auf das protestantische Kaiserthum mit der Beschwerde, in Preußen seyen bisher die Katholiken nur zur Noth gleichberechtigt gewesen. Da nun aber so viele katholische Landestheile im Reich vereinigt worden seyen, müssen auch die Rechte der Katholiken im Reiche erweitert werden.

Aber in der Debatte wurde nachgewiesen, daß die Beschuldigung ungerecht sey. König Wilhelm machte schon beim Antritt seiner Regierung einen Katholiken, den Fürsten von Hohenlohe, zum Ministerpräsidenten, und das Berliner Abgeordnetenhaus wählte regelmäßig einen Katholiken, den Herrn v. Forckenbeck, zu seinem Präsidenten. Eine Menge Katholiken befanden sich in Civil- und Militärdiensten, und wenn es ihrer nicht noch mehr waren, so kam das daher, weil weniger Katholiken sich dem Staatsdienst und überhaupt den Studien widmeten.

Bei der Berathung der Antwortsadresse auf die Thronrede verlangte die Centrumspartei, man solle darin einen Satz aufnehmen, der dasselbe Verlangen enthalte, wie die Adresse der 56 im preußischen Landtage, nämlich eine deutsche Intervention zu Gunsten des Kirchenstaats in Italien. Die große Mehrheit des Reichstags aber verwarf den Antrag.

Völk hielt die glänzendste Rede und wies aufs entschiedenste die Zumuthung der ultramontanen Partei zurück. Er sagte ganz nach der historischen Wahrheit, die Einigkeit zwischen Reich und Kirche (im wohlwollendsten Sinne von Karl dem Großen gegründet) sey durch niemand anders (zuerst und unaufhörlich) gestört worden als durch den Papst (und Frankreich, mit dem er sich verbündete). Es habe sich stets nur um einen Angriff des Romanismus auf den Germanismus, um einen unberechtigten Unterdrückungsversuch der Deutschen durch die Welschen gehandelt, und darum handelte es sich auch heute noch. „Ich bin aus einem Wahlbezirke, der zum größten Theil aus Katholiken besteht. Ich habe nie aus meinen Anschauungen ein Hehl gemacht. Ich habe gesagt, die nächste Zukunft werde einen Kampf des germanischen Geistes gegen die Knechtschaft des Romanenthums zu ringen haben und zwar in Deutschland. Man hat daraus gegen mich Kapital zu schlagen gesucht, meine Wähler haben damit geantwortet, daß sie mir 12,000 Stimmen gaben. Wir wollen uns nicht in Gegensatz zum Papst stellen, aber der Papst schaffe dann auch die Gegensätze nicht und sanctionire solche Sätze nicht, welche ihn (wie die Infallibilität) mit dem Staat in Gegensatz bringen müssen." Römer von Tübingen erinnerte daran, dieselbe ultramontane Partei, die unlängst noch Arm in Arm mit den Demotraten in Süddeutschland gegen die Einheit Deutschlands agitirt habe, dieselbe sey es auch, welche heute gegen die Adresse stimme. Die höchste Autorität dieser Herren sey nicht der deutsche Kaiser, sondern der Papst. Die Frage sey heute nur: Rom oder Deutschland. Probst, sein schwäbischer Landsmann, lenkte die Aufmerksamkeit auf Oesterreich und machte die nicht unrichtige Bemerkung, von einem Fertigseyn des deutschen Reichs könne man nicht reden, so lange Deutsch-Oesterreich nicht dabei sey. Allein er vergaß hinzuzufügen, daß Oesterreich von jeher im Bunde mit Rom der größte und schwerste Hemmschuh der deutschen Einheit gewesen ist, und in seiner internationalen Stellung wie früher mittelst des spanischen und italienischen, so jetzt noch mittelst des magyarischen und slavischen Wesens den deutschen Geist überall nur im Innern gedämpft und nach Außen bekämpft hat.

Bei der Abstimmung im Reichstag ergaben sich für die von Bennigsen beantragte Adresse 342 Stimmen, die ultramontane Partei brachte nur 63 auf.

Wie sehr Römer Recht hatte, als er Rom und Deutschland einander scharf entgegenstellte, bewies die von einer Anzahl Kölner Bürgern dem Reichstag zugesandte Eingabe vom 31. März, worin geklagt wurde, die katholische Geistlichkeit am Niederrhein habe die Reichstagswahlen auf unerlaubte Weise beeinflußt und den Wählern vorgeschrieben, ja, sie in ihrem Gewissen darauf verpflichtet, nur Ultramontane zu wählen, als habe der deutsche Reichstag keine andere Aufgabe, als sich von Rom aus commandiren zu lassen. In denselben Tagen wurde zum Ueberfluß ein päpstliches Breve vom 2. März an das Cardinalscollegium, worin der Papst dem Jesuitenorden das glänzendste Lob ertheilte, durch alle Zeitungen verbreitet.

In der Sitzung vom 1. April beantragte Reichensperger, 6 Artikel aus den Grundrechten von 1848 in die neue Reichsverfassung aufzunehmen, zwei zum Schutz der Preßfreiheit, zwei andere zum Schutz des Vereins- und Versammlungsrechts, einen fünften, welcher die Freiheit des religiösen Bekenntnisses und das Recht der Vereinigung in Religionsgesellschaften, und einen sechsten, welcher den Kirchen und Religionsgesellschaften die Selbstverwaltung und den Besitz und Genuß ihrer Anstalten, Stiftungen und Fonds gewährleisten sollte. v. Treitschke sagte dagegen, das seyen keine Grundrechte für die deutsche Nation, sondern sollten nur Vorrechte der römischen Kirche in Deutschland im Sinn des Ultramontanismus werden, um der römischen Kirche gegenüber dem deutschen Staat eine unabhängige Position zu gewähren. Wollte man aus dem Meer der Grundrechte von 1848 etwas herausschöpfen, so könne man noch ganz andere Krüglein gebrauchen. In der am 3. April fortgesetzten Debatte hob v. Blanckenburg hervor, der Reichstag könne der ultramontanen Partei doch wohl kein Privilegium ertheilen, während der König von Bayern die Verkündigung des Infallibilitätsdogmas durch Verweigerung des Placet verhindere, und gedachte ultramontane Partei gerathe mit sich selbst in Widerspruch, wenn sie einerseits dem Staate jede Einmischung in die Angelegenheit der Kirche versage und andererseits wieder verlange, der Staat solle zu Gunsten des Papstes interveniren. Marquardt Barth fügte hinzu, ein weiterer Widerspruch sey, daß die gedachte Partei die Preßfreiheit für sich in Anspruch nehme, während der Papst selbst die Preßfreiheit ausdrücklich verdammt habe. Kiefer erinnerte an die Uebergriffe der Kirche in den Staat im Mittelalter, wie oft der Papst im Namen der Kirche in unserm Reich intervenirt, wie er die Hohenstaufen ruinirt und den Habsburgern eine antideutsche Politik octroyirt habe. Freiherr Nordeck zur Rabenau mahnte an den Syllabus, der jene Ansprüche des übermüthigsten Papstthums aus dem Mittelalter auch in die neueste Zeit wieder einführt, sofern er den Papst zum Herrscher über alle Herrscher und zum Herrn der Welt schlechthin machen will.

Miquel führte weiter aus, wie übel es der ultramontanen Partei anstehe, jetzt gleichsam die Hauptrolle im deutschen Reiche spielen und dasselbe leiten zu wollen, nachdem grade sie schon seit Jahren alle deutschen Einheitsbestrebungen und Preußen mit äußerster Wuth bekämpft, alle Wege zur deutschen Einheit abzugraben gesucht, ja gradezu die Franzosen herbeigewünscht und offenen Vaterlandsverrath gepredigt habe. „Damals sagten bayrische Blätter: Wir gehen nicht mit Preußen; wenn wir gezwungen werden durch unsere eigene Narrheit, mit ihnen zu gehen, so wird es nur seyn, bis zur ersten Niederlage, dann wenden wir uns um und schlagen mit den Franzosen auf die Preußen. Dann wird endlich die Zeit kommen, wo der gottverfluchte Räuberstaat der Hohenzollern zu Grunde geht." Diese und ähnliche Tollheiten verlas der Redner aus den ultramontanen Organen in Bayern (Volksbote, Vaterland, Postzeitung und Südd. Post) und fuhr dann fort, den Ultramontanen zu sagen: „Sie kommen daher mit großen Forderungen. Wodurch sind Sie, die Sie nicht mitgewirkt haben für das deutsche Reich, zu solchen berechtigt? Sie werden es natürlich finden, daß wir Ihnen mißtrauen, bis Sie durch Thatsachen bewiesen haben und nicht durch Worte, daß Sie sich ohne Rückhalt auf den Boden des heutigen deutschen Reiches stellen. Auch noch aus einem andern Grunde müssen wir argwöhnisch gegen Sie seyn. Wenn die katholische Kirche in Tirol die Glaubenseinheit predigt, in Spanien die Protestanten einkerkert, im Kirchenstaat heute noch keine Glaubensfreiheit gewährt, wenn sie überall ein anderes Gesicht zeigt, dürfen wir mißtrauisch seyn." Endlich betonte Miquel eine Hauptsache, nämlich wenn die Katholiken im deutschen Reiche sich vorbehalten, einem nichtdeutschen Herrscher im Ausland zu gehorchen, so müssen sie nothwendig in Conflict kommen mit ihren Pflichten gegen das deutsche Reich. Zumal jetzt, nachdem sich der Papst für untrüglich und für den Herrn der Welt hat erklären lassen und bereits deutsche Männer, wie Döllinger, auf Befehl von Rom aus gemaßregelt und verdammt werden sollen.

In der Sitzung vom 4. April gab Freiherr Schenk v. Stauffenberg noch einige erhebliche Notizen. Er las eine Stelle aus der Allocution des Papstes vom 22. Juni 1868 vor, worin der h. Vater das neue, in Oesterreich verabschiedete Preßgesetz, welches die Freiheit der Presse proclamirt, unerhört nennt, dasselbe verwirft, verdammt und für gänzlich nichtig erklärt. Wie stimme das, frug der edle Freiherr, mit dem, was die Ultramontanen im Reichstag zu Gunsten der Preßfreiheit, als einer Bürgschaft der Religionsfreiheit, vorgebracht haben? Graf Frankenberg, ein Katholik, erinnerte daran, daß man katholisch und doch zugleich deutsch seyn könne und die Pflicht gegen das Vaterland einem spezifisch römischen Interesse nicht zum Opfer bringen dürfe. Der Reichstag lehnte Reichenspergers Antrag mit 223 gegen 60 Stimmen ab.

In denselben Tagen erregte ein fulminanter Artikel der „Genfer Correspondenz" großes Aufsehen und wurde überall verbreitet. Darin war behauptet, Katholiken könnten nur Unterthanen seyn, wenn der Papst Souverain sey. Der ganzen christlichen Gesellschaft drohe der Untergang, wenn die Völker sich mit dem Papstthum nicht politisch verbänden. Der Artikel verheißt demjenigen Staate unzerstörbare Wohlfahrt und den Vorrang vor allen Uebrigen, der zuerst den Fuß nach Italien setzt, um dem Papste die weltliche Herrschaft wieder zu erobern. „Wenn die Könige," heißt es an einer andern Stelle, „dem Papstthum nicht seine weltliche Herrschaft zurückverschaffen, wird es seine Beziehungen zu den Regierungen aufgeben und sich direkt an die Herzen der Völker wenden. Habt ihr, Fürsten, die ungeheure Tragweite dieser Aenderung verstanden?... Eure Stunden, Fürsten, sind gezählt." Dann wendet sich der Artikel gegen Oesterreich und sagt, die gesammte katholische Christenheit verlange von Oesterreich, daß es dem Papst helfe. „Sie hat ein Recht darauf, weil die ganze Vergangenheit des Kaiserstaates, ebenso wie seine Zukunft diese Pflicht Oesterreich auferlegt. Denn wenn Oesterreich aufhört, katholisch zu seyn, so hat es überhaupt keinen Grund mehr zu seyn. Ein atheistisches Oesterreich könnte ganz gut unter Rußland und Preußen getheilt werden. Wer wollte dieses bestreiten?" Dieser Artikel kam recht zu gelegener Zeit, um den Jesuitenplan, wie er im deutschen Reichstag, und wie er zugleich in Wien verfolgt wurde, zu beleuchten.

Der ganze Jesuitenplan war vom deutschen Reichstag klar durchschaut worden, daher die Anträge der Partei glänzend durchfielen. Von den preußischen Conservativen, auf welche sie schon sicher gerechnet hatten, wurden sie eben so wenig unterstützt, als sie mit den Grundrechten die Fortschrittsmänner verlocken konnten. Aber der eben mitgetheilte Drohartikel wies auf den Hinterhalt der Partei hin. Flectere si nequeo Superos, Acheronta movebo. Ganz in gleicher Weise suchten die Agenten des ohnmächtigen Imperator in

Paris den Pöbel zu gewinnen, wie die Agenten des ohnmächtigen Pontifex das so lange in Unwissenheit gehaltene Landvolk.

Obgleich die jesuitischen Anträge im deutschen Reichstag bereits zurückgewiesen waren und die Debatte darüber geschlossen war, erneuerte sich der Kampf doch schon am 5. April. Lasker legte Beweise vor, daß katholische Priester ihr Amt zu Wahlumtrieben und Verleumdungen der Gegner benutzt hätten, und führte einen Fall an, in welchem derselbe Priester, den der weltliche Richter als Verleumder bestraft habe, von seinen kirchlichen Obern belobt worden sey. v. Mallinckrodt antwortete ihm mit großer Heftigkeit, ob Lasker, wenn die Staatsgewalt ihm verbieten wolle, ein Jude zu seyn, nicht Gottes Wort höher achten würde als das weltliche Gesetz. Ein unglücklicher Vergleich, denn die deutsche Reichsgesetzgebung verbietet niemanden, ein Katholik zu seyn, und will mit Recht nur verhindern, daß unter dem alten guten Namen des Katholicismus die völlig neue und schlechte Sache der Infallibilität und der jesuitischen Anmaßung die Fackel der Zwietracht ins deutsche Reich schleudere. Die deutsche Reichsgesetzgebung will die Parität, die Gleichberechtigung der Confessionen aufrecht erhalten, womit sich die Anmaßung, den Syllabus innerhalb des deutschen Reiches durchzuführen, dem Papst und den Jesuiten alle und jede Macht in die Hände zu legen, nicht verträgt. Wehrenpfennig sagte: Wir wollen gern Frieden halten mit unsern 15 Millionen katholischen Mitbürgern, mit denen wir bisher den bestehenden Verträgen gemäß als mit den Bekennern des alten Katholicismus friedlich zusammen gelebt haben. Aber wir unterscheiden sie von denen, welche die Allmacht des Papstes verlangen und in grenzenloser Herrschsucht die alte Parität durch ihre Alleinherrschaft verdrängen wollen. Diese müssen wir bekämpfen.

Nachdem am 15. Juni 1871 der erste deutsche Reichstag geschlossen worden war, ließ der deutsche Kaiser in Rom selbst anfragen, ob die Berliner Centrumspartei vom Papst beglaubigt sey, und erhielt eine verneinende Antwort. Hierauf brachte die Kreuzzeitung am 21. Juni einen schlagenden Artikel, der nicht nur die Jesuiten belehrte, daß deutscher Verstand gehörig auf der Hut sey gegen

welsche Tücke, sondern auch zugleich ein Absagebrief der conservativen Protestanten an die Ultramontanen war. Die Blätter der
letztern suchten freilich den Eindruck dieser Erklärung abzuschwächen
durch die Behauptung, Cardinal Antonelli habe gegen den Grafen
Taufffirchen zwar eine Mißbilligung der Centrumspartei ausgesprochen, dieselbe aber wieder zurückgenommen und auch privatim
gegen den Bischof von Ketteler sich in diesem günstigern Sinne geäußert. Doch fiel es auf, daß schon am 22. Juni die Centrumspartei ein Programm der unschuldigsten und unverfänglichsten Art
veröffentlichte, aus dem man sogleich erkannte, es sey nur schnell
improvisirt, um über den eigentlichen Plan der Partei zu täuschen.

Unmittelbar darauf wurde ein Schreiben veröffentlicht, welches
Bismarck unter dem 19. Juni an den Reichstagsabgeordneten
Grafen v. Frankenberg gerichtet hat. Dasselbe lautet:

„Ew. Hochgeboren beehre ich mich, auf die von Ihnen unter
dem 12. d. Mts. an mich gerichtete gefällige Zuschrift zu erwidern,
daß die von Ihnen angeführte Thatsache einer Unterredung des
Grafen Taufffirchen mit dem Cardinal-Staatssekretär
und einer vom letzteren dabei ausgesprochenen Mißbilligung des
Vorgehens der sog. Fraktion des Centrums begründet ist. Diese
Mißbilligung ist mir nicht unerwartet gewesen, da die Kundgebungen,
welche Seiner Majestät dem Kaiser nach Herstellung des deutschen
Reiches von Seiner Heiligkeit dem Papste zugegangen waren, jederzeit den unzweideutigsten Ausdruck der Genugthuung und des Vertrauens enthalten hatten. Ich hatte deßhalb gehofft, daß die Fraktion,
welche sich im Reichstage unter dem Namen des Centrums bildete,
in gleichem Sinne zunächst die Befestigung der neuen Institution
und die Pflege des inneren Friedens, auf dem sie beruht, sich zur
Aufgabe stellen werde. Diese Voraussetzung traf nicht zu ꝛc." Die
ultramontanen Blätter bestritten die hier mitgetheilte Thatsache, und
Bischof Ketteler ließ einen an ihn gerichteten Brief Antonelli's abdrucken, der die Centrumspartei rechtfertigen sollte, aber nicht konnte.
Graf v. Frankenberg selbst protestirte gegen die falsche Auslegung
des Bismarckbriefes und namentlich gegen die Unterstellung, als
habe man die Katholiken im Reichstag einschüchtern wollen.

Die ultramontanen Blätter wetteiferten in ingrimmigen Schmähungen des Fürsten Bismarck. Als eine praktische Antwort darauf beschloß Kaiser Wilhelm am 8. Juli eine wichtige Aenderung. Im Cultministerium bestanden nämlich bisher zwei besondere Abtheilungen für die evangelische und katholische Kirche. König Friedrich Wilhelm IV. hatte 1841 diese Theilung angeordnet, um nach den Kölner Wirren der katholischen Kirche gefällig zu seyn. Ueberdieß sicherte Paragraph 15 der Verfassung die Selbständigkeit der katholischen Kirche, was die Bischöfe schlau genug auszubeuten wußten, um sich immer bequemere Wege der Willkür zu bahnen. Dabei wurden sie durch die Räthe in der katholischen Abtheilung des Cultministeriums begünstigt, insbesondere durch den Geh. Ober-Regierungsrath Krätzig.*) Diese Trennung der beiden Abtheilungen hob nun der König auf.

Das Organ der Centrumspartei, die Berliner Germania, hatte zwar ein ganz deutsches Aushängeschild, hinter dem sie aber alle Waffen deutsch-feindlicher Politik gebrauchte. So pflegte sie den Particularismus, der sich dem Ausland verkauft, und rühmte z. B. die alte goldene Zeit Bayerns, in welcher die Maxe zuerst die deutsche Reformation bekämpften, nachher im Bunde mit Ludwig XIV. den ersten und im Bunde mit Napoleon den zweiten Rheinbund

---

*) Der Elbinger Anzeiger schrieb: „Krätzig war früher Staatsanwalt in Königsberg, dann Oberstaatsanwalt in Bromberg und gerirte sich damals als eifriger Patriot. Er schien darum besonders geeignet, die Interessen des Staates in kirchlichen Angelegenheiten wahrzunehmen; als er aber zu seiner bisherigen Stellung ins Ministerium berufen war, entpuppte er sich bald als ein in Wolle gefärbter Ultramontaner und machte seinen ihm durch die Stellung im Ministerium gegebenen weitreichenden Einfluß nur zu Gunsten dieser Partei geltend. Die Bischofswahlen der letzten Jahre, insbesondere die Wahl des Bischofs von Ermeland, Dr. Krementz, können als sein ausschließliches Werk bezeichnet werden. Wir haben jetzt die Früchte seiner Arbeit einzuheimsen. Welchen Werth die Bischöfe auf die Person und die Wirksamkeit Krätzig's legen, können wir daraus erkennen, daß sie bei seiner Erkrankung in den Kirchen ihrer Diözesen Gebete für seine Genesung halten ließen und zu diesem speziellen Zwecke von Rom aus für den Kranken den päpstlichen Segen erwirkten.

schloffen. Am 14. Juli drohte die Germania: „Man täusche sich in der Wilhelmsstraße in Berlin nicht! Wenn man den Kampf eröffnet, dann werden es nicht die Zündnadeln oder Werdergewehre seyn, welche einen raschen Sieg herbeiführen; man wird vielmehr einen Widerstand heraufbeschwören, den man bei der jetzigen Welt= lage zu vermeiden alle Ursache hätte. Allerdings werden die Ka= tholiken nicht zur Revolution greifen; aber man wird in demselben Grade, in welchem man den Katholiken wehe thut, die Widerstands= kraft gegen diejenige drohende Macht (Frankreich) verlieren, welche sich die Verlegenheit zu Nutzen machen wird, in die man sich blind= lings stürzt. Und in diesem Falle möchte es sich zum Unglück Deutschlands nur zu bald erweisen, daß es unwahr sey, wenn man sagt, daß das deutsche Reich ‚fester als je‘ aufgebaut sey.“

Die Nordd. Allg. Zeitung, das bekannte Organ Bismarcks, hielt am 17. Juli der Centrumspartei ihr Lügensystem vor. Die Ultramontanen in Deutschland haben den ganzen Jesuitenplan ge= kannt und das ihrige beigetragen, um ihn zu unterstützen, und spielen jetzt die Unschuldigen und schmerzlich Ueberraschten, als ob die deutschen Regierungen erst den Conflict herbeigeführt hätten. In der officiösen Provinzialcorrespondenz wurde sodann klar dar= gelegt, was die kaiserlich deutsche Regierung in Bezug auf den Conflict mit Rom für ihre unerläßliche Pflicht halte. Sie werde nämlich ausschließlich und unbedingt den staatsrechtlichen Gesichts= punkt festhalten, im Gegensatz gegen den auf dem Concil endgültig festgestellten Syllabus, dessen Durchführung alle weltliche Staats= gewalt erschüttern müsse.

Dagegen erfrechte sich am 27. Juli das Pastoralblatt der Erzdiöcese München-Freising drucken zu lassen: „Am 20. Juli d. J. empfing Papst Pius IX. eine Deputation der Akademie der katho= lischen Religion; er ermahnte sie, mit allem Fleiß die Behauptungen zu widerlegen, mit welchen man den Begriff der päpstlichen Unfehl= barkeit zu fälschen trachte, und erklärte es als eine boshafte Irr= lehre, wenn man behaupte, in der päpstlichen Unfehlbarkeit sey das Recht eingeschlossen, Fürsten abzusetzen und die Völker vom Eide der Treue zu entbinden. Dieses Recht sey einigemal in äußerster Noth von den Päpsten ausgeübt worden, habe aber mit der päpstlichen Unfehlbarkeit durchaus nichts zu thun. Es sey eine Folge des damals geltenden öffentlichen Rechts und des Uebereinkommens der christlichen Nationen, welche im Papst den obersten Richter der Christenheit erkannten, gewesen, daß die Päpste auch in weltlichen Dingen über Fürsten und einzelne Völker richteten. Die gegenwärtigen Verhältnisse seyen aber ganz und gar verschiedene von den früheren, und nur Bosheit könne so verschiedene Dinge und Zeitverhältnisse mit einander vermengen, als hätte ein unfehlbares Urtheil über eine Offenbarungswahrheit irgend welche Beziehung zu einem Rechte, welches die Päpste nach dem Willen der Völker ausüben mußten, wenn es das gemeinsame Beste verlangte. Diese frivole Behauptung sey bloß ein Vorwand, um die Fürsten gegen die Kirche aufzuhetzen."

Gleichzeitig bemerkte die Gazetta d'Italia, daß der Papst einer Deputation gegenüber sich folgendermaßen ausgesprochen: Er (der Papst) habe das Recht, die Könige abzusetzen, aber er leite dieses Recht nicht aus der Unfehlbarkeit ab, sondern aus seiner Eigenschaft als Stellvertreter Christi.

Die ultramontanen Blätter gaben sich damals in der Voraussicht, es werde bald ein großer Monarchencongreß zusammentreten und die römische Frage in die Hand nehmen, auf einmal Mühe, das neue Dogma der Unfehlbarkeit als etwas ganz Unschuldiges und Harmloses darzustellen, wodurch die weltlichen Regierungen in keiner Weise bedroht seyen. Allein von allen Seiten wurde ihnen entgegnet, daß diese Behauptung durch die Thatsachen widerlegt werde. Wenn Bischöfe vom Staat angestellte Lehrer absetzen und von Amt und Brot bringen, wenn Bischöfe das verfassungsmäßige Placet der weltlichen Regierung nicht achten, wenn Bischöfe ihren Gemeinden das Halten und Lesen von Zeitungen, die mit Zustimmung der Staatsbehörde erscheinen, verbieten, so sind es doch notorisch Eingriffe der Kirche in die Rechte des Staates und ist der Staat verpflichtet, seine Angehörigen gegen solche Kirchentyrannei zu schützen.

Auch wurde daran erinnert, wie dieselben ultramontanen Blätter, die es heute für Verleumdung erklärten, wenn man ihnen staats-

gefährliche Tendenzen zutraue, sich früher in ihrem Uebermuth ganz
anders geäußert und ihre wahre Tendenz hinlänglich verrathen
hätten. Blätter, welche jetzt das neue deutsche Reich anerkennen,
thaten früher alles, um das Zustandekommen desselben zu verhin=
dern und zwar mit Hülfe Frankreichs zu verhindern. Noch am
16. Juli 1870 schrieb das Münchener Volksblatt: „Der Krieg ist
fertig, Preußen will absolut seine Prügel haben, preußischer
Uebermuth hat den Krieg herbeigeführt. Die noble Mäßigung
des französischen Gesandten, die feine Art, eine ganz be=
rechtigte Forderung zu stellen, die Zartheit in dem Bestreben, die
Empfindlichkeit des Preußenkönigs zu schonen und dabei der Sicher=
heit und Würde Frankreichs doch nichts zu vergeben, das alles muß
von jedem rechtlich denkenden und jedem ruhigen Politiker unbedingt
gewürdigt und gebilligt werden. Was soll man dagegen von dem
Preußen und seinen Manieren sagen? So spielt Preußen mit dem
Frieden Europas, mit dem Glück und Gut von Millionen, mit dem
Leben Tausender! Die Rache für Sadowa ist im Anzuge, die
ewige Gerechtigkeit hat das Schwert erhoben über den ungeheuren
Frevel, über die blutigen Räuber von 1866, mag es nieder=
schmettern auf ihr Haupt, wir wollen, wir dürfen ihr nicht in
den Arm fallen! Gehe die Rache ihren Gang, komme das Blut
unserer auf so viel Schlachtfeldern erschlagenen Brüder und Söhne
auf das Haupt der preußischen Mörder! Vor den siegreichen
Kanonen Frankreichs, das Gott berufen, unsere Rache zu über=
nehmen, da ist der rechte Platz für Kain-Preußen.“

Frankreich wurde besiegt, aber die Jesuiten machten es wie
Gambetta und kämpften immer noch fort. So blieb es und ist es
heute noch der Jesuitenplan, mit und für Frankreich Deutschland
zu ruiniren. Das berüchtigte Jesuitenblatt Civilta Cattolica vom
3. August 1872 spricht sich in einem Artikel über die italienisch=
preußische Allianz also aus: „Die Sache des revolutionären Italiens,
mit welcher Preußen die seinige verbunden hat, bedeutet offenbar
Krieg gegen Gott und seine Kirche. So wird Preußen also, wenn
einmal der Krieg mit Frankreich losgeht, alle aufrichtigen Katho=
liken gegen sich haben, die eigenen Unterthanen nicht aus=

genommen, welche wissen, daß man Gott über Alles lieben muß,
und sich an Christi Wort erinnern: ‚Wer Vater und Mutter mehr
liebt als mich, ist meiner nicht werth.‘ So wird der treulose Bund
sich gegen diejenigen wenden, welche ihn geschlossen haben. Mögen
die Gottlosen nur lachen, aber das Wort des Papstes wird nicht
auf die Erde fallen, ‚daß der Stein vom Berge rollen und dem
Koloß die Ferse zerschmettern wird.‘ Es würde ein Religionskrieg
seyn, und sofort nach seinem Ausbruche würden wir sehen, wie die
Kreuzfahrer der ganzen Welt Frankreich zu Hülfe eilen würden.
Frankreich würde sofort zu seiner Hülfe eine Armee haben, gebildet
von Belgiern, Holländern, Italienern (!), Engländern, Oesterreichern,
Spaniern, überhaupt von allen, welche ein Herz haben, ihr Leben
für Gott Preis zu geben. Wer nicht persönlich zu Hülfe kommen
könnte, würde mit Gebet, mit Geld, mit seiner Theilnahme für
Frankreich eintreten. Frankreich würde die Hülfe und die Gunst
aller Katholiken der Welt auf seiner Seite haben und unter den
Fittichen der göttlichen Vorsehung kämpfen.“ Weiter wird Frankreich
verheißen, daß es mächtiger als je dastehen werde. Dieses Jesuiten=
blatt wird täglich dem Papste vorgelesen, für den es vorzugsweise
geschrieben ist und dessen Meinung es ausdrücken soll.

Drittes Buch.
Die Altkatholiken.

Kapitel 1.

Döllinger und seine Schule.

Im vatikanischen Concil hatte der blödsinnige Gehorsam (der nicht fragt, warum etwas befohlen wird, daher auch das Widersinnigste befolgt) über die Vernunft, über die Einsicht, über das Gewissen, den Wahrheitssinn und Rechtssinn triumphirt, ein echt romanischer Sieg über germanischen Geist. Ohne Zweifel haben die Jesuiten über diesen so wohlfeil errungenen Sieg herzlich gelacht und der troß ihrer Gelehrsamkeit doch nur dummen Deutschen gespottet. Natürlicherweise aber verfolgten sie ihren Sieg und trachteten, nun auch auf deutschem Boden selbst den deutschen Geist zu unterdrücken.

Die Professoren der katholischen Theologie auf den deutschen Universitäten waren ohne Zweifel eben so berechtigt, als verpflichtet, nicht in gleiche Schwachheit zu fallen, wie die Bischöfe, sondern das neue Dogma als eine ausdrücklich gegen Deutschland gerichtete Waffe zu pariren. Umsomehr als die Bischöfe selbst in ihrem Fuldaer Hirtenbriefe ganz mit der Jesuitenpartei in Rom gingen.

Die deutsche Wissenschaft nicht nur zu bekämpfen, sondern womöglich ganz auszutilgen, war das Hauptziel der Romanen, deren Censur unter allen Bibelsprüchen den: „Die Wahrheit wird euch frei machen!" mit dem dicksten Striche schwärzte. Aber nur mittelst der deutschen Bischöfe konnte es den Jesuiten gelingen, das Licht auszulöschen, das in den theologischen Facultäten auf deutschen Universitäten aufgegangen war. Daher sie sich eine Zeit lang bemühten, eine neue rein ultramontane Universität auf deutschem Boden zu gründen, daher ferner die Verfolgung aller freisinnigen katholischen Theologen auf den bestehenden Universitäten und die Heranbildung künftiger Priester auf bischöflichen, schon ganz von Jesuiten geleiteten Seminaren. Professor Knoodt aus Bonn klagte: Das Aufblühen der theologischen Wissenschaft in Deutschland während der letzten Decennien sey durch die Jesuiten gestört worden, indem sie die verdienstvollsten Gelehrten auf den Index gebracht und jetzt nach der Unfehlbarkeit die theologischen Fakultäten ruinirt hätten. Die Donauzeitung sprach es offen aus, die Bischöfe seyen entschlossen, „den Wühlereien ein Ende zu machen, mit welchen diese Herren (die Professoren) die Gewissen verwirren und den Feinden der Kirche Handlangerdienste leisten möchten. Insbesondere dürfte endlich die Zeit gekommen seyn, wo Professor Döllinger seiner offenen Feindseligkeit gegen die Kirche ein Ziel setzen muß, wenn er nicht den Ernst der Situation fühlen soll." Dieser berühmte Dompropst und Professor Döllinger in München hatte schon während des Concils am 19. Januar 1870 in der A. A. Ztg. eine Erklärung gegen die Mehrheitsadresse der Bischöfe am Concil abdrucken lassen, worin er das damals noch nicht angenommene Dogma von der Unfehlbarkeit des Papstes entschieden bekämpfte. Dieses sein offenes Auftreten fand so großen Beifall, daß die Stadt München ihm das Ehrenbürgerrecht ertheilte, was Döllinger jedoch ablehnte, und der König von Bayern selbst sich ihm ebenso gnädig zeigte. Schon am 9. August 1870 machte der König sein verfassungsmäßiges Recht geltend und versagte der Verkündigung des neuen Dogma das Placet.

Zu derselben Zeit, in welcher die Bischöfe in Fulda versammelt

waren, tagten die Gegner des neuen Dogma, Döllinger an der
Spitze, zu Nürnberg. Unter den Anwesenden befanden sich Friedrich und Reischl aus München, Reinkens aus Breslau, Löwe aus
Prag, Langen und Knoodt aus Bonn, Dittrich aus Braunsberg
und Baltzer aus Breslau. Andere Blätter nennen noch Professor
Reusch aus Bonn und Professor Michelis aus Braunsberg. Der
letztere war soweit gegangen, dem Papst selbst Häresie vorzuwerfen.
Die in Nürnberg Anwesenden veröffentlichten folgende Erklärung:
„Ein längeres Schweigen gegenüber den Mehrheitsbeschlüssen der
vatikanischen Bischofsversammlung (vom 18. Juli 1870) und den
durch die bekannte Bulle ‚Pastor æternus‘ kundgemachten päpstlichen Dekreten geziemt uns weder, noch kann es zum Nutzen der
Kirche gereichen. Die Sätze im 3. und 4. Kapitel der ‚Constitutio
dogmatica‘ vermögen wir nicht als Aussprüche eines wahrhaft
ökumenischen Concils anzuerkennen; wir verwerfen sie als neue, von
der Kirche niemals anerkannte Lehren; indem eine streng wissenschaftliche Ausführung der Gründe vorbehalten wird, machen wir
folgende namhaft: 1) ist auf der Synode eine Constatirung der
Lehre der Kirche über obige Sätze nicht erfolgt in Folge der Ver-
heimlichung vor ihrer Eröffnung, sowie durch Verhinderung vollständiger Zeugnißabgabe und freier Meinungsäußerung mittelst vorzeitigen Schlusses der Debatte; 2) fehlte jene Freiheit von jeder
Art moralischen Zwangs, welche zum Wesen eines ökumenischen
Concils gehört, was damit erhärtet wird, daß vom Papst eine die
Freiheit hemmende Geschäftsordnung auferlegt und trotz Protestes
vieler Bischöfe belassen wurde, und weil in dieser den Papst persönlich betreffenden Lehre mannigfaltige Mittel angewandt wurden,
einen moralischen Druck auf die Mitglieder auszuüben; 3) bisher galt
als Regel: nur was immer, überall und von allen geglaubt wurde,
könne Glaubenssatz seyn; und von diesen drei Bedingungen
kommt der neuen Lehre weder das ‚immer‘, noch das ‚überall‘, noch
das ‚von allen‘ zu; 4) wird die ordentliche Regierungsgewalt der
Kirche, von den Bischöfen jetzt allein auf den Papst übertragen,
vollständig zerstört; 5) in Folge dieser Lehre werden auch jene
kirchen-politischen Aussprüche älterer und neuer Päpste zu Glaubens-

normen erklärt, wodurch insbesondere die Duldung Andersgläubiger
in der heutigen Gesellschaft aufgehoben wird. Die Verwirrung,
welche durch die „neue Lehre" in der Kirche jetzt schon eingetreten
ist und sich noch steigern wird, bewegt uns, unser Vertrauen auf
jene Bischöfe zu setzen, welche in gerechter Würdigung der Noth
der Kirche an der alten Lehre festgehalten haben, und sie zu bitten,
der Bedrängniß der Gewissen abzuhelfen und das baldige Zustande=
kommen eines wahren, wirklich freien ökumenischen Concils außer=
halb Italiens mit allen zu Gebot stehenden Mitteln zu bewirken."

Vier und vierzig Professoren aus München gaben eine Er=
klärung im gleichen Sinne ab, auch fünfzehn Professoren aus Frei=
burg, desgleichen Würzburger Professoren und die Mehrheit der
Dozenten in Breslau.

Man war begierig zu erfahren, welche Haltung Döllinger
gegenüber dem Erzbischof von München=Freising, v. Scherr, an=
nehmen würde, nachdem dieser in Uebereinstimmung mit der Ver=
sammlung in Fulda sich zu Gunsten der Infallibilität ausgesprochen
und den Glauben an dieselbe allen seinen Diöcesanen zur Pflicht
gemacht hatte. Man erfuhr, es sey Döllinger, trotz des großen
Ansehens, in welchem er stand, doch die Zumuthung nicht erspart
worden, einen Revers zu unterzeichnen, in welchem er sich zum
Glauben an die Unfehlbarkeit des Papstes bekennen solle. In den
letzten Tagen des März brachte die A. A. Zeitung den Wortlaut
der von Döllinger abgegebenen Erklärung: „Als Christ, als Theologe,
als Geschichtskundiger, als Bürger kann ich diese Lehre (von der
Unfehlbarkeit) nicht annehmen. Nicht als Christ: denn sie ist un=
verträglich mit dem Geiste des Evangeliums und mit den klaren
Aussprüchen Christi und der Apostel; sie will gerade das Imperium
dieser Welt aufrichten, welches Christus ablehnte, will die Herrschaft
über die Gemeinden, welche Petrus allen und sich selbst verbot.
Nicht als Theologe: denn die gesammte echte Tradition der Kirche
steht ihr unversöhnlich entgegen. Nicht als Geschichtskenner kann
ich sie annehmen, denn als solcher weiß ich, daß das beharrliche
Streben, diese Theorie der Weltherrschaft zu verwirklichen, Europa
Ströme von Blut gekostet, ganze Länder verwirrt und herunter=

gebracht, den schönen organischen Verfassungsbau der ältern Kirche zerrüttet und die ärgsten Mißbräuche in der Kirche erzeugt, genährt und festgehalten hat. Als Bürger endlich muß ich sie von mir weisen, weil sie mit ihren Ansprüchen auf Unterwerfung der Staaten und Monarchen und der ganzen politischen Ordnung unter die päpstliche Gewalt und durch die eximirte Stellung, welche sie für den Klerus fordert, den Grund legt zu endloser verderblicher Zwietracht zwischen Staat und Kirche, zwischen Geistlichen und Laien. Denn das kann ich mir nicht verbergen, daß diese Lehre, an deren Folgen das alte deutsche Reich zu Grunde gegangen ist, falls sie bei dem katholischen Theil der deutschen Nation herrschend würde, sofort auch den Keim eines unheilbaren Siechthums in das eben erbaute neue Reich verpflanzen würde." Dieser Erklärung war noch die Note beigefügt: So eben lese ich in dem officiellen Organ der römischen Curie und der Jesuiten, in der Civiltà vom 18. März 1871, p. 664: „Der Papst ist oberster Richter der bürgerlichen Gesetze. In ihm laufen die beiden Gewalten, die geistliche und die weltliche, wie in ihrer Spitze zusammen, denn er ist der Stellvertreter Christi, welcher nicht nur ewiger Priester, sondern auch König der Könige und Herrscher der Herrschenden ist" — und gleich nachher: „Der Papst ist kraft seiner hohen Würde auf dem Gipfel beider Gewalten."

In der Motivirung sagte Döllinger unter anderm, durch das neue Dogma werde der ganze altkirchliche Episcopat zerstört, von nun an könne kein Bischof mehr Nachfolger der Apostel seyn, sondern nur noch Commissär des Papstes. Ferner weist Döllinger darauf hin, daß die Jesuiten das sog. sacrificio dell' intelletto erfunden hätten, nämlich die Lehre, man könne Gott nicht schöner huldigen als dadurch, daß man dem eigenen Geisteslicht der selbst erworbenen Erkenntniß entsage und sich mit blindem Glauben dem untrüglichen päpstlichen Magisterium als der einzigen sichern Quelle religiöser Erkenntniß in die Arme werfe. Dadurch werde nun die Geistesträgheit zur Würde eines verdienstlichen Opfers erhoben, und wenn sich die Wälschen durch eine solche Sophistik befriedigen ließen, so würden es doch nimmermehr die Deutschen thun. Dem infalliblen

Papst gegenüber existire also keinerlei Vernunft, Erkenntniß und Wis=
senschaft mehr, aber auch kein Recht, keine persönliche oder corporative
Freiheit mehr, das Tribunal des Papstes werde dem Gottes völlig
gleichgestellt. „Dieses System trägt seinen romanischen Ursprung
an der Stirn und wird nie in germanischen Ländern durchzubringen
vermögen.“

Weiter erörtert Döllinger: „1) Die neuen Glaubensdecrete
stützen sich zur Begründung aus der heiligen Schrift auf die Stellen
Matth. 16, 18, Joh. 21, 17 und, was die Unfehlbarkeit betrifft,
auf die Stelle Lucas 22, 32, mit welcher dieselbe, biblisch ange=
sehen, steht und fällt. Wir sind nun aber durch einen feierlichen
Eid, welchen ich zweimal geleistet habe, verpflichtet, die heilige
Schrift ‚nicht anders als nach dem einstimmigen Consensus der
Väter anzunehmen und auszulegen.‘ Die Kirchenväter haben alle,
ohne Ausnahme, die fraglichen Stellen in einem von den neuen
Decreten völlig verschiedenen Sinne ausgelegt, und namentlich in
der Stelle Lucas 22, 32 nichts weniger als eine allen Päpsten
verliehene Unfehlbarkeit gefunden. Demnach würde ich, wenn ich
mit den Decreten diese Deutung, ohne welche dieselben des biblischen
Fundaments entbehren, annehmen wollte, einen Eidbruch begehen.
Dies vor den versammelten Bischöfen darzuthun, bin ich, wie ge=
sagt, bereit. 2) In mehreren bischöflichen Hirtenbriefen und Kund=
gebungen aus der jüngsten Zeit wird die Behauptung entwickelt
oder der geschichtliche Nachweis versucht, daß die neue zu Rom ver=
kündigte Lehre von der päpstlichen Allgewalt über jeden einzelnen
Christen und von der päpstlichen Unfehlbarkeit in Glaubensent=
scheidungen in der Kirche von Anbeginn an durch alle Jahrhunderte
hindurch und immer allgemein, oder doch beinahe allgemein, geglaubt
und gelehrt worden sey. Diese Behauptung beruht, wie ich nach=
zuweisen bereit bin, auf einer vollständigen Verkennung der kirch=
lichen Ueberlieferung im ersten Jahrtausend der Kirche und einer
Entstellung ihrer Geschichte; sie steht im Widerspruche mit den
klarsten Thatsachen und Zeugnissen. 3) Ich erbiete mich ferner,
den Beweis zu führen, daß die Bischöfe der romanischen Länder,
Spanien, Italien, Südamerika, Frankreich, welche in Rom die

immense Mehrheit gebildet haben, nebst ihrem Klerus schon durch
die Lehrbücher, aus welchen sie zur Zeit ihrer Seminarbildung ihre
Kenntnisse geschöpft haben, bezüglich der Materie von der päpstlichen
Gewalt irre geführt worden waren, da die in diesen Büchern an-
geführten Beweisstellen großentheils falsch, erdichtet oder entstellt
sind. 4) Ich berufe mich auf die Thatsache und erbiete mich, sie
öffentlich zu beweisen, daß zwei allgemeine Concilien und mehrere
Päpste bereits im 15. Jahrhundert durch feierliche, von den Concilien
verkündigte, von den Päpsten wiederholt bestätigte Decrete die Frage
von dem Machtumfange des Papstes und von seiner Unfehlbarkeit
entschieden haben und daß die Decrete vom 18. Juli 1870 im
grellen Widerspruche mit diesen Beschlüssen stehen, also unmöglich
verbindlich seyn können. 5) Glaube ich auch dies beweisen zu können:
daß die neuen Dekrete schlechthin unvereinbar sind mit den Verfassungen der europäischen Staaten, insbesondere mit der bayerischen
Verfassung, und daß ich schon durch den Eid auf diese Verfassung,
welchen ich erst neuerlich wieder bei meinem Eintritt in die Kammer
der Reichsräthe geschworen habe, mich in der Unmöglichkeit befinde,
die neuen Decrete und in deren nothwendiger Folge die Bullen
Unam Sanctam und Cum ex apostolatus officio, den Syllabus
Pius' IX. und so viele andere päpstliche Aussprüche und Gesetze,
die nun als unfehlbare Entscheidungen gelten sollen und im un-
auflöslichen Conflict mit den Staatsgesetzen stehen, anzunehmen."

Der König ehrte Döllinger, indem er durch denselben die
Kirchenfeierlichkeiten zu Ostern 1871, denen der König mit dem
ganzen Hofe beiwohnte, celebriren ließ. Auch wurde dem Erzbischof von Bamberg das zur Verkündigung und zum Vollzuge der
Concilsbeschlüsse, insonderheit des Dogmas von der Unfehlbarkeit
erforderliche Placet durch eine ausführliche motivirte königliche Entschließung verweigert.

Der Münchener Erzbischof erließ am 2. April einen Hirtenbrief, worin er Döllingers Anerbieten, sich vor einer Versammlung
von Bischöfen oder Theologen zu vertheidigen, zurückwies, weil die
Sache schon entschieden sey, denn Rom habe schon gesprochen. Er
wurde einfach als ein Aufrührer gegen die katholische Kirche ver-

dammt. Dagegen richteten 44 Professoren und Docenten der Uni=
versität München eine Adresse an Döllinger, welche schloß: „Harren
Sie aus im Kampfe, Hochwürdiger Herr, bewehrt mit dem festen
und leuchtenden Schilde der Wissenschaft, und möge derselbe ein
Medusenschild werden für alle Verderber der Christenheit! In diesem
Wendepunkte christlicher Geschicke gedenken wir der Frage des muthigen
Gratry: Bedarf Gott Eurer Lüge? und wir und mit uns Tausende
treuer Herzen antworten gleich Ihnen mit einem klaren und ent=
schlossenen Nein!" Am 10. April 1871 unterzeichnete eine große An=
zahl Münchener Bürger eine Adresse an die Regierung, worin letztere
bezüglich der neuen Glaubenslehre gebeten wird, mit allen zu Gebot
stehenden Mitteln die gefährlichen Folgen dieser Lehre abzuwehren,
die Verbreitung derselben in den öffentlichen Bildungsanstalten zu
verbieten und energische und rasche Fürsorge zu treffen, daß das
Verhältniß zwischen Kirche und Staat auf gesetzlichem Wege neu
geregelt werde. — Am 15. April beschloß auch der Gemeinderath
von Wien mit großer Mehrheit eine Zustimmungsadresse an
Döllinger.

In dem zu Ostern veröffentlichten Erlaß der bayerischen Re=
gierung, welcher den Bischöfen die Erlaubniß zur Verkündigung
der päpstlichen Unfehlbarkeit verweigert, heißt es: „Hierbei (bei der
Verweigerung) ist der ohne Zweifel sehr bedeutsame Umstand, daß
von vielen kompetenten Stimmen gegen die Gültigkeit und Recht=
mäßigkeit der Beschlüsse des vaticanischen Concils vom theologischen
Standpunkte aus gewichtige Bedenken geltend gemacht worden sind
und fortwährend aufrecht erhalten werden, als auf kirchlichem Gebiete
gelegen, nicht in erster Reihe entscheidend. Von durchschlagender
Bedeutung ist dagegen der Umstand, daß durch die bezeichnete dog=
matische Constitution und die aus derselben sich ergebenden Conse=
quenzen nicht etwa blos die inneren Verhältnisse der katholischen
Kirche, sondern auch die zwischen Kirche und Staat, wie sie bisher
in Bayern verstanden, gehandhabt und festgehalten worden sind,
eine große und durchgreifende Veränderung erleiden. Nach Ansicht
des königlichen Staatsministeriums steht unbestritten fest, daß, falls
die in dieser Constitution definirte Machtstellung des Oberhauptes

der katholischen Kirche auf gewissen Gebieten, welche übrigens bereits durch frühere päpstliche Erlasse betreten worden sind, in der That verwerthet wird, Fundamentalsätze des bayerischen Verfassungsrechtes in Frage gestellt und insbesondere die staatsbürgerlichen Rechte der Nichtkatholiken des Landes gefährdet werden."

Dagegen erklärten sich die katholischen Pfarrer Münchens gegen Döllinger und für die Beschlüsse des Concils und erließ der Erzbischof einen Hirtenbrief, worin er jedes Widerstreben gegen die Infallibilität für „Aufruhr, Empörung und Krieg gegen die katholische Kirche und Abfall in Sekten der Afterkirche" erklärte. „Ihr spiegelt euch vor, Ihr werdet Katholiken bleiben, Altkatholiken, wie ihr es bisher gewesen. Aber wo ist denn die katholische Kirche? Nur da, wo der Papst und die Bischöfe sind." Uebrigens wollte der Erzbischof, „wenn es nöthig wäre, seinen dem König geleisteten Eid der Treue erneuern." Dieser Hirtenbrief entbehrt aller gesunden Logik. Wenn der Papst neue unerhörte, der christlichen Lehre widersprechende Dinge befiehlt, so ist die Kirche nicht mehr da, wo er ist. Die katholische Kirche ist stabil und kann nicht jeden Augenblick willkürlich umgemodelt werden, also sind die Altkatholiken allein im Recht. Wie kann endlich der Erzbischof dem König Treue schwören in dem Augenblick, in welchem der König ausdrücklich das verbietet, was der Erzbischof befiehlt. Entweder müßte der Bischof dem König die Treue verweigern oder ihm gehorchen. Am 18. April erfolgte wirklich die Excommunication Döllingers durch den Erzbischof, während zugleich Professor Huber den Hirtenbrief der schärfsten Kritik unterwarf und gegen denselben protestirte.

Döllinger wurde vom französischen Pater Hyacinth in einem Schreiben beglückwünscht. Die Adressen für Döllinger mehrten sich. Solche gingen von Katholikenversammlungen in Erlangen, Baireuth, Speier aus. Adressen von der Universität Würzburg, ja sogar von der Universität in Rom selbst beglückwünschten ihn wegen seines muthigen Kampfes. Bayerische Religionslehrer hatten in den Schulen Döllingers Excommunication vorgelesen und die Kinder mit Infallibilitätsfanatismus anzustecken gesucht, welches ihnen aber streng verboten wurde. Dagegen drohte der Erzbischof von München, den

Professor Friedrich in eine Priestercorrectionsanstalt zu schicken, wenn er dem neuen Dogma nicht zustimme.

Professor Huber rückte dem Erzbischof von München vor, daß er am 10. April 1870 selber gegen die Unfehlbarkeit geschrieben, und Professor Friedrich ließ eine Sammlung der interessantesten Aktenstücke zum Concil drucken, zur Beschämung aller der Bischöfe, welche früher gegen das neue Dogma geschrieben und gesprochen hatten, an das sie jetzt zu glauben befahlen. Friedrich selbst wurde wie Döllinger excommunicirt.

In diesen Tagen machte eine kleine Flugschrift darauf aufmerksam, daß man in der That von jesuitischen Schleichwegen sprechen dürfe, wenn man erwäge, wie nach und nach ganz im Stillen in den bayerischen Volksschulen der Katechismus verändert worden ist. Früher stand darin, über die kirchliche Lehre hätten der Papst und die mit ihm vereinigten Bischöfe zu entscheiden. In einem neuern Katechismus hieß es schon: Der Papst o d e r die Kirchenversammlung, und seit dem neuen Dogma muß es heißen: Der Papst allein entscheidet!

Die Münchener „Neuesten Nachrichten" erinnerten an die Worte, welche der Bischof von Regensburg vor nahezu zwei Jahren in Schwandorf sich unbedachter Weise entschlüpfen ließ. „Wir Ultramontanen", sagte er damals, „können nicht nachgeben. Die Gegensätze können nur durch Krieg und Revolution ausgeglichen werden. Friedliche Ausgleichung ist nicht mehr möglich. Wer macht die weltlichen Gesetze? Wir beobachten sie nur, weil die Gewalt hinter uns steht, die uns zwingt. Die wahren Gesetze kommen nur von Gott. Selbst die Fürsten sind von Gottes Gnaden, und wenn sie dieses nicht mehr seyn wollen, so bin ich der Erste, der die Throne umstürzt." Daran wird die Frage geknüpft, warum die Regierung nicht energischer gegen so gesinnte Bischöfe auftrete?

In dem Begleitschreiben zu der Adresse an den König, welche mehr als 12,000 Altkatholiken in München unterzeichneten, heißt es: Möge es Ew. Königlichen Majestät gefallen, sich auch an die Spitze des geistigen Kampfes gegen welschen Uebermuth und welsche Unwissenheit zu stellen, wie Ew. Königliche Majestät der Erste waren, der im weltlichen Kampfe gegen den Reichsfeind die Fahne erhoben hat." Ferner wurde geklagt, der Klerus achte den Willen des Königs nicht: Oeffentlich von der Kanzel herab, in den Pastoral= blättern und anderen klerikalen Organen wird auf das neue Dogma verpflichtet, in welchem die Regierung eine Gefahr für den Staat zu sehen erklärt hat. Man bestürmt die Herzen der Frauen gegen ihre Männer. Nicht blos im Beichtstuhle wird auf das weichere Gemüth einzuwirken gesucht, man hilft mit zudringlichen Briefen und Besuchen nach. Man mißbraucht den Religionsunterricht in den Schulen. Man sagt dem Kinde, sein Vater daheim sey verflucht und verdammt, weil er nicht glauben wolle. Von der Kanzel herab wird jedem, der sich nicht unterwirft, mit feierlicher Verfluchung, und was das Verletzendste ist, mit einem ehrlosen Begräbniß gedroht. (Einem Soldaten, der vom Kriege heimkehrte, verweigerte man die Trauung mit seiner Braut, weil er einen Protest gegen das neue Dogma unterzeichnet hatte.) Der Ge= schäftsmann wird mit dem Ruin seines Geschäfts, mit dem Aus= bleiben seiner katholischen Kunden, mit Kündigung des Kapitals und Execcutionen bedroht 2c.

Berchtold, Professor der Rechte in München, schrieb über die völlige Unvereinbarkeit der neuen päpstlichen Anmaßungen mit der bayerischen Staatsverfassung.

Ende April ging das Gerücht, Graf Tauffkirchen, der bayerische Gesandte in Rom, sey vom Papst mit ganz ungewöhnlicher Heftigkeit angefahren worden, wobei auch Drohungen gegen König Ludwig II. mit untergelaufen seyn sollen. Warum nicht? Wer darauf Anspruch mache, Herr des ganzen Erdkreises und noch über= dies untrüglich wie Gott selbst zu seyn, warum brauchte sich der noch zu geniren? Am 11. Mai ernannte der König den Ministerial= rath Lipowski, bekannten Gegner des neuen Dogmas, zum Präsi= denten von Niederbayern. Dagegen kamen schon Fälle vor, daß einem Münchener Bürger, der die Adresse für Döllinger unterzeichnet hatte, die kirchliche Trauung verweigert wurde. Auch ein Geistlicher, Namens Streber, Religionslehrer in einer Münchner Töchterschule, fanatisirte die Mädchen für das neue Dogma und verlangte, sie sollten ihren Eltern vorstellen, sie würden excommunicirt, wenn sie nicht auch so dächten. Der Münchener Stadtrath aber beschloß am 12. Mai von der Regierung die Entfernung dieses geistlichen Aufwieglers zu verlangen, die auch sofort erfolgte. Man mußte sich dabei an einen ältern Beschluß des Münchener Stadtraths erinnern. Als nämlich im Jahre 1346 der edle deutsche Kaiser Ludwig der Bayer durch den ruchlosen Papst in Avignon, die Kreatur des französischen Königs, in Bann gethan wurde, weil er die Rechte des deutschen Reiches ritterlich gegen jene welschen Schurken vertrat und der Münchener Stadtrath durch die Pfaffen die päpstliche Bannbulle erhielt, um sich darnach zu richten und dem edlen Kaiser die Treue zu brechen, erklärte der Stadtrath Wir richten uns nach den Reichsgesetzen und nicht nach Bullen.

Im Dekanate Trauenstein sollte im Mai ein neuer Pfarrer eingesetzt werden, weil er aber dem Dekan verweigerte, sich auf das neue Dogma zu verpflichten, wurde auf Befehl des Erzbischofs seine Einsetzung verboten, auf Befehl der Regierung aber durch den Bezirksbeamten durchgesetzt und sogleich ausgeführt.

Am 15. Mai erließ der Papst ein Schreiben an den Cardinal Patrizi, worin er die an Döllinger gerichteten zustimmenden Adressen verdammte, die Entfernung aller die Unfehlbarkeit nicht anerkennenden Männer von ihren Lehrstühlen forderte und ausdrücklich erklärte, daß alle, welche ihre Namen unter die „frevelhafte Adresse schrieben, aufgehört hätten, Katholiken zu seyn." Hierauf verfügte der Erzbischof von München: Notorische Unterzeichner der Adresse müssen öffentlich oder vor kirchlichen Zeugen widerrufen, widrigenfalls dieselben gleich den notorischen Agitatoren gegen das Concil als bewußte und hartnäckige Häretiker excommunicirt sind und für den Fall ihres Todes ein ehrliches Begräbniß nicht erhalten. Der bayerische Cultminister von Lutz erklärte aber in denselben Tagen den Gemeinden, welche sich darüber beschwerten, daß man ihnen von kirchlicher Seite das neue Dogma aufzwingen wolle, sie befänden sich den Bischöfen gegenüber durchaus auf staatsrechtlichem Standpunkte. Auch eine Altkatholikenversammlung in Erlangen legte Rechtsverwahrung dagegen ein, daß das Generalvicariat in Bam-

berg das neue Dogma verkündet habe, ohne vorher das Placet der
Regierung einzuholen.

Ende Mai trat ein Theologencomité in München zusammen,
die namhaftesten aus München, Köln, Bonn, Coblenz, Breslau,
Braunsberg 2c. und Döllinger wurden beauftragt, den Hirtenbrief
des Erzbischof von München ausführlich zu beantworten. Mittlerweile aber wurde von 23 deutschen Bischöfen ein gemeinschaftlicher Hirtenbrief erlassen, worin es hieß: „Die Wissenschaft in
Deutschland hat vielfach auch auf dem Gebiet der Theologie in
neuerer Zeit Wege betreten, welche sich mit dem Wesen des wahren
katholischen Glaubens nicht vereinigen lassen. Sie ist ein Abfall
von dem wahren Geiste der Kirche, indem sie dem Geiste einer
falschen Freiheit huldigt. Was würde wohl auf die Dauer aus
dieser sogenannten freien Wissenschaft auf dem Boden der katholischen
Theologie geworden seyn, wenn nicht das vaticanische Concil jenen
Prüfstein der Geister aufgestellt hätte, an dem der vernunftstolze
Dünkel der sich selbst für unfehlbar haltenden Wissenschaft sich gebrochen? Wir protestiren gegen die Behauptung, als sey durch das
Concil eine in der uralten Ueberlieferung der Kirche nicht enthaltene
Neuerung verkündigt und als sey durch die verkündigte Lehre das
Verhältniß der Kirche zum Staate geändert worden. Wir erklären,
jeder Katholik, der sich dem vatikanischen Concil nicht unterwirft,
ist dem großen Kirchenbanne verfallen. Es gibt keine alte und
keine neue katholische Kirche, sondern sie ist unwandelbar dieselbe.
Die Kirche ist, wo Petrus ist, dessen Statthalter in Rom allein
entscheidet und dem die Concilien nur zustimmen dürfen.“ — In
dieser Erklärung enthält fast jeder Satz eine Unwahrheit, denn die
uralte Tradition der Kirche kannte noch gar keinen Papst, die
spätere ordnete den Papst den Concilien unter. Durch das Dogma
der Unfehlbarkeit des Papstes wurde dessen absolute Willkür und
somit auch ein ganz neues Verhältniß desselben zu den weltlichen
Staatsgewalten zu begründen versucht. Ueberhaupt durfte man
voraussetzen, es sey den Bischöfen nicht unbekannt geblieben, die
Aushedung des neuen Dogma sey einzig aus dem Plane hervorgegangen, die Einheitsbestrebungen der deutschen Nation wie durch

Unterstützung des französischen Angriffs, so durch Provocirung kirchlicher Wirren in Deutschland selbst zu durchkreuzen. Endlich hätten die Bischöfe wissen können, die deutsche Wissenschaft sey mehr werth als die welsche Unwissenheit und Lüge. Demnach hätten die deutschen Bischöfe auch erröthen sollen, was deutsche Wissenschaft und deutsche Gottesfurcht Großes geleistet, zu verdammen, um einem Italiener Untrüglichkeit zuzuerkennen. Tiefer ist deutscher Geist noch nie heruntergesetzt worden; die aber, welche sich am deutschen Geist so schwer versündigten, unterzeichneten sich: im Monat Mai 1871. † Gregor, Erzbischof von München und Freising. † Michael, Erzbischof von Bamberg. † Paulus, Erzbischof von Köln. † Heinrich, Fürstbischof von Breslau. † Heinrich, Bischof von Passau. † Peter Joseph, Bischof von Limburg. † Christoph Florentinus, Bischof von Fulda. † Wilhelm Emanuel, Bischof von Mainz. † Ludwig, Bischof von Leontopolis i. p. i., apostol. Vikar im Königreich Sachsen. † Conrad, Bischof von Paderborn. † Johann, Bischof von Culm. † Ignatius, Bischof von Regensburg. † Pankratius, Bischof von Augsburg. † Matthias, Bischof von Trier. † Johann Heinrich, Bischof von Osnabrück und apostol. Provikar der norddeutschen und dänischen Missionen. † Franz Leopold, Bischof von Eichstädt. † Lothar, Bischof von Leuca i. p. i., Erzbisthumsverweser, der Erzdiöcese Freiburg. † Philipp, Bischof von Ermeland. † Adolph, Bischof von Agathopolis i. p. i., Feldprobst der königl. preuß. Armee. † Johann Bernhard, Bischof von Münster. † Johann Valentin, präkonisirter Bischof, Kapitular-Vikar von Würzburg. Daniel Wilhelm Sommerwerk, genannt Jakobi, Kapitular-Vikar und erwählter Bischof von Hildesheim. Johann Peter Busch, Domprobst, Kapitular-Vikar von Speyer.

Von den zu Pfingsten in München versammelten altkatholischen Theologen beauftragt, den bischöflichen Hirtenbrief zu beantworten, verfaßte Döllinger am 30. Mai einen Aufruf an die deutschen Katholiken folgenden Inhalts.

1) Wir beharren in der Verwerfung der vatikanischen Unfehlbarkeit und der vatikanischen Dogmen, welche trotz aller Abläugnung der Bischöfe dem Papste persönliche Unfehlbarkeit und absolute Gewalt in der

Kirche einräumen. 2) Wir beharren in der fest begründeten Ueber=
zeugung, daß die vatikanischen Dekrete eine ernste Gefahr für den
Staat und die Gesellschaft bilden und schlechthin unvereinbar sind
mit den Gesetzen und Einrichtungen der gegenwärtigen Staaten
und daß wir durch deren Annahme in einen unlösbaren Zwiespalt
mit unseren politischen Pflichten und Eiden gerathen würden.
3) Die deutschen Bischöfe selbst zeigen durch die ungleichen wider=
sprechenden Deutungen der vatikanischen Dogmen, daß sie die Neu=
heit derselben recht gut kennen und sich derselben schämen. Wir
beklagen darum einen solchen Gebrauch des bischöflichen Lehramtes,
beklagen, daß die deutschen Bischöfe sich nicht gescheut haben, in
ihrem jüngsten Hirtenbriefe den Gewissensschrei ihrer Diöcesanen
mit Schmähung auf Vernunft und Wissenschaft zu beantworten.
4) Wir weisen die Drohungen der Bischöfe als unberechtigt, ihre
Gewaltmaßregeln als ungültig und unverbindlich zurück. Wir wissen,
daß durch ihre Excommunicationen weder die Gläubigen ihr gutes
Recht auf die kirchlichen Gnadenmittel, noch die Priester ihre Be=
fugniß, dieselben zu spenden, verlieren können, und sind entschlossen,
durch die Censuren, welche zur Förderung der falschen Lehren ver=
hängt worden sind, unser Recht uns nicht verkümmern zu lassen.
5) Wir leben in der Hoffnung, daß der jetzt ausgebrochene Kampf
unter einer höheren Leitung das Mittel seyn wird, die längst er=
sehnte unabweisbare Reform der kirchlichen Zustände sowohl in der
Verfassung als in dem Leben der Kirche anzubahnen und zu ver=
wirklichen. Wir hoffen auf eine ächt kirchliche Regeneration, wo
jedes katholische Kulturvolk, entsprechend seiner Eigenart, im Ein=
klang mit seiner Kulturmission, ein freies Glied an dem Körper
der allgemeinen Kirche bildet; der Klerus und die Laien einträchtig
in der Gestaltung des kirchlichen Lebens zusammenwirken; ein wissen=
schaftlicher Episcopat und Primat der Kirche ihre Stelle an der
Spitze der Weltkultur wieder verschafft, und hoffen durch eine
solche Regeneration uns dem höchsten Ziele christlicher Entwick=
lung, der Wiedervereinigung der christlichen Confessionen an=
nähern zu können. Der Aufruf trägt 31 Unterschriften, darunter
die folgenden Namen: Döllinger, Friedrich, Huber, Reinckens,

Schulte, Knoodt, Michelis, Stumpf, Lord Acton, Graf Moy, Zirngibl.

Um diese Zeit wußte die Wiener „Presse" mancherlei zu er=
zählen von Versuchungen, die an Döllinger herantraten. Obgleich
Döllinger im Mai vom Papst als zu „Leuten von offenbar ver=
worfenem Charakter und spitzbübischer Natur gehörig" und am
27. October noch einmal wegen „Büchern, strozend von Irrthümern
und Lügen" verdammt worden war, gab sich die jesuitische Arglist
doch noch Mühe, ihn unter der Hand noch für Rom zu gewinnen.
Die „Presse" schrieb: „So sey Döllinger vor ungefähr drei Wochen
von dem Sekretär des Concils, dem Bischof Feßler von St. Pölten,
überrascht worden. Bischof Feßler suchte Döllinger nahezulegen,
daß ja das Concil noch nicht geschlossen und damit die Möglichkeit
einer neuen Definition der Infallibilität gegeben sey. Es sey mög=
lich, daß im Wege der »interpretatio authentica« seitens des
Papstes oder des Concils das Schema der Infallibilität in die
Reihe der sogenannten theologischen Doktrinen versetzt und dadurch
seiner dogmatischen Bedeutung verlustig werden könne; in dieser
Richtung sollen sich, wie Bischof Feßler ausführte, die Anschauungen
der großen Mehrheit der deutschen und ungarischen Concils=Oppo=
sition und vornehmlich der Cardinal Rauscher bewegen. Nach diesen
einleitenden Bemerkungen rückte Bischof Feßler mit dem Vorschlage
heraus, Döllinger möge wenigstens, so lange diese Frage nicht ent=
schieden sey, nicht die Fahne offenen Aufruhrs gegen die Kirche,
Concil und Papst aufpflanzen und die Kirche vor einer verhängniß=
vollen Spaltung bewahren. Stiftsprobst Döllinger blieb aber diesen
Versuchen gegenüber unerschütterlich, und Bischof Feßler reiste un=
verrichteter Dinge wieder heim. Vor ungefähr acht Tagen wurde
seitens der Kurie ein in neuer Form gehaltener Annäherungsversuch
gemacht. Der vom päpstlichen Jubiläum in seine Heimath zurück=
kehrende Breslauer Domherr Professor Dr. Lämmers fand sich bei
seinem Eintreffen in Salzburg, wahrscheinlich nur rein zufällig,
bewogen, einen Abstecher nach München zu machen, um Döllinger
einen Besuch abzustatten. Von Döllinger, der ihn früher nicht ge=
kannt, freundlich aufgenommen, brachte der genannte Domherr

seinen jüngsten Besuch in Rom und selbstverständlich auch im Vatican zur Sprache und erzählte, wie theilnehmend der heilige Vater noch immer Döllinger's gedenke; der Papst bete für den auf dem Irrwege befindlichen deutschen Gelehrten und habe ihn noch keineswegs ganz aufgegeben. Döllinger dankte für das ihm vom Papste bewiesene Wohlwollen, das, wie er sich ausdrückte, doch nur seinem Körper gelten könne, da sein Geist doch mit dem Banne belegt worden sey, worauf Domherr Lämmers rasch entgegnete, man hoffe in Rom noch immer einen Weg zu finden, auf dem man sich auch mit dem hohen Geiste des berühmten Kirchenrechtslehrers begegnen könne, und vielleicht, warf Lämmers hin, wäre das geeignetste Mittel hiezu, wenn Stiftspropst Döllinger mit dem päpstlichen Nuntius in München wieder in Verkehr treten wollte. Auch dieser Unter=händler war nicht glücklicher als Bischof Feßler. Döllinger erklärte, der Nuntius habe sich früher nicht viel um ihn gekümmert, und er (Döllinger) habe jetzt weit weniger Ursache, diesen Kontakt zu suchen. Wenn ihn der Nuntius finden wolle, so werde er ihm ebensowenig wie irgend jemand Anderem unzugänglich bleiben. Da=mit schloß der zweite Annäherungsversuch, deren Reihenfolge gewiß noch nicht beendigt ist; sie zeigt die Furcht Roms vor der Macht freier Forschung und jener redlichen, echt christlichen Ueberzeugung, mit der der greise Döllinger den Kampf gegen das mit dem Concil zur Herrschaft emporgekommene Jesuitenthum aufgenommen."

Als am 30. Juni der alte Professor Zenger in München starb, verweigerte ihm der Geistliche die Sterbesakramente, wenn er nicht seine Unterschrift bei einer Ergebenheitsadresse an Döllinger zurück=nehme. Das that der Sterbende nicht, empfing aber die Sakramente von Professor Friedrich, und seinem feierlichen Begräbniß auf dem Kirchhofe wohnten 20,000 Menschen in tiefster und ungestörter Ruhe bei. Darunter die Professoren der Universität und der Magistrat der Hauptstadt. Nun wurde auch noch Professor Meßmer, welcher dem Sterbenden die Absolution ertheilt hatte, vom Erzbischof ex=communicirt.

Am 1. Juli gaben die Altkatholiken Münchens eine Vorstellung an die k. Staatsregierung ein, worin es heißt: „Als Angehörige der katholischen Kirche, und als solche müssen uns innerhalb der Kirche auch unsere Gegner anerkennen, so lange wir nicht auf dem durch die Verfassung vorgezeichneten Wege den Austritt aus der Kirchengenossenschaft erklären — haben wir zum mindesten gleiches Recht auf Benutzung des Kirchenvermögens, der dem Gottesdienste geweihten Gebäude, Sachen und Einkünfte; dieses Recht wird verkümmert, so lange die der absolutistischen Umgestaltung der Kirche huldigende Pfarrgeistlichkeit die Altkatholiken zur Unterwerfung zwingen will, dieselben als Excommunicirte behandelt, und ihnen in Folge des theils in einzelnen Mitgliedern der Geistlichkeit herrschenden, theils in den ungebildeten Volksklassen erregten Fanatismus die gemeinsame Benutzung der den einzelnen Pfarrgemeinden zur Ausübung des regelmäßigen Gottesdienstes zugewiesenen Kirchen unmöglich macht. Wir erachten demzufolge die allerehrfurchtsvollste Bitte an Ew. k. Maj. Staatsregierung begründet, dem Professor Dr. Friedrich, sowie jenen Geistlichen, welche sich demselben anschließen werden, zur Ausübung ihrer kirchlichen Functionen provisorisch in hiesiger Stadt eine entsprechende Kirche sammt den dazu gehörigen geweihten Sachen und den Einkünften zur ausschließlichen Benutzung zuweisen zu wollen."

Bischof Senestrey excommunicirte am 6. Juli 1871 den Studienlehrer und Priester Hort, weil derselbe an das neue Dogma nicht glauben wollte.

Prinz Ludwig von Hessen, Commandeur der großherzoglichen Division, schrieb, bei der Rückkehr seiner Truppen aus Frankreich sey in Dudenhofen eine Schwadron nicht empfangen worden, und als man die Einwohner frug, warum sie denn nicht geschmückt hätten, antworteten sie höhnisch: Vor ein paar Tagen sey der Ort reich geschmückt gewesen und hätte man die schönsten Fahnen getragen, nämlich am Fronleichnamsfeste.

Die „A. A. Zeitung" machte darauf aufmerksam, wie sehr die Fortentwicklung der katholischen Wissenschaft bereits durch den Druck gehemmt worden sey, den die römische Thrannei seit der Infallibilitätserklärung auf sie übe: „Der Papst ist unfehlbar!" mit diesem Worte wird in Zukunft alles abgemacht, es bedarf keiner weitern

Anstrengung des Geistes. Im katholischen Deutschland sind die erheblichsten katholischen Zeitschriften unter dem jetzigen päpstlichen Regime eingegangen; an der Münchener Hochschule das theologische Archiv, in Würzburg das Chilianeum, das sich unter einer tüchtigen Redaction noch einmal aufgerafft hat, um dann definitiv zu erlöschen. Kein Buchhändler hat mehr den Muth, kirchliche Zeitschriften zu verlegen, denn Rom macht alles todt! Die Tübinger Quartalschrift fristet zur Noth ihre Existenz, und der Inhalt ist unbedeutend, da der Flügelschlag des Geistes gehemmt ist. Das Bonner Literaturblatt, die mühevolle Schöpfung der Münchener Gelehrten-Versammlung von 1863, ist seitens der Kölner Curie bereits zum Tode verurtheilt, und ungeachtet seines gediegenen wissenschaftlichen Inhalts nur wegen der außerordentlichen Vorsicht und Mäßigung der Redaction ihm das Lebenslicht noch nicht ausgeblasen. Die Männer von Charakter, welche an der Wiener Kirchenzeitung mitarbeiten, beugen sich widerstrebend unter das unerträgliche Joch Roms, wobei kein geistiges Leben fortkommen darf. Die fähigen Köpfe wenden sich in München, Tübingen, Straßburg, Köln, Aachen allenthalben dem Kunststudium zu, welches eben darum ungewöhnliche Pflege findet, weil in diesem neutralen Gebiete die Blitze des Vatican nicht einschlagen. Was soll aus der katholischen Wissenschaft werden? Die jüdisch-theologische Literatur ist in Deutschland bereits zahlreicher bestellt. Natürlich, unsere katholische Theologie ist ein Noli me tangere, über jedem Autor hängt das Damoklesschwert der römischen Excommunication. Herr, rette uns, wir gehen zu Grunde! So kann es nicht länger fortgehen."

Döllinger hielt im März 1872 in München öffentliche Vorlesungen „über die Wiederversöhnungsversuche der christlichen Kirchen und über die Aussichten einer künftigen Union." Diese Vorlesungen waren eben so geistreich als freimüthig. Das Letztere mag man aus Döllingers Urtheil über Luther entnehmen: „Luthers überwältigende Geistesgröße und wunderbare Vielseitigkeit war es, die ihn allerdings zum Manne seiner Zeit und seines Volkes machte, und es ist richtig: es hat nie einen Deutschen gegeben, der sein Volk so intuitiv verstanden hätte und wiederum von der Nation so ganz erfaßt, ich möchte sagen, von ihr eingesogen worden wäre, wie dieser Augustinermönch zu Wittenberg. Sinn und Geist der Deutschen war in seiner Hand wie die Leier in der Hand eines Künstlers. Hatte er seinem Volke doch auch mehr gegeben, als jemals in christlicher Zeit ein Mann seinem Volke gegeben hat: Sprache, Volkslehrbuch, Bibel, Kirchenlied, und alles was die Gegner ihm zu erwidern oder an die Seite zu stellen hatten, das nahm sich matt und kraft- und farblos aus neben seiner hinreißenden Beredsamkeit." Der Redner führt weiter aus, wie fast ganz Süddeutschland und nicht blos Norddeutschland sich der Reformation angeschlossen habe. Wie in Böhmen und ganz Oesterreich bis tief ins Tirol hinein der lutherische Geist geherrscht habe, wie fast ohne Ausnahme die Stände der habsburgischen Kronländer sich für die Reformation erklärt hätten und die Kaiser Ferdinand I. und Maximilian II. selbst, von ausgezeichneten Gelehrten unterstützt, die Wiedervereinigung des katholischen und protestantischen Deutschland angestrebt hätten. Auch hätte das Werk gelingen können, wenn nicht die Jesuiten es durch ihre Intriguen und erstaunliche Thätigkeit verhindert hätten. Diese geschichtlichen Thatsachen legt der Redner zu Grunde, um daraus die Hoffnung zu schöpfen, daß die vor dreihundert Jahren vergebens ersehnte Versöhnung und die confessionelle Wiedervereinigung aller Deutschen in unsern Tagen ermöglicht werden könnte.

Kapitel 2.

Ludwig II. von Bayern und sein Minister v. Lutz.

Die bayerische Regierung war sehr gemäßigt verfahren, hatte aber keinen Augenblick zweifeln lassen, welchen Standpunkt sie gegenüber den Jesuitenumtrieben einnehme. Es war derselbe patriotische echt deutsche Standpunkt, den sie beim Beginn des Krieges mit Frankreich behauptet hatte. Die bayrischen Bischöfe verlangten ganz dreist, der König solle das Placet aufgeben, d. h. der Staat solle sich gegenüber der Kirche entwaffnen.

Am Hofe fehlte es an ultramontanen Agitationen nicht. Die neue Wochenschrift „Im deutschen Reiche" bemerkte: Der schon öfters gemachte und erschütterte Versuch, durch direkte Einwirkung auf den König ein entschieden klerikal-particularistisches Ministerium zu Stande zu bringen, wurde wieder einmal in Scene gesetzt. Die Action eröffnete ein perfider Artikel in der „Allg. Ztg.", der eine Beseitigung des jetzigen Ministeriums schon darum für unwahr=scheinlich erachtet, weil dieselbe zur Zeit in Berlin nicht gewünscht werde. Der Schlag war auf das an entscheidender Stelle bestehende dynastische Selbstgefühl nicht übel berechnet, da man dort mit vollem Recht eine bayerische Ministerkrise als ein Ereigniß ansieht, für das die entscheidenden Factoren nicht in Berlin, sondern hier zu suchen sind. Sobald durch die damit erzeugte Verstimmung der Boden geebnet war, erfolgte der entscheidende Versuch. Der aus dem Jahre 1866 bekannte Großoheim des Königs, Prinz Karl, verließ seinen gewöhnlichen Aufenthalt Tegernsee und reiste auf dem auffälligen Umwege über Salzburg, wo seine Schwester, die in der intimen Politik sehr thätige Wittwe Kaiser Franz II., Kaiserin Karoline Auguste, Hof hält, nach Schloß Berg am Starnberger See, dem gewöhnlichen Aufenthalte König Ludwigs. Die hiesigen ultramon=tanen Kreise glaubten die Sache schon nach ihrem Wunsche entschie=den, in den intimen Cirkeln lief bereits eine Ministerliste um, den jetzt in Wien accreditirten letzten Bundestagsgesandten Freiherrn v. Schrenk an der Spitze, dann den Reichsrath v. Bomhardt, einen Protestanten, aber fanatischen Gegner Preußens, im Wiederbesitz seines alten Justizportefeuilles, den pensionirten Generaldirektor der Verkehrsanstalten v. Brück als Handels=, und endlich den ultra-montanen Ministerialrath Memminger als Cultusminister. Indeß, der Versuch reussirte auch diesmal nicht. Nach einer einleitenden Unterredung, deren anscheinend günstiger Verlauf zu hieher gesandten hoffnungsvollen Telegrammen Veranlassung gab, war der König am nächsten Morgen in das Hochgebirge abgereist und hatte damit alle weiteren derartigen Versuche in unzweideutiger Weise abgelehnt.

Am 24. Juli 1871 erhielt Graf Bray vom König die erbetene Entlassung, nachdem er bisher im bayerischen Ministerium allein die kirchlichen Uebergriffe in die Rechte des Staats abzuwehren sich geweigert hatte, und an seine Stelle trat Graf v. Hegnenberg-Dux, der frühere Führer der Großdeutschen (nicht der Ultramontanen), der sich als Präsident der Kammer großes Ansehen erworben hatte.

Man machte folgende Zusammenstellung:

Bayerische Verfassung.	Syllabus. (Verschickt am 8. Dezember 1864.)
II. Verfassungs-Beilage §. 42. Keine Kirchengewalt ist befugt, Glaubensgesetze gegen ihre Mitglieder mit äußerem Zwange geltend zu machen.	§. 24. (Es ist ein verdammenswerther Irrthum, zu sagen): Die Kirche habe nicht die Macht, Zwangsmittel anzuwenden, noch irgend eine direkte oder indirekte Gewalt in zeitlichen Dingen.
§. 52. Es steht aber auch den Genossen einer Kirchen-Gesellschaft, welche durch Handlungen der geistlichen Gewalt gegen die festgesetzte Ordnung beschwert werden, die Befugniß zu, dagegen den Königl. landesfürstlichen Schutz anzurufen.	§. 41. (Es ist ein verdammenswerther Irrthum, zu sagen): Die Staatsgewalt habe nicht nur das Recht des Exequatur, sondern auch das Recht der sogenannten Appellatio ab abusu.
Tit. IV. §. 8. Niemand darf seinem ordentlichen Richter entzogen werden.	§. 31. (Es ist ein verdammenswerther Irrthum, zu sagen): Die geistliche Gerichtsbarkeit für die weltlichen Civil- und Criminal-Angelegenheiten der Geistlichen ist durchaus abzuschaffen.

Gegen die bayerischen Bischöfe enthielt die „Kölner Zeitung" einen vom 26. Juli datirten Artikel, welcher dieselben beschuldigte, sie umgingen die Verfassung. Sie setzten nämlich voraus, das Concordat sey älter als die bayrische Verfassung, also gelte die letztere für sie auch nur soweit sie mit dem Concordat übereinstimme. „Gegen die Behauptung, daß durch die ohne Placet erfolgte Verkündigung des Unfehlbarkeits-Dogmas die bayerische Verfassung verletzt worden sey und eine solche Publication nicht rechtsverbindlich ist, hat das General=Vicariat des Erzbisthums Bamberg in einem Erlasse vom 24. Mai d. J. ausgesprochen: ‚nur unter dem Vorbehalte der gött= lichen Gesetze und der katholischen Kirchensatzungen und der vollen Gültigkeit des Concordats, also auch aller durch diesen Vertrag der katholischen Kirche in Bayern zugesicherten Rechte und Freiheiten, leisteten von jeher und leisteten bis heute alle Bischöfe Bayerns und alle Katholiken Bayerns den Eid auf die Verfassung.‘ Nach dieser Theorie gäbe es also im Königreiche Bayern, wie schon die Wochen= schrift der Fortschrittspartei in Bayern hervorgehoben hat, eine zwei= fache Verbindlichkeit der Verfassung: der weniger zahlreiche Theil der Bevölkerung, die Protestanten, sind auf den ganzen Inhalt der Verfassung und den rechtmäßigen Zusammenhang ihrer einzelnen Theile verpflichtet, die große Mehrzahl des Volkes, namentlich aber alle katholischen Beamten und ganz besonders die Bischöfe und Geistlichen dieses Bekenntnisses brauchen die Verfassung nur so weit zu befolgen, als sie nicht angeblich mit dem Inhalte des Concordats im Widerspruche steht. Der Inhalt des Concordats aber mit seinen allgemeinen Redensarten von den canonischen Satzungen und der bestehenden und angenommenen Disciplin der Kirche kann auf alles Mögliche ausgedehnt werden. Alle mittelalterlichen Behauptungen und Ansprüche der Curie lassen sich darunter bringen, und so würde z. B. ein katholischer Staatsminister, der im Geiste Bonifaz’ VIII. Bayern regierte, nicht etwa wegen Verfassungs=Verletzung verurtheilt werden können, da er ja durch seinen Eid auf die Verfassung nur in so weit gebunden wäre, als er es mit den canonischen Satzungen für vereinbar annimmt. Für den heutigen Rechtsstaat, ja, für jede Art von staatlicher Ordnung, ist ein Verhältniß dieser Art eine solche Monstrosität, daß man sich ernstlich fragen muß, ob denn die geistlichen Herren, welche zu solchen Schlüssen kommen und eine solche Sprache führen, geistig wie andere Menschenkinder organi= sirt sind, und ob es dieselbe Sprache ist, welche wir mit einander reden.“

Senestrey, der fanatische Bischof von Regensburg, versetzte einen Geistlichen seiner Diöcese und bedrohte einen andern, er werde nie eine Pfarrei bekommen, weil beide zu Döllinger, dem Gegner der Infallibilität, neigten. Zu Schönau im Allgäu wurde ein Kaufmann als Pathe nicht zugelassen, weil er eine Adresse an Döllinger unterschrieben hatte.

Am 8. August 1871 wurde an der Universität München mit 54 gegen nur 6 Stimmen Dompropst Professor Döllinger zum Rector gewählt zum Beweise, in wie großem Maßstabe die deutsche Wissenschaft sich der Unvernunft Roms widersetzte. Zehn Tage später wurde von Professor Friedrich in der St. Nicolaikirche zu München ein Paar getraut, worauf das erzbischöfliche Ordinariat die Kirche schließen ließ. Allein der Magistrat ordnete sofort einen Rechtsrath als Commissär ab, auf dessen Befehl der Meßner die Kirche öffnen mußte und zugleich angewiesen wurde, seine übrigen Functionen, wie Gebetläuten u. s. w., wie bisher vorzunehmen.

Auch gab die bayerische Regierung in Sachen des vom Bischof gemaßregelten Pfarrer Renftle in Mering bei Augsburg einen maßgebenden Entscheid, wie er billiger und praktischer nicht ausgedacht werden konnte, nämlich: „Pfarrer Renftle ist als der rechtmäßige Religionslehrer an den Schulen zu erachten, und die schulpflichtigen Kinder des Schulsprengels Mering sind gehalten, dem von Renftle ertheilten Religionsunterricht, welcher nach den bestehenden organischen Vorschriften einen wesentlichen Bestandtheil des Gesammtunterrichts bildet, beizuwohnen. Den Bestrebungen des bischöflichen Vikars Wiedemann, die Schulkinder vom Religionsunterricht des Pfarrers Renftle abzuhalten, muß mit den entsprechenden Mitteln entgegengetreten werden. Gegen unfolgsame Kinder und die betheiligten Eltern ist einzuschreiten. Insoweit die Eltern die Theilnahme ihrer Kinder am Unterricht Renftles verbieten wegen des Letztern Stellung zur Unfehlbarkeit, muß die verfassungsmäßig garantirte Gewissensfreiheit der Staatsbürger und das elterliche Erziehungsrecht geachtet werden, und muß solchen Kindern die Nichttheilnahme am Religionsunterrichte des Renftle unverwehrt bleiben. Den zu Renftle stehenden Einwohnern von Mering muß natürlich dasselbe Recht zugestanden werden, und steht es dem bischöflichen Vikar nicht zu, die schulpflichtigen Kinder solcher Einwohner zur Theilnahme an einem etwa von ihm beabsichtigten Religionsunterricht irgendwie zu veranlassen."

Grade damals faßte Professor von Schulte in Prag in einer Denkschrift scharf und präcis zusammen, wie die Bischöfe sich durch ihr widerrechtliches Vorgehen verfehlt hatten: „Das bayerische Gesetz verbietet die Publikation der päpstlichen Constitutionen ohne Placet, alle Bischöfe bis auf einen publiciren ohne ein solches. Die Regierung erhebt sich zur Mißbilligung, die ‚katholische‘ Presse jubelt ob solcher Verhöhnung des Gesetzes; sie hat die Stirn, von solchen Dingen, die nichts zu thun haben mit dem Inhalt der Religion Christi, nichts mit den Geboten Gottes, zu sagen: ‚Man muß Gott mehr gehorchen als den Menschen.‘" Ein Bischof sucht ums Placet nach, es wird verweigert; er aber verkündet trotzdem in naiv rücksichtsloser Art. „So darf," sagt Schulte, „der Episcopat eines ganzen Landes frech das Gesetz brechen, so setzen sich Männer, denen die Aufgabe obliegt, das Volk über den Gehorsam gegen die von Gott gesetzte Obrigkeit zu belehren und durch eigenes Beispiel zu festigen, über die klarsten Normen hinweg. Wo soll noch der Unterthan Achtung vor dem Gesetz gewinnen?"

Schulte schildert hierauf die heimlichen Schleichwege, auf denen man in Bayern das Verbot umgeht, den Kirchen Schenkungen u. s. w. ohne Staatsgenehmigung oder über einen bestimmten Betrag hinaus zu machen, auf denen man gegen das Gesetz Jesuitencolonien anlegt. Bei dieser Gelegenheit erinnert er auch daran, wie preußische Bischöfe in fraudem legis militärpflichtige Studenten der Theologie vom Dienste zu befreien pflegen. „Und worin liegt der Grund für die Gewissensberuhigung der Bischöfe? Der ‚lehramtlich unfehlbare‘ Pius IX. condemnirt im Syllabus vom Jahr 1864 §. 32 den Satz, daß die persönliche Befreiung der Kleriker vom Kriegsdienst abgeschafft werden könne." Ueberhaupt, so bald in irgend einer durch die Artikel des Syllabus berührten Sache ein Staatsgesetz mit den ‚kanonischen Satzungen‘ nicht harmonirt, so sagt sich der Bischof, Priester und Laie, dem der 18. Juli 1870 Grundlage seines Glaubens ist: ‚Man muß Gott mehr gehorchen als den Menschen.‘ Dieser Satz hilft über das Staatsgesetz hinweg. Man braucht sich nicht darum zu kümmern, man braucht z. B. als Kleriker sein Einkommen nicht anzugeben, weil man steuerfrei ist nach dem Papstgesetz; man braucht dem Staate nichts zu sagen von Erwerbungen, weil ihn das nichts angeht; man publicirt auch, wo das Staatsgesetz verbietet, weil der Papst freier Fürst ist in Bayern. So birgt das ultramontane System in sich nicht blos den Keim, sondern enthält die ausgesprochenen Sätze für die Rechtfertigung von Gesetzesverletzungen."

Schließlich macht Schulte darauf aufmerksam, zu welchen Uebeln die Vielstaaterei in Deutschland auch in kirchlicher Beziehung geführt habe. Als einen Grundfehler der deutschen Regierungen bezeichnet er es, daß sie definitiv über die katholischen Kirchenverhältnisse ihrer Länder allein mit dem Papste contrahirt haben. Damit haben sie selbst zum Untergang der altkatholischen Kirchenverfassung und zur Aufrichtung des päpstlichen Absolutismus beigetragen, denn von nun an sahen die Bischöfe nur im unbedingten Anschluß an Rom ihr Heil, und hatte der niedere Klerus keine Mittel mehr gegen den mit Rom harmonirenden Episkopat auch nur die geringste Selbständigkeit zu behaupten. So mußte sich der Staat im Staate bilden. Als im Jahr 1848 die politischen Zustände allerwärts wankten, traten die Bischöfe zusammen und emancipirten sich. Sie forderten die absolute Freiheit der Kirche vom Staat, d. h. Fortfall jedes bisher vom Staat in kirchlichen Dingen behaupteten Rechts, gleichzeitig aber hielten sie an den Privilegien fest, welche der Kirche durch die Staatsgesetze eingeräumt waren. In Berlin gelang es, den Paragraphen der Frankfurter Grundrechte über die Freiheit der Kirche in die Verfassung zu bringen. — Durch das freie Vereinsrecht geschah es, daß die Orden wie Pilze aus der Erde wuchsen, so daß schon im Jahr 1865 in den deutschen Bundesstaaten 461 Ordenshäuser mit 4387 Priestern und zusammen 7482 männlichen Regularen, 1146 Häuser, Institute u. s. w. weiblicher Regularen und Quasi-Regularen mit 12,080 Individuen, von beiderlei Geschlecht also 1607 Häuser mit 19,562 Individuen gezählt werden konnten. Dazu kamen 30,340 Weltpriester, mithin im Ganzen 54,289 Personen, welche unter geistlicher Direktion standen.

Unter diesen Sklaven der römischen Kirche in Deutschland be=
fanden sich aber gar viele, die ihre Fesseln drückten und deren ge=
sundem Verstande schließlich zu viel zugemuthet wurde, sofern man
ihnen an die Unfehlbarkeit eines Italieners zu glauben befahl. Da=
her bestrafte sich der römische Uebermuth durch den berechtigten Wider=
stand aller ehrlichen Altkatholiken.

Das Endergebniß der Erörterungen von Schulte war: 1) der
Papst hat den altkatholischen Glaubensgrund verlassen und eine
neue, ketzerische Lehre aufgestellt; 2) deshalb gehört die Kirche mit
allen ihren Rechten und Besitzungen nur den Altkatholiken, welche,
die neue Ketzerei der Infallibilität verwerfend, am alten Glaubens=
grunde festhalten; 3) dem Papst darf man, weil er ein Ketzer ge=
worden ist, in keiner Weise mehr gehorchen.

In dem Kreise geistreicher und muthiger Männer, der sich in
München um Döllinger schaarte (Huber, Friedrich, Froschammer rc.),
zeichnete sich auch ein Engländer aus. Lord Acton, Herzog von
Dalberg, ein katholischer Engländer und Erbe der in Frankreich
ausgestorbenen Dalberge, der in seiner Jugend ein begeisterter Schüler
von Görres war, in München blieb und später eben so eifrig an
Döllinger hing, rügte in einem Sendschreiben an einen deutschen
Bischof öffentlich das unlautere und zweideutige Benehmen jener
Fuldaer. Von demselben Standpunkt aus hatte früher auch schon
Doctor Pichler die Zweideutigkeit und Feigheit der deutschen Bischöfe
getadelt. Bischof Ketteler von Mainz antwortete dem Lord Acton
öffentlich in einem gebieterischen Tone, aber mit Winkelzügen.

In seinem Erlaß an den Erzbischof von München vom
27. August erklärte sich das bayerische Cultministerium sehr ent=
schieden. Der Schluß dieses langen Schriftstücks lautet: „Die Be=
drohung der Grundsätze des bayerischen Staatsrechtes, welche in dem
Dogma von der persönlichen Infallibilität des Kirchenoberhauptes
liegt, und überdies die in der Außerachtlassung des Placetum
regium liegende Verletzung der Staatsverfassung nöthigt die Staats=
regierung zu Maßregeln, die sie selbst sehr gern vermieden haben
würde. Sie wird jede Mitwirkung zur Verbreitung der neuen
Lehre und zum Vollzuge von Anordnungen verweigern, welche vor

den kirchlichen Behörden in Rücksicht auf die neue Lehre und zu deren Durchführung getroffen werden; sie wird an dem Grundsatze festhalten, daß den Maßregeln, welche die kirchlichen Behörden gegen die das Dogma nicht anerkennenden Mitglieder der katholischen Kirche ergreifen, jede Wirkung auf die politischen und bürgerlichen Verhältnisse der davon Betroffenen versagt bleiben muß, und wird erforderlichen Falls solche Vorkehrungen treffen, welche die Unabhängigkeit des bürgerlichen Gebietes vom kirchlichen Zwange verbürgen."

Die klerikalen Blätter waren auf diesen Erlaß schlecht zu sprechen. In der „Donauzeitung" konnte man lesen: „Der Würfel ist gefallen!" und wurde der ministerielle Erlaß als „der erste Kanonenschuß vor dem Kampfe" bezeichnet und die klerikale Partei aufgefordert, schleunigst zu rüsten unter den Bischöfen als „Generalen" und dem Papste als „oberstem Feldmarschall". „Der Sturm ist da!" — ruft die Donauzeitung aus — „ordnen und schließen wir unsere Reihen, wo sich noch eine Lücke finden sollte. Unsere Führer sind unsere von Gott gesetzten Oberhirten unter dem obersten Feldmarschall in Rom, dem Papste." Die Ultramontanen rechneten auf Oesterreich, auf das Ministerium Hohenwart, bangten aber vor der Stimmung im bayerischen Heere die den Schwarzen nicht günstig war. Um aber diese Stimmung ganz anders zu schildern, als sie wirklich war, wurden falsche Soldatenbriefe in die Blätter eingeschmuggelt. Die liberalen Blätter waren nicht ganz zufrieden mit dem bayerischen Ministerialerlaß, weil sie sogleich strenge Maßregeln gegen die Bischöfe gewünscht hätten. Dagegen bemerkte die „Nordd. Allg. Zeitung": „Das bayerische Ministerium hat, indem es mit einer Energie, die unter den dortigen Verhältnissen allerdings sehr nöthig war, aber auch viel schwerer als irgendwo in einem anderen Staate zu gewinnen war, den romanischen Prätensionen gegenüber trat, sich hinlänglich über seinen wahrhaft nationalen Charakter legitimirt."

Der Erzbischof von München-Freising antwortete am 26. September auf den Erlaß des Cultminister von Lutz sehr weitläuftig und doch nur mit vagen Negationen. So genirte sich der Erzbischof

nicht, zu behaupten, es handle sich ja nur um das unfehlbare Lehr=
amt, nicht um die persönliche Unfehlbarkeit, da doch der dem Concil
vorgelegte Entwurf ausdrücklich die Ueberschrift hatte „von der per=
sönlichen Unfehlbarkeit". Ebenso vage war auch die erzbischöfliche
Ableugnung, daß die Infallibilität des Papstes den weltlichen Re=
gierungen gefährlich sey. Denselben gefährlich zu werden, war ja
grade der einzige Zweck des Jesuitenplans, der das Concil hervor=
rief. Deswegen ging ihm der Syllabus voran, der dem persön=
lichen Willen des Papstes die ganze Erde mit allen ihren Kaiser=
thümern und Königreichen unterwarf. Der Erzbischof brauchte in
seinem Schreiben mit jesuitischer Sophistik die Worte: „So lange
die bayerische Regierung nicht vom göttlichen Gesetz abfalle, habe sie
auch von der katholischen Kirche nichts zu fürchten." Wahrlich ein
ungeheuerer Hohn, da es ja grade nur das neue Dogma war, was
den Papst und die Kirche vom göttlichen Gesetze hatte abfallen
machen.

In denselben Tagen erfuhr man, der Minister des Auswärti=
gen, Graf Hegnenberg, „habe die Vertreter Bayerns beim päpst=
lichen Stuhle beauftragt, dem Cardinal Antonelli das Ansuchen
auszusprechen, derselbe möge dem am bayerischen Hofe beglaubigten
Nuntius genau die Grenzen bezeichnen, innerhalb welcher sich der=
selbe als Gesandter zu bewegen hat. Die erwiesenen Ueberschreitun=
gen des Msgr. Meglia auf das von den heftigsten Gegnern der
jetzigen Regierungspolitik behauptete Gebiet könnten die Regierung
in den unliebsamen Fall versetzen, gegen Msgr. Meglia jene Maß=
nahmen ergreifen zu müssen, wie sie das Gesetz gegenüber Aus=
ländern, welche sich an gegen die Regierung gerichteten Agitationen
betheiligen, erheischt."

Am 5. October interpellirte der Abgeordnete Herz in der baye=
rischen Kammer das Cultministerium in der kirchlichen Angelegenheit
und hob hervor, wie sehr das Verhalten der Bischöfe den Staat
und den Frieden des Volks gefährdeten. Schließlich stellte er fol=
gende Fragen: 1) Ist die Staatsregierung gewillt, allen katholischen
Staatsangehörigen geistlichen und weltlichen Standes, welche die
staatsgefährliche Lehre von der Unfehlbarkeit nicht anerkennen, den

vollen Schutz des Staates gegen den Mißbrauch geistlicher Gewalt zu gewähren und sie in allen ihren wohlerworbenen Rechten und Stellungen zu schützen? 2) Ist insbesondere die k. Staatsregierung entschlossen, a) den Eltern gegen die das Gewissen vergewaltigenden Lehren der römischen Kurie das religiöse Erziehungsrecht in voller Freiheit allgemein einzuräumen und dasselbe zu schützen? b) den innerhalb der katholischen Kirche auf Grund des alten katholischen Bekenntnisses sich bildenden Gemeinden und deren Geistlichen die der katholischen Kirche nach den dermaligen Gesetzen und Verordnungen zustehenden Rechte einzuräumen? 3) Ist die kgl. Staatsregierung überhaupt gewillt, die zur Begründung des Friedens und der Freiheit auf religiösem Gebiete unabweisbare Trennung von Staat und Kirche zu verwirklichen, indem sie zu neuen Gesetzen die Hand bietet, welche unter Wahrung der unveräußerlichen Rechte des Staates die das religiöse Leben der Bürger bedrückenden Bestimmungen des Concordats, der Verordnung vom 8. April 1852 und anderer beseitigen und die in der Verfassung gewährleistete Forderung der Glaubens- und Gewissensfreiheit endlich vollständig erfüllen?

Am 14. Oktober ertheilte der Cultminister v. Lutz auf die gedachte Interpellation eine in allen Punkten zustimmende Antwort. Es kam zu keiner weitern Discussion in der Kammer, die wenige Tage nachher auch vertagt wurde. Nur in den Clubs der beiden ultramontanen Parteien, der fulminanten im Bamberger Hofe und der temperirten im deutschen Hause, soll es etwas wild hergegangen und gegen den Cultminister getobt worden seyn.

Damals protestirte der Stadtmagistrat von Kempten gegen das Stadtpfarramt, weil dasselbe bei einem Leichenbegängniß das Kirchengeläut verboten hatte.

Am 28. Oktober begab sich v. Scherr, der Erzbischof von München-Freising, nach Tuntenhausen, einem Pfarrdorf bei Aibling, und excommunicirte den dortigen Pfarrer Hofemann, weil derselbe den vatikanischen Beschlüssen sich nicht unterworfen habe. Der Pfarrer antwortete sofort mit einem energischen Protest und erklärte, daß er nach wie vor seine kirchlichen Rechte und Pflichten ausüben werde. „Ich für meine Person will ein Glied der katholischen Kirche bleiben, wie sie vor und bis zum 18. Juli 1870 gewesen, nicht ein Glied der seelen- und staatsgefährlichen, von den herrschsüchtigen Jesuiten fabrizirten neuen Papstkirche, und ich appellire nach der Excommunikation, die ich als ungerecht und ungiltig ansehe, fortan von fehlbaren Menschen an den unfehlbaren Gott in Christus, der mir gnädig seyn möge in dieser und jener Welt.“ Der Erzbischof setzte seine Reise fort und kam am Abend desselben Tags nach Kiefersfelden, bekanntlich das letzte bayerische Dorf an der Gränze gegen Tirol. Hier excommunicirte er am folgenden Sonntag aus gleichem Grunde den Pfarrer Bernard. Ein Schreiben aus dem nahen Kufstein berichtet: „Der Bischof hatte geendet, da entstand außerhalb der Kapelle ein eigenthümliches Gedränge und Gewoge, die Aufmerksamkeit des Publikums concentrirte sich nach einer Richtung, die aber nicht nach der Bischofsmütze zielte; hoch aufgerichtet im priesterlichen Ornat stand Pfarrer Bernard auf der steinernen Kanzel der um die Kapelle laufenden Galerie, und weithin hörbar mit fester Stimme sprach auch er zu den Gliedern seiner Gemeinde; es waren ernste, feierliche Worte, Worte von Mannesmuth und Kraft, mit welchen er die erzbischöfliche Anmaßung als einen Akt unberechtigter Willkür bezeichnete. Er berief sich auf die Gemeinde, daß er stets die unverfälschte Lehre vorgetragen habe; er berief sich ferner auf das Verhalten des Erzbischofs selbst beim Concil, um die Haltlosigkeit der neuen Lehre darzuthun. Schon bei den ersten Worten des Pfarrers war der Erzbischof aus der Kapelle getreten und rief den Umstehenden zu, indem er auf den Pfarrer wies: ‚Hört ihn nicht; er darf zu euch nicht sprechen!‘ Da aber ertönten stürmische, begeisterte Hochrufe auf den Pfarrer; man schaarte sich um ihn, brachte ihm die herzlichsten Ovationen und ignorirte den Erzbischof vollständig. Dieser aus Gewohnheit oder Verlegenheit fing an nach Leibeskräften zu segnen, und nachdem er sehen mußte, daß sein Segen beiläufig dieselbe Wirkung übte wie eine Viertelstunde früher sein Fluchen, zog er sich zurück, begleitet von etwa 20 Mitgliedern des ‚patriotischen‘ Vereins. Er mußte einen langen Weg zu Fuß zurücklegen und konnte dabei noch hören, wie

der Pfarrer feierlichst erklärte, die Seelsorge in seiner Gemeinde
nicht preiszugeben und die kirchlichen Functionen nach wie vor aus=
zuüben. Erneuerter stürmischer und anhaltender Beifall erhöhte das
klägliche Fiasko des Kirchenfürsten, der wohl in der nächsten Zeit
keine Gastspielreise unternehmen wird.“

Der arme Pfarrer Hosemann wurde wirklich abgesetzt. „Tunten=
hausen ist nämlich ein vielbesuchter Wallfahrtsort, und die Leute
fürchten in ihrem Erwerbe Schaden zu leiden, wenn die Bewohner
der Umgegend des excommunicirten Pfarrers wegen nicht mehr zu
ihrer Kirche gepilgert kämen.“ Das erinnert ganz an die Epheser,
die ihren Götzendienst nicht lassen wollten, weil die Wallfahrten zu
ihrem Götzenbilde der Diana ihnen viel Geld eintrugen. Ein all=
zudeutlicher Beweis, wie viel Heidenthum in der römischen Kirche
stecken geblieben ist.

Unterm 30. October schrieb die Nationalzeitung aus München:
„Das Hetzen der Geistlichen gegen die Reformen, die der Magistrat
im Interesse des Unterrichts in den Volksschulen vornehmen will,
zeigt bereits seine Früchte. In den Vorstädten Au und Haidhausen
befinden sich Klosterschulen, die so überfüllt sind, daß der Magistrat
sich veranlaßt sah, Parallelkurse zu errichten, und heute sollte die
Ausscheidung der Schülerinnen vorgenommen werden. Nun hatten
aber indessen die Klosterfrauen und die Geistlichen an den Müttern
gehetzt, daß sie das nicht dulden und ihre Kinder nicht weltlichen
Lehrerinnen anvertrauen sollten. Als nun heute der Schulrath, be=
gleitet von einigen Magistratsräthen und Gemeindebevollmächtigten,
in diese Schule trat, um die Ausscheidung vorzunehmen, da sam=
melten sich dichte Schaaren von Weibern vor dem Schulhause und
diese schrieen und lärmten und bewarfen die fungirenden Beamten
mit Schimpfwörtern aller Art, wie sie in diesen armseligen Vor=
städten in üppigster Weise wuchern. Die Mädchen fingen wie auf
Commando zu heulen und zu weinen an, und dazu tönte der Chorus
der unten stehenden Weiber, welche in scheußlicher Harmonie secun=
dirten. In der Au wurde die Ausscheidung mit vieler Mühe vor=
genommen, aber in Haidhausen war sie ein Ding der Unmöglich=
keit und mußte einstweilen vertagt werden.“

Um dieselbe Zeit trug der bayrische Cultminister von Lutz im deutschen Reichstage zu Berlin auf ein Strafgesetz gegen Geistliche an, welche die Kanzel zum Aufhetzen gegen die Staatsgewalt mißbrauchten, und erhielt der Vater dieses energischen Ministers, ein alter Lehrer in Bayern, ein gnädiges Handschreiben vom König Ludwig II., worin ihm derselbe zu seinem Dienstjubiläum und zu seinem Sohne, „dem geistvollen Staatsmann und der treu bewährten Stütze des Thrones" Glück wünschte. In München war der bisherige Uebermuth der Ultramontanen merklich gedämpft. Bei einer Katholikenversammlung am 21. November ließ die gemäßigte Partei den fanatischen Ultramontanen Dr. Sigl, Redacteur des „Vaterland", gar nicht zum Worte kommen. Auch dem kirchlich gemaßregelten Pfarrer Hofemann half der Staat, indem die Kreisregierung erklärte, er sey rechtmäßiger Pfarrer und der Vicar, der sich der Kirchenschlüssel bemächtigt, habe ihm dieselben wieder auszuliefern. Ein anderer Vikar, der den schon erwähnten altkatholischen Pfarrer Bernard beim Gottesdienst in der Kirche zu Kiefersfelden zu stören wagte, fand keinen Anklang bei der Gemeinde und wurde zur Thür hinausbefördert.

In Burglengenfeld wurde der Vikar, der hier einer Rettungsanstalt für verwahrloste Knaben vorstand, von der geistlichen Behörde abberufen, ging aber nicht, und die weltliche Regierung schützte ihn als einen bewährten Mann. In der Passauer Studienanstalt war ein neues Lehrbuch der Religion, im Sinn des Infallibilitätsdogmas fabricirt, eingeführt worden, aber die Regierung verbot es. Der Erzbischof von Bamberg verbot dagegen bei Strafe der Excommunication die im Reichstag gehaltene Rede des Ministers v. Lutz zu verbreiten. Auf der Universität Würzburg trennten sich die altkatholischen Studenten (Marcomannen) von den infallibilistischen (der Walhalla). Die altkatholischen Vereine in Bayern vermehrten sich. Es entstanden solche auch in der Pfalz, in Kaiserslautern und Landau. Dagegen hörte man, unter dem bayerischen Adel sey der Unfehlbarkeitsglaube vorherrschend. Die frommen Grafen, an ihrer Spitze Graf Arco, das Haupt des dem Papste blind ergebenen bayerischen Adels, sollen sich entschlossen haben,

„fernerhin von jedem Besuche des Hofes Ludwig II. sich zu enthal=
ten, um so den Beweis zu liefern, daß sie auch jenen Männern
ferne stehen wollen, welche durch ihre Staats= oder Hofstellung in
die Umgebung des Monarchen berufen, an der Spitze der gegen die
Kirche und den Stellvertreter Christi gerichteten Bewegung stehen.“
Die abligen Schleppträger der Ultramontanen rechnen hauptsächlich
darauf, daß, so sehr Ludwig II. die Einsamkeit liebe, er doch schwer=
lich dem die Majestät repräsentirenden Schaugepränge im Königs=
schlosse zu München entsagen werde; da aber grade sie durch ihre
große Anzahl den eigentlichen Glanz des Hofes ausmachen, so hoffen
sie, durch ihr Fernbleiben einen Druck auf den König auszuüben.

Am 23. Dezember hielt Döllinger als Rector der Münchener
Universität eine zeitgemäße Rede und constatirte, daß die vatikani=
schen Dekrete nur gegen die deutsche Wissenschaft ins Werk gesetzt
und seit mehr als 20 Jahren durch systematische Fälschung der
theologischen Lehrbücher vorbereitet worden seyen. Die Aufgabe der
Theologie sey früher polemischer Natur gewesen, sie müsse jetzt irenisch
(vermittelnd) seyn. Die Theologie habe dahin zu wirken, daß Deutsch=
land, wie es die Kirchentrennung geschaffen, auch die Wiedervereini=
gung oder wenigstens die Versöhnung der Confessionen herbeiführe,
wonach die besten Geister aller Culturvölker sich sehnten.

Am Schlusse des Jahres 1871 veröffentlichte der Münchener
Professor Froschammer in der „A. A. 3.“ eine schlagende Antwort
auf die Excommunication, mit welcher ihn der Erzbischof von Mün=
chen belegt hatte. Darin hieß es: „Nach kirchlichem Grundsatz ist
jeder Katholik der Excommunication verfallen, wenn er auch nur
einem Glaubenssatze Anerkennung oder Unterwerfung versagt. Dem=
nach ist ohne Zweifel auch der Herr Erzbischof von München=Frei=
sing und sein Domkapitel, nicht minder aber der gesammte Episkopat
und Klerus der Excommunication verfallen, und wird demnach in
der ganzen katholischen Kirche längst kein anderer Gottesdienst mehr
gehalten, als ein sogenannter sacrilegischer. Wir wollen, um dies
zu beweisen, nur zwei Ketzereien anführen, denen die ganze katho=
lische Hierarchie ebenso wie die gesammte Laienwelt verfallen ist.
Die beiden Ketzereien sind: ‚das Kopernikanische Weltsystem und

die Aufhebung und Nichtbeachtung des kirchlichen Zinsenverbotes.'
Das Kopernikanische System wurde mit der größten Entschiedenheit,
sowohl von der Congregation des Index der verbotenen Bücher dem
Werke des Kopernikus selbst gegenüber, als auch von der Congre=
gation der Inquisition im Galileischen Prozeß, als gänzlich schrift=
also offenbarungswidrig, als Ketzerei und als Verderben der katho=
lischen Wahrheit bezeichnet und verdammt, und zwar unter Mit=
wissen und mit Bestätigung des (unfehlbaren) Papstes für alle
Gläubigen, für die ganze Kirche. Ausdrücklich als Ketzerei wurde
insbesondere die Lehre von dem Stillstande der Sonne bezeichnet,
wie die Aktenstücke des Prozesses bezeugen. Jetzt huldigt auch die
Hierarchie dem Kopernikanischen System. Demnach sind die Bischöfe
und Priester insgesammt sowohl Ungläubige als Ketzer. Ungläu=
bige, weil sie die schriftgemäße, zur katholischen Wahrheit gehörige
Lehre verlassen, Ketzer, weil sie das vom unfehlbaren kirchlichen
Lehramt als Ketzerei verdammte Kopernikanische System als Wahr=
heit behaupten. Dagegen hilft nun einmal keine Vertuschung und
keine Sophisterei. Ebenso entschieden und unbestreitbar ist die
Ketzerei, in welche die gesammte Hierarchie verfallen ist dadurch, daß
sie das Zinsenverbot preisgegeben hat, und nun selbst in der um=
fassendsten Weise gegen dasselbe sündigt.“

Sodann macht Froschammer auf den Unsinn aufmerksam, daß
der bekannte Papst Honorius vom Concil in Constantinopel zum
Ketzer erklärt und verdammt worden ist. „Demnach ist jeder Ka=
tholik verpflichtet, zu glauben, daß Papst Honorius wirklich ein Ketzer
war. Das vatikanische Concil von 1870 dagegen erklärte den Papst,
d. h. jeden Papst auch der Vergangenheit, für unfehlbar, also auch
den Honorius, der demnach nicht als Ketzer betrachtet werden darf.“
Mag also der Katholik den Papst Honorius für einen Ketzer halten
oder nicht, so wird er in dem einen wie im andern Falle, selber
ein Ketzer. „Das Beste wird wohl seyn, über diese schwierigen,
fatalen Sachen gar nicht zu denken, sondern die Augen schließend
anzunehmen, daß sie gar nicht existiren. Man stellt sich auch wohl,
das objective Wesen der Kirche und ihre Verfassung vollständig
mißachtend, ganz auf den Standpunkt des hierarchischen Subjektivis=

mus der Jetztzeit und findet seine Beruhigung darin, wenn nur der Papst sagt: ‚Es ist nicht so,‘ oder: ‚Es thut nichts.‘“ Unter solchen Umständen glaubt Froschammer auf seine eigene Excommunication gar keinen Werth legen zu dürfen.

Am 20. Dezember 1871 starb zu Amberg in der Oberpfalz der Altkatholik Franz Xaver Zunner, und das bischöfliche Ordinariat in Regensburg verweigerte ihm das kirchliche Begräbniß. Die Regierung der Oberpfalz erklärte aber auf eine geschehene Anfrage telegraphisch, daß sie Herrn Zunner als Katholiken behandelt wissen wolle, und daß ihm auch das kirchliche Geläute gebühre, das eventuell zwangsweise bewerkstelligt werden müßte. Das Begräbniß ging hierauf unter den üblichen Gebräuchen vor sich, und Professor Friedrich hielt in einer ihm vom Magistrat zu diesem Zwecke eingeräumten Kirche in Amberg den Seelengottesdienst. — In der bayerischen Kammer wollte in diesem Vorgehen der Regierung der Abgeordnete Pfarrer Rußwurm mehrere Verfassungsverletzungen erblicken, und er fragte, was die Regierung zur Wiederherstellung der „verletzten Rechte“ thun wolle. Minister v. Lutz erklärte in seiner Antwort: dadurch, daß die Regierung der Oberpfalz Herrn Zunner als Katholiken behandelte, habe sie nur den Standpunkt der Staatsregierung getheilt, welche bekanntlich in der Kammer die Erklärung abgegeben, daß sie denjenigen, welcher die vatikanischen Beschlüsse betreffs der Infallibilität nicht anerkenne, als Katholiken erachte und ihm als solchem den staatlichen Schutz gewähre.

In München wurde der Stadtpfarrer der Ludwigskirche vom akademischen Senat unter Androhung von Entziehung der seitherigen Jahresbeiträge aufgefordert, die St. Ludwigspfarrkirche, welche zugleich Universitätskirche ist, dem Offiziator der Universität, dem excommunicirten Professor Meßmer, für die Abhaltung des akademischen Gottesdienstes einzuräumen.

Was für gemeinen ultramontanen Pöbel es übrigens in der Residenzstadt München noch gab, bewies am 8. Januar 1872 das berüchtigte Schimpfblatt daselbst, welches sich Vaterland nennt. Den Tod des bayerischen Gesandten in Rom, Herrn v. Dönniges, besprechend, sagt es: „Da nichts Unreines in den Himmel eingehen

kann, so sind wir der Meinung, daß den Herrn Dönniges zweifels-
ohne der Teufel geholt haben wird. Wir sind hierin auch mit dem
Teufel völlig einverstanden, und wünschen nur, daß er fleißiger an
der Arbeit wäre." Und das nennt sich mit Vorliebe ein christliches,
ein katholisches Blatt, und sein Redakteur ist kürzlich vom Erzbischof
wegen seiner Haltung belobt worden.

Andererseits genirten die Altkatholiken sich nicht, am 14. Januar
eine Versammlung in Regensburg zu halten, am Bischofssitz Senestrey's, des ultramontansten aller Ultramontanen. Sie wird als
sehr interessant geschildert. Professor Huber entwarf in seiner Rede
ein Gemälde des Jesuitismus mit grellen Farben aus den Schriften
der Jesuiten selbst, und Doktor Reinkens brachte als Gegenbild die
Bemühungen der edelsten Altkatholiken von Sailer an zur Uebersicht.
— Am 10. März fand eine Massenversammlung der Pfälzer Altkatholiken in Kaiserslautern statt, am folgenden Tage eine andere
in Wiesbaden.

Damals erfuhr man auch einen nicht uninteressanten Vorgang
in Rom. „Als im Jahr 1620 Herzog Maximilian an der Spitze
seiner Bayern für den frommen Kaiser Ferdinand II. nach Oberösterreich und von dort, nachdem er die Stände zu Paaren getrieben,
weiter nach Böhmen zog, wo sein Vetter Friedrich von der Pfalz
sich als König installirt hatte, da gab ihm der Kaiser ein Muttergottesbild mit und stellte ihn und sein Heer unter dessen Schutz.
In der Schlacht am weißen Berge ward der Winterkönig geschlagen,
und der Bayerherzog, der nach der Kurwürde Lust und sie als Dank
für seine Unterstützung auch vom Kaiser verliehen erhielt, sendete
das Mirakelbild, dem man den Sieg zuschrieb, obwohl er mehr der
Ermattung der böhmischen Armee in Folge eines anstrengenden
Nachtmarsches zuzuschreiben war, nach Rom, wo der Papst es in
feierlicher Prozession entgegennahm und es in eine Kirche auf dem
Quirinal brachte, welche von da an Maria vom Siege genannt
wurde. Die bayerischen Fürsten aber stifteten ein ewiges Licht zu
diesem Bilde und bezahlten jährlich 10 Scudi dafür an den Pfarrer
der betreffenden Kirche. Das dauerte bis zum Dezember vorigen
Jahres. Beim Beginne desselben übersendete der bayerische Gesandte

beim päpstlichen Stuhle, Graf Tauffkirchen, dem Pfarrer von Santa Maria della Vittoria die für den Monat treffende Rate mit einem Begleitschreiben, in welchem der Graf demselben auseinandersetzte, er habe von seiner Regierung die Weisung, diese Zahlung nun für immer einzustellen."

Dagegen berichtete die A. A. Zeitung im April 1872: Wie wir vernehmen, hat Seine Majestät der König auf Ansuchen und in pietätvoller Erinnerung an seine Vorfahren angeordnet, daß der Unterhalt des von bayerischen Herzogen gestifteten ewigen Lichtes vor dem Gnadenbilde der Mutter Gottes vom Siege zu Rom von nun an aus der Kabinetskasse bestritten werde, nachdem zu diesem Zwecke Staatsmittel nicht mehr zur Disposition gestellt werden konnten.

Der Ultramontanismus sendete mittelst der Jesuitenverbindungen seine Nervenstrahlen überall hin aus und leitete die Empfindung unmerklich von München bis nach New-York. In der letztern Stadt nämlich nannte ein eingewanderter bayerischer Bierbrauer seine Wirth= schaft „zum Döllinger" und bekam zahlreiche Gäste. Darüber ärgerten sich nun einige infallibilistische Landsleute des aufgeklärten Bierbrauers und verleiteten den zahlreichen irischen Pöbel der Stadt, die Bierwirthschaft zu demoliren. In der Trinkhalle befanden sich die Bildnisse des deutschen Kaisers und des Kronprinzen. „Die Irishmen mit ihren eisenbeschlagenen Knüppeln sollen besonders wild auf das Bild von ‚Our Fritz‘ eingedroschen haben; war dieser es doch, der ‚ihren Mek Meh'n‘, wie sie den aus irischem Blute stam= menden Mac Mahon nennen, bei Wörth zum Laufen brachte."

Am 9. Januar 1872 schrieb die Kemptner Zeitung von der bayerisch=württembergischen Grenze: „Man höre und staune, mit welch' gotteslästerlicher Courage und apostolischer Bescheidenheit an sogenannt ‚geheiligter Stätte‘ von sanftmüthigen und demüthigen Dienern des Herrn dem gläubigen Volke vorgeleiert werden darf:

‚Wir Geistliche stehen so hoch über den Regierungen, über Kaiser, Königen und Fürsten dieser Erde, wie der Himmel über der Erde steht. Könige und Fürsten dieser Erde stehen uns Priestern so weit zurück wie das Blei dem feinsten geläuterten Golde. Engel und Erzengel stehen den Priestern weit zurück, denn wir können an

Statt Gottes Sünden vergeben, was alle Engel und Erzengel nie=
mals konnten. Wir stehen über der Mutter Gottes, denn diese hat
Christus nur einmal geboren, wir Priester aber erzeugen und schaffen
denselben tagtäglich — ja die Priester stehen einigermaßen über
Gott, denn derselbe muß uns zu allen Zeiten und an allen Orten
zu Diensten stehen und auf unsern Befehl bei der Konsekration in
der Messe vom Himmel herabsteigen. Gott hat zwar mit den
Worten ‚Es werde‘ die Welt erschaffen, wir Priester aber schaffen
mit drei Wörtchen Gott selbst . . . . . Deshalb hat man in den
Zeiten, wo noch Glaube und Christenthum bestand, die Geistlichen
in den allerhöchsten Ehren gehalten, das Volk, ja Kaiser und Könige
haben sich vor ihm auf die Erde geworfen und den Boden geküßt,
wo er seinen Fuß hingesetzt hatte; heute aber wagt man von Seite
der Regierungen die Priester zu verfolgen und Gesetze zu schaffen,
womit die eifrigen und glaubenstreuen Geistlichen mit Festungsstrafe
bedroht werden.‘

Dieß sind nur einige Auszüge aus den Predigten, vielmehr
Vorlesungen, die der berühmte Pfarrer Kinzelmann von Geſtraß
am 25. vorigen und am 7. dieses Monats an seine bedauerns=
werthe Gemeinde gehalten hat.“

Die Südd. Pr. schrieb aus Bayern: Der Minenkrieg unserer
Römlinge gegen das deutsche Reich scheint bereits in das zweite
Stadium eingetreten zu seyn. Galt es im ersten, die Reste der
Begeisterung von 1870 auszutreiben, Mißstimmung zu pflanzen, so
scheint es Aufgabe des zweiten Stadiums zu seyn, die Zertrümme=
rung unseres nationalen Werkes fester ins Auge zu fassen und die
Bevölkerung bei Zeiten schon mit den Mitteln zu Erreichung dieses
Zieles vertraut zu machen. Daß man von Frankreich den Haupt=
schlag erwartet, daß die ganze Rechnung auf Mitwirkung dieses
Faktors gestellt ist, bedarf wohl keines Beweises. Erst in neuerer
Zeit aber treten die Anzeichen deutlicher hervor, daß man Vor=
bereitungen trifft, die Bevölkerung mit dem Gedanken einer that=
kräftigen Unterstützung einer von Frankreich ausgehenden Aktion
vertraut zu machen. Ob man hiebei ein ins Bayerische übersetztes
Franctireurwesen im Auge hat, oder ob man auf den Abfall unseres

Heeres rechnet, und wie man eine solche Möglichkeit mit dem Fahneneid zusammenreimen mag, der das Heer im Kriegsfall zu unbedingtem Gehorsam gegen den deutschen Kaiser verbindet — das
mag heute ununtersucht bleiben. Es genüge vorläufig, an die Thatsache erinnert zu haben.

Das bayerische „Vaterland" genirte sich nicht, Frechheiten wie
folgende abzudrucken: „Die Blätter veröffentlichen den neuen bayerischen Fahneneid, an dessen Schluß die Stelle vorkommt: ‚Auch
schwört ihr, im Kriege den Befehlen Seiner Majestät des deutschen
Kaisers als Bundesfeldherrn unbedingt Folge zu leisten.' — Das
ist sehr fein und schützt davor, daß ‚die Regimenter zum Feinde
hinüber kommandirt werden', was in der bayerischen Weltgeschichte
schon mehrmals vorgekommen ist. Aber auch wenn der König von
Bayern und der ‚deutsche Kaiser' sich zerkriegten oder der ‚deutsche
Kaiser' es dem König von Bayern machte, wie dem König von
Hannover, was freilich bei der gegenseitigen Freundschaft gar nicht
denkbar ist, wären die bayerischen Soldaten dem ‚deutschen Kaiser'
zu unbedingtem Gehorsam eidlich verpflichtet und müßten in diesem
freilich ganz undenkbaren Fall wieder die Bauern — — sich bei
Sendling oder auf einem andern Friedhof begraben lassen, wenn
die Preußen kämen, was wieder nicht denkbar ist, und die Bayern
sich dagegen wehren wollten, was sie ja gar nicht mehr dürfen.
Glücklicher Weise kann man wenigstens unsern Herrgott nicht be-
eiden, so daß er morgen das ganze ‚deutsche Reich' über den Haufen
blasen kann, wenn er will, worüber wir wenigstens uns noch vor
Eintritt der Ewigkeit trösten zu können einige Hoffnung haben.
Denn das wäre doch gar zu traurig, wenn wir uns über dieses
schreckliche Unglück gar nicht mehr zu trösten vermöchten!"

Am 21. Januar, dem Jahrestag der Annahme der Versailler
Verträge, brachte das „Vaterland" einen Artikel, an dessen Spitze
sich die Worte: „Zum 21. Januar" in breitem schwarzen Rande
befinden, und in dessen Eingang es heißt: „Für uns ist dieser
21. Januar ein schwarzer Tag, ein Tag der Trauer; er ruft uns
nur schmerzliche Erinnerungen wach — die Erinnerungen vor Allem
an den geliebten Todten, unser theures, altes bayerisches Vaterland;

am 21. Januar feiern wir den Jahrestag seines Todes so lange, bis eine wunderbare Fügung den Todten uns wieder zum Leben erweckt, was, wie wir hoffen, noch vor dem allgemeinen letzten Gerichte geschehen wird." Am Schlusse der Jeremiade wird dann nochmals die Hoffnung ausgesprochen: „Möge die Zeit nicht ferne seyn, auf die wir hoffen, daß das alte Bayern im alten Glanze, in der früheren Schönheit, in Freiheit und Ehre wieder erstehe aus dem Grabe, in das es am 21. Januar 1871 gebettet wurde; daß der gesegnete Tag erscheinen werde, der Bayern den Bayern wiedergibt. Bis dahin trauern wir ums Bayerland, ums Vaterland, und der heutige Tag mit seiner traurigen Erinnerung soll uns bis dahin stets ein Tag besonderer Wehmuth und Trauer seyn!"

Nachdem der Bischof von Augsburg allen Pfarrern seines Bisthums befohlen hatte, die neuen Concilsbeschlüsse zu verkünden, und der Pfarrer Renftle sich weigerte, die Rechtmäßigkeit des Concils und das neue Dogma anzuerkennen, excommunicirte ihn der Bischof. Die weltliche Regierung aber gewährte ihm den verfassungsmäßigen Schutz. Ueber diesen Schutz gab nun der Bischof eine Beschwerdeschrift ein, die in der Sitzung des bayerischen Abgeordnetenhauses vom 23. Januar 1872 gutgeheißen und unterstützt wurde. Die Minderheit des Hauses vertheidigte die Regierung. Zuerst bemerkte Völk, das neue Dogma habe gar nicht publicirt werden dürfen, weil die Bischöfe das placet der Regierung nicht zuvor eingeholt hätten, es habe also gar keine Giltigkeit für Bayern.

Jörg, der Mehrheit sicher, ritt das Paradepferd des unbedingten Gehorsams gegen die Kirche, der auch der Staat gehorchen müsse. Sepp führte dagegen in längerer Rede aus, die Jesuitenpartei mit dem incompetenten Concile sey gar nicht die alte Kirche und habe kein Recht, Gehorsam zu fordern. Es seyen nur (politische) Wühler, die in dem friedenvollen Deutschland einen Religionskrieg entzünden wollten. Das Feuer sey angezündet, und nun wolle die Mehrheit der bayerischen Kammer, anstatt zu löschen und den Landfrieden herzustellen, nur noch Oel ins Feuer gießen. Die Bischöfe seyen über die Bedeutung des Dogmas so wenig im Klaren gewesen, daß der Minister, wenn er sich nach dem Concil um eine

Erklärung an jeden einzelnen derselben gewandt hätte, eine Muster=
karte aus Bayern allein bekommen haben würde. Ueberhaupt glaube
Niemand an das Dogma, als ältere und jüngere Weiber beiderlei
Geschlechts. (Große Heiterkeit.) Selbst die große Anzahl der Bi=
schöfe denke nicht einmal daran, an dasselbe zu glauben. (Tumult
rechts; Rufe: Das ist Lüge!) Ein hoher Mitraträger habe erklärt:
„Wenn ich nochmals nach Rom käme, ich ginge wieder zur Op=
position" (Unterbrechung: Namen! Verleumdung!) — „es ist der=
jenige, dem wir die Restauration des hiesigen Domes verdanken!"
Oder habe nicht ein Mitglied der Kammer — es sitze hinter ihm
(dem Redner) und sey heute sein Gegner — vor dem Concils=
beschlusse zu ihm gesagt: „Wenn der Beschluß in Rom zu Stande
käme, müßte man aus der Kirche treten!" Jetzt möge er austreten!
(Lärm.) Redner gibt nun eine lange Schilderung der wahrschein=
lichen Folgen des Dogmas, erkennt aber in den ganzen kirchen=
geschichtlichen Vorgängen der Jetztzeit etwas Providentielles, erinnert
an eine alte Prophezeihung, daß die Kirche nur bestehen werde von
Petrus I. bis Petrus II., welch' letzterer eben so lange auf dem
Stuhle Petri sitzen werde, als ersterer, und glaubt sich keiner Täu=
schung hinzugeben bei der Annahme, daß eben so siegreich, wie die
deutschen Waffen aus dem jüngsten Kriege hervorgegangen, auch
die deutsche Wissenschaft der römischen Hierarchie gegenüber seyn
werde. (Bravo! links.) Von der durch das bekannte Dogma im
neunzehnten Jahrhundert hervorgerufenen Kirchenspaltung und ihrem
eigentlichen Urheber, dem jetzigen Papste, werde man aber sagen:
„il grande devastatore della chiesa". (Bravo! links. Unruhe
rechts.) Was bleibt uns nun zu thun? schließt Redner seinen
1½stündigen Vortrag, und beantwortet diese Frage folgendermaßen:
Es bleibt nichts übrig, als die Excommunication zurückzunehmen,
wie das früher oft geschehen, wo gut katholische bayerische Herzoge
die Geistlichen zur Zurücknahme zwangen und die Verkündigung
einer solchen bei Haft verboten. Das mache ich dem Cultusminister
zum Vorwurf, daß er nicht bei der ersten Excommunication in ähn=
licher Weise eingeschritten ist.

Eine treffliche Rede hielt auch v. Hörmann, der frühere Mi=

nister des Innern, indem er die sophistischen Rechtstheorien der Kammermehrheit wie eine Gurke mit scharfem Messer zerschnitt. „Die Kammer hat geschworen, die Verfassung aufrecht zu halten und man muthet ihr zu, einzelne Bestimmungen zu eskamotiren und katholische Politik zu treiben. In der Verfassung sey die Frage des Placet so klar entschieden, daß darüber gar kein Zweifel bestehen kann. Man könne auch gar nicht leugnen, daß Dogmen Kirchen-„Gesetze" sind, und die Verfassung bestimme klar, daß zur Verkündigung von Gesetzen das königliche Placet erforderlich ist. Wenn dasselbe verweigert wird, so will die Regierung die Leute nicht hindern, an ein Dogma zu glauben, sie will aber auch nicht die Gewissensfreiheit derer beeinträchtigen lassen, die nicht daran glauben wollen (Beifall). Es ist sonderbar, daß diejenigen, die sich stets dafür ausgeben, die königliche Gewalt aufrecht erhalten zu wollen, derselben mit Präjudizien entgegentreten, wenn es sich um einen Bischof handelt. Die Anhänger des Majoritätserachtens wollen, daß die Staatsregierung zum Gerichtsvollzieher der Kirche werde. Man muthe der Regierung die kolossale Blamage zu, zum Vollzuge einer Sache, die sie bekämpft, den weltlichen Arm zu leihen. Der Eid des Gehorsams, welchen der Bischof von Augsburg dem König von Bayern geleistet, hat die nämliche Geltung wie der, den Pfarrer Renftle dem Bischof von Augsburg geleistet hat. Letzterer gab mit seiner Beschwerdeführung seiner Diöcese ein Beispiel von Frivolität (Beifall). Man hat die Befürchtung ausgesprochen, daß eine fremde Macht sich in diese Dinge mischen werde, aber er (Redner) glaubt, daß wir auch ohne die „fremde" Macht in Berlin mit der wirklich fremden Macht in Rom fertig werden. Die Infallibilisten hier im Saal sollen an ihre Abgeordnetenpflicht denken und nicht confessionelle Politik treiben wollen in einem paritätischen Staate; wollten sie mehr von ihren religiösen Gewissensscrupeln als von jener Pflicht sich leiten lassen, dann sollten sie ihre Mandate niederlegen, sonst werde es bald genug auch in Bayern heißen: „Hinaus mit den Theologen aus der Kammer!" (Großer Beifall).

Aufs gründlichste wies in der letzten Sitzung vom 27. Januar Mi-

nister v. Lutz in zweistündiger Rede die Ansicht der Regierung als durch=
aus verfassungsmäßig und insbesondere die niemals unterbrochene oder
aufgehoben gewesene Gültigkeit des Placet nach. Er führte histo=
risch an, wie viele bayerische Fürsten schon von Georg dem Reichen
bis auf Ludwig I. vom Placet Gebrauch gemacht hatten. Er be=
wies ferner aus dem Wortlaut des schema de ecclesia die Staats=
gefährlichkeit des neuen Dogma, welches die Ultramontanen immer
noch frischweg leugneten. Er frug, was denn das Verfahren des
Augsburger Bischofs gegen den Pfarrer in Mering anderes sey, als
ein Versuch, das neue Dogma den Leuten gewaltsam aufzudringen.
Er erinnerte an die Zeiten, in denen die Päpste von Avignon aus
den guten Bayern das bitterste Herzeleid anthaten, indem sie Bann
und Interdict über den edlen Kaiser Ludwig den Bayern verhäng=
ten. Er bezüchtigte endlich die Ultramontanen der Lüge, indem sie
unter der blauweißen Fahne, als sey es ihnen einzig um die Selbst=
ständigkeit Bayerns zu thun, doch nur die Tyrannei Roms in
Bayern einführen und die Bavaria in römische Ketten schmieden
wollten.

Schließlich ergriff auch noch der Ministerpräsident Graf von
Hegnenberg das Wort und schleuderte ebenfalls den Ultramon=
tanen den Vorwurf der Lüge ins Gesicht: „Die vatikanischen Dekrete,
sprach er, sollen nichts Neues enthalten? — Lüge! Die Vereini=
gung der denkbarst absoluten Gesetzgebungs=, Richter= und Exekutiv=
gewalt in der Person des Papstes, ohne daß für seine Entscheidungen
die Zustimmung der Kirche erforderlich wäre, das sey kirchliches
Lehramt — Lüge! Und die Ausdehnung dieses Absolutismus
vom Gebiet des Glaubens auf das Gebiet der Sitten berühre keine
bürgerlichen und politischen Verhältnisse — Lüge! Warum haben
die Bischöfe, wenn sie nach dem Concil der Wahrheit kein Zeugniß
mehr geben wollten, nicht wenigstens die Lüge auf sich beruhen
lassen? Wer hat sie gezwungen, ihre Unterhirten in einen Land=
sturm zu verwandeln?" Die schöne Zeit der Ruhe wird schwer ver=
mißt und Herr v. Lutz versicherte, selbst in den ministeriellen Schooß
werde so mancher klerikale Schmerz ausgeschüttet. Als sich Einige er=
kühnten, ein abweisendes „Oho!" auszustoßen, da wurde die Stimme

des Ministers um einen bedeutungsvollen Halbton höher und mit dem Finger auf den Boden deutend, rief er: „Das ist wahr, bis in diesen Saal herein!" Augenblickliches eiskaltes Schweigen konstatirte den Vollzug einer moralischen Douche. — Der Ministerpräsident drückte noch den Wunsch aus, die schwebenden Wirren möchten auf friedlichem Wege gelöst werden, und schloß mit dem Satze: „Erachten Sie die Beschwerde als begründet, so schlagen Sie den letzten Nagel in den Sarg des bürgerlichen und confessionellen Friedens, aber auf Sie fällt die Verantwortung!" Bei der Abstimmung ergab sich Stimmengleichheit von je 76 Stimmen. Weil aber nach der Verfassung Stimmengleichheit als Verneinung gilt, war somit die Beschwerde des Bischofs von Augsburg abgelehnt, und die überfüllten Gallerien brachen in Jubel und laut und oft wiederholtes Bravo aus. Zwei Modificationsanträge wurden ebenfalls abgelehnt. Die A. Allg. Z. schrieb: Das so bedeutsame Ergebniß der heutigen Abstimmung der Kammer der Abgeordneten verdanken wir vorzugsweise auch der großen Aufopferung des kürzlich in die Kammer eingetretenen Abgeordneten Julius Müller, Staatsanwalts zu Frankenthal, dem vor zwei Wochen der Unfall begegnete, einen Fuß zu brechen, der sich aber dessenungeachtet mit seinem großen Gypsverband in die Kammer bringen ließ und gegen die Beschwerde stimmte, so daß hiedurch Stimmengleichheit erzielt wurde.

Die Münchener Abendzeitung bemerkte: Die Ultramontanen sind geschlagen, sie haben eine unheilbare Niederlage erlitten, denn die oft ausposaunte Majorität ist dahin auf immer, der heutige Tag hat sie um alles Ansehen gebracht, in den viertägigen Debatten sind sie mehr denn je entlarvt worden. Wenn der glaubenstreue Katholik Hegnenberg den Römlingen auf ihr Anathema den deutschen Fluch zuruft: „Fluch der Lüge!" wenn Präsident Hörmann nachweist, daß die Eide auf die Verfassung gebrochen wurden, so sind das Thatsachen, die Niemand aus dem Volke vergessen wird, der noch Sinn für Wahrheit, Recht und Gesetz hat.

Damals wurde aus München geschrieben: Unsere frommen und „patriotischen" Hochwürdigen sind doch recht angenehme Herren,

ganz im Geiste der christlichen Liebe. Das erfuhr jüngst namentlich
Dr. Sepp, der doch sonst selbst zu der Zunft ihrer weltlichen Mit=
streiter gehört, durch seine neuliche unfehlbarkeitsfeindliche Rede aber
den Zorn der Nachfolger Christi im höchsten Maße auf sich ge=
laden hat. Dieser Zorn und Haß hat sich auch bereits in fühl=
barer Weise über dem Haupte des „Abtrünnigen" entladen. Sepp
bekam nämlich, kaum ein paar Tage nachdem er das schreckliche
Verbrechen begangen hatte, von einem Pfarrer seines Wahlbezirks
einen gar liebenswürdigen Schreibebrief des Inhalts, daß der Hoch=
würdige von einer Frau, die auf einem Anwesen Sepp's ein Capital
von 45,000 fl. stehen hat, beauftragt sey, ihm zu eröffnen, daß sie
wegen der Rede, die er gegen die „katholische Kirche" gehalten und
die von den Liberalen mit großem Beifall aufgenommen worden
sey, ihm das Capital künde, und um die Zartsinnigkeit dieses Ver=
fahrens zu erhöhen, war beigefügt, Dr. Sepp möge für den Nach=
theil, den er etwa durch diese Kündigung erleide, sich bei den
Liberalen schadlos halten. Aber nicht bloß in Geld=, sogar in den
heiligsten Familienverhältnissen sucht man den nun Verfehmten
tödtlich zu treffen, indem man Versuche macht, seine Frau zu be=
wegen, daß sie von dem gottlosen Gatten sich scheiden lasse. Das
ist Priesterrache.

     Inzwischen vollzog sich in München eine Allianz der Ultra=
montanen mit den Socialdemokraten. Das ultramontane „Vater=
land" druckte die Einladung zu einer Arbeiterversammlung in
München ab.

     In jenen Tagen las man in der Mainzeitung: Der oberste
Gerichtshof in Bayern hat das Urtheil bestätigt, wodurch der Herr
Bischof von Regensburg wegen Beleidigung des Bürgermeisters zu
Kötzting durch eine Firmungspredigt in dortiger Kirche zu 75 fl.
Geldbuße und in sämmtliche Kosten verurtheilt wurde. Das Urtheil
motivirt sich damit, daß die Bischöfe zwar unzweifelhaft ein Recht
der kirchlichen Censur über ihre Gläubigen hätten, daß sie aber bei
Uebung dieses Rechtes nicht einer Privatehrenkränkung sich schuldig
machen dürften. Mit dem Gebrauche ehrenkränkender Worte ver=
fielen die Bischöfe gleich jedem Andern dem Gebiete des Strafrechts.

Die Nichtigkeitsbeschwerde des Bischofs wurde vom höchsten Gerichtshof verworfen.

Damals (Ende Januar 1872) erfuhr man auch, die Krankheit des Prinzen Otto, des einzigen und selbst noch unvermählten Bruders des unvermählten Königs, habe sich sehr verschlimmert. „Er befindet sich unter ärztlicher Aufsicht in Nymphenburg, und thatsächlich steht die Dynastie des Königs Max II. auf zwei Augen. Um so begreiflicher ist es, daß König Ludwig II., als er vorgestern im Hoftheater erschien, von dem Publikum stürmisch begrüßt wurde. Man kennt die Stellung, welche der Fürst den klerikalen Anläufen gegenüber von jeher eingenommen hat, und daß der am Tage vorher erfochtene Sieg des Ministeriums und der Liberalen zugleich eine Genugthuung für die persönlichen Ueberzeugungen des Monarchen war. Mit welchem Eifer der älteste Oheim des Königs, Prinz Luitpold und dessen ganzes Haus, dem Ultramontanismus anhängt, weiß Jedermann, und jeder gute Bayer muß wünschen, daß diese Richtung — eine Seitenlinie bleibt."

Man verband mit dieser Münchener Nachricht eine mysteriöse römische Korrespondenz des polnischen Kraj, „derzufolge am russischen Hofe Persönlichkeiten welfischer Verbindung und Gesinnung für eine Versöhnung zwischen Rußland einerseits und Polen und dem Katholicismus andererseits thätig wären, um auf dieser Grundlage eine russisch-französisch-englische Allianz zur Zertrümmerung Deutschlands und Italiens zu ermöglichen. Darauf mag wenig Gewicht zu legen seyn. Merkwürdig ist aber, daß der erste Theil dieser Notiz von dem hiesigen Volksboten, dessen Beziehungen zu der Nunciatur bekannt sind, auch seinerseits und zwar mit dem Vermerken gemeldet wird, daß dieses Ereigniß ein sehr erfreuliches und hoffnungsreiches sey. Unter diesen Umständen hat es ein gewisses Interesse, daß das hiesige ,katholische' oder ,Hofcasino', dessen Protektoren gewisse, durch die, wie es scheint, unheilbare Erkrankung des Prinzen Otto neuerdings wieder in den Vordergrund der Bühne getretene Prinzen des bayerischen Hauses sind, das genannte Blatt als eigenes Organ zu acquiriren sucht. Als Vermittler des Kaisers wird der bekannte Reichstags- und Landtags-Abgeordnete

Dr. Schüttinger, der Vater des famosen „Initiativ-Antrages‘, ge=
nannt. Gleichzeitig spricht man in den vertrauten Kreisen von der
nahe bevorstehenden Verlobung des Prinzen Leopold, des zweiten
leopoldinischen Prinzen, mit der ältesten Prinzessin von Hannover.
Bekanntlich ist der ältere Bruder des Prinzen Leopold, der Prinz
Ludwig, bereits vor vier Jahren durch seine Heirath mit einer
Prinzessin von Modena zugleich in den Besitz eines der größten
europäischen Fürstenvermögen gelangt und in die Interessen der
durch die Neugestaltung Italiens und Deutschlands depossedirten
Dynastien gezogen worden.“

Wie einzelne katholische Pfarrer von der Jesuitenpartei fanatisirt
und encouragirt waren, bewies Pfarrer Lechner in Bayern. Der=
selbe predigte: „Unsere katholischen deutschen Fürsten waren bei der
Beraubung des Papstes müßige Zuschauer; sie nennen sich zwar
von Gottes Gnaden, allein man weiß nicht, sind sie von Gottes=
oder Teufels=Gnaden,“ wurde deßhalb vom Bezirksgericht Freising
wegen Majestätsbeleidigung zu 1 Jahre Festungsstrafe verurtheilt,
was auf ein halbes Jahr herabgesetzt wurde.

Professor Meßmer in München wurde vom dortigen Erzbischof
feierlich excommunicirt, weil er dem neuen Dogma widersprochen, er=
klärte aber in einem offenen Antwortschreiben, daß das vierte Kapitel,
welches dem Canon 6 der 23. Sitzung von Trient vorausgehe, den
Universalepiscopat und die Plenipotenz des Papstes verwerfe, denn
dasselbe bezeichnet die Bischöfe „als vom heiligen Geiste, also un=
mittelbar von Gott,“ nicht mittelbar durch den Papst gesetzt,
die Kirche Gottes zu regieren und zugleich als Nachfolger der
Apostel.*)

Im März 1872 kam zu Freising in Bayern der katholische
Priester Ertle in Untersuchung, weil er, an einer Wallfahrtskirche in
der Nähe angestellt, den abergläubigen Wallfahrern gemeines Lampenöl
als kostbares Heilmittel angepriesen und verkauft habe. Ein Be=

---

*) Proinde sacrosancta synodus declarat, præter ceteros eccle-
siasticos gradus, episcopos, qui in apostolorum locum successerunt,
ad hunc hierarchicum ordinem præcipue pertinere et positos sicut
idem Apostolus ait a Spiritu Sancto, regere ecclesiam Dei.

lastungszeuge deponirte (jedoch nur vom Hörensagen), daß Ertle sich einmal sogar herbeilassen wollte, eine kranke Person vom Krankenbette aus direkt in den Himmel hineinzuspediren, jedoch selbstverständlich nur um die Fahrtaxe von 150 fl. Am originellsten war die Aussage einer jungen Frau, welche von ihrem eigenen Vater — um eine dem letztern mißliebige Heirath seiner Tochter zu vereiteln — zu Ertle gebracht wurde, der ihr ebenfalls eine Portion Lampenöl mitgab mit der Weisung, hievon einige Tropfen in den linken Brautschuh zu schütten, dann könne sie nicht mehr anders und .müsse noch am Altare „Nein" sagen. Daß das Wunderöl nichts half, bewies ganz deutlich die bald darauf erfolgte Trauung der Zeugin." Der geistliche Betrüger wurde nur in die Kosten und zu zwanzig Gulden Strafe verurtheilt.

In Erlangen bildeten die Altkatholiken die Mehrheit und baten daher die Regierung, zu gestatten, daß ihnen die katholische Kirche daselbst zu ihrem Gottesdienste eingeräumt werde. Das wurde ihnen nun auch in einem Erlaß gewährt, worin grundsätzlich festgestellt war, daß „überall, wo die Mehrheit der Gemeinde am alten Glauben hält und die Kirche Gemeinde=Eigenthum ist, dem urchristlichen Prinzip des Gemeinderathes Raum gegeben wird."

Ein Pfarrer zu Waldenhofen im Allgäu war Infallibilist, seine Gemeinde aber altkatholisch, so daß seine Kirche leer blieb, indem die Gemeinde zum altkatholischen Gottesdienst nach Kempten ging.

Da sich kein deutscher Bischof der altkatholischen Bewegung annahm und die Altkatholiken doch einen Bischof brauchten, um die Firmelung vorzunehmen, richteten sie ihr Augenmerk auf den jansenistischen Erzbischof von Utrecht, Heinrich Loos. Dieser kam nun wirklich nach München und hielt hier am 7. Juli in der St. Nikolaikirche am Gasteig, „eine ehrwürdige Gestalt mit weißem Haupthaar, aber körperlich rüstig und geistig frisch", ein Hochamt und ertheilte den Kindern das Sakrament der Firmelung. Nach dem Hochamt betrat Professor Friedrich die Kanzel, um im Namen des Erzbischofs eine tiefergreifende Ansprache zu verlesen. „Daß die Wege des Herrn wunderbar sind, das empfinde er (der Herr Erzbischof) am heutigen Tage wieder mit voller Gewalt; denn wer hätte je gedacht, daß für ein von ihm repräsentirtes, von dem sichtbaren Haupte der Kirche verfluchtes, hinausgestoßenes und von dessen zahllosen Schmeichlern und Anbetern verhöhntes und beschimpftes Häuflein von der göttlichen Vorsehung eine solche Aufgabe zurückgelegt worden sey. Und warum — heißt es weiterhin in dieser erzbischöflichen Ansprache — wurden wir (die Kirche von Utrecht) solcher Gnade gewürdigt? Weil wir stritten für Recht und Wahrheit, für die Ehre Christi und Gottes, für reine Sitten und wahre Tugend. Weil wir, obschon schwer mißhandelt in der Kirche Christi, ihr mit unverbrüchlicher Treue unaufhörlich anhingen und die gemißbrauchte Gewalt in dem, was rechtmäßig war, zu respektiren nie aufhörten. Weil wir, obschon mit bitterm Haß verfolgt, soviel und wo wir es vermochten, Liebe und Einheit gepflogen haben. Zur Hülfe in der größten Noth, die je die Kirche betroffen, wurden wir über alle drohenden Gefahren hinweg erhalten; denn welch' größere Noth könnte es für die Kirche Christi geben, als daß die geistlichen Hirten, voran ihr Oberhaupt selber, wider den alten Glauben eine neue Lehre aufstellen, bekennen und ihre Untergebenen zum Bekenntniß solcher Irrlehre zwingen; ja sich nicht scheuen, die im alten Glauben Beharrenden zu verfluchen und der Wohlthaten und Segnungen der christlichen Heilslehre für unwürdig zu erklären. Aber Er, der Israel behütet, schläft nicht. Und wenn das Böse sich so erhebt, daß den Treuen des Herrn das Lebensbrod verweigert wird, dann hat Er seine Diener, die sich nicht fürchten, für seine Treuen zu sorgen, bis das Uebel vorüber.

„Zu jenen Treuen gehört Ihr, meine Geliebten! die Gott durch seine großmächtige Gnade behütet, daß Ihr Euer Knie nicht vor dem Abgott beugtet. Und treue geistliche Diener helfen Euch in Eurer Noth. Auch die Kirche von Utrecht hat Euren Nothruf gehört und in ihm Gottes Rufen erkannt. Das hat mich auch getrieben dem Rufe folgend, Euch das Sakrament zu spenden. Die gewöhnliche Ordnung möchte es uns verbieten, das Gesetz der Liebe aber gebietet es uns. O, daß durch Gottes Güte unser Dienst unter Euch fruchtbringend und gesegnet sey."

Man schrieb ferner aus München: Morgen reist der Erzbischof nach Kiefersfelden, um Dienstag dort zu firmen, Mittwoch nach Mering, um Donnerstag dort zu firmen. In Kempten wird er Sonntag funktioniren. Am Tage der Firmung zu Kiefersfelden brannten Freudenfeuer auf den Bergen. In der Pfarrkirche zu Mering wurden 184 altkatholische Knaben und Mädchen vom Erz= bischof gefirmelt. In Kempten hatte der König den Altkatholiken den Fürstensaal zur Firmelungsfeier überlassen. Am 16. Juli firmelte der Erzbischof die Altkatholiken zu Kaiserslautern. Böller= schüsse und Glockengeläute empfingen ihn, und die Stadt war festlich beflaggt. Desgleichen firmelte er in Landau.

Hinterdrein erfuhr man durch das klerikale „Vaterland", daß „der Herr Erzbischof von München=Freising, sobald er von den durch den Erzbischof Loos aus Utrecht hier vorgenommenen Funk= tionen Nachricht erhielt, sofort einen energischen Protest ans k. Mi= nisterium (mit Zustimmung des ganzen Domcapitels) eingesandt habe, wie er dann jedes Mal, so oft ein neuer, in der Gasteig= kirche vorgenommener sacrilegischer Akt zu seiner Kenntniß komme, protestire; doch scheine es, daß alle diese oberhirtlichen Proteste einfach zu den Akten gelegt werden." Der Münchener Volksbote schrieb: „Die Stadt Landau hatte das Unglück, am 21. den be= kannten fliegenden Holländer in ihren Mauern zu sehen. Derselbe, Loos heißt er, ließ auch hier seine Finessen los, trieb jansenistischen Unfug und firmte nebenbei einige Kinder. Sodann war große Tafel im Schwanen, wobei mehrere Jesuiten, Römlinge, Ultramon= tane und andere wilde Thiere gefressen wurden, natürlich nur mit dem Mundstück, das bekanntermaßen bei Leuten dieser Sorte stets das Einzige und Beste ist, was sie haben." Solche Sprache führt das Leibblatt des Erzbischofs. — Von Landau kehrte Loos in seine holländische Heimath zurück.

Es ist auffallend genug, daß auch noch in der gegenwärtigen Zeit, in welcher der katholische Klerus so scharf beobachtet wurde, Fälle wie folgende vorkamen. Im Herbst 1872 wurde Cooperator Würf von Auenkirchen zu neun Monaten Gefängniß verurtheilt, weil er sich während des Religionsunterrichtes unzüchtige Handlungen gegen Mädchen erlaubt hatte, und wurde der katholische Pfarrer Scherer von Mundelfingen vom Schwurgericht in Constanz wegen unnatürlicher Unzucht mit den seiner Seelsorge anvertrauten Kindern zum Zuchthaus verurtheilt.

<hr>

Kapitel 3.

Die ersten altkatholischen Versammlungen.

Man sah das neue Dogma mit Recht als den äußersten Endpunkt an, bis zu dem die Anmaßungen des Papstthums gehen konnten. Unvermeidlich riefen sie ein Schisma hervor und zwar ein für die römische Kirche noch verhängnißvolleres, als es der Abfall der Protestanten zur Reformationszeit gewesen war, weil ihr diesmal von Seite der weltlichen Mächte keine so ausreichende Unterstützung dargeboten wurde als damals.

Gleichwohl schien die altkatholische Opposition gegen Rom in den ersten Jahren des Kampfs noch eine verhältnißmäßig geringe zu seyn. Man pflegte die Döllinger, Schulte, Friedrich, Michelis 2c. einen Generalstab ohne Armee zu nennen und die Ultramontanen glaubten sich bereits ganz sicher, als ob die ungeheure Masse der katholischen Bevölkerung für immer auf ihrer Seite stehen müsse, so daß die altkatholische Bewegung der Gegenwart eben so in sich selbst ersticken würde, wie die sog. deutsch-katholische vor dreißig Jahren. Allein die Verhältnisse waren doch ganz andere, und die Ultramontanen dürften sich in ihrem frühzeitigen Triumph bitter getäuscht haben. Es ist ganz richtig und läßt sich auch ganz natürlich erklären, daß die altkatholische Opposition noch schwach war, so lange sie 1. von der weltlichen Staatsgewalt noch nicht ausreichend unterstützt, so lange namentlich noch nichts geschehen war, um den drückenden Alp von der Brust des niederen Klerus zu verscheuchen und diesem gegenüber den Jesuiten und dem Episcopat mehr Muth und eine freiere Bewegung zu gestatten; weil 2. die Protestanten mit sich noch nicht ins Reine gekommen waren, wie weit sie jener Opposition, als einer einfachen Fortsetzung der Reformation, brüderlich beistehen sollten, und weil 3. die Altkatholiken selbst unter sich noch nicht einig waren.

Die Altkatholiken theilten sich nämlich in zwei Parteien, wovon die eine nur das neue Dogma von der Unfehlbarkeit bekämpfen und beseitigen, im übrigen aber die alte Kirche des Tridentinums mit allen ihren Mißbräuchen wie bisher beibehalten, die andere dagegen auch jene Mißbräuche wegräumen und eine gründliche Reform durchführen wollte.

Die überall in Deutschland zerstreuten Altkatholiken suchten zusammenzukommen, die norddeutschen mit den süddeutschen Fühlung zu gewinnen. So eine Zusammenkunft am 13. April zu Bonn, wo sich Schulte, Michelis, Reinkens, Florencourt ꝛc. zusammenfanden. Am 5. und 6. August 1871 versammelten sich viele Häupter der Altkatholiken, namentlich Vertreter der schon an vielen Orten gebildeten Vereine zu Heidelberg, und nahmen das Münchener Programm aus dem Munde des Professor Huber entgegen. Man beschloß, sich Ende September wieder und zwar in größerer Zahl in München zu versammeln. In der Schlußsitzung wurde betont, es solle alles vermieden werden, was den Verdacht erregen könnte, als werden kirchliche Neuerungen beabsichtigt. Abweichend aber lautete der Bericht, in welchem der Weltpriester Anton aus Wien den Anschluß der österreichischen Bewegung an die deutsche anmeldete. „Er wollte nämlich nicht jede Neuerung vermeiden. Auf seinen Aufruf haben sich bei ihm in vier Tagen über 1000 Wiener Familien zum Beitritt angemeldet, und er hofft, in wenigen Wochen eine Gemeinde gründen zu können. Er fragt nun an, ob die Führer der Bewegung gewillt seyen, über die Frage der Unfehlbarkeit hinaus eine Reform der Kirche mit Wahrung des ächtkatholischen Standpunktes herbeizuführen. Sie in Oesterreich seyen zu den weitgehendsten Reformen von diesem Standpunkte aus entschlossen, zu Reformen in Dogma, Liturgie, durch Einführung des Laienelements in die Kirche ꝛc."

Auch eine Altkatholikenversammlung in Stuttgart erklärte zwar,

sie bekämpfe nur die Infallibilität und wolle die übrigen Glaubens=
sätze, wie sie die Kirche bis zum tridentinischen Concil entwickelt
habe, nicht berühren, verlangte aber doch freie Wahl der Bischöfe
durch das Volk, Abschaffung des Cölibats, der Ohrenbeichte, des
Mißbrauchs mit Heiligenbildern und Reliquien, Einführung der
Civilehe und Communalschulen.

Andererseits erfuhr man, die Leiter der zum 22. September
in München einberufenen großen Altkatholikenversammlung (Zirn=
gibl, Huber, Graf Moy ꝛc.) hätten in ihren Einladungen das
Recht, an der Versammlung theilzunehmen, von der Bejahung
folgender Fragen abhängig gemacht: Glaubt ihr an die geoffenbarte
Religion, an die Gottheit Christi und an die Bibel? Nach der
Südd. Post. — Am 13. versammelten sich die Altkatholiken des
Allgäus zu Kempten, wozu sich viele Landleute einfanden. In
einer Rede, welche Fürst Hohenlohe an seine Wähler zu Forchheim
hielt, sagte derselbe: Das bestehende Staats=Kirchenrecht ist durch
die Beschlüsse des vaticanischen Concils und durch die Haltung des
deutschen Episcopats wesentlich erschüttert. Es wird nöthig seyn,
dasselbe auf neuer Grundlage aufzubauen. Wenn der Kirche die
Freiheit gewährt werden muß, ihre Glaubenslehre und ihren Cultus
festzustellen, ihre Geistlichen zu bilden und zu wählen, so muß da=
gegen der Staat sich das Recht wahren, dafür zu sorgen, daß keine
Kirche in das Gebiet des Staates übergreife und daß jeder Staats=
Angehörige gegenüber seiner Kirche in seinen natürlichen und ver=
fassungsmäßigen Rechten geschützt werde. Dies führt nothwendig
dahin, die Behandlung der Ehesachen mit ihren rechtlichen Folgen,
die Führung der Civilstandsregister und endlich die Schule ganz
und ausschließlich zur Sache des Staates zu machen. Ob die
Regierungen der deutschen Mittelstaaten die Kraft und den Willen
haben werden, diese Frage in so durchgreifender Weise zu lösen,
darüber erlaube ich mir kein Urtheil. Sollte es nicht der Fall
seyn, so wird es nöthig werden, das Verhältniß zwischen Staat
und Kirche auf dem Wege der Reichs=Gesetzgebung dauernd festzu=
stellen.

Die lange vorher verkündete große Altkatholiken=Ver=

sammlung wurde am 22. September in München eröffnet. Zu ihr hatten sich zahlreiche Deputirte von altkatholischen Vereinen von ganz Deutschland und sogar aus Spanien und Rußland eingefunden. Ein mit der Redaktion des Programms beauftragter Ausschuß legte folgendes Programm vor: 1) Im Bewußtseyn unserer religiösen Pflichten halten wir fest an dem alten katholischen Glauben, wie er in Schrift und Tradition bezeugt ist, so wie am alten katholischen Cultus. Wir betrachten uns deßhalb als vollberechtigte Glieder der katholischen Kirche, und lassen uns weder aus der Kirchengemeinschaft, noch aus dem durch diese Gemeinschaft uns erwachsenden kirchlichen und bürgerlichen Rechte verdrängen. Wir erklären die wegen unserer Glaubenstreue über uns verhängten kirchlichen Censuren für gegenstandslos und willkürlich und werden durch dieselben an der Bethätigung der kirchlichen Gemeinschaft in unserem Gewissen nicht beirrt und nicht verhindert. Von dem Standpunkte des Glaubensbekenntnisses aus, wie es noch in dem sogenannten tridentinischen Symbolum enthalten ist, verwerfen wir die unter dem Pontificate Pius' IX. im Widerspruch mit der Lehre der Kirche und den vom Apostelconcile an befolgten Grundsätzen zu Stande gebrachten Dogmen, insbesondere das Dogma von dem unfehlbaren Lehramte und von der höchsten ordentlichen und unmittelbaren Jurisdiction des Papstes. 2) Wir halten fest an der alten Verfassung der Kirche. Wir verwerfen jeden Versuch, die Bischöfe aus der unmittelbaren und selbständigen Leitung der Einzelkirchen zu verdrängen. Wir verwerfen die in den vaticanischen Decreten enthaltene Lehre, daß der Papst der einzige, göttlich gesetzte Träger aller kirchlichen Autorität und Amtsgewalt sey, als im Widerspruche stehend mit dem tridentinischen Canon, wonach eine göttlich gestiftete Hierarchie von Bischöfen, Priestern und Diakonen besteht. Wir bekennen uns zu dem Primate des römischen Bischofes, wie er auf Grund der Schrift von den Vätern und Concilien in der alten ungetheilten christlichen Kirche anerkannt war. a. Wir erklären, daß nicht lediglich durch den Ausspruch des jeweiligen Papstes und die ausdrückliche oder stillschweigende Zustimmung der dem Papste zu unbedingtem Gehorsam eidlich verpflichteten Bischöfe, sondern nur im Einklange mit der heiligen Schrift und der alten kirchlichen Tradition, wie sie niedergelegt ist in den anerkannten Vätern und Concilien, Glaubenssätze definirt werden können. Auch ein Concil, welchem nicht wie dem vaticanischen, wesentliche äußere Bedingungen der Oekumenicität mangelten, welches aber in allgemeiner Uebereinstimmung seiner Mitglieder den Bruch mit der Grundlage und Vergangenheit der Kirche vollzöge, vermöchte durchaus keine die Glieder der Kirche innerlich verpflichtenden Decrete zu erlassen. b. Wir betonen, daß die Lehrentscheidung eines Concils im unmittelbaren Glaubensbewußtseyn des katholischen Volkes und in der theologischen Wissenschaft sich als übereinstimmend mit dem ursprünglichen und überlieferten Glauben der Kirche erweisen müsse. Wir wahren der katholischen Laienwelt und dem Klerus, wie der wissenschaftlichen Theologie, bei Feststellung der Glaubensregeln das Recht des Zeugnisses und der Einsprache. 3) Wir erstreben unter Mitwirkung der theologischen und canonistischen Wissenschaft eine Reform in der Kirche, welche im Geiste der alten Kirche die heutigen Gebrechen und Mißbräuche heben und insbesondere die berechtigten Wünsche des katholischen Volkes auf Theilnahme an den kirchlichen Angelegenheiten erfüllen werde. Wir erklären, daß der Kirche von Utrecht der Vorwurf des Jansenismus grundlos gemacht wird und folglich zwischen ihr und uns kein dogmatischer Gegensatz besteht. Wir hoffen auf eine Wiedervereinigung mit der griechisch-orientalischen und russischen Kirche, deren Trennung ohne zwingende Ursachen erfolgte und in keinem wesentlichen dogmatischen Unterschiede begründet ist. Wir erwarten, unter Voraussetzung der angestrebten Reformen und auf dem Wege der Wissenschaft und der fortschreitenden christlichen Cultur, allmälig eine Verständigung mit den übrigen christlichen Confessionen, insbesondere mit den protestantischen und bischöflichen Kirchen Englands und Amerikas. 4) Wir halten bei der Heranbildung des katholischen Klerus die Pflege der Wissenschaft für unentbehrlich. Wir betrachten die künstliche Abschließung des Klerus von der geistigen Cultur des Jahrhunderts in Knaben-Seminarien und einseitig von Bischöfen geleiteten höheren Lehranstalten bei deren großer pädagogischer Bedeutung für das Volk als gefährlich. Wir wünschen die Mitwirkung der weltlichen Obrigkeiten zur Erziehung und Heranbildung eines sittlich-frommen, wissenschaftlich erleuchteten und patriotisch gesinnten Klerus. Wir verlangen für den sogenannten niederen Klerus eine würdige und gegen jegliche hierarchische Willkür geschützte Stellung. Wir verwerfen die durch das französische Recht eingeführte und neuestens allgemeiner angestrebte willkürliche Versetzbarkeit, amovibilitas ad nutum der Seelsorge-Geistlichen. 5) Wir halten zu den die bürgerliche Freiheit und humanitaire Cultur verbürgenden Verfassungen unserer Länder, verwerfen darum auch aus staatsbürgerlichen und culturhistorischen Gründen das den Staat bedrohende Dogma von der päpstlichen Machtfülle und erklären, unseren Regierungen im Kampfe gegen den im Syllabus dogmatisirten Ultramontanismus treu und fest zur Seite zu stehen. 6) Da offenkundig durch die sogenannte Gesellschaft Jesu die gegenwärtige unheilvolle Zerrüttung in der katholischen Kirche verschuldet worden ist, da dieser Orden seine Machtstellung dazu mißbraucht, um in Hierarchie, Klerus und Volk culturfeindliche, staatsgefährliche und antinationale Tendenzen zu verbreiten und zu nähren, da er eine falsche und corrumpirende Moral lehrt und übt, so sprechen wir die Ueberzeugung aus, daß Friede und Gedeihen, Eintracht in der Kirche und richtiges Verhältniß zwischen ihr und der bürgerlichen Gesellschaft erst dann möglich ist, wenn der gemeinschädlichen Wirksamkeit dieses Ordens ein Ende gemacht seyn wird. 7) Als Glieder der katholischen, noch nicht durch die vaticanischen Decrete alterirten Kirche, welcher die Staaten politische Anerkennung und öffentlichen Schutz garantirt haben, halten wir auch unsere Ansprüche auf alle realen Güter und Besitztitel der Kirche aufrecht. München, 21. September 1871. Das Redactionscomité. Döllinger, Reinckens, Schulte, Huber, Maaßen, Langen, Friedrich.

Folgender Bericht der „Kölner Zeitung" gibt einen guten Ueberblick über die interessante Versammlung. Am 22. September, etwas nach halb 10 Uhr wurde die berathende Versammlung des Katholiken-Congresses, bei welcher sich anfänglich etwa 250 Delegirte eingefunden hatten, durch den Ober-Staatsanwalt v. Wolff,

den Vorsitzenden des Münchener Actions=Comités, eröffnet und be=
grüßt und nach seinem Vorschlage das Bureau folgendermaßen zu=
sammengesetzt: v. Schulte (Prag), Ehrenpräsident, Geheimerath
Windscheid (Heidelberg) und Nationalrath Keller (Aarau), Vice=
präsidenten, Professor Schwicker (Ofen), Stumpff (Coblenz) und
Appelrath v. Wulfen (Passau), Schriftführer.

Als Gegenstand der Berathung lag das von der Redactions=
Commission ausgearbeitete Programm vor.

Die Professoren Huber (München) und Reinckens (Breslau)
fungirten als Referenten. Reichsrath v. Döllinger, von der Ver=
sammlung aufs lebhafteste begrüßt, charakterisirte die Kirche von
Utrecht. Auf Vorschlag des Vorsitzenden fand keine allgemeine
Debatte Statt, sondern die Versammlung trat sofort in die Special=
berathung ein. Der erste Punct des Programmes wurde ohne
Debatte angenommen, über Punct 2 sprach Pfarrer Anton (Wien).
Die Fassung der Redactions=Commission wurde angenommen. Ueber
Punct 3 entstand eine lebhafte Debatte, an welcher sich Professor
Michelis (Braunsberg), Professor Ossinin (Petersburg), Pfarrer
Anton, Religionslehrer Nittel (Warnsdorf), Professor Stumpff,
Professor Bauer, Reichsrath v. Döllinger, Nationalrath Keller,
v. Liano (Spanien), Geheimerrath Windscheid, Professor Schwicker
und die Referenten betheiligten. Schließlich wurde Punct 3 (nach
den Anträgen von Stumpff, Michelis, Schwicker, Moy und Schulte)
in folgender Fassung angenommen:

„Wir erstreben unter Mitwirkung der theologischen und cano=
nistischen Wissenschaft eine Reform in der Kirche, welche im Geiste
der alten Kirche die heutigen Gebrechen und Mißbräuche heben und
insbesondere die berechtigten Wünsche des katholischen Volkes auf
verfassungsmäßig geregelte Theilnahme an den kirchlichen Angelegen=
heiten erfüllen werde, wobei unbeschadet der kirchlichen Einheit in
der Lehre die nationalen Anschauungen und Bedürfnisse der katho=
lischen Völker Berücksichtigung finden können. Wir erklären, daß
der Kirche von Utrecht der Vorwurf des Jansenismus grundlos ge=
macht wird und folglich zwischen ihr und uns kein dogmatischer
Gegensatz besteht. Wir hoffen auf eine Wiedervereinigung mit der

griechifch-orientalifchen und ruffifchen Kirche, deren Trennung ohne
zwingende Urfachen erfolgte und in keinen unausgleichbaren dog-
matifchen Unterfchieden begründet ift. Wir erwarten unter Vor-
ausfetzung der angeftrebten Reformen und auf dem Wege der
Wiffenfchaft und der fortfchreitenden chriftlichen Cultur allmählich
eine Verftändigung mit den proteftantifchen und bifchöflichen Kirchen."

Ueber Punct 4 fprachen noch Profeffor Maaffen (Wien), Pfarrer
Tangermann (Bonn), Religionslehrer Wollmann (Braunsberg),
Profeffor Michelis, Pfarrer Anton und Nationalrath Keller.

Die weitere Berathung wurde auf Nachmittag um 1 Uhr
vertagt.

Nachmittags um 3½ Uhr begann die zweite berathende Sitzung.

Präfident Schulte theilte der Verfammlung ein Glückwunfch-
Telegramm des Fortbildungs-Reform-Vereins Ofen-Pefth mit; fodann wurde in der Discuffion über Punct 4 fortgefahren. An
derfelben betheiligten fich die Herren Profeffor Cornelius (München),
Weltpriefter Thomas Braun (Paffau), Medicinalrath Kreutzer (Dur-
lach). Stumpff fprach entfchieden gegen die Beftimmung, daß der
Staat die Erziehung des Klerus zu übernehmen habe, weil dies
eine Schädigung der kirchlichen Freiheit werden könnte, und Reichsrath Dr. v. Döllinger unterftützte ihn in diefer Anfchauung aufs
wärmfte, weil er ein Anrufen der directen Staatsgewalt für höchft
gefährlich halte; es könnte ja felbft der Fall eintreten, daß in
irgend einem Staate die feudal-klerikale Partei zur Regierung käme
— welche traurige Confequenzen würden dann aus vorberegter Beftimmung erwachfen! Der Punct 4 wurde fodann nach einer Modification, welche aus den Modificationen Maaffens und Reinckens er-
wuchs, in folgender Faffung angenommen:

„Wir halten bei der Heranbildung des katholifchen Klerus die
Pflege der Wiffenfchaft für unentbehrlich. Wir betrachten die künft-
liche Abfchließung des Klerus von der geiftigen Cultur des Jahrhunderts (in Knaben-Seminarien und einfeitig von Bifchöfen geleiteten höheren Lehranftalten) bei deffen großem Einfluß auf die
Volkscultur als gefährlich und als höchft ungeeignet zur Erziehung
und Heranbildung eines fittlich-frommen, wiffenfchaftlich erleuchteten

und patriotisch gesinnten Klerus; wir verlangen für den sogenannten niederen Klerus eine würdige und gegen jegliche hierarchische Will= kür geschützte Stellung. Wir verwerfen die durch das französische Recht eingeführte und neuestens allgemeiner angestrebte willkürliche Versetzbarkeit (amovibilitas ad nutum) der Seelsorgsgeistlichen.“

Punct 5 wurde unverändert angenommen.

Im Punct 6 wurde lediglich die Modification gestellt und an= genommen, daß statt: „da er (der Jesuiten=Orden) eine falsche und corrumpirende Moral lehrt und übt“, gesetzt werde: „da er eine falsche und corrumpirende Moral lehrt und geltend macht.“

Punct 7 wurde ohne Debatte angenommen.

So war nun das ganze Programm, gewissermaßen das Glaubensbekenntniß der Altkatholiken, mit Einmüthigkeit festgestellt.

Professor v. Schulte entwickelte nun, wie nothwendig es sey, mit der Bildung altkatholischer Gemeinden sogleich einen Anfang zu machen und dafür die Hülfe des Staates nachzusuchen. Dem trat nun Döllinger entgegen, warnte vor dem Schisma, „vor der Betretung des praktischen Bodens,“ empfahl die höchste Vorsicht und wollte nicht eine Kirchentrennung, sondern eine Reform inner= halb der einigbleibenden Kirche durchsetzen. Er sagte: „Sie scheinen mir in dem großen Irrthume befangen zu seyn, daß Papst und Bischöfe schon dadurch, daß sie irren, aufhören, rechtmäßig Papst und Bischöfe zu seyn, und daß Sie sofort zur Bildung einer neuen Hierarchie schreiten dürften. (Einzelne Rufe: doch! doch! Ja wohl!) Dies ist nicht der Fall. Der Episkopat, an dem wir ja auch fest= zuhalten erklärt haben, ist und bleibt der rechtmäßige Episkopat, und die bisherige katholische Kirche ist und bleibt trotz der vatikanischen Dekrete die rechtmäßige große katholische Kirche. Wir befinden uns zwar in dieser Kirche in dem Zustande einer Art Nothwehr, ähn= lich wie Paul von Samosata zur Zeit der arianischen Streitig= keiten; unsere Nothwehr ist eine gerechtfertigte, und wir wissen nicht, ob sie von kürzerer oder längerer Dauer ist; aber über diese Noth= wehr dürfen wir keinen Schritt hinausgehen; sonst gerathen wir auf eine Bahn, auf welcher kein Ende abzusehen ist. Wenn Sie Sekten bilden wollen, so haben Sie keinen Einfluß mehr auf die Kirche.

Nehmen Sie ſich ein Beiſpiel am Proteſtantismus. Die Refor=
mation hat darum ihren Zweck verfehlt, weil ſie in eine Trennung
von der Kirche hinauslief; der Proteſtantismus ging ſeinen eigenen
Weg; aber auch die katholiſche Kirche ging ihre Wege, und dieſe
Wege waren nicht die beſten, denn die Kirche wurde nicht reformirt.
Wir müſſen in der Kirche bleiben! Glauben Sie mir, ich habe
mein ganzes Leben mit dem Studium der Kirchengeſchichte zuge=
bracht; ich habe alle Spaltungen, alle Secten und Ketzereien ſtudirt,
ich kenne ihre Entſtehung, ihren Verlauf und ihr Ende. Auf Grund
dieſes Wiſſens warne ich Sie eindringlich vor dem Wege, den Sie
betreten wollen.“

Mit Recht entgegnete man ihm, daß ſich die von den Jeſuiten
durch und durch inficirte römiſche Kirche gar nicht reformiren laſſe
und daß das Schisma unvermeidlich ſey. Auch Luther wollte nur
eine Reform und kein Schisma, ſcheiterte aber an Roms unver=
beſſerlichem Trotze. Die Verſammlung ſprach ſich mit wenigen Aus=
nahmen für Schulte aus, indem die Redner nachwieſen, daß der
dermalige Nothſtand bereits ſo groß und ſo bedürfnißreich für die
von der papiſtiſchen Hierarchie cenſurirten Katholiken geworden ſey,
daß die Betretung des praktiſchen Bodens und eine nothbürftige
Wiederherſtellung des geraubten kirchlich=religiöſen Lebens abſolut
nimmer vermieden werden könne und auch nicht ohne die größte
Schädigung der Sache überhaupt und der katholiſchen Wahrheit
insbeſondere vermieden werden dürfe. Die Verſammlung ſolle ja
nicht ohne dieſe That, ohne dieſe ſo ſchon das Minimum der Er=
forderniſſe enthaltende Reſolution auseinander gehen; denn ſonſt
würden ſie alle ſich den Vorwurf der Charakterſchwäche in ähnlicher
Weiſe, wie ſelbe zum Schaden der katholiſchen Wahrheit ſeit den
Tagen des Vatikaniſchen Concils innerhalb der katholiſchen Kirche
ſo vielfach offenkundig geworden, und mit vollem Recht, zuziehen.
Haben wir, ſprach ſchließlich der Antragſteller, den Muth, das, was
wir im Programm theoretiſch feſtgeſetzt haben, auch praktiſch durch=
zuführen.

Am 23. September wurde die erſte öffentliche Verſammlung
im Glaspalaſt gehalten. Döllinger wohnte ihr, ſowie auch der

folgenden, nicht mehr bei. Anwesend waren 4000 Personen. Dar=
unter mehr als 300 Delegirte. Die Abendzeitung entwarf von der
Versammlung ein klares Bild: „Imposant, mächtig und ergreifend
war der äußere Eindruck, den die erste Generalversammlung der
Altkatholiken im westlichen Pavillon des Glaspalastes darbot.
Schaarenweise ergoß sich der Männer Strom in den lichthellen
Prachtbau und gedrängt stand und saß man Kopf an Kopf in dem
ungeheuren Raume, als es drei Uhr Nachmittag schlug und die
Versammlung eröffnet wurde. Wohl an 6000 Männer waren ver=
sammelt, — lauter ehrenhafte, charakterfeste Männer aus allen
Gauen Deutschlands, aus allen Städten Bayerns, freie Deutsche,
die sich nicht beherrschen und unterdrücken lassen wollen von dem
römischen Bischof! Viele, sehr viele von ihnen glänzen durch Wissen=
schaft, Charakter und Stellung. Hier sitzen auf reservirten Plätzen
die Abgeordneten Bayerns, hier die Delegirten der Altkatholiken=
vereine, dort stehen Offiziere und Militärs, hier Kaufleute und
Bürger. Und welche Erscheinung bietet nicht die grünbehangene
Tribüne dar: hier oben, der Versammlung gegenüber, sitzen in drei
Reihen die Herren des Actionscomités, die Männer der Wissen=
schaft und des deutschen Charakters, berühmte Namen, bekannt weit
über die Grenzen Europas! Hier in der rechten Ecke sitzt der von
Rom so sehr gefürchtete Professor Huber, der rastlose Vorkämpfer
der Altkatholiken, ihm gegenüber an der linken Ecke der Ehren=
präsident Dr. Schulte aus Prag, der Matador deutscher Fechter
gegen die jesuitischen Schaaren, Professor Friedrich, Michelis, Wind=
scheid, Oberceremonienmeister Graf Moy, Reinckens, Pfarrer Anton,
Landamman Keller, Professor Cornelius, Maaßen, Oberstaatsanwalt
v. Wolff, lateinische und griechische Geistliche — und wer sie alle
seyn mögen, die wackern, gelehrten Männer.

Ehrenpräsident Dr. v. Schulte eröffnet die Versammlung.
Stille, lautlose Ruhe entsteht in weitem Raume, Alles lauscht ge=
spannt und voll Erwartung den Worten der Redner, die der Reihe
nach auftreten. Professor Dr. Huber betritt die Rednerbühne zuerst,
seine tiefliegenden schwarzen Augen blitzen über die tausendköpfige
Versammlung, seine einfachen, geistreichen Darlegungen der heutigen

Gegenſätze, des Materialismus und Chriſtenthums, finden lebhaften Beifall und erregen Freude, da er Gott die Ehre gibt und den ſtreng chriſtlichen Standpunkt wahrt. Profeſſor Dr. Windſcheid aus Heidelberg, das getreue Conterfei Lincolns, ſpricht kurz und markig, jeder ſeiner Sätze ruft den rauſchenden Beifall der Verſammlung hervor. Er hält den begonnenen Kampf für einen eminent deutſchen, denn was Teutſchland beſitze, das habe es errungen mit den Waffen des freien Geiſtes. Die neue römiſche Lehre aber verſtopfe den Quell des freien, deutſchen Lebens und treibe Alle, die ihr folgen, der geiſtigen Stumpfheit und dem ſittlichen Verfall in die Arme. Die Geſchichte ſolle dereinſt nicht ſagen, daß die Nation ihre großen Errungenſchaften vom Krieg unmittelbar darauf im Frieden ſich habe verkümmern laſſen. Pfarrer Anton aus Wien, ein kleines, unanſehn= liches Männchen, mit leiſer, ſchwacher Stimme, bringt nicht nur die Grüße, ſondern auch ‚Geiſt und Herz‘ der deutſchen Brüder in Oeſter= reich, deren Beſtrebungen laut bejubelt und anerkannt werden. Den= ſelben Anklang finden die Grüße der Ungarn und der Utrechter Kirche, deren Vertreter ſich vergeblich bemüht, deutſch zu ſprechen, aber eine einfache, würdige Erſcheinung, ſo männlich und doch ſo beſcheiden, folgt man ſeinen ſtarkgequetſchten Worten mit Aufmerkſamkeit.

Nach ihm ſpricht Pater Hyacinth, der einſtige Liebling der frommen Pariſer Damenwelt, der Redner von Notre=Dame. Wer ſähe heute in ihm den Karmelitermönch? Pater Hyacinth trägt ſchwarzen Frack, ſtehenden Halskragen mit ſchwarzer Schleife und tritt wie ein Weltmann, voll Eleganz, voll Liebenswürdigkeit auf. Er ſpricht franzöſiſch; ſchon nach den erſten Worten zeigt er ſich als den vollendetſten Redner, der, ganz Feuer und Flamme, mit ſeinen Worten ſprüht wie ein angeſchlagener Edelſtein und mit ſeiner weichen, hohen Stimme erſtaunliche gymnaſtiſche Uebungen vornimmt. Er reißt hin, er bezaubert, er entzückt, Alles jubelt ſeinen zündenden Worten über das Chriſtenthum der Katakomben zu. Mit ſeinen Worten ſchnellt Hyacinth zugleich ſeine ganze kleine Figur in die Höhe, mit ſeinen Worten duckt er ſich nieder bis zum Rande der Tribüne. Niemand könnte dieſem Manne Feind ſeyn, der die Seelen mit der Macht ſeines Wortes unwillkürlich bindet, der bald in künstlichen Perioden, bald in kurzen Sätzen, immer aber so vernünftig, so klar, so einleuchtend spricht. Pater Hyacinth verleugnet den Franzosen keinen Moment; der Beifall, den er erntet, ist riesig.

Ihm folgt der kalte, nüchterne, logische Deutsche in der Person des Dr. v. Schulte wie ein unlösbarer Gegensatz. Unbeweglich, die Arme über die Brust gekreuzt, steht und spricht er; seine Stimme ist ebenso durchbringend wie sein Blick, und was er sagt ist kalt, tödtlich kalt — für die Unfehlbarkeit! Mit eisiger Kühle, mit unerbittlicher Logik, mit vernichtender Ironie, mit beißender Lauge schildert er die Anmaßung der Jesuiten und ihres Kindes, der Unfehlbarkeit. Fortwährend, ununterbrochen dauert das Gelächter der Versammlung, die mit tausendfältigen Bravos den Muth des kühnen Redners lohnt. Schon lange hat sich der Abend über den Glaspalast gesenkt, schon lange dunkelte es, als Schulte noch immer sprach. Als er geendet, verliest Professor Windscheid die inzwischen eingelaufenen Telegramme und schließt die Versammlung, die hochbefriedigt, neugestärkt und angeeifert den Glaspalast verläßt."

Am folgenden Tage hielten die Altkatholiken feierlich ihren Gottesdienst in der Münchener Nikolaikirche, wobei Michelis die Messe las.

An demselben Tage fand die zweite öffentliche Versammlung im Glaspalaste statt, wobei wieder ausgezeichnete Redner auftraten. Professor Reinckens aus Breslau sagte u. A.: „Der Ultramontanismus erkennt die Einheit der Kirche nur darin, daß alle religiösen Gedanken in einerlei Form erscheinen. Das ist ein kleinlicher Gedanke, denn die Einheit des Wesens schließt die Vielgestaltigkeit der Form nicht aus. Auch die Apostel forderten nicht, daß dem Evangelium zu Liebe der Nationalgeist geopfert werde; sie stifteten keine Centralstelle, von welcher zahllose Vorschriften für Cultus und Lehre ausgehen sollten; sie stifteten Landeskirchen, alle verbunden durch denselben Glauben, aber möglichst selbständig im Cultus. So schufen Metropoliten von sich aus Liturgien und änderten sie wieder, ohne daß es ihnen einfiel, deßhalb in Rom anzufragen; so wissen wir auch, daß National-Concilien besondere Disciplinargesetze erließen; ſo war unter andern eine blühende Nationalkirche die armeniſche, die nie in äußerlichem jurisdictionellen Verband mit Rom ſtand. Selbſt als im Mittelalter die römiſche Kurie mit ihren Anſprüchen und Angriffen gegen die Nationalitäten ſich mehr und mehr hervorwagte, fiel es Niemand ein, das Princip der National= kirchen zu leugnen; man ſtimmte ja ſogar nach Nationen ab auf den Concilien des Mittelalters." — Das ſchlagendſte Argument des Redners war, daß es der römiſchen Kirche von jeher viel weniger um den Univerſalismus, als um die ausſchließliche Herrſchaft der römiſchen Nationalität zu thun geweſen ſey. Die ganze Kirche ſoll italieniſirt werden. Der Papſt ſo gut wie ſeine ganze Um= gebung gehöre der italieniſchen Nationalität an. Darum nenne man die Kirche auch die römiſch=katholiſche, ja, auf dem letzten Concil ſey der Verſuch gemacht, auch das „katholiſch" wegzuſtreichen und ſich nur „römiſch" zu nennen. Aber die heutigen deutſchen Biſchöfe ſeyen keine Deutſchen mehr, ſondern nur noch Römer.

Dr. Tangermann aus Unkel, von der Verſammlung lebhaft begrüßt, erklärte die Löſung der kirchlichen Frage nur durch die deutſche Nation für möglich. Seit die Nation ihren politiſchen Körper wieder gefunden und ihre alte Machtſtellung wieder einge= nommen, ſey dieſes kirchliche Problem, das wichtigſte der Gegenwart, ſchnell näher gerückt; ſeine Löſung werde die univerſelle Bedeutung der deutſchen Nation erſt in das rechte Licht ſtellen. Die Ver= äußerlichung der Religion ſey undeutſch, die Maſſen würden dadurch abgeſtoßen und die Jugend in kirchlicher Beziehung ultramontan, in politiſcher vaterlandslos gemacht. Große Summen gingen all= jährlich aus Deutſchland nach Rom, um den weltlichen Hofſtaat des Papſtes zu unterſtützen und ihm von hier italieniſche Paraſiten geiſtlichen und weltlichen Standes erhalten zu helfen. (Stürmiſches Bravo!) Die Grundſätze der römiſchen Hierarchie ſeyen mit der freien Entwicklung des menſchlichen Geiſtes in Religionswiſſenſchaft und Politik unvereinbar, ſie ſuchten einen lebensvollen Organismus in einen todten Mechanismus zu verwandeln. — Profeſſor Michelis griff mit ganzer Kraft den Jeſuitenorden an und verlangte deſſen Vertreibung aus Deutſchland.

In Köln, die man im Mittelalter die heilige Stadt von Köln nannte und die noch bis in die neuere Zeit für besonders bigott gehalten wurde, hatte doch der wachsende Wohlstand und mit ihm die Bildung den pfäffischen Geist überwunden. Als im September 1871 dem allgemein hochgeachteten Kaufmann Keller daselbst, welcher den Protest gegen das Unfehlbarkeitsdogma unterzeichnet hatte, auf dem Sterbebett von der Ortsgeistlichkeit die Sakramente und bei seinem Begräbniß das Glockengeläut und die geistliche Begleitung verweigert wurden, ging ein Gefühl der Empörung und Verachtung gegen die Pfaffen durch die Bevölkerung, und da man wußte, es seyen hauptsächlich die Jesuiten vom benachbarten Maria-Laach, welche den Kölner Erzbischof und seinen Klerus beeinflußten, zogen diese Jesuiten unseres welschen Erbfeindes den wohlverdienten Haß einer gut deutschen Bevölkerung auf sich, und am 8. November reichte das Oberbürgermeisteramt und Stadtverordneten-Collegium von Köln eine Bittschrift an den deutschen Reichstag ein, worin sie um die Einräumung einer Kirche zum altkatholischen Gottesdienst baten, kraft des Eigenthumsrechts der Stadtgemeinde Köln an ihre kirchlichen Gebäude und unter Berufung theils auf die Religionsfreiheit, theils darauf, daß die altkatholische Kirche, wie sie vor dem 18. Juli 1870 bestanden habe, noch zu Recht bestehe. Zugleich aber auch mit besonderer Bezugnahme auf die Verfassung. „Für die Einen wie für die Anderen ist die Freiheit des Gewissens und des religiösen Bekenntnisses, trotz des energischen Schutzes, welchen unter der älteren Gesetzgebung die in dieser Hinsicht für den ganzen Staat Platz greifenden Bestimmungen im 11. Tit. des II. Theil des A. L.-Rechts gewährten, trotz der constitutionellen Sanction derselben durch den §. 12 der Verfassungs-Urkunde, geradezu aufgehoben, und der §. 15 der Verfassung, welcher der, dem Staate allein bekannten, altkatholischen Kirche die Selbstregierung zurückgibt, kommt nur noch einem Kirchenwesen zu statten, das in seinem Daseyn und seiner Verfassung vom Staate nicht anerkannt, diese freie Selbstregierung nur zur Exmission der Bekenner der anerkannten Kirche aus dem Besitze, nur zur Aufhebung der im §. 12 gewährleisteten Rechte der Personen gebraucht. Es ist undenkbar, daß man, als auf ein Mittel, dieser Zwangslage sich zu entziehen, die Altkatholiken auf den Austritt aus der katholischen Kirche sollte verweisen wollen können, welcher Schritt ihrem Gewissen eben so zuwiderlaufen würde, wie die Anerkennung der Lehre als eines Dogmas.

In Uebereinstimmung damit stand das Vorgehen des Alt=katholiken=Vereins in Köln, der schon am 1. August erklärt hatte, er erkenne das neue Dogma nicht an. Da sich viele andere Lokal=vereine an ihn angeschlossen hatten, bildete sich in Köln ein Central=comité, welches bereits am 6. November eine Petition an den deutschen Reichstag abgehen ließ, worin es die Ausweisung der Jesuiten aus dem ganzen Umfang des deutschen Reichs verlangte und zwar als eine Maßregel der Nothwehr des Reichs gegen eine feindliche Macht, gegen Ausländer und Romanen, die mitten in Deutschland gegen Deutschland agitiren. Es heißt darin: „Wir begnügen uns damit, nur zwei Sätze, deren Begründung und weite=rer Entwicklung ganze Abhandlungen in den ‚Stimmen von Maria=Laach‘ gewidmet sind, hervorzuheben. H. 7, S. 23 heißt es da=selbst: ‚Die Kirche darf zur Ausführung ihrer Gesetze und Urtheils=sprüche und zur Wahrung ihrer Rechte die physische Gewalt des Staates beanspruchen, und derselbe muß, wenn er anders nach den in der göttlichen Wahrheit und im Rechte begründeten katholischen Principien handeln will, sich verpflichtet erachten, der Aufforderung der Kirche nachzukommen... Ganz unbegründet ist es, die Anwen=dung der physischen Gewalt blos auf bürgerliche oder politische Dinge beschränken zu wollen.‘ Und H. 12, S. 52: ‚Es ist zu unterscheiden zwischen‘ denjenigen, welche sich immer außer dem Schooße der Kirche befinden, als da sind die Ungläubigen und die Juden, und jenen, die sich der Kirche durch den Empfang des Tauf=Sacramentes unterworfen haben. Die Ersten dürfen zum Bekennt=niß des katholischen Glaubens nicht gezwungen werden; dagegen sind die Anderen dazu anzuhalten.‘ Damit ist Alles gesagt: Die Protestanten sind durch die Zwangsmittel staatlicher Gewalt zum Bekenntniß des katholischen Glaubens anzuhalten; der Staat, welcher das nicht thut, versündigt sich gegen Gottes Gesetz. Das oben dar=

gelegte romanische System über Staat und Kirche wird also, zum Theil wörtlich der Civilta entnommen, auch in Deutschland von den Jesuiten offen verbreitet. Wenn nun ein solches Beginnen schon an sich unerlaubt und staatsgefährlich ist, so würde dasselbe doch immer noch mehr Gegenstand des sittlichen Abscheues wegen seiner Verworfenheit, und des Bedauerns wegen einer so unbegreiflichen Geistesbeschränktheit und Verblendung seyn, wenn dem Jesuitenorden nicht ungeheure Machtmittel zur Verwirklichung seiner Plane zu Gebote ständen. Zahlreiche Mitglieder dieses Ordens sind, namentlich in Preußen, allenthalben unermüdlich thätig auf der Kanzel wie im Beichtstuhl, durch Abhaltung sog. außerordentlicher Volksmissionen, Exercitien für Weltgeistliche, Leitung unzähliger Bruderschaften und Vereine für jedes Alter, Stand und Geschlecht. Durch kluge Berechnung aller individuellen Wünsche und Bedürfnisse, sowie durch eine nur den Zweck im Auge behaltende Connivenz selbst gegen sittliche Verirrungen ist es ihnen gelungen, einen großen, an einzelnen Stellen den größten Theil der Seelsorge an sich zu ziehen, namentlich Einfluß auf die Frauen und damit auf die Familien zu gewinnen, oft nicht ohne heftige und dauernde Störung des bis dahin ungetrübten häuslichen Glückes.“

Im November erfuhr man aus Köln: Der im Pastoralexamen mehrfach durchgefallene Kaplan Högel in Krefeld, welcher bei Gelegenheit des Vortrages des Professor Michelis sich auf öffentlicher Kanzel zu Injurien gegen mehrere Bürger hatte hinreißen lassen und deßhalb zu einer Geldbuße von 50 Thalern nebst Kosten verurtheilt worden war, hat nicht nur diese Geldsumme aus klerikalen Mitteln mehr als hinreichend erstattet bekommen, sondern ist auch jüngst von unserem Erzbischof mit einer fetten Pfründe bedacht worden. So belohnt ein päpstlicher Commissär offenbare Uebertretung staatlicher Gesetze.

Die Altkatholiken in Wiesbaden protestirten gegen die Kirchensteuer, nachdem der Bischof von Limburg sie excommunicirt hatte, und erklärten, für eine Kirche, von der man sie ausschließe, brauchten sie auch nicht mehr zu steuern.

Nach einer längern Frist that der Erzbischof von Köln die

Bonner Profeſſoren **Hilgers**, **Knoodt**, **Langen** und **Reuſch** am 12. März 1872 in den großen Bann, weil ſie immer noch das neue Dogma anzuerkennen ſich weigerten. Sie antworteten in einem offenen Schreiben: „Wir bekennen uns auch heute noch zu der Lehre der katholiſchen Kirche, wie wir ſie durch Unterricht und Studium kennen gelernt und viele Jahre als Prieſter und Lehrer unter der Aufſicht unſerer kirchlichen Obern vorgetragen haben, und wir er=klären wiederholt, daß wir mit Gottes Gnade in dem Glauben an dieſe Lehre leben und ſterben wollen." In Folgendem wird der Herr Erzbiſchof ausführlich auf ſein eigenes Verhalten auf dem Concil, ſeine Oppoſition gegen das neue Dogma, hingewieſen, die Ordnungswidrigkeiten des Concils, wie ſie in dem bekannten Proteſt der deutſchen Biſchöfe ſelbſt conſtatirt worden, hervorgehoben und geſagt, daß durch die nachherige Unterwerfung der Biſchöfe das ordnungswidrig zu Stande Gekommene nicht habe kirchliches Dogma werden können. Am Schluß heißt es: „Wir wiſſen uns demnach, indem wir die Anerkennung der Dekrete vom 18. Juli 1870 ab=lehnen, von der Sünde der Häreſie vollſtändig frei und müſſen darum die von Ew. Erzbiſchöfl. Gnaden ausgeſprochenen Cenſuren als **gegenſtandslos** und als vor Gott und ſeiner Kirche **nicht bindend zurückweiſen**, eingedenk der Worte des Papſtes Gela=ſius I.: Eine ungerechte Sentenz kann Niemand vor Gott und ſeiner Kirche beſchweren. Für das Aergerniß, welches dadurch ent=ſteht, daß unbeſcholtene Prieſter und langjährige Lehrer einer Uni=verſität mit Suspenſion und Excommunication belegt werden, müſſen wir jede Verantwortung von uns ablehnen. Es ſteht in Gottes Hand, ob wir das Ende der jetzigen Verwirrung erleben werden; wir wollen aber lieber mit ungerechten Cenſuren beladen aus dieſem Leben ſcheiden, als uns zu Mitſchuldigen derjenigen machen, welche dieſe Verwirrung herbeigeführt haben oder in mißverſtandenem Eifer für die Erhaltung der äußeren kirchlichen Einheit ſich zu Lehren bekennen, in denen ſie bei ehrlicher Prüfung gleich uns nur eine weſentliche Entſtellung des überlieferten Glaubens der katholiſchen Kirche zu erblicken vermögen."

In Boppard wohnten die gebannten Profeſſoren Knoodt und

Reinckens am 23. März einer Messe und Communion bei, als der fungirende Priester im Ornat auf erstern zutrat und ihn fortgehen hieß, widrigenfalls er die heil. Handlung nicht vornehmen werde. Knoodt entfernte sich, Reinckens aber blieb unangefochten. Gleich am folgenden Tage drückte der Bürgermeister von Boppard nebst 20 Bürgern dem Professor Knoodt sein lebhaftes Bedauern über den Vorfall und die Bitte aus, in der Reformbestrebung ja nicht zu ermüden. In einer Versammlung der Kölner Altkatholiken wurde hervorgehoben, wenn die Excommunikation nicht öffentlich ver=kündigt und dem Betreffenden notificirt sey, so könne ihm auch seine Anwesenheit beim Gottesdienste nicht verboten werden. Die Herren Knoodt und Reinckens nahmen sich eine originelle Satis=faction, indem sie am 17. April 1872 die Jesuiten, die in Bop=pard aufs wüthendste gegen sie gepredigt hatten, zu einem öffent=lichen Colloquium herausforderten, was jene aber anzunehmen nicht den Muth hatten. Als jedoch der Religionslehrer Beinroth von Boppard wegen öffentlicher Beleidigung Knoodts in Coblenz vor Gericht gezogen wurde und Knoodt der Sitzung anzuwohnen wagte, wurde er vor dem Gebäude vom Pöbel mißhandelt.

Viertes Buch.

Erste Abwehr römischer Uebergriffe durch die deutsche Reichsgesetzgebung.

Kapitel 1.

Das neue Kanzelgesetz.

Die Regierung des deutschen Reichs behielt bei dem Jesuitenangriff dieselbe Ruhe bei, wie 1870 beim französischen Angriff. Ihrer Stärke sich bewußt, stellte sie am 2. August 1871 in der Provinzialcorrespondenz ihr Programm fest: „Die Reichsregierung hat ungeachtet ihrer lebhaften Bedenken gegen die Concilsbeschlüsse dennoch im Vertrauen auf den gesunden Sinn unseres Volkes und auf die festgegründete Kraft unseres Staatswesens die Glaubensfreiheit der Katholiken auch in diesem Puncte nicht beeinträchtigt: sie hat keinem Bischofe, keinem Geistlichen oder Lehrer an ihrem Theile ein Hinderniß bereitet, die Lehren des Concils zu verkündigen. Nur das hat sie abgelehnt, katholische Lehrer, welche sich in ihrem Gewissen verhindert finden, den Beschlüssen des Concils Geltung zuzuerkennen, durch Mitwirkung des weltlichen Arms zur Verkündigung von

Lehren zu nöthigen, durch welche, nach der Ueberzeugung der Re-
gierung selbst, nicht blos eine wesentliche Aenderung des
Glaubensstandes, sondern zugleich eine tief greifende
Veränderung in der Gesammtstellung der katholischen
Kirche zum Staate eingetreten ist. Es handelt sich für die
Regierung nicht um die Anerkennung oder Nichtanerkennung eines
Glaubenssatzes als solchen — das überläßt sie der Gewissens- und
Glaubensfreiheit der einzelnen Katholiken —, sondern darum handelt
es sich, ob sie im Bereiche ihrer gesetzlichen Mitwirkung eine Lehre
unterstützen soll und darf, welche sie für das Verhältniß
zwischen Staat und Kirche verderblich erachtet."

Inzwischen wurden durch die fortgesetzten Umtriebe der Jesuitenpartei Schutzmaßregeln von Seite des Staates nothwendig. Durch
Gründung von katholischen Vereinen, Versammlungen und neuen
Organen der Presse wurde der Ultramontanismus immer schwung-
hafter betrieben, wurde das fromme und leichtgläubige Landvolk von
der Kanzel aus und im Beichtstuhl, wurden sogar die Kinder in
den Schulen gegen die Staatsgewalt verhetzt. Am nöthigsten schien
es, gegen die rebellischen Prediger einzuschreiten, die in einem absolut
deutsch-feindlichen, nämlich französischen Interesse einen Aufstand des
Volks vorbereiten wollten. Sobann mußte die deutsche Jugend in
den Schulen vor den falschen Verführern im Priesterkleide beschützt
werden. Endlich mußte man auf gesetzlichem Wege die Jesuiten
als die geschworenen Reichsfeinde und Werkzeuge Frankreichs ein-
für allemal aus dem deutschen Reiche hinausjagen.

In seiner scharfen Flugschrift hat Reinckens hervorgehoben, auf
welchen Schleichwegen im Dunkeln die Ultramontanen, nicht nur
öffentlich von den Kanzeln herab, sondern auch viel unmerklicher in
den Schulen und ganz heimlich in der Beichte und als Hausfreunde
für den unserm Vaterlande so verderblichen Jesuitenplan wirken.
„Der Beichtstuhl wird vollständig profanirt, zum Streitplatz für die
göttlichen Prärogative des Papstes erwählt. Greise, die 80 Jahre
dem Herrn gedient und immer ein Vorbild in der Gemeinde waren,
und Mädchen von 17—18 Jahren, voll Unschuld, die eben aus
der Schule entlassen sind, werden von den jungen Geistlichen im

Beichtstuhl, ohne jede Veranlassung über die Unfehlbarkeit gefragt, mißhandelt und ohne Absolution entlassen. Der Beispiele kennen wir zahllose. Die Frauen, deren Männer sich gegen die Neuerungen erhoben, werden von den Beichtvätern in und außer dem Beichtstuhl so lange gequält, bis sie den Unfrieden in die Familie tragen. Der Verfasser dieser Schrift hat heiße Thränen über zerstörtes Familienglück gesehen. Zu den eindringlichsten Aposteln der Unfehlbarkeit hat man sich die Frauen ausersehen. Alle Achtung vor der Würde der Frauen: aber diesen Apostolat hat ihnen Gott nicht gegeben. Der Beichtstuhl ist jetzt die in aller Welt errichtete Inquisition. Wir deuten nur an; das Uebel übertrifft die Vorstellung jedes redlichen Mannes. Und all' das Elend, wozu ist es denn nothwendig? Um das religiöse Leben zu tödten, — damit der ‚Cadaver-Gehorsam‘ der Gesellschaft Jesu fortan das Princip der Religion für die ganze Kirche sey. Wie der Jesuitengeneral seinen Auserlesenen, so befiehlt der Papst von nun an allen Gläubigen des Erdkreises nicht blos was sie wollen, sondern auch, was sie denken sollen. Das Ebenbild Gottes wird zerknickt, die Menschenwürde mit Füßen getreten. Die Kinder glauben, die Sclaven unterwerfen sich. Die Bischöfe thun, als wüßten, als ahnten sie nichts von alledem. Doch Eines mögen sie wissen: sie haben ihre absolute Kirchengewalt selbst aus dem Gewissen entwurzelt und auf den Zwang gestützt; diesen aber werden die Kulturvölker zerbrechen."

Die Zeit war nun gekommen, in der es die deutsche Reichsregierung für ihre dringende Pflicht hielt, jener bösartigen Volksverführung mit allen gesetzlichen Mitteln entgegenzutreten. Zunächst schien es nöthig gegen die frechen und rebellischen Prediger.

Am 16. October 1871 wurde der zweite deutsche Reichstag eröffnet, welcher nur kurz dauerte und vorzugsweise weltliche Angelegenheiten zu berathen hatte. Daneben aber auch ein wichtiges, die Kirche betreffendes Gesetz.

Man begriff in Berlin sehr gut, wer, nachdem wir die Franzosen auf die Seite geworfen hatten, die Hauptfeinde Deutschlands geblieben sind. Die Nordd. Zeitung nahm am 4. November 1871 Anlaß, es offen auszusprechen. Sie schrieb: „Die in Brüssel erscheinende Liberté leistet in ihren Leitartikeln, was wirklich nur ein social-demokratisches oder ultramontanes Blatt an hervorragender Gemeinheit zu leisten im Stande ist. Das will bekanntlich viel sagen und erschöpft nicht einmal, was von der Liberté zu sagen wäre. Es ist eine eigenthümliche Wahrnehmung, wie die immer deutlicher hervortretende Wahlverwandtschaft der beiden Richtungen, welche, undeutsch und sinnwidrig die eine wie die andere, der Entwicklung des neuen Deutschlands und dem Aufbau des modernen Staates sich feindlich erweisen, der ‚schwarzen und der rothen Internationalen‘ sich auch äußerlich kundgibt. Die Berliner Germania macht Reklame für die socialistische Demokratische Zeitung, indem sie deren schlimmste Leitartikel abdruckt und, wie ein Moniteur der Socialisten, den Wechsel im Redaktionspersonal der Demokratischen Zeitung zur Kenntniß ihrer ‚konservativen‘ Leser bringt. Die Hauptorte der schwarzen und der rothen Jesuiten sind ziemlich dieselben; Genf und Brüssel haben für Beide besondere Bedeutung. Daß es gerade Belgien ist, wo der Ultramontanismus und der Socialismus sich die Hand reichen, gibt zu denken. In dem Lande, das, wie gegenwärtig kein Unbefangener wird in Abrede stellen können, seit 1864 Alles, was sein ist, dem uneigennützigen und aufopfernden Schutze der deutschen Politik verdankt, befindet sich die Brutstätte dieses zwiefachen Jesuitismus; in diesem Lande, dessen Unabhängigkeit und Daseyn die Frucht der blutigen Siege Deutschlands über Frankreich ist, residiren die beiden Todfeinde des deutschen Reichs. Dieselben ziehen, mit einander wetteifernd, gegen Deutschland zu Felde; es wird mit allen erdenklichen Mitteln gestritten, unter Anderem auch mittelst einer ununterbrochenen Reihenfolge nichtswürdiger Karrikaturen: was uns von letzteren vorliegt, ist eine artige Blumenlese von Abscheulichkeiten.“

Am 9. November trug Bayern im deutschen Bundesrathe auf ein Kanzelgesetz an, welches vom Bundesrath angenommen und am 23. November dem Reichstag vorgelegt wurde, betreffend eine Ergänzung des Strafgesetzbuches für das deutsche Reich: Einziger Artikel. Hinter § 130 des Strafgesetzbuches für das Deutsche Reich wird folgender neue § 130ᵃ eingestellt: Ein Geistlicher oder anderer Religionsdiener, welcher in Ausübung oder in Veranlassung der Ausübung seines Berufes öffentlich vor einer Menschenmenge, oder welcher in einer Kirche oder an einem anderen zu religiösen Versammlungen bestimmten Orte vor Mehreren Angelegenheiten des Staates in einer Weise, welche den öffentlichen Frieden zu stören geeignet erscheint, zum Gegenstande einer Verkündigung oder Erörterung macht, wird mit Gefängniß bis zu zwei Jahren bestraft. — Der bayerische Cultminister v. Lutz bevorwortete das Gesetz mit einer glänzenden Rede.

Der Staat, sagte der Redner, könne sich doch nicht zum Werkzeug derselben Kirchengewalt hergeben, die ihn selbst angreift und sein Recht mißachtet. Der frühere Klerus habe sich dem Staat nicht feindlich gegenüber gestellt, sondern in gutem Frieden mit ihm gelebt. Erst der neue Klerus sey von den Jesuiten umstrickt worden und diese bekämpften den Staat und seine Rechte. „In unzähligen Reden von den Kanzeln, bei vielfachen Gelegenheiten geistlicher Amtsübung erfolgen Angriffe auf die weltliche Regirung." Ganz abgesehen von den systematischen Schmähungen der Presse, dazu die stete Hinweisung auf die Massen, welche kampfbereit hinter dem Klerus stünden, um der Regierung zu trotzen. Endlich die Anmaßung, die weltliche Regierung habe gleichsam abzudanken und der Kirche allein alle Gewalt zu überlassen.

Zugleich bemerkt der Minister, es sey hohe Zeit, die Altkatholiken gegen die Thrannei der Jesuiten zu schützen. „Ich lege nun großen Werth darauf, daß der Gesetzentwurf demjenigen Theil der Geistlichkeit, welcher die Staatsautorität anerkennt, einen Schutz gewähren wird. Dieser Schutz wird es ihnen möglich machen, ihren Herzenswünschen zu entsprechen, Frieden mit dem Staate zu halten. (Beifall.) Im Uebrigen gebe ich zu, ein Universalmittel ist der Gesetzentwurf nicht; er ist nur Ein Bollwerk, dem andere folgen werden."

v. Treitschke drückte Herrn v. Lutz und der bayerischen Regierung den Dank für ihre echt deutsche Haltung in dieser wichtigen Frage aus und mahnte die Deutschen, sie sollten sich ihres Hausrechts gegen die sich bei ihnen eindrängenden Welschen bedienen und nicht dulden, daß sie die besten deutschen Bürger aus der Kirche hinaus drückten.

Reichensperger meinte, der Gesetzesentwurf werde, wenn er durchgehe, nicht der Kirche, sondern nur dem Reiche selber schaden. Bürgermeister Fischer von Augsburg gab ihm die schlagende Antwort: Wenn das wahr wäre, würde das Centrum für das Gesetz stimmen. Eine allerdings unparlamentarische Aeußerung, die ihm einen Ordnungsruf zuzog, gleichwohl aber eine Binsenwahrheit enthielt. Nicht minder schlagend war die Bemerkung Fischers, daß die Ultramontanen, wenn sie wirklich Gott mehr als den Menschen gehorchen wollten, auch die Infallibilität verwerfen müßten, weil diese einen Menschen an die Stelle Gottes setze. Ferner warf Fischer dem Centrum in seiner ausgezeichneten Rede mit Recht vor, sie pflegten auf alles, was man dem Ultramontanismus vorwerfe, zu antworten: „es ist nicht wahr," allein dieses Leugnen mache keinen Eindruck mehr, die Bischöfe hätten ja auch, ehe sie nach Rom gingen, geleugnet, daß man das Dogma dort machen wolle, und jetzt leugnen sie, daß es die Bedeutung habe, die es hat (große Unruhe im Centrum). Leider habe ein Theil des katholischen Klerus sich in den Dienst einer Partei gegeben, die nicht auf dem Boden des Reichs steht. Fischer hob den politischen Zweck der ganzen Jesuiten= agitation neuerer Zeit hervor, welcher kein anderer war, als die Einheit Deutschlands durch einen vom Zaun gebrochenen Religions= krieg wieder zu erschüttern. Fischer erinnerte deßfalls an die fanatisch= antinationale Haltung der ultramontanen Presse in Bayern, welche schon lange vor dem Kriege durch die Jesuiten commandirt war, gegen Preußen und die deutschen Einheitsbestrebungen zu hetzen und mit den Franzosen zu drohen. „Denken Sie sich, sagte Fischer, daß im Jahre 1868 ein bayerischer Bischof es war, der bei Ge= legenheit einer Firmelungsreise u. A. erklärte, man solle sich auf den ‚Münchener Volksboten‘ abonniren, denn der ‚Münchener Volksbote‘ sey das ‚Evangelium der bayerischen Bischöfe.‘ (Hört! Hört!) Und dann, meine Herren, hören Sie, was ungefähr einen Monat später, nachdem dieses edle Preßproduct zu einem Evan= gelium der bayerischen Bischöfe erklärt worden war, dieses Evan=

gelium lehrte! Es handelte sich um eine Recension der damals be=
reits bekannt gewordenen Allianzverträge zwischen Bayern und
Preußen; es wurde hier geschrieben: ‚Niemand kann glauben, daß
es dem Preußenkönig Ernst sey mit seinen Friedensbetheuerungen,
so lange er sein Heer nicht bloß nicht vermindert, sondern vermehrt,
so lange er seine Vasallen zwingt, das Gleiche zu thun, so lange
es bloß Worte und nicht Thaten sind, welche für den Frieden
sprechen. Ganz Europa seufzt und stöhnt unter den unerträglichen
Lasten des Militarismus, die Preußens Recht und Gesetz verachtende
Ländergier, die Preußens ehr= und treulose Politik, die Preußens
stete Bereitschaft, dem Nachbar ins Haus zu brechen, auf Europa
gewälzt hat.‘ Und weiter, meine Herren, in derselben Nummer des=
selben Evangeliums der Bischöfe: ‚So ist es gekommen, daß ganz
Europa im Grunde nur Einen Feind hat: die Politik Preußens,
die der Feind der Völker und des Friedens von Europa ist, der
Feind des ruhigen Bürgers wie des Landmannes, die beide die
Frucht ihrer Arbeit und ihres Erwerbes, die ihr Bestes, ihre Söhne,
dieser unheilvollen Politik opfern müssen. Europa hat nur die Wahl
zwischen zwei Uebeln: entweder es muß unter der ungeheuren Last
des bewaffneten Friedens zu Grunde gehen, oder es muß sich einigen
gegen den gemeinsamen Feind des Friedens aller Nationen u. s. w.
zur Vernichtung Preußens.‘ Meine Herren, ich frage, ob es ein
ungerechtfertigter Vorwurf ist, wenn man von einer solchen Partei
sagt, sie stehe nicht auf dem Boden des Staates, sie habe kein
Vaterland? (Bravo!) Derselbe Volksbote hatte geschrieben: „Frank=
reich allein in Europa ist's, das uns in Süddeutschland schützt, weil
es sich selbst bedroht sieht, wenn das ländergierige Preußen auch
Süddeutschland unterjochen würde. Und wir sollen gegen Frank=
reich rüsten, gegen die einzige Macht, die uns retten kann?“ —
Am Schlusse seiner feurigen Rede empfahl Fischer dem Reichstage
noch dringend den Schutz der Altkatholiken und jener zahlreichen
katholischen Geistlichen in Deutschland, denen das Treiben der Je=
suiten in tiefster Seele zuwider sey.

Bischof Ketteler erklärte mit schwachen Gründen die neue In=
fallibilitätskirche für die allein zu Recht bestehende, obgleich das schon

hundertmal widerlegt ist. Der bayerische Reichstagsabgeordnete v. Schauß bedauerte, daß in Bayern der Volksunterricht durch die Geistlichkeit grundsätzlich vernachlässigt worden sey, woraus sich so viel von dem erklären lasse, was man dem Landvolk einredet. Er machte ferner darauf aufmerksam, daß die römische Kurie selbst die Presse in ihrem antideutschen und franzosenfreundlichen Treiben ermuthige. So sey das bayerische „Vaterland" durch ein päpstliches Breve vom 6. Juli 1871 ausdrücklich belobt worden. Ferner bestätigte Schauß, wie die katholischen Geistlichen auf dem Lande das Volk gegen den deutschen Kaiser aufhetzen. Endlich rekapitulirte er die Hauptsätze des Syllabus, welche der Kirche die unbedingte Herrschaft über den Staat zuschreiben und allen Nichtkatholiken mit der härtesten Verfolgung drohen.

Windthorst, in welchem die Centrumspartei ihr eigentliches Haupt erkannte, trat nun auch auf, affectirte die unschuldigste Miene von der Welt und wunderte sich, wie man von ultramontanen Angriffen sprechen könne, da die sog. Ultramontanen und sie, die Centrumspartei, ja nur der angegriffene Theil seyen und sich nur vertheidigen müßten. Die wahren Angreifer seyen die, welche das unschuldige Dogma von der Infallibilität nur zu einem Vorwande nehmen, um die katholische Kirche angreifen zu können. Dieses neue Dogma sey die festeste Stütze der Autorität und sollte deshalb von allen, die noch etwas auf Autorität halten, und die Welt nicht in Anarchie wollen untergehen lassen, anerkannt werden.

Dagegen brachte der bayerische Abgeordnete Völl noch eine Menge schlagende Beweise vor, daß die Ultramontanen systematisch darauf ausgingen, auch die besten Absichten der Regierung zu verdächtigen, das Volk gegen sie aufzuhetzen, wobei selbst die gröbsten Schimpfwörter nicht gescheut werden, z. B. „der Staatsminister Fürst v. Hohenlohe ist ein preußischer Spitzbube und die Abgeordneten sind Landesverräther." Um aber das Volk so aufhetzen zu können, machen es sich die Ultramontanen zur Hauptaufgabe, das Volk zu verdummen, und deshalb schimpfen und toben sie so gegen die neuen Schulgesetze. Durch den Mangel an Schulunterricht und die Verdummung des Volks habe man es dahin gebracht, daß

sich das Volk das Unvernünftigste einreden lasse. „Sie wissen,
m. H., die Lage, in welcher wir beim Zollparlament waren, aber
Eines, m. H., wissen vielleicht nicht Alle: daß man bei uns zu
Hause in Bezug auf die Zollparlamentswahlen und auch später noch
besonders damit agirt hat, daß man, wenn man nicht klerikale,
sondern freisinnige Leute in die betreffenden Parlamente wähle,
‚preußisch und lutherisch‘ werden müsse. Das ist das Stichwort,
welches ausgegeben ist!“ Da das ultramontane Centrum des Reichstags wiederholt behauptet hatte, die Anklagen gegen die Geistlichen
seyen unwahr oder übertrieben, schüttete Völk eine ganze Menge von
Beweisen vor dem Reichstag aus, nannte die Namen der betreffenden
ultramontanen Prediger und wies den Ehrenplatz wie billig dem
Bischof an, der in seiner berüchtigten Rede zu Schwandorf aus-
rief: Wenn die Könige nicht mehr von Gottes Gnaden seyn wollen,
so bin ich der erste, der die Throne umstürzt.

Völk führte auch Stimmen der Bauern an. „Am 2. November 1871 schreibt mir ein Bürgermeister, er ist nur ein Bauer,
m. H., aber er ist ein braver und ehrlicher Mann; ich kenne ihn
und kann dafür einstehen: ‚Neulich trug der Caplan in der Predigt
vor, daß der Kaiser oder die Könige blos über den Leib des Menschen zu gebieten haben, die Kirche aber habe das Recht über Leib
und Seele und könne auch, im Falle die weltlichen Oberhäupter die
Schranken in religiösen Sachen übertreten, die Völker von ihrem
Eide entbinden und gegen die Obrigkeiten auflehnen. (Hört, hört!
Links.) Seit der Beantwortung der Herz'schen Interpellation‘ —
schreibt der Mann weiter — ‚von Seiten des hohen Ministeriums
wird auf dem Lande nichts Anderes als Aufruhr gegen unsere Regierung gepredigt.‘ Er schreibt ferner: ‚Sie dürfen es herzhaft an
geeigneter Stelle vortragen, ein Landmann habe es Ihnen angezeigt, wie schändlich unsere Gotteshäuser auf dem Lande mißbraucht
werden, da auf der Kanzel politisirt wird.‘ (Hört, hört! Links.)
Dann fährt der Mann in seiner Entrüstung fort — er hat da
vielleicht eine falsche Politik, m. H., aber es ist doch merkwürdig,
wie sich der Zusammenhang der Dinge auch in dem Hirn eines
Bauers spiegelt —: ‚Die vielen Tausend Tropfen deutschen un-

schuldigen Blutes, welche in Feindesland vergossen, sind umsonst ge=
flossen, und unser Deutsches Reich geht wieder verloren, wenn das
so fortgeht. Warum rührt sich denn unsere Regierung gar nicht
und sieht zu, wie gegen sie fort und fort geprebigt wird?' Das,
m. H., ist die Stimme eines Landmannes. (Ruf aus dem Centrum:
Wie heißt der Mann?) Wie der Mann heißt? Gut, das sollen
Sie auch haben. Der Brief ist d. d. Altensried vom 2. Novem=
ber 1871 und der Mann unterschreibt sich: Kügle, Bürgermeister."
Der Redner schloß: „Das Gesetz wird also, m. H., allerdings nicht
ein durchgreifendes Remedium seyn, was wir hier geben, aber es
wird ein Anfang seyn. Allerdings bin ich der Ansicht, es ist ein
Anfang von Maßregeln, welche dem Staate den Schutz gegen die
hereinbrechende Macht des Welschthums und des Romanenthums
in der Kirche geben müssen. Wir, m. H., haben den Kampf nicht
hervorgerufen (Zustimmung rechts und links), wir werden ihn aber
aufnehmen, und der germanische Geist — ich wiederhole ein
Wort, das ich früher einmal von dieser Stätte aus gesagt habe —
der germanische Geist, welcher uns durch die Jahrhunderte hindurch
geführt, welcher Deutschland groß gemacht und uns hier in diesem
Hause vereinigt hat, dieser germanische Geist wird auch den Kampf
gegen das Welschthum und gegen das Romanenthum, welches jetzt
gegen uns auftritt, siegreich überwinden. Wir aber, m. H., wollen
diesen Kampf kämpfen unverändert und unveränderlich, und der
germanische Geist, m. H., wird seinen Sieg über das Welschthum
davontragen." (Lebhaftes Bravo!)

Eine weitere Bestätigung der Wahrheit, welche Völk ausge=
sprochen, schrieb man der Kemptener Zeitung von Altensried (im All=
gäu): „Am letzten Sonntage predigte unser Caplan Reisle u. A.: ‚Die
Völker dürfen sich gegen die Obrigkeit auflehnen, und dies abzuändern
hat die Macht weder ein — Dr. Völk von Augsburg, noch ein Stab=
ler von Brugg, noch die Bürgermeister der Umgebung!'" Zur Charak=
terisirung des Ganzen wird ausdrücklich beigefügt, der Herr Caplan
sey ein noch blutjunger Mann, „der noch vor ein paar Jahren auf
der Schulbank in Würtemberg saß, woher er gebürtig ist, der dort
als Student fortgejagt wurde, in Bayern vom Bischofe Pancratius

in Augsburg mit offenen Armen aufgenommen wurde und jetzt durch Verleitung des bayerischen Volkes zum Eidbruche und zur Revolution seinen Dank bezeugt.'"

Zur Bestätigung dessen, was Völk über die antinationalen Umtriebe des ultramontanen Klerus vorgetragen, theilten die Zeitungen in denselben letzten Novembertagen Folgendes mit: Vor dem Militärbezirksgerichte in Augsburg stand dieser Tage der Soldat C. Vanoni im 12. Inf.-Regiment, seines Zeichens ein Schuhmachergeselle. Derselbe hatte im Dezember v. J. in einem Wirthshause zu Kempten mit ein paar Kameraden politisirt und sich in seiner Declamation so weit verstiegen, daß er behauptete: „Der Napoleon hat den Krieg nicht wollen, der König von Preußen hat ihn wollen, was haben wir jetzt von der ganzen Geschichte? Einen deutschen Kaiser haben wir. Unsere Soldaten sind dumm, daß sie ins Feuer gehen; schickt man ihnen etwas ins Feld, so bekommen sie nichts, die Offiziere fressen ihnen alles weg; die Kerle sollte man alle wegschießen ..." Auf die Aeußerung seiner Kameraden, daß dies nicht wahr sey, erwiderte Vanoni: „Ja, in unserm Vereine hat man es uns so erklärt," worauf Vanonis Kameraden entgegneten: „Du bist ein dummer Kerl, du glaubst alles, was dir die Pfaffen sagen." Vanoni wurde wegen obiger frecher Aeußerungen und wegen Subordinationsverletzungen gegenüber einem ihn zur Rede stellenden Landwehroffizier vor die Gerichtsschranken verwiesen. Dort gab er denn die Erklärung ab: ein Mitglied des katholischen Gesellenvereins (Vorstand der Gymnasiallehrer Priester Hiltensperger) gewesen zu seyn, und knüpfte an dieses Bekenntniß die Zusicherung, von diesem Verein nie mehr etwas wissen zu wollen. Der die Anklage vertretende Staatsanwalt begann seine Rede mit folgenden treffenden Worten: „Wiederum, meine Herren Geschworenen, sitzt auf der Anklagebank ein von der vaterlandslosen Partei Verführter, — wenn es uns doch einmal vergönnt wäre, einen Verführer dort sitzen zu sehen." Der Angeschuldigte, ein gemäß den Zeugnissen seiner Vorgesetzten ganz braver Bursche, brach bei diesen Worten in Thränen aus und brachte zu seiner Vertheidigung nichts vor, als daß er um eine milde Strafe bat.

Das vom Minister v. Lutz beantragte Gesetz über die Geistlichkeit wurde vom deutschen Reichstag am 28. November mit großer Mehrheit angenommen.

Dem deutschen Reichstag wurden viele Petitionen eingesandt. Eine der Stadt Elbing verlangte die Vertreibung der Jesuiten aus dem Reiche, denn eher habe man keine Ruhe. Das katholische Centralcomité in Köln bat 1) um obligatorische Civilehe, 2) daß die Eltern über die Erziehung ihrer Kinder verfügen könnten, 3) daß das Kirchenvermögen einer Revision unterworfen und, soweit es den Gemeinden gehöre, diesen auch überlassen werde, darüber zu verfügen, mit dem Vorbehalt, daß alle dem Bekenntniß, wie es bis zum 18. Juli 1870 in der katholischen Kirche bestand, angehörigen Katholiken als Mitglieder dieser Kirche anzuerkennen und demgemäß als zu dem Mitgebrauch des kirchlichen Eigenthums berechtigt zu behandeln seyen 2c.

Der Reichstag wurde geschlossen und unmittelbar darauf folgte ihm der preußische Landtag, in welchem fast die nämlichen Personen den Kampf fortsetzten, da die Centrumspartei auch hier wie im Reichstag Posto gefaßt hatte.

Der Kölner Erzbischof antwortete dem Minister am 30. Dezember und hielt an der Auffassung fest, erstens die Unfehlbarkeit des Papstes sey die alte herkömmliche Lehre der Kirche, nichts Neues, und zweitens die Kirche allein und nicht der Staat habe zu entscheiden, ob einer ein Katholik sey oder nicht. Diese Correspondenz mit dem Erzbischof war übrigens der letzte Akt des Cultminister v. Mühler. Denn derselbe sah sich am 12. Januar 1872 veranlaßt, seine Entlassung nachzusuchen, die er auch erhielt. Er hatte sich durch seine orthodoxe Haltung schon seit langer Zeit den unversöhnlichen Haß der Rationalisten und Liberalen zugezogen. In der letzten Zeit hatte er, wie seine bündige Erklärung gegen den Kölner Erzbischof beweist, den Liberalen nachgegeben, sie waren jedoch so ungroßmüthig, ihm diese Wendung nur als Charakterschwäche auszulegen. Uebrigens soll eine Differenz zwischen ihm und dem Kronprinzen in Bezug auf Kunstsachen zu seinem Sturze beigetragen haben. Den äußeren Anlaß zur Entlassung Mühlers gab ein Votum

Bennigsens, welcher Zweifel und Mißtrauen ausdrückte, ob Mühler der Mann sey, um das Schulaufsichtsgesetz in dem Sinne, wie die Mehrheit wolle, durchzuführen, und ob damit nicht zu viele Gewalt in seine Hand gelegt werde. Zudem berief er sich auf einen Ausspruch des berühmten Ministers Stein vom Jahr 1807, welcher die Vereinigung des Unterrichts= und Cultusministeriums mißbilligt habe.

An Mühlers *) Stelle wurde am 22. Januar der Geh. Ober=justizrath Dr. Falk ernannt. Derselbe war ein Schlesier und seit 1858 Abgeordneter, gehörte der mäßig liberalen Fraction an und hatte 1860 in einer Rede das innere religiöse Bedürfniß der blos äußern Kirchlichkeit gegenüber gestellt, in den Debatten des Ab=

____

*) Künstler und Kunstfreunde hatten es kurz vorher sehr übel ge=nommen, daß er einige Nuditäten von der öffentlichen Ausstellung aus=schließen wollte. Damit stach er in ein Wespennest, und aus allen Winkeln schwärmten moderne Heiden herbei, welche die klassische Nacktheit in Schutz nahmen. Aus Barmen wurde geschrieben: Das große, durch den Streit der Berliner Akademie mit Herrn v. Mühler allgemein bekannte Bild von H. Schlösser: „Venus Anadyomene, dem Meere entschwebend, umgeben von Nereiden und Tritonen", welches sich gegenwärtig in der Gemälde=Ausstellung des hiesigen Kunstvereins befindet, ist heute zu dem vom Künstler angesetzten Preise von 4000 Thlrn. angekauft, und wird somit seine Rundreise durch die Kunstausstellungen beendet seyn.

Die Berliner Tribune schrieb: „Herr v. Mühler, unser Cultusminister, wird sich über die jüngste Nachricht aus Wien nicht sonderlich freuen. Die k. k. Akademie der bildenden Künste in Wien hat nämlich eines der Bil=der, die dem Herrn Minister auf der letzten Ausstellung so großes Aerger=niß erregten, die „Kallisto" von Schauß, angekauft und zwar für einen ganz achtbaren Preis. Da die Wiener Akademie nicht die Absicht hat, das Bild in einem Keller zu vergraben oder sonst unschädlich zu machen, sondern es sicherlich an einem Jedermann zugänglichen Orte aufhängen wird, wie sie selbst sagt, „als Muster gediegener und keuscher Behandlung des Nackten", so liegt die Vermuthung nahe, daß man im katholischen Wien die Gelegenheit mit Freuden benutzt habe, einmal einen Trumpf gegen protestantische Prüderie auszuspielen."

geordnetenhauses aber die extremen Parteien, hier Hoverbeck und
Waldeck, dort Wagener und Blankenburg, gleich entschieden bekämpft.

Unterdessen hatte der durch die Jesuiten vortrefflich disciplinirte
katholische Klerus in Preußen eine enorme Agitation in Scene gesetzt, um die Petition der Bischöfe durch Gemeindepetitionen aus
allen Theilen des Reiches zu unterstützen. „Ueberall Volksversammlungen und Petitionscirculare, überall der neulich auch in einer
Berliner katholischen Volksversammlung laut gewordene, stolze und
siegeszuversichtliche Ruf: ‚Wir wollen so dumm bleiben wie wir sind!'
überall Petitionen, deren Unterzeichner ihren Beruf zu einem voll-
wichtigen Urtheil über Einrichtung des Schulwesens durch die zahlreich sich vorfindenden drei Kreuze unter den Petitionen bekunden.
Die Zahl der Petitionen überstieg schon am 20. Januar die Summe
von 800 und ist in den letzten Tagen so reißend gewachsen, daß
sie wohl gewiß schon über Tausend hinausgegangen ist. Die meisten
Petitionen sind aus Oberschlesien eingelaufen, namentlich aus den
Kreisen Rybnik und Pleß, wie es ja auch nicht verwunderlich ist, den
Elementen von Königshütte an der Spitze derartiger Culturbestre-
bungen zu begegnen. Der katholische Volksverein von Breslau darf
sich großartiger Leistungen rühmen. Nächstdem haben Posen und
Westpreußen die reichste Ausbeute geliefert: ebenso leicht erklärlich,
da hier das klerikale Element in dem national-polnischen seine Stütze
findet und unter allem Klerus der polnische der streitbarste und über
die Seinigen am zuverlässigsten gebietende ist. Sobann darf sich
das Land Hannover des größten Eifers rühmen, woher streng lutherische Orthodoxie und Welfenthum nicht weniger als dreihundert
Petitionen nach Berlin geliefert haben.“

In der Sitzung des Abgeordnetenhauses vom 30. Januar 1872
kamen die kirchlichen Fragen zur Sprache. Mallinkrodt begann den
Kampf mit einem Tadel der neuen Verfügung des Cultministeriums, wonach die katholische Abtheilung dieses Ministeriums
in Wegfall decretirt worden war. Zugleich knüpfte er daran die Beschwerde, daß bei den Anstellungen in Preußen die Katholiken gleichsam wie Parias zurückgesetzt würden. In Bezug auf diesen letzteren

Punkt entgegnete ihm der Abgeordnete Wehrenpfennig, er würde Recht haben, wenn er sagen könnte, so und so viele Katholiken hätten sich in Preußen zu Aemtern gemeldet und seyen alle zurückgewiesen worden. Er habe aber nicht Recht, wenn er z. B. sage, unter dreißig Postbeamten befänden sich nur drei Katholiken. Das komme blos daher, weil sich eben nicht mehr Katholiken zum Postdienst gemeldet haben. Ungerecht sey auch der Vorwurf der Ungleichheit in Bezug auf den Unterricht. Wenn an einem Orte nur ganz wenig katholische Kinder sind, könne man doch für dieselben nicht eine besondere Schule bauen, und wenn sie die Schule benutzen wollten, müßten sie sich eben zu der vorhandenen Mehrheit protestantischer Kinder hinsetzen. Das sey keine Verletzung der Parität.

In Bezug auf die Auflösung der katholischen Abtheilung im Cultministerium setzte der neue Minister Falk klar und bündig auseinander, daß sich die Regierung einfach auf den Standpunkt des Staates stelle, sich in die Confessionen nicht einmische, soweit sie nicht in das Gebiet des Staats eingreifen, und alle Confessionen mit dem gleichen Maße messe, von welchem staatlichen Gesichtspunkt aus das bisherige Privilegium einer besonderen katholischen Abtheilung eine Abnormität und ein Unrecht gegen die andern Confessionen gewesen sey. Dabei bemerkte der Minister, jene katholische Abtheilung, welche doch als zur Regierung gehörig, nur das Interesse des Staats vertreten sollte, habe oft einseitig nur das Kircheninteresse vertreten. „Dem Cultusministerium gehöre ich eine Woche an; aber vier Jahre habe ich dem Justizministerium angehört, und, m. H., ich habe zunächst sehr viele Sachen der sogenannten katholischen Abtheilung gesehen, unter denen weder der Name des Herrn Ministers v. Mühler, noch des Unterstaatssekretärs Lehnert stand, sondern der Name des Directors der katholischen Abtheilung, nach außen hin wohl ein ausreichender Beweis, daß man von einer solchen Unselbständigkeit zu sprechen nicht berechtigt seyn möchte. Und wenn ich noch eines Eindrucks erwähne, m. H., so handelt es sich doch um ein staatliches Organ, geschaffen und herbeigerufen, um durch seine reiche Kenntniß die Beziehungen zwischen der katholischen Kirche und dem Staate zu vermitteln, aber immerhin ein staatliches Organ, be-

rufen, den Staat zu vertreten. Ich habe aber häufig genug — es
ist immer nur persönlich — den Eindruck gehabt, als ob bisweilen
die aus der katholischen Abtheilung kommenden Verfügungen nicht
den Eindruck einer Staatsbehörde, sondern einer Kirchenbehörde ge=
macht hätten. (Sehr wahr!)" Weiter erklärte der Minister, er sey
Jurist und werde das Recht wahren in allen den Gebieten, in denen
der Staat mit der Kirche in Berührung kommt. „Ich werde mich
leiten lassen von dem Satze, daß die Kirche und die Kirchen=Ge=
meinschaften ihre Freiheit und ihre volle freie Bewegung behalten,
ich werde ihnen da nie hemmend in den Weg treten. Aber, m. H.,
wo Rechte des Staates in Frage sind, und Rechte, die der Staat
schützen muß gegen Jeden und auch gegen die Kirchen=Gemein=
schaften, da werden Sie mich allerdings als Juristen sehen (lebhaftes
Bravo links), ich werde alle unberechtigten Ansprüche vollständig
zurückweisen."

Windthorst erklärte ziemlich patzig, er und seine Partei seyen
überall im Recht, und nahm nicht die Miene an, als werde er sich
mit einem bloßen Ausgleich begnügen. Da erhob sich Fürst Bis=
marck gleich jenem römischen Staatsmann, der in seiner Toga dem
Feinde Krieg oder Frieden brachte, so daß er wählen könne, und
rechtfertigte seine drohende Haltung mit dem Vorgehen der Ultra=
montanen: „Es ist ungeheuerlich, daß sich eine politische Partei ge=
bildet hat, welche ihren Zwang durch theologische Mittel auf poli=
tisches Gebiet ausdehnt, welche Staatsbeamte durch theologische Macht
sich ihr unterzuordnen zwingt, welche sie zur Auflehnung gegen den
Staat selbst zwingen kann. Schon die Wahlreden appellirten an
die Leidenschaften der unteren Klassen. Ferner zog die Fraction
des Centrums im Reichstage alle Elemente an sich, welche notorisch
gegen Preußen und gegen das Reich waren: Protestanten, welche
das Reich befeindeten, sämmtliche feindliche Parteien, welche aus
nationalen oder revolutionären Gründen der deutschen Einigung
feindlich waren. Da wurde es mir immer klarer, daß wir allmäh=
lich zu der bedauerlichen Situation kommen würden, in der wir
uns jetzt befinden. Der Herr Vorredner hat sich speciell über die
Aufhebung der katholischen Abtheilung beklagt. Nun meine ich,

daß sie zwar im absoluten Staate ihre Berechtigung hatte, daß es jedoch im constitutionellen Staate unverträglich ist mit der Verfassung, daß die Zugänglichkeit zu gewissen Stellen in der Regierung von der Confession abhängig gemacht wird. Entweder ist der Cultusminister verpflichtet, sich völlig nach den Rathschlägen eines solchen Collegiums zu richten: dann ist er für die Maßregeln nicht verantwortlich; oder er ist dazu nicht verpflichtet, und dann ist eine solche Abtheilung überflüssig. Uebrigens war nach meiner Ansicht die Richtung dieser Abtheilung degenerirt. Der Charakter des Collegs war der geworden, daß es sich nur um eine Wahrung der Rechte der Kirche innerhalb des Staates zu handeln schien."

Sodann hob der Reichskanzler insbesondere hervor: „Die Leidenschaftlichkeit hat die Presse schließlich dahin geführt, eine gewisse Solidarität für sämmtliche Aeußerungen zu schaffen, welche von Parteigenossen gethan werden. So hat z. B. die hier in Berlin erscheinende ‚Germania‘, die ich allerdings nicht lese, über welche mir jedoch Bericht erstattet ist in dieser Beziehung, ihre Solidarität mit der bayerischen Presse, mit dem bayerischen Volksboten und wie sie heißen mögen, erklärt, es heißt also mit der franzosenfreundlichen oder der alten Rheinbundpresse im katholischen Gewande. Diese Uebereinstimmung erstreckte sich bis nach Genf und anderswo, so daß man wirklich von einer Mobilmachung gegen die Regierung und das Reich sprechen kann. Sie muß sich vertheidigen und wird es mit aller Energie. Besser aber ist es, wir suchen einen friedlichen Ausweg! Daß die ernste Absicht Seitens der Regierung vorliegt, jeder Confession innerhalb des Staates alle mögliche Freiheit zu gewähren, wird wohl Niemand ernstlich bezweifeln. Daß eine Confession jedoch außerhalb ihres Kreises eine Herrschaft ausübe, das kann nicht und wird nicht zugegeben werden. Ich für meinen Theil bedauere es, daß die bekannte Braunsberger Angelegenheit zu so weitgehenden Consequenzen durchgeführt werden mußte. Es war aber nicht anders möglich, da die Staatsgesetze die Entlassung eines Staatsbeamten durch einen Bischof verbieten. Es ist das eine Collision zwischen dem Kirchenrecht und den Staatsgesetzen, welche

einer eingehenden Prüfung bedarf; und ich hoffe, daß der neue
Herr Cultusminister sich dieser Frage ganz speciell annehmen wird.
Dogmatische Streitigkeiten über die Wandlungen oder Declarationen,
welche innerhalb des Dogmas der katholischen Kirche vorgegangen
sein können, zu beginnen, liegt der Regierung sehr fern und muß
ihr fern liegen; jedes Dogma, auch das von uns nicht geglaubte,
welches so und so viel Millionen Landsleute theilen, muß für ihre
Mitbürger und für die Regierung jedenfalls heilig seyn. Aber wir
können den dauernden Anspruch auf eine Ausübung eines Theiles
der Staatsgewalt den geistlichen Behörden nicht einräumen, und so
weit sie dieselbe besitzen, sehen wir im Interesse des Friedens uns
genöthigt, sie einzuschränken, damit wir neben einander Platz haben,
damit wir in Ruhe mit einander leben können, damit wir so wenig
wie möglich genöthigt werden, uns hier um Theologie zu bekümmern.
Ich kann auch für die Regierung nur den Standpunkt wahren, daß
man von der Regierung eines paritätischen Staates nicht verlange,
sie solle confessionell auftreten nach irgend einer Richtung hin. Confessionell kann eine Regierung als solche nur dann auftreten, wenn
sie eine Staatsreligion hat, wie wir sie nicht haben.“

In der folgenden Sitzung stellte Mallinkrodt als Fundamental-
satz des Katholicismus Folgendes auf, indem er behauptete, die von
den Protestanten in Anspruch genommene geistige Ueberlegenheit sey
nur eine Einbildung. „Also einen weiteren Blick, wie ihn der
Protestantismus hat, sollen wir uns aneignen. Nun, wo zeigt sich
denn die stärkere Denkkraft? Etwa darin, daß auf protestantischer
Seite jeder etwas anderes für das Richtige hält, oder darin, daß
auf katholischer Seite alles einer Meinung ist, selbst Abirrende sich
ihr wieder zuwenden und alle Welt eingesteht, es gebe nichts Logi-
scheres und Consequenteres als das Gebäude der katholischen Kirche?
(Windthorst-Meppen: Sehr wahr!) Nun, woher kommt die Consequenz? Doch nur vom logischen Denken (Gelächter), und dies ist
unser. Hinsichtlich des neuen Dogmas wird zu beweisen seyn, daß
der Widerspruch nicht gegen die Materie, sondern gegen den Zeitpunkt der Definition gerichtet war. Aus dieser letzteren Seite ent-
sprangen die Bedenken der deutschen Bischöfe. Sie verstehen es

eben nicht, daß für uns Katholiken die Kirche die Trägerin der Wahrheit ist, und wenn die Kirche gesprochen hat, dann ist es eben die Wahrheit. (Gelächter.) So ist es; lernen Sie doch erst das ABC der Dinge, um die es sich hier handelt; wer katholisch bleiben will, der muß so denken. Und die Consequenz? Wir stehen nach neunzehnhundert Jahren noch fest und voll geeinigt da, während Sie mit Trauer allerdings einen Stein nach dem andern abbröckeln sehen." Also nicht, was wahr ist, soll wahr seyn, sondern nur, was die Kirche behauptet, und was gestern von der Kirche für wahr gehalten wurde, gilt heute nicht mehr, wenn die Kirche heute sagt: Es ist nicht wahr. Das ist aber keine Wahrheit, sondern eben nur notre plaisir und auch keine Logik, kein Beweis von größerer Denkkraft, sondern nur ein stat pro ratione voluntas.

Weiter behauptete Mallinkrodt noch einmal, seine Partei sey keine confessionelle. Der Reichskanzler aber las ihm ein von einem Katholikencomité in Oberschlesien verfaßtes Umlaufschreiben vor, welches die Wahl des geistlichen Raths Müller in den Reichstag den „Glaubensbrüdern" ausschließlich als katholische Sache und zur Abwehr der Protestanten und Deutschen dringend empfahl, ein Schriftstück, welches von Anklagen und Verleumbungen der preußischen Regierung strotzte und in seinem polnischen Originale einer Aufhetzung der polnischen Katholiken gegen den Staat gleich kam. Ueber denselben geistlichen Rath Müller theilte das Wiener Fremdenblatt damals noch mit, er habe im katholischen Casino eine wüthende Rede gegen das neue deutsche Kaiserthum gehalten. Die Berliner Germania erklärte zwar, die Rede sey nie gehalten worden, die Kölner Zeitung berichtete aber, sie sey gehalten worden, nur an einem andern Orte.

Nach dem Austritt Mühlers zirculirte in Berlin ein guter, dem Fürsten Bismarck zugeschriebener Witz. Ein Gast sagte zum Fürsten: „Wie Schade doch, Durchlaucht, daß so viel unseres einheimischen Silbers die bayerische Grenze passiren muß. 20 Millionen, was bleibt denn da noch für uns übrig?" — „Genug, mehr als genug, mein lieber Herr Doktor," erwiderte lächelnd der Fürst, „denken Sie

doch nur an unser Ministerium, das ist ja das reine Silber-Ministerium." — „Silber-Ministerium? Darf ich um eine nähere Erklärung dieser sonderbaren Bezeichnung bitten, Durchlaucht?" —
„Recht gern, geben Sie Acht. S. ist zunächst mein landwirthschaft-
licher College Selchow; J. der Handelsminister Graf Itzenplitz;
L. gehört dem Justizminister Dr. Leonhard; B. erlaube ich mir
selbst zu seyn; E. Graf Eulenburg, gehört in das Ministerium des
Innern, und mit R., der Initiale meines kriegerischen Collegen
Roon, schließt das Silber-Ministerium." — „Allerliebst, Durchlaucht, aber — gestatten Sie mir die Frage — wo bleibt Herr
v. Mühler?" — „Herr v. Mühler? Der zählt nicht mit, für M.
haben wir leider keine Verwendung."

Der neue Unterrichtsminister Falk vertagte die Berathung des
neuen Unterrichtsgesetzes, bis die neue Kreisordnung erledigt seyn
würde, welche allein leistungsfähige Gemeindeverbände schaffen könne.

<hr>

Kapitel 2.

Das neue Schulaufsichtsgesetz.

Das schon angekündigte neue Schulaufsichtsgesetz diente dem
Gesetz, wodurch der Mißbrauch der Kanzeln gezügelt wurde, zur
nothwendigen Ergänzung, denn die katholischen Geistlichen hatten die
Schule nicht weniger wie die Kanzel mißbraucht und namentlich in
Preußisch-Polen schon die polnischen Kinder gegen die Regierung
und gegen die Deutschen aufgehetzt. Es war von den früheren Kult-
ministerien in dieser Beziehung nur zu viel versäumt worden, und
je frecher die Jesuiten der Regierung trotzten, ein um so rascheres
und energischeres Einschreiten war geboten. Man warf der Regierung vor, daß sie ihr neues Schulaufsichtsgesetz den Kammern vor-
lege, ohne zuvor den katholischen Episcopat und den evangelischen
Oberkirchenrath zu Rathe gezogen und überhaupt nicht erst auf die

Abfassung eines allgemeinen Unterrichtsgesetzes gewartet zu haben. Allein das eine wie das andere würde die Sache verzögert haben, und die Regierung war zu sehr von der Nothwendigkeit überzeugt, daß dem Pfaffenunfug schleunigst Einhalt gethan werden müsse. Begreiflicherweise war die Jesuitenpresse gleich bei der Hand, die Regierung zu beschuldigen, sie wolle die Schule entchristlichen und sey von der rechten Seite zur äußersten Linken übergegangen. Sogar die conservativen und orthodoxen Lutheraner waren unbesonnen genug, wenn auch in etwas gedämpfterem Tone, in das Wehegeschrei der Jesuiten einzustimmen, da doch kein Vernünftiger zweifeln konnte, die Regierung wolle sich nur der ultramontanen Unverschämt= heit erwehren, befinde sich lediglich in der Defensive und zwar in einer durchaus berechtigten, und denke auch nicht entfernt daran, den christlichen Glauben anzugreifen.

Die Kölnische Zeitung erinnert an die Volksschulen, die man doch dem Ultramontanismus nicht gänzlich preisgeben könne, und an die Gefahr einer Verführung zu förmlichem Aufruhr. „Es ist schon an sich bedenklich, die vorsichtig ausgedrückten Lehren des Syllabus von Pius IX., so weit er die Gränzen der Rechte des weltlichen Staates und der entsprechenden Gehorsamspflichten der Unterthanen betrifft, zuzulassen. Ganz unmöglich aber ist es in Preußen, den schrofferen Ausführungen derselben Lehre, wie sie die seit dem 18. Juli 1870 nun auch auf Unfehlbarkeit Anspruch machende Bulle cum ex apostolatus officio von Paul IV. ent= hält, einen Freipaß zu gewähren. Dieselbe hebt bekanntlich die Gehorsamspflicht gegen ketzerische Fürsten auf und eröffnet deren Landbesitz rechtgläubigen Eroberern. Die Definitionen dieser Bulle verneinen für unsere Staats= und Reichsverfassung, in so fern sie einen ketzerischen Kaiser und König haben, jede christlich= sittliche Grundlage, nämlich jede bisher auch in der gesammten deutschen katholischen Kirche gelehrte Weihe durch das ‚vierte Ge= bot Gottes‘. In früheren Jahrhunderten hat nicht nur das staat= liche ‚Placet‘ die moralische Pest dieser ultramontanen Sittenlehre aus der Schule, aus den Katechismen und von den Kanzeln Deutsch= lands verbannt und ihre öffentliche Verkündigung auf die romanischen katholischen Länder beschränkt, sondern die Lehre galt auch dem deutschen Altkatholicismus für eine falsche, für eine leidenschaftliche Verirrung Paul's IV. Jetzt ist die Lehre ein Dogma der vaticanischen katholischen Kirche und — ein vorgängiges ‚Placet‘ existirt staatsrechtlich in Preußen nicht mehr!“

Bischof Ketteler erklärte im Mai 1871 die Sonntagschulen für „Sabbathschändung“, und Moufang von Mainz verwarf überhaupt den Schulzwang, der Staat solle die Schule ganz der Kirche überlassen. Aber aus dem würtembergischen Oberland brachten die Blätter z. B. folgende Klagen: So werden in B. an der R. die kathol. Schüler der Realschule und des Gymnasiums jahraus jahrein täglich Morgens 7 Uhr in die Kirche genöthigt. Im Winter ist das offenbar für schwächliche und selbst gesunde Schüler zu früh und von Nachtheil für die Gesundheit. Es ist schon vorgekommen, daß Schüler in der Kirche mehrmals von Unwohlseyn befallen wurden und nach Hause gebracht werden mußten. Dennoch wurden dieselben so wie so in die Kirche dirigirt. Es ist eben, wie einmal ein eifriger Vikar behauptete, verdienstlicher, eine halbe Stunde die Messe anzuhören, als einen Tag in der Schule zu verbringen. Da möchte man doch fragen: Müssen sich das die Väter der Schüler gefallen lassen? Ist es nicht genug, wenn sie im gelobten Lande des Friedens um jeden Preis sich gefallen lassen müssen, daß ihren Söhnen gegen ihre Ueberzeugung das Unfehlbarkeitsdogma bei jeder Gelegenheit bis zum Ueberdruß eingeprägt wird! Ist das Gewissensfreiheit, wenn der Staat die Schüler mit dem Polizeistock in solchen Unterricht und in die Kirche treibt?

Aus dem badischen Oberlande wurde am 28. Dezember 1871 der „Bad. Lbsztg.“ mitgetheilt: Es sind uns Schulen bekannt, in welchen von den Geistlichen die Schüler veranlaßt werden, sich den Vereinen der heiligen Kindheit, der Ludwigsmission ꝛc. anzuschließen. Solchem Beginnen sollte kräftig entgegen getreten werden und zwar von der Oberbehörde; denn nicht alle Eltern haben den Muth und die Einsicht, ihre Kinder vor derartigen Zumuthungen zu schützen. Was die Lehren, die in solchen Vereinen gespendet werden, zur Folge haben, das bedarf keiner Auseinandersetzung.

In der Sitzung des Abgeordnetenhauses vom 8. Februar 1872 wandten die Ultramontanen eine eigenthümliche Taktik an, indem sie dem neuen Schulgesetz vorwarfen, es gefährde die Freiheit, und dann wieder, es gefährde das monarchische Princip. Virchow kritisirte scharf die „Freiheits"=Bestrebungen der Centrumsfraktion: „Die Herren vom Centrum gaben dem natürlichen Recht und der Unterrichtsfreiheit eine eigenthümliche Deutung. Wir kennen diese Freiheit, es ist die Freiheit der Unwissenheit, der Ignoranz; für die Kinder die Freiheit, nichts zu wissen, für die Lehrer die Freiheit, nichts zu lehren, das ist bequem und macht für Aberglauben empfänglich." Lasker führte zum Beweise, wie sehr die Schule von den Ultramontanen versäumt werde, Folgendes an: In Spanien haben nach der Aufnahme der Seelenzahl im Jahre 1860 drei Millionen lesen und schreiben, 705,000 nur lesen und 11,800,000 weder lesen noch schreiben können! Belgien hat im Jahre 1864 bei der Rekrutirung unter den 10,453 Aufgerufenen 5339, also 51 Procent gehabt, die nicht schreiben konnten, und in Westflandern, dem Hauptquartier der Gesinnungsgenossen des Herrn Vorredners, haben nur 17 Procent schreiben gekonnt.

Inzwischen war Fürst Bismarck eingetreten und fertigte die Führer des Centrums mit schneidender Ironie ab. Reichensperger hatte bedauert, daß der Reichskanzler seine Rede nicht angehört habe. Dieser sagte nun: Hätte ich gewußt, daß der Herr Reichensperger sprechen werde, so würde ich ganz gewiß gekommen seyn, obschon ich glaube, daß nach den 23 Jahren gemeinschaftlicher parlamentarischer Thätigkeit der Herr Abg. mir so sehr viel, was' ich nicht schon wüßte, nicht sagen kann, und ich ihm auch nicht. Ich kann mir lebhaft denken, was er gesagt hat, und kann nur sagen: von Zeit zu Zeit hör' ich den Herrn Abgeordneten gern. (Heiterkeit.) Leider kann ich dasselbe nicht von seinem Fraktionsgenossen Windthorst sagen, der nach ihm gesprochen hat, weil ich bei diesem Herrn eine zu ausgebildete und durch eine zu gute Schule gegangene Geschicklichkeit finde, sich die Worte, die ich oder ein Anderer gesprochen hat, zurechtzulegen, wie es für seinen Zweck paßt, und weil die Beispiele davon so verwachsen sind, daß es schwer ist, ihnen immer nachzu-

spüren. Ich will hier nur Verwahrung einlegen gegen die Stellung,
die der Herr Abgeordnete mir in einem gewissen Gegensatze zum
monarchischen Princip für die Majoritätsherrschaft hat geben wollen.
Ich lasse unentschieden, wohin dieser Pfeil zielt, den er abgeschossen
hat; aber ich kann ihn versichern, er prallt machtlos ab. Ich habe,
wie ich glaube, langjährige Proben im Dienste des monarchischen
Princips abgelegt: dem Herrn Abgeordneten steht dies hoffentlich
noch bevor, (Heiterkeit.)

Am folgenden Tage wurde die Debatte fortgesetzt. Minister
Falk wies auf die große Menge eingekommener Petitionen hin, die
gegen das Schulgesetz gerichtet seyen, bemerkte aber, man wisse wohl,
wie solche Petitionen zu Stande kämen, nämlich lediglich durch
Wühlereien und Verhetzungen des friedliebenden Volkes. Der
Reichskanzler unterstützte den Kultminister in einer längern Rede
voll Offenheit und Energie: Die Opposition gegen das Schulgesetz,
wie gegen die Regierung überhaupt, gehe nicht vom Volk, auch nicht
von der katholischen Kirche als solcher aus, sondern von den politischen Feinden des deutschen Reichs. Windthorst sey der intimste
Freund des König Georg von Hannover gewesen und sey es vielleicht noch. Von dieser Seite aber sey man Preußen Feind gewesen
und habe auf Frankreich gehofft, da aber Frankreich besiegt worden,
mache man den Ultramontanismus zum Bundesgenossen. Fürst
Bismarck mahnte die katholische Fraktion, sich der welfischen Führung
zu entschlagen, und eben so, sich mit den Polen nicht gemein zu
machen. Auch diesen sey es ja nicht um die Religion, sondern
nur um die Wiederherstellung Polens zu thun, und sie nehmen die
Religion nur zum Vorwand, um die deutsche Regierung und überhaupt alles Deutsche zu bekämpfen. Bismarck las einen, in dem
zu Königshütte erscheinenden „Katholik" abgedruckten Aufruf an die
Wasserpolacken vor, worin es hieß: „Brüder, Glaubensgenossen!
rufet die Frauen und Kinder, rufet alle Hausgenossen zusammen,
und fallet mit ihnen zugleich auf die Knie, indem ihr mit dem
Himmelsruf rufet: Jesus, Maria und Joseph, rettet uns aus der
Hand der Feinde, denn wir verderben! O Gott, warum lässest du
so schreckliche Verfolgungen zu? Warum gestattest du, daß die Feinde

deines Volkes ſpotten? Erbarme dich über uns um deines Namens willen!" Dann hetzte das Blatt gegen die deutſchen Fabrikbeſitzer und Beamten auf, „gegen die Andersgläubigen, die urewigen Feinde des Volks, welche von eurem Schweiß und dem Blut eurer Hände leben und ſich bereichern." Sehr bemerkenswerth ſind folgende Worte des Reichskanzlers in Bezug auf die polniſchen Umtriebe: „Was die Beſtrebungen des polniſchen Adels betrifft, ſo brauche ich dieſelben gar nicht zu charakteriſiren, die Herren machen ja gar kein Hehl daraus; ſie ſind fortwährend bereit, mit der einen Hand die Wohlthaten der Civiliſation und der regelmäßigen Rechtspflege, der Freiheit, die ihnen die preußiſche Verfaſſung gewährt, anzu= nehmen und mit der andern Hand das Schwert zu ſchwingen und offen zu ſagen: hiermit werde ich auf Dich einhauen, ſobald mir irgend eine gute Gelegenheit dazu wird; denn ich bin mit dem jetzigen Zuſtande unzufrieden, ich will ihn löſen. Ein rein principielles theoretiſches Bekenntniß, daß der preußiſche Staat zerſetzt werden müſſe und die früheren polniſchen Beſtandtheile von ihm getrennt, kann nicht vom Strafrecht verfolgt, alſo auch nicht verurtheilt werden. Aber wir haben es nur in Bezug auf einzelne Landestheile 100 Jahre mit angeſehen und hätten es ohne den Parteikampf der Geiſtlichen noch 100 Jahre lang weiter mit angeſehen. So aber müſſen wir wenigſtens die Keime deſſen, was Staatsgefährliches ſich daraus ent= wickeln kann, verhindern, ſo viel es uns möglich iſt. Herr Abge= ordnete Stroſſer iſt der Meinung geweſen, wenn das ſtaatsgefähr= liche Dinge wären, ſo könne es doch nicht ſo ſchwer ſeyn, ſie vor den Richter zu bringen; dann muß er ſich aber ſehr wenig im praktiſchen Leben bewegt haben, um eine ſo wenig zutreffende Aeu= ßerung auszuſprechen. Wie gedenken Sie das richten zu wollen, wenn die Beſchwerden, die mir gegen dieſe Geiſtlichen als Schulinſpectoren eingegangen ſind, melden, daß ſie die deutſche Sprache nicht zu ihrem geſetzlichen Recht kommen laſſen, ſondern dagegen wirken, daß die deutſche Sprache ordentlich gelehrt werde, daß der Lehrer, bei dem gute Fortſchritte der Schüler in der deutſchen Sprache conſtatirt werden, keine gute Cenſur von dem Geiſtlichen erhält, daß bisher unter dem früheren Kultusminiſter die meiſten Stellen von Leuten

besetzt waren, die, obgleich Deutsche, ich weiß nicht aus welchen
Gründen mit diesen Bestrebungen sympathisirten, bei denen die
Kinder in halb polnischen Landestheilen nicht Hochdeutsch lernen.
Wenn man diejenigen Umstände in's Auge faßt, daß wir in West=
preußen Gemeinden haben, die früher deutsch waren und wo jetzt
die junge Generation nicht mehr deutsch versteht, so legt das für
die Tüchtigkeit der polnischen Agitation seit 100 Jahren einen
deutlichen Beweis ab. Aber diese Agitation lebt doch nur von der
Gutmüthigkeit des Staates, wir sind heute nicht gewillt, sie weiter
fortzusetzen; sie ist zu Ende, wir wissen, was wir dem Staate schuldig
sind. (Beifall.) Und wenn sie uns jetzt noch mit weiteren Anträgen
und Klagen zu Gunsten der polnischen Sprache kommen, so werden
wir im Gegentheil ihnen mit einer Gesetzesvorlage zu Gunsten der
deutschen Sprache entgegentreten. (Bravo!)

Folgende Argumente in der Rede, womit Fürst Bismarck die
gute Sache Deutschlands gegen die ultramontanen Anstürmer ver=
theidigte, sind von welthistorischer Bedeutung. „Die Geistlichkeit,
auch die römisch=katholische, ist in allen Ländern eine nationale, nur Deutschland macht eine Ausnahme. Die
polnische Geistlichkeit hält zu den polnischen Nationalbestrebungen,
die italienische zu den italienischen. Wir haben gesehen, daß in
Frankreich der Franzose stets höher steht in der eigenen Selbst-
schätzung des Geistlichen, als der Geistliche. Wir haben ähnliches
in Spanien und anderwärts, nur in Deutschland ganz allein, da
ist die eigenthümliche Erscheinung, daß die Geistlichkeit einen mehr
internationalen Charakter hat. Ihr liegt die katholische Kirche, auch
wenn sie der Entwicklung Deutschlands sich auf der Basis fremder
Nationalitäten entgegenstellt, näher am Herzen, als die Entwicklung
des deutschen Reiches, womit ich nicht sagen will, daß ihr diese
Entwicklung fern läge, aber das andere steht ihr näher. (Abgeordneter Windthorst: Beweise!) Beleidigung kann ich darin nicht
finden. (Rufe im Centrum und rechts: Beweise!) Ach, meine Herren,
greifen Sie in Ihren eigenen Busen! (Andauernde Heiterkeit.)
Der Herr Vorredner hat nun ferner an Reden erinnert, die ich vor
23 Jahren, im Jahre 1849 gehalten habe. Ich könnte diese

Bezugnahme einfach mit der Bemerkung abfertigen, daß ich in 23 Jahren, namentlich, wenn es die besten Mannesjahre sind, etwas zuzulernen pflege, und daß ich überhaupt, ich wenigstens, nicht unfehlbar bin. (Bewegung.) Aber ich will weiter gehen. Was in jenen meinen Aeußerungen im lebendigen Bekenntniß, im Bekenntniß zu dem lebendigen christlichen Glauben liegt, dazu bekenne ich mich noch heute ganz offen und scheue dieses Bekenntniß weder vor der Oeffentlichkeit noch in meinem Hause an irgend einem Tage; aber gerade dieser mein lebendiger, evangelischer christlicher Glaube legt mir die Verpflichtung auf, für das Land, wo ich geboren bin, und zu dessen Dienst mich Gott erschaffen hat, und wo ein hohes Amt mir übertragen worden ist, dieses Amt nach allen Seiten hin zu wahren; und wenn die Fundamente des Staates von den Barrikaden und der republikanischen Seite angegriffen werden, so habe ich es für meine Pflicht gehalten, auf der Bresche zu stehen, und werden sie von Seiten angegriffen, die eher berufen waren und noch immer sind, die Fundamente des Staates zu befestigen, und nicht zu erschüttern, so werden Sie mich auch da zu jeder Zeit auf der Bresche finden. Das gebietet mir das Christenthum und mein Glaube!" (Lebhaftes Bravo!)

In diesen Tagen wurden arge Umtriebe am Berliner Hofe gemacht, um den Fürsten Bismarck zu stürzen. Der A. A. Zeitung wurde aus Berlin unterm 12. Februar geschrieben: Am Horizont stehen Wolken. Es herrscht in einflußreichen Kreisen hier eine Rührigkeit, die nicht unbemerkt bleiben darf. Der Zweck der Bewegung ist kein anderer als der, die Stellung des Fürsten Bismarck zu erschüttern. Alle Hebel werden in Bewegung gesetzt. Seltsame Combinationen kommen zu Tage oder vielmehr scheuen noch das Tageslicht, sind aber erkennbar. Ultramontane und Polen stehen unter hoher Protektion. Jedes Terrain wird mit Vorbedacht ausgenutzt. Am letzten Donnerstag den 8. d. M. war der Ball bei Hofe das Gefechtsfeld, wo die Opposition gegen das Ministerium oder vielmehr gegen den Ministerpräsidenten in Gestalt einer förmlichen Agitation gegen die Annahme des Schulaufsichtsgesetzes unter auffälligen Formen zur Erscheinung kam.

An demselben Tage wurde auch dem Schwäb. Merkur geschrieben: „Es hat lange gedauert, ehe die leitenden Staatsmänner Preußens die ganze Gefährlichkeit des Herrn Windthorst erkannt haben, obwohl sie darüber durch jeden einsichtigen Hannoveraner sich leicht hätten unterrichten können; sie ließen sich aber bis jetzt durch seine sog. konservativen Aeußerungen einwiegen, hofften vielleicht bei dem rastlosen Thätigkeitstriebe Windthorst's auf dessen Nutzbarkeit für ihre eigenen Zwecke, und schlugen die Warnungen in den Wind, die darauf hinwiesen, daß Windthorst neben seinem brennenden Ehrgeize sich ausschließlich als Diener der jesuitischen Kirchenpartei leiten läßt. Von seiner Jugend auf ein rastloser Streber, wußte er in seiner Heimath Osnabrück durch Neubelebung der konfessionellen Gegensätze sich eine gewisse Bedeutung zu verschaffen, welcher ein Sitz im katholischen Konsistorium, nachher eine Stelle im O.App.-Gerichte zu Celle und ein Platz in der 2. Hannov. Kammer die nöthige Unterlage gab. Schon 1849 war es Windthorst, der die Bestrebungen der deutschen Verfassungsfreunde in Hannover mit täuschenden Redensarten vernichtete, dadurch aber die Aufmerksamkeit des blinden Kronprinzen auf sich zog. Trotz seines Einflusses bei dem dem Katholicismus durch ihn geneigt gemachten hannoverschen Hofe traute man ihm aber nur dann, wenn man sich in Verlegenheit sah und seiner dialektischen Schlauheit zu bedürfen glaubte, ließ ihn jedoch gern bald wieder fallen. Windthorst seinerseits hielt alle seine Verbindungen aufrecht, steckte seine Fühlfäden in alle Parteien und war genau instruirt über jede antideutsche Regung in Stuttgart, München und Wien, die er für seine Zwecke zu verwerthen wußte. Trotz seiner offen zur Schau getragenen welfischen Gesinnung, die seine Beseitigung von dem einflußreichen Posten eines Kronoberanwalts nach der Annexion nothwendig machte, stellte er sich im Gegensatz zu den Heißspornen der welfischen Partei sofort auf den Boden der preußischen Verfassung, um von dieser Grundlage aus alles zu thun, was der deutschen einheitlichen Entwicklung hinderlich seyn konnte. Daß er nebenbei die finanziellen Geschäfte des Königs Georg geschickt führte, mag noch erwähnt werden. Die preußischen Conservativen glaubten an ihm einen brauchbaren Diener

gewonnen zu haben, ohne daran zu denken, daß er nur sie schließ=
lich zu seinen Parteizwecken benützen werde. Dieß für einen lang=
jährigen unbefangenen Beobachter durchsichtige System scheint jetzt
endlich seine Endschaft in den höheren Kreisen erreicht zu haben,
wohinein er seine Fäden, anscheinend durch die einflußreiche katho=
lische Familie des Fürsten Radziwill, zu schieben versucht hat, um
das Vertrauen in Bismarck an maßgebender Stelle zu erschüttern.
Daher die zermalmende Rede des Ministerpräsidenten gegen den
kleinen, schlagfertigen, nie um Gemeinplätze verlegenen hannover'schen
Exminister, dessen Gefährlichkeit aber die Masse der junkerlichen alt=
preußischen Partei natürlich nur langsam zu ahnen anfängt."

Lasker machte im Abgeordnetenhause den Conservativen schwere
Vorwürfe, daß sie mit Ultramontanen und Polen gegen die heiligsten
Interessen Deutschlands kämpften, und Fürst Bismarck sagte: „Auch
mir ist es undenkbar gewesen, daß diese Partei die Regierung in
einer Frage im Stiche lassen werde, in welcher die Regierung ihrer=
seits entschlossen ist, jedes constitutionelle Mittel zur An=
wendung zu bringen, um sie durchzuführen." (Hört! hört!
rechts. Lebhafter andauernder Beifall links. Große Erregung.)
Unter diesen constitutionellen Mitteln waren verstanden, wenn die
Mehrheiten beider Häuser dem Ministerium untreu würden, erstens
die Auflösung des Abgeordnetenhauses und zweitens ein Pairsschub
im Herrenhause.

Bei der Abstimmung am 13. Februar fiel es auf, daß auch
so viele protestantische Abgeordnete mit der Centrumspartei gegen
das Schulaufsichtsgesetz stimmten, so daß sich für dasselbe nur eine
Mehrheit von 207 gegen 155 Stimmen ergab. Inzwischen genügte
diese Stimmenzahl, um das Gesetz durchzuführen, wonach künftig
dem Staat allein die Oberaufsicht über die Schulen
zustehen sollte, durch Ernennung der lokalen und Kreisschul=
inspectoren, vorbehältlich der Theilnahme der den Gemeinden zu=
stehenden Schulaufsicht.

Die Kreuzzeitung nahm bei diesem Anlaß zum erstenmal von
dem bekannten Gerlach'schen oder conservativen und confessionellen
Standpunkt aus eine schroffe Oppositionsstellung gegen das Mi-

nisterium ein, indem sie demselben, hauptsächlich aber dem Fürsten Bismarck vorwarf, er habe sich ganz in die Arme des kirchlichen Liberalismus geworfen und das monarchische Princip dem parlamentarischen aufgeopfert. Dagegen erklärte sich Bismarcks Organ, die Norbb. Allg. Zeitung sehr bündig: „Es ist eine dreiste Fälschung, wenn man der königlichen Regierung, weil sie den gleichberechtigten Ansprüchen verschiedener Confessionen gegenüber die unmögliche Aufgabe, allen confessionellen Anforderungen gerecht zu werden, nicht erfüllt, den christlichen Charakter bestreiten will. Diese Fälschung, da sie bei urtheilsfähigen Menschen keinen Anklang finden kann, hat nur die Adresse an die weniger unterrichteten und deßhalb weniger urtheilsfähigen Massen, und in so fern eine unleugbar revolutionäre Tendenz, vertreten durch die Kreuzzeitung. Die in Gemeinschaft mit Herrn Windthorst übernommene ‚Vindication des monarchischen Princips gegen parlamentarische Majoritäts-Wirthschaft‘ gegenüber einem Staatsmanne, der im Dienste Sr. Majestät des Königs mehr vollbracht hat, als die ‚Neue Preußische Zeitung‘ je versucht hat, ist eine Folge davon, daß diese Zeitung unter unfähiger Leitung, der ultramontanen und polnischen Strömung sich kritiklos hingegeben hat und aus ihrer alten Bahn gewichen ist. Die klare und kühne Leitung, welche ihr ihre erste Redaction bei ihrer Entstehung vorgezeichnet hatte, auf der sie der damaligen Regierung und dem Vaterlande in preußischer Treue namhafte Dienste leistete, hat heutzutage einer impotenten Verkommenheit Platz gemacht, in welcher dieses Blatt, in Ausbeutung des unter seinen ersten Leitern erworbenen Ansehens, sich dazu hergibt, den persönlichen Einflüssen verkannter Staatsmänner zu dienen, welche die Monarchie im Stiche ließen, als dieselbe ihrer Dienste am dringendsten bedurfte. Es ist eine lehrreiche Erscheinung, dieses mit erheblichen Opfern der persönlichen Anhänger preußischen Königthums begründete und verbreitete Blatt heutzutage im Vereine mit römischer und polnischer Propaganda als Mitkämpfer der ‚Germania‘, der bayerischen Rheinbundpresse, der Welfen und der Poznanski'schen und Torunski'schen Provinzialblätter zu erblicken."

Und weiter: Bleibt es bei der bisherigen Fraktion Windthorst-

Savigny mit dem Organ Majunke und mit der Kriegskameradschaft des polnischen Adels, dann weiß die intelligente katholische Welt, daß die Regierung in einer solchen Clique nicht den deutschen Katholicismus bekämpft, sondern die Clique, und daß, wenn katholische Interessen darunter leiden sollten, der Dank dafür den Elementen des Welfenthums, der schlechten Presse und der Vaterlandslosigkeit gebührt, welche die Partei von sich auszustoßen nicht die Kraft oder auch nicht die redliche Absicht besaß. Kommt es dagegen zu einer Läuterung der Partei, so wird der modus vivendi, der mit ihr zu finden ist, von keiner geringen Tragweite seyn und sich in der Befestigung confessionellen Friedens unseren katholischen Landsleuten insgesammt fühlbar machen.

Ueberdies machte die Norbb. Allg. Zeitung auf die Siege aufmerksam, welche so eben die reichstreue Mehrheit in den Landtagen von München und Stuttgart erfochten hatte: „So ist denn das Recht des Reiches aus den Kämpfen, welche die reichsfeindlichen Parteien Süddeutschlands eröffnet haben, unversehrt, ja neugestärkt hervorgegangen. Der warme Dank der Nation gebührt den leitenden Staatsmännern. Die Reden der Minister in München und Stuttgart bleiben in dem guten Andenken derer, welche die Früchte der gesunden organischen Entwicklung Deutschlands ernten. Sie gehören der Geschichte an." Die Wendung der Dinge war merkwürdig genug. Der süddeutsche Particularismus erkannte die Reichseinheit unter Preußen an, während das conservative Stockpreußenthum ihr widerstrebte.

Es handelte sich bei den Feinden Bismarcks nicht vorzugsweise von Prinzipien, sondern gerade bei seinen rührigsten Gegnern mehr von persönlichem Neide. Berliner Correspondenten nannten geradezu die Staatsdiener, welche Bismarck in seiner Rede als „die Verkannten" bezeichnet hatte: Lippe, Exminister der Justiz, Savigny, einst Preußens Gesandter am Bundestage, welcher 1866 dessen Sprengung möglichst ungeschickt geleitet, und Exfinanzminister Bobelschwingh, welcher 1866 die Kriegführung durch die Erklärung, daß kein Geld vorhanden sey, unmöglich machen wollte. Nun sieht man schon deutlicher in den Herd der Umtriebe hinein,

welche den jetzigen Zeitpunkt, da Fürst Bismarck die Vertheidigung
der Staatsrechte gegen die Uebergriffe der katholischen Kirche in die
Hand genommen, zum Sturz des Mächtigen, der jene „Staats=
männer" gestürzt, benützen möchten. Als Hebelkraft, deren diese
Agitation sich bedient, ist schon der Einfluß der fürstlich Radzi=
will'schen Familie genannt worden, der dadurch nicht unbedeutend
seyn soll, daß Fürst Radziwill durch Jugendbeziehungen mit dem
Kaiser eng befreundet ist. Die genannte Familie huldigt einer streng
katholischen Richtung, ihr Vermögensverwalter und Faktotum ist der
Convertit, Legationsrath v. Kehler, eine unternehmende Natur,
ein „Gründer", nicht von Börsengesellschaften, wohl aber des ka=
tholischen Casinos in Berlin und des Centralblattes des deutschen
Ultramontanismus, der Germania, deren Redaction er eine Zeit
lang selbst geführt.

Auch Frankreich ließ man an der Agitation theilnehmen. Man
träumte in Versailles schon, das preußische Herrenhaus selbst werde
im Bunde mit den Ultramontanen für Frankreich Revanche nehmen.
Der „Bien public" fragte, ob der Katholicismus etwa bestimmt sey,
nochmals die alte lateinische Hegemonie wieder herzustellen. Der
Reichskanzler befinde sich im offenen Kriegszustande mit allen re=
ligiösen Katholiken in Deutschland. Diese allein bedrohten wirklich
und unmittelbar, wenn nicht die Einheit Deutschlands, so doch seine
gegenwärtige Verfassung. Der Artikel schließt: Die Ursache dieser
Zuneigung, welche die französische Presse unseren Ultramontanen
entgegenbringt, liegt in der alten Maxime, daß der Feind unserer
Feinde unser Freund sey. Für Deutschland ist es aber von Werth,
zu wissen, daß der politische Instinkt der Franzosen im deutschen
Ultramontanismus den Feind des deutschen Reichs herausgefunden.

Bei allen Gegnern der deutschen Einheit zeigte sich die näm=
liche unnatürliche Mischung von prahlerischer Siegesgewißheit und
feiger Heuchelei, wie sie sich schon 1870 sowohl bei der französischen
Kriegserklärung als auf dem Concil in Rom gepaart hatten. Die
Feinde Bismarcks versuchten 1872 in Berlin ein sog. Kesseltreiben
mit lautem Geschrei gegen ihn und heuchelten, sie müßten den
Kaiser vor ihm schützen, denn er verrathe die Monarchie an den

Liberalismus und Parlamentarismus, die Religion an die ungläubige Schule.

Noch viel weniger als den preußischen Junkern, ziemte es den
orthodoxen Lutheranern, gegen den Reichskanzler und die deutsche
Sache mit Ultramontanen und Polen zusammenzuhalten. „Nicht
in einem Blatt des Pastor Quistorp in Hinterpommern oder der
Hengstenberg'schen Schule, nein, in dem Leiborgan der sog. Ver-
mittlungs-Theologie, das zugleich das Organ des Berliner Ober-
kirchenraths selber ist, in der Neuen evang. Kirchenzeitung wird erklärt, wenn auch nicht offiziell, so doch offiziös genug, daß das
Schulaufsichtsgesetz nicht nur die katholische, sondern auch die protestantische Kirche in ihren tiefsten Interessen schädige, daß nicht
nur die Kirche, sondern geradezu die Religion von diesem Gesetz
betroffen werde. Wir haben uns über diese Erklärung verwundert:
eben noch hatte Dr. Falk erklärt, der evangelischen Geistlichkeit werde
das Aufsichtsrecht nicht entzogen werden, natürlich unter der Bedingung, daß sie ihrerseits Friede halte mit dem Staat. Wir erwarteten, daß sie sich bei dieser Erklärung beruhigen und als beati
possidentes sich ihres Besitzes freuen werde. Statt dessen kündigt
der evangelische Oberkirchenrath, vermuthlich im Sinne eines großen
Theils der preußischen Geistlichkeit, in seinem Organe dem Staate
den Krieg an, und Bismarck wird nicht verfehlen, den Handschuh,
den man ihm hingeworfen hat, aufzunehmen." Es wäre nicht das
erstemal, daß sich die lutherische Orthodoxie des Frevels schuldig
gemacht hätte, mit den Jesuiten Hand in Hand zu gehen. Es geschah im Beginn des dreißigjährigen Krieges, als der Kurfürst von
Sachsen mit dem Kaiser den unheilvollen Bund gegen die Reformirten schloß.

Unter den niedrigen Verleumdungen, mit denen der Reichskanzler überschüttet wurde, fiel besonders auf, daß dieselben Federn,
die noch vor wenigen Jahren nicht müde wurden, ihn anzu-
klagen, er wolle die Verfassung stürzen und zu Gunsten der
Junkerpartei und Militärherrschaft alle Freiheiten in Preußen vernichten, ihn jetzt beschuldigten, er opfere die Rechte der Krone der
parlamentarischen Mehrheit auf. In der Provinz Hannover wurden

an zwanzig Orten Versammlungen von sog. Großdeutschen in Scene gesetzt, um Dankadressen an Windthorst zu entwerfen.

Uebrigens wahrte Fürst Bismarck die Rechte Deutschlands wie gegen den Verrath im Innern, so gegen die Anmaßung von außen. Der deutsche Kaiser fand dabei wieder eine tüchtige Stütze am König von Bayern. Man schrieb am 16. Februar 1872 aus München: Graf Tauffkirchen ist dieser Tage auf seinen Posten nach Rom zurückgekehrt. Ueber die Instruktionen, welche er von den Regierungen in Berlin und München bekommen hat, verlautet bis jetzt Folgendes: Fürst Bismarck soll ihm aufgetragen haben, im Vatikan offen zu erklären, die deutsche Regierung sey unzufrieden über die Agitation der Klerikalen im Süden, am Rhein und in Polen; sie fürchte sich keineswegs, sey jedoch entschlossen, die Rechte des Staates und die Gewissensfreiheit gegen diese Tendenzen zu schirmen und zu wahren. Die bayerische Regierung ließ dem Cardinal Antonelli ihre Unzufriedenheit mit dem Thun und Treiben der hiesigen Nunziatur notifiziren.

Im Gegensatz gegen die Versammlungen, welche Windthorst's Anhang im Hannöver'schen in Scene setzte, traten die ehrlichen Ostfriesen zu Emden zusammen, um diesem unheilvollen Treiben entgegenzutreten. In ihrem Aufruf hieß es: Zeigen wir, daß wir gewillt sind, die nationale deutsche Politik Bismarck's auch auf geistigem Gebiete zu unterstützen, daß die Agitation in der Provinz Hannover gegen das Gesetz nicht im Volke wurzelt, daß die Centrumspartei Windthorst=Mallinkrodt in ihr keine Stütze findet!

Am 4. Februar 1872 wurde ganz Europa beim Beginn der Nacht durch ein prachtvolles Nordlicht überrascht, größer und schöner, als man es seit Jahren gesehen hatte, und so auch über den südlichen Himmel ergossen, daß man es zugleich für ein Süd=licht halten mußte. Auch wurde es nicht nur im nördlichen und mittleren Europa, sondern auch in Italien, in Constantinopel, Aegypten und ganz Indien gesehen.

Ein Beobachter zu Soest in Westphalen berichtete darüber in der Kölner Zeitung: „Am Abende des 4. Februar ereignete sich eine atmosphärische Erscheinung von außerordentlicher Schönheit, welche die abergläubische Menge in Furcht und Schrecken versetzte. Der Tag war kühl und nicht ganz klar; es wehte Ostwind, am Horizont lagerten Nebelwolken, die Nacht vorher hatte es gereift. Um 5½ Uhr bemerkte man eine, von dem östlichen Horizonte nach dem westlichen durch den Zenith gehende röthliche Erhellung von nicht scharfer Begrenzung, welche sich allmälig in einen diffusen röthlichen Lichtnebel auflöste, der fast das ganze Himmelsgewölbe, mit Ausnahme der nördlichen und südlichen Segmente, einnahm. Es ließen sich noch keine Strahlen erkennen, die den Schluß auf ein Nordlicht sicher stellten; zudem war die südliche Hälfte des Himmelsgewölbes bedeutend stärker weißlich erhellt, als die nördliche, welche nichts Auffallendes zeigte; auch nahm man am südlichen Horizont ein dunkles Kreissegment mit weißlich hellem Saume von etwa zwei Vollmondbreiten wahr, eine Erscheinung, die nach Argelander's Beobachtungen im Norden des Himmels beim Nordlicht erscheint. Man hätte also eher auf ein Südlicht schließen können. Nach einer halben Stunde etwa zuckten vom östlichen und westlichen Horizont die herrlichsten Strahlenbündel empor, die im Zenith in einander liefen und röthliche, bläuliche und weißliche Schattirung zeigten. Der nördliche Himmel zeigte noch immer keine Veränderung. Um 7¼ Uhr dagegen entwickelte sich ein Schauspiel, wie es erhabener und großartiger kaum gedacht werden kann und welches die von Bessel und Biot geschilderten großen Nordlichter von 1831 und 1836 weit hinter sich zurückläßt. Die ganze nördliche Hälfte des Himmels flammte auf in vorzugsweise rothen, aber auch bläulichen, grünlichen und weißlichen Strahlen von intensiver Helligkeit, die sich etwa 5—7 Grad südlich vom Zenith in einer herrlichen Krone von derselben Helligkeit vereinigten. Nun konnte man auch am nördlichen Horizont das dunkle Kreissegment wahrnehmen, aber auch das hellbegrenzte Segment im Süden verlor sich nicht, ja, von Osten über Süden nach Westen setzten sich die Strahlen fort, gingen aber nicht vom Horizont, sondern von der Krone aus, ohne im Süden vollständig den hellen Rand des dunkeln Segmentes zu erreichen, und waren weiß. So war das ganze Firmament eine glühende Strahlenkuppel von vorzugsweise hochrother Farbe, durchleuchtet von dem

diamantnen Schein der Sterne. Die Strahlen bewegten und ver=
änderten sich beständig, sowohl in Bezug auf Gestalt als auf Farbe.
Dann war die hellleuchtende Krone rings von den Strahlen isolirt,
dann war wieder Alles in glühender Pracht. Das dauerte bis
9¼ Uhr. In dieser Zeit hatte sich das bunkle Segment am süd=
lichen Himmel, welches deutlich die Sterne durch sich erkennen ließ,
vergrößert, und nun trat eine Erscheinung ein, die unseres Wissens
in Deutschland noch nicht beobachtet ist. Es bildete sich über dem
südlichen dunkeln Segmente, welches durch den hellen Saum scharf
markirt war, von Osten nach Westen bis zur Krone hinaufreichend
ein nach Süden concaver auf dem Horizont ruhender Lichtbogen,
aussehend wie vom Monde beleuchtete Strichwolken; dann schossen
Strahlen aus demselben, die sich in der Krone 5—7 Grad vom
Zenith vereinigten und nach der Krone zu heller waren, als nach
dem Horizont zu. Die nördliche Hälfte des Himmels prangte da=
gegen noch immer in hochrother Farbe; jedoch vereinigten sich die
Strahlen nicht zugleich mit den weißen in der Krone, vielmehr
waren deutlich zwei nicht ganz zum Zenith hinaufreichende Bogen
zu bemerken, mit ihren convexen Seiten gegen einander gekehrt, ein
weißer gen Süden, ein rother gen Norden. Gegen 10 Uhr hatte
der nördliche Theil des Himmels sein gewöhnliches Aussehen, der
südliche dagegen war über dem dunkeln Segment stark weißlich er=
hellt in einem breiten Bogen mit röthlichem Rande. Nach 11 Uhr
hörte das Nordlicht auf. Um diese merkwürdige Erscheinung zu
erklären, liegt es nahe, ein Nordlicht und Südlicht zu gleicher Zeit
anzunehmen, ein Phänomen, welches in südlicheren Breiten zuweilen
beobachtet wird. Doch dürften darüber noch die Ansichten ver=
schieden seyn."

Andere Beschreibungen stimmten wesentlich mit obiger überein.
Ich füge nur noch eine Notiz des Professor Heis aus Münster bei:
„Gestern, Sonntag Abend, wurde hier ein prachtvolles Nordlicht
beobachtet, das sich durch die große Ausdehnung am Himmels=
gewölbe, durch die dunkelrothen, meist durch große Strahlen durch=
zogenen Wolken, besonders aber durch die seltene Erscheinung einer
Nordlichtkrone auszeichnete. Der Anfang des Nordlichts begann

noch während der Dämmerung um 5½ Uhr Nachmittags und dauerte die ganze Nacht hindurch fort bis gegen 4 Uhr Morgens. Der Hauptherd der Erscheinung befand sich an demjenigen Punkte des Himmelgewölbes, nach welchem eine freischwebende Magnetnadel (Inclinationsnadel) hinzeigt; nach diesem Punkte hin, der gegen 6 Uhr in der Nähe des Siebengestirns sich befand, der später aber in Folge der scheinbaren Umdrehung des Himmelsgewölbes nach den westlich gelegenen Sternen hinrückte, convergirten sämmtliche Nordlichtstrahlen. In demselben Punkte vereinigten sich die beiden großen purpurnen Säulen, die sich vom südwestlichen und besonders nordöstlichen Horizonte erhoben. Zwischen 6½ und 7½ Uhr war die Erscheinung am prachtvollsten. Sonnenflecken, deren Erscheinung mit dem Erscheinen der Nordlichter im Zusammenhange steht, zeigten sich in den letzten Tagen vor dem Nordlichte in großer Menge."

Da nun die Welt, wie bekannt, noch tief im Aberglauben steckt, ja, wie es scheint, durch das neue römische Dogma noch tiefer hereingerathen ist, sah man fast überall in diesem blutigen Nordlicht das Vorzeichen neuer und schrecklicher Kriege. In Paris dachte das Volk sogleich an die blutige Revanche, die es an Deutschland nehmen wolle. In ultramontanen Blättern las man, wie auch die Schwarzen in jenen Himmelszeichen eine Vorbedeutung der Rache sehen wollten, welche Rom, vom Zorne Gottes unterstützt, „an der deutschen Wissenschaft nehmen würde." Der Umstand, daß die Flammenzeichen mehr vom Westen, Süden und Osten her ausgingen und gegen den Norden gerichtet schienen, wurde in dem Sinne einer romanischen Reaktion gegen den germanischen Norden ausgenutzt, und dabei rechnete man für Rom und Paris noch eine Hülfe von Osten her, wenn nicht von Rußland, doch von Oesterreich. Das ehrloseste Blatt Deutschlands, das Münchner sog. „Vaterland" brachte sofort einen Leitartikel über die bekannte Prophezeihung Hermanns von Lehnin. Dieser alte Mönch im brandenburgischen Kloster Lehnin hat in lateinischen Versen geweissagt, was in Brandenburg und im Hause Zollern geschehen werde. In manchen Versen läßt sich eine gewisse Uebereinstimmung des wirklich Geschehenen mit der Vorhersagung herausfinden. Nicht so am Schluß, denn die Verse 94 und 95, die sich auf unsere Zeit beziehen, lauten:

> Israel nefandum scelus audet morte piandum
> Et pastor gregem recipit Germania regem.

Wollte man der Prophezeihung irgend einen Werth zuschreiben, so würde nichts näher liegen, als unter Israel Rom zu verstehen und unter dem scelus das neue Dogma.

Das Münchner „Vaterland" gibt aber eine ganz andere Er=klärung: Es sagt mit Hinweis auf den Vers 95: „Wir haben zwar einen Deutschen Kaiser, aber noch habe Deutschland nicht wieder seinen König. Das werde erst geschehen, wenn dem Protestantis=mus der Garaus gemacht worden sey. Das Jesuitenblatt schließt: Woher er kommen wird, jener König Deutschlands? Nach der bis=her in allen Punkten eingetroffenen Prophezeihung keinesfalls aus einem protestantischen, reformirten, in Secten zerrissenen, von Ratio=nalismus, von Glaubens= und Gottlosigkeit zerfressenen Preußen. Er wird auch nicht ein Protestant, nicht Calvinist, nicht ein Frei=maurer, er wird ein Sohn der katholischen Kirche seyn. Woher er kommen wird? Für diese Frage haben wir eine andere Prophe=zeihung, die des seligen Bartholomäus Holzhauser (geboren zu Laugna [?] bei Augsburg im Jahre 1613 und gestorben zu Bingen im Jahre 1658), also lautend: ‚Tandem veniet ille vir fortis, missus a Deo ab oriente,' d. h. ‚Endlich wird kommen jener tapfere Held, geschickt von Gott von Sonnenaufgang her;' desselben Holzhauser, welcher weiter prophezeihte: ‚Omnes pauperabuntur' (Die Masse wird verarmen), und ferner: ‚Religio opprimi vi=detur' (‚Es wird das Ansehen gewinnen, als ob die Religion, die Kirche gänzlich unterdrückt würde'). Und treffen diese letzten Prophezeihungen nicht aufs Haar zu? Es fährt aber Holzhauser in der letzten Prophezeihung fort: ‚Sed integrorum regnorum subita mutatione firmabitur amplius' (‚Doch durch plötzliche Veränderung in ganzen Reichen wird sie [die Kirche] nur noch mehr befestigt werden'). Und sind nicht auch hier die Anfänge der Er=füllung erkennbar? Wie wenn die plötzliche ‚Veränderung' Holz=

hauser's mit dem Verse 94 der lehninischen Weissagung im Zusammenhange stünde? Erwägen wir weiter. Nach Holzhauser erscheint ille vir fortis, missus a Deo ab oriente neben einem heiligen Papste in einem Zeitalter, da das größte Concilium der Welt gefeiert wird. Denken wir nun hierbei an den wahrhaft heiligen Papst Pius IX., an das von diesem eröffnete Concilium, das größte, seit es einen Christusglauben gibt; betrachten wir, daß dasselbe vor seinem Zusammentritte, während es versammelt war und jetzt noch nach seiner Vertagung von allen Feinden des katholischen Glaubens und der katholischen Kirche in unerhörtester Weise angegriffen wurde und wird; beachten wir, daß dasselbe nicht geschlossen, sondern blos vertagt, daß also dessen Wiedereröffnung zu erwarten ist, und erinnern wir uns endlich, daß Holzhauser von einer ‚subita mutatione‘ d. i. von einer urplötzlich eintretenden, nicht von einer langsam vor unseren Augen sich vorbereitenden Veränderung spricht, wer fühlt da nicht die hohe Bedeutung unserer Tage, wer hört nicht den nahenden Schritt des Gewaltigen, der in der Hand hält die Wage der Gerechtigkeit, die Wurfschaufel, um vom Weizen die Spreu zu sondern, das Maß, um auszumessen jedem, wie er eingemessen hat? des Hirten, der seine Heerde sucht und wiederfindet? des Königs, der Haupt und Knie beugt, um vom Gottgesalbten die Krone Deutschlands zu empfangen? Sagen wir: Amen, es geschehe!“ So weit ging der Haß gegen Preußen.

Reichensperger stellte im Abgeordnetenhause einen Antrag, welcher die Entfernung des Doctor Wollmann von dem Lehramt in Braunsberg verlangte, in welchem ihn bis dahin die Regierung geschützt hatte. Der Kultminister Falk verordnete am 29. Februar, in den höhern Lehranstalten könne vom Religionsunterricht dispensirt werden, wenn ein genügender Ersatz dafür nachgewiesen sey. In der Sitzung der Unterrichtscommission vom 1. März wies Minister Falk die Berechtigung zu seinem Erlasse nach, so wie, daß ein Staatsbeamter nur in Staatsformen, also im Disciplinarwege entfernt werden könne. Ein Dogma, alt oder nicht, trete jedenfalls jetzt neu in die Erscheinung; anerkannte Autoritäten verweigerten demselben ihre Zustimmung; der Staat könne daher nicht zwischen

ihnen entscheiden, sondern betrachte beide als katholisch. Die Nordd.
Allg. Zeitung fügte hinzu: Das Gesetz schreibt nur die Ertheilung
des Religionsunterrichts vor, bildet aber kein Hinderniß für eine
Erweiterung der Dispensations-Befugnisse. Die viel erwähnte Vor-
schrift des Allgemeinen Landrechts (§. 11, Tit. 12, Theil II),
welcher zufolge Kinder, die in einer anderen Religion, als welche in
der örtlichen Schule gelehrt wird, nicht angehalten werden können,
dem Religionsunterrichte in derselben beizuwohnen, gibt den Dissidenten und den Angehörigen einer Confession, für welche auf den
einzelnen Anstalten kein Religionsunterricht besteht, einen unbedingten
Anspruch auf Entbindung ihrer Kinder von dem Religionsunterrichte
der Schule, ohne jedoch in Bezug auf andere Kinder ein Verbot
der Dispensation auszusprechen. Der Erlaß kommt nicht allein den
Anhängern der infallibilistischen Partei unter den Katholiken zu
Gute, sondern grundsätzlich eben so den sog. Altkatholiken, nur daß
es den letzteren nicht überall leicht seyn wird, einen „ordinirten
Geistlichen oder qualificirten Lehrer" ihrer Partei zu finden. Indeß
wird ein solcher in dem Erlasse auch nicht unbedingt gefordert, sondern eine billige Entscheidung den Provinzial-Schulcollegien und
Bezirksregierungen anheim gegeben. Die Regierung habe sich von
der Absicht leiten lassen, den berechtigten Einfluß der Eltern auf
die religiöse Erziehung der Kinder inmitten der kirchlichen Wirren
gewissenhaft zu wahren. Im ernsten Kampfe des Staates gegen
die hierarchischen Bestrebungen sey durch diesen Zwischenfall nichts
geändert, wofür die nächste Zukunft unzweideutige Beweise bringen
dürfte. Die Staatsregierung werde unerschütterlich die ultramontanen Uebergriffe abzuwehren und namentlich gegen die Bischöfe
einzuschreiten haben, welche durch den großen Kirchenbann etwa in
die bürgerlichen Verhältnisse störend eingreifen würden.

Das Festhalten der Regierung am Schutze altkatholischer Eltern
und Lehrer gegen die Tyrannei der infallibilistischen Bischöfe veranlaßte eine Menge Dankadressen von allen Theilen des Reichs an
den Fürsten Bismarck, wodurch Magistrate, ganze Gemeinden, Vereine ɪc. seiner Politik in der Kirchenfrage lebhaft zustimmten. Zu
den interessantesten Adressen dieser Art gehörte die einer Posener

Volksversammlung vom 13. Februar, welcher Fürst Bismarck antwortete: „Die Bestrebungen der von Ihnen gekennzeichneten Partei, welche sich nicht die gemeinsame Wohlfahrt beider dort heimischen Nationalitäten, sondern die Unterdrückung des deutschen Elements als Ziel gesteckt hat, legen der Regierung die Pflicht auf, ungesetzlichen Uebergriffen, unter welcher Form sie auch auftreten mögen, entgegenzutreten. Die Regierung ist sich bewußt, daß ihr nicht die polnische Bevölkerung und nicht die katholische Kirche gegenübersteht, weil sie die Rechte beider auf dem Gebiete der bürgerlichen Gesetze und der Glaubensfreiheit jederzeit geachtet und geschützt hat und achten und schützen wird. Aber in diesem Bewußtsein ist sie auch fest entschlossen, den Gesetzen Achtung zu verschaffen, unter deren Schutz die polnische wie die deutsche Bevölkerung sich einer Rechtssicherheit und der gedeihlichen Entwicklung erfreuen, welche jene Landestheile, bevor sie preußisch wurden, niemals gekannt haben."

Ferner eine Adresse von angesehenen Einwohnern aus Paderborn, welche laut gegen Windthorst protestiren und sich dagegen verwahren, daß er sich als Vertreter des katholischen Volks gerire. Auch eine Adresse des Allgäuer Volksvereins aus Kempten vom 28. Februar, auf welche der Fürst antwortete: „Herzlichen Dank für den warmen Ausdruck des Verständnisses zwischen Süd und Nord des Vaterlandes, den mir der Allgäuer Volksverein entgegenbringt, und der mir das ehrenvolle Wohlwollen neu bekundet, mit dem ich im letzten Herbste von meinen bayerischen Landsleuten in ihrer schönen Heimath aufgenommen wurde." Der Adressensturm dauerte noch lange fort.

Damals trat Bischof Ketteler von Mainz freiwillig aus dem deutschen Reichstage aus und rechtfertigte diesen Schritt in einer Schrift über die Centrumspartei, der er angehört hatte. „Ketteler sieht in Bismarck den Vorkämpfer des Liberalismus, er sieht die Ideen von 1789 immer mehr über Deutschland Herr werden; resignirt verläßt er das rettungslos versinkende Fahrzeug." Der Bischof machte in dieser Flugschrift den Liberalen schwere und gerechte Vorwürfe. Er frägt sie, wie mögt ihr euch eures Germanismus rühmen und uns Romanismus zum Verbrechen machen, da ihr ja selbst mit eurem Liberalismus immer nur den Franzosen die Schuhe ausgetreten habt und eure Doctrin seit der Julirevolution durch und durch eine französische, also romanische gewesen ist. Das ist leider nur zu wahr, daraus folgt aber nicht, daß wir Deutschen nur den einen Romanismus mit dem andern, den französischen mit dem papistischen vertauschen müßten. Jeder gute Deutsche hat vielmehr den einen wie den andern von seinen Grenzen abzuwehren, die französischen Moden von den falschen Haaren an bis zu den falschen Freiheitsideen, aber auch die Jesuiten und ihre Lügen. Wenn Ketteler recht hat, daß man mit dem Extrem der Freiheit und Gleichheit, der Emancipation aller Bestialitäten, der gleichen Berechtigung aller, wo keine gleiche Befähigung vorhanden ist, in den Abgrund der Anarchie geräth, so führt doch das andere, von Ketteler vertheidigte Extrem der im neuen Dogma auf die äußerste Spitze getriebenen despotischen Autorität, welche sich die Menschen nimmermehr werden gefallen lassen, ganz in den nämlichen Abgrund. „Was walsch ist, falsch ist," sagte ein alter Schweizer.

Am 6. März begannen im Herrenhause die Debatten über das Schulaufsichtsgesetz. Graf Münster, einer der ersten Redner, sagte kurz und gut, die Gegner des Gesetzes nehmen die Religion nur zum Vorwand, um ihre antinationale Tendenz zu maskiren. Sie geben vor, die Religion sey in Gefahr und die Schule solle entchristlicht werden, alles aber nur, weil sie die neue Einheit Deutschlands und den protestantischen Kaiser hassen und beseitigen möchten. Auch der vormalige Minister von Manteuffel vertheidigte das Gesetz in warmen Worten und ermahnte das Haus, die Regierung durch Annahme des Gesetzes gegen ihre Feinde zu unterstützen. Minister Falk vertheidigte in ausführlicher Rede das Gesetz in seiner Verfassungsmäßigkeit sowohl, als in seiner praktischen Nützlichkeit. Er führte Fälle an, welche beweisen, wie frech der Klerus in Nichtachtung des Staats vorzugehen im Stande ist. Er erzählt, wie unter anderm ein katholischer Geistlicher*) seinen Gemeindegliedern

*) Der Pfarrer Lonz zu Hedesheim im Kreise Kreuznach. Die Kölner Zeitung theilt noch mehrere Stückchen von diesem Geistlichen mit.

erlaubt hat, Holz in einem Walde zu stehlen, der ehemals zu einem Kloster gehörte, jetzt aber Eigenthum des Staates ist. Der Staat, sagte der Pfarrer, hat den Wald selber gestohlen, da dürft ihr wohl Holz holen, doch laßt euch nicht dabei erwischen. Die Sache wurde bekannt, die Regierung forderte den Bischof auf, den Pfarrer zurechtzuweisen. Der Bischof antwortete, es sey geschehen. Der Pfarrer aber wiederholte seine Schmähungen auf die Regierung, und der Bischof weigerte sich, ihn anderswohin zu versetzen. Jetzt schwebe

* * *

(Nr. 80 von 1872). Im vorigen Jahre beschwor ein Zeuge: als im Jahre 1866 die Zeitungen die Nachricht gebracht hätten, es seyen preußische Soldaten in Böhmen vergiftet worden, habe Pastor Lonz auf der Straße gesagt: „Kein einziger kommt zurück; die Oesterreicher sollen sie alle vergiften." — Ferner: Als einige Einwohner aus der Pfarrei am 28. Januar 1871, als die Capitulation von Paris bekannt wurde, mit Böllern schießen ließen, äußerte Sonntags im Hochamte Pastor Lonz von der Kanzel herunter: „Gestern Abend wu den hier Böllerschüsse auf die Capitulation von Paris abgefeuert. Ist dies nicht ein Hohn auf das vergossene Blut?" — Bei Ausbruch des Krieges konnte man Lonz die helle Schadenfreude auf dem Gesichte ablesen. „Dieses Mal gehts anders!" sagte er, „Franzosen sind keine Oesterreicher!" — Daß die Preußen Paris nie bekommen würden, hatte er während der Belagerung bei jeder Gelegenheit mit Kennermiene prophezeit. Darum die Wuth, als auch diese seine letzte Prophezeiung, wie alle vorhergehenden, so elendiglich zu Wasser geworden war. Als hier im verflossenen Jahre Jedermann schon wußte, daß Pastor Lonz vor das Zuchtpolizeigericht geladen würde, predigte er einige Sonntage zuvor: „Lasset uns preisen unseren greisen Heldenkönig, der das Heer zum Siege führte, lasset uns preisen unsere tapferen Generale und unsere tapferen Soldaten u. s. w." Ein Bauer sah den anderen an, als wollte er sagen: Was ist das? Denn nie hatte Jemand ein anerkennendes Wort über unseren König oder einen Beamten gehört, sondern stets nur ganz andere Aeußerungen. Alles, was nur nach Preußisch roch, hatte Lonz begeifert. Als ihm nun am Zuchtpolizeigerichte seine Stückchen vorgehalten wurden, trat Lonz vor und sagte: „Ja! Herr Präsident, fragen Sie auch einmal die Zeugen, was ich sonst noch gepredigt habe." Und nun kam die berühmte Predigt über den König und seine Generale.

zwischen der Regierung und dem Bischof zum drittenmal ein Streit
wegen desselben Pfarrers.

Auch Fürst Bismarck ergriff das Wort und mahnte das Haus,
das nationale und Reichsinteresse nicht aus den Augen zu verlieren.
Er las dabei aus einem jüngsten Gesandtschaftsbericht folgende
Stellen: „Die in Frankreich gewünschte Revanche knüpft sich an
die Heraufbeschwörung religiöser Zerwürfnisse in Deutsch=
land. Die deutsche Einheit und Kraft soll durch diesen Zwiespalt lahm
gelegt werden, und der gesammte Klerus, von Rom aus geleitet, soll in
Verbindung mit diesen Bestrebungen den römischen Hoffnungen auf
Wiederherstellung der weltlichen Macht des Papstes dienstbar seyn.
In Frankreich ist eine gegenseitige Vereinbarung oder besser Dupi=
rung des klerikalen und nationalen Interesses nur möglich, sobald
dort der Klerus die Rache an Deutschland und die Wiederherstellung
des Supremats auf seine Fahne schreibt, unter welcher Regierungs=
form dies auch immer sein möge. So hofft man dort stark zu
werden, während in Deutschland durch die wohlorganisirte, von
Rom, Paris und Brüssel aus geleitete Arbeit des Klerus kirchliche
Zerwürfnisse bereitet werden sollen.“ In einem anderen Passus
heißt es: „Man mache sich keine Illusionen darüber, daß gleichzeitig
mit der Revanche an Deutschland auch ein Schlag gegen Italien
vorbereitet werden soll, so daß, wenn Deutschland durch die kirch=
lichen Zerwürfnisse paralysirt oder zerrüttet ist, das klerikale Ele=
ment in Italien seine Fahne aufpflanzt.“ „M. H., das ist die An=
sicht eines gewiegten Diplomaten, die doch nicht für den Gebrauch
der parlamentarischen Debatten geschrieben worden ist, sondern der
seine Ueberzeugung seinem Könige vorträgt. Diese Eine Vorlesung
wird einen Blick auf die Erwägungen eröffnen, welche die Regie=
rung bei der Ergreifung solcher Maßregeln geleitet haben.“ Fürst
Bismarck wendete sich hauptsächlich an die Polen und an die Con=
servativen. Was die Petitionen gegen die Vorlage betrifft, so sey
hierauf wenig Gewicht zu legen. In neulich mit Beschlag belegten
Papieren wurde ein Brief eines hervorragenden Mitgliedes der
Centrumspartei an einen Kanonikus in Posen gefunden, worin die
Zusendung von Petitionen an den Reichstag abbestellt und auf=

gefordert wird, nunmehr Petitionen an die deutschen Fürsten in
regelmäßigen Zwischenräumen zu senden. Auch ein vielgenannter
Bischof bestellt in einem Schreiben die Petitionen an den Reichstag ab. Minder verständlich als der polnische Widerstand sey der
leidenschaftliche Widerstand eines Theiles der evangelischen Mitglieder der conservativen Partei. Man müsse es der Regierung
überlassen, die Nothwendigkeit des Gesetzes zu beurtheilen. Die
Regierung wolle nicht mit den Conservativen brechen, aber sie ließe
sich auch nicht von einer Partei drängen. Fürst Bismarck wendet
sich hierauf gegen den Commissionsbericht, welcher die Nachtheile
des Gesetzes übertreibe und die Mitglieder der Commission zu Mit-
helfern jener anderseitig gegen die Regierung erhobenen Beschuldigungen mache. Preußen habe früher in einem beneideten confessionellen Frieden gelebt, dieser Friede wurde minder sicher, als
Preußen mit seiner evangelischen Dynastie eine größere Entwicklung
nahm. Der confessionelle Frieden wurde angefeindet nach dem
österreichischen Kriege und vollends nachdem auch Frankreich unter-
legen sey.

Die Gegner des Gesetzes, fuhr der Minister fort, unter denen
man wenigstens evangelische Mitglieder der conservativen Partei zu
finden nicht hätte erwarten sollen, hätten arg übertrieben. Sie haben
die Schwere des Steins, den sie auf die Regierung warfen, nicht
ermessen, sie haben die außerordentliche Wirkung, die ein solcher
Stein im Rollen als Lawine üben kann, nicht ermessen. Diese
Herren übertreiben meines Erachtens in einer ungerechtfertigten und
mit dem Charakter einer conservativen Opposition nicht mehr ver-
träglichen Weise in dem Commissionsbericht die Uebel, welche sich
an dieses Gesetz knüpfen können, und mit denen die Regierung wohl-
bedachter Weise das Land bedrohe. Solche Uebertreibungen sind
höchst bedauerlich, namentlich wenn sie von Stellen ausgehen, wo
ich sonst eine minder leidenschaftliche Würdigung der Verhältnisse und
der Bedürfnisse der Regierung eines großen Staats gefunden zu
haben glaubte.

Das patriotische und evangelische Gewissen regte sich nun doch
im Herrenhause, und das Ergebniß der Debatten war, daß am

8. März das Schulaufsichtsgesetz in diesem Hause mit der uner=
warteten Mehrheit von 125 Stimmen gegen 76 angenommen wurde.

Zur Bestätigung des Gesandtschaftsberichts, welchen Bismarck
dem Herrenhause vorgelegt hatte, sagte die englische Saturday Re=
view: Früher war in Preußen jedes Bekenntniß zufrieden mit seiner
Lage, Staat und Geistlichkeit standen nicht feindlich einander gegen=
über. Warum ist es mit diesem glücklichen Zustande zu Ende ge=
gangen? Zwei Worte geben die Antwort: Sadowa und Sedan.
Preußen hat die beiden katholischen Großmächte des Continents ge=
demüthigt, und die Unterlegenen wollen sich rächen, indem sie im
Lager des Siegers innere Zwietracht zu stiften suchen.

Ultramontane Blätter legten Bismarcks Rede so aus, als be=
trachte derselbe alle Katholiken Deutschlands als Feinde; aber Bis=
marck hat die ehrlichen und gut deutsch gesinnten Katholiken scharf
von den deutschfeindlichen Jesuiten und ihrem Anhang unterschieden.

In Bezug auf die Stellung der Regierung zu den Altkatho=
liken wurde damals an die §§. 55—57, Tit. 11, Th. II. des all=
gemeinen Landrechts erinnert. — Dieselben lauten: „Wegen bloßer
von dem gemeinsamen Glaubensbekenntnisse abweichender Meinun=
gen kann kein Mitglied (von der Kirchengesellschaft) ausgeschlossen
werden. Wenn über die Rechtmäßigkeit der Ausschließung Streit
entsteht, so gebührt die Entscheidung dem Staate. So weit mit
einer solchen Ausschließung nachtheilige Folgen für die bürgerliche
Ehre des Ausgeschlossenen verbunden sind, muß vor deren Veran=
lassung die Genehmigung des Staates eingeholt werden. Diese
Bestimmung soll in umfassender Weise auf die vorliegenden Ver=
hältnisse zur Anwendung gebracht werden." Es fragt sich nur, wie
diese Bestimmungen in billigen Einklang zu bringen sind mit dem
Art. 15 der Verfassung, welcher den verschiedenen Religionsgesell=
schaften eine selbständige Verwaltung ihrer kirchlichen Angelegenheiten
verheißt, und anderentheils, wie die kirchlichen Excommunicationen
in Einklang zu bringen sind mit dem Art. 12 der Verfassung,
welcher jedem einzelnen Preußen die Freiheit des religiösen Bekennt=
nisses ohne Nachtheil im Genusse seiner bürgerlichen und staats=
bürgerlichen Rechte gewährleistet.

Am 19. März nahm v. Mallinckrodt noch einmal einen Anlauf um bei der Berathung der neuen Kreisordnung eine Spaltung in die Mehrheit des Abgeordnetenhauses zu bringen. „Es handelte sich nämlich um die Frage, ob der Amtsvorsteher ernannt, oder ob derselbe, wie Hänel beantragt hatte, vom Amtsausschusse, oder nach einem eventuellen Antrage Miquels vom Kreistage erwählt werden sollte. Um jedoch das Zustandekommen des Gesetzes nicht zu hindern, zogen die Antragsteller ihre Anträge zurück, wofür ihnen der Minister des Innern in richtiger Würdigung seinen Dank aussprach. Nun ereignete sich etwas Seltsames. Der ultramontane Abgeordnete v. Mallinckrodt nahm diese zurückgezogenen Anträge wieder auf, obgleich die ultramontane Fraction bisher mit der äußersten Rechten gegen alle liberalen Amendements gestimmt hatte. Allein sowohl von den Nationalliberalen als von der Fortschrittspartei wurde dieser Versuch der Ultramontanen, die Vorlage zum Scheitern zu bringen, sofort mit Entschiedenheit zurückgewiesen. Beide Parteien stimmten lieber gegen die ursprünglich aus ihrer Mitte hervorgegangenen Anträge, als daß sie sich zu einer Allianz mit den Ultramontanen herbeigelassen hätten. Für den Mallinckrodtschen Antrag auf Wahl der Amtsvorsteher stimmten außer dem Centrum nur noch die Polen. Die Ultramontanen operirten nicht ohne Geschick; aber der von ihnen ausgehenden Versuchung waren die Liberalen völlig gewachsen; die Staatsidee erwies sich mächtiger als die Parteidoctrinen und feierte zugleich einen glänzenden Sieg über den innern Feind, der, wenn er der Erkenntniß nicht gewaltsam sich verschließen will, erkennen muß, zu welcher Vereinsamung ihn die allgemeine Stimme verurtheilt hat." Zwei Tage später nahm das Abgeordnetenhaus mit großer Mehrheit die Kreisordnung an. „In Betreff der außerordentlichen Erweiterung der Selbstverwaltung und der ganz neuen Grundlegung einer ernstlichen Verwaltungs-Gerichtsbarkeit war unter den Parteien des Hauses die Verständigung nicht schwierig; wohl aber in Betreff der Zusammensetzung des Kreistages, d. h. der durch das Gesetz zu bewirkenden wesentlichen Verschiebung und billigen Ausgleichung des Rechtsverhältnisses unter den socialen Klassen, namentlich unter Rittergutsbesitzern, Landgemeinden und Städten.

Hierüber konnte nur durch gegenseitiges Nachgeben eine Verständi=
gung erzielt werden, und solches Nachgeben ist in loyalster Weise
geübt worden." Aber nur im Abgeordnetenhause. Das Herrenhaus
ließ die Kreisordnung noch nicht aufkommen.

Damals (März 1872) machte eine Verfügung des preußischen
Oberconsistoriums viel böses Blut. Die beiden beliebten Berliner
Prediger Sydow und Lisko erhielten nämlich wegen heterodoxer
Aeußerungen einen Verweis. Die Berliner Nationalzeitung schrieb
nun im Sinne vieler Berliner: „In demselben Augenblick, da die
preußische Staatsregierung im Begriff ist, den katholischen Kirchen=
fürsten die Excommunikation derjenigen zu untersagen, welche ihr
Gewissen und ihren alten Glauben den Machtsprüchen der anerkannt
herrschenden katholischen Hierarchie nicht zu opfern vermögen, müssen
wir es in der Landeshauptstadt erleben, daß die evangelischen
Kirchenbehörden Inquisitionstribunale errichten und sich zur Aus=
schließung derjenigen Geistlichen anschicken, welche heute an derselben
Auffassung des Christenglaubens festhalten, die sie in ihrer Jugend
und in der Schule eines Mannes (Schleiermacher) sich angeeignet
haben, der — in der Landeskirche war man damals darüber fast
einig — eine Zierde der evangelischen Theologie und Kanzelbered=
samkeit war, wie seit Luther weder vordem noch nachdem ein Anderer
war." Es blieb indeß beim bloßen Verweise.

In einem offenen Sendschreiben an v. Treitschke, theilte Baum=
garten, der bekannte Gegner der Orthodoxie, Stellen aus der Schrift
eines meklenburgischen Pastors mit, worin es hieß: „Die Kirche
allein, das muß so laut wie möglich gesagt werden, gibt entgültige
politische Urtheile ab, die Kirche schützt Land und Leute, erhält
Throne und Völker oder stürzt sie, so sie nicht hören wollen." Zu=
gleich wurde daran erinnert, daß der große Kurfürst, der in der
zweiten Hälfte des 17. Jahrhunderts in seiner weisen Regierung von
den damaligen lutherischen Orthodoxen, namentlich in Königsberg,
widerwärtigen Trotz erfahren mußte, doch mit denselben fertig ge=
worden ist und größeren Ruhm davongetragen hat, als sie.

Das brandenburgische Consistorium nahm Anlaß, an die
ihm untergebene Geistlichkeit Befehle zu erlassen, welche sich auf den

Vollzug des neuen Schulaufsichtsgeſetzes bezogen. Dieſes Geſetz ſelbſt lautet: §. 1. Unter Aufhebung aller in einzelnen Landestheilen entgegenſtehenden Beſtimmungen ſteht die Aufſicht über alle öffentlichen und Privatunterrichts= und Erziehungsanſtalten dem Staate zu. Demgemäß handeln alle mit dieſer Aufſicht betrauten Behörden und Beamten im Auftrage des Staates. §. 2. Die Ernennung der Local= und Kreisſchul=Inſpectoren und die Abgrenzung ihrer Aufſichtsbezirke gebührt dem Staate allein. Der vom Staate den Inſpektoren der Volksſchule ertheilte Auftrag iſt, ſofern ſie das Amt als Neben= oder Ehrenamt verwalten, jederzeit widerruflich. Alle entgegenſtehenden Beſtimmungen ſind aufgehoben. §. 3. Unberührt durch dieſes Geſetz bleibt die den Gemeinden und deren Organen zuſtehende Theilnahme an der Schulaufſicht, ſowie der Artikel 24 der Verfaſſungsurkunde vom 31. Januar 1850. §. 4. Der Miniſter der geiſtlichen, Unterrichts= und Medicinal=Angelegenheiten wird mit der Ausführung dieſes Geſetzes beauftragt.

Der Conſiſtorialerlaß, von Hegel, dem ſtreng rechtgläubigen Sohne des nichts weniger als rechtgläubigen Philoſophen Hegel unterzeichnet, ſagte gradezu, das neue Geſetz enthalte eine Beeinträchtigung und Zurückſetzung der Kirche von Seiten der Staatsgewalt. Gleichwohl ſolle man dasſelbe pünktlich vollziehen, die Geiſtlichen ſollten alſo ſich nicht weigern, die Schulaufſicht zu übernehmen, wenn aber einem Geiſtlichen die Schulaufſicht entzogen werde, habe er es ſogleich dem Conſiſtorium anzuzeigen, und wenn er aufgefordert werde, außerhalb ſeiner Parochie eine Schulaufſicht zu übernehmen, habe er zuvor die Genehmigung des Conſiſtoriums einzuholen. Das Conſiſtorium glaubt nicht verhehlen zu ſollen, daß ſich Beſorgniſſe wegen Eindringens des Unglaubens in die Schulen möglicherweiſe verwirklichen könnten und daß ſie zunächſt die Stellung der Geiſtlichen erſchweren.

Die Befürchtungen des Conſiſtoriums gewinnen eine Erklärung und beziehungsweiſe Rechtfertigung erſt dann, wenn man ſich erinnert, wie unter dem frühern Miniſterium Altenſtein noch während der Regierung Friedrich Wilhelms III., in der ewig fluchwürdigen Periode nach den großen Befreiungskriegen die in Preußen

so lebendige Begeisterung für Deutschlands Einheit unterdrückt
und der Jugend zum Verbrechen gemacht wurde, und wie
gleichzeitig auch der religiöse Aufschwung, der jene patriotische Begeisterung begleitet hatte, polizeiwidrig gefunden und nicht nur als
angebliche Muckerei verhöhnt, sondern auch verfolgt wurde. In
dieser Periode wurde von Regierungswegen der Hochmuth der Hegel-
schen Selbstvergötterungslehre auf allen preußischen Universitäten
gepflegt und auf den Patriotismus als auf einen „thierischen Trieb
des Bluts" verächtlich herabgesehen. Zugleich wurde durch den
großen Humboldt, der nur die Natur, aber nicht ihren Schöpfer
anbetete, der rohe Materialismus, der seitdem so sehr vorherrschend
geworden ist, eingeschult. Endlich durfte Diesterweg als General-
Oberschulmeister die Schullehrerseminare und die Volksschulen im
kirchenfeindlichsten Sinne leiten und die Dorfschulmeister zu über-
müthiger Verachtung der Pfarrer erziehen lassen. Ja, er wollte
sogar die Bibel durch Humboldts Kosmos verdrängen. Durch dieses
verkehrte Regierungssystem wurde die Religiosität der Jugend und
des Volks wirklich schwer bedroht, und wenn in der Nothwehr dagegen seit den Kölner Wirren die Katholiken am Rhein und seit
Hengstenbergs Auftreten in Berlin die frommen Protestanten in
den alten Provinzen Preußens auch ihrerseits durch das eine Extrem
ein wenig in das andere hineingetrieben wurden, so war das etwas
sehr Natürliches und Entschuldbares. Unter der Regierung Friedrich
Wilhelms IV. kam die Religion wieder zu Ehren und die Cultminister unter diesem König waren, indem sie das früher Verfehlte
zu corrigiren suchten, in mancher Beziehung unvorsichtig und gaben
in einem zu ehrlichen Vertrauen der Kirche wieder eine, wenigstens
in manchen Punkten leicht zu mißbrauchende Gewalt zurück.

Es ist notorisch, daß sich der antideutsche Particularismus in
Hannover und Kurhessen hinter der orthodoxen Maske einer mehr
oder weniger offen ausgesprochenen Allianz mit den Jesuiten gegen
die neue deutsche Einheit schuldig machte. Als Windthorst nach
Hannover zurückgekehrt war und sich dort von seinem welfischen Anhang zum Lohn für die Keckheit, mit der er die Hietzinger Politik
gegen Preußen und die deutsche Einheit auch noch im deutschen

Reichstag selbst fortgesetzt hatte, einen Fackelzug wollte bringen lassen, den aber die Polizei, um Unruhen zu verhüten, verbot, gab sich der protestantische Schulrath Bärens dazu her, ihm an der Spitze einer Deputation eine Huldigung darzubringen. Einige Superintendenten weigerten sich, nach dem neuen Gesetz die Schulaufsicht zu übernehmen.

Eine theologische Feder in der Karlsruher Zeitung bedauerte den unbegründeten Verdacht, welchen orthodoxe Protestanten auf die preußische Regierung geworfen hatten. „Wenn Fürst Bismarck erklärte, daß Niemand an eine Beschränkung der unzweifelhaften Rechte der Kirche, ja, nicht einmal an eine Zurücknahme der ihr vom Staate übertragenen Vollmachten denke; daß es der Regierung nicht in den Sinn komme, dem Unglauben Bahn zu machen; daß aber die ohne Zuthun der Regierung eingetretenen Verhältnisse gebieterisch forderten, daß das Machtgebiet des Staates, wenn auch nicht erweitert, so doch präcis zur Anerkennung gebracht werde, damit er im Stande sey, sich vor den Angriffen zu schützen, die unter dem Deckmantel der Religion und in scheinbar gesetzlichen Formen von Hierarchen und Jesuiten, von böswilligen oder im Irrthum befangenen Agitatoren gegen ihn gerichtet würden: so hätten evangelisch gesinnte und conservative Männer sich zehnmal besinnen sollen, ehe sie dem Fürsten den Vorwurf ins Gesicht schleuderten, er verstehe nichts von den wahren Interessen des christlichen Staates und des deutschen Volkes, oder er wolle die Förderung dieser Interessen nicht ernstlich. Bismarck ist freilich keine unfehlbare Autorität, aber die Christenheit aller Orten sollte Gott danken, daß der Mann, welcher den Beruf hat, die kirchenpolitischen Verhältnisse zu ordnen, so gesinnt ist, wie er es ist, und ein solches Bekenntniß zum ‚lebendigen christlichen Glauben‘ abzulegen vermag, wie er es gethan hat.“

Der Cultminister Falk selber erklärte dem brandenburgischen Consistorium sein Bedauern, daß es Vorurtheilen Nahrung gegeben und einen Mangel an Vertrauen in die oft bekundeten Absichten der Staatsregierung zu erkennen gegeben habe.

Im Mai wurde in Jena eine Erklärung zum Schutz der in Berlin gemaßregelten Prediger Sydow und Lisko von Gelehrten

und Beamten aus allen Theilen Deutschlands unterzeichnet und veröffentlicht, worin bedauert wurde, „daß unsere Kirche vor lauter
vermeintlicher Treue gegen das Bekenntniß sich in Widerspruch setze
mit ihrem eigenen Geist, in Widerspruch mit dem Principe, dem
sie ihr Daseyn verdankt und von dessen unverbrüchlicher Geltung
ihre Selbsterhaltung und ihre gesunde Weiterentwicklung bedingt ist.
Darum fühlen sich die Unterzeichneten in ihrem Gewissen gedrungen,
auf die schwere Verantwortung hinzuweisen, welche die dermalen in
den meisten deutschen Ländern durch die Gunst der Staatsregierungen
in Besitz des Kirchenregiments gelangte Partei auf sich laden würde,
wenn ihr Bestreben, die andere Richtung aus der Kirche zu verdrängen, ihr gelänge. Wir würden nicht blos die größte Schädigung der evangelischen Kirche selber, sondern auch die schwerste Ge-
fährdung des ganzen Kulturlebens unseres Volkes darin erblicken,
wenn gerade die Richtung, welche die innere Vermittlung der Weltkultur und der christlichen Frömmigkeit sich zur Aufgabe gesetzt hat
und die sich damit in wahrer Einheit weiß sowohl mit dem christlichen Princip unserer Kirche, als mit dem gegenwärtigen Leben und
Streben unseres deutschen Volkes, für rechtlos und mundtodt in der
Kirche erklärt würde. Verhängnißvoll wäre diese Scheidung zwischen
einer culturfeindlichen Kirchlichkeit und einer religionslosen Cultur
nicht minder auch für die bürgerliche Gesellschaft, die dann, der un-
entbehrlichen religiösen Grundlage jeder sittlichen Ordnung beraubt,
ihrem unvermeidlichen Verfalle entgegenginge. Würden dagegen
die verschiedenen Richtungen der Kirche, die auf dem Grunde des
Evangeliums stehen, als gleichberechtigt anerkannt und lernten sie
sich gegenseitig ehrlich und rückhaltslos vertragen, so würde die jetzige
Parteiverbitterung, die überall mehr zum Zerstören als zum Bauen
dient, aufhören. Nur wenn die leidige Gewohnheit, gegnerische
Aeußerungen und Ansichten im denkbar übelsten Sinne zu miß-
deuten, einer freundlichen gegenseitigen Beurtheilung und wohlwollenden Verständigung weicht, kann sich allmälig mittelst wechselseitiger
Annäherung der jetzt so scharf geschiedenen Richtungen eine bessere
und dauerhaftere kirchliche Einheit anbahnen, als sie je durch die
Gewaltmaßregeln einer eben so unweisen als unevangelischen Kirchen-

politik zu Stande kommen wird." — Eine Gegenerklärung von Seiten rechtgläubiger Männer in Würtemberg verwarf die unbedingte Lehrfreiheit und erinnerte an den Eid, den jeder Geistliche auf seine Confession leisten müsse.

Die Neue Evang. Kirchenzeitung schrieb rühmend: „Einmüthig und laut legen die General-Superintendenten vor der gesammten evangelischen Kirche das Gelübde ab, daß sie treu zu dem evangelischen Glauben stehen werden, wie er im Worte Gottes gegründet und in den Bekenntnissen unserer Kirche, den allgemeinen und reformatorischen, bezeugt ist. Wir zweifeln nicht, daß ein solches Gelübde, abgelegt von den Leitern der Kirche, in einer Zeit, wo es zu Thaten, vielleicht auch zu Leiden verpflichtet, einen ermunternden und stärkenden Eindruck auf die ausüben wird, an welche es gerichtet ist." Aber mit der bloßen Wiederholung eines Glaubensbekenntnisses wehrte man die Jesuiten nicht ab, um so weniger als die Einschärfung dieses Bekenntnisses gar nicht gegen sie, sondern gegen die liberalen Protestanten und indirekt gegen das Kultministerium selbst gerichtet war.

Dieser ganze Hader war eben so unerquicklich als politisch unklug, denn wenn der Feind des Jesuitismus vor den Thoren ist, muß man sich gemeinsam gegen ihn wehren und es nicht machen wie die durch ihren Fanatismus blödsinnig gewordenen Juden es einst machten, als Titus mit einem römischen Heer vor ihren Mauern lag und sie innerhalb der Stadt nur an ihren Parteihaß dachten und sich gegenseitig zerfleischten.

Am 11. April 1872 erließen die in Fulda versammelten preußischen Bischöfe (von Köln, Breslau, Limburg, Fulda, Paderborn, Trier, Ermeland, Münster, Hildesheim und die Vertreter für Freiburg und Kulm) einen Hirtenbrief in Bezug auf das Schulaufsichtsgesetz. Ledochowski, obgleich ebenfalls preußischer Bischof, war nicht mit unterzeichnet, weil er für den Primas von Polen gelten wollte. — Der Hirtenbrief war an den Klerus gerichtet und es hieß darin: Wir haben gegen das neue Schulaufsichtsgesetz Vorstellungen erhoben bei der Landesvertretung, beim Ministerium und beim Kaiser selbst. Nachdem aber dieser das Gesetz dennoch sanctionirt hatte, „haben wir eine gemeinschaftliche Erklärung an das königliche Staatsministerium gerichtet und demselben unsere Ueberzeugung ausgesprochen, daß durch das neue Gesetz wesentliche und unveräußerliche Rechte der Kirche verletzt seyen und dem Staate sowohl als der Kirche große Gefahren und Nachtheile bereitet würden. Von solcher Ueberzeugung durchdrungen, waren wir nicht in der Lage, dem Gesetze unsere innere Zustimmung oder Billigung zuzuwenden. Weil jedoch unser bischöfliches Amt und die Liebe Christi uns drängt, alles zu thun, was in unsern Kräften steht, um jene Gefahren und Nachtheile zu vermindern, und weil keine Macht der Erde uns entbinden kann von der Sorge für die christliche Erziehung der uns vom göttlichen Heilande anvertrauten Kleinen, so sind wir entschlossen, auch zu Gunsten der nunmehr im Princip durch das neue Gesetz von ihrer Mutter, der Kirche, losgerissenen Volksschule nach wie vor die Pflichten des Hirtenamtes gegen dieselbe treu zu erfüllen, in so fern und so lange es uns nicht unmöglich gemacht wird." Sodann verordnen die Bischöfe:

1) Jeder Pfarrer hat die Lokal-Inspection über die Schulen seiner Pfarrei zu führen, ohne daß es einer besonderen bischöflichen Genehmigung bedarf.

2) Dagegen ist eine solche Genehmigung nöthig, wenn es sich um Uebernahme der Kreis-Schulinspection oder einer Orts-Schulinspection außer der eigenen Pfarrei handelt. Für die bereits fungirenden Schulinspectoren dieser Kategorie soll es einer solchen Genehmigung nicht bedürfen.

3) Für den Fall, daß an geistliche Schulinspectoren in Beziehung auf ihr Amt Anforderungen gestellt werden sollten, welche mit ihren priesterlichen oder kirchlichen Pflichten collidiren, werden dieselben nicht ohne vorgängiges Benehmen mit dem Ordinariate ihr Schulamt niederlegen.

4) Auch wird von dem betreffenden Geistlichen Anzeige an die bischöfliche Behörde erfordert, sobald die ihm übertragene Schul-Inspection staatlicherseits widerrufen werden oder anderweitige bemerkenswerthe Veränderungen im Bereiche seiner Amtswirksamkeit vorkommen sollten.

Zwei Tage nach Verkündigung des deutschen Hirtenbriefs am 13. April hielt der Papst in Rom eine Anrede an eine zahlreich ihm aufwartende Deputation, woran er Gebete für die verschiedenen Länder anknüpfte. In Bezug auf Deutschland waren seine Worte: „Ich bitte Gott, das von einer antikatholischen Richtung und dem Geiste der Ehrsucht ergriffene Deutschland möge Halt machen, ständig werden und zu der Weise zurückkehren, in der wir es bewunderten, zumal seinen Klerus und einen Theil des Volkes. Allerorten, in allen Reichen muß man dem Regenten gehorchen, aber auch ehrerbietig und wahr sprechen; wenn Lügen proklamirt werden, soll man den Muth haben, sie zu widerlegen, und zwar ohne Unterlaß und unbekümmert um die Gefahr, womit uns eine schreckliche Gegnerschaft bedroht. Wir bitten daher Gott, dem deutschen Episcopat Kraft zu verleihen, die Rechte Gottes, der Kirche und der Gesellschaft zu wahren. Wir beten für die Bekehrung der Thoren, die sich Altkatholiken nennen, weil sie in die Kirche gewisse tausendmal widerlegte alte Irrthümer einführen.... Wir beten für das Kaiserthum Oesterreich, das unserer Fürbitte so sehr bedarf.“ Also sollte nach der „unfehlbaren“ Meinung an dem ganzen kirchlichen Conflict nur der deutsche Ehrgeiz schuld seyn. Der Sinn der päpstlichen Worte war: Wenn ihr Deutschen nur nicht ein neues einiges Reich unter einem protestantischen Kaiser gemacht hättet, würden weder wir Jesuiten und Papisten, noch würde auch der französische Exkaiser euch angegriffen haben.

Fürst Bismarck empfing unter andern auch aus Fulda eine Zustimmungsadresse und beantwortete sie mit Folgendem: „Es hat mir zur besonderen Freude gereicht, aus Fulda die von zahlreichen Bürgern verschiedener Confessionen unterzeichnete Adresse vom 9. d. M. zu empfangen. Die Stadt Fulda, welche sich der Ehre erfreut, die Hüterin des Grabes des ‚Apostels der Deutschen‘ zu seyn, war in der That vor allem berufen, Zeugniß abzulegen, daß Deutschland die Testamentsvollstrecker jenes großen Blutzeugen nicht außerhalb seiner Grenzen zu suchen hat. Ich sage Ew. Wohlgeboren und Ihren geehrten Mitbürgern meinen verbindlichsten Dank für die Kundgebung Ihres Vertrauens, und werde bestrebt seyn, demselben zu entsprechen. v. Bismarck.“

Die Centrumspartei gab immer noch keine Ruhe. Am 22. April klagte Reichensperger (von Olpe) im Berliner Reichstag, die Regierung unterdrücke die katholische Presse im Elsaß, die doch ganz unschuldig sey, und erkläre überhaupt den Katholiken den Krieg. Bamberger erwiderte schlagend, die Regierung habe alles gethan, um die Katholiken im Elsaß zufriedenzustellen. Aber unter dem Einfluß des Ultramontanismus werden sie, obgleich selber Deutsche, gegen Deutschland verhetzt. „Wenn Sie aber bezweifeln, daß überall die vom klerikalen Geiste inspirirte Presse antideutsch ist, so bezweifeln Sie wirklich das Tageslicht. So ist es in allen Ländern der Welt, wo deutsche Interessen mit denen fremder Nationalitäten in Concurrenz kommen. Sie ist in Polen antideutsch=polnisch, in Elsaß antideutsch=französisch, in Oesterreich, in Böhmen antideutsch=czechisch, und in Welsch=Tirol italienisch, gegenüber dem Deutschen, sie ist überall alles Andere, nur nicht deutsch. Daß man eine solche Presse in Elsaß=Lothringen, so lange dort kein geregelter Zustand existirt, im Auge behält, finde ich sehr natürlich, und wenn Sie Zeugnisse darüber haben wollen, meine Herren, so nehmen Sie doch die allerklassischsten Zeugnisse, welche die Franzosen selbst gegeben haben. Hat nicht Herr Keller, der Elsässer, in der Nationalversammlung erklärt, daß die katholische Partei die allerdirekteste und solideste Stütze für die Wiederannexion des Elsasses sey? Hat das nicht ein anderer Zeuge aus einem entgegengesetzten Gebiete, der Gelehrte Renan, in seiner Antwort an Strauß gethan: er zwar allerdings könne sich nicht mehr zur katholischen Partei bekennen, aber er müsse doch erklären, er könne es Frankreich nicht übel nehmen, wenn es in seinem Herzensbedürfniß nach Revanche und Wiedereroberung der Provinzen der katholischen Partei sich in die Arme werfe —! Meine Herren, solchen Zeugnissen gegenüber glaube ich, daß die Regierung in ihrem Verhalten völlig gerechtfertigt ist.“

Graf Luxburg, der früher an der Spitze der Verwaltung des Elsasses gestanden, bestätigte das Gesagte und verwahrte sich noch insbesondere gegen den Vorwurf, man lasse die Schulbrüder nicht an den Schulen. Das seyen unfähige Menschen, von denen kaum der sechste zum Schulamt tauge.

Inzwischen war die würdige Oberin des St. Johannes-Hospitals zu Bonn, Augustine Amalie v. Lasaulx, entlassen worden, weil sie das Unfehlbarkeitsdogma nicht anerkannt, und als sie bald darauf starb, verweigerten ihr die Pfaffen auch ein christliches Begräbniß, ihr, deren Oheim Joseph Görres sich die größten Verdienste um dieselbe altkatholische Kirche erworben hatte, welche die allein anerkannte war, ehe die Jesuiten das neue Dogma aushecken. Obgleich die Edle ohne Geistlichen und ohne Sang und Klang zu Grabe getragen wurde, widerfuhr ihr doch alle Ehre. Die Neuwieder Zeitung meldete vom 30. Januar 1872: Als Leidtragende hatte sich indessen zunächst die verwittwete Fürstin zu Wied eingefunden, welche sich den Sarg öffnen ließ und in tiefster Rührung der Leiche einen Trauerkranz beilegte; demnächst erschienen eine große Anzahl von Herren und Damen mit Trauerkränzen aus Bonn, worunter der Universitätskurator Beseler mit einem Theile der Universitäts-Professoren. Da die Verwandten der Verstorbenen zur Vermeidung von Collisionen eine Leichenrede nicht wünschten, so beschränkte sich Professor Reusch aus Bonn auf Gebete. — Dagegen meldete das Frankfurter Journal: In der Neujahrswoche starb in dem Orte Neunkirchen ein Katholik, dessen Begräbniß auf dem Kirchhof der Geistliche verweigerte, angebend, daß der Verstorbene einen nicht kirchlichen Lebenswandel geführt habe. Die Leiche wurde daher außerhalb der Kirchhofsmauer begraben. Auf eine von dem Bürgermeister zu Sötern gemachte Anzeige verfügte die Regierung die Ausgrabung der Leiche und Beisetzung derselben auf den Kirchhof, und diese Verfügung ist zur Ausführung gebracht worden.

In Westphalen erhielt Assessor Kolbmann, den Dechant Pöpperling zu Widenbruck mit seiner Braut nicht hatte trauen wollen, das Trauungsattest von der Staatsbehörde.

Der Nordd. A. Z. wurde aus Köln unterm 9. Februar geschrieben, das erzbischöfliche Generalvikariat, namentlich Domkapitular Broix, befehle den Pfarrern, gegen das Schulaufsichtsgesetz zu agitiren.

Kapitel 3.

Die polnische Agitation.

Nach dem Jesuitenplane sollte, wie von Belgien aus der Nord-westen, so vom preußischen Polen aus der Nordosten Deutschlands durch die klerikale Agitation allarmirt werden. Die Wühlerei fand einen geeigneten Boden im Nationalhaß des polnischen Adels und in der rohen Unwissenheit des polnischen Volks.

Unzweifelhaft hätte der letzteren schon längst können abgeholfen werden, wenn die preußische Regierung mehr Acht darauf gehabt hätte. Es ist viel geschehen für Ackerbau und Viehzucht, aber nicht genug für die Schule. Ja, im preußischen Antheile Polens ist die Schule in neuerer Zeit, anstatt fortwährend germanisirt zu werden, systematisch repolonisirt worden. Graf Renard, ein Vertreter Ober-schlesiens im Abgeordnetenhause, berichtete: Im Regierungsbezirk Oppeln sind 18 von 100 Analphabeten, während selbst in West-preußen und Posen das Verhältniß wie 1:10, resp. 1:12 ist. Viele tausend Kinder genießen gar keinen oder einen höchst ungenügenden Unterricht, weil es keine Lehrer gibt, und es gibt keine Lehrer, weil kein Geld für Lehrer da ist, und es ist kein Geld für Lehrer da, weil der Unterrichtsminister es früher nicht verlangt hat und die Volksvertretung es deshalb nicht hat bewilligen können. Diese Uebelstände werden wesentlich erhöht und vermehrt durch das gemischte Sprachverhältniß. Zu constatiren ist, daß die älteren Generationen meist noch deutsch verstehen, während den jüngeren Generationen das Verständniß für die deutsche Sprache immer mehr abhanden gekommen ist.

Die Norddeutsche. Allg. Zeitung erinnerte an die unvorsichtige Fahr-lässigkeit der frühern Kultminister v. Raumer und v. Mühler, durch welche dem deutschen Element im preußischen Polen auf eine be-denkliche Weise Eintrag geschehen sey. Indem nämlich jene Minister die confessionelle Trennung der Schulen durchführten, habe die protestantische deutsche Minderheit für Errichtung von Schulen und Anstellung von Lehrern nicht so viel zu leisten vermocht, als die

katholische und polnische Mehrheit, hätte also ihre Kinder nur ärm=
lich unterrichten lassen können oder in auswärlige Schulen schicken
müssen, während in den von jenen Ministern protegirten katholischen
Schulen die deutsche Sprache gänzlich unterdrückt und nur das
polnische Element gepflegt worden sey. Ueberhaupt sey in diesen
Schulen nicht viel gelernt worden, und polnische Väter selbst hätten
sich darüber beklagt und ihre Kinder viel lieber in deutsche Schulen
schicken wollen.

Der Boden war also den neuen polnischen Wühlereien nicht
ungünstig. Das Haupt der polnischen Geistlichkeit auf polnischem
Gebiete war der Erzbischof von Gnesen und Posen, Graf Ledo=
chowski. Der in Thorn unter dem Titel „Sierp=Polaczek" her=
ausgegebene katholische Kalender für 1872 führt den Erzbischof
Grafen Ledochowski in dem Verzeichnisse der regierenden Fürsten
Europas als Primas von Polen und Stellvertreter der polnischen
Könige auf. Das in Posen erscheinende „Tygotnik kat.", das
offiziöse Organ des Erzbischofs Grafen Ledochowski, meldet, daß
der Papst diesem Kirchenfürsten bei Gelegenheit des vatikanischen
Konzils den Titel Primas von Polen verliehen habe, leugnet aber,
daß er die an diesen Titel geknüpften Machtbefugnisse ausübe.
Er nahm aber eine Sonderstellung ein, sofern er sich nicht an die
deutschen Bischöfe, auch nicht bei der Fuldaer Conferenz anschloß,
sondern darauf Anspruch machte, als polnischer Primas gehöre er
zum Grabe des h. Adalbert in Gnesen und nicht zum Grabe des
h. Bonifacius in Fulda. Er ging noch weiter und ließ keinen
Deutschen mehr im Priesterseminar zu Posen zu. Auch durfte, wo
früher abwechselnd polnisch und deutsch gepredigt worden war, das
letztere nicht mehr geschehen. Die Breslauer Zeitung bemerkte: „In
der Stadt Posen leben etwa 8000 deutsche Katholiken. Posen zählt
sechs Pfarrkirchen, acht Succursalkirchen und viele öffentliche Kapellen.
Darunter ist keine einzige Pfarrkirche und nur eine Succursalkirche
für die Deutschen, alle übrigen haben polnische Geistliche. Ferner
hat Posen keine einzige deutsche Elementarschule für Katholiken.
Alle katholischen Schulen sind polnisch; bemitteltere Eltern schicken
ihre Kinder in Privatschulen, viele in evangelische Schulen, viele

müssen sie aber in polnische Schulen schicken, und dort wird dann
das Geschäft der Polonisirung eifrig betrieben. Durch die Schule
hat man in letzter Zeit ganze Dörfer, die Jahrhunderte lang deutsch
gewesen sind, völlig polonisirt. Möchten die Behörden diesem anti=
nationalen Treiben endlich energisch gegenübertreten! Der Ober=
präsident von Horn nahm sich gerecht und eifrig der bedrängten
Deutschen an. Er arbeitete auf eine deutsche Parochialkirche und
auch auf eine deutsche Parochialschule hin. Die Jesuiten leisteten
ihm natürlich den erbittertsten Widerstand. Ein Einwand, der ihm
von hoher geistlicher Seite wurde, lautete: auch die Deutschen in Paris
hätten keine Parochialkirche. Damit ist am besten gezeichnet, wie
die Deutschen hier — innerhalb des preußischen Staates — nur
wie Ausländer von dem polnischen Klerus betrachtet werden."

Man schrieb der Kölner Zeitung: Die Ziele der polnischen
Agitation treten immer deutlicher zu Tage. Die Masse der Polen
concentrirt sich unter der Leitung klerikaler Führer; in den Ort=
schaften Oberschlesiens entstehen allerwärts polnische Vereine, als
deren Zweck man die Besprechung religiöser, nationaler und politi=
scher Angelegenheiten bezeichnet; die letzteren werden natürlich vor=
wiegen. Das religiöse Element bildet eben nur ein Bindemittel.
Man hat deshalb auch die Sitzungen der polnischen Vereine auf
die Sonntage anberaumt; nach dem Gottesdienste beginnt die Ver=
einsthätigkeit.

Hier unter der polnischen Bevölkerung wurde das kirchliche
Vereinswesen förmlich militärisch organisirt, eine unsichtbare deutsch=
feindliche Armee, von Jesuiten disciplinirt. Und zwar unter den
verschiedensten Namen und frommen Aushängeschilden. Die Spe=
nersche Zeitung berichtete: „Die weiteste Verbreitung in Stadt und
Land haben die Rosenkranzvereine, deren Mitglieder fast ausschließ=
lich Dienstboten beiderlei Geschlechts sind, und deren Hauptzweck die
Ueberwachung der gebildeten Familien und die religiöse Einwirkung
auf dieselben ist. Die Organisation der Rosenkranzvereine ist fast
eine militärische und wird durch strenge Disciplin zusammengehalten.
Fünfzehn Personen desselben Geschlechts bilden eine ‚Rose‘, elf Rosen
einen ‚Gottesbaum‘ und fünfzehn Gottesbäume einen ‚Garten der

allerheiligsten Jungfrau Maria'. Alle diese Gliederungen stehen
unter der Leitung eines Geistlichen, der ein blindes Werkzeug der
Jesuiten ist. Der Verein ist mit reichen Ablässen ausgestattet."
Der Ablaß diente hier gleichsam als Werbegeld. Wer sich an=
werben ließ, dem wurden die Sünden erlassen. Aber die Vereine
mußten auch baares Geld liefern, nämlich den Peterspfennig. Die
Ostseezeitung meldete aus Posen, Erzbischof Ledochowski habe eine
allgemeine Kirchencollecte zum Besten des „in der Gefangenschaft
hungernden und darbenden" heil. Vaters angeordnet, die am Feste
der Apostel Petrus und Paulus (am 29. Juni) in den Kirchen
beider Erzdiöcesen während des Hauptgottesdienstes abgehalten wer=
den soll. In der Cathedralkirche werde der Erzbischof selbst mit der
Opferschale herumgehen und die Spenden einsammeln. Nach einer
auf amtliche Angabe gegründeten Berechnung bringt die Erzbiöcese
Posen=Gnesen jährlich mindestens 60—70,000 Thlr. für den Papst
und andere außerordentliche kirchliche Zwecke auf.

In Posen, wo Ledochowski residirt, sammelten sich die Jesuiten.
Ihre Hauptniederlassung aber war in dem benachbarten Schrimm.
„Man hat im übrigen Deutschland keine Ahnung (schreibt die Ost=
seezeitung), welches bedeutende Centrum für Jesuiten und allerhand
Mönchsgesellschaften Posen ist. In Schrimm besteht eine förmliche
Hochschule der Jesuiten, in der fast alle Nationalitäten vertreten
sind. Die Beichte hat die dort lebende Jesuitenclique völlig an sich
gerissen. Meilenweit strömen die Leute, besonders die Frauen, her=
bei und ziehen zerknirscht heim. Das ‚Geschäft' steht in höchster
Blüthe." In Posen hatte auch der polnische Adel, dessen Vertreter
in der Centrumspartei mit den fanatischesten Ultramontanen zu
stimmen pflegten, seinen Hauptsitz.

Am 21. Februar 1872 wurde in Berlin ein junger Apotheker
im Hause seines Pflegevaters, des Küsters an der Hedwigskirche,
verhaftet, weil er verdächtigt war, ein Attentat auf das Leben des
Fürsten Bismarck beabsichtigt zu haben. Er kam aus Posen, wo
er gesagt haben sollte, in Berlin würde bald alles anders werden.
Man fand eine Pistole bei ihm. Er hieß Westerwell nach seinem
Pflegevater. Er sollte aber der uneheliche Sohn einer polnischen

Gräfin und eines belgischen Edelmanns seyn; dann hieß es wieder, er sey der natürliche Sohn des polnischen Domherrn Kozmian in Posen, erzeugt mit einer polnischen Dame. Er war bei den Jesuiten in Lüttich erzogen und nachher Apotheker geworden, hatte aber nicht gut gethan, sondern galt als ein Taugenichts. Man schickte ihn unter die päpstlichen Zuaven in Rom, nach deren Auflösung er sich im Hause des Domherrn Kozmian in Posen aufhielt. Dieser Kozmian war früher mit einem Fräulein Chlappowska vermählt gewesen, die man aber, nachdem sie mit einem Offizier ein Verhältniß gehabt hatte, ertrunken in einem Brunnen fand. Jetzt erst wurde Kozmian Priester, vertrauter Rathgeber des Erzbischof Ledochowski und Redacteur der Posener Revue, welche damals eifrig für die preußische Regierung wirkte, weshalb er sich den Nationalpolen verhaßt machte. Auf einmal aber trat eine Wendung ein; wie Ledochowski, so wurde auch Kozmian eifrig ultramontan und infallibilistisch und redigirte in diesem Sinne die Posener Wochenschrift. Die böse Welt erzählte sich, er habe dem von Ledochowski im Posenschen gesammelten Peterspfennig nach Rom bringen sollen, unterwegs im Bade Homburg gemeint, er könne an der Spielbank den Peterspfennig verdoppeln, habe ihn aber verspielt, wie mehrere zuverlässige Augenzeugen bewiesen haben. Ledochowski leugnete, ihn mit dem Peterspfennig entsendet zu haben.

Was den Verdacht eines Attentats auf den Fürsten Bismarck betrifft, so erklärte Westerwell das Gerücht aus dem Mißverständniß eines Gesprächs und wurde entlassen. Aber bei Kozmian nahm man eine Haussuchung vor und fand bei ihm agitatorische Correspondenzen, unter andern auch einen Brief Windthorsts, der von Anfang bis zu Ende von politischer Agitation handelte. Windthorst beschwerte sich über Polizeiwillkür, die Regierung aber wahrte ihr Recht, staatsgefährliche Correspondenzen confisciren zu können. Es fand sich übrigens auch ein Briefwechsel des Bischof Ledochowski mit russischen Bischöfen vor.

Im amtlichen Schulblatt von Posen wurde Ende März den Lehrern die Theilnahme an den sog. Gesang-, Gewerbe-, landwirthschaftlichen und Volksbildungsvereinen untersagt, weil diese Vereine unter einem unschuldigen Namen nur polnische Nationalpolitik trieben und sich zu wüthendem Deutschenhaß fanatisirten.

Am 27. Juni 1871 brach in dem großen und berühmten Berg- und Hüttenwerke Königshütte in Oberschlesien an der polnischen Grenze unfern von Krakau eine Empörung der Bergleute aus, die durch keinerlei berechtigte Klage motivirt war. Denn die Bergleute waren hier besser gestellt als irgend anderswo. „Der Bergfiskus hat durch Gewährung von unverzinslichen Darlehen und Geldprämien, unentgeltliche Hergabe von Bauplätzen, ‚fast jedem strebsamen Arbeiter ermöglicht, sich ein schuldenfreies Eigenthum zu erwerben‘; weiter hat derselbe bedeutende Geldopfer für die Schulen gebracht. Die Durchschnittslöhne der Heuer stiegen von 15³/₄ Sgr. im Jahr 1860 auf 23¹/₂ Sgr. im Jahr 1870. Die Preise der Lebensmittel gehören nach den statistischen Zusammenstellungen zu den ‚niedrigeren in Schlesien‘. Während des Krieges wurde sowohl seitens der Grube als der Knappschaft für die Frauen der einberufenen Bergleute so viel gethan, daß jede Bergarbeiterfrau eine doppelt so hohe monatliche Unterstützung bezog, als die Frauen der ländlichen Arbeiter. Die Arbeitszeit wurde neuerdings unter gänzlicher Abschaffung der Nachtschicht auf 7 und 6 Stunden ermäßigt. Es ist dies ein Verhältniß, so günstig, wie es weder beim Bergbau noch bei anderen Industrien anderwärts kaum wiederzufinden ist. Von irgend einem Nothstande, der die letzten Auftritte hätte veranlassen können, war daher für die Arbeiter der Königsgrube nicht die Rede.“ So die Schlesische Zeitung. Auch die Vorwände, welche die Tumultuanten gebrauchten, waren nichtig. Sie beschwerten sich nämlich über Marken, durch deren Abgabe sie ihre Anwesenheit im Bergwerke beweisen sollten, eine Vorsichtsmaßregel, die nur dem gewissenlosen Arbeiter lästig, jedem aber vortheilhaft war, denn wenn einen in der Grube ein Unglück betraf, wußte man draußen, wo er sich befände, und konnte ihm helfen. Die Bergleute plünderten Kramläden und Wirthshäuser, mißhandelten mehrere Personen, bombardirten u. A. die Fenster mit großen Stücken Zucker aus muthwillig zerschlagenen Zuckerhüten, wurden aber durch eiligst herbeigerufene Ulanen und ein Bataillon Fußvolk

bald zur Ruhe gebracht und die Schuldigen verhaftet, einige ver=
wundet.

Man wollte diesen Tumult in Zusammenhang bringen mit den
internationalen Arbeiteragitationen der Pariser Commune, Lieb=
knechts und Bebels 2c. Allein es stellte sich heraus, daß es eine
ultramontane, von Polen aus genährte Agitation war. Die Ar=
beiter plünderten und zerstörten ausschließlich die Häuser und Läden
von Protestanten und Juden und man fand bei ihnen polnische
Pamphlete, welche gegen alle Nichtkatholiken aufreizten. Beamte
und Kaufleute waren hier schon längst vorzugsweise Deutsche und
Protestanten, die ursprüngliche Landbevölkerung aber polnisch und
katholisch. Jene brachten Bildung und Nahrung, diese empfingen
sie, und beide hatten sich immer gut vertragen. Erst seit einigen
Jahren, seitdem die Jesuiten überall gegen Preußen und die Ein=
heit Deutschlands intriguirten, hatten sie auch die Bergleute in
Königshütte zu verführen und gegen die Deutschen aufzuhetzen an=
gefangen, was ihnen um so leichter werden mußte, als der größte
Theil der Bergleute aus gänzlich unwissenden und rohen Polaken
bestand und besonders aus vielen über die russische Grenze geflüch=
teten und in Preußen Arbeit suchenden Polen.

Erst nachträglich wurde eine Beschwerdeschrift bekannt, die ein
Theil der Bergleute dem Ministerium für Gewerbe und Handel
eingereicht hatte. Darin „tritt nun die religiös=politische Tendenz,
wenn auch weniger der Arbeiter selbst, so doch der Männer, die
hinter ihnen standen, klar zu Tage. Außer Erhöhung der Gedinge
und Erniedrigung der Communalsteuern verlangen die Arbeiter in
der besagten Beschwerdeschrift, daß der Fiscus, „der doch an und
für sich neutral, d. h. in katholischen Gegenden katholisch, in evan=
gelischen evangelisch sey‘, nicht nur bei den Anstellungen der Gruben=
beamten die Katholiken mehr berücksichtige, sondern namentlich auch
bei der Bestimmung der durch ihn zu ernennenden Stadtverordneten
stets mindestens die Hälfte aus solchen Katholiken wähle, die die
Gemeinde auch dafür anerkenne!“ Ferner machte die Schlesische
Zeitung noch darauf aufmerksam, „daß laut eines von Herrn Miarka,
dem Redacteur der polnischen Zeitschrift ‚Katolik‘, unterschriebenen

und veröffentlichten Aufruf vom 27. Juni in dem sogenannten katholischen Casino schon am Sonntag den 25. Juni darüber abgestimmt worden ist, ob man sich bei den zu erwartenden Excessen zu betheiligen habe oder nicht." Endlich bemerkte dieselbe am besten unterrichtete Zeitung: „Die katholische Geistlichkeit, die durch das Emporwachsen der Industrie das Gedeihen ihrer Gemeinden befördert sah, war weit entfernt davon, den andersgläubigen Beamten Schwierigkeiten in den Weg zu legen, und die letzteren wieder haben niemals daran gedacht, ihren Einfluß zur Schädigung der Interessen der Kirche anzuwenden. Da kamen die Wahlkämpfe des letzten Jahrzehnts und es entstand die klerikale Partei. Nun wurde auf einmal den Arbeitern der Gegensatz ihrer Religion und der ihrer Beamten klar gemacht, und mit unvergleichlicher Rührigkeit wurden alle Hebel angesetzt, um den Einfluß der klerikalen Partei zu erhöhen und, was für sie dasselbe war, den der Beamten abzuschwächen. In polnisch geschriebenen Wochen- und Flugschriften, die sich wohl nicht mit Unrecht ihres Zusammenhanges mit der Geistlichkeit rühmten, wurde den Arbeitern ihre bedauerliche Lage auseinandergesetzt, die ihnen nicht einmal erlaube, dem heiligen Vater in seiner Bedrängniß mit hinreichenden Geldspenden beizustehen. Und wie gern der Arbeiter sein Schicksal bedauern hört, und wie leicht er dem glaubt, der die Schuld daran einer besser situirten Minderheit vorwirft, das lehrt leider die Geschichte nur allzu häufig. Auch in Königshütte war es nicht anders."

Einen merkwürdigen Muth bewies der polnische Pfarrer Kaminski, indem er grade in der so stark unterwühlten Gegend von Königshütte seine Gemeinde von den Umtrieben der Jesuiten fern hielt und sogar am 22. Juli 1871 zu Kattowitz aus eigenen Mitteln die erste altkatholische Kirche gründete. Der Fürstbischof von Breslau schickte zwar elf Jesuiten nach Kattowitz, die gegen ihn predigen mußten, aber nichts ausrichteten.

Das arme Landvolk wurde von den Jesuiten auch am Beutel gefaßt. Die Spenersche Zeitung schrieb damals „aus glaubwürdiger Quelle, daß der Peterspfennig seit dem Jahre 1860 durchschnittlich 60 Mill. Fr. jährlich eingebracht hat. Bis zu dem Ga-

rantiegesetz gingen davon etwa 50 Mill. mit der Verzinsung der
päpstlichen Schuld auf. Da diese Ausgabe jetzt wegfällt, so muß
die Curie mit Hinzurechnung ihrer anderweitigen Einkünfte sehr er=
hebliche Mittel zur Verfügung haben." Soweit die Spen. Zeitung.
Die Nordd. A. Zeitung fügt dem bei: Der Peterspfennig und seine
Einziehung gibt uns noch zu einer anderen Betrachtung Anlaß,
wenn wir aus Oberschlesien erfahren, daß in einigen und vielleicht
in vielen Dörfern die Bauern und Bäuerinnen den Herren Geist=
lichen gegenüber sich schriftlich verpflichten müssen, um ihres Seelen=
heiles willen allmonatlich eine bestimmte Summe nicht sowohl in
Pfennigen als vielmehr in klingendem Courant zu zahlen. Ist ein
derartiges schriftliches Versprechen auch juristisch nicht bindend, so
mag es doch, den Bauern entgegengehalten, eine nahezu rechtsver=
bindliche Wirkung haben, und deshalb ist eine solche schriftliche Er=
klärung immerhin von Werth. Aber auch anderweitig könnte sie von
Werth seyn; wenn nämlich die Behörde in den Stand gesetzt würde,
Einblick in die betreffenden Listen zu nehmen, und dadurch eine
Controle des so eingezogenen Peterspfennigs angebahnt und er=
möglicht würde. In einem einzigen allerdings größeren Dorfe
z. B. beläuft sich die Summe, welche die Bauern allmonatlich auf=
zubringen angehalten werden, auf circa 50 Thlr., macht jährlich
600 Thlr. Will man daraus einen Schluß ziehen, dann dürfte
eine recht erkleckliche Summe allein in Oberschlesien zusammen=
kommen.

Zu Leobschütz wurde den Schulschwestern auf Antrag einer
Mehrheit der Stadtverordneten durch die Regierung zu Oppeln das
fernere Unterrichtgeben verboten. Im Regierungsbezirk Oppeln wur=
den im März 1872 die katholischen Casinos wegen ihrer regierungs=
feindlichen Umtriebe verboten, desgleichen auch eine in Krappitz an=
gesagte Mission.

In Schlesien kam die Regierung in Conflict mit dem Fürst=
bischof von Breslau. „Der katholische Pfarrer zu Sodow war
nämlich wegen seiner Wahlagitationen von der königlichen Regie=
rung seiner Stellung als Schulverweser enthoben worden. Trotz=
dem und trotz des energischen Verbotes seiner Vorgesetzten wagte es

dieser Priester, nach wie vor das Amt eines Schulinspectors auszuüben, bis ihm angedeutet wurde, daß ein fortdauernder Ungehorsam die Strafe bald nach sich ziehen würde. Der Pfarrer beharrte jedoch bei der Ansicht, daß er sich nicht als einen Schul-
beamten, sondern als einen Kirchenbeamten betrachte und die Ent-
hebung vom Schulrevisorat nicht als wirksam ansehe, so lange dieselbe nicht vom Bischofe ausgesprochen sey. Mit dieser Erklärung
war natürlich eine Entscheidung des Fürstbischofs von Breslau pro-
vocirt, welcher einfach erklärte, der Pfarrer brauche sich durch die
Furcht vor weltlichen Zwangsmaßregeln von der Ausübung des
Schulrevisorats nicht abhalten zu lassen und habe auf seinem Posten
zu bleiben."

Am 30. Mai schrieb die Schles. Ztg.: Fürstbischof Dr. Förster
befindet sich dem Professor Reinkens gegenüber in großer Verlegenheit. Bekanntlich sollte der letztere ebenso wie Dr. Weber excommunicirt werden. Das Strafedict wurde Herrn Reinkens durch den
Boten der fürstbischöflichen geheimen Kanzlei zugestellt. Reinkens
lehnte jedoch die Annahme des Schreibens mit dem Bemerken ab,
daß er auf diesem Weg einen Brief von dem Herrn Fürstbischof
nicht mehr annehme. Noch an demselben Tage wurde die bischöfliche Bannbulle an Reinkens durch den Postboten überbracht. Mit
der Erklärung, daß er auf diesem Wege ein Schreiben des Fürstbischofs nicht mehr annehmen könnte, refüsirte Reinkens den Bischof
zum zweitenmal. Der Fürstbischof wandte sich nun, wie uns aus
sicherer Quelle berichtet wird, mit seiner Bannbulle an das hiesige
Stadtgericht, um dieselbe durch den Gerichtsboten an ihre Adresse
zu bringen. Aber das Stadtgericht wies den bischöflichen Antrag
einfach zurück. Reinkens ist also immer noch nicht excommunicirt,
obgleich der Bischof es an Versuchen, das Strafedikt in die Hände
Reinkens zu spielen, nicht hat fehlen lassen.

In Oberschlesien wurde das neue Kanzelgesetz umgangen, indem man aus dem benachbarten Polen katholische Priester herbei-
rief, welche, nachdem sie auf den Kanzeln gegen die Altkatholiken
und Protestanten getobt hatten, geschwind wieder über die Grenze
zurückkehrten. Die Breslauer Zeitung nannte einen Pater Florian

aus Polen, der sich durch eine solche renommistische Predigt in Lubo-
witz bei Ratibor besonders ausgezeichnet hatte.

Das Königreich Sachsen war lange Zeit mit Polen verbunden
gewesen und Dresden deshalb immer eine Station für die polnischen
Emigranten geblieben. Obgleich nun der König von Sachsen das
neue Dogma nicht verkündigen ließ und auch der katholische Landesbischof Forwerk gemäßigt und vorsichtig war, so fehlte es doch auch
in Sachsen nicht an jesuitischen Umtrieben. Das kirchliche Volksblatt aus Sachsen schrieb: „Dem katholischen Bischof Forwerk wurde
von der ersten Kammer, irre ich nicht, bevor er zum vaticanischen
Concil reiste, der Dank ausgesprochen, daß durch seine Bemühungen bisher der confessionelle Friede in Sachsen erhalten worden sei.
Dies ist wahr, denn Forwerk ist ein Mann milder Gesinnung;
durch ihn würde nichts geschehen, was irgendwie als Angriff gegen
die Protestanten Sachsens ausgelegt werden könnte; er selbst hat
sich gewiß auch nur mit schwerem Herzen dazu entschlossen, indirect
das neue Dogma in seiner Diöcese einzuführen. Allein was nicht
mit ihm erreicht werden kann, das sucht die ultramontane Partei
ohne ihn ins Leben zu setzen, und es dürfte wohl unserer Behauptung nicht leicht widersprochen werden können, daß man von ultramontaner Seite den Einfluß des Bischofs Forwerk möglichst zu beschränken sucht. Während bisher meistens katholische Geistliche versöhnlicher Richtung in Sachsen angestellt wurden, fängt man jetzt
an, vaticanische Feuergeister bei uns einzuführen und sie möglichst
früh in angesehene Aemter zu bringen. Das Institut, an dem sie
in der Regel zuerst Verwendung finden, ist das Josephinenstift in
Dresden, welches unter der Protection der Königin-Wittwe Maria
steht. Der Beichtvater Ihrer Majestät ist der bekannte Pater Seul.
So sind in jüngster Zeit vom Josephinenstift aus Pater Potthoff
und Pater Wahl zu Hofpredigern und Pater Hildebrand zum
Pfarrer in Meißen ernannt worden — Männer, denen es an dem
Eifer für neukatholische Rechtgläubigkeit nicht fehlt, und welche die
öffentliche Meinung — ob mit Recht oder Unrecht weiß ich nicht
— in nahe Verbindung zu dem bei uns verbotenen Jesuitenorden
setzt. Welche Hebel die ultramontane Partei in Bewegung setzt, um

in Hofkreisen ihren Einfluß geltend zu machen, entzieht sich zunächst der Besprechung."

Endlich richteten die Jesuiten auch sehnsüchtige Blicke nach Rußland. Ein Petersburger Correspondent der Ostsee-Zeitung wollte aus sicherer Quelle erfahren haben, daß die päpstliche Curie schon seit dem Frankfurter Friedensschluß aus allen Kräften an dem vergeblichen Werke arbeitet, gegen das ihr tief verhaßte deutsche Reich eine europäische Coalition zusammen zu bringen, die zugleich gegen Italien gerichtet seyn soll. „Die Hauptmächte, welche sie für diese Coalition zu gewinnen sucht, seyen Frankreich, Oesterreich und Rußland. Um auf Rußland in dieser Beziehung Einfluß zu gewinnen, heißt es in der Mittheilung der Ostsee-Zeitung dann weiter, war es nöthig, daß die seit länger abgebrochene diplomatische Verbindung mit demselben wieder angeknüpft werde, und zur Erreichung dieses Zweckes hat die päpstliche Curie ein auffallend freundliches Entgegenkommen gezeigt. Sie erwirkte eine vertrauliche Zusammenkunft zwischen dem Cardinal Nardi und einem hervorragenden russischen Diplomaten, welche im September d. J. in Genf stattfand und bei welcher die Bedingungen der Aussöhnung festgestellt wurden. In Folge dieser Zusammenkunft ist der diplomatische Verkehr zwischen St. Petersburg und der Curie wieder aufgenommen worden.

Die Kölner Zeitung brachte am Jahresschluß noch folgende Notiz: Der Präsident der französischen Republik, der nie ein Freund der Polen war, sucht sich auf ihre Kosten der russischen Regierung auf alle mögliche Weise gefällig zu erweisen. Er hat, wie man aus guter Quelle erfährt, dem russischen Bevollmächtigten in Versailles nicht nur ein vollständiges Namensverzeichniß der bei der Pariser communistischen Revolution betheiligt gewesenen Polen nebst ihren photographischen Portraits übergeben, sondern auch diejenigen im Königreich Polen ansässigen Personen, welche Verbindungen mit der Pariser Commune hatten oder mit ihr sympathisirten, namhaft gemacht. In Folge dieser Denunciation haben in Warschau in letzter Zeit mehrere Haussuchungen und Verhaftungen stattgefunden. — Es versteht sich von selbst, daß Rußland solche Gefälligkei-

ten annimmt, ohne sich im geringsten gegen Frankreich zu ver=
pflichten.

In Rom machte zu Anfang des Jahres 1872 der russische
Großfürst Michael einen Besuch beim Papste. Auch daran knüpften
die Römlinge eitle Hoffnungen.

Nun ließen sich aber auch einige deutsche Altkatholiken verleiten,
in Rußland Sympathien zu suchen. Wie im Dezember 1871 Peters=
burger Blätter meldeten, „werden die Führer der altkatholischen Be=
wegung in Deutschland, die Professoren Michelis in Braunsberg
und Friedrich in München, in nächster Zeit in Petersburg erwartet,
wo sie die Lehren, Gebräuche und Einrichtungen der orthodoxen
Kirche aus eigener Anschauung kennen lernen und zu diesem Zwecke
nähere Verbindung mit der orthodoxen Geistlichkeit anknüpfen wollen.
Beide sind zu diesem Besuch von dem Professor Osinin, der sich
stark für die Vereinigung der katholischen und russisch=orthodoxen
Kirche interessirt, bringend eingeladen worden.“ Gewiß ein ver=
fehltes Project. Die griechische Kirche schließt das, was man jetzt
gern die deutsche Wissenschaft nennt, noch viel entschiedener aus als
die römische und übt gegenüber dem natürlichen Vernunftrecht des
Menschen einen noch härtern Glaubenszwang.

Im Juli 1872 wurde der Nationalzeitung aus Lauterburg in
Westpreußen geschrieben: „Der hiesige katholische Priester Simon
Gorski, dessen nächtliches Treiben seit Monaten den Behörden ver=
dächtig vorgekommen war, sowie sein Bruder, der Brenner Franz
Thomas Gorski, wurden wegen dringenden Verdachts der Falsch=
münzerei verhaftet. Eine versiegelte Kiste, welche eine Menge fal=
scher Thalerstücke enthalten haben soll, nebst verschiedenen Präge=
stöcken zu Thaler= und Zweithalerstücken wurden ihnen nachgetragen.
Hunderte von Menschen folgten den Verhafteten nach. Eine plötz=
lich vorgenommene Haussuchung und Visitation der Kleider soll eine
Menge schwer belastender Momente gegen die Angeschuldigten er=
geben haben. Man vermuthet, daß die Gorskis mit einer ganzen
Bande von Helfershelfern, die von dem nahen Polen aus das
falsche Geld nach Preußen importiren mußten, in Verbindung ge=
standen haben.“

Im September des Jahres 1872 wurde eine bittere Klage des Erzbischofs Ledochowski über das Schuldenmachen seines Diöcesenklerus veröffentlicht. Vermöge ihres seelsorglichen Einflusses bestimmen viele Geistliche ihre Beichtkinder, „ihnen Gelder über Gelder zu borgen, und führen dadurch den Ruin ihrer eigenen Gemeindeglieder herbei! Unter dem Vorwande, für deren geistiges Wohl zu sorgen, untergraben sie selbst die materielle Wohlfahrt derselben und bringen sie an den Bettelstab! Wie man hört, liegt die Ursache der tiefen Verschuldung der meisten polnisch=katholischen Geistlichen darin, daß sie einerseits aus vorwiegend armen Familien stammen und demnach genöthigt sind, während ihrer Studienzeit Schulden zu machen, andererseits aber auch darin, daß sie später, theils für ihre armen Angehörigen, theils auch für andere leicht zu errathende Zwecke nicht unbeträchtliche Summen verausgaben. Die National=Zeitung meint: Ein Hauptgrund des finanziellen Ruins der polnisch=katholischen Geistlichen ist auch, daß sie ungebührlich viel Ungarwein trinken und dazu eine allzu gute Küche führen.“ Das Beispiel des Adels mag einwirken. Die Hauptschuld liegt aber wohl, da ähnliche Klagen früher nicht gehört worden sind, an der neuesten Ueberhebung und politischen Wühlerei des Klerus.

—————

Fünftes Buch.

Die Vertreibung der Jesuiten aus dem deutschen Reiche.

———

Kapitel 1.

Feindliches Hervortreten des Papstes.

In dem Maaße, in welchem die katholische Opposition im deutschen Reiche anwuchs, stellte sich auch immer deutlicher heraus, daß der Papst selbst diese Opposition billigte und durch seine Jesuiten leiten ließ. Er hatte bisher offiziell dem deutschen Kaiser eine freundliche Miene gezeigt. Im Frühjahr 1872 fügte er demselben zum erstenmal eine öffentliche Beleidigung zu, so daß jedermann erkennen mußte, er sey ganz und gar in den Händen der Jesuiten und mit deren verderblichen Planen gegen das deutsche Reich völlig einverstanden.

Ende April 1872 verweilte Cardinal Fürst Gustav von Hohenlohe-Schillingsfürst in Berlin, und bald erfuhr man, derselbe sey zum Botschafter des deutschen Reichs am päpstlichen Hofe ernannt. Man pries das wieder als ein diplomatisches Meisterstück des Fürsten Bismarck und beglückwünschte ihn deshalb. In der That schien der Cardinal als einer der vornehmsten Kirchenfürsten, als ein frommer und eifriger Katholik und treuer Anhänger des Papstes, in vorzüglichem Grade geeignet, das deutsche Interesse in Rom zu vertreten, ohne der Curie zu mißfallen. Man konnte nicht leicht jemand finden, der sich zu einer friedlichen Vermittlung zwischen Rom und dem deutschen Reiche besser geeignet hätte. Man hoffte, er würde in seiner wichtigen Stellung zu Rom dazu mitwirken können, den Papst von seinen jesuitischen Verhetzern zu trennen und ihm begreiflich zu machen, daß das wahre Wohl der Kirche, für welches der Papst verantwortlich sey, nimmermehr gefördert werden könne durch den jesuitischen Chauvinismus, der die Kirche in dasselbe Unglück stürzen werde, in welches der Pariser Chauvinismus Frankreich gestürzt habe.

Allein der Cardinal war der Bruder des Fürsten Chlodwig v. Hohenlohe, welcher als bayerischer Ministerpräsident die Möglichkeit böser Dinge auf dem Concil vorausgesehen und davor gewarnt hatte. Durch eine Vermittlung, wie sie der Cardinal wahrscheinlich versuchen würde, hätte nun zwar der Kirchenfrieden in Deutschland erhalten werden können, und dem Papst und der römischen Kirche würde ihr ganzes Ansehen, wie es vor dem 18. Juli 1870 bestanden hatte, gesichert geblieben seyn. Aber die Jesuiten hätten nicht mehr hetzen dürfen, es wäre ihnen nicht mehr möglich gewesen, den Franzosen durch einen Religionskrieg in Deutschland aus der Noth zu helfen. Deshalb und deshalb allein brauchten sie alle Macht, die sie schon über den alten Papst gewonnen hatten, und setzten wirklich durch, daß er sich weigerte, den Cardinal Hohenlohe als Vertreter des deutschen Reichs bei der Curie anzuerkennen, und zwar unter dem lächerlichen Vorwand, der Gesandte einer weltlichen Macht am päpstlichen Hofe dürfe kein Cardinal seyn, weil die Cardinäle nur dem Papst selbst als seine Diener verpflichtet seyen. Mit Recht bemerkte Bismarck, die Cardinäle Richelieu und Mazarin seyen französische Minister gewesen. Auch wurde Frankreich öfter durch Cardinäle als Gesandte in Rom vertreten, wie auch Oesterreich einmal durch den Cardinal Herzan.

In der „Presse" wurde die Vermuthung geäußert, die römische Curie habe den Fürsten Bismarck selbst verleitet, ihr in Bezug auf Hohenlohe einen Antrag zu machen, indem sie sich demselben geneigt gezeigt habe, aber nur, um ihn hinterdrein desto höhnischer abzuweisen. Die ultramontanen Blätter faßten den Vorfall auch als eine Demüthigung des Fürsten Bismarck auf. Die ganze übrige Welt urtheilte indeß, Kaiser Wilhelm habe ernstlich eine Versöhnung mit dem h. Stuhle angestrebt. Das „Diritto" überschrieb einen Artikel, der die Zurückweisung Hohenlohe's betraf, geradezu mit den Worten „Una vittoria dei Gesuiti."

Wie schwer auch die Beleidigung war, welche dem deutschen Kaiser und Reich durch den römischen Stuhl widerfuhr, ließ sich die kaiserliche Regierung doch nicht aus der Ruhe bringen und behielt nur ihre Pflicht im Auge, ohne Leidenschaft nur gerecht und billig zu handeln. Fürst Bismarck erklärte am 14. Mai im Reichstag, er werde dennoch einen Botschafter nach Rom schicken. „Ich halte es nicht für möglich, daß nach den jetzt ausgesprochenen und öffentlich promulgirten Dogmen die katholische Kirche mit einer weltlichen Macht zu einem neuen Concordat gelangen könnte, ohne daß die weltliche Macht in einem gewissen Grade afficirt wird, was das Deutsche Reich wenigstens nicht annehmen kann. (Sehr wahr!) Dessen seyen Sie sicher: nach Canossa gehen wir nicht, weder in kirchlicher noch in staatlicher Beziehung. (Große Heiterkeit.) Aber es kann sich Niemand verhehlen, daß die Stimmung innerhalb des Deutschen Reiches auf dem Gebiete des confessionellen Friedens eine gedrückte ist. Die Regierungen des Deutschen Reiches suchen für die Glaubensspaltung, welche die katholischen und evangelischen Unterthanen scheidet, nach dem Mittel, in einer möglichst friedlichen, die Verhältnisse des Reiches möglichst wenig erschütternden Weise aus den jetzigen Uebelständen in bessere Zustände zu gelangen. Es wird dies ja schwerlich anders geschehen können, als auf dem Wege der Gesetzgebung, und zwar auf dem Wege einer allgemeinen Gesetzgebung (Bravo!), zu welcher die Regierung nach meiner Ueberzeugung auch genöthigt seyn wird, die Thätigkeit des Reichstages in Anspruch zu nehmen (Bravo!)." Es komme aber darauf an, „daß man auf Seiten der römischen Curie zu jeder Zeit möglichst gut unterrichtet sey über die Intentionen der deutschen Regierungen, und besser unterrichtet sey, als man es je war. Ich halte für eine der hervorragendsten Ursachen des Unfriedens die unrichtige, durch eigene

Auslegung oder aus schlimmeren Gründen getrübte Darstellung über die Intentionen der deutschen Regierungen, wie sie zu Seiner Heiligkeit dem Papste gelangten. Ich habe geglaubt, daß die Wahl eines Botschafters, der von beiden Seiten volles Vertrauen hätte, einmal in Bezug auf seine Wahrheitsliebe und Glaubwürdigkeit, dann in Bezug auf seine Persönlichkeit in seinen Gesinnungen und Handlungen, daß die Wahl eines solchen Botschafters in Rom willkommen seyn würde, daß sie als ein Pfand unserer friedfertigen Gesinnungen aufgefaßt, als Brücke der gegenseitigen Verständigung benutzt werden würde." Aus diesem Grunde sey Cardinal Hohenlohe zum Botschafter beim h. Stuhl ausersehen, aber leider vom Papst abgelehnt worden. „Es ist in neuerer Zeit vorgekommen, daß die Abberufung eines Gesandten gefordert worden ist, aber die Versagung eines erst zu ernennenden ist mir nicht erinnerlich. Und mein Bedauern über diese Ablehnung ist ein außerordentlich lebhaftes, ich bin aber nicht gewillt, dieses Bedauern in die Falte einer Empfindlichkeit zu übersetzen, denn die Regierung schuldet unsern katholischen Mitbürgern, daß sie nicht müde werde, die Wege aufzusuchen, auf denen die Regelung, deren die Zerwürfnisse zwischen der geistlichen und weltlichen Macht im Interesse des inneren Friedens absolut bedürfen, in der schonendsten Weise gefunden werden kann. Ich werde deshalb mich durch das Geschehene nicht entmuthigen lassen, sondern fortfahren, bei Sr. Majestät dem Kaiser dahin zu wirken, daß ein Vertreter des Reiches für Rom gefunden werde, welcher sich des Vertrauens beider Mächte, wenn nicht in gleichem, so doch in hinlänglichem Maße für seine Geschäfte erfreut. Daß diese Aufgabe wesentlich erschwert ist, kann ich allerdings nicht verkennen." (Bravo!)

Ultramontane Blätter waren so frech, zu behaupten, Bismarck habe durch den Cardinal Hohenlohe sich „gleichsam durch eine Hinterthür einen Einfluß am nächsten Conclave verschaffen wollen." Darauf diente ihnen Bismarcks Organ mit der Bemerkung, es brauche da gar keiner Hinterthür; das Recht jedes Staates, welcher katholische Unterthanen habe, auf die Papstwahl Einfluß zu üben, verstehe sich von selbst. — Ueber das künftige Conclave wurden damals

in den öffentlichen Blättern die mannigfaltigsten Vermuthungen ge=
äußert und Gerüchte ausgesprengt, wovon ich hier keine Notiz neh=
men will, da die Frage verfrüht ist und später noch genug darüber
verhandelt werden wird.

Unmittelbar nachdem der deutsche Kaiser in der Hohenlohe'schen
Angelegenheit von der römischen Curie verletzt worden war, erhielt
er eine Genugthuung von Seite des König Victor Emanuel, dessen
Sohn, Kronprinz Humbert, mit seiner schönen Gemahlin Marga=
retha am 28. Mai 1872 in Berlin eintraf, um der Taufe eines Töchter=
chens des Kronprinzen von Preußen anzuwohnen, auf dessen Ein=
ladung und in Erwiderung des Besuchs, den der preußische Kronprinz
früher am italienischen Hofe gemacht hatte. Bei diesem Anlaß drückten
italienische Blätter sehr warme Sympathien für Deutschland aus.

In Rom machte sich im Laufe des Sommers die feindselige
Stimmung des Vatikan gegen Deutschland immer bemerklicher. Ge=
legenheit dazu boten die immerwährenden Besuche, die der Papst
empfing, die Anreden der an ihn abgesandten Deputationen und die
Antworten, die er darauf mit großer Redseligkeit ertheilte. In
einer solchen Antwort verrieth er seinen tiefen Groll gegen die Pro=
testanten. „Unsere Widersacher," sagte der h. Vater im Flusse seiner
Rede, „bilden sich ein, daß, um die Bedrängnisse dieser Welt zu
lindern (ich habe es kürzlich in einem ihrer Journale gelesen, die
sich offiziös nennen, wiewohl ich nicht weiß, was sie eigentlich sind),
sie bilden sich also ein, daß jede Religion gut ist und daß folglich
die Gotteslästerung eines Luther und Calvin, der Hochmuth und
die Selbstüberhebung eines Photius, die Schändlichkeiten eines Ma=
homed zur Beruhigung der Gemüther hinreichen. Und doch sind
leider Jene die großen Nichtswürdigen. Beten wir, beten wir in=
ständig für sie, damit sie die Verfolgung der Kirche Jesu Christi
einstellen, die nur ihnen selber zum Verderben wird." Eben so er=
zürnte ihn das Bündniß Italiens mit Deutschland. „Der Deutsche,
welcher vor 24 Jahren ein so treuloser Feind war, ist heute ein
Gegenstand der Verehrung. O die verkehrte Welt! Das Band
der Einigung für gewisse Nationen ist heute der Haß gegen Gott
und seinen Christus."

Am 17. Juli wurde der Jahrestag der Thronbesteigung des Papstes überaus feierlich begangen. Vom Morgen bis Abend löste eine Deputation die andere ab, die dem Papst Glück wünschten. Zahlreich war die geputzte Damenwelt vertreten.

Besonders merkwürdig war die oben schon angedeutete Hinneigung der römischen Curie zu Rußland. Das hing mit den Bemühungen Frankreichs um eine russische Allianz zusammen. Es erschien zwar begreiflich, daß die eben von den Deutschen besiegten Welschen nach einem Bündniß mit den Slaven strebten, aber wie mochten sie glauben, daß Rußland eine neue Auflage des romanisch-katholischen Weltreichs, wie es unter Napoleon I. versucht worden war, gerne sehen und begünstigen würde, da es hinlänglich über die Intentionen Frankreichs und des Katholicismus durch den Krimkrieg und die polnischen Aufstände belehrt war. Natürlicherweise konnte die römische Curie, indem sie an die Pforte des Czaarenpalastes anklopfte, nicht mit leeren Händen kommen. Sie erklärte sich also bereit, dem Czaaren die armen Polen aufzuopfern und an dem unglücklichen Volke, das so treu an seinem katholischen Glauben hing, den schnödesten Undank zu begehen. Rußland machte sich diese moralische Bankeroterklärung Roms zu nutze, ohne sich zu etwas zu verpflichten. Man wollte wissen, der russische Kaiser habe eigenhändig einen sehr schmeichelhaften Brief an den Papst geschrieben. Dem wurde jedoch widersprochen.

Die Wiener Deutsche Zeitung vom 18. Juni berichtet über die Herstellung eines freundschaftlichen Verhältnisses zwischen der russischen Regierung und der Curie: „Der schroffe Gegensatz zwischen der Politik der beiden Cabinete schien unversöhnlich für alle Zeit, und jetzt reicht die Curie ihrem Todfeinde die Hand und stößt das einzige Volk, das ihr mit Leib und Seele ergeben gewesen, das die entsetzlichsten Qualen für sie erduldet, zurück; denn es kann ihr nichts mehr nützen! In Folge einer sehr heftigen Auseinandersetzung, welche am 25. Dezember 1865 zwischen dem russischen Gesandten in Rom, dem Baron Meyendorff, und dem Papste stattgefunden hatte, wurden am 9. Februar des folgenden Jahres die diplomatischen Beziehungen zwischen den beiden Staaten abgebrochen, ward am

4. Dezember 1866 das Concordat zwischen Rußland und der Curie vom Jahre 1847 durch kaiserlichen Ukas aufgehoben und verfügt, daß die Angelegenheiten des römischen Cultus in den russischen Besitzungen künftighin in Gemäßheit der Grundgesetze des Reiches und des Königreiches Polen geregelt werden sollten. Man fing nun im Vatican an, versöhnlicher zu denken und einzusehen, daß es nicht gut sey, mit der einzigen dauernd reactionären Macht des Continentes bloß der Polen wegen zu schmollen. Die Curie gibt die Katholiken Rußlands verloren, um dessen politischen Beistand zu gewinnen. Als vor einiger Zeit in der Wohnung des Erzbischofs von Posen, des Grafen Ledochowski, eine Hausdurchsuchung vorgenommen wurde, fand sich bekanntlich in seinen Papieren ein päpstliches Breve, das ihn zum Primas von Polen ernannte. Diese Würde ist von hoher politischer Bedeutung; nach der alten Verfassung des Königreiches Polen ist der Primas Vicar des Souverains und kann ihn während eines Interregnums vertreten. Es war also ganz erklärlich, daß die russische Regierung, als das preußische Cabinet ihr von seinem Funde Mittheilung machte, im Vatican Vorstellungen erhob. In der Antwort, welche Cardinal Antonelli dem Herrn von Kapnist ertheilte, suchte nun derselbe die Bedeutung jenes päpstlichen Breve's so viel als möglich herabzusetzen und zeigte sich zugleich zu dem Zugeständnisse bereit, daß die katholische Kirche in Polen, anstatt von ihrem natürlichen Oberhaupte, dem Primas, abzuhangen, unter die unmittelbare Leitung des katholischen Collegiums in Petersburg gestellt, der russischen Regierung also die volle Gewalt über sie eingeräumt werde. Was also den übrigen Mächten ihre Nachgiebigkeit und zarte Rücksicht gegen die Curie nicht erwirken konnte, das hat Rußland durch seine standhafte Rücksichtslosigkeit erreicht, ja, noch mehr: Rußland hat von der Curie die Anerkennung fortgesetzter Gewaltthätigkeit ertrotzt, während die Curie gegenüber den übrigen Mächten, welche die katholische Kirche nicht vergewaltigt haben, sich noch immer unterfängt, die schutzlos Verfolgte zu spielen."

Die von den Jesuiten inspirirten Blätter athmeten Kriegslust und trugen unerhörten Uebermuth zur Schau, als ob der Syllabus schon durchgeführt, die Weltherrschaft des Papstes fertig wäre. Die Genfer Correspondenz schrieb: „Der Papst, welcher die Regierungen durch Sanftmuth auf den rechten Weg zurückzuführen hoffte, hat nur zu viele Concessionen gemacht. Jetzt sieht er, daß die Zeit der Barmherzigkeit vorüber ist und daß über kurz oder lang eine Periode eintreten muß, wo die Gerechtigkeit ihren vollen und unerbittlichen Vollzug haben muß. Wenn die Staaten aufhören, die Kirche offen anzuerkennen, so wird die Kirche bald genöthigt seyn, den Staaten ihre Anerkennung zu versagen. Die Welt wird dann einem Schauspiel greulicher Verwüstung beiwohnen, und die Regierungen dürften sich täuschen, wenn sie glauben, daß die Massen hinter ihnen stehen werden." — „Preußen drängt gerade auf die Zeit zu, wo das Maaß der Geduld überlaufen muß, und es ist wohl möglich, daß diese Geduld gerade in dem Augenblick aufhört, wo die Monarchie ein großes Interesse daran hätte, die Frist noch etwas verlängert zu sehen. Gott sey Dank, die Mehrheit bei allen katholischen Nationen ist noch gut, und es wird der Tag kommen, wo dieselben das Joch der verwerflichen Sekten und der waghalsigen Minoritäten abschütteln. Mögen die Regierungen das begreifen und sich keinem blinden Trotze anheimgeben in einem Kampfe, der nicht der Kirche, wohl aber ihnen die Vernichtung bringen wird." So wird mit Einem Male Alles verrathen: Kriegserklärung, Operationsbasis, Streitkräfte und — Erfolg, über den indessen die Zukunft noch ein Wort mitzusprechen haben wird.

Also bildeten sich die Jesuiten ein, sie würden das Werk, welches ihnen im Jahr 1629 mißlungen ist, die Restitution, die Unterdrückung des Protestantismus, die Rekatholisirung des ganzen germanischen Norden, die Ausrottung aller Lutheraner, Calvinisten und sonstigen Ketzer durch neue Dragonaden und Autodafés wirklich durchsetzen können.

Mit dieser Kühnheit der Presse hing auch die der deutschen Bischöfe zusammen, die von Rom aus instruirt wurden, der Staatsgewalt zu trotzen. Der Papst legte die Maske der Freundlichkeit ab und gerirte sich offen als Feind des deutschen Reiches. Nachdem er in seinem Schreiben an Antonelli der italienischen Regierung

Unversöhnlichkeit angekündigt, benutzte er die Antwort an eine Deputation des ihm glückwünschenden katholisch-deutschen Lesezirkels in Rom, um sich eben so feindselig gegen Deutschland auszusprechen.

Ende Juni wurde aus Rom geschrieben: Der Lesezirkel, der in dem Nationalstift Santa Elisabetta dei fornari tedeschi (die h. Elisabeth der deutschen Bäcker) unter der Leitung eines fremdländischen Caplans seit einigen Jahren besteht, hat jüngst dem Papste bei der Erinnerungsfeier seiner Wahl und Krönung in einer lateinischen Adresse Ergebenheit und Glaubenstreue ausgedrückt. Der Augenblick, in welchem man sich von dem deutschen Bäckerhospiz den Stufen des päpstlichen Thrones nahte, war mit Geschick gewählt; es war vorauszusehen, der Papst würde sich über die neuesten Ereignisse auf dem Gebiete der Kirche auslassen, wo nach hiesiger Ansicht in Deutschland Alles drunter und drüber geht; weniger begreiflich ist, daß für den Ausdruck der Gefühle und Gedanken das Latein als Mittel beliebt ward, von dem die meisten Mitglieder des katholischen Lesevereins, als einer gewerblichen oder industriellen Zunft Angehörige, keine Sylbe verstehen. Doch es verschlägt wenig, ob diese Festgratulanten Hochgeborene waren oder einem Rottmeister unterthänige Diener, es genügt, daß der Papst sie empfing, sie als ein Fähnlein von Streitern wider die Beschlüsse des deutschen Reichstages organisirte und ihnen die Hoffnung ausdrückte, daß der Stein des Nebukadnezar'schen Traumes den Koloß, natürlich das deutsche Reich, bald zertrümmern werde.

Man stritt darüber, wer unter dem ehernen Koloß gemeint sey, und die schlauen Jesuiten sagten: Der Liberalismus, meinten aber das deutsche Reich. Ueber die Wirkung, welche die jüngsten Aeußerungen des Papstes über Deutschland in Frankreich gemacht haben, schreibt ein Correspondent der „Nat.-Ztg.": „Von allen meinen französischen Bekannten der verschiedensten Parteien wurde ich heute sowohl in Versailles als in Paris mit einem gewissen triumphirenden Lachen begrüßt, und immer mußte ich die stereotype Frage hören: ‚Nun, was sagen Sie zum Papst?' und die einen: ‚Er rangirt euern Bismarck vortrefflich, das läßt mich den alten päpstlichen Bonhomme lieben; das ist einer, der kein Blatt vor den Mund nimmt.' Die andern: ‚Euer großer Bismarck hat nunmehr einen gefunden, mit dem sich nicht spaßen läßt. Sie werden sehen, wohin dieser Streit Deutschland führen wird. Sie werden sehen, über welche Macht die katholische Kirche verfügt.' Und alle: ‚Nun beginnt unsere Revanche!' Man kann es nur natürlich finden, daß die Drohungen des h. Vaters gegen die deutsche Regierung hier nicht allein eine große Sensation, sondern auch eine aufrichtige Befriedigung hervorgerufen haben. Selbst diejenigen, welche nichts weniger als katholische, päpstliche oder kirchliche Gesinnungen hegen, acceptiren den Papst und die schwarze internationale Schaar als Bundesgenossen gegen den gemeinsamen Feind Deutschland, wie denn mir ein radicaler, absolut atheistischer Deputirter sagte, indem er sich dabei vergnügt die Hände rieb: ‚Wir sind noch nicht fertig, aber der Papst und die Jesuiten werden euer Gebäude jetzt unterminiren, und wenn wir dann bereit seyn werden, wird es nur eines Rucks bedürfen, um das Werk zu vollenden.'"

Auch deutsche Blätter stimmten in diesen Ton ein. Das bayerische Vaterland schrieb: „Ohne Glaubenseinheit kein Reich des Rechtes und der Freiheit, — also Aufhebung der Glaubensspaltung." Dazu müssen aber die Ursachen der Spaltung, „Ungehorsam, Trotz und Hochmuth," natürlich auf Seiten derer, die dem unfehlbaren Papst, Rom nicht sich unterwerfen wollen, also auch der Protestanten, beseitigt werden, da es ohne Rückkehr keine Wiedervereinigung gibt.

Die badische Correspondenz erinnerte an die Worte, welche Hofrath Buß von Freiburg schon im Jahr 1851 gesprochen hatte: Mit einem Netze von katholischen Vereinen werden wir den altprotestantischen Herd in Preußen von Osten und Westen umklammern und durch eine Unzahl von Klöstern diese Klammern befestigen und damit den Protestantismus erdrücken und die katholischen Provinzen, die zur Schmach aller Katholiken der Mark Brandenburg zugetheilt worden sind, befreien und die Hohenzollern unschädlich machen."

Die halbamtliche Provinzialcorrespondenz stellte folgende ernste Betrachtung über die päpstliche Kriegserklärung an: Die Aeußerung des Papstes bestätigt alles, was Fürst Bismarck über die Ursachen des kirchlichen Zwiespalts gesagt hat. Der Wunsch des Papstes, daß das Steinchen sich loslösen möge, welches den Fuß des Kolosses, die Grundlagen des deutschen Reiches, zerschmettern möge, dieser fromme Wunsch erklärt allerdings Vieles, was sonst in der preußischen, in der deutschen katholischen Kirche unerklärlich wäre. Diese offene Aeußerung des Papstes enthält vor Allem einen neuen Fingerzeig für unsere Regierung, daß es sich bei den kirchlichen Fragen nicht um die Meinungen und Handlungen der einzelnen Bischöfe, sondern um einen einheitlich geleiteten Kampf handelt, daß daher auch die Abwehr nicht auf den einzelnen Fall gerichtet seyn darf, sondern stets den großen Zusammenhang der antinationalen kirchlichen Bewegung im Auge behalten muß. Wir werden uns bei jedem weiteren Schritte bewußt bleiben müssen, daß der Wunsch der Gegner darauf gerichtet ist, dem mächtigen deutschen Reiche den Fuß zu zerschmettern.

Im October 1872 ging die Rede, der Papst wolle den Jesuitenpater Faber heilig sprechen. Dieser welsche (aus Savoyen gebürtige) Faber gründete im Jahr 1544 das erste Jesuitencollegium auf deutschem Boden, zu Köln, weshalb er freilich den modernen Jesuiten in Maria-Laach und allen niederrheinischen Ultramontanen sehr würdig erscheinen mußte, dem Papst zur Heiligsprechung empfohlen zu werden, in einem Zeitpunkt, in welchem die Jesuiten den Kampf gegen Deutschland und gegen den Protestantismus in seiner ganzen Furie erneuern wollten.

Im September 1872 überreichte das englische Parlamentsmitglied Kinnaird dem Fürsten Bismarck eine mit vielen Unterschriften, darunter solche von englischen Bischöfen, vielen Mitgliedern des Parlaments und des englischen hohen Adels bedeckte Adresse, welche sich gegen das Dogma der Unfehlbarkeit ausspricht, und die wärmste Sympathie für den Kampf Bismarcks gegen den Ultramontanismus, sowie die lebhafteste Bewunderung für seine Geduld, Weisheit, Ausdauer und wahren Freiheitssinn ausdrückt. Der Fürst sagte in seiner Antwort: Ich freue mich, mit Ihnen in dem Grundsatze einverstanden zu seyn, daß in einem geordneten Gemeinwesen jede Person und jedes Bekenntniß das Maaß von Freiheit genießen soll, welches mit der Freiheit der übrigen und der Sicherheit und Unabhängigkeit des Landes vereinbar ist. In dem Kampfe für diesen Grundsatz wird Gott das deutsche Reich auch gegen solche Gegner schützen, welche seinem heiligen Namen den Vorwand für ihre Feindschaft gegen unseren inneren Frieden entnehmen; aber jedem meiner Landsleute wird es gleich mir zur besonderen Genugthuung gereichen, daß Deutschland in diesem Kampfe die Zustimmung der zahlreichen und gewichtigen englischen Stimmen gefunden hat, deren Ausdruck Ihre Adresse enthält. Ich bitte Sie, meinen aufrichtigen Dank zur Kenntniß Ihrer Herren Mitunterzeichner bringen zu wollen.

In einer kleinen Schrift von Friedberg, „Das deutsche Reich und die katholische Kirche" 1872, wurde recht gut auseinandergesetzt, wie sehr sich unsere Regierungen durch die Gutmüthigkeit und Sorglosigkeit geschadet haben, mit welcher sie Rechte des Staats gegenüber der Kirche preisgaben und die Vorsicht außer Acht ließen, die in dieser Hinsicht das frühere deutsche Reich jederzeit bewahrt hatte. Seit der Aufhebung des Jesuitenordens, seit der französischen Revolution, dem Josephinismus und Napoleonismus hatte man nicht mehr geglaubt, das ohnmächtige Papstthum könne noch einmal die weltlichen Staaten ernstlich bedrohen, und namentlich die preußische Regierung hatte sich so sicher gedacht, daß sie sogar das Placet nicht mehr beanspruchte, an welchem doch die Regierungen katholischer Staaten noch festhielten, daß es die Jesuiten duldete und von ihrer wachsenden Ausbreitung im Lande nicht einmal Notiz nahm. Seit dem Parlament in der Paulskirche wurde vollends die Religionsfreiheit so weit ausgedehnt, daß die Jesuiten unter ihrem Aushängeschild immer mehr und immer fester Boden gewannen, und doch waren sie, welche für sich die vollste Religionsfreiheit verlangten, immer bereit, jede andere Religion zu verdammen und zu unterdrücken.

Friedberg geht mit Recht auf den Ursprung der römischen Kirche zurück. Sie hat sich von Anfang an über den Staat gestellt, wie den ganzen Priesterstand über die Laien. Sie hat das höchste Richteramt nicht nur auf Erden, sondern auch über die Erde hinaus angesprochen. Sie allein will binden und lösen können auch noch jenseits wie diesseits. Sie allein will strafen und von der Strafe freisprechen. Sie gibt nicht dem Kaiser, was des Kaisers ist, wie die h. Schrift befiehlt, sondern stellt den Papst über den Kaiser, betrachtet ihn nur als Lehnsträger des Papstes, macht den weltlichen Arm lediglich zum Diener der Kirche. Sie spricht im Princip, wie das höchste Richteramt, so auch den Besitz des ganzen Erdreichs an. Der Papst vertheilte die neu entdeckten Welttheile diesem Anspruch gemäß zwischen Spanien und Portugal. Die Jesuiten wiederholen heute noch, dem Papst gehöre alles. Sogar die schismatischen Griechen und die ketzerischen Protestanten sollen durch die Taufe seiner Jurisdiction unterworfen seyn, so daß er sie jeden Augenblick, wenn er will, für die römische Kirche reclamiren kann. Die Einheit der Kirche unter dem Papst kann gestört werden, die Störung wird aber nie anerkannt. Nur nothgedrungen und factisch läßt die römische Kirche andere Confessionen neben sich bestehen, niemal de jure. Deswegen hat sie auch den westphälischen Frieden nicht anerkannt, der die Confessionen gleich berechtigte. Sie setzt voraus, die weltliche Macht dürfe nie ins kirchliche Gebiet eingreifen, während sie beständig ins weltliche eingreift. Wo ein Conflict zwischen Kirchenrecht und Staatsrecht entsteht, läßt sie nur das erstere gelten und verbietet Geistlichen und Laien den letzteren zu gehorchen. So hat der Papst erst unlängst die neuen Gesetze in Oesterreich verworfen.

Seitdem nun vollends durch das neue Dogma dem Papst die Unfehlbarkeit, also Gottgleichheit und damit auch nach dem Syllabus die Weltherrschaft zuerkannt worden ist, meint Friedberg, der weltliche Staat könne seine Rechte wirksam nur wahren, wenn er frischweg das ganze infallible Papstthum verwerfe, in keiner Weise anerkenne und den Rechtszustand festhalte, wie er vor dem 18. Juli 1870 bestand.

Kapitel 2.

Das Jesuitengesetz.

Nichts war natürlicher, als daß die Deutschen sich frugen, ob sie sich denn Alles von den Jesuiten müßten gefallen lassen. Man hat sie bisher für viel unbedeutendere Gegner gehalten. Jetzt auf einmal wurde der Pudel zum Nilpferd und sperrte einen breiten zähnevollen Rachen auf. Sein Kampf gegen Deutschland hatte nur den Zweck, den Franzosen Revanche zu verschaffen. Gelänge dies, so solle der Syllabus in Kraft treten; allen deutschen Fürsten, die im Papst nicht ihren Oberherrn erkennen würden, sollte der Gehorsam aufgesagt, alle Eide der Treue ihrer Unterthanen aufgehoben, ganz Deutschland sollte wieder katholisch gemacht und die Ketzer sollten mit den „schwersten körperlichen Strafen" heimgesucht werden.

Die Kölnische Zeitung brachte einen frühern Vorgang, die Jesuiten betreffend, in Erinnerung. „Bevor nämlich die Jesuiten überhaupt noch berechtigt waren, sich in Preußen niederzulassen — dieses Recht erlangten sie, irre ich nicht, im Jahre 1855 —, hielten sie, besonders im Sommer des Jahres 1852, zahlreiche Volksmissionen in den Provinzen Preußen, Posen, Schlesien, Rheinland und Westphalen, theilweise im Freien, ab, wodurch vielfach eine nicht geringe Aufregung entstand. Ein demnach ergangener Erlaß der Minister des Cultus (von Raumer) und des Innern (von Westphalen) vom 22. Mai 1852, welcher diese Missionen, zumal in überwiegend protestantischen Gegenden, der Wachsamkeit der Behörden anempfahl, so wie ein anderer derselben Minister vom 16. Juli desselben Jahres, welcher das Studium bei den Jesuiten in Rom (im collegium germanicum, in der Propaganda oder in überhaupt von Jesuiten geleiteten Anstalten) von der vorgängigen Erlaubniß des Ministers abhängig machte, führte kurz vor Weihnachten 1852 im Abgeordnetenhause zu dem Antrage des Abgeordneten von Waldbott-Bornheim (Neuwied-Altenkirchen-Wetzlar) und Genossen: eine Commission zu ernennen, um eine Adresse an den König zu richten, daß

diese Erlasse aufgehoben werden möchten. Dieser Antrag fiel schließ=
lich in der Sitzung vom 12. Februar 1853, welche so zu sagen
ausschließlich diesem Gegenstande gewidmet war, mit 123 (vorzugs=
weise klerikalen und polnischen) Stimmen gegen 175 durch. Wir
theilen nur eine durchschlagende Erklärung mit, welche der Appel-
lationsgerichts=Chefpräsident von Gerlach, als damaliger Bericht=
erstatter des Central=Ausschusses, unter Anderem gegen den Antrag
in's Feld führte. Diese Erklärung, welche eine feierliche und nach
vorhergehender Berathung beschlossene Versicherung enthält, daß man
sich jeder Einführung der Jesuiten in deutsche Länder auf das ent=
schiedenste widersetzen werde, hatte der berühmte General von Radowitz
am 24. August 1848 in der Paulskirche zu Frankfurt im Namen
sämmtlicher katholischer Abgeordneten abgegeben, und darunter be=
finden sich u. A. insbesondere A. Reichensperger und die Bischöfe
von Breslau und Mainz. Das Manifest — so kann man wohl
sagen — lautet, wie folgt (vgl. die stenographischen Berichte des
preußischen Abgeordnetenhauses 1852—1853 I. B. Pag. 396):
„Nicht Wenige innerhalb und außerhalb dieses Hauses erblicken in
der eröffneten Unabhängigkeit der katholischen Kirche eine eröffnete
Thür, um den Jesuitenorden in Deutschland einzuführen. Dieses
Schreckbild wirkt auch auf das Urtheil in der Hauptfrage zurück.
Auch diejenigen, welche den Kirchen volle Freiheit gönnen, glauben
ihrer besseren Ueberzeugung Schranken setzen zu müssen, um nicht
in jene Folgerungen zu gerathen. Meine Herren! Ich trage kein
Bedenken, Ihnen ohne allen und jeden Rückhalt darzulegen, wie wir
die Frage über das Verhältniß des Jesuitenordens zu Deutschland
betrachten. Es ist Ihnen bekannt, daß die sichtbare katholische Kirche
einen lebendigen Organismus darstellt, der an Haupt und Gliedern
vollständig geordnet ist. Nur diese Ordnung ist wesentlich und noth=
wendig, alles andere ist vorübergehend, ist lediglich eine Aushülfe
für augenblickliche Zwecke, für augenblickliche Bedürfnisse. Nun,
meine Herren, der Jesuitenorden war im 16. Jahrhundert eine
solche Aushülfe, um augenblicklichen Bedürfnissen der katholischen
Kirche zu genügen. Es kommt hier durchaus nicht darauf an,
diese kirchengeschichtlichen Verhältnisse näher darzulegen. Aber, ich

spreche es deutlich und klar aus, ein solches Bedürfniß besteht für Deutschland jetzt in keiner Weise. Der deutsche Episcopat, der deutsche Klerus bedürfen dieser Hülfe nicht, um ihre Aufgabe zu erfüllen, die deutsche Wissenschaft bedarf keiner Unterstützung dieser Art. Der Nutzen, welchen man sich aus dem Jesuitenorden für die katholische Kirche Deutschlands versprechen könnte, würde daher in gar keinem Verhältnisse zu den tiefen Störungen und Gefahren stehen, welche seine Gegenwart hervorrufen müßte. Daher, meine Herren, ist es weder unser Wunsch, noch weniger unser Bestreben, den Jesuitenorden über Deutschland auszubreiten. Ja, obgleich wir uns gegen den Antrag erklären müßten, die allgemeine Kirchen- und Vereinsfreiheit durch gesetzliche Ausschließung irgend eines Ordens anzutasten, so würden wir dennoch, wenn uns von irgend einer Seite der Vorschlag entgegenträte, in irgend einem deutschen Lande den Jesuitenorden einzuführen, aus höherem Interesse der katholischen Kirche gegen die Ausführung eines solchen Planes uns mit vollster Entschiedenheit aussprechen."

Inzwischen theilte die „Germania" mit, „am 13. März 1872 sey auf Grund einer Allerhöchsten Ordre angeordnet worden, daß 1) denjenigen Mitgliedern des Jesuitenordens, welche weder dem preußischen, noch dem Unterthanenverbande eines anderen deutschen Staates angehören, ingleichen fremdländischen Mitgliedern anderer Orden und ausländischen Weltpriestern, vorläufig mit Ausschluß der Ordensschwestern, die Niederlassung in der Provinz N. N. nicht mehr gestattet und 2) mit der Ausweisung der sich zur Zeit in der Provinz aufhaltenden derartigen Ausländer nach und nach in der Weise vorgegangen werden soll, daß nach Ablauf von zwei Jahren die Provinz von den betreffenden Individuen vollständig geräumt ist."

In Köln richtete am 12. April 1872 eine zahlreiche Bürger- versammlung eine Adresse an den Reichstag, worin sie die Ver- treibung der Jesuiten aus dem deutschen Reiche verlangte. Aehn- liche Adressen liefen auch von andern Orten ein, wogegen die Partei des Centrums in den Provinzen Gegenadressen organisirte, welche die Unterdrückung des Freimaurerordens verlangten. Unter den

vielen Adreſſen, die dem Fürſten Bismarck ihre Zuſtimmung erklärten, war beſonders die vom 11. April aus Fulda bemerkenswerth, weil hier gerade die deutſchen Biſchöfe tagten. Eine große
Verſammlung von Altkatholiken in Offenburg ging mit einem Hoch
auf die Freiheit des Geiſtes auseinander.

Ueber dieſe ſämmtlichen Petitionen wurde nun am 15. und
16. Mai im Reichstag berathen und Beſchluß gefaßt. Moufang,
der für die rechte Hand des Biſchof Ketteler galt, trat mit ungeheuerer Zuverſicht auf: Die Petitionen zu Gunſten der Jeſuiten
wägen im Papier mehr als zwei Centner, fallen alſo ſchwer in's
Gewicht.*) Darin ſpreche ſich die wahre Stimme des katholiſchen
Volks aus, die Gegenpetitionen ſeyen nur etwas Erkünſteltes. Die
Beſchuldigungen gegen die Jeſuiten ſeyen alle unerwieſen. Friedrich
der Große ſelbſt habe ſie ja geehrt und geſchützt. Abgeſehen von
ihrem Recht aber ſeyen die Jeſuiten auch eine Macht, eine große
Macht, völlig identiſch mit der Macht der Kirche ſelbſt. „Greift
den h. Vater nur an, dann ſollt ihr ſehen, wie der katholiſche
Geiſt ſich überall erheben wird für die Sache, auf deren Grundlage
alle Staaten beruhen. Die erſten 700 Jahre des deutſchen Reichs
gehören uns Katholiken an. Wir ſind die treueſten Kinder des
Reichs und man darf uns nicht als vaterlandsloſe Menſchen behandeln. Keiner liebt ſein Vaterland mehr als ich."**) Als der

---

*) Die Kölniſche Zeitung bemerkte: „Herr Moufang hat hier nicht
die Stimmen, ſondern blos das Papier gewogen, und gefunden, daß gegen
die 2½ Centner Makulatur, welche die Freunde der Jeſuiten nach Berlin
geſandt haben, die Schwere der Einſendungen ihrer Gegner federleicht in's
Gewicht falle. Die deutſche Reichscorreſpondenz conſtatirt, daß in der
koloſſalen Ueberzahl der Unterſchriften, welche für die Jeſuiten geſammelt
worden ſind, die bekannten drei Kreuze die Stelle der Namen vertreten,
daß in anderen ganze Reihen von Namen von einer und derſelben Hand
herrühren, und in den polniſchen Petitionen drei Viertheile aus Frauen-
namen beſtehen, die gleichfalls von fremder Hand geſchrieben ſind!

**) Eine Vaterlandsliebe, wie ſie Kaiſer Ferdinand II. hegte, als er
ſein Volk aus väterlicher Liebe und zu deſſen ewigem Seelenheil mit Hunden
in die Meſſe hetzen ließ.

Redner, den jedermann als Erzjesuiten und Todfeind des neuen Reichs kannte, das zu sagen wagte, brach die Versammlung un= willkürlich in schallendes Gelächter aus.

Wagener, früher Haupt der Kreuzzeitungspartei, jetzt aber Rath in Bismarcks Ministerium, antwortete dem Jesuitenvergötterer in einer schlagenden Rede. Er bewies aus Citaten, wie staatsfeindlich die ganze Tendenz der Jesuiten sey. „Da heißt es in einer be= treffenden Schrift: Bei dem Menschen, der zugleich Katholik und Staatsbürger ist, steht die Pflicht, der Kirche zu gehorchen, höher als die, dem Staate zu gehorchen; denn man muß Gott mehr ge= horchen, als den Menschen. Im Syllabus heißt es: Bei Conflikten haben die Vorschriften der Kirche vor allen anderen den Vorzug. In Westphalen wurde an einen Beamten von der Geistlichkeit die Frage gerichtet, wie er sich zu den Beschlüssen des vatikanischen Conzils stelle; der Beamte erwiderte, daß der Glaube an die Un= fehlbarkeit und der Diensteid schließlich unvereinbar sey, worauf ihm geantwortet wurde, das ließe sich ganz gut vereinigen, „denn der Diensteid werde doch immer mit einer gewissen reservatio mentalis geleistet. (Hört, hört!) Diesen Vorgängen gegenüber ist es un= möglich, daß die Reichsregierung noch länger, die Hände in den Schooß gefaltet, zusieht, einer Bewegung gegenüber, welche die Fundamente des Staates in Frage stellt. (Hört! links. Oho! im Centrum.) Sie berufen sich auf die Verfassung! Wie kommen Sie dazu, meine Herren, möchte ich beinahe fragen, wenn Sie den Grund des Staates zerstören, wie können Sie sich da auf ein Grundgesetz berufen? Beabsichtigt die Verfassung die Untergrabung des Staates? Die Verfassung ist für den preußischen Unterthan da, für den, der seine staatsbürgerlichen Pflichten erfüllt. Wer über die Schranken hinausgeht, welche der in der Verfassung garantirten religiösen Freiheit gesetzt sind, der steht nicht mehr auf dem Boden der Verfassung. (Sehr wahr! links.) Sie machen sich dann zum Staate im Staate, noch dazu unter einem auswärtigen Oberhaupte. (Sehr richtig!) Wir wollen auch dem Kaiser geben, was des Kaisers ist, und Gott, was Gottes ist, aber wir werden niemals glauben, daß der Papst an die Stelle des lebendigen Gottes getreten ist.

(Sehr wahr! links. Oho! im Centrum.) So werden Sie den Staat entweder anerkennen müssen, oder ihn zwingen, zu den äußersten Mitteln zu greifen, seine äußere Freiheit zu wahren. Wir alle wissen, was das frühere deutsche Reich zu Grunde gerichtet hat. Ebenso wissen wir, daß die jetzigen kirchlichen Zerwürfnisse genau mit der Errichtung des deutschen Reiches zusammenfallen. Und wenn es überhaupt ein Mittel gibt, die mühsam errungene deutsche Einigkeit wieder zu zerstören, so ist dies die Erregung des religiösen Zwiespaltes!" (Lebhafter Beifall.)

Die Rede Wageners war nicht unwichtig, weil sie den Jesuiten die letzte Hoffnung nahm, daß die Conservativen in Preußen mit ihnen gehen würden. „Es ist falsch, sagte Wagener, wenn man von Solidarität oder Sympathie zwischen unserer und jener jesuitischen Partei spricht. Vielmehr besteht auf jener Seite der größte Haß gegen die evangelische Kirche und alles, was evangelisch heißt. Der Syllabus beweist dies auf das deutlichste. (Redner verliest eine darauf bezügliche Stelle des Syllabus.) (Hört! links.) Ich erinnere mich, daß der Bischof von Mainz, den wir leider nun nicht mehr unter uns sitzen sehen, in einer Schrift sich über diese Stelle derartig aussprach, daß es in Folge der jetzt völlig anderen Verhältnisse wohl kaum jemals der Fall seyn dürfte, daß man von diesen Bestimmungen Gebrauch machen würde. Dieser Ausspruch hatte eine Antwort aus Rom zur Folge, in welcher gesagt war, daß der Herr Bischof hier sehr thörichtes Zeug geschwatzt und daß er es nur ganz besonderer Indulgenz zu verdanken habe, wenn jenes Buch nicht mit auf die Liste der verbotenen Bücher gesetzt werde. (Hört, hört! links. Zur Sache! im Centrum. Präsident: Ich bitte, den Redner nicht zu unterbrechen. Ob derselbe bei der Sache sey oder nicht, habe ich allein zu beurtheilen und nach den gestern und heute vorangegangenen Debatten meine ich, daß der Redner bei der Sache sey. Sehr wahr! links.) Die jetzige Reaction der katholischen Kirche geht darauf aus, den Staat gänzlich zu ignoriren, alle modernen staatlichen Verhältnisse über den Haufen zu werfen. Jene Partei (Centrum) müßte auf einem ganz anderen Platz sitzen, der weit über jene Seite (äußerste Linke) des Hauses hinausgeht.

(Sehr richtig!) Ihr Klerikalen identificirt in euren Schriften Revolution und Reformation vollständig, es scheint also, ihr habt vergessen, daß wir Protestanten sind."

Fürst Hohenlohe, Bruder des Cardinal, bestätigte die Gefährlichkeit des Jesuitenordens mit dem Urtheil, das einst Radowitz in der Paulskirche mit den Worten ausgesprochen hatte: „Der Nutzen, welchen man sich aus dem Jesuitenorden für die katholische Kirche in Deutschland versprechen könnte, wird in gar keinem Verhältnisse zu den tiefen Störungen und Gefahren stehen, welche seine Gegenwart hervorrufen muß." Hohenlohe wünschte ein einfaches Gesetz in drei Paragraphen: 1) Der Jesuitenorden und die mit ihm in Verbindung stehenden Orden sind in Deutschland verboten; 2) jeder Deutsche, welcher in den Jesuitenorden eintritt, verliert dadurch sein Staatsbürgerrecht; 3) kein Deutscher, welcher in einer von den Jesuiten geleiteten Anstalt seine Erziehung erhalten hat, kann in Deutschland im Staats- und Kirchendienst angestellt werden. Der Fürst stellte es indeß dem Bundesrath anheim, was er thun wolle.

Am 16. Mai wurde die interessante Debatte fortgesetzt und geschlossen. Kiefer erörterte zuerst, daß die Jesuiten unserer Zeit alle auch die unvernünftigsten Ansprüche des Papstthums, die je im Mittelalter auf Kosten des deutschen Reichs gemacht worden seyen, erneuerten, und besprach schließlich eine Schrift des Jesuiten Liberatore, von der Moufang wünschte, daß es ein in dem Streite zwischen Staat und Kirche öffentlicher Leitfaden würde. Darin heißt es, der Staat habe kein Recht gegenüber der Kirche, die Kirche dürfe sich des Staates und seiner Gewalt zu ihren Zwecken bedienen, dürfe Fürsten absetzen, Unterthanen des Eides gegen die Fürsten entbinden zc.*)

---

*) „In dem Papste gipfeln wie in einer Spitze beide Gewalten, die geistliche und die weltliche. Der weltliche Fürst hört auch als Fürst nie auf, ein Unterthan des Papstes zu seyn. Der Papst kann die bürgerlichen Gesetze und die Urtheilssprüche der weltlichen Gerichte corrigiren und anulliren, wenn sie dem geistlichen Wohle zuwider sind, wie denn Pius IX. wiederholt verschiedene von den modernen Parlamenten Europa's beschlossene Gesetze getadelt und annullirt hat. Der Papst kann dem weltlichen Fürsten Handlungen gebieten und verbieten, dem Mißbrauche der Executivgewalt

Es werde also wohl am besten seyn „zu einer völligen Ausschließung des Jesuitenordens zu schreiten."

Gravenhorst wünschte völlige Trennung der Kirche vom Staat, wie in Nordamerika. Reichensperger von Olpe hob hervor, daß 14 Millionen Katholiken im deutschen Reiche lebten, die doch nicht dem Gutbefinden einer protestantischen Mehrheit hingegeben werden sollten.

Fischer von Augsburg entgegnete, die 14 Millionen deutsche Katholiken stünden keineswegs den Jesuiten zur Verfügung. Selbst hier im Reichstag seyen wenigstens die Hälfte der katholischen Mitglieder keine Jesuitenfreunde.*) Man solle an die politischen Ziele

---

und der Waffen steuern oder den Gebrauch derselben vorschreiben, wenn die Vertheidigung der Religion dieses erheischt. Bei Streitigkeiten zwischen Kirche und Staat gebührt dem Papste die letzte Entscheidung. Sollte ein Papst einmal eine minder gerechte Entscheidung geben, so berechtigt die erlittene Rechtskränkung niemals zu einem Kampfe gegen die Kirche. Auch wenn der h. Stuhl ein kaum zu ertragendes Joch auflegt, ist dasselbe, wie Karl der Große sagt, mit frommer Ergebung zu tragen. Die Kirche hat das Recht, dem Staate die Anwendung von Zwangsmitteln gegen ihre inneren und äußeren Feinde zu gebieten. Es ist kein normaler Zustand, wenn sich ein Staat in der harten Nothwendigkeit befindet, den Altkatholiken gleiche Rechte mit den Katholiken zu gewähren. Die Gewissensfreiheit ist verwerflich, wenn auch unter Umständen die bürgerliche Duldung aller Culte durch die Klugheit geboten ist. Die Geistlichen sind zur Beobachtung der bürgerlichen Gesetze nur in so weit verpflichtet, als diese den canonischen Gesetzen und der geistlichen Würde nicht widersprechen. Für die Uebertretung der bürgerlichen Gesetze können sie nicht vor das weltliche, sondern nur vor das kirchliche Tribunal citirt, und nur in den Fällen von dem weltlichen Richter bestraft werden, wenn sie die Kirche aus gerechten Gründen dem weltlichen Arme überläßt."

*) Fischer erkärte auch das Verhältniß Friedrich's des Großen zu den Jesuiten: Man habe diesen großen König „für die Jesuiten in's Feld geführt. Er wolle nicht bestreiten, daß die Jesuiten sich damals sehr anständig benommen haben (Heiterkeit), aber daraus könne noch kein Lob für die Jesuiten hergeleitet werden. Wenn Friedrich der Große den Jesuiten, als der Papst sie vertrieb, ein Unterkommen gewährte, so mußten sie an-

der Jesuiten denken, sie nähmen ja die Religion nur zum Vorwand.
„Erlauben Sie mir, daß ich in Ihr Gedächtniß ein Wort zurück-
rufe, das vor wenigen Wochen ein berühmter Franzose, kein Jesuitenfreund, aber ein sehr guter Franzose, gesagt hat; es war Renan
(Aha! im Centrum.): Wir müssen den Kampf gegen die Jesuiten
aufgeben auf kirchlichem Gebiet, denn sie werden am Tage der Abrechnung mit Deutschland unsere Verbündeten seyn. (Hört, hört!
links.) Meine Herren, wir haben alle Ursache, an die Möglichkeit
zu denken, daß das, was in diesen Worten prophezeit worden ist,
eines Tages wahr werden wird; wir haben alle Ursache, es zu
verhindern; daß bis zu dem uns in Aussicht gestellten Tage der
Abrechnung auf deutschem Gebiete sich eine Macht organisirt, die
seiner Zeit an sich die Frage stellen wird, ob es ihren Interessen
dienlicher sey, mit dem deutschen Reiche Hand in Hand zu gehen,
oder die Verwirklichung, die Salvirung ihrer Interessen in einem
Bunde mit dem Auslande zu suchen. (Sehr gut! links.) — Man
schützt den Glauben vor, hat aber ein ganz anderes Ziel im Auge.
Es sagte einmal ein mir wohlbekannter geistlicher Würdenträger,
als Jemand einen Zweifel aussprach, ob es denn gut wäre, ein
derartiges Dogma in der Mitte des 19. Jahrhunderts noch den
Gläubigen vor Augen zu rücken: Ach, reden Sie doch nicht davon,
lassen Sie doch den alten Jungfern ihr unschuldiges Vergnügen
(wiederholtes Rufen: Pfui! im Centrum, Bravo! links).“

Gneist faßte die Frage streng als Jurist auf und entwickelte
die Gründe, aus welchen der preußische Staat vollkommen im Rechte

––––––––

gemessen vorsichtig seyn und konnten die Krallen nicht so weit vorstrecken.
Heute würde der König auch anders über die Jesuiten denken. König Ludwig I. von Bayern, ein sehr strenggläubiger Katholik, habe die Jesuiten
in seinem Lande nicht zugelassen, weil er sagte: die Jesuiten seyen Prätorianer mit allen Mängeln der Prätorianer.“ — Friedrich der Große
selbst hat in seinen Briefen öfters sehr verächtlich von den Jesuiten gesprochen. Wenn er sie duldete, als sie aus sämmtlichen Staaten vertrieben
waren, so erklärt sich das nicht blos aus ihrer damaligen Ungefährlichkeit
oder aus einer genialen Laune, sondern er bewies damit auch, daß er Herr
in seinem Lande sey.

sey, wenn er unbeirrt durch die Sophismen der Jesuiten, gegen ihre
Anmaßungen einschreite. „Das preußische Landrecht verlangt, daß
alle Regularordnungen der ausdrücklichen Aufnahme durch den Staat
bedürfen. Sind sie aufgenommen, so erhalten sie verschiedene kirch=
liche Rechte, u. A. die privatrechtlichen Corporationsrechte. Dagegen
unterliegen sie einer Reihe von Beschränkungen in der Aufnahme
von Mitgliedern, im Verkehr mit den Oberen, in Aenderungen der
Ordensregel, in Anwendung der Zuchtmittel, in Kenntnißnahme des
Staates zur Abwendung von Gefahren für den Staat. Unsere
Gegner kehren dieses Verhältniß einfach um. Sie sagen, wir
brauchen keine Corporationsrechte. Der Hypothekenbewahrer braucht
ein Jesuitisches Profeßhaus nicht auf den Namen der societas Jesu
zu schreiben, sondern auf den Namen eines befreundeten Stroh=
mannes. Dann sind wir nicht Orden, sondern freie Vereine, die
thun und lassen können, was sie wollen. Diesen Fehlschluß kann
man nur machen, wenn man alle Rechte des Staates und alle staats=
rechtlichen Begriffe bei Seite setzt. Die Umkehrung liegt auf der
Hand. Das Corporationsrecht ist eine Folge der Stellung des an=
erkannten Ordens. Er hat Corporationsrechte ipso jure, wenn er
anerkannt ist. Sie kehren das um und sagen: er ist nur Orden,
wenn er Corporationsrechte verlangt. Alle staatsrechtlichen Be=
schränkungen der Orden haben aber ihren einzigen Grund in ihrer
Verfassung, in der dem Staate unzugänglichen geschlossenen, hierarchi=
schen Organisation, völlig unabhängig von dem Incidentpunkt der
Corporationsrechte, die jede Handelsgesellschaft haben oder nicht
haben kann. Diese Umkehrung aller staatsrechtlichen Begriffe war
eben nur in Preußen möglich, weil wir gar keine Rechtsprechung
über öffentliches Recht haben, sondern an deren Stelle eine katho=
lische Abtheilung im Cultus=Ministerium, die mit diesen Grundsätzen
seit 20 Jahren waltet. Auf solche Jurisprudenz wird man Geist=
licher Rath in Preußen, bis endlich aus dieser Verkehrung aller
Rechtsbegriffe ein schwerer Conflict wird. Die Partei kennt nur
noch Pflichten des Staates, aber keine Rechte des Staates mehr.
Ich hebe nur einige Punkte hervor. Der preußische Staat zwingt
alle katholischen Eltern, ihre Kinder katholisch taufen zu lassen, —

aber derselbe Staat soll sich nicht darum bekümmern, was diese Kirche lehrt und welche Vorschriften sie den Pathen stellt. Der Staat zwingt den katholischen Unterthan zu einer katholischen Trauung, — aber der Staat soll sich nicht mehr darum bekümmern, ob der Geistliche das preußische Ehegesetz anerkennt oder ein anderes. Der Staat zwingt die katholischen Unterthanen zu den kirchlichen Steuern und Abgaben und hat sich zu großen Dotationen der Kirche verpflichtet, — aber er darf sich nicht mehr darum bekümmern, ob dieses Einkommen zu religiösen oder zu welchen anderen Zwecken verwandt wird. Der Staat zwingt die Kinder katholischer Eltern zu einem katholischen Religionsunterricht, — aber er darf nicht mehr fragen, welche Lehren die Geistlichkeit in die Schulen trägt und wie und wo die Geistlichkeit gebildet werde. Der preußische Staat zwingt seine Gerichte, die Requisitionen der geistlichen Disciplinargerichte zwangsweise auszuführen, — aber er darf sich nicht mehr darum kümmern, wie diese Disciplin gehandhabt wird. Der Staat straft die Beleidigungen des geistlichen Amtes, die Störungen des Gottesdienstes, die Verletzungen der kirchlichen Autorität, — aber er darf sich nicht darum kümmern, welche Aenderungen die Kirche durch ihre selbstherrlichen Beschlüsse in ihrer Verfassung und in ihrer Verwaltung vorzunehmen für nöthig erachtet. Der Staat soll die anerkannte Kirche überall schützen und ehren, die Heiligkeit ihrer Autorität durch Zwangsgesetze handhaben, — aber er soll sich gefallen lassen, daß die Kirche Staatsgesetze für null und nichtig erklärt, — er darf keinen Einspruch mehr erheben gegen jedwede Verordnung und Dienstanweisung der Bischöfe, er darf keinen Recurs mehr annehmen von dem Mißbrauch der geistlichen Gewalt — und muß sich gefallen lassen die Excommunikation seiner Lehrer, seiner Richter, seiner Verwaltungsbeamten in Ausübung der staatlichen Pflichten. Es handelt sich um den Frieden der Kirche, welcher gestört ist, nicht von ungefähr, sondern durch die Grundrichtung einer Universalkirche, welche viele Nationen umfaßt und deshalb stets geeignet war, ihre äußere Macht in das Gebiet des weltlichen Staates auszudehnen. Die Seele und der unermüdliche Agitator dieser Grundrichtung war seit ihrem Entstehen die Gesellschaft Jesu, welche die äußere Machtstellung der Kirche zum Selbstzweck des Glaubens macht. Es wäre vergeblich, diese Agitation, welche sich die gesellschaftlichen Kräfte der Association dienstbar macht, durch Gegenagitationen zu bekämpfen. Denn hinter ihr steht immer noch die ideale Macht der Kirche, welche nur durch eine ebenbürtige Macht in Schranken zu halten ist. Diese Gegenmacht liegt nicht in confessionellen Gegenclubs und Gegencasinos, sondern in der Majestät des Staates. Wenn die deutsche Volksvertretung diese Macht anruft, so ist es ein Zeugniß, daß nicht mehr das altersschwache Reich und nicht mehr der Bund unter Metternich's Führung waltet, sondern das neue Reich; daß das deutsche Volk zu seiner normalen Stimmung zurückkehrt, daß es endlich wieder mit Vertrauen auf die Gesammtleitung seiner Angelegenheiten sieht und sehen kann. Die deutschen Fürsten in ihren alten Collegien haben erfahren, wohin die Befeindung der großen Kirchen Deutschland gebracht hat, und die dem Kaiser zunächststehenden Fürstenhäuser geben die Garantie, daß die katholische Kirche Deutschlands nicht in Gefahr ist. Die Geschichte des königlichen Hauses der Hohenzollern hat aber vor aller Welt den Beweis geführt, daß die Monarchie in ihrem wohlverstandenen Beruf beiden christlichen Kirchen die gleiche Achtung, das gleiche Vertrauen, das gleiche Recht gewähren kann. Wenn diese in Europa einzige Politik der gewissenhaften Gerechtigkeit gegen die Glaubensbekenntnisse einen wohlverdienten Triumph feiert, so wird sie ihn finden in der heutigen Abstimmung des deutschen Reichstages, der in der einen oder anderen Fassung jedenfalls ein und dasselbe aussprechen wird: wir suchen den Frieden und die gegenseitige Achtung der Kirchen, den Schutz und das Recht unseres Glaubens nicht mehr in einer Association jenseits der Berge, sondern in dem eigenen Schooß des wiedererstandenen Reiches, in dem Einheitsgefühl und in dem Gerechtigkeitsgefühl des deutschen Volkes. (Lebhafter allgemeiner Beifall.)"

Zuletzt entschied sich der Reichstag mit 205 gegen 84 Stimmen dahin: „Der Reichstag wolle beschließen: sämmtliche in dem sechsten Petitionsbericht näher bezeichneten Petitionen dem Herrn Reichskanzler zu überweisen mit der Aufforderung: 1) darauf hinzuwirken,

daß innerhalb des Reiches ein Zustand des öffentlichen Rechts her=
gestellt werde, welcher den religiösen Frieden, die Parität der
Glaubensbekenntnisse und den Schutz der Staatsbürger gegen Ver=
kümmerung ihrer Rechte durch geistliche Gewalt sicher stellt; 2) ins=
besondere einen Gesetzentwurf vorzulegen, welcher auf Grund des
Eingangs und des Artikels 4 Nr. 13 und 16 der Reichsverfassung
die rechtliche Stellung der religiösen Ordens=Congregationen und
Genossenschaften, die Frage ihrer Zulassung und deren Bedingungen
regelt, sowie die staatsgefährliche Thätigkeit derselben, namentlich
der ‚Gesellschaft Jesu‘ unter Strafe stellt.‟

Es stand nur noch in Frage, was die Reichsregierung thun
würde. Inzwischen machte die Weserzeitung eine nicht unpraktische
Bemerkung: „Den Kern des Uebels trifft man immer nur, wenn
man die Dummheit trifft, auf deren Gläubigkeit der Jesuitenorden
das stolze Gebäude seiner Herrschaft auferbaut hat. Nur wenn man
das geistige Niveau der katholischen Laienbevölkerung, und zwar
nicht blos der männlichen, sondern vor Allem der weiblichen, so weit
erhebt, daß die Empfänglichkeit für priesterlichen Trug schwindet,
nur dann wird man den Gegner wirklich überwinden. Die Schule
ist die wahre Waffe des Staates, die einzige, welche der Hydra ihre
Köpfe wirklich abschlägt ... Die Universalmonarchie des Jesuiten=
ordens hat ihren Sitz unter den Schädeln der kleinen Bauer= und
Bürgerkinder katholischer Confession; dorthin ist die Invasion zu
richten, welche die Nothwehr uns aufzwingt, uns, d. h. nicht allein
den Protestanten, sondern überhaupt allen guten Deutschen, die nicht
wollen, daß das Reich zu einer Provinz welscher Tyrannen herab=
sinke. Läutert sich die Intelligenz der Pfarrkinder, so wird auch
der Geist der Pfarrer und der Bischöfe wieder deutsch und christlich
werden. Der Selbsterhaltungstrieb der Kirche wird dann die Kirche
von den Jesuiten befreien.‟

Die „Germania‟ erklärte geradezu, die Jesuiten würden den
Kampf bis an's Messer fortsetzen. Sie schrieb: „Die katholischen
Dogmen sind das Werk des heil. Geistes, unbedingt verpflichtend für
jeden Katholiken, unabänderlich für alle Zeiten! Schließen diese
Dogmen also Forderungen in sich, die die weltliche Macht nicht

konzediren kann oder will, so ist damit der Krieg zwischen Kirche und Staat proklamirt und zwar der Krieg bis auf's Aeußerste."

Die Civilta Cattolica hatte schon im Oktober 1871 geschrieben: „Die Katholiken können eine Regierung nicht lieben, welche ihre Mutter verfolgt und ihrem religiösen Gewissen zu nahe tritt. Sie müssen eine solche Regierung hassen und, statt sie zu stützen, wünschen, daß sie möglichst bald zusammenstürze. Darum scheint das neue Reich bestimmt zu seyn, wie ein leuchtendes Meteor bald zu verschwinden."

Die Genfer Correspondenz weiß vollends schon, woher die Rettung kommen wird: „Könnte man, sagt sie am 20. Juli 1871, den katholischen Ländern im Reiche mit Gewißheit sagen, Oesterreich habe den ernstlichen Willen, sich an die Spitze der katholischen Bewegung zu stellen, so würde ein einstimmiger Freudenruf vom Rheine bis zur Donau erschallen." Und diese Genfer Correspondenz war durch ein päpstliches Breve vom 28. Februar 1872 höchlich belobt worden. Darin sagte der Papst: „Ihr könnt heute diejenigen der Verleumbung zeihen, welche Euch und Euren Schriften übertriebene Bestrebungen und Hyperkatholicismus vorwerfen. Denn es ist offenbar, daß diese boshafte Anschuldigung von denjenigen ausgeht, welche entweder bestrebt sind, die Herzen der Gläubigen uns zu entfremden, oder danach trachtend, Christus mit Belial zu versöhnen, die unbeugsame Wahrheit, die Kirche und unsere Definitionen den gegenwärtig herrschenden Meinungen und dem sogenannten Fortschritte anzubequemen suchen."

Im Juni schrieb dieselbe Genfer Correspondenz: „Der Papst, indem er die Regierungen durch seine Sanftmuth versöhnen wollte, hat ihnen nur zu viel schon zugestanden. Jetzt sieht er, daß die Stunde der Barmherzigkeit vorüber ist und daß er über kurz oder lang eine Periode ganzer und unerbittlicher Gerechtigkeit inauguriren muß. Wenn die Staaten aufhören, die Kirche anzuerkennen, so wird sie ihrerseits gezwungen seyn, sie selbst nicht mehr anzuerkennen. Die Welt wird dann Zeugin von grausamen Zerfleischungen seyn, und die Regierungen hätten Unrecht zu glauben, daß die Massen ihnen folgen würden. Niemals hat die Kirche durch Zuwarten verloren, aber, wenn sie einmal einen Entschluß faßt, so kann nichts sie abhalten, ihn in Vollzug zu setzen. Nun aber beschleunigt Preußen seltsamerweise den Augenblick, wo die Grenzen der Geduld erreicht sind, und es könnte geschehen, daß diese Geduld genau zu der Stunde aufhört, wo diese Monarchie ein großes Interesse daran hat, sie sich noch verlängern zu sehen."

Der im Bundesrath beschlossene Entwurf eines Gesetzes gegen die Jesuiten wurde am 14. Juni dem deutschen Reichstag vorgelegt und lautete kurz:

§. 1. Den Mitgliedern des Ordens der Gesellschaft Jesu oder einer mit diesem Orden verwandten Kongregation kann, auch wenn sie das deutsche Indigenat besitzen, an jedem Orte des Bundesgebiets der Aufenthalt von der Landespolizei-Behörde versagt werden.

§. 2. Die zur Ausführung des Gesetzes erforderlichen Anordnungen werden vom Bundesrathe erlassen.

Man fand an seinem Lakonismus viel zu tadeln. Früher schon hatte man gemeint, die deutsche Reichsregierung zeige zu viel Schwäche.

Im Reichstag selbst erklärte sich Schultze lebhaft gegen den Gesetzentwurf und fand ihn schwach und nichtssagend, wogegen Wagener, der Vertraute Bismarcks, ausdrücklich erklärte, es sey eine falsche Voraussetzung, daß die Reichsregierung sich in dieser Frage schwach zeigen werde. Preußen sey den Katholiken stets wohlwollend entgegen gekommen. Erst die aufregende Jesuitenmission im Posen'schen und in Oberschlesien und die Verbindung der Jesuiten mit ihren Ordensbrüdern in Frankreich, Italien, Oesterreich, deren Zweck die Fanatisirung der untern Volksschichten in Deutschland sey, habe Preußen genöthigt, sich gegen die Jesuiten zur Wehr zu setzen. Da übrigens die Jesuiten vaterlandslos seyen, wozu ihr Ordenseid sie verpflichte, geschehe ihnen kein Unrecht, wenn man sie beim Wort nehme. Sie, die kein Vaterland haben, noch haben dürfen, können auch aus keinem Vaterlande vertrieben werden. „Die Regierung geht nur schrittweise vor, sie hat sich mehr und mehr überzeugt, daß man in Rom den Frieden nicht will; das hat noch jüngst die schroffe Zurückweisung des Cardinal-Botschafters bewiesen. Da ist

es denn komisch, daß Sie mit Constitutionalismus, mit Vaterlandsliebe kommen, wo wir die schwere Bedeutung des Conflikts fühlen
und dahin wirken müssen, daß der Staat alle diese Gebiete selbständig regelt und dann mit Ihnen nur unterhandelt mit dem
Strafgesetzbuche in der Hand. (Unruhe im Centrum.) Ich habe
die Jesuiten gemeint, wenn Sie sich dadurch getroffen fühlen, so
liegt es daran, weil Sie sich mit ihnen identifiziren."

Die Führer des ultramontanen Centrums nahmen wieder die
Unschuldsmaske vor. Mallinckrodt wagte zu behaupten, die Jesuiten
seyen friedliche und tadellose Leute und sogar treue Anhänger des
deutschen Reichs. Windthorst sagte: Diese frommen und friedfertigen
Ordensleute, die sich nur vereinigt haben, um zu beten und zu
studiren, diese auszuweisen sey barbarisch. Sein Witz verstieg sich
soweit, zu behaupten, das Jesuitengesetz sey antinational, weil es
der deutschen Gutmüthigkeit und Humanität widerspreche.

Die Behauptung der Ultramontanen, alle Katholiken seyen mit
den Jesuiten identisch, strafte Völk in einer Rede Lüge, worin er
dem Centrum die schärfsten Wahrheiten sagte. „Ihr behauptet, es
ist durchaus nichts Neues gemacht worden; alles dasjenige, was in
Beziehung auf die Verhältnisse zwischen Staat und Kirche geschehen
ist, steht schon in der Bulle des Bonifazius, es ist also Alles beim
Alten geblieben. Nun, warum hat man es dann nicht bei der
Bulle des Bonifazius gelassen, sondern hat vaticanische Dekrete gemacht, wenn damit nichts Neues gesagt werden sollte? (Sehr wahr!)
Hat man nichts Neues machen wollen, so hätte man wohl daran
gethan, nicht all' das hervorzurufen, was in der That gekommen
ist. Man sagt, auch in Beziehung auf den Glauben ist Alles beim
Alten geblieben. Warum hat man dann, wenn Alles beim Alten
bleiben sollte, wenn nicht neue Dogmen zur Belästigung der Gewissen eingeführt werden sollten, den Kampf hervorgerufen, und
warum hat man es nicht beim Alten gelassen? Dem Volke gegenüber beruft Ihr Euch auf die Autorität des ersten besten Gelehrten,
dessen Name der Unwissenheit imponiren kann. Wenn wir aber
einen einzelnen Ultramontanen oder ein ultramontanes Blatt als
eure Autorität denunciiren, so wollt Ihr ihn nicht anerkennen, son-

bern weist, was er Unsinniges gesagt hat, als die zufällige Meinung eines Einzelnen zurück, wofür man die Kirche nicht verantwortlich machen könne. Kurz, dieser jesuitischen Kriegführung geht
alle Wahrheit und Ehrlichkeit ab. Ihr rühmt die Sittlichkeit einzelner Jesuiten, ja sogar ihren Patriotismus als Krankenpfleger im
Kriege, wofür der eine oder andere auch das eiserne Kreuz erhalten
habe. Aber solche Leute greifen wir ja gar nicht an, wir kämpfen
nur gegen das allbekannte Institut und System des Jesuitenordens.
Wenn Sie, meine Herren vom Centrum, diesen Orden für identisch mit der katholischen Kirche erklären, so schlagen Sie sich selbst.
Wer sich mit den Jesuiten identificirt, muß auch mit ihnen getroffen
werden. Aber, meine Herren, es ist nicht an dem, daß man die
katholische Kirche mit dem Jesuitenorden identificiren lassen will.
Man ist sehr wohlfeil mit der Behauptung; wir Katholiken werden
den Streit aufnehmen, wir Katholiken werden uns vertheidigen.
Wer gibt Ihnen das Recht, im Namen aller Katholiken zu sprechen?
Ich, meine Herren, und meine zwei nächsten Wahlcollegen aus dem
Kreise Schwaben und Neuburg, wir sind durch die Stimmen von
30,000 Katholiken in dieses Haus gesandt, deren allergrößter Theil
bei dem Kampfe gegen den deutschen Staat nicht auf Ihrer Seite,
sondern auf der unsrigen stehen werden. (Hört!) Sie sehen also,
es gibt noch andere Leute, die Katholiken zu heißen berechtigt sind,
als diejenigen, welche dem Unfehlbarkeitsdogma sich blindlings unterworfen haben." — Ihr beruft Euch, rief Völk dem Centrum zu,
auf die Freiheit! wer aber die Geistesfreiheit so in Fesseln schlägt,
wie die Herren zu Rom, hat kein Recht von Freiheit zu reden.
Sodann erinnerte Völk daran, welche Sorte von Freiheit die Jesuiten
uns Deutschen zugedacht hätten, da sie offenkundig Frankreich dienen
sollten, Unruhen in Deutschland zu erregen und dadurch Frankreich
Gelegenheit zu geben, Revanche an uns zu nehmen. Hatte nicht
Jörg, einer der hervorragendsten Führer der Partei, in der bayerischen Kammer offen gesagt, was wollen wir mehr Regimenter
schaffen? Je mehr wir deren schaffen, desto mehr werden zum
Feinde übergehen oder zum Feinde hinübercommandirt werden. —
„Es handelt sich um den Kampf despotischen Romanismus' gegen

den Germanismus. Wir haben nicht angegriffen; hätte man in Rom die Sache beim Alten gelassen, hätte man nicht unter Anführung des Jesuitenordens alle die neuen Decrete, welche überall Unfrieden und Haß hervorgerufen, erlassen, hätte man die Sache gelassen, wie sie war, der Kampf wäre nicht gekommen. Ich kann sagen: wir sind angegriffen, wir werden den Kampf aufnehmen, wir werden auch siegen und dem deutschen Volke die Friedenspalme bringen. So gewiß das deutsche Volk die Welschen über den Rhein geschlagen hat, so gewiß wird es auch die Welschen über die Alpen zu schlagen verstehen! (Lebhaftes Bravo!)"

Noch am Abend desselben Tages traten Vertrauensmänner aus allen Parteien des Reichstags, das Centrum ausgenommen, zusammen und entwarfen eine andere Gesetzesvorlage. 1) Verbot des Jesuitenordens und der ihm verwandten Orden und Congregationen; Verbot der Errichtung neuer Niederlassungen derselben; Auflösung der bestehenden, binnen einer vom Bundesrathe zu bestimmenden Frist, spätestens in 6 Monaten. 2) Die Mitglieder jener Orden und Congregationen können, wenn Ausländer, aus dem Reich verwiesen, wenn Inländer, von einzelnen bestimmten Orten hinweggewiesen oder an bestimmten Orten internirt werden. 3) Anordnungen zur Ausführung des Gesetzes, welche den höchsten Landespolizeibehörden zusteht, erläßt der Bundesrath. An diesen gehen auch Beschwerden wegen der Ausführung des Gesetzes, die jedoch keine Suspensivkraft haben. Der Bundesrath kann dafür einen besonderen Ausschuß ernennen.

Im Reichstag selbst trug Meyer von Thorn diesen Entwurf vor, der dann auch die Mehrheit für sich hatte. Er hob noch einmal hervor, daß es ja ein Papst gewesen sey, der den Orden als einen Friedensstörer förmlich verdammt und verboten habe, bei welchem Anlaß er dem Domkapitular Moufang die Pöbelhaftigkeit vorwarf, die in dem von Moufang früher gebrauchten Ausdruck lag „der Papst habe einen Bock geschossen," indem er den Jesuitenorden aufgehoben habe. Freiherr von Aretin aus Bayern wollte die bayerischen Reservatrechte geltend machen, um die Jesuiten zu schützen, wurde aber vom bayerischen Minister Fäustle belehrt, daß die Reservatrechte mit dem Jesuitenorden nichts zu schaffen hätten. Gerstner sprach sehr feurig gegen das Gesetz, es werde nichts helfen, im Gegentheil die Jesuiten zu Märtyrern machen. Das dumme Volk werde von den Pfaffen überredet werden, sich um so treuer an die Jesuiten anzuhängen, „denn — offen gesagt — der Jesuitismus ist doch eigentlich nur eine Appellation an die Unwissenheit und Dummheit des Volks," und die Hauptjesuiten, bemerkte der Redner, trifft das Gesetz gar nicht. In Bayern ist der Jesuitenorden verboten und dort gerade am thätigsten. Der junge Klerus wird ganz in seinen Anschauungen erzogen. Der Bischof von Regensburg ist der Gefährlichsten und Schlechtesten einer. Und was ist ihm auf seinen staatsgefährlichen Wegen geschehen? Was kann diesem Manne, dem wahren Typus des Jesuitismus, durch das neue Reichsgesetz geschehen? Nichts, weil er eben kein Jesuit dem Namen nach ist. Wenn man Gesetze macht, muß man auch ihres Erfolges sicher seyn. Es gibt nur einen Weg zur Lösung der Frage, die Macht der Ideen, der Bildung, des Unterrichts. Befreien Sie die Schule von der geistlichen Gewalt und das sociale Leben von den Fesseln der Kirche. Aber, fügt der Redner seufzend hinzu, der Jesuitismus steckt nicht blos in der katholischen Kirche, sondern auch im Protestantismus. v. Hörmann, früher bayerischer Minister, bemerkte sehr richtig, man könne mit einer Hinweisung auf die Zukunft die Frage nicht lösen. Bis die Schule so weit sey als der Vorredner verlange, werde lange Zeit verlaufen. Hier aber handle es sich um ein Nothgesetz und augenblickliches Einschreiten.

Bebel verwarf nicht nur den Katholicismus und Protestantismus zugleich, sondern auch den modernen Staat aus dem Gesichtspunkt seiner Socialrepublik, verwahrte sich aber feierlich gegen die Behauptung, der Socialismus und Ultramontanismus seyen Verbündete. Gneist machte die sehr richtige Bemerkung, wie ehrlich und gutmüthig doch wir Deutschen seyen, daß wir aufs gewissenhafteste nur Rechtsgründe gegen unsere Todfeinde geltend machten, die ihrerseits gar nichts nach Rechtsgründen fragen. „Wir sind in religiösen Dingen ein eigenartiges Volk, stets Selbstquäler mit religiösen und juristischen Bedenken, auch gegenüber denjenigen, welche, wenn sie die Macht in Deutschland hätten, gegen uns weder Rück- sicht noch Gewissen haben würden." Wahrhaft ruchlos aber sey es von diesen Jesuiten, die alle Freiheit anderer todtschlagen, sich auf die Freiheit berufen und im Namen der Freiheit herrschen zu wollen. Eben so richtig bemerkte Dorn, wie sinnlos es sey, wenn man im Jesuitengesetz „eine Verfolgung deutscher Staatsbürger" sehen wolle, da die Jesuiten selbst ja nie etwas anders hätten seyn wollen, als Unterthanen Roms.

Bei der dritten Lesung hielt Gneist am 19. Juni wieder eine der ausgezeichnetsten Reden und charakterisirte die jesuitische Arglist musterhaft: „Die sechsziger Jahre haben die planmäßige Schaffung der neuen Dogmen, den Syllabus und Encyklica gebracht, welche Alles verfluchen, was zu den Lebensbedingungen der heutigen Ge- sellschaft gehört; aber immer eingerichtet zu doppeltem Gebrauch. Ein päpstlicher Erlaß, — und daneben eine officiöse Anlage zum Gebrauch nach Umständen. Ein lateinischer Text und daneben eine deutsche Auslegung in usum Delphini, die immer verschieden ist für die, welche zu gehorchen, und für diejenigen, welche etwas zu sagen haben. Numerirte Artikel, die so gestellt sind, daß man sie verbinden und trennen kann, — je nachdem man nach oben oder nach unten, nach links oder nach rechts spricht. Endlich der Abschluß in dem siebenziger Jahre, mit einem wunderbar zusammengesetzten Concil, welches die Verfassung*ändert oder nicht ändert, — das neue Grundgesetz der katholischen Kirche, oder die bloße Erneuerung uralter Glaubenssätze, — je nachdem man nach oben oder nach unten spricht. Dieser weit angelegte Plan hat sich des ganzen Kirchenregiments bemächtigt, hat sich die deutschen Bischöfe nach einigem Widerstreben durch das solidarische Interesse der Herrschaft untergeordnet, hat seine agitatorische und organisatorische Seele, den Jesuitenorden, in festen Stationen auf deutschem Boden etablirt, mit Klerus und Volk in dauernde Verbindung gesetzt. Zu Hun- derten und Tausenden an den einzelnen Orten sind die katholischen Männer in einheitlich geleitete Verbindungen gebracht, um ihre bürgerlichen Interessen, ihre Geldangelegenheiten und ihre Ver-

gnügungen confessionell zu betreiben, im Gegensatz gegen ihre ketzerischen Mitbürger. In diesen Massenpetitionen selbst bezeugen uns
die Bataillone und Regimenter katholischer Männervereine, daß sie
die Jesuiten als ihre Leiter und geistigen Lenker in 20jähriger
Thätigkeit verehren. Eine Partei aber, die immer doppeltes Maß
führt, leugnet auch diesen Zusammenhang uns in das Gesicht ab,
leugnet uns ins Gesicht, daß die Jesuiten das vaticanische Concil
gemacht, daß der Jesuitenorden hinter den fortschreitenden Anmaßungen und der drohenden Organisation der Massen steht. Diese Mittel
— diese Streitweise — diese Organisation ist keine kirchliche, sondern eine politische, welche alle Andersdenkenden gefährdet. Die
Unwahrhaftigkeit aber, welche zu Ehren Gottes zu wirken glaubt,
findet die Lebensbedingungen ihrer Herrschaft nicht in Deutschland,
sondern bei unserem westlichen Nachbar. In Deutschland hat diese
Doppelzüngigkeit die Kirchenspaltung herbeigerufen. Der Mönch
von Wittenberg, der diese Falschheit in religiösen Dingen nicht zu
ertragen vermochte, lebt noch heute fort im Geiste des deutschen
Volkes, welches an religiöse Bestrebungen so lange glaubt, wie irgend
möglich und noch etwas länger, dem aber endlich die Geduld reißt
über die Fortdauer dieses ehrgeizigen und falschen Treibens. Nach
20jährigem Vordringen der römischen Herrschaft in Deutschland mit
alten und neuen Mitteln, mit Selbsthülfe, Selbstinterpretation und
listiger Doppeldeutung, — folgt wieder einmal eine Selbsthülfe der
deutschen Nation, und sie wird noch einmal ihres Erfolges sicher
sehn, je mehr sie die Sache der Freiheit dem Gesetz anvertraut im
Staate der Gewissensfreiheit." (Stürmischer Beifall auf allen Seiten,
Zischen im Centrum. Abgeordnete aller Parteien umgeben glück-
wünschend den Redner.)

Als Reichensperger aus Crefeld noch einmal behauptete, der
Jesuitenorden und die katholische Kirche seyen identisch und wer
jenen angreife, habe es mit der ganzen Kirche zu thun, wies ihn
Delbrück zurecht: „Die verbündeten Regierungen können in dieser
Identificirung nur eine willkürliche Verrückung der Thatsachen sehen,
die offenkundig sind, eine Verrückung, die sie um so tiefer beklagen,
als sie dazu dienen kann, die Maßregel, welche die Regierung Ihnen

vorgeschlagen hat, in weiten Kreisen über dieses Haus hinaus des Charakters zu entkleiden, den sie trägt, und ihr einen anderen Charakter aufzudrücken, den sie nicht hat."

Das Jesuitengesetz wurde in der von den Vertrauensmännern geforderten verschärften Form mit 181 gegen 93 Stimmen ange= nommen, auch noch Völks Antrag auf obligatorische Civilehe und Ordnung der Civilstandsregister nach kurzer Debatte genehmigt und noch an demselben Tage der Reichstag geschlossen.

Unmittelbar nachher brachte die Provinzialcorrespondenz einen halb officiellen Artikel, worin die Rabulisterei des Centrums und namentlich Windthorsts ins rechte Licht gesetzt wurde: „In einer Vorstellung vom 10. April 1870, welche vom Cardinal=Erzbischof Rauscher (zu Wien) verfaßt und von einer großen Zahl französischer, österreichischer, ungarischer, italienischer, englischer, spanischer, portu= giesischer und amerikanischer Bischöfe, sowie von den deutschen Bi= schöfen von München, Bamberg, Augsburg, Trier, Ermland, Bres= lau, Rottenburg, Mainz, Osnabrück, vom apostolischen Vicar von Sachsen und vom Bischof Namszanowski unterzeichnet war, wurde in bringendster Weise die Nothwendigkeit der sorgfältigsten Prüfung der Frage von der Unfehlbarkeit des Papstes gefordert, vornehm= lich um eines Bedenkens willen, ‚dessen höchste Wichtigkeit Nieman= dem entgehen könne, der Gott über der Seelen Heil Rechnung legen müsse‘, — denn sie ‚berühre direkt das Verhältniß der katholischen Lehre zur bürgerlichen Gesellschaft‘.

Es ist Niemandem unbekannt, daß es unmöglich ist, die bür= gerliche Gesellschaft nach der in der Bulle ‚Unam sanctam‘ auf= gestellten Regel zu reformiren. Wenn der römische Papst in dem heiligen Petrus die durch die beiden Schwerter bildlich bezeichnete Gewalt erhalten und nach göttlichem Rechte die Vollgewalt über Völker und Reiche erlangen würde, wäre es der Kirche nicht erlaubt, den Gläubigen das zu verbergen.

Wenn aber die christliche Unterweisung auf diese Art einge= richtet wäre, würde es den Katholiken wenig nützen, zu versichern, daß die Gewalt des heiligen Stuhles über das Zeitliche eine Sache der bloßen Lehre sey und zunächst kein Gewicht in Bezug auf die

Thatsachen und die Ereignisse habe; Pius IX. denke nicht entfernt daran, die Oberhäupter der weltlichen Gesellschaften abzusetzen. Denn die Gegner würden hohnlachend antworten: Wir fürchten die päpstlichen Urtheilssprüche nicht, aber nach vielen und mannigfaltigen Verheimlichungen ist es endlich offenbar geworden, daß jeder Katholik, der sich in seinem Thun durch den Glauben leiten läßt, ein geborner Feind des Staates sey, daß er sich im Gewissen verpflichtet fühlt, alles, was er kann, beizutragen, daß alle Staaten und Völker dem römischen Papste unterworfen werden.' — —

So weit die Bedenken und Warnungen der Bischöfe kurz vor der Verkündigung der päpstlichen Unfehlbarkeit.

Es geht aus dieser Vorstellung unwiderleglich hervor, daß die Lehren über das Verhältniß von Staat und Kirche, wie sie durch das vaticanische Concil zur entscheidenden Geltung in der römischen Kirche gekommen sind, allerdings den schroffsten Anmaßungen des Papstthums im Mittelalter, wie sie Papst Bonifacius in der Bulle Unam sanctam geltend zu machen versuchte, entsprechen — daß aber diese Ansprüche seither innerhalb der katholischen Kirche keineswegs zur Anerkennung als kirchliche Glaubenssätze gelangt waren, daß vielmehr nach dem unumwundenen Zeugnisse der Bischöfe Rauscher, Ketteler, Krementz, Förster, Namszanowski u. A. sie selbst und ‚fast alle Bischöfe der katholischen Welt dem christlichen Volke bisher eine andere Lehre über die Beziehung der geistlichen Gewalt zur weltlichen gelehrt haben'.

Angesichts dieses Zeugnisses angesehener Bischöfe ist es im hohen Maße befremdlich, wenn ein in katholischen Dingen sonst wohl bewanderter Redner auszusprechen wagt: er begreife nicht, wie sich Staatsmänner und Professoren finden können, welche behaupten, es sey in dem Verhältnisse von Staat und Kirche irgend etwas geändert!

Die genannten Bischöfe haben dem päpstlichen Stuhle im voraus gesagt, daß es unmöglich sey, die bürgerliche Gesellschaft nach der in der Bulle Unam sanctam aufgestellten Lehre zu gestalten, sie haben im voraus verkündet, daß die Staaten sich dem päpstlichen Spruche nicht beugen würden, daß aber die Stellung der

Kirche der weltlichen Macht gegenüber durch die Lehre der päpst=
lichen Unfehlbarkeit eine schwere Erschütterung erfahren müsse.

Die Vorstellungen und die Bitten der kirchlichen Würdenträger
(mit denen nach früheren Kundgebungen fast alle deutschen Bischöfe
im Herzen übereinstimmten), sowie die Mahnungen der Regierungen
haben nicht vermocht, die bedenkliche Entscheidung im Concil zu
verhindern: inzwischen ist die bedenkliche Saat des Zwiespaltes auf=
gegangen.

Wenn die katholischen Abgeordneten immer wieder rufen: ‚Sagen
Sie nicht, daß wir den Streit begonnen haben‘, — so ist in jener
Vorstellung besorgter Bischöfe die bündigste Aufklärung darüber zu
finden, von wem und wie der Streit heraufbeschworen worden ist.“

Am einfachsten faßte die Weserzeitung die Rechtsfrage auf:
„Wenn Franzosen und Polen eine Gesellschaft bildeten, um ver=
mittelst socialistischer Agitation Theile der deutschen Bevölkerung
ihrer Bürgerpflicht abwendig zu machen, die militärische Disciplin
im deutschen Heere zu untergraben, durch deutsche Arbeiterunruhen
unsere Truppen zu beschäftigen, so würde Niemand bezweifeln, daß
die Reichsgewalt die Einnistung einer solchen Gesellschaft innerhalb
unserer Gränzen zu verhindern, ihre Agitationen zu unterdrücken
berechtigt sey, und man würde den auslachen, der behaupten wollte,
die Gedankenfreiheit und die Redefreiheit litten das nicht; jeder
Mensch habe das Recht, über sociale Fragen zu denken und zu
sprechen, wie er wolle. Niemand würde leugnen, daß man in diesem
Falle einen auswärtigen politischen Feind sich gegenüber habe;
möchten auch immerhin geborene Deutsche dem fremden Bunde an=
gehören. Genau so wie diese fingirte französisch=polnische Gesell=
schaft steht die Gesellschaft Jesu zum Reiche; denn es kann keinen
Unterschied machen, daß sie anstatt socialistischer Dogmen kirchliche
Dogmen für ihre Zwecke verwendet. Nicht auf die Dogmen kommt
es an, sondern auf die Zwecke, zu denen man sie mißbraucht.“

Der deutsche Bundesrath nahm das Jesuitengesetz mit eini=
gen vom Reichstag gemachten Modificationen einstimmig an; nur
Reuß ältere Linie hegte einige Competenzbedenken. Das vom 4. Juli
1872 datirte Gesetz lautet: §. 1. Der Orden der Gesellschaft Jesu und

die ihm verwandten Orden und ordensähnlichen Congregationen
sind vom Gebiet des Deutschen Reichs ausgeschlossen. Die Errich=
tung von Niederlassungen derselben ist untersagt. Die zur Zeit be=
stehenden Niederlassungen sind binnen einer vom Bundesrath zu be=
stimmenden Frist, welche 6 Monate nicht übersteigen darf, aufzu=
lösen. §. 2. Die Angehörigen des Ordens der Gesellschaft Jesu
oder der ihm verwandten Orden oder ordensähnlichen Congregatio=
nen können, wenn sie Ausländer sind, aus dem Bundesgebiet aus=
gewiesen werden; wenn sie Inländer sind, kann ihnen der Aufent=
halt in bestimmten Bezirken oder Orten versagt oder angewiesen
werden. §. 3. Die zur Ausführung und zur Sicherstellung des
Vollzugs dieses Gesetzes erforderlichen Anordnungen werden vom
Bundesrathe erlassen. — Eine Bekanntmachung des Reichskanzlers
vom 5. Juli, betreffend die Ausführung des Gesetzes über den Orden
der Gesellschaft Jesu, lautet: Auf Grund der Bestimmung im §. 3
des Gesetzes, betreffend den Orden der Gesellschaft Jesu, vom
4. d. M. hat der Bundesrath beschlossen: 1) Da der Orden der
Gesellschaft Jesu vom Deutschen Reiche ausgeschlossen ist, so ist den
Angehörigen dieses Ordens die Ausübung einer Ordensthätigkeit,
insbesondere in der Kirche und Schule, sowie die Abhaltung von
Missionen nicht zu gestatten. 2) Niederlassungen des Ordens der
Gesellschaft Jesu sind spätestens binnen 6 Monaten, vom Tage der
Wirksamkeit des Gesetzes an, aufzulösen. 3) Die zur Vollziehung
des Gesetzes in den einzelnen Fällen zu treffenden Anordnungen
werden von den Landes=Polizeibehörden verfügt. — Außerdem hat
der Bundesrath, dem Antrage des Ausschusses für Justizwesen ge=
mäß, noch folgende Beschlüsse gefaßt: 4) Es wird den Bundes=
regierungen empfohlen, die nach dem Gesetze zulässige Anweisung
des Aufenthaltes in bestimmten Bezirken oder Orden der Regel nach
auf diejenigen Fälle zu beschränken, in welchen der betreffende An=
gehörige des Ordens sich außer Stande erklärt, selbst einen be=
stimmten, ihm nicht versagten Aufenthaltsort zu wählen. 5) Die
Hohen Bundesregierungen werden ersucht: a) von der vollzogenen
Auflösung von Niederlassungen des Ordens der Gesellschaft Jesu
dem Reichskanzleramte in jedem einzelnen Falle Nachricht zu geben;

b) baldthunlichst dem Reichskanzleramte Mittheilungen darüber zu machen, ob ausländische Angehörige des Ordens der Gesellschaft Jesu ausgewiesen worden, ob deutschen Angehörigen des Ordens der Aufenthalt in bestimmten Bezirken oder Orten versagt oder in solchen angewiesen worden ist, und endlich die Namen und persönlichen Verhältnisse der von solchen Maßregeln betroffenen Personen anzugeben; c) Erhebungen darüber zu veranstalten, ob in ihrem Gebiete Orden oder ordensähnliche Congregationen bestehen, welche mit dem Orden der Gesellschaft Jesu verwandt sind, und die Ergebnisse dieser Erhebungen dem Reichskanzleramte binnen drei Monaten mitzutheilen.

Das Jesuitengesetz wurde ergänzt durch einen Erlaß des Cultministers vom 15. Juni, betreffend den Ausschluß der Mitglieder geistlicher Orden von Schulstellen. Derselbe lautet: „Auf die Berichte vom 23. Januar und 27. März d. J. sehe ich mich veranlaßt, hierdurch im Allgemeinen zu bestimmen, daß die Mitglieder einer geistlichen Congregation oder eines geistlichen Ordens in Zukunft als Lehrer oder Lehrerinnen an öffentlichen Volksschulen nicht mehr zugelassen und zu bestätigen sind. Was dagegen die zwischen einzelnen Gemeinden einerseits und geistlichen Genossenschaften oder Mitgliedern derselben andererseits wegen Wahrnehmung des Schuldienstes oder Besetzung der Schulstellen bereits abgeschlossenen und in Wirksamkeit getretenen Verträge anbetrifft, so hat die Regierung auf eine baldige Lösung der letzteren in der Art Bedacht zu nehmen, daß dabei sowohl die Möglichkeit der sofortigen Wiederbesetzung der betreffenden Stellen durch weltliche Lehrer und Lehrerinnen, als die finanzielle Lage der Gemeinden zu berücksichtigen ist. Wo solche Bedenken einer Kündigung der bestehenden Verträge nicht entgegenstehen, ist mit derselben schleunigst vorzugehen, mit Lösung aller anderen Verträge aber alsdann fortzufahren, wenn unter Beachtung der vorbezeichneten Gesichtspunkte dies nach den thatsächlichen Verhältnissen thunlich erscheint. Selbstverständlich wird in denjenigen Fällen, in welchen gesetzliche Gründe der Beseitigung des gegenwärtigen Zustandes im Wege stehen sollten, dieselbe auszusetzen seyn. Ich erwarte indeß für solche voraussichtlich seltenen Fälle einen eingehenden Bericht, in welchem meine Entscheidung über den Spezialfall einzuholen ist, wie ich andererseits binnen 3 Monaten einer näheren Anzeige über das Geschehene entgegen sehen will. In diesem Berichte sind zugleich die geistlichen Männerorden und Congregationen namhaft zu machen, welche durch ihre Mitglieder an den öffentlichen Schulen des dortigen Bezirks Unterricht ertheilen, und hiermit diejenigen statistischen Mittheilungen zu verbinden, welche in den früheren Berichten in Betreff der Schulschwestern enthalten sind. Wegen der Zulassung der Mitglieder geistlicher Genossenschaften an Privatschulen behalte ich mir besondere Bestimmung vor. Der Minister der geistlichen 2c. Angelegenheiten. Dr. Falk." Diesem Erlasse sind die Regierungen entsprechend aufgefordert worden, binnen einer Frist von längstens 6 Wochen darüber genauen Bericht zu erstatten, welche geistlichen Genossenschaften an den öffentlichen Schulen ihres Bezirkes Unterricht ertheilen. Diese Schulen, die Zahl der lehrenden Mitglieder der einzelnen geistlichen Genossenschaften, die Art des Vertragsverhältnisses, sowie alle sonstigen, behufs Erlangung einer vollständigen Uebersicht erforderlichen Nachrichten sind in dem Berichte näher anzugeben. Aller Orten wird bereits über die Ausführung dieser ministeriellen Anordnungen berichtet. Der Fuldaer Magistrat ist von der Regierung zu Kassel speziell aufgefordert worden, die Mitglieder des dortigen Benediktiner Nonnenklosters, sowie des englischen Fräulein-Instituts von der Unterrichtsertheilung in den beiden städtischen Mädchenschulen zu entbinden.

Als weitere Ergänzung dazu diente der Erlaß desselben Cultministeriums vom 4. Juli, woraus erhellt, in welchem Umfang man die unreife Jugend fanatisirte. Der Erlaß des Ministers v. Falk lautete: „Es ist zu meiner Kenntniß gekommen, daß in einigen Provinzen des Staates Marianische Congregationen, Erzbruderschaften der heiligen Familie Jesus Maria Joseph, und andere religiöse Vereine bestehen, welche theils nur für die Schüler der Gymnasien und anderer höherer Unterrichtsanstalten bestimmt sind, theils Schüler dieser Anstalten als Mitglieder aufnehmen. Ich kann weder das eine noch das andere gut heißen. Ich bestimme daher, unter Aufhebung aller dem entgegenstehenden Verfügungen, daß die bei den Gymnasien und anderen höheren Unterrichtsanstalten bestehenden religiösen Vereine aufzulösen sind, daß den Schülern dieser Anstalten die Theilnahme an religiösen Vereinen direkt zu verbieten ist, und daß Zuwiderhandlungen gegen dies Verbot disciplinarisch, nöthigenfalls durch Entfernung von der Anstalt zu bestrafen sind. Das königliche Provinzial-Schul-Collegium hat hienach das Weitere zu veranlassen." In gleicher Weise wurde den Lehrern und Lehrerinnen im Verein der h. Kindheit, von den Schülern und Schülerinnen künftig noch Geldbeiträge einzusammeln verboten.

In einem rheinischen Gymnasium waren unter den Schülern besondere Andachten zum Herzen Jesu eingeführt worden. Sie wurden 1872 vom Provinzial-Schulcollegium in Coblenz untersagt. Die Stuttgarter Zeitung fügte hinzu: Genannter Kindheit-Jesuverein ist auch in Württemberg überall verbreitet und es wird den beitragleistenden Kindern der Hokuspokus vorgemacht, daß „die armen Heidenkinder" auf ihren Namen getauft werden sollen. Selbstredend dürfen die reicheren kleinen Spender und Spenderinnen am ersten und öftesten dieses Pathenglück genießen und manches Kind armer Eltern wird bei dieser Gelegenheit mit dem „Fluch der Armuth" erstmals bekannt.

Die Westphälische Zeitung bemerkte sehr richtig: „Separatistische Conventikel der Schüler unter einer der Anstaltsdirection fremden und vielleicht feindlichen Leitung sind wohl überhaupt und in allen Fällen pädagogisch unzulässig. Von den jesuitischen Congregationen und Sodalitäten herrscht aber in den Schulen die, wie es scheint, nicht ganz von Belegen entblößte Meinung, daß die Mitglieder systematisch von den Leitern zur Bespionirung ihrer Mitschüler und Lehrer mißbraucht werden, und diese Meinung ist vielfach eine Quelle einer höchst verderblichen Störung jenes kameradschaftlichen Vertrauens, jenes keimenden Gemeingeistes und Treuebewußtseyns, welche in seiner Jugend zu pflegen der deutsche Staat das größte moralische und politische Interesse hat."

Kapitel 3.

Die Ausweisung der Jesuiten.

Die wirkliche Ausweisung erfolgte dem neuen Reichsgesetz ge=
mäß ohne irgend einen erheblichen Widerstand.

Der Papst selbst erließ keinen Protest und der Jesuitengeneral
Beckx beschränkte sich darauf, in Laienvereinen einen Ersatz für die
vertriebenen Jesuiten zu suchen.

Daß Beckx die Obern des Ordens nach Rom berufen habe,
um Maßregeln für das fernere Verhalten des Ordens zu verab=
reden, wurde dementirt, und doch fanden solche Verabredungen statt.
Die „Italienischen Nachrichten" glaubten versichern zu können, daß
in den letzten Versammlungen, welche in Gegenwart des Generals
Pater Beckx und vieler Obern der verschiedenen europäischen Jesuiten=
Sectionen in der großen Aula des Jesuitenklosters zu Rom gehalten
worden sind, ausgemacht worden ist, daß, „so lange die Verfolgung
und Verbannung des Ordens in Deutschland dauert," die Laien=
gesellschaften ihre Stelle vertreten müssen, indem sie ihren Eifer und
die Thätigkeit für die Zwecke des Ordens verdoppeln. Es würden
diesen Gesellschaften die nöthigen Geldmittel bewilligt. Sie haben
verschiedene Namen: „Gesellschaft der vereinten Brüder", „Verein
für das Gebet", „Brüderschaft der guten Katholiken".

Auch die Generale aller andern geistlichen Orden, die in Rom
residiren, haben, wie es hieß, an die Provinziale und im Auslande
befindlichen selbständigen Klostervorstände eine Aufforderung erlassen,
darüber zu berichten, welche Wege sie einzuschlagen gedenken, um
eine etwaige Säcularisation des Kirchen=, beziehungsweise Kloster=
oder Ordensvermögens unmöglich zu machen.

Ein römischer Correspondent der Kölner Zeitung schrieb am
7. August: Aus verläßlicher Quelle erfahre ich so eben eine That=
sache, welche geeignet ist, in Deutschland und namentlich in Preußen
Interesse zu erregen. In einer ihrer letzten Versammlungen im
Kloster del Gesu hier in der Stadt haben die Jesuiten unter Vor=

sitz ihres Generals Pater Beckx den Beschluß gefaßt, für Preußen
verschiedene religiöse Laiengesellschaften oder Congregationen zu grün=
den, welche möglicherweise dort die Stelle der durch Ausführung
des Jesuitengesetzes außer Wirksamkeit gesetzten Gesellschaft Jesu
selbst theilweise auszufüllen bestimmt sind. Diese Gesellschaften wer=
den die Namen: „Gesellschaft der vereinigten Brüder“ (Società dei
fratelli uniti), Gesellschaft für das Gebet“ (Società per la pre=
ghiera) und „Genossenschaft der guten Katholiken“ (Sodalizio dei
buoni cattolici) führen. Es ist ferner beschlossen worden, daß den
unbemittelten Mitgliedern der gedachten Gesellschaften ein festes (ich
weiß nicht, ob wöchentliches oder monatliches) Gehalt gewährt wer=
den soll, damit sie unbehindert die Sendungen und sonstigen Auf=
träge ausführen können, mit welchen jene religiösen Gesellschaften
sie betrauen werden.

Es zeigte sich, daß die ungeheuern Prahlereien und Drohungen
der Jesuiten nur darauf berechnet gewesen waren, der deutschen
Reichsregierung Furcht einzujagen, wenn sie sich hätte bange machen
lassen. Als aber die Energie der kaiserlichen Regierung und des
Reichstags die Ohnmacht der Jesuiten enthüllte, machten sie gute
Miene zum bösen Spiel, bedauerten sehr, daß einige ihrer Preß=
organe offenbar zu weit gegangen seyen, ihre berechtigte Sorge um
die h. Kirche zu unberechtigten Angriffen und Verdächtigungen miß=
braucht hätten. Gegen die Civilta Cattolica, welche alles zum
Kriege gegen Deutschland hetzte, empörte sich mit förmlicher morali=
scher und patriotischer Entrüstung die Augsburger Postzeitung und
die Schlesische Volkszeitung. Die Nordd. A. Zeitung aber meinte,
das erinnere an den Fuchs, dem die Trauben zu hoch hängen.

Die Jesuiten fügten sich überall dem Befehl zur Auswanderung,
wenn auch hin und wieder unter Protesten. Bischof Konrad von
Paderborn erklärte die Ausweisung der Jesuiten für eine Beleidi=
gung des katholischen Volks, nachdem es so tapfer gegen Frankreich
mitgefochten habe. Aber wußte denn der Bischof nicht, daß es grade
jene Siege der Deutschen gewesen sind, welche die Jesuiten wieder
zu vereiteln trachteten, indem sie einen Religionskrieg in Deutsch=
land entzünden und den Franzosen die Revanche erleichtern woll=

ten? — Am 23. August wollte der Pöbel zu Essen den Landrath v. Hövel hindern, das Austreibungsgesetz zu vollziehen, warf Steine nach ihm und demolirte das Haus, in das er geflüchtet war. Auch am folgenden Tage tobte der Pöbel fort, bis Gendarmerie mit blanker Waffe die Ruhe herstellte. In den ersten Tagen des September wurde der Geschäftsreisende Osterhagen, der über die Unfehlbarkeit des Papstes gespottet hatte, beim Nachhausegehen im Dunkeln erstochen.

In Bayern ließ Cultminister von Lutz am 13. September den Jesuiten, welche sich, obgleich bisher schon in Bayern gesetzlich nicht geduldet, doch unter dem Schutze des Bischofs Senestrey in Regensburg angesiedelt hatten, den Befehl zugehen, binnen drei Tagen die Stadt zu meiden. Nur ein in Regensburg geborener durfte bleiben, und ein Graf Fugger, welcher Jesuit geworden war, weigerte sich zu gehen, weil er als geborener Fürst sich aufhalten könne, wo er wolle. Das Ministerium beharrte auf der Ausweisung. Doch befand er sich noch im November in Regensburg. Ebenso der Jesuitenpater Löffler als Prinzen-Erzieher bei der Frau Erbprinzessin-Wittwe von Thurn und Taxis und Pater Ehrenberger.

Wilhelm Emanuel v. Ketteler, Bischof von Mainz, zeichnete sich auch jetzt wieder durch eine kühne Sophistik aus. Indem er seine Jesuiten einfach als Pfarrer in seiner Diöcese einsetzte, erklärte er in zwei Protestschreiben, trotz des neuen Gesetzes hätten die Jesuiten fortwährend das Recht der Seelsorge, Beichte, Predigt und Messe, und die Voraussetzung des Gesetzes, diese Functionen gehörten zu ihrer Ordensthätigkeit, sey irrthümlich. Der Bischof beliebte, sich ein wenig einfältig zu stellen, als habe er keine Ahnung davon, daß die Jesuiten überhaupt nur den einzigen Zweck hatten, grade mittelst der Seelsorge, Beichte und Missionspredigt das deutsche Landvolk und die deutsche Jugend für welsche Zwecke auszubeuten. Bischof Ketteler ging noch weiter und übernahm, als den Jesuiten in Mainz die Leitung der geistlichen Exercitien im Seminar verboten wurde, diese Leitung selbst, und man schrieb: „Das Exercitienbüchlein des heil. Ignatius wurde in den Händen des verehrten Oberhirten zu einer ebenso reichen Quelle der Gnade, wie wenn einer der Söhne des heiligen Ordensstifters es zu erklären vermocht hätte."

Von einem Bruder des Bischofs berichtete die Monatszeitung aus Paderborn unterm 13. October. „In Paderborn besitzen die Jesuiten — außer verschiedenen anderen Kleinigkeiten — an liegenden Gründen eine gegenwärtig noch im Bau begriffene Kirche, beiläufig der Anlage nach eine der prachtvollsten in Paderborn, und einen unter dem Namen ‚Westphälischer Hof‘ bekannten Gebäudecomplex, welcher in seinen Mauern u. A. auch die Jesuitenschule beherbergt und der allein einen Werth von 50,000 Thlrn. repräsentirt. Kirchen-Torso und Westphälischer Hof nun sind zusammen für 850 Thlr. durch notariellen Kaufcontract an einen in der Nähe von Paderborn ansässigen Herrn v. Ketteler (Bruder des Erzbischofs von Mainz) übergegangen. Jener Contract aber enthält noch ein ganz prächtiges kleines Clauselchen, laut welchem sich Herr v. Ketteler verpflichtet, vier in dem Schriftstück namhaft gemachten Jesuiten-Patres bis an ihr seliges Ende auf seinen Gütern freie Kost und Logis zu gewähren — natürlich unter dem unschuldigen Titel von Hauslehrern, Inspectoren oder dgl."

Eine social-demokratische Versammlung in Berlin erklärte sich am 29. Juni gegen das Jesuitengesetz, weil es die persönliche Freiheit bedrohe. Zarte Sympathie zwischen den Rothen und Schwarzen. In der katholischen Hofkirche zu Dresden wurde ein feierliches Hochamt zu Ehren des Ignatius Loyola, des Stifters des Jesuitenordens, abgehalten.

Aus Preußisch-Polen zogen die Jesuiten in aller Stille ab und in dem zu Krakau erscheinenden Kraj wurde dem Fürsten Bismarck Namens der polnischen Bevölkerung aufrichtiger Dank ausgesprochen. Zu Paris machte dagegen der Rest der polnischen Emigration neue chauvinistische Demonstrationen und fachte wenigstens in der Presse den Krieg gegen Deutschland wieder an. Man schrieb aus Paris am 2. August: „Wie man aus hiesigen polnischen Kreisen erfährt, geht der aristokratische Flügel der hier lebenden Polen mit der Gründung eines neuen Blattes um, welches die polnische National-sache vertheidigen und sich hauptsächlich der Bekämpfung der deutschen

Politik in ihren antipolnifchen und antijefuitifchen Beftrebungen
widmen foll. Dem Interefje Frankreichs würde diefes Organ dadurch zu dienen befliffen feyn, daß es dasfelbe als die Schutzmacht
der katholifchen Kirche darzuftellen fuchte, welche von der Vorfehung
beftimmt fey, diefe Kirche über ihre Widerfacher triumphiren zu
laffen. Einen Theil der Koften des Unternehmens trägt, wie man
hört, der Fürft Wladislaw Czartoryski, einen anderen hat der Herzog von Aumale hergegeben, und der Reft foll in Folge einer Aufforderung zu freiwilligen Beiträgen, die fchon im April verbreitet
worden ift, von den vermögenderen Mitgliedern der ,weißen Emigration' zufammengebracht werden. Zum Redacteur ift der bekannte
polnifche Publicift Julian Klaczko erfehen, welcher unter Beuft öfter-
reichifcher Hofrath wurde und noch jetzt in Wien lebt. Auch fonft
ftehen die polnifchen Ultramontanen mit den Parifer Gefinnungs-
genoffen zu Preßzwecken in reger Verbindung. So hat z. B. das
,Univers' in der Perfon des Vorftandes des Jefuiten-Collegiums
zu Schrimm, Pater Jofeph Mycielsli, einen Correfpondenten, welcher
dem Blatte die haarfträubendften Dinge über die Verfolgung der
katholifchen Kirche in Preußen und namentlich in der Provinz Pofen
zu berichten weiß.

Um dem priefterlichen Unfug zu fteuern, wurden im deutfchen
Reich noch weitere Maßregeln getroffen. Wie im Auguft 1872
preußifche Blätter meldeten, wäre im preußifchen Cultusminifterium
in Anregung gebracht worden, ob das von Minderjährigen abgelegte Kloftergelübde mit den Beftimmungen des §. 239 des Straf-
gefetzbuchs für das Deutfche Reich in Einklang zu bringen fey. Es
ift der Vorfchlag gemacht worden, periodifch wiederkehrende Revifio-
nen in den Klöftern vorzunehmen und fämmtliche Mitglieder geiftlicher Orden erklären zu laffen, ob fie fich noch an das von ihnen
abgelegte Gelübde gebunden halten, oder ob fie durch irgend welchen
Einfluß an dem Ausfcheiden aus dem Klofter verhindert werden.

Auch die den Jefuiten affiliirten Orden kamen an die Reihe.
Ihre Statuten wurden unterfucht und ihr Inventar aufgenommen.
Sie hatten fich unter allerlei Namen fehr angehäuft. So fand man
in der kleinen Stadt Bonn Klöfter der Frauen der ewigen An-

betung, vom armen Kinde Jesu, der Franciskanerinnen und der Barmherzigen Schwestern vom heiligen Karl Borromäus.

Der Bischof von Straßburg, Räs, agitirte für eine gegen das Jesuitengesetz protestirende Adresse, die zu unterschreiben und zu verbreiten er am 2. August alle seine Pfarrer verpflichtete. Als das Noviziathaus in Issenheim durch den Kreisdirektor geschlossen wurde, protestirte der Superior feierlich, weil nur der Bischof von Straßburg das Recht dazu habe. Die badische Landeszeitung schrieb am 23. October: „Das Straßburger Jesuitenhaus ist verkauft, ein Jude kaufte es, ein Christ pachtete es und errichtete eine Wirth=schaft darin, und einen Theil davon haben die Freimaurer zu ihrer Loge erworben; diese Nachricht mit ihrer bunten Mischung von Je=suiten, Freimaurern, Juden und Christen hat bereits die Reise um die Welt gemacht. Wer dieselbe gelesen, mußte gewiß denken: ‚In Straßburg ist mit den Jesuiten gründlich aufgeräumt.‘ Leider ist dem aber nicht so. Die Jesuiten sollen wohl fort seyn, aber wie man häufig findet, daß Wittwen der Todesnachricht ihres Mannes zugleich die Bemerkung beifügen: ihr Geschäft leide durch diesen Tod keine Unterbrechung, ebenso kann man hier sagen: Das Ge=schäft der Jesuiten wird ohne Störung fortbetrieben. Ihr Local in der Judengasse, welches, da eine Mamsell Chanty als Besitzerin desselben figurirte, vielleicht noch ein zweifelhaftes Eigenthum war, ist wohl verkauft, dagegen ist ein neues und schöneres Besitzthum dafür, der sog. Anblauer Hof in der Schreibergasse, erworben, worin durch die Schulbrüder, wie zuvor im Jesuiten=Collegium der Juden=gasse, nun daselbst das Jesuitengeschäft ohne Unterbrechung weiter getrieben wird.“

Damals machte auch ein neues Wunder großen Spektakel. Man schrieb aus Straßburg am 21. August: „Das Weilerthal, das zwischen Schlettstadt und dem französischen St. Dié über Gebirgs=straßen die Verbindung herstellt, wird vielfach von einer armen Weinbauer= und Weberbevölkerung bewohnt. Durch den nahen steten Verkehr mit St. Dié sind diese armen Leute in fortwähren=der großer chauvinistischer Aufregung erhalten. Seit etwa vier Wochen verlautete nun von der in der Nähe des Dorfes Krüth

(hochdeutsch Gereuth, auch Neuholz, französisch Neuf-bois genannt)
auf hohem Bergwald sichtbar gewordenen Erscheinung der Madonna.
Eine weiße Frau mit goldener Krone auf dem Kopfe, ein leuchten-
des Kreuz auf der Brust erschien — wem? Drei Kindern von elf
Jahren, die im Walde Heidelbeeren suchten. Aber die Kinder nah-
men sich das nächste Mal zur Verification des Mirakels eine —
Schulschwester mit. Diese sah aber nichts, die Kinder sahen die
Erscheinung desto besser, die sich jüngst bewegte, neuerdings an einem
Baume fixirt, an dem früher ein Muttergottesbild aufgehängt war,
und seitdem behaupten Hunderte von Menschen jeglichen Alters und
Standes, die Figur gesehen zu haben und sie annoch zu sehen.
So steht es in dem hiesigen ‚Volksfreund für christliche Familien‘.
An der Stelle der Erscheinung bietet sich ein erschütternder Anblick
dar: Alle beten mit außerordentlicher Inbrunst, einige knieend, andere
stehend, Thränen im Auge, und Alle fühlen sie sich so selig, daß,
wenn sie auch nichts sehen, sie nicht mehr von dieser Stelle scheiden
möchten.“

Noch am 1. December wurde aus Straßburg geschrieben: „Im
hiesigen ‚Volksfreund‘, der ein Sonntagsblatt für christliche Familien
sein soll, steht heute Folgendes zu lesen: ‚Mit den Erscheinungen
in Kruth (Weilerthal) will es immer noch kein Ende nehmen; ja,
sie vermehren sich so sehr, daß nun Hunderte von Menschen als
Augenzeugen davon sprechen. Als eines Tages ein Kreuz auf dem
Kirchhof von Tiefenbach errichtet wurde und eine Menge Männer,
Frauen und Kinder den Arbeitern zusahen, erblickte man plötzlich
die Erscheinung der Mutter Gottes, zwei Kilometer weit am Walde.
Seitdem die Polizei den Zutritt zu der Stelle der Erscheinungen
unter 20 Thlr. Strafe verboten hat, zeigte sich die Mutter Gottes
unten, vor dem Walde, und zwar nicht Einigen, sondern Vielen.
Meistens erscheint sie im weißen Kleide mit blauem Gürtel, in der
Haltung der unbefleckten Empfängniß; einige Male aber erschien
sie schwebend über einem mit Leuchtern und Monstranz besetzten
Altare. Oft umschweben sie Engelsgestalten, die nicht leicht erkennbar sind. Der Glaube an die Wahrheit der Erscheinungen verbreitet und befestigt sich mehr und mehr in der Umgegend. Noch

am 4., 16. und 17. November zeigte sich das Muttergottesbild; einmal in einer Kapelle, die mit Rosen bekränzt und mit himmelblauen Tüchern umhängt war; das andere Mal in goldgewirktem Kleide, goldgekrönt und blau umgürtet. Ein Schwert ging ihr durch das Herz; sie breitete die Arme aus. Befragt, antwortete sie: ‚Ich bin ....‘, das weitere wurde nicht verstanden.‘ Es scheint, daß also auch im Elsaß eine Art Lourder Schwindel auf die Tagesordnung gebracht werden soll, natürlich nicht nur zur größeren Ehre Gottes, sondern noch mehr zur größeren Ehre Frankreichs.“

In Metz hatten die Jesuiten ein großes Collegium mit 550 Schülern und große Reichthümer, ja zwei Straßen gehörten ihnen allein. Sie wollten nun nach Nancy übersiedeln, was sich jedoch der dortige Bischof verbat, weil er schon genug Jesuiten habe. Dagegen nahm sie eine Gräfin de Roncourt la Grange in ihrem Schlosse auf, wohin am 27. September 76 Jesuiten aus Metz mit ihren Schülern übersiedelten.

Auch in dem berühmten Maria-Laach erhielten die Jesuiten am 27. August den Befehl, das Kloster bis zum 1. Januar 1873 zu räumen, bis dahin und ferner aber sich der Abhaltung von Gottesdiensten, zu denen das Publikum Zutritt hat, gänzlich zu enthalten, während das Messelesen überhaupt gestattet blieb. „Gutem Vernehmen nach zählt, nachdem eine große Anzahl Jesuiten bereits abgereist sind, das Laacher Kloster noch jetzt etwa 20 Priester, 110 Scholastiker und 20 Laienbrüder, zusammen also etwa 150 Mann. Die abreisenden Väter suchen ihren Charakter als Jesuiten nicht nur auf ihren Legitimationspapieren, sondern auch in ihrer Kleidung möglichst zu verbergen und kaufen sich in den Kleidermagazinen hellgefärbte Anzüge. Man erinnert sich in Coblenz noch recht wohl, daß der hier gebürtige Jesuitenpater Achill Pottgeißer u. A., wenn sie in den 30er und 40er Jahren nach hier kamen, in hellcarrirten Sommer-Anzügen erschienen und in diesen Anzügen selbst die Jesuitenkirche besuchten, um dort Messe zu lesen.“ — Sehr viele Jesuiten hielten sich bekanntlich auch zu Gorheim bei Sigmaringen auf. Sie rühmten, bei der Ausweisung vom Oberamtmann v. Mannslein mit besonderer Güte behandelt worden zu seyn. — Die Ausweisung traf sie auch in Privatwohnungen, in die sie sich zurückgezogen hatten, z. B. wurden sie in Schlesien von einem Gute des Grafen Ballestrem ausgewiesen. Auch die affiliirten Orden theilten das Schicksal der Jesuiten. Anfangs August wurde zu Wehlen von „Redemptoristen aus Trier eine Mission abgehalten. Der Regierungspräsident von Trier, Herr v. Wolff, reiste in die Nähe von Wehlen. Den Patres wurde, obschon sie in der Ausführungsordre gar nicht genannt sind, nach viertägiger Thätigkeit die Fortsetzung ihrer apostolischen Arbeiten untersagt. Der Herr Pfarrer verfügte sich sofort zum Herrn Regierungspräsidenten, um ihn zu bitten, er möge doch erlauben, daß die Leute, welche noch bei den Patres zu beichten wünschten, dieses noch thun dürften. Der Herr Regierungspräsident antwortete: Sie sind also der erste Pfarrer, welcher mir eingesteht, er sey nicht im Stande, allein sein Amt zu versehen."

Die meisten Jesuiten wanderten nach Oesterreich, Belgien und Frankreich aus. Am 9. September sollen 250 Jesuiten aus Deutschland nach Paris gekommen seyn. Aus Holland erfuhr man, mehrere Adelige, zumal in Limburg, hätten den Jesuiten von Maria-Laach ihre Schlösser an der Grenze zur Verfügung gestellt. Aus Münster in Westphalen wurde geschrieben, die dortigen Jesuiten hätten sich zu den Missionen in Amerika gemeldet.

The Catholic Union of Great-Britain verdammte im Juli 1872 die Ausweisung der Jesuiten aus Deutschland. Bei diesem Anlaß hielt Erzbischof Manning, vom Concil her als fanatischer Infallibilist bekannt, eine Rede voll Gift gegen den Fürsten Bismarck und die Münchener.

Eine englische Dame, Frau Stapleton Bretherton, öffnete ihren großen Landsitz Ditton-Hall bei Prescott den aus Deutschland vertriebenen Jesuiten.

Das Siglsche „Vaterland" blieb getrost. Es druckte Anfang November den Brief eines aus dem Elsaß ausgewiesenen Jesuiten ab, worin es hieß: „Mit wahrer Freude sah ich immer, daß Sie nicht, wie es allgemein geschah, gegen Frankreich loszogen. Deutschland wird zu seinem Schaden erkennen, daß Frankreich der Kirche

und Europa nothwendig ist. Viele sehen es schon ein und er=
kennen es. Frankreich geht einer besseren Zukunft entgegen. Es
muß freilich noch eine blutige Krisis durchmachen; dann aber wird
es schönere Tage sehen und Italien wie Deutschland von diesen
Freimaurern befreien. Das können wir hoffen und das werden
wir noch erleben. Wie wird aber das alles geschehen? Das kann
Niemand sagen. Allein Gott ist gerecht, Maria, die Königin Frankreichs, ist mächtig."

Sechstes Buch.

Vereinigtes Auftreten der deutschen Bischöfe gegen die Reichsgewalt.

Kapitel 1.

Die Fuldaer Denkschrift von 1872.

Nachdem die Jesuiten aus dem Reich vertrieben waren, unternahmen es die deutschen Bischöfe, in ihrer Gesammtheit den römischen Stuhl gegenüber dem deutschen Reiche zu vertreten, und bestätigten damit, was man ihnen schon seit zwei Jahren vorwarf, daß sie nicht mehr als Bischöfe Nachfolger der Apostel und in ihrer Vereinigung auf dem Concil die höchste Instanz der Kirche geblieben seyen, sondern sich zu bloßen Commissären und servilen Werkzeugen des Papstes erniedrigt hätten. Denn sie stellten sich lediglich auf den Standpunkt Roms und der Jesuiten. Sie traten beinahe vollzählig vom 17. bis 20. September 1872 wieder in Fulda zusammen und erließen von hier aus eine Denkschrift, welche den bezeichneten, von ihnen eingenommenen Standpunkt klar darlegte, indem sie der deutschen Reichsregierung und dem Reichstag nicht die geringste Conzession machte, sondern alle Anmaßungen der

Infallibilität und alle bisherigen klerikalen Proteste gegen die Staatsgewalt festhielt.

Die Denkschrift war vom 20. September datirt und in folgende Hauptsätze eingetheilt: 1) Die Rechte der katholischen Kirche stehen fest, haben alle Wechsel der Zeit überdauert und sind von allen deutschen Regierungen anerkannt. 2) Die Katholiken sind keine Feinde Deutschlands, wie man sie grundlos beschuldigt hat. Sie haben stets den deutschen Regierungen gehorcht, wie auch im letzten Kriege ihre Schuldigkeit gethan. Gleichwohl wurden „schon während des Krieges aus gewissen Kreisen Stimmen laut, welche die Katholiken der Reichsfeindlichkeit und Vaterlandslosigkeit beschuldigten, und kaum war der Friede geschlossen, als man immer drohender hören konnte, nachdem der äußere Feind überwunden sey, gelte es nun, einen noch schlimmern innern Feind zu besiegen, nun müsse der Krieg gegen Rom begonnen werden." Anfangs habe man katholischerseits nur mit einer Partei zu thun zu haben geglaubt, aber daß der Antrag (der Centrumspartei), „die Bestimmungen der preußischen Verfassung Artikel 15—18 in die Reichsverfassung aufzunehmen, von der compakten Majorität des Reichstags unter Zustimmung der Reichsregierung abgewiesen wurde, war kein gutes Zeichen." 3) Die katholische Kirche ist in ihrer vollen Integrität anerkannt, hat also das Recht, diejenigen auszustoßen, die ihr nicht gehorchen, und diejenigen zu beschützen, welche einen integrirenden Theil der Kirche bilden. Das Letztere gilt namentlich 4) vom Orden der Jesuiten und 5) von der Erhaltung des Einflusses, welchen die Kirche auf die Schule zu üben hat, so wie 6) vom Rechte, kirchliche Vereine zu bilden. 7) Das neue Kanzelgesetz, einseitig vom Staat ausgegangen, ist eine Verdächtigung und Kränkung des ganzen Priesterstandes. 8) Der Staat ist es, der sich anmaßt, infallibel zu seyn, weil es ihm gegenüber kein wohl erworbenes Recht geben, sondern nur der Wille des Staats gelten soll. 9) Die Beschuldigung, von katholischer Seite arbeite man auf den Sturz des neuen Reiches und des protestantischen Kaiserthums hin, wird geradezu albern genannt. Auch die Beschuldigung, der Syllabus und die Infallibilität des Papstes seyen etwas Staatsgefährliches, wird als eine falsche abgewiesen. Schließlich wird noch erklärt, die katholische Kirche erkenne keinen Bischof und Priester an, der nicht vom Papst seine Sendung empfangen habe. Unterzeichnet sind die Erzbischöfe Paulus von Köln, Gregor von München, Michael von Bamberg, Fürstbischof Heinrich von Breslau, die Bischöfe Andreas von Straßburg, Peter Joseph von Limburg, Christoph Florenzius von Fulda, Wilhelm Emanuel von Mainz, Ludwig von Leontopolis (apostolischer Vicar im Königreich Sachsen), Konrad von Paderborn, Johannes von Kulm, Ignatius von Regensburg, Pankratius von Augsburg, Matthias von Trier, Leopold von Eichstädt, Lothar von Leuka (Verweser der Erzdiöcese Freiburg), Adolf von Agathopolis, Karl Joseph von Rottenburg, Johann Bernard von Münster, Johann Valentin von Würzburg, Wilhelm von Hildesheim, Daniel Bonifacius von Speyer. Ferner Domkapitular Hoppe als Stellvertreter des Bischof Philipp von Ermeland. Nachträglich haben die in Fulda nicht selbst anwesenden Bischöfe Heinrich von Passau und Johann Heinrich von Osnabrück der Denkschrift zugestimmt.

Fast alle öffentlichen Blätter erkannten in der Denkschrift eine offene Kriegserklärung gegen das deutsche Reich. Bischöfen, Männern des Friedens, hätte es am wenigsten geziemt, die Kriegsfackel voranzutragen. Sodann erstaunte man, wie es die Bischöfe hätten über sich gewinnen können, die Wahrheit zu verleugnen und allbekannte Thatsachen zu entstellen. Sie wollten überrascht worden seyn durch einen unvorhergesehenen Angriff von weltlicher Seite, und doch waren sie es selbst, die den ersten Angriff gemacht hatten, oder wenigstens genau davon unterrichtet seyn mußten, wie ihre Collegen und die Jesuiten den Angriff auf Deutschland schon längst vorbereitet und im Syllabus und ökumenischen Concil systematisch organisirt hatten. Daß sie sich überrascht stellten, verräth ihre ganze Unehrlichkeit. Wenn sie ferner im Syllabus und im neuen Dogma nichts Staatsgefährliches entdecken wollten, da dieselben doch nur zu dem Zweck der Staatsgefährlichkeit waren improvisirt worden, so durften sie nicht darauf rechnen, für Freunde der Wahrheit gehalten zu werden. Der Papst sollte Herr der Welt seyn, und bei jedem Conflikt zwischen Staat und Kirche sollte er allein zu entscheiden haben. Und darin wollten die Bischöfe nicht die geringste Gefahr für den Staat sehen.

Auch die Excommunikation gaben die Bischöfe als etwas ganz Unschuldiges aus. Die Denkschrift erklärte, „die Kirche verbinde mit dem Ausschluß von der Kirchengemeinschaft keine bürgerlichen Nachtheile, und sie verlangten bezüglich der Excommunicirten nichts Anderes vom Staate als die Anerkennung, daß ein Excommuni= cirter eben nicht mehr ein Mitglied der katholischen Kirche sey." Wie reimte sich das mit der Wahrheit? „Nach den noch keines= wegs in Abgang gekommenen Bestimmungen des katholischen Kirchen= rechts ist jeder Katholik verpflichtet, jeden Geschäftsverkehr mit dem Excommunicirten abzubrechen und sich jeder Annäherung an ihn im gesellschaftlichen Leben zu entschlagen. Der Excommunicirte kann nicht Richter, nicht Anwalt, nicht Kläger, nicht Zeuge seyn: vor Gericht kann er nur als Angeklagter auftreten. Diese Bestimmungen sind noch keineswegs von den zuständigen kirchlichen Behörden auf= gehoben, und die beregte Erklärung der deutschen Bischöfe wird von keinem Jesuiten und keinem echten Curialisten genehm gehalten werden.. In Rom wird man nur ein mitleidiges Achselzucken über diese von Charakterschwäche zeugende Connivenz der deutschen Bischöfe haben, und seiner Zeit wird man die Bischöfe zwingen, diese Er= klärung eben so zu verleugnen, wie sie das in Fulda zuerst gesprochene Wort verleugnet haben. Der Papst ist nach den jetzt geltenden kirchenrechtlichen und dogmatischen Anschauungen allein befugt, eine authentische Interpretation kirchenrechtlicher Satzungen zu erlassen oder kirchenrechtliche Bestimmungen außer Kraft zu setzen, und jede derartige bischöfliche Erklärung, welche ohne Autorisation oder Ge= nehmhaltung des Papstes abgegeben worden, verdient keine Beachtung. Der Kölner Erzbischof Paulus wird keine Widerrede erheben, im Falle der Papst Pius früh oder spät es für angezeigt halten sollte, demselben zu gebieten, gegen die excommunicirten Bonner Professoren und anderen Geistlichen die bürgerlichen Folgen der Excommunication rücksichtslos und mit aller Strenge der kirchlichen Strafmittel zur Geltung zu bringen."

Man erfuhr, der deutsche Kaiser sey von der Denkschrift sehr

unangenehm berührt worden, da er bisher, abgesehen von einzelnen
Personen, von der Gesammtheit der deutschen Bischöfe eine bessere
Meinung gehegt habe. Die halbamtliche Provinzialcorrespondenz
in Berlin machte den Bischöfen den schwersten Vorwurf der Wetter=
wendigkeit, der Inconsequenz, des Widerspruchs mit sich selbst. „Die
Bischöfe versichern im Eingange der Denkschrift: die gegenwärtigen
Wirren seyen für sie plötzlich und gegen Erwarten hereingebrochen.
Gerade am Grabe des h. Bonifacius hätten die Bischöfe Anstand
nehmen müssen, diese Behauptung auszusprechen; denn dort mußte
ihnen die Erinnerung an ihre erste Versammlung vom Jahre 1869
zugleich ins Gedächtniß und ins Gewissen rufen, mit wie schweren
Sorgen sie damals dem vaticanischen Concil entgegen gingen, durch
welches nach ihrer eigenen bangen Erwartung die gegenwärtigen
Wirren nothwendig herbeigeführt werden mußten. Wie sollten sie
in Fulda nicht jenes ersten gemeinsamen Hirtenbriefes gedacht haben,
in welchem sie sich und die deutschen Katholiken noch darüber zu
beruhigen suchten, daß das Concil in Rom neue Glaubenslehren
nicht verkündigen könne und werde, — der Papst könne und werde
nicht unter dem Einflusse einer Partei die Macht des apostolischen
Stuhles über Gebühr erhöhen, die alte und echte Verfassung der
Kirche zu ändern suchen, — den deutschen Bischöfen werde auf dem
Concil die volle Freiheit der Berathung nicht vorenthalten werden.“
„Wie sollte der Bischof von Mainz, Herr v. Ketteler, der die jetzige
Denkschrift verfaßt haben soll, in Fulda sich nicht erinnert haben,
daß als ‚neue Glaubenslehre‘ ihm und seinen Collegen damals
eben die päpstliche Unfehlbarkeit galt, von welcher er sagte: sie sey
der Kirche Christi dem Namen und der Sache nach unbekannt
und erst in letzter Zeit ausgedacht worden, ihre Verkündigung aber
würde etwas Unerhörtes seyn. Wie könnten die Bischöfe bei den
erneuten Erörterungen in Fulda nicht ihres fruchtlosen Kämpfens
und Ringens auf dem Concile gedacht haben, wo sie gegen das
Verfahren der Mehrheit protestirten, ‚um die Verantwortung für
die unglücklichen Folgen, welche daraus ohne Zweifel in Kurzem
hervorgehen würden, vor den Menschen und vor dem furchtbaren
Gericht Gottes von sich abzulehnen,‘ — wo sie dringend, zum

Theil fußfällig dem Papste vorstellten: es sey geradezu ‚unmöglich, die bürgerliche Gesellschaft nach der vom Concil aufzustellenden Regel zu gestalten‘, und es ‚werde dahin kommen, daß die Katholiken als Feinde des Staates gelten, weil sie im Gewissen gehalten seyen, darnach zu trachten, daß alle Staaten und Völker dem römischen Papst unterworfen werden.‘ Das alles haben die deutschen Bischöfe mit tiefer Sorge vorhergesehen und in dringendster Weise mahnend und warnend in Rom vorhergesagt: und heute scheuen sie sich nicht, von derselben geweihten Stätte, wo sie sich vor drei Jahren vereinigten, um den drohenden Gefahren und Wirren vorzubeugen, alle jene Aeußerungen unter dem Vorgeben zu verleugnen: die Wirren seyen plötzlich und ihnen unerwartet hereingebrochen.“ — Sie mußten es und haben es selbst bezeugt, daß die bürgerliche Gesellschaft sich dem Spruche des Papstes nicht beugen könne und werde; — wollen sie trotzdem, nachdem sie selbst sich gebeugt, es in schwerem Kampfe versuchen, auch den Staat, auch das deutsche Reich unter den Willen Roms zu beugen, so wird doch durch ihr eigenes unauslöschbares Zeugniß die Thatsache bestehen bleiben, daß dieser Kampf nicht plötzlich, nicht durch den Staat heraufbeschworen ist, sondern durch das vaticanische Concil, auf welchem alle Warnungen der deutschen Bischöfe ungehört verhallten und unter dem Einflusse einer Partei „die alte und echte Verfassung der Kirche geändert“ und „die Macht des päpstlichen Stuhls über Gebühr erhöht wurde.“ Der Artikel schloß: „Wenn die preußische Regierung nach Erlaß der Verfassung im Vertrauen auf die damaligen Beziehungen zu den Kirchengewalten es zunächst unterließ, den Artikel 15, nach welchem die evangelische und katholische Kirche sowie jede andere Religionsgesellschaft ihre Angelegenheiten ordnet und verwaltet, in seiner Bedeutung und Tragweite durch ausdrückliche Ausführungsgesetze festzustellen, wie solche sonst fast zu allen ähnlichen Verfassungsbestimmungen ergingen, so ist es jetzt, nachdem die Bischöfe das Gebiet kirchlicher Angelegenheiten eigenmächtig zu bestimmen und willkürlich auszudehnen versucht haben, unerläßlich geworden, durch unzweideutige und unantastbare Staatsgesetze diejenigen Gebiete zu regeln, welche nicht lediglich Kirchenangelegenheiten sind, sondern zugleich zum bürgerlichen und staatlichen Leben irgend eine Beziehung haben. Das jetzige Auftreten der Bischöfe wird unzweifelhaft das Wort des Reichskanzlers in Erfüllung gehen lassen, daß die Regierung den Ansprüchen von Personen des geistlichen Standes gegenüber, wonach es Landesgesetze geben könne, welche für sie nicht verbindlich seyen, ihre volle und einheitliche Souveränetät mit allen Mitteln aufrecht erhalten werde. Die Souveränetät kann nur eine einheitliche seyn und muß es bleiben: die Souveränetät der Gesetzgebung."

Die Nordd. Allg. Zeitung schrieb: „Wenn die Verfasser der Denkschrift der Bischöfe schließlich die Versicherung ertheilen, daß sie Willens sind, ‚dem Kaiser zu geben, was des Kaisers ist, und Gott, was Gottes ist,' so wird es doch nicht der Episkopat seyn, welcher endgiltig darüber zu befinden hat, was ‚des Kaisers ist.' Es wird vielmehr die Staatsgesetzgebung darüber Aufschluß ertheilen und jeder Staatsbürger wird aus den Landesgesetzen entnehmen, ‚was des Kaisers ist.' Auch ist der Episkopat, unseres Erachtens, nicht in der Lage, authentisch zu interpretiren, ‚was Gottes ist.' Denn unverkennbar besteht keine nothwendige Congruenz zwischen dem, was die Kirche in Anspruch nimmt, und dem, was Gottes Gebot ist."

Die Spener'sche Zeitung erhielt „Nachricht aus München, daß der Entwurf der Fuldaer Denkschrift unmittelbar nach seiner Entstehung in den Vatican gesendet wurde; nachdem im Vatican der Entwurf mit der Approbation versehen worden, sey derselbe erst der Versammlung in Fulda vorgelegt worden. Gleichzeitig mit der Approbation erhielten sämmtliche Bischöfe des deutschen Reichs den Befehl zur Unterzeichnung des Aktenstückes, daher die Einmüthigkeit des deutschen Episkopats." Darnach gäbe es keine deutschen Bischöfe mehr in Deutschland, sondern nur noch päpstliche Präfecten.

Bischof Ketteler schrieb in der „Germania" einen Artikel gegen die Provinzialcorrespondenz und erklärte alle Behauptungen derselben in Bezug auf die Fuldaer Denkschrift für unwahr. Namentlich sey es unwahr, daß die deutschen Bischöfe durch ihre spätere Anerkennung des neuen Dogmas ihrem ersten Fuldaer Hirtenbrief widersprochen hätten. Sie hätten damals gesagt, es werde auf dem Concil nichts Neues und nichts Gefährliches beschlossen werden, und das sey auch nicht geschehen, denn die Unfehlbarkeit des Papstes sey die alte Lehre der Kirche und auch nichts Staatsgefährliches. Mit Recht drückten viele Organe der Presse ihr Erstaunen über die Dreistigkeit aus, mit welcher der Bischof der allgemein bekannten historischen Wahrheit ins Gesicht schlug. Das war aber eine natürliche Folge des neuen Dogmas, denn was brauchten Unfehlbare sich noch um Wahrheit zu bekümmern? Inzwischen warnte die Times die deutschen Bischöfe. Da sie doch nichts anderes seyen, als Werkzeuge des Chauvinismus, so sollten sie doch auch bedenken, daß sie sich vergeblich abarbeiteten. „Was auch aus Frankreich werden möge, es wird stets zu republikanisch in seinem Geiste seyn, als daß es die von den Ultramontanen ihm zugemuthete Aufgabe vollführen würde. Dennoch ist diese Hoffnung auf die Befreiung durch Frankreich, welche nur dann möglich ist, wenn Frankreich wieder als die erste militärische Macht des Continents dasteht, der Schlüssel zu dem Gebahren der ultramontanen Partei in Deutschland. Das deutsche Vaterland in sich zu trennen, die Kluft zwischen Katholiken und Protestanten zu erweitern, Eifersucht zwischen Preußen und den kleineren Staaten zu säen, das ist die Politik der Ultramontanen, auf daß, wenn der Tag kommt, die Auferweckung der französischen Macht um so leichter sey. So hat die Kirche absichtlich den Streit mit dem deutschen Staate heraufbeschworen. Das Dogma der Unfehlbarkeit ist als der Prüfstein der Gläubigen und zur Förderung einer geistlichen Bewegung gebraucht worden. Den Bayern hat man den protestantischen Kaiser als eine Demüthigung hinstellen wollen, obwohl mit geringem Erfolge. Die Geistlichkeit begann, ohne Zweifel einer gemeinsamen Oberleitung gehorchend, die Agitation, welche zu Bismarck's Auftreten gegen die Jesuiten führte, und jetzt sucht sie dieser scharfen Maßregel mit einer noch zügelloseren Sprache und noch rückhaltloseren Vorschiebung des Dogmas zu begegnen, in der Meinung, daß es der deutschen Regierung unmöglich seyn würde, gegen Alle insgesammt aufzutreten, wenn sie fest zu einander ständen." Die Times glaubt dennoch, daß die

Bewegung von selbst absterben könne, weil zwischen Rom und Deutsch=
land, selbst unter dem protestantischen Kaiser, kein nothwendiger
Widerstreit bestehe. Die jetzige Bewegung sey eben die Frucht des
Glaubens, daß die auferstehende französische Macht im Dienste rö=
mischer Interessen zu verwenden seyn würde. Aber wie wenig Sieges=
hoffnung den Legitimisten und Ultramontanen in Frankreich blühe,
habe sich in den kürzlich vollzogenen Wahlen offenbart, und wenn
die Einbildungen, welche am päpstlichen Hofe genährt werden, ein=
mal hinschwinden, so dürfte es auch mit der feindseligen Haltung
Roms gegen das deutsche Reich zu Ende gehen."

Die Denkschrift der Bischöfe beruft sich auf den westfälischen
Frieden, aber dieser Frieden ist vom gleichzeitigen Papste Inno=
cenz X. nicht anerkannt, sondern ausdrücklich für „null und nichtig,
kraftlos, ungerecht, unbillig, verdammt, verworfen, eitel und ohne
allen Einfluß auf Vergangenheit, Gegenwart und Zukunft" erklärt
worden.

Endlich schrieb die Civilta Cattolica, das Hauptorgan des
gegenwärtigen Papstes: „Die durch die vaticanischen Dekrete aus=
gesprochene Gottähnlichkeit des Statthalters Christi hat ein rechtliches
Verhältniß zwischen den Päpsten und anderen Sterblichen, seyen es
selbst Fürsten von Gottes Gnaden, geradezu unmöglich gemacht.
Verträge zwischen ihnen sind für erstere nicht bindend, sie sind nicht
obligatorische Akte, durch welche ihre Willensfreiheit eingeschränkt
wird, sondern Concessionen, Gefälligkeiten, die jeden Augenblick
zurückgenommen werden können, sobald das Wohl der Kirche es er=
heischt. Verträge sind zweiseitig bindende Pakte. Die Concordate
können nicht dahin gerechnet werden, da in diesem Falle der eine
Paktirende das Kirchenoberhaupt ist, welches mit keinem Menschen
Verträge schließen, resp. sich nicht binden kann, namentlich da nicht,
wo die ihm von Christus übertragene Mission durch den Vertrag
gehemmt werden könnte. Folglich sind Concordate gleich dem alten
und neuen Testament privilegirte Indulte. Wie im Testament
Gott den Menschen, so verleiht im Concordat der Stellvertreter
Gottes den Regierungen in Form von Concordaten gewisse Gnaden=
bewilligungen, die aber nie so aufgefaßt werden dürfen, als wären

die Ersteren den Letzteren gegenüber für immer gebunden. Denn die päpstliche Oberhoheit ist nur ein anvertrautes Gut und kann nicht von Bewilligungen eines Andern abhängig gemacht werden. Folglich ist es durchaus falsch, daß die Regierungen, resp. die Fürsten, das Recht hätten, auch ihre in Concordaten eingegangenen Verpflichtungen zu brechen und die der Kirche ertheilten Privilegien zurückzuziehen, wenn der Papst sich um des Heiles der Kirche willen gezwungen sieht, Zugeständnisse, die er früher im Concordat gemacht hat, zurückzunehmen. Der Papst ist in diesem Falle Gesetzgeber, der Fürst sein Unterthan."

Daß auch Hefele und Haneberg die Fuldaer Denkschrift unter= zeichnet hatten, erregte großes Erstaunen. Die Aachener Zeitung bemerkte: „Man wußte ja, daß die deutschen ‚Oppositions'=Bischöfe, welche am 17. Juli unter feierlichem Protest gegen die Vergewal= tigung ihres ablehnenden Votums vom 13. desselben Monats aus Rom abgereist waren, sich unter einander das Versprechen gegeben hatten, Rom gegenüber nicht einzeln zu handeln, sondern nur nach vorhergehender Verständigung. Seit der Fuldaer Unterwerfung der Mehrzahl der Bischöfe wußte man auch, daß sie das Gelöbniß, welches sie sich gegenseitig gemacht, gegenseitig gebrochen hatten. Es ergingen nun von dem schon im August 1870 zu Königswinter constituir= ten Comité der rheinischen Altkatholiken, an dessen Spitze der Kron= syndicus Geh. Justizrath Professor Dr. Bauerband stand, Schreiben unter Anderem an den Erzbischof M. v. Deinlein zu Bamberg, an den Bischof J. G. Stroßmayer zu Diakovar und an den Bischof Karl Joseph v. Hefele zu Rottenburg. Das Antwortschreiben des letzteren, aus welchem bisher nur einzelne abgerissene kurze Sätze bekannt geworden sind, lautet vollständig, wie folgt:

Hochverehrte Herren! Für Ihre freundliche Zuschrift vom 4. dieses Monats bestens dankend, beehre ich mich, Ihnen meine Anschauung über unsere traurige Lage ganz offen vorzutragen. Ich kann mir in Rottenburg so wenig, als in Rom verhehlen, daß das neue Dogma einer wahren, wahrhaftigen, biblischen und traditio= nellen Begründung entbehrt und die Kirche in unberechenbarer Weise beschädigt, so daß letztere nie einen herberen und tödtlicheren Schlag erlitten hat, also am 18. Juli d. J. Aber mein Auge ist zu schwach, um in dieser Noth einen Rettungsweg zu entdecken, nachdem fast der ganze deutsche Episcopat, so zu sagen über Nacht seine Ueberzeugung geändert hat und zum Theil in sehr verfolgungssüchtigen Infallibilismus übergegangen ist. Ich sehe mit Schrecken, daß demnächst in allem Religionsunterrichte Deutschlands die Infallibilität als das Haupt- und Primär-Dogma des Christenthums wird gelehrt werden, und ich kann mir den Schmerz der Eltern wohl vorstellen, welche ihre Kinder solchen Schulen überlassen müssen. Aber alles Sinnen und Denken über diese Noth hat mich bisher nicht weiter geführt, als zu einer Norm für meine eigene Person. Ich werde das neue Dogma in meiner Diöcese nicht verkünden, und factisch wird in ihr nur von wenigen Geistlichen infallibilistisch gelehrt. Weitaus die meisten ignoriren das neue Dogma, und das Volk kümmert sich, ganz Wenige — besonders Adelige — ausgenommen, gar nicht um dasselbe, und ist sehr zufrieden, daß der Bischof darüber schweigt. Desto unzufriedener ist man von der andern Seite, und die Folgen für mich werden nicht lange auf sich warten lassen. Ich will lieber den Stuhl als die Ruhe des Gewissens verlieren. Solche Abschlachtung der Einzelnen hätte nur vermieden werden können, wenn der gesammte deutsche Episcopat sich der Verkündung des Dekrets widersetzt hätte. Vis unita fortior. Ich hatte in Rom die Hoffnung, daß solches wenigstens annähernd geschehe. Jetzt ist es ganz anders geworden. Ich will aber gern, Ihrer Adresse gemäß, mit den wenigen noch renitenten Bischöfen Deutschlands und Oesterreichs, sowie mit den Ungarn in Correspondenz treten, um wo möglich eine einheitliche Aktion zu erzielen. Nur kann ich mich großer Hoffnung nicht hingeben. Unter den Bischöfen der Schweiz sind alle Infallibilisten, mit Ausnahme Greiths in St. Gallen. Er wird es so lange als möglich machen, wie ich; aber wenn man ihm einmal das Messer an den Hals setzt, wird er sich unterwerfen (ich stehe mit ihm in Correspondenz). Die Ungarn verschanzen sich hinter ihre Regierung und dem ‚Non placet‘; hier wird das Dekret gewiß nicht verkündet, aber ob die Ungarn zu einer weiteren gemeinsamen Action bereit sind, ist mir nach meiner Correspondenz mit Ungarn freilich zweifelhaft. Ebenso konnte ich von Dupanloup keine offene Erklärung darüber erhalten, was er schließlich thun werde. Alles das lautet freilich sehr pessimistisch; aber bei alledem scheint mir noch das Beste die dilatio quam maxima — Zögerung ohne förmliches Schisma, dessen Folgen unberechenbar sind. Wo die Noth am größten, ist Gott am nächsten. Die Zögerung schließt aber die Nichtunterwerfung ein. Wird darauf mit Kirchenstrafen geantwortet, so müssen wir, glaube ich, uns denselben quoad ordinem externum fügen, wenn wir auch ihre innere Berechtigung und ihre Geltung vor Gott nicht anerkennen. Schließlich bemerke ich noch, daß unsere schriftliche Wiederholung des ‚Non placet‘ am 17. Juli gegen die letzte Form des Dekretes gerichtet war; dies gegen Herrn v. Ketteler. Genehmigen Sie die Versicherung ausgezeichneter Hochachtung und innigster Theilnahme, worin ich verharre Ihr ergebenster Dr. v. Hefele, Bischof von Rottenburg. Rottenburg, 11. November 1870.

Der Name Karl Joseph v. Hefele’s steht nun auch unter der eben veröffentlichten ‚Denkschrift der am Grabe des h. Bonifacius versammelten Erzbischöfe und Bischöfe über die gegenwärtige Lage der katholischen Kirche im Deutschen Reiche‘. Sollte man es für möglich halten?! Am 11. November 1870 tadelt er den ‚verfolgungssüchtigen Infallibilismus des ganzen deutschen Episcopats, der über Nacht seine Ueberzeugung geändert hat‘ — und am 20. September 1872 erklärt er, ‚im gleichen Falle würde er wie der Amtsbruder Krementz handeln‘! Am 20. September 1872 nennt er das ‚Abfall vom Glauben‘ und ‚Irrlehre‘, was er am 11. November 1870 noch mit Drangabe seines Bischofsamtes festzuhalten gelobt, um die ‚Ruhe des Gewissens‘ nicht zu verlieren! Am 11. November 1870 ist ihm der infallibilistische Religionsunterricht, am 20. September 1872 der nichtinfallibilistische Religionsunterricht das schrecklichste, was er sich denken kann! Kein Wort weiter! Wir fragen: Heißt ein solches Verhalten nicht das Christenthum zum Kinderspott machen?“ Freilich, nicht ‚das Christenthum‘, — aber den ultramontanen Klerikalismus!“

Bischof Hefele veröffentlichte am 15. October 1872 eine Erklärung, worin er sagte: „Es ist Freunden und Feinden, diesseits und jenseits der Alpen bekannt, daß dieser innere Kampf bis zum 10. April 1871, also vom Datum des fraglichen Briefes an, noch fünf Monate, dauerte, bis es mir gelang, in aufrichtiger Unterordnung meiner Subjektivität unter die höchste kirchliche Autorität mich mit dem Vatikanischen Dekret zu versöhnen, wovon das Ergebniß in meinem Pastoralschreiben vom 10. April 1871 niedergelegt ist. Was ich gar wohl voraus sah, ist eingetreten: es hat mir dieser Schritt viele Verfolgung zugezogen, aber er hat mir dafür die innere Ruhe wieder gebracht." Uebrigens beklagt er sich über den Mißbrauch vertraulicher Briefe.

Auch die Kölner Zeitung bemerkte, man müsse diesen Brief mit dem Schreiben desselben Bischofs vom 11. November 1870 vergleichen. „Ich werde," sagt der Bischof in letzterem, „das neue Dogma in meiner Diöcese nicht verkünden. Ich will lieber den Stuhl als die Ruhe des Gewissens verlieren." „Im April 1871 aber ist eine Unterwerfung unter das vaticanische Dekret Thatsache, und dieser Schritt hat ihm ‚die innere Ruhe wiedergebracht'. Indem der Bischof also die ‚Ruhe des Gewissens' von 1870 Preis gibt, gewinnt er die ‚innere Ruhe' für 1871. Das reime sich, wer gewohnt ist, seine Ueberzeugungen wie seine Kleider zu wechseln. Kurz, der Bischof gehört, um seine Worte vom November 1870 zu gebrauchen, jetzt auch zu denjenigen, denen mit Erfolg das Messer an den Hals gesetzt und die einzeln abgeschlachtet worden. Ein neuer Beweis von dem unwiderstehlichen Despotismus der ultramontanen Hierarchie, ein neuer Beweis auch für die Unmöglichkeit, in welche der Staat sich versetzt sieht, irgendwelchen Versicherungen der Bischöfe Glauben zu schenken. Was soll der Staat von den Betheuerungen der Leute halten, in deren Gewissen heute zur Pflicht wird, was gestern verdammenswerth war? ‚Schön ist häßlich, häßlich schön' — das mögen die Hexen wohl singen, aber in Bischofsmunde klingt es gar übel."

Professor Reinkens schrieb an Hefele und schloß: Eins haben wir Ihrer Erklärung zu danken. Sie haben den Eindruck der Fuldaer Denkschrift für die Staatsregierungen verschärft. Diese wer-

den endlich einsehen, daß es mit der Beförderung „nicht compro-
mittirter", „milder", „vermittelnder" Persönlichkeiten auf die Bischofs-
stühle nichts ist. Weder wird die preußische Staatsregierung den
polnischen Monsignore v. Wolanski — der übrigens nicht einmal
eine solche Persönlichkeit ist — zum Nachfolger Namszanowski's
machen, noch die badensische Herrn Alzog auf den erzbischöflichen
Stuhl von Freiburg setzen. Sie werden überhaupt einsehen, daß
jeder von Rom approbirte Bischof in seinem Lehren und
Handeln keine eigene Ueberzeugung und Gesinnung mehr hat, daß
da aller Patriotismus eitel Schein und Trug ist, daß der Herr
Bischof Roms Lehren lehrt, Roms Parolen ausgibt, hart oder milde
ist auf Befehl der fremden Curie. Die Staatsregierungen werden
endlich erkennen, daß, wer, um Bischof zu werden, dem Papste den
berüchtigten Vasalleneid leistet, in welchem er sechs Mal diesen
seinen Herrn nennt und nur Pflichten gegen diesen beschwört,
in seinem Innern kein Deutscher mehr seyn kann, sondern einzig
und allein ein Organ römischer Interessen in Deutschland. Dürfte
ich Ihnen, hochwürdigster Herr Bischof, einen Rath geben, so wäre
es dieser: entwinden Sie sich schnell und kühn der kurzen Verirrung
und setzen Sie wieder mit Ehren ein Leben treuer Arbeit fort für
die Wahrheit. Mit der Theilnahme eines ein viertel Jahrhundert
hindurch Ihnen treu Ergebenen Ihr

Dr. Jos. H. Reinkens.

Was den Bischof von Speier betrifft, so war Abt Haneberg
schon 1870 entschiedener Gegner der Unfehlbarkeit und früher schon
in des Papstes Ungnade, denn als er zum Bischof von Eichstädt
gewählt wurde, sagte der Papst: Ich werde diesen Abt nie zum
Bischof machen! Professor Bauerband schloß einer Erklärung gegenüber von Hefele noch den Abdruck eines Schreibens Hanebergs an
Hefele an, worin es hieß: „Je länger ich mich mit der Frage beschäftigte, je genauer ich die Beweise für und gegen die Unfehlbarkeit verglich, desto sicherer glaubte ich zu erkennen, daß die alte
Kirche, d. h. die Kirche der ersten acht Jahrhunderte von dieser
Lehre nichts wußte. Waren alle Bischöfe und alle Theologen,
welche im Wesentlichen Bossuets Vorstellung vom Primat und seinen

Prärogativen hatten, im Irrthum? Ist es möglich, bis zum 18. Juli etwas für unwahr, und von da an für wahr zu halten? Was ist zu thun? Theoretisch gibt es für uns, die wir katholisch leben und sterben wollen, nur zwei Wege, der eine führt zur Verzweiflung und Bestreitung der Giltigkeit des Concils, der andere zur Unterwerfung. Welche Momente die Geschäftsordnung und Führung des Concils in dieser Hinsicht darbietet, wissen Eure bischöfliche Gnaden am besten. Daß man den Bischöfen nicht von vornherein ankündigte: ‚Es gilt die Vertilgung der von Bossuet festgestellten Theorie‘, daß man nicht offen sagte: ‚Es gilt die Erhöhung des Primats bezüglich der Regierungs- und Lehrgewalt‘, ist ein bedenklicher Umstand. Der Mangel an Einstimmigkeit ist noch bedenklicher, da es sich um eine lange gebuldete Schulmeinung handelt. Hier handelt es sich nun um die Verwerfung einer Lehre, die lange in vielen Schulen gelehrt wurde und nach unserer Ueberzeugung das Votum der alten Kirche und des achten wie sechszehnten (Konstanzer) Concils für sich hat. ‚Wer will es, die Sache theoretisch auffassend, leugnen, daß man die Echtheit und Giltigkeit des letzten vatikanischen Beschlusses bestreiten könne?‘ — Die Spenersche Zeitung verspricht, bei Gelegenheit noch mehr solcher Charakteristika anderer deutscher ‚Prälatengewissen‘ zu veröffentlichen.“

Dieselbe Zeitung schrieb: „Das mehr als compromittirende Heselesche Schriftstück erregt hier am Rhein kaum noch Verwunderung. Der schmachvolle, nachweisbare Abfall des größeren Theiles des höheren und niederen Klerus von seiner inneren besseren Ueberzeugung hat hier schon seit Jahr und Tag die gebildeten Klassen mit unnennbaren Gefühlen gegen einen Stand erfüllt, den hochzuschätzen man sie von Jugend auf gelehrt hatte. Es ist hier für Niemanden, der offene Augen und Ohren hat, ein Geheimniß, daß ein großer Theil des Curatklerus in Rheinland und Westphalen innerlich nicht an die päpstliche Unfehlbarkeit glaubt, sondern nur äußerlich, um Unannehmlichkeiten und Vexationen Seitens der Vorgesetzten zu entgehen, sich unterworfen hat. Auch an maßgebender Stelle war und ist dieses kein Geheimniß, und um einem möglichen Rückfalle Einiger oder Vieler definitiv einen Riegel vorzuschieben,

organisirte man seiner Zeit durch die Decanate die bekannten Zu=
stimmungsadressen, welche einige Zeit nach dem Concil Wochen lang
die Spalten der großen ultramontanen Zeitungen füllten. Durch
diese moralische Erpressung der Unterschriften wurden die unglück=
lichen Unterzeichner, nachdem sie das traurige Opfer gebracht hatten,
persönlich engagirt. Es ist dem Einsender dieser Zeilen von mehr
als einer Seite von Geistlichen mit Schmerz und Entrüstung über
die moralische Nöthigung geklagt worden, die ihnen seiner Zeit Be=
hufs Erlangung ihrer Unterschrift zu jenen Zustimmungs=Erklärun=
gen angethan worden sey. Hätten die deutschen Regierungen früh=
zeitig zu dem vatikanischen Attentate eine unzweifelhaft klare Stel=
lung genommen und den Curatklerus nicht darüber in Zweifel ge=
lassen, daß er den Zumuthungen seiner vorgesetzten Dränger gegen=
über bei der Staatsgewalt den nöthigen Schutz finde, es würde
heute hier um die Sache des Altkatholicismus vielfach ganz anders
stehen. Aber trotz aller jener Manöver und moralischer Nöthigun=
gen ist es Thatsache, daß es hier am Rhein noch eine ganze An=
zahl von Geistlichen gibt, die aus ihrer Nichtunterwerfung unter die
neue vaticanische Glaubenstyrannei kein Hehl machen. Selbst die
heilige Stadt Köln, die Residenz des Erzbischofs Melchers, ist von
solchen Elementen nicht frei geblieben, und die Sperlinge auf den
Dächern zwitschern sich die Namen derjenigen Geistlichen zu, von
denen die Stadt und Herr Melchers wissen, daß sie den neuen
Glaubenssatz nicht angenommen haben und nicht annehmen werden.
Der zelotische Erzbischof schweigt dazu; er wird selbst am besten
wissen, warum. Aber noch mehr. Auch seines Domkapitels soll
der Erzbischof, wenigstens in seiner Majorität, nicht sicher seyn.
Man bezeichnet offen die Domkapitulare, die — wir lassen dahin=
gestellt, ob mit Recht oder Unrecht — man für unverhohlene Gegner
des Unfehlbarkeitsdogmas hält. Wir unterlassen es natürlich, hier
Namen zu nennen."

Um auf die bischöfliche Denkschrift zurückzukommen, so diente
derselben zunächst als Antwort ein im November veröffentlichter
Gesetzesentwurf der Reichsregierung in Bezug auf die Grenzen des
Rechtes kirchlicher Strafen und Zuchtmittel, worin dem Klerus streng

untersagt war, Handlungen bestrafen zu wollen, welche nach den Staatsgesetzen erlaubt sind.

Am 28. November 1872 berieth der preußische Landtag über einen Antrag des Herrn v. Mallinkrodt, welcher Zurücknahme des Gesetzes vom 15. Juni 1862 verlangte, wonach den Mitgliedern geistlicher Congregationen oder Orden der Unterricht in den öffentlichen Volksschulen verboten worden war. Er berief sich dabei auf den vierten Paragraphen der preußischen Verfassungsurkunde von 1850. Cultminister v. Falk wies den Antrag in einer Rede zurück, worin er indirekt voraussagte, was die Bischöfe mit ihrer Fuldaer Denkschrift zu erwarten hätten. Erstens sey die Erlaubniß, die der vierte Paragraph enthält, durch das Bestätigungs- oder Verweigerungsrecht der Regierung bei jeder Anstellung im Schulfach eingeschränkt; zweitens habe das Gesetz bei Anstellungen im Schulfach nur Männer und nicht Frauen im Sinne gehabt und liefern die Congregationen und Orden nur wenig Männer, während der Zulauf der Frauen außerordentlich groß sey; drittens vermöge das schwache Geschöpf die berechtigten Forderungen der Regierung an unmittelbare Staatsdiener nicht in dem Grade zu erfüllen, wie das stärkere Geschlecht. Was die Schulschwestern auch Gutes geleistet haben, habe man doch hie und da bei ihnen eine weichlich frömmelnde und darum krankhafte Richtung wahrgenommen. Eine Hauptsache sey viertens, daß die Schulschwestern ihren geistlichen Obern das Gelübde des blinden Gehorsams ablegen. Ihre Obern seyen aber zum Theil nicht einmal Deutsche, und was sie den Schulschwestern befehlen, sey nicht immer vereinbar mit dem Gehorsam, den sie den Staatsgesetzen schuldig sind. Der Minister wies beispielsweise auf einen Vertrag hin, welchen Schulschwestern mit dem Pfarrer und Bürgermeister einer Gemeinde geschlossen hatten. Darin wird den Schulkindern ein Uebermaß von Rosenkranz-Abbeten für den Ordensstifter, für Wohlthäterinnen des Ordens, für Verstorbene, Messehören. Beiwohnen an Prozessionen, vielfältigen Andachten und frommen Uebungen ꝛc. vorgeschrieben, so daß man nicht weiß, handelt es sich hier um eine Schule oder von einer Kirchenanstalt. Die Zahl der Schulschwestern hat auffallend zugenommen, wozu allerdings der Mangel an männlichen Lehrern den Vorwand leihen könnte, aber diesem Mangel müsse auf natürliche Weise durch Heranziehen männlicher Lehrer abgeholfen werden. Der Minister schloß mit der Bemerkung, leider falle der frühern Regierung zur Last, daß man so tief in Unnatur gerathen sey und daß der Staat sich so viel vergeben habe. Es sey daher die höchste Zeit, einzuschreiten. Die Denkschrift der Bischöfe habe den Kampf eröffnet. Die Regierung werde ihn aufnehmen. Die Gegner wollten die Sätze jener Denkschrift in die Gedanken des Volks hinüberleiten; dahin trachten der Mainzer Katholikenverein und die Wanderversammlungen, in denen fortwährend geredet werde, die Rechte und die Ehre der Kirche wären durch den Staat verletzt, während es sich doch nur darum handle, dem Staate zu gewähren, was das Seine ist. An der Spitze der Agitatoren stehen Geistliche, besonders heißblütige Kapläne, welche in leidenschaftlichen Worten Gemüther aufregen, die der Worte ganze Bedeutung nicht zu fassen vermögen. „Mit dieser Charakteristik will ich Ihnen nur zeigen, daß wir uns der Bedeutung des Kampfes bewußt sind, in dem wir stehen.“ Der Minister wurde mit Beifall bedeckt und Mallinkrodts Antrag mit großer Mehrheit verworfen.

Die katholischen Bischöfe Englands erließen damals eine Zustimmungsadresse an die deutschen Bischöfe, worin der närrische Satz vorkommt: „Die Freiheit der Kirche ist die Quelle der Freiheit der Völker.“

Eine große Versammlung der Altkatholiken sollte vom 20.—22. September 1872 in der altkatholischen Stadt Köln abgehalten werden. Man hegte von derselben große Erwartungen, weil gleichzeitig auch die deutschen Bischöfe zu Fulda in grade entgegengesetztem Sinn ihre Berathungen pflogen. Die Kölner Versammlung war eine der zahlreichsten. Fast sämmtliche berühmte Häupter der Altkatholiken, vor allem der greise Döllinger, hatten sich dabei eingefunden und auch ausgezeichnete Gäste, der Erzbischof von Utrecht, die englischen Bischöfe von Lincoln und Ely, der nordamerikanische von Maryland, Oberst Kirejeff, Adjutant des Großfürsten Konstantin und Sekretär der Gesellschaft der Freunde geistlicher Aufklärung, und Janyschew, Rektor der Akademie in Petersburg.

Schon vorher besprachen sich die englischen Bischöfe mit Döllinger und seinen Freunden, die Letztern erklärten aber, sich auf den Boden der anglikanischen Kirche nicht stellen zu können.

Die allgemeine Versammlung wurde im berühmten Gürzenich mit herzlicher Begrüßung eröffnet. Pfarrer Tangermann celebrirte in der Kirche die Messe unter deutschen Meßgesängen. Oberregierungsrath Wülfing empfing die 400 Delegirten der altkatholischen Gemeinden, und Professor v. Schulte wurde zum Vorsitzenden gewählt. In seiner Ansprache sagte derselbe, die Altkatholiken sollten die Beschuldigung des Unglaubens von sich weisen. „Ich glaube, wir sind diese Erklärung nicht deßhalb schuldig, als wenn ich dächte, es würde Einer sich anmaßen, ohne daß er diesen gläubigen Boden hätte, ohne daß er Jesum Christum als Gott anerkännte, sich an unseren Verhandlungen zu betheiligen, sondern weil man von allen Seiten, von Seiten der Jesuiten und Ultramontanen, nicht aufhört, uns zu verleumden und zu sagen, wir wollten kein positives Christenthum. Ich glaube, aus Ihrem Schweigen den Auftrag folgern zu dürfen, gegen derartige Angriffe zu protestiren und zu sagen: Unser Standpunkt bleibt der katholische Standpunkt.“ (Bravo.)

Die vorbereiteten Anträge betrafen das Recht der altkatholischen Kirche. Darin wurde zunächst festgestellt, die neurömische Kirche sey durch Verkündigung der päpstlichen Infallibilität von der alten Kirche abgefallen und ketzerisch, also seyen auch ihre Censuren und Excommunicationen ungültig. Auch alterire „diese neue ultramontane Gegenkirche“ den Bestand und das Recht der alten Kirche nicht. Aus diesem Grunde nun verlangen die Altkatholiken von den deutschen, österreichischen und schweizerischen Regierungen, dieselben möchten erklären, daß den vatikanischen Dekreten vom 18. Juli 1870 keine rechtliche Wirksamkeit beizulegen sey. Dagegen möchten sie: I. Die von den Altkatholiken auf Grund einer von dem Congresse aufzustellenden Wahlordnung zu wählenden Bischöfe nach erfolgter Consecration als Bischöfe der katholischen Kirche anerkennen,

und demgemäß 1) dieselben mit denselben Befugnissen über die alt=
katholischen Gemeinden ausgestattet ansehen, welche nach dem gelten=
den Rechte den katholischen Bischöfen zustehen, 2) den also gewähl=
ten Bischöfen eine Staatsdotation gewähren, 3) die altkatholischen
Priester als befähigt zur Anstellung auf Staats=Patronatspfründen
und Staatsanstalten ansehen, 4) vorerst auch einen etwa in einem
anderen Staate residirenden altkatholischen Bischof als zur Aus=
übung der Jurisdiction legitimirt erachten, 5) von dem zu wählen=
den Bischof den Eid der Treue entgegennehmen; — sodann ferner
anerkennen:

II. Die von altkatholischen Gemeinden gewählten Pfarrer sind
als Pfarrer zu erachten, und zur Vornahme aller Acte mit staat=
licher Wirkung befugt, denen das Staatsgesetz civile Wirkungen beilegt,
insbesondere zur Trauung und Führung von Civilstandsregister nach
dem Herkommen, beziehungsweise nach den staatsgesetzlichen Normen.

III. Die altkatholischen Gemeinden sind als solche auf Grund
der Anerkennung der katholischen Kirche im Staate, ohne daß es
einer besonderen Verleihung der Corporationsrechte bedarf, juristische
Personen, die zur Ausübung jener Rechte legitimirten Subjecte,
welche das Staatsgesetz den Kirchengemeinden einräumt, oder welche
ihnen nach dem Kirchenrechte zustehen.

IV. Die Altkatholiken haben keine Verpflichtung, für die kirch=
lichen Zwecke der Neukatholiken Beiträge zu leisten.

V. Die Altkatholiken haben das unbedingte Recht, den Mit=
gebrauch aller dem katholischen Gottesdienste gewidmeten Kirchen zu
verlangen, da dieselben dem katholischen Gottesdienst gewidmet sind,
mag man als Eigenthümerin die Kirche selbst annehmen, oder die
sogenannte Zweckvermögenstheorie haben, oder nach dem Landesrecht
die Kirchengemeinde Eigenthümerin seyn, weil der Abfall der Einen
die Anderen ihres Rechtes nicht berauben kann.

VI. Die Altkatholiken behalten alle Rechte an dem sonstigen
Stiftungsgute, Pfründen, Schulstiftungen u. s. w.

VII. Die Altkatholiken haben den Anspruch behalten, die für
katholische Cultus= und Unterrichtszwecke budgetmäßig gewährten
Summen zu verlangen.

VIII. Zur Durchführung der Punkte V. bis VII. wird der Staat ins Einvernehmen treten mit dem für jedes Land einzusetzenden altkatholischen Centralcomité.

Weiter beschloß der Congreß in Bezug auf die innere Organisation der altkatholischen Kirche, die Seelsorge soll von der alten Kirche treu gebliebenen Priestern übernommen werden, namentlich auch von solchen, welche durch die neue Kirche excommunicirt worden seyen; der Gottesdienst könne in Ermanglung eigener Kirchen auch in protestantischen nur in deutscher Sprache gehalten werden, die Prediger aber sollten nur die Wahrheit des Evangeliums lehren und sich aller politisch-kirchlichen Declamationen enthalten. Dabei solle man möglichst auf Wiedervereinigung der getrennten Confessionen in Deutschland hinwirken. Die Civilehe sey zulässig, doch solle ihr die kirchliche Trauung folgen. Die Durchführung von Reformen im Gebiet der Disciplin und des Cultus soll den verfassungsmäßigen Organen der Kirche vorbehalten bleiben.

Reinkens von Breslau charakterisirte vortrefflich die romanische Aeußerlichkeit und Werkheiligkeit im Gegensatz gegen die germanische Innerlichkeit. „Priester waren wegen ihrer Verantwortung beunruhigt, aber man antwortete ihnen: Was sprechen Sie von Verantwortung? Die Verantwortung hat der Papst, Sie haben zu gehorchen! (Beifall.) Man denkt sich also in dem Papste gewissermaßen ein allgemeines Gewissen (Heiterkeit), und beruhigt sich nun vollkommen, wenn er die Verantwortung übernimmt. Da heißt es denn: Religion ist der Gehorsam gegen den Papst, Religion ist äußerliche Gesetzesgerechtigkeit. Man kann schnell an den Fingern abzählen: Messe hören auf Befehl, die Sacramente empfangen auf Befehl, gewisse Gebetsformeln hersagen auf Befehl, gewisse Abstinenzgebote halten auf Befehl, dazu noch etwas Wunderglaube an Lourdes und La Salette, Fanatismus, Unduldsamkeit gegen den Nebenmenschen, und der Gerechte ist fertig! (Bravo! Heiterkeit.)“

Ferner hob Reinkens hervor: „Ein großes Hinderniß für unsere altkatholische Bewegung ist die nicht zu controlirende und nicht zu bekämpfende unheimliche Macht der unterworfenen Priester im Beichtstuhl über die Frauen. (Lebhafter Beifall.) Es liegen dafür Beweise vor, daß den Frauen, welche ja so aufrichtig im Beichtstuhl ihr Herz offenbaren und den Priester als an Gottes Statt mit zitternder Ehrfurcht häufig anreden, die Fassung verlieren vor den Zumuthungen der Priester, und Versprechungen und Aufgaben übernehmen für die Familie, deren Ende ist, daß sie den häuslichen Frieden auf immer verlieren und daß ihre Männer sich unterwerfen und moralisch vernichten. (Bravo.) Ich will doch sagen, es gibt Ausnahmen, doch nicht viele, d. h. den vielen Millionen gegenüber. (Heiterkeit.) Ein fast unübersteigliches Hinderniß, das uns entgegentritt, ist das materielle Interesse. Daß das materielle Interesse, die Existenzbedürftigkeit eine große Rolle gespielt hat bei der Unterwerfung, bei der schmachvollen Unterwerfung des Klerus, darüber hat sich sofort eine öffentliche Meinung gebildet, welche keine Proteste jemals aus der Weltgeschichte bringen werden. (Sehr wahr!) Die jüngere Generation des katholischen Klerus, in den letzten zwanzig Jahren wenigstens, ist leider so erzogen, daß sie in der einseitigsten Weise abgerichtet ist auf die ultramontane Propaganda, und weiter weiß sie nichts! (Bravo! Sehr wahr!) Wenn diese Geistlichen durch Mannesmuth ihre Stellungen verlieren, dann sind sie häufig in der Lage, in welcher so viele Geistliche Frankreichs sich befinden, die auf eine leichtsinnige Weise von den Bischöfen suspendirt werden, daß sie die niedrigsten Dienste thun müssen, um ihr tägliches Brod zu haben. Und das ist ein großes Hinderniß für uns. Wären wir heute in der Lage, Tausenden von Priestern die Existenz sichern zu können, wir würden bald viel weiter sein. (Sehr wahr!) Allein dieses materielle Interesse hält nicht blos die Geistlichen von uns zurück, auch Hunderttausende von Laien. Wenn in einer großen bischöflichen Stadt einem Kerzenhändler, der in sehr guter Situation sich befindet und einige Neigung zum Altkatholicismus zeigt, bedeutet wurde, daß, sobald er gegen die vaticanischen Dogmen protestirte, kein Geistlicher der Diöcese mehr Kerzen von ihm nehmen dürfe, und dieser Mann bei der Bedrohung seiner Existenz stumm wurde, dann ist das ein Beispiel von vielen Tausenden in allen Branchen des kleinen Gewerbes. Aber es gibt noch andere Stände, von denen man es nicht leicht glauben sollte, es gibt nicht wenige Aerzte und Advokaten, welche vor ihren Freunden verächtlich von jenen angeblichen Dogmen sprechen und dennoch mit den Ultramontanen gehen, aus Furcht, in ihrer Praxis geschädigt zu werden. (Bravo!)"

Reinkens sprach auch über das Verhältniß der Altkatholiken zu den andern Confessionen und machte geltend, daß alle bisherigen Sühnversuche mißlungen seyen. „Eine Einigung könne erzielt werden auf Grund der heiligen Schrift und der alten ökumenischen Glaubenssymbole, ausgelegt nach dem Glauben der Jahrhunderte der ungetheilten Kirche. Die Einigungsversuche dürften zunächst nicht von den officiellen Behörden der Kirchen ausgehen; in der russischen wie in der römischen Kirche habe sich die Hierarchie von den Gläubigen getrennt. Der Grund der Einigung müsse in den Herzen der Gläubigen gesucht werden. In der Anerkennung dieses Grundsatzes unterscheide sich das Unionsstreben der Gegenwart von den Unionsversuchen früherer Jahrhunderte. In der russischen und der anglikanischen Kirche seyen solche Bestrebungen schon seit einem Jahrzehnt hervorgetreten. Mit den dort begründeten Vereinen könnte sich die beantragte Commission in Verbindung setzen. Man dürfe sich nicht die Einigung als ein Aufgehen aller anderen Kirchen in diejenige denken, der man selbst angehöre. Nicht die Bekehrung der Angehörigen anderer Confessionen, sondern die Verständigung mit ihnen auf Grund des christlichen Glaubens müsse ins Auge gefaßt werden. Jede Kirche müsse sich als reformbedürftig erkennen. Für jetzt könne nur die Vorbereitung der Einigung ins Auge gefaßt werden, und diese Vorbereitung mit den in dem Antrage angedeuteten Mitteln sey die Aufgabe der vorgeschlagenen Commission, die sich mit den anwesenden Vertretern der Schwesterkirchen sofort in persönliche Verbindung setzen könnte." Mehr ließ sich in der That zunächst nicht erzielen.

Eine der glänzendsten Reden hielt Professor Friedrich aus München. Er blieb auf dem nationalen Standpunkt. „Die deutsche Nation hat in unseren Tagen endlich erreicht, was sie seit Jahrhunderten, seit einem Jahrtausend ersehnt hat. Unsere deutsche Nation hat sich endlich ihrer Größe und Begabung entsprechend eine

Stellung errungen. Sie hat sich losgerissen von den Banden einer ungeistlich gewordenen auswärtigen geistlichen Macht. Sie wird sich aber auch nicht mehr in diesen Banden fangen lassen. Dafür bürgt uns insbesondere, daß es die Fügung Gottes gewollt hat, die Leitung des Deutschen Reiches, als es von Neuem wieder erstand, in die Hände einer protestantischen Dynastie zu legen. Diese protestantische Dynastie wird nie vergessen, daß der Protestantismus aus dem Kampfe mit Rom erstanden ist und daß es ein Grundgedanke des Protestantismus war, daß der politische Einfluß Roms gebrochen werden müsse. Deutschland, mit solcher Nation, ist zu unempfäng= lich, will keinen Boden mehr für diese Ränke hergeben, wenngleich ein Theil dieser Nation liebäugelt mit unseren Feinden, und wenn selbst kurzsichtige Staatsmänner mit denselben liebäugeln. Eine andere große Thatsache in unserer Zeit ist, daß wir die Tage einer kirchlichen Wiedergeburt haben. Es ist eigenthümlich, daß diese Wiedergeburt grade mit der Wiedergeburt des Deutschen Reiches zusammenfällt, aber es ist dies geschichtlich ganz nothwendig." — Der Redner entsagte übrigens jeder Hoffnung auf die Bischöfe. Nur die niedere Weltgeistlichkeit, die Professoren, die Laien müßten das große Werk vollbringen. Die Bischöfe hätten sich unmöglich gemacht. „Von diesen Männern erwarten wir nun und nimmermehr die Reform an Haupt und Gliedern. Sie haben sich geradezu zu Sclaven des rö= mischen Bischofs gemacht, sie haben nur auf sein Wort zu hören, und für unsere Bedürfnisse haben sie kein Herz, kein Verständniß. Darum kann nur dann eine Reform eintreten, wenn wir wieder die gesetzlichen Organe haben, nicht bloß Bischöfe. Ich bin derjenige, der sich gerade gegen die Wahl eines Bischofs erklärt, wenn sie auf die Tagesord= nung gesetzt werden sollte, ehe auch die Rechte der Laien und des niede= ren Klerus festgestellt werden. Meine Erfahrungen, welche ich mit diesen Männern gemacht habe, erlauben mir keine andere Sprache."

Professor Huber aus München hob hervor, im Dogma der Unfehlbarkeit culminire die falsche Richtung des römischen Papst= thums, auf diesem Abwege könne man nicht weiter gehen, also sey die Zeit gekommen, um den rechten Weg wieder zu suchen. Pro= fessor Michelis aus Braunsberg ermahnte die Protestanten, sich der altkatholischen Sache anzunehmen; nur mit Hülfe der Protestanten werde das Werk gelingen, wie auch der Kölner Dom unausgebaut geblieben wäre, wenn nicht der protestantische König Friedrich Wilhelm IV. den Bau befördert hätte.

Schließlich wurde eine Commission ernannt, welche die Wahl eines altkatholischen Bischofs oder mehrerer derselben vorbereiten sollte. Die Frage in Betreff einer Centralleitung der altkatholischen Vereine wurde dahin entschieden, daß das Comité in Köln zunächst die Oberleitung handhaben, später aber in der Handhabung mit dem Münchener Comité wechseln solle.

Am Ende der Sitzung erhielt noch Bluntschli, das bekannte Haupt des Protestantenvereins, welchen man ausdrücklich eingeladen hatte, das Wort, um die altkatholische Bewegung freudig zu begrüßen. Es fiel auf, daß dies am Schluß der Versammlung geschehen mußte, nachdem im Beginn derselben Schulte besonders hervorgehoben hatte, die Altkatholiken sollten ihre Anerkennung der Gottheit Christi betonen, um die Beschuldigungen zu widerlegen, als wollten sie den Unglauben fördern. Jedenfalls wäre es besser und auch natürlicher gewesen, wenn die gläubigen Altkatholiken Fühlung mit den gläubigen Protestanten gesucht hätten.

In seiner großen Schlußrede charakterisirte Präsident v. Schulte das Leben eines Katholiken von der Geburt bis zum Tode: „Wollen Personen heirathen, so gehen sie hin zum Pfarrer. Da gibts nun eine ganze Menge von Ehehindernissen, darüber wird ein Examen gehalten, dann ein Examen über die Religion, was ganz genau vorgeschrieben ist. Nebenbei lassen Sie mich hier sagen, daß ich gegen 16 Jahre Rath geistlicher Gerichtshöfe erster, zweiter und dritter Instanz gewesen bin, der einzige Nichtgeistliche auf dem ganzen Continent, und daher werden Sie mir in diesen Dingen wohl einige Erfahrung zutrauen. Und nun kommt der Pfarrer und examinirt über die Ehehindernisse. Ist keins da, dann haben sie die Taxe zu bezahlen und die Sache ist fertig; ist ein Ehehinderniß da, dann muß um Dispens eingeschritten werden. Diesen Dispens darf in einigen Fällen der Bischof, in andern Fällen nur Rom ertheilen. Er wird immer ertheilt, aber die Taxe muß da seyn. Zu Pfingsten

1869 erzählte mir der nachmalige hochwürdigste Erzbischof von Bamberg — auch ein Vaticanist —, als ich sein Gast war, er habe früher als Bischof von Augsburg in einem Falle die Eingehung der Ehe verweigert, weil die Brautleute nichts zu zahlen hatten. Darauf kamen aber die 63 bis 70 Gulden zusammen, und nun wurde der Dispens ertheilt. Nun sollen die Brautleute über die Religion examinirt werden. Gehören sie aber den sogenannten Honoratioren an, so werden sie nicht examinirt. Das ist Unwahrheit. Das Gesetz, wenn es gut ist, muß für den Einen wie für den Andern gelten. Bevor die Leute heirathen können, sollen sie durch einen Beichtzettel den Nachweis führen, daß sie zum Sacrament gegangen sind. Die Kirche schreibt das nicht vor. Es ist natürlicher Weise ein gutes Mittel, wenn man das absolut präceptiv macht. Wie es sich mit den Beichtzetteln verhält, werden Sie schon oft genug erfahren haben, sie werden ja oft von alten Weibern für 20 Kreuzer gekauft. Ich sage das mit absoluter Indignation, weil das Dinge sind, welche jegliches Gefühl für Religion corrumpiren. Nun nehmen wir an, die Leute sind so weit; wenn nun Jemand hingeht und sagt, es wäre vornehmer, sich am Nachmittage trauen zu lassen, dann läßt er sich dispensiren. Die armen Leute werden am Vormittag getraut, die reichen Leute können auch am Nachmittag getraut werden. Das ist nicht christliche Religion. Jetzt sind die Leute verheirathet, jetzt ist eine Kindtaufe vorhanden. Beim Armen müssen die Kinder in die Kirche gebracht werden, selbst wenn der Ort 2—3 Stunden von derselben entfernt ist, wo im tiefen Winter vielleicht der Keim des Todes oder doch der Siechheit ins junge Leben gelegt wird. Aber auf den Provinzial-Synoden ist furchtbar die Rede von der Heiligkeit der Taufe, und darum muß sie in der Kirche geschehen. Man kann ja auch nicht verlangen, daß der Geistliche zu jedem Manne hingeht; jeder, der einen Ducaten, fünf oder zehn Thaler zahlt, bekommt aber sein Kind im Hause getauft. In der Stadt Wien bildet bekanntlich die Haustaufe das Privilegium der Besitzenden, die Kirchentaufe das Privilegium der unehelichen Kinder. — Was empfängt es da für einen Religionsunterricht? Da darf ich wohl appelliren an die Erfahrungen und an das

Herz eines Jeden. Gibt es etwas Jämmerlicheres, als unsere Katechis=
men? Ich versichere Ihnen, mir ist oft angst und bange geworden,
wenn meine Kinder gesagt haben, das verstehen wir nicht. Ich
habe dann wohl geantwortet, ich verstehe es wohl, aber ihr seyd in
einem so zarten Alter, daß ich es für euch explicite nicht verstehen
darf. Frühzeitig wird in den Katechismen von Dingen gesprochen,
von denen bei einer guten Erziehung kein Kind zu wissen braucht.
Das Kapitel des 6. Gebots gehört nicht dahin, wo man das Herz
eines unschuldigen Kindes zu bilden hat. Was heißt denn das,
wenn ein siebenjähriges Mädchen kommt mit der Frage: Was be=
deutet das: „Du sollst keinen unerlaubten Umgang mit dem andern
Geschlechte haben?" Das steht wörtlich in unserm Katechismus.
Darauf habe ich gesagt, denn es blieb mir anders nichts übrig, als
eine jesuitische Antwort, es heißt: Man soll mit dem umgehen, zu
dem man paßt! (Heiterkeit.) — Jetzt kommt das Kind in die Schule.
Nehmen wir die Wirklichkeit. Bis vor wenigen Jahren waren sämmt=
liche Schulen in Italien noch in den Händen des Klerus, einzig
und allein, von der Universität herab bis zur niedrigsten Elementar=
schule. Dasselbe war der Fall in Spanien und Portugal; dasselbe
war der Fall in den meisten Staaten Südamerikas, sowie in Frank=
reich. In Frankreich ist freilich kein Schulzwang, aber thatsächlich
werden überall die Frauen in Klöstern erzogen. Bei den Gebilde=
ten wird bekanntlich das Kind kurze Zeit nach der Geburt ‚aufs
Land‘ gethan und dann auf dem Lande aufgefüttert. Und wenn
es 6—7 Jahre alt ist, geht das Mädchen ins Kloster, wo es bis
zum 17. Jahre bleibt. Daher die Erscheinung, daß die Männer
durchweg atheistisch und die Frauen durchweg bigott sind, daß der
Mann das nicht findet, was er von einer Frau zu erwarten be=
rechtigt ist. Und wohin sind nun diese Länder gekommen? Sie be=
finden sich in permanenter Revolution, in permanentem socialem
Kriege. Sobald eine Krisis ausbricht, wird dort eine Verfolgung
gegen die Kirche selbst ins Werk gesetzt, wie sie anderswo nirgends
vorkommt. Das sind eben die Resultate der kirchlichen Erziehung.
Ist es denn wahr, daß die Geistlichen sich wirklich in vollständig
guter Weise um die Schulen bekümmert haben? An wie viel Schulen

haben sie denn thatsächlich den Religionsunterricht ertheilt? Ich habe auf der Bürgerschule zwei Mal den Pfarrer gesehen, und beide Male kam er, um einen Jungen zu prügeln, der ein Mal Aepfel gestohlen und das andere Mal seine Wirthschafterin verletzt hatte. (Heiterkeit.) Wie ist nun die Erziehung? Es wird in derselben mechanischer Weise die Religion im Katechismus eingebläut, und ich weiß es leider aus eigener Erfahrung und der von vielen, vielen Freunden, daß man dadurch vollständig gleichgültig gegen jede Religion wird. Man wird z. B. jeden Morgen in die Messe commandirt, da muß man hinknien, und so lange es dem Herrn Geistlichen gefällt, wird das ausgedehnt. Dann wird stundenlang gepredigt. Wie ist ein Kind in der Lage, das alles zu thun und auszuhalten?! sogar im Winter auf den kalten Steinen so lange zu knien. Wir haben in meiner Vaterstadt knien müssen auf den eisernen Grabesplatten, so vorsorglich war man aber, die Sacristei sehr gut zu heizen. (Beifall!) Das geht so durch die Schulzeit hindurch. Ich habe niemals auf der Elementarschule und niemals auf dem Gymnasium — und ich bin fünf Jahre auf einem Gymnasium gewesen, an dem nur Priester lehrten, und die anderen drei Jahre an einem anderen, wo ganz ausgezeichnete Religionslehrer waren — aber niemals habe ich die heilige Schrift am Gymnasium im Original gesehen in der Hand des Lehrers, niemals haben wir aus der heiligen Schrift gelesen. Das Wort Gottes ist für die Katholiken ein verschlossenes Buch; es figurirt allerdings in Prachtausgaben da und dort auf dem Tische, aber wo wird die heilige Schrift von Katholiken gelesen? Eine derartige Erziehung hat natürlich ihre weiteren Folgen. Die religiöse Bildung ist eine rein formale. Man kennt die Hauptsünden, deren bis heute 14 aufgefunden sind, wie ich in einem Wiesbadener Blatte gelesen habe; man kann das alles an den Fingern aufzählen, aber die wirkliche Religion, die Religion des Gemüths, der Liebe, die Einsicht in das Wort Gottes — davon hat man überhaupt gar nichts erfahren. Und wie ist nun die weitere Bildung, worin besteht sie? Wird da in der That dafür gesorgt vom katholischen Klerus, wo er die Schulen in der Hand hat, daß insbesondere nicht blos das schöne Geschlecht, sondern auch das fromme Geschlecht, wie es im römischen Brevier bezeichnet wird, denn Rom kann auch sehr galant seyn, eine für seine Bestimmung genügende Ausbildung erlangt? Das Weib, die Frau hat eine hohe, hehre Stellung in der menschlichen Gesellschaft. Hochverehrte Anwesende! Ich darf aus Erfahrung sagen, mir als Richter sind Tausende von unglücklichen Ehen durch die Hände gegangen, und ich habe gefunden, daß in unendlich vielen Fällen die Frau die Schuld trägt, weil sie den Mann nicht zu behandeln versteht. Um aber zu verstehen, den Mann zu behandeln, muß sie dem Manne geistig ebenbürtig seyn, nicht blos Betschwester seyn, nicht blos frömmeln, sondern sie muß ihren Mann zu fesseln und zu unterhalten verstehen, sie muß Alles mit ihm geistig theilen können. Nun frage ich aber: Wird das gelehrt? Worin besteht die Erziehung der Frauen in den Klöstern und den Pensionaten? Sie besteht darin, daß Morgens Schlag 5 Uhr aufgestanden wird, nach dem Anziehen geht sie in die Kirche, dann wird hernach Kaffee, Bier- oder Milchsuppe genossen. Nun sind die Unterrichtsstunden in derselben geistreichen Weise. Was zum Berufe gehört, davon wird gar nichts gesprochen; es wird alles sorgsam fern gehalten, was auch nur irgendwie widerstreben könnte dem System und derjenigen Geistesrichtung, die man den jungen Mädchen beibringen will. Also erzogen durch ein paar Jahre, wird sie nun Hausfrau. Ja, da muß der Mann entweder selber schon so weit seyn, oder er muß die Fähigkeit haben, die Frau zu lenken; sonst ist der Erfolg, den Sie in den meisten katholischen Gegenden sehen, namentlich in meinem Vaterlande Westphalen: die Männer sehen ihre Frauen und Kinder Mittags und Abends beim Essen, die übrige Zeit sind die Männer entweder im Geschäfte oder im Wirthshause. Darin liegt der Grund, weshalb das Familienleben so tief gesunken ist in den katholischen Gegenden. Die Ehescheidungen in der protestantischen Kirche bilden keinen Beweis dafür, daß das eheliche Leben dort tiefer stehe. Der Beweis dafür, ob das eheliche Leben gut ist, ist der, ob das Familienleben gut ist. Nach meiner Erfahrung ist in Norddeutschland das Familienleben durchgehends drei Mal so gut als in Süddeutschland, und in den protestantischen Familien im Großen und Ganzen viel besser als in den katholischen Familien. Den Grund werde ich schon angeben. Worin besteht nun die Hauptthätigkeit der Frau und worin soll sie bestehen? — Ich werde Sie nicht unterhalten davon, daß sie kochen muß u. dgl.; wenn sie ihre Arbeit im Hause gethan hat, dann besteht ihr größter Genuß darin, recht oft in die Kirche kommen, recht viele Rosenkränze beten, recht oft beichten, sobald wie man etwas gethan hat. Da heißt es denn: Mein Kind, ich beschwöre dich, sobald du gesündigt hast, so komme nur und beichte, dann wirds dir vergeben und dann ist Alles gut. Das ist der Lebenslauf. Derjenige nun, der in dieser Weise handelt, der äußerlich nicht versäumt, in die Kirche zu gehen, der so und so vielen Vereinen angehört, der Mann dem katholischen Casino, wo er sich auch einmal katholisch bene thun kann, auch alle Tage, das schadet nicht, der äußerlich sich zum Vaticanum bekennt, der tüchtig Peterspfennige bezahlt: der ist ein eminenter Katholik und mag er im Uebrigen seyn, wie er will. (Bravo! Heiterkeit.)" Es folgen nun noch die Ansprüche, welche die Kirche an den Sterbenden und an die Leiche macht.

Was übrigens der Redner mit vollem Recht tadelt, darin liegt grade die größte Stärke der römischen Kirche. Sie macht das Sündigen bequem, sie beruhigt die Gewissen, sie verkauft für baares Geld und Gehorsam die ewige Seligkeit.

Nachträglich theilte Professor Huber ein Schreiben des Erzbischof Alexander von Syra und Tunis mit, worin derselbe seine warme Zustimmung zum Altkatholicismus kund gab.

Ultramontane Blätter spotteten über den Kölner Congreß und hoben insbesondere hervor, daß der vorsichtige Döllinger dabei keine Rede gehalten habe, wohl aber Bluntschli, eine Linksschwenkung, die den Altkatholiken kein Heil bringen würde; ferner hätten die Altkatholiken sich ganz der Staatsgewalt in die Arme geworfen, wodurch sie von ihr abhängig würden. Allein die Staatsgewalt steht auch der katholischen Kirche nahe und es ist nur Täuschung und Trug, wenn die Ultramontanen ihre Kirche für unabhängig von der Staatsgewalt ausgeben. Das Papstthum hat seit dem Tribentinum immer nur der französischen und habsburgischen Politik gedient und heute wieder dient es der französischen Politik. Der Gegensatz zwischen Altkatholiken und Ultramontanen ist identisch geworden mit dem Gegensatz Deutschlands gegen Frankreich. Insofern nun rechnen die Altkatholiken gewiß nicht falsch, wenn sie auf das deutsche Reichsregiment und den deutschen Reichstag rechnen.

Der Kölner Versammlung wohnte auch der altkatholische Pfarrer Kaminski von Kattowitz bei, und während seiner kurzen Abwesenheit drang der neukatholische Pfarrer Gratza mit vier andern in seine Gemeinde ein, spiegelte dem polnischen Geistlichen Waschikowitz, Kaminskis Substituten, vor, er werde eine Pfarre bekommen, wenn er zurücktrete, und log überdieß, Kaminski dürfe nicht mehr zurückkehren 2c. Da fiel Waschikowitz wirklich ab und mit ihm noch mehrere andere Gemeindeglieder. Kaminski aber, als es ihm gemeldet wurde, eilte heim, brachte alles wieder in Ordnung und hing dem frechen Eindringling einen Prozeß an.

Im November berichteten bayerische Blätter aus Bamberg: Die Behörden entwickeln gegenüber den Umtrieben der katholischen Vereine, augenscheinlich auf höhere Weisung, energische Maßregeln. Das Bezirksamt Forchheim löste das dortige Katholiken-Casino, indem dasselbe als politischer Verein erklärt wurde, auf. Das Bezirksamt Ebermannstadt schloß den katholischen Volksverein zu Preßfeld (Oberfranken) wegen Abhaltung geheimer Versammlungen und drohender Untergrabung der Staatsgrundlagen gemäß den Vereinsgesetzen. — Und aus Landau: Der Anzeiger für die Kantone Landau, Annweiler und Bergzabern schreibt: Zur Bescheidung der von den katholischen Lehrern wegen Betheiligung am katholischen Erziehungsverein abgegebenen Erklärungen hat der Stadtrath in seiner heutigen Sitzung einstimmig nachstehende Resolution gefaßt: „Der Stadtrath in Landau hat die Erklärung von vier katholischen Lehrern an der hiesigen Communalschule, daß sie weder dem in Bayern bestehenden ‚katholisch-pädagogischen Verein‘, noch dem jüngst in Edesheim gegründeten ‚katholischen Erziehungsvereine‘ als Mitglieder angehören, mit Befriedigung entgegen genommen.“

Der Kölner Altkatholikencongreß setzte eine Commission nieder, gleichsam als einen ständischen Ausschuß, um die Angelegenheiten der Altkatholiken bis zum nächsten Congreß zu überwachen, und zwar sollte diese Commission ihren Sitz in Köln behalten. In dieselbe wurden gewählt die schon genannten Schulte, Friedrich, Reusch, Michelis, Oberregierungsrath Wülfing, Sanitätsrath Haasenclever und Professor Maaßen. Im October 1872 erließ nun die Commission eine Erklärung gegen die Fuldaer Denkschrift, worin sie aufs neue den Widerspruch der Infallibilität mit der alten Kirche darlegte und die Infallibilisten sämmtlich als Abgefallene von der alten Kirche bezeichnete.

Anfang Dezember 1872 erließ die Kreisregierung von Oberbayern eine Entschließung, daß die Altkatholiken nach §. 103 der II. Verfassungsbeilage als öffentlich anerkannte Kirchengemeinde sich der Glocken bedienen dürfen, „da diejenigen katholischen Staatsangehörigen, welche die Lehre von der Unfehlbarkeit des Papstes nicht anerkennen, fortwährend als Mitglieder der katholischen Kirche zu betrachten und im vollen Genusse der den Katholiken gesetzlich gewährten Rechte zu schützen sind.“

Die gründliche Auseinandersetzung des deutschen Reichs mit den Bischöfen ließ auf sich warten, weil andere Geschäfte, z. B. die Einführung der neuen Kreisordnung, die Regierung in Berlin in Anspruch nahmen. Ueber diese hochwichtige Auseinandersetzung, welche nicht lange mehr ausbleiben kann, formulirte Professor Reinkens in der A. A. Zeitung sein Urtheil dahin: Die Staatsregierung sucht mit unendlicher Langmuth immer noch eine Art und Weise, mit ihrem Todfeinde sich zu vertragen, kann sie aber nicht finden. Denn der Papst will sich nicht vertragen und darf es nicht, denn Syllabus 80 verbietet ihm jede Versöhnung mit der modernen Civilisation. Auch hat er alle weltlichen Landesgesetze seinem unfehlbaren Willen gegenüber für unverbindlich erklärt, hat die Presse belobt, welche die moderne Cultur vernichten möchte, hat die Vereine ermuntert, welche die Autorität des Staats untergraben, gießt der Reihe nach über alle modernen Staatsregierungen die Schale seines Zornes aus und weissagt dem deutschen Reiche den Untergang. Da kann und darf der Staat sich nicht mehr mit dem Ultramontanismus versöhnen oder vergleichen. Es bleibt ihm nichts übrig,

als allen Trägern jenes ultramontanen Systems innerhalb des
Staatsgebiets jeden Einfluß auf das Volk zu nehmen. Da wird
mit der römischen Curie verhandelt über die Besetzung der Bis=
thümer Würzburg, Speyer, Münster, Hildesheim, und nachdem die
milden, wohlmeinenden Männer durchgesetzt sind, liest man ihre
Namen unter der Fuldaer Denkschrift. Das Buch von Liberatore,
welches vom Mainzer „Katholiken“, dem Hauptorgan des Bischof von
Ketteler, so warm empfohlen wurde, kündigt für die Zukunft noch
weit mehr und größere Ansprüche des Papstthums an, als je selbst
im Mittelalter gemacht worden sind. Da ist keine Versöhnung mög=
lich, kein Versuch dazu mehr räthlich.

— ——

Kapitel 2.

Das Verhalten einzelner Bischöfe.

Obgleich die Bischöfe in ihrer Gesammtheit durch ihre Denk=
schrift dem Staat den Krieg angekündigt hatten, kam es doch in
den einzelnen Diöcesen zu keinen sehr bedeutenden Conflicten.

Am meisten hatte bisher der Trotz des Bischof Krementz von
Ermeland Lärm in der Welt gemacht. Plötzlich hörte man, der=
selbe habe unmittelbar an den deutschen Kaiser ein sehr höfliches
und entgegenkommendes Schreiben gerichtet und sich sogar zum Ver=
mittler mit Rom angeboten. Dann hieß es wieder, er wolle an
der Spitze seines Klerus bei der am 13. September 1872 statt=
findenden Säcularfeier in Marienburg dem Kaiser eine Ergeben=
heitsadresse überreichen. Da dieser Bischof aber sich bisher den
Staatsgesetzen nur soweit hatte unterwerfen wollen, als sie das Ge=
biet der Kirche nicht berühren, meldeten die Blätter: Der Kaiser,
außer Stand, einen die Verbindlichkeit der Staatsgesetze in Frage
stellenden Unterthan amtlich zu empfangen, antwortete, daß er eine
solche Adresse nur dann entgegennehmen werde, wenn der Bischof

sich den Staatsgesetzen in allem Umfange gehorsam erklärt habe. Der Bischof zog es nun vor, nicht zu erscheinen. Derselbe „erklärte seine Ueberordnung des canonischen Rechts über das weltliche Landes= recht und beanspruchte so eine Beschränkung seiner eidlich gelobten Gehorsamspflicht gegen die Staatsgewalt, wie solche das vom Bischofe vor dem Antritte seines hohen Amtes geleistete Treue=Ge= löbniß jedes ernstlichen Inhalts berauben und gänzlich illusorisch machen würde." Dagegen schrieb die Germania: „Der Bischof konnte nicht anders handeln, das würden ihm sein Gewissen und seine Kirche verbieten. Mit der Anerkennung der unbeschränkten Souveränetät des Staates wird ein Anspruch erhoben, dem kein Christ nachzukommen vermag. Der Staat, die Obrigkeit, der Fürst haben rechtlich keine andern Attribute und Befugnisse, als diejenigen, welche ihnen durch Gottes Wort und Willen zugesprochen sind. Der Amtsumfang der weltlichen Obrigkeit ist sehr bestimmt begrenzt durch die beiden Allerhöchsten Verordnungen, die allen menschlichen Ge= setzen vorgehen, nämlich durch die Gebote: ‚Gebet dem Kaiser, was des Kaisers, und Gott, was Gottes ist‘, und das andere: ‚Du sollst Gott mehr gehorchen als den Menschen‘. Wenn der Staat das nimmt, was Gottes ist, so geht er über seine, ihm ertheilte Ge= rechtsame hinaus und vergreift sich an Gottes Eigenthum; und wenn er einen unbedingten Gehorsam fordert, so empört er sich gegen Gott, der für seine Befehle den größeren Gehorsam verlangt. Durch die Auflehnung wider Gottes Ordnungen hört der Staat selbst auf, eine göttliche Ordnung zu sein."

Das Ende vom Liede war, daß dem Bischof Krementz vom 1. October ab die Temporalien gesperrt wurden. Er war jedoch so naiv, wegen dieser Sperre den Weg des Prozesses gegen die Staatsregierung einzuleiten. Mit der Temporaliensperre war übri= gens noch nicht zugleich die Amtssperre ausgesprochen. Seiner Klage gegen den Fiscus wurde ein Obertribunalserkenntniß vom 11. März 1850 entgegen gehalten: Die als ein Statut der katholischen Kirche des Staates bestätigte Bulle de salute animarum enthält in Be= zug auf die Ausstattung der katholischen Bisthümer, Domcapitel und anderen kirchlichen Institute nur die Vereinbarungen des päpst=

lichen Stuhles mit der preußischen Regierung, welche zwar völker=
rechtliche Verbindlichkeiten zwischen beiden Regierungen begründen,
aber den auszustattenden kirchlichen Instituten ein Klagerecht gegen
den Staatsschatz nicht gewähren. (Präjudiz 2186. Entscheidungen
des Ober=Tribunals. Band 19, S. 409.)

Im preußischen Landtage hatte Reichensperger von Olpe be=
antragt, die Regierung möge sorgen, daß statt des excommunicirten
Dr. Wollmann am Braunsberger Gymnasium ein anderer Religions=
lehrer angestellt werde. Mit der Annahme dieses Antrags wäre
die Frage, ob Altkatholiken überhaupt noch für Katholiken gelten
sollen, verneint worden. Der Antrag wurde daher am 27. Novem=
ber 1872 mit 462 gegen 83 Stimmen abgelehnt, weil Wollmann
in seinem Recht als Staatsdiener geschützt werden müsse.

Graf Ledochowski, Erzbischof von Posen, ließ im November
1872 die Religionslehrer an den katholischen Gymnasien und Semi=
narien der Provinz von der Kanzel herab den Lehrern und Schülern
dieser königlichen Anstalten den Hirtenbrief vorlesen, worin der Herr
Erzbischof die Absicht kundgibt, seinen Sprengel Gnesen=Posen dem
„süßesten Herzen Jesu“ zu weihen, damit die Kirche von den Ver=
folgungen der gegenwärtigen Staatsgewalt erlöst werde. „Wir sehen
die Kirche Christi überall verfolgt und ihr Ansehen mißachtet“, heißt
es in dem Hirtenschreiben. Und nachdem das ganze Culturleben
der heutigen Gesellschaft als Sünde, Verirrung und Bosheit ge=
brandmarkt ist, sagt der geistliche Oberhirt: „Mit Schmerzen sehen
wir die sich mit jedem Tage mehrenden Schwierigkeiten, unseren
katholischen Kindern eine katholische Erziehung zu geben, mit Schmer=
zen sehen wir die Vertreibung der frommen und erleuchteten Kloster=
geistlichkeiten, deren gewissenhafte und hingebende Thätigkeit so viele
wohlthätige Früchte gebracht hat.“

In der Berliner „Tribüne“ las man im November 1872:
„Aus der Provinz Posen geht uns folgende, genau genommen pri=
vate Einsendung zu, die wir jedoch im allgemeinen Interesse —
denn der Einsender steht nicht allein da! — veröffentlichen: ‚Seit
Juli cr. bin ich Lehrer in einem Dorfe, dessen Bewohner mit kleiner
Ausnahme weder schreiben noch lesen können — kurz gesagt —

dumm wie das liebe Vieh sind. Dies wäre nun zwar nichts Neues — das ist aber seltsam, daß, wie die Alten summen, so sollen zwitschern auch die Jungen. Jeder Bildung ihrer Kinder stemmen sie sich mit Gewalt entgegen. Gleich in den ersten Wochen meines Hierseyns bin ich persona ingrata geworden, weil ich nicht in die Fußstapfen meines Vorgängers trat. Dieser hat die armen Kinder nicht unnütz mit Rechnen, der Weltkunde, oder gar der deutschen Sprache gequält, sondern war froh, wenn er die Schule schließen konnte, um ins Wirthshaus zu gehen und dort mit gutem Beispiele voranzutrinken. Die Schule hat er mir auch im höchsten Grade vernachlässigt überlassen, und namentlich war das Deutsche den Kin= dern ganz unbekannt. Obgleich Pole, sehe ich doch ganz gut ein, daß die deutsche Sprache den Kindern sehr nothwendig ist, damit sie sich in die Lebensverhältnisse später hineinfinden können. Dies aber sehen die Bauern nicht ein, und öfters habe ich Schimpfreden hören müssen, wenn sich die Kinder zu Hause mit dem Deutschen hervorthaten, am meisten aber dann, wenn ich gezwungen war, wegen Trägheit u. dgl. zu strafen, obgleich ich es immer mit Recht that und mich streng innerhalb der vorgeschriebenen Grenzen hielt. Zur Charakteristik der Bauern muß noch hinzugefügt werden, daß sie die Natur mit einem gewissen Turkosverstande begabt zu haben scheint, welcher sich in Hinterlist und teuflischer Bosheit kundgibt. Wenn es gilt, demjenigen, der sich ihren Haß verdient oder unver= dient zugezogen hat, den rothen Hahn aufs Dach zu setzen, oder ihm Böses anzurichten, dann thun sie es mit Turkosfreuden, denn Brände sind hier an der Tagesordnung, und seltsamer Weise wird der Thäter fast nie entdeckt und zur Strafe gezogen, weil man seine Rache fürchtet. Die Kinder sind auch wahre Ebenbilder ihrer Eltern. Unverträglichkeit und Diebstähle unter einander, Falschheit, Trotz und Ungehorsam mir gegenüber, — das sind die Tugenden meiner jetzigen Schüler. Da finde ich am Montag, Abends gegen 7 Uhr, ein beschriebenes Halbbogenblatt an die Hausthür angeheftet. Der Kleister war noch frisch, deßhalb nehme ich das Blatt ab, um es im Zimmer zu lesen. Die Hieroglyphen zu entziffern, war nicht leicht; es gelang jedoch, herauszubekommen, daß mir ein Anonymus

am ersten, besten Abend eine Kugel durch den Kopf zu jagen ver=
spricht, wenn ich nicht aufhöre, in der Schule zu strafen. „Ich habe
dir, du Hundeseele — so heißt es —, dies gleich versprochen, als
du hier angestellt wurdest, aber du sollst die Kugel noch bekommen.
Wenn du unsere Kinder polnisch lesen lehrst, ist es genug.“ — „Der
Herr Einsender fragt uns schließlich um Rath, wie er sich dem
gegenüber zu verhalten habe. Wir helfen ihm und seinen Collegen
am besten durch die Veröffentlichung. Alle in ähnlicher Weise
Bedrängten werden gut thun, derartige Fälle den Schul=In=
spectoren oder, falls diese unzuverlässig sind, direct dem Cultus=
Ministerium mitzutheilen. Das neue Schulaufsichtsgesetz ist ja
speciell zu dem Zwecke geschaffen, diesen Uebelständen und Leiden
ein Ende zu machen. 140 Thaler Gehalt, wie sie der Einsender
hat, und dabei solches Hundeleben — das erträgt Niemand auf die
Dauer!“

Man schrieb aus Posen: Am 8. Dezember hat die Staats=
regierung die vom Staate ressortirenden katholischen Kirchen hier
und in der Provinz geschlossen, um den bekannten Aufregungs=
gottesdienst, welcher in Posen dem süßesten Herzen Jesu geweiht
wird, zu verhindern. Die katholischen Religionslehrer und Direktoren
von katholischen Lehranstalten wurden vom Provinzial=Schulcollegium
wegen Verlesung des Hirtenbriefes des Bischofs Ledochowski verant=
wortlich vernommen.

Einen auffallenden Trotz erlaubte sich der Feldprobst Rams=
zanowski, Bischof in partibus, der den katholischen Feldgeistlichen
vorstand. Er war zu seinem Amte durch den Kaiser ernannt und
hatte ihm Treue geschworen. Als aber das Kriegsministerium der
altkatholischen Gemeinde in Köln den Mitgenuß der Garnisonskirche
(St. Pantaleon) gestattete, protestirte der Feldbischof dagegen, wollte
sich auch seiner Verpflichtung gegen den Staat nicht erinnern und
erst den Papst fragen. Nachdem er das gethan, erneuerte er seinen
Protest, wozu ihn der Papst ermächtigt habe, am 21. Mai, worauf
er am 28. durch das Kriegsministerium vom Amte suspendirt wurde.
Auch sind ihm sämmtliche bischöfliche Insignien, u. A. auch die
Amtssiegel und das gesammte bischöfliche Kirchen=Inventar, welches

aus Staatsmitteln angeschafft worden war, abgenommen worden. Nur das Kreuz und der Ring, welche ihm selbst angehören, sind ihm noch geblieben. Mehrere Feldgeistliche hielten es mit dem Bischof und weigerten sich, die Weihung der mit dem eisernen Kreuze geschmückten Fahnen vorzunehmen. Klerikaler Adel verehrte dem Bischof einen kostbaren Bischofsstab und eine kunstvoll gearbeitete Mitra als Zeichen ihrer Sympathie.

Die Kölnische Zeitung bemerkte noch dazu, daß in der Pantaleonskirche bisher immer auch evangelischer Militärgottesdienst Statt gefunden hat. Der katholischen Geistlichkeit ist es früher nie eingefallen, hieran Anstoß zu nehmen und die Pantaleonskirche durch die „Ketzer" für entweiht anzusehen; sie hat vielmehr ruhig auch ihrerseits dort Gottesdienst abgehalten. Jetzt plötzlich heißt es, daß durch die an dem alten Glauben festhaltenden Katholiken die Kirche entheiligt sey; man führt förmlich die Intervention des Papstes in den preußischen Militärorganismus herbei und der Papst verhängt wirklich — etwas, was seit Jahrhunderten nicht vorgekommen ist — das Interdict über die Pantaleonskirche.

Das Kriegsministerium forderte die Militärbehörden auf, „über den Fortschritt der altkatholischen Strömung innerhalb der Armee zu berichten. Zugleich werden die Behörden darauf aufmerksam gemacht, daß der Uebertritt katholischer Militärgeistlichen zum Altkatholicismus in der bisherigen Verwaltung der katholischen Militärseelsorge keine Aenderung nach sich ziehe."

Man schrieb am 7. Juli 1872 aus Metz, der dortige Feldgeistliche habe in der Cathedrale einen Feldaltar errichten lassen, und an demselben Messe gelesen, weil ihm der Bischof den Hochaltar verboten habe.

Namszanowski hatte dem Pfarrer Grunert in Insterburg die Seelsorge verboten, aber das Armeecommando befahl ihm, darin fortzufahren.

Im August wurde dem durch klerikale Intriguen in Posen wegen seiner deutschen Gesinnung vom Amt entsetzten Probst Choinski von Seiten der Regierung die Stelle eines Kreisschulinspectors angeboten und derselbe forderte nun vom Erzbischof von Posen Wiedereinsetzung in sein Amt, widrigenfalls er die ihm angebotene Stelle annehmen würde.

Im Königreich Sachsen wurde dem Bischof Forwerk vorgeworfen, daß er die Fuldaer Denkschrift mit unterschrieben habe. Man schrieb aus Dresden: „Der Bischof ist Mitglied der 1. Kammer, und hat als solcher den Eid auf die Verfassung ausdrücklich geleistet. Wenn er nun u. A. in der Denkschrift gegen die Vertreibung der Jesuiten ebenfalls Einsprache erhebt, so gilt dies auch dem die Jesuiten aus unserem Lande verbannenden §. 56 der sächsischen Verfassung, und darauf werden unsere Abgeordneten bei ihrem zum 28. d. M. bevorstehenden Zusammentritt Gewicht zu legen wissen. — Auffallend ist eine Schwenkung der Professor Luthardschen Allg. evang.=luth. Kirchenzeitung, indem dieselbe plötzlich auf den römischen Proselytismus in Sachsen aufmerksam macht, nachdem sie bisher den Ultramontanen ziemlich offen die Stange gehalten. Die Fälle von Proselytenmacherei, welche sie anführt, gehen von der zum Katholicismus übergetretenen Gräflich Schönburg=Wechselburgschen Familie aus, und betreffen vier evangelische Kinder, welche deren Werbereifer zu einer Reise nach Breslau und zum Eintritt in ein dortiges katholisches Stift veranlaßt hat."

Die Spenersche Zeitung berichtete im August 1872 aus Dresden: Katholicismus und Protestantismus bekämpfen sich bei uns mit einer anderswo seltenen Erbitterung. Obgleich unser Land unter 2½ Millionen Einwohnern nicht mehr als 50,000 Katholiken zählt, führen dieselben eine Sprache und entwickeln eine Propaganda, wie kaum am Rhein und in Altbayern. Das Organ unserer Klerikalen, das von dem Hofprediger P. Potthoff herausgegebene Katholische Kirchenblatt für Sachsen, bringt fast in jeder Nummer Verherrlichungen des Jesuitenordens und Verspottungen des Deutschen Reiches. Fast Jahr für Jahr tritt eine unserer abligen Familien zum Katholicismus über, um dann sofort einen neuen Herd für die Proselytenmacherei zu bilden. Der Umstand, daß unsere Dynastie katholisch ist, bietet den Vorwand zu diesem hinter ihrem Rücken betriebenen Wesen. Leider gewährt uns die Zukunft geringe Aussichten für Besserung dieser Verhältnisse. Unser siegreicher Kronprinz ist zwar ein toleranter und dem klerikalen Wesen abgeneigter Herr, aber er ist kinderlos, und der präsumtive Thronfolger Prinz Georg gilt so gut wie seine portugiesische Gemahlin für einen eifrigen Beförderer des Ultramontanismus. Ihre Kinder, die künftigen Erben des Landes und Thrones, werden in völlig ultramontanen Ideen erzogen. Kurze Zeit, nachdem Pius IX. den blutigen Ketzerrichter Arbues unter die Heiligen der römischen Kirche erhoben hatte, wurde er von dem Prinzen Georg, dem künftigen König eines in seiner ungeheuren Mehrheit protestantischen Landes, zum Pathen seines Sohnes gebeten. Kaum war die durch diesen Schritt erregte Unruhe wieder einigermaßen beseitigt, als eine neue ähnliche Demonstration folgte. In dem böhmischen Grenzorte Philippsdorf hat sich seit einigen Jahren eine gewöhnliche Webermagd als Wallfahrtgegenstand etablirt, mit dem Vorgeben, Erscheinungen der h. Jungfrau zu haben. Zu ihr wallfahrtete im Winter 1869—70 die künftige Herrscherin des weitaus protestantischsten unter den größeren deutschen Ländern mit der Leibwäsche ihres erkrankten Kindes, um für dasselbe dort Genesung zu erflehen!

Man hatte die falsche Nachricht verbreitet, es hätten fast alle katholischen Militärpfarrer Preußens, im offenen Widerspruch mit der kriegsministeriellen Verfügung vom 29. Mai, den betreffenden Diöcesanbischöfen sich jurisdictionell unterstellt. Die Wahrheit ist, daß vielmehr eine erkleckliche Anzahl katholischer Militärpfarrer sich keineswegs den Diöcesanbischöfen zu unterstellen für nöthig gefunden hat oder findet, sondern unbekümmert um den ultramontanen Terrorismus fest und ruhig weiter arbeitet.

Auch Bischof Ketteler von Mainz erregte wieder Aufmerksamkeit. Unter dem Ministerium Dalwigk hatte die großherzoglich hessische Regierung, zum Theil heimlich, Concessionen gemacht, die den Staat gänzlich der Kirchengewalt gefangen gaben. Die Kölner Zeitung brachte eine Correspondenz aus Hessen=Darmstadt vom 26. Juni 1872 folgenden Inhalts: „Die Regierung selbst liefert Schritt für Schritt die bedeutungsvollsten Beiträge zur allmäligen Klarstellung der Verhältnisse, in welche der Staat der Kirche gegenüber gerathen ist, und bereits heute ist es kaum mehr zu bezweifeln, daß, wenn überhaupt die Abkommen mit dem Bischof von Mainz, nämlich die Convention vom 23. August 1854 und die geheim gehaltene, am 9. Juni 1856 an den Staatssecretär Antonelli gesandte Zusatz-Uebereinkunft zu jener aufgehoben sind, die Regierung entweder nicht den Willen oder nicht die Macht hatte, den Bischof in die gesetzlichen Schranken zurückzuweisen. Nach jener Zusatz-Convention, von der man heute noch nicht weiß, ob sie des Cardinals und des Papstes Wohlgefallen erhalten hat, besetzt der Bischof (bis auf zwei, welche dem Präsentationsrecht des Großherzogs gnädigst überlassen blieben) die Pfarrpfründen des Landes ganz selbständig; da er auch über allenfallsige Einwendungen der Regierung in letzter Instanz entscheidet und also gar nicht nöthig hat, auf diese Einwendungen einen Monat nach erfolgter Besetzung der Stelle zu warten, wie in der ersten Convention bestimmt war. In diesem Verhältnisse nun begehrt die Regierung von den Ständen die Mittel für die Aufbesserung der Pfarrgehälter bis zu 800 Gulden Firum. Es ist keinem Zweifel unterworfen, daß man sich so tief wie möglich verrannt hat. Denn zuerst mußte man, nach Aufhebung der verfassungswidrigen Conventionen, zu dem früheren Zustande zurückgehen und den Bischof in die gesetzlichen Schranken verweisen, und dann erst war die Verpflichtung zur Schaffung des standesmäßigen Unterhaltes der Geistlichen selbstverständlich, da die Zusicherung des landesherrlichen Tischtitels alsdann wieder zu Recht bestand. Die Vorlage des Gesetzentwurfs aber ohne jenen Hinweis ist ein klares Zeichen, daß, wenn auch nicht formell, doch materiell jener Zustand im Geheimen weiter besteht. Es lag und liegt in der Hand der Regierung, den landesherrlichen Tischtitel zu verweigern und dem Bischof zu überlassen, trotzdem die Candidaten in das Seminar aufnehmen zu lassen, die Weihen zu ertheilen und ihn dann auch für den standesgemäßen Unterhalt seiner Candidaten sorgen zu lassen. So aber ist die Vorlage jenes Gesetzentwurfs ein Zeichen, daß die Conventionen weiter bestehen, denn in ihnen ist der Tischtitel zugesichert und auch dem Bischof die selbständige Besetzung der Pfarrpfründen zugestanden. Wie die Landstände die Zumuthung, durch Erhöhung der Pfarrgehalte einen verfassungswidrigen Zustand zu

prämiiren, aufnehmen werden, muß abgewartet werden. Aber klar
ist heute schon, daß demnächst noch einige andere Consequenzen
dieses sonderbaren Verhältnisses zu bekämpfen seyn werden. Wie
die Fortdauer jenes Zustandes dem Bischof eine fast selbständige
Leitung der Schulen ermöglicht, wie sie ihn in Stand setzte, Convicte und Knabenseminarien zu errichten, die Lehrstellen mit Jesuiten
zu besetzen und lehren zu lassen, was ihm beliebte und hinsichtlich
der künftigen Candidaten für die kirchlichen Stellen im Großherzogthum ihm am dienlichsten schien, wie es in seinem Belieben steht,
kirchliche Censuren mit bürgerlichen Folgen, wenn auch nicht mit
officieller Hülfe, so doch mit Unterstützung seines jesuitischen An-
hanges zu verknüpfen, so wird dieser noch andere, zum Theil nahe,
zum Theil ferner liegende Folgen haben, wenn an die Stelle des
oberflächlichen Scheinliberalisirens der Regierung nicht eine effective
kraftvollere Wahrnehmung der staatlichen Interessen tritt. Bei der
gegenwärtig von dem Bischof bis in das Kleinste ausgeführten oben
bezeichneten Organisation der geistlichen Bildungsanstalten erscheint
es schon im höchsten Grade bedenklich, daß die Regierung kein Schutz-
mittel mehr gegen eine ihr oder den Zwecken des Staates mißfällige
und unzuträgliche Besetzung des bischöflichen Stuhles, der Capitu-
larstellen und Canonicate besitzt. Wie nun bei den Pfarrstellen, so
kann demnächst trotz dieser kritischen Lage auch für diese Stellen
eine Zumuthung an das Land gestellt werden. Man müßte sich
sehr irren, wenn jenes Gesetz zur Verbesserung der Pfarrbesoldungen
nicht der Vorläufer für ein anderes wäre, welches die reale Dotation
des Bisthums betrifft. Das Ministerium Dalwigk hat dem Bischof
gegenüber ‚die Verbindlichkeit zur realen Dotation förmlich anerkannt und baldmöglichste Erfüllung‘ zugesagt. Die damalige Finanzlage des Staates — es war im Jahre 1854 — gestattete eine
sofortige Höherstellung dieser Dotation nicht, eben so wenig die Feststellung eines Termins. Die nun in den nächsten Jahren eintretende
bessere Finanzlage wird auch für dieses Gelübde dienlich werden.
Zur vollen Charakteristik des letzten Punktes ist erwähnenswerth,
daß die Dotationsverhältnisse des Bisthums durch eine Bulle festgestellt sind für alle Zeiten und daß seit Errichtung des Bisthums

der Ertrag der Grundstücke und Gebäude, welche außer dem staatlichen Zuschusse die Dotation bilden, riesig gewachsen sind. So viel über die Lage der Dinge, wie sie noch thatsächlich ist. — Es ist nun nicht uninteressant, noch auf eine andere Thatsache zurückzukommen. Das zur Ausführung des Reichsgesetzes gegen die Jesuiten ergangene Ausschreiben an die Kreisämter ist nämlich unter der Unterschrift eines Mitgliedes des Ministeriums ergangen, das als Affiliirter des Ordens gilt. Das Erstaunen hierüber ist noch größer, als das über jenes Gesetz wegen Erhöhung der Pfarrbesoldungen. Faßt man aber die Verhältnisse zusammen, so ist die Sache leicht erklärlich. Dieweil der Bischof selbständig die Pfarreien und Lehrstellen besetzt, hat er es vollständig in der Hand, die Jesuiten unterzubringen, wie und wo er will. Ihre Aufnahme in den Diöcesan-Verband wie ihre Entlassung aus demselben, ihre Herübernahme in den Weltpriesterstand, ihre Verwendung im Beichtstuhle und der Seelsorge sind Functionen, bei denen heute die Regierung etwas zu verhindern gar nicht mehr in der Lage ist. Selbst das Erforderniß des Staatsbürgerrechtes zur Ausübung eines öffentlichen Amtes vermag sie im Hinblick auf die Reichsverfassung in solchen Fällen nicht mehr geltend zu machen. Die Formen werden sich ändern — die Sache bleibt, und so lange die inneren kirchlichen Verhältnisse des Großherzogthums nicht jenen conform werden, welche heute noch in den übrigen deutschen Staaten bestehen, wird auch die Gewalt des Reiches in diesem verfahrenen Zustande einen wirksamen Anhaltspunkt für die Geltendmachung ihrer Autorität kaum finden. Vorerst liegt der Anstoß, diese Zustände einer Reform entgegen zu führen, an dem Landtage, in den nächsten Wahlen zu demselben an dem Lande selbst. Diese für sich auszunutzen ist der Plan der Regierung. Deshalb bringt sie in den letzten Monaten die Gesetze zur Erhöhung der Volksschullehrer-Gehalte, der Pfarrgehalte und zu allerletzt das neue Wahlgesetz. Sie sucht ihre alten Verbündeten freundlichen Sinnes zu machen, indem sie, auf dem Boden der rechtsverschleudernden Conventionen stehend, die alten Concessionen erweitert und den Liberalen einstweilen guten Willen zeigt. Eine gewisse Feinheit in dieser kleinen Politik ist nicht zu verkennen. Sollten die liberalen Parteien im Lande sie nicht begreifen und würdigen, so könnte die Zeche, die dieses mit Einbuße an geistigem und materiellem Fortschritte zu zahlen haben wird, ziemlich hoch werden."

Gleichzeitig wurde in Mainz ein neuer deutscher Katholiken=verein gegründet. „Der Aufruf wiederholt die alte Lüge, daß in Deutschland ein Kampf geführt werde, der ‚gegen die Existenz der katholischen Kirche gerichtet sey.‘ Was den Zweck des in Mainz residirenden Vereins betrifft, so sagt §. 1 der Statuten darüber Folgendes: ‚Zweck des Vereins ist: Vertheidigung der Freiheit und der Rechte der katholischen Kirche und Geltendmachung der christ=lichen Grundsätze in allen Gebieten des öffentlichen Lebens durch alle sittlich und gesetzlich erlaubten Mittel, insbesondere durch Aus=übung der verfassungsmäßig anerkannten und garantirten staats=bürgerlichen Rechte.‘ Der Vereinsvorstand besteht aus folgenden Personen: ‚Freiherr Felix v. Loe in Terporten bei Goch, Präsident. Reichsrath Freiherr von Frankenstein in Ullstadt bei Langenfeld, Bayern, Vizepräsident. Kaufmann Jos. Nic. Racke in Mainz."

Der Aufruf besagt: „Das richtige Verhältniß von Staat und Kirche aber erkennen wir aus den Zielen, welche beiden gestellt sind: Dort ein Ziel in der Irdischkeit, das sich nothwendigerweise dem höheren ewigen Ziele des Menschen unterordnet, hier dieses ewige Ziel, das unendlich weit über dieses endliche Daseyn hinausreicht, und zu welchem sich jenes verhält wie das Mittel zum Zweck. Und wie wir uns bewußt sind, daß der Glaube die sichere Leuchte der Handlungen jedes Einzelnen sey, so verehren wir auch in dem apo=stolischen Lehramte der Kirche jene Autorität, welche die Völker und die Fürsten in der Wahrheit des christlichen Sittengesetzes unter=weist und uns mahnt und stärkt, mit den Aposteln zu sprechen: Man muß Gott mehr gehorchen, als den Menschen." — D. h. der Staat soll der Kirche unterthan seyn und, wenn beide streiten, die Kirche allein entscheiden. „Hiernach steht auf der einen Seite in seiner ‚Irdischkeit‘ das Institut des Staates, welcher auch freveln kann, auf der andern mit ihrem Richteramte über die Sitten in ihrer Göttlichkeit die Kirche. Wer entscheidet aber, ob der Staat frevelt? Niemand anders als der Stellvertreter Gottes auf Erden, der unfehlbare Papst. Der päpstlichen Auslegung des Sittengesetzes haben ‚Völker und Fürsten zu gehorchen,‘ welchen Glauben sie auch haben mögen.“ Das ist also eine förmliche Aufforderung zum Ungehorsam gegen den Staat.

Die Kölnische Zeitung bemerkte: „Wie die Vorgänge in Mainz beweisen, steift man sich auf eine subtile Unterscheidung zwischen Ordensthätigkeit und seelsorgerischer Thätigkeit der Jesuiten, und will das Gesetz nur auf jene anwenden lassen, d. h. auf eine Thätigkeit, welche sich auf bestimmte, von dem Ordens-Oberen gestellte Aufgaben bezieht. Dagegen soll die seelsorgerische Thätigkeit, welche nur mit Genehmigung oder im Auftrag der Bischöfe geübt werde, den Jesuiten nicht bestritten werden. Es springt in die Augen, daß, wenn eine solche Unterscheidung zugelassen würde, die Ausführung des Gesetzes nicht der Sorge des Bundesrathes, sondern der Willkür der Bischöfe überantwortet würde, welche, wenn sie einen Jesuiten gegen die Wirkungen des Gesetzes schützen wollten, ihn nur mit einem speciellen Mandat betrauen oder ihm ein gegebenes entziehen können, um sich seiner vorkommenden Falls zu entledigen. Es ist selbstverständlich, daß die Reichsregierung auf die von den Bischöfen beliebte Unterscheidung nicht Rücksicht nehmen wird. Auch befinden sich die Bischöfe in einer großen Selbsttäuschung, wenn sie die von ihnen geltend gemachte Unterscheidung als in der Sache begründet ansehen. Es ist ja allbekannt, daß der zur Bekämpfung der Reformation gestiftete Orden nach den Intentionen seines Stifters und den vom h. Stuhle genehmigten Statuten sich durchaus nicht einem beschaulichen Leben hingeben, sondern direct in das bürgerliche Leben eingreifen und von der Kanzel herab, im Beichtstuhl und auf dem Katheder wirken, d. h. eine seelsorgerische Thätigkeit als Ordensberuf ausüben sollte. Die Trennung zwischen Ordensthätigkeit und Seelsorge, welche man insceniren will, ist also anti-jesuitisch.“

Auch die Bischöfe von Paderborn und Münster und eine Versammlung von Ultramontanen zu Regensburg berieth eine Adresse an den König von Bayern, um ihn zu bitten, er möge in seinem Lande die seelsorgliche Thätigkeit der Jesuiten schützen. Den

Jesuiten kam alles darauf an, den Beichtstuhl zu behaupten, in welchem sie so grenzenlose Macht, besonders über das weibliche Geschlecht üben konnten. Gegen die Voraussetzung, der Einzelstaat könne einen Reichsbeschluß nicht ausführen dürfen, wurde bemerkt, nur der Bundesrath habe zu entscheiden, nicht der Einzelstaat. „Der §. 3 des Jesuitengesetzes hat die Ausführung und Sicherstellung von dessen Anordnungen ausdrücklich dem Bundesrathe, also dem Reiche selbst, zugewiesen, und dieser hat nun die Ausführung ‚im einzelnen Falle‘ mittels der Instruction des Bundesrathes vom 5. Juli den Landesregierungen übertragen. Die Bestimmungen dessen aber, was unter Ordensthätigkeit zu verstehen und in welchem Umfange dieselbe den Jesuiten zu untersagen sey, gehört als allgemeiner Natur und den eigentlichen Charakter des Gesetzes berührend, ausschließlich vor das Reich.“

Ketteler gab damals eine kleine Schrift heraus, „Die Centrumsfraction auf dem ersten deutschen Reichstag“, worin er dreist behauptete, diese Fraction und die Ultramontanen überhaupt seyen begeistert, erstens für die Freiheit und zweitens für die Gleichberechtigung der Confessionen. „Wie immer, so bekennt sich auch hier der Herr Bischof als Anhänger der Freiheit, natürlich nur der ‚wahren‘ Freiheit. Und das thut er, während sein Herr und Meister in Rom einen Absolutismus der Knechtschaft und Geistesunterdrückung verkündet, wie ihn die Welt, weder die heidnische noch die christliche Welt, jemals zuvor gesehen. Ein Mensch, ein einzelner Mensch in Rom, den sie Papst nennen, läßt sich, allen Gesetzen der Natur und der Vernunft zum Trotz, über alle Sterblichen erhaben erklären, sich proklamiren als ein untrügliches, unfehlbares Wesen, natürlich nur, wenn er ex cathedra spricht, denn wenn er herunter steigt, dann hört das Wunder auf. Was dieser Eine glaubt und zu glauben befiehlt, das müssen die Millionen aller Andern glauben und als göttliche Wahrheit verehren. Das eigene Denken der Menschen ist damit kassirt. — Weiter bekennt sich der Herr Bischof zur vollen ‚Parität und Gleichberechtigung der staatlich anerkannten Confessionen‘; das thut er in einer Zeit, wo die Bannflüche Roms gegen jede von den römischen Satzungen abweichende

Lehre noch die Welt durchhallen. Der Encyklika und dem Syllabus und allen Bannflüchen gegenüber von Freiheit und Gleichberechtigung der Confessionen zu reden, das ist mehr, als der gesunde Menschenverstand ertragen kann."

Endlich behauptet der Bischof, der ganze Streit sey von den Liberalen ausgegangen, diese hätten angefangen, und er verfehlt nicht, die liberale Bourgeoisie als den Hauptfeind zu bezeichnen, den man bekämpfen müsse. Er stimmt hierin ganz mit den Internationalen überein, zum Beweise, wie gern die schwarzen Internationalen sich der rothen als Waffengenossen bedienen.

Die Nationalzeitung erinnerte an den „welthistorischen Fußfall", den Bischof von Ketteler, der Verfasser der Denkschrift, um die Mitte Juli 1870 that, um den Papst von der Definition des Unfehlbarkeitsdogmas zurückzuhalten, weil dadurch die Kirche erschüttert und ihre Stellung zu den Staaten aufs Aeußerste gefährdet werden würde. Und jetzt wird in der Denkschrift gesagt, daß den Bischöfen „die gegenwärtigen Wirren plötzlich wider Erwarten hereingebrochen seyen," daß das neue Dogma nur ausspräche, was längst kirchlicher Glaube und kirchliches Recht gewesen wäre, und daß das Dogma die Stellung der Kirche zu den Staaten gar nicht berühre! — Am 17. November, Sonntag Nachmittag während der Andacht für die „bedrängte" Kirche bestieg der Bischof die Kanzel im Dom und verlas, um nicht in „überwallenden Gefühlen" an den §. 130a zu streifen, eine Erklärung und ein „schmerzliches Lebewohl" für die Jesuiten, welche „auf seine Bitte" 12 Jahre hier gewirkt haben.

Da die Jesuiten aber die eifrigsten Bundesgenossen Frankreichs gegen Deutschland sind, hätte sich der Bischof Ketteler erinnern sollen an das, was er gesagt hat in dem Hirtenbriefe, in welchem er gegen die Besitznahme Roms durch Victor Emanuel protestirt. Indem er die Corruption schildert, die durch die französische Mode nicht blos in den affreusen Trachten und lüderlichen Sitten, sondern auch in der frivolen und gottlosen Literatur und in den liberalen Prahlereien und Illusionen von Deutschland adoptirt worden ist, bemerkt er: „Dieses Franzosenthum in Deutschland ist uns gefährlicher als das Franzosenthum in Frankreich und es hat vielleicht in

Deutschland tiefere Wunden geschlagen, wie selbst in Frankreich. Alle äußeren Siege über Frankreich sind Scheinsiege, so lange die falschen französischen politischen Principien, denen der europäische Liberalismus fort und fort huldigt, über uns herrschen. Die Siege unserer Armee über Frankreich nützen wenig, so lange der deutsche Geist ein Sklave, ein Nachäffer dieser unchristlichen Grundsätze bleibt. Nicht das ungläubige Deutschland, das in Zeitungen und öffentlichen Blättern, auf den Rednerbühnen, auf so vielen Lehrkanzeln und in geheimen Gesellschaften für die Trennung der bürgerlichen Gesellschaft von der Religion thätig ist, hat jetzt Frankreich auf den blutigen Schlachtfeldern geschlagen, sondern das christliche, das gläubige Deutschland. Auch dem blödesten Auge kann es nicht verborgen bleiben, welch' ein unermeßlicher Unterschied besteht zwischen dem Geiste dieser ganzen Armee, die so recht eigentlich den Kern des deutschen Volkes in sich schließt, und dem Geiste in jenen Schichten der deutschen Bevölkerung, welche die öffentliche Meinung machen, die unser ganzes öffentliches Leben beherrschen, die wesentlich in ihrer ganzen Gesinnung nichts sind, als ein Abklatsch französischer Revolutionsgrundsätze, und die ohne Unterlaß daran arbeiten, das ganze deutsche Staatswesen mit ihren schlechten Prinzipien zu corrumpiren und dem deutschen Volke sein christliches Erbtheil zu rauben."

Das ist alles wahr und vortrefflich gesagt. Der hochwürdige Bischof hat aber hinzuzufügen unterlassen, daß wir guten Deutschen nicht weniger von Rom als von Frankreich aus corrumpirt worden sind. Der deutsche Nationalcharakter wurde durch die römische Hierarchie, die mit allen ihren Consequenzen diesseits wie jenseits der Alpen zur Herrschaft kam, eben so gefälscht, wie durch die französische Mode, und zwar flossen uns beiderlei Uebel aus der nämlichen Quelle zu, nämlich aus dem romanischen Racenübermuth, der über uns herrschen wollte und von dem wir uns bethören und verführen ließen. Rom und Frankreich waren von jeher unsere Erbfeinde, weil sie die romanische Race vertraten und unserer germanischen Race niemals ein Recht, eine Rücksicht gewähren wollten. Nicht nur Frankreich hat widerrechtlich in Deutschland erobert, Rom hat ganz dasselbe gethan. Nicht nur Frankreich hat mit Lüge und eitlem Tand uns um Wahrheit und gute Sitte betrogen, Rom hat ganz das nämliche gethan.

Wir haben also das beste Recht von der Welt, uns von der römischen Ueberwältigung eben so frei zu machen, wie von der französischen, und es ist kein Zufall, daß in demselben Jahr 1870 der römische Uebermuth zugleich mit dem französischen gebrochen worden ist. Die Einberufung des verhängnißvollen Concils hing aufs genaueste mit der französischen Politik zusammen, wie oben schon erörtert ist. Bedürfte es noch eines Beweises, so liegt er in der Haltung der ultramontanen Presse im südlichen Deutschland. Hier war das unschuldige und gutmüthige katholische Landvolk durch die von derselben Jesuitenpartei, die das Concil in Rom leitete, beeinflußte und commandirte Klerisei und Presse im französischen Interesse überredet worden, es habe sein Heil nur von Frankreich zu erwarten. Völlig wahrheitsgemäß schrieb die Schwäbische Volkszeitung: „Wir charakterisiren zunächst die ultramontane Partei, wie sie sich im gegenwärtigen Moment auf der Folie der nationalen Bewegung darstellt. Niemals war die Entrüstung aller Gutgesinnten gegen solches schmachvolle Gebahren größer, niemals war die Schuld, welche die Träger desselben auf sich geladen, höher angewachsen, als jetzt. Die ultramontane Partei allein war es, die den Krieg verschuldet hat, denn ohne ihr treuloses Verfahren hätte Napoleon unmöglich glauben können, daß Deutschland im Falle eines Kampfes sich theilen würde, und ohne diesen Glauben hätte er unmöglich den Krieg wider Deutschland ins Werk gesetzt. Nicht von uns, sondern von ihm selber rührt diese Aeußerung her, an den Händen der Vaterlandslosen klebt das Blut, das vom Vaterlande vergossen ward. Als der Krieg erklärt war, den sie veranlaßt hatte, verweigerte es dieselbe Partei, daran Theil zu nehmen; 47 ihrer Mitglieder stimmten für eine ‚Neutralität‘, die für jeden Vernünftigen Anschluß an Frankreich bedeutete.

Und jetzt, nachdem der Sieg errungen ist, den sie dem Feinde ihres Vaterlandes wünschten, jetzt weigern sie sich zum zweitenmale — auch nur die Früchte des Sieges anzunehmen. Und wenn auch

diese Absicht vereitelt, wenn auch aller Vermuthung nach die noth-
dürftige Majorität für die Verträge erreicht wird, die Partei als
solche, als Ganzes, bleibt doch der Gegner der Einigung — ge-
brandmarkt von der Geschichte, geächtet von allen Guten, nicht
werth, auf der Erde des Vaterlandes zu wohnen, das sie verrathen
wollten."

Unmittelbar nach der Fuldaer Bischofsversammlung hielt der
Mainzer Katholikenverein seine erste Wanderversammlung in
Köln, am 6. October. Dadurch sollte die Altkatholikenversammlung,
die kurz vorher in derselben Stadt getagt hatte, in den Schatten
gestellt werden. Die Reden fielen hier eben so kriegerisch aus, wie
in Fulda. Man fingirte auch hier, der angegriffene Theil zu seyn,
und wollte sich sogar für reichstreu gehalten wissen. Sie kämpften
nicht gegen den Staat an sich, wurde behauptet. Sie wollten den
Ausbau des deutschen Reichs, aber auf einer andern Grundlage.
Die bekannte alte großdeutsche Fiction. Doch sagte ein Kaufmann
Lindau aus Heidelberg unter stürmischem Beifall der Versammlung
die wahre Meinung gerade heraus: „Unsere Sympathien müssen
wir derjenigen Nation entgegentragen, welche sich des heiligen Vaters
annimmt. Ihr wird unser Herz zugethan seyn. Wir werden ihr
den Lorbeerkranz gönnen, wenn wir auch mit Trauer auf Germania
schauen." Damit konnte keine andere Nation als die französische
gemeint seyn.

Die Wanderversammlungen waren in ihrer Art vortrefflich organisirt. Sie bezweckten, das weitläuftige Jesuitennetz, in welchem
das ganze katholische Volk Deutschlands gefangen werden sollte,
„wie aus einer Hand" festzuschnüren. Der Einheit des Planes
sollte die Einheit der Ausführung entsprechen. In einer im
Jahr 1872 abgehaltenen deutschen Katholikenversammlung wurde,
worüber uns eine Privatmittheilung zukam, der Kriegsplan der
Vereine genau so articulirt, wie es schon seit mehreren Jahren im
Jesuitenplan gelegen hatte. Als das Hauptmittel, um das neue
deutsche Reich innerlich zu zerreißen, wurde die vollständige
Durchführung des katholischen Vereinswesens bis ins
kleinste Dorf hinein anerkannt. Sämmtliche Vereine, auch die

kleinsten, sollten durch ihre Vorsteher nach gleichförmigen In=
structionen geleitet werden, die ihnen das Centralcomité ertheilen
würde. Die gedachten Vereine müßten zweitens eine Hauptstütze
im Particularismus, in den zurückgebliebenen Sympathien für die
Viel= und Kleinstaaterei und für die Rheinbundsouverainetäten
suchen und auf diese gestützt, den Preußenhaß nähren. Drittens
müßten sie den Nationalhaß gegen die Deutschen bei den Polen in
Posen und in Elsaß=Lothringen unterstützen. Viertens hätten sie
ihr Augenmerk auf die Arbeitervereine zu richten und denselben
unaufhörlich zu predigen, nur durch die katholische Kirche allein sey
ihnen aufzuhelfen. Sechstens solle man ununterbrochen durch Ge=
bete, Adressen und Wallfahrten das katholische Volk für den be=
drängten Papst interessiren. Siebentens dürfe das Sammeln des
Peterpfennigs niemals aufhören; jeder Pfarrer solle in seiner Ge=
meinde unabläßig collektiren. Achtens solle man die Bauern auch
mittelst der Presse bearbeiten, wozu namentlich Kalender empfohlen
werden. Neuntens solle die Volksschule benutzt werden, um schon
die Kinder für die ultramontanen Zwecke zu begeistern, und zwar
solle man schon der Jugend in der Schule, wie dem Volke von der
Kanzel die Angst beibringen, das neue protestantische Kaiserthum
gehe darauf aus, den katholischen Glauben gänzlich auszurotten.
Wäre das neue deutsche Reich nicht zustande gekommen, so würde
die Kirche Frieden haben. Es komme also alles darauf an, das
neue Reich wieder in seine alten Bestandtheile zu zerbröckeln und
die Unabhängigkeit der Mittel= und Kleinstaaten herzustellen.

Im Großherzogthum Baden verfuhr Minister Jolly wie der
preußische Minister Falk und wies die den Jesuiten verwandten
Orden aus. So in Konstanz Schulschwestern der christlichen Liebe.
Im katholischen Landvolk wurde aber immer noch agitirt. Auf den
6. October, hieß es, sind im Seekreise zwei allgemeine Bittproces=
sionen „für die hartbedrängte katholische Kirche im neuen deutschen
Reiche und den heiligen Vater" angesetzt und letzten Sonntag von
den Kanzeln verkündet worden, die eine nach Schienen, die andere
nach der Wallfahrtskirche Engelwies bei Meßkirch. Sollte es reiner
Zufall seyn, daß diese Bittgänge mit der großen französischen „na=

tionalen" Wallfahrt nach Lourdes zusammenfallen? — Eine auf=
fallende Rohheit kam am 5. October in Oberkirch vor das Schöffen=
gericht. Pfarrverweser Kreuzer hatte von der Kanzel herab in voller
Kirche eine ihm mißfällige Gruppe von Altkatholiken Lausbuben
genannt und aus der Kirche fortgewiesen. — Im November erfuhr
man, der Erzbisthumsverweser Kübel habe von Rom ausdrücklichen
Befehl erhalten, gegen eine badische Regierungsverordnung, die
Prüfung der Geistlichen von Staats wegen betreffend, zu pro=
testiren.

Eine Correspondenz der Stuttgarter Zeitung (Juli 1872)
rügte den von den Jesuiten unter dem Volk in Oberschwaben an=
gefachten Religionshaß. Jeder Protestant werde dort als ein Feind
angesehen. Kommt ein Unbekannter, so gilt es zuerst zu erfahren,
ob man katholisch oder lutherisch sey. Man überreicht schließlich
seine Karte. Wie verklären sich die Gesichter, wenn dieselbe ent=
hält: „Franz Xaver X." oder „Johann Nepomuk Y)." oder „Jo=
hann Baptist Z." Wie kann man da aus den Augen lesen: „Der
Mann ist katholisch!" Mit solchen Karten findet man im Ober=
land sein Fortkommen gar leicht.

„Nehmen wir ein Bild aus dem Leben! Am 20. Juli 1870
mags gewesen seyn, als, wie uns von zuverlässigster Seite berichtet
wird, ein protestantischer Beamter in der Begleitung eines schmucken
Jungen, der zur Fahne eilte, an einem Kornfelde vorbeiging, das
eben von drei Arbeitern abgemäht wurde. Das Gespräch lenkte
sich auf den Krieg. ‚Nun‘, sagte einer, ‚die Franzosen werden die
verfl . . . . . Preußen zusammenhauen, wie wir das Korn hier!‘
‚Ja‘, sagte der andere, ‚aber wehren werden sich die Preußen, und
dann sind es eben doch auch Deutsche.‘ ‚Was‘, ließ sich der Dritte
vernehmen, ‚Deutsche! Verfl . . . . Ketzer sind es, die wohl zum
Teufel gehen. Wenn auch die Franzosen kommen, thut nichts; die
sind doch wenigstens katholisch!‘ —

Seit 20 Jahren wurden eine Menge oberschwäb. Ortschaften
mit Jesuitenmissionen ‚beglückt‘. Wohl war stets die Folge ein
Aufflackern des Glaubenseifers, aber immer konnte man nachher
eine Intoleranz bemerken, welche sich in hundert Stücken des täg=

lichen Lebens zeigte. Da bekam mancher protestantische Dienstbote seinen Abschied von der katholischen Herrschaft, mancher katholische Knecht verließ das ketzerische Haus.

Und welche Wirksamkeit entfalten die ‚Väter der Gesellschaft Jesu‘ erst im Beichtstuhl! Man frage einmal in R. an, in wie viele gemischte Ehen, welche vorher die glücklichsten waren, die Je=suitenmission von 1856 den Unfrieden, das Unglück brachte! Wenn solche Erscheinungen unmittelbar der Mission folgten, so wird man doch berechtigt seyn, die Ursache den Umtrieben der frommen Väter zuzuschreiben. Und wenn man erst erzählen hört, wie die Jesuiten ihre Beichtkinder vor dem Umgang mit Protestanten, vor dem Lesen protestant. Blätter und Schriften warnen, ihnen sogar mit Verwei=gerung der Absolution drohen, so ist das doch gewiß eine Bedrohung des konfessionellen Friedens. Geschieht diese Einwirkung nur auf Erwachsene, so ist die Gefahr am Ende noch abzuwenden. Empörend aber ist es, wenn schon ins kindliche Gemüth das Gift des Reli=gionshasses gelegt wird, wie folgendes Beispiel beweist. Der Zög=ling einer paritätischen Anstalt bekam mit seinen Altersgenossen die Erlaubniß, den eine Mission abhaltenden Redemptoristen zu beichten. Dem Jungen wurde die Frage vorgelegt, ob er auch Umgang mit seinen protestantischen Kameraden habe. Da nun sein bester Freund — wer kennt nicht das feste Band der Jugendfreundschaften — ein evang. Zögling war, bejahte er die Frage. Er bekam sofort vom Beichtvater den strengsten Verweis wegen solcher Unvorsichtigkeit und die bestimmte Auflage, allen Verkehr mit seinem Freunde und mit den andern evang. Zöglingen abzubrechen, auch die Schulbücher seiner andersgläubigen Kameraden weder zu lesen noch zu berühren."

Zu den ultramontanen Manövern in Bayern gehörten unter anderem auch die berüchtigten Dachauer Banken. Dachau ist eine kleine Stadt in der Nähe von München, und nach diesem Namen gründete 1870 Adele Spitzeder, eine ehemalige Schauspie=lerin niederen Ranges, in München eine Bank, welcher bald noch fast ein Dutzend Nebenbanken an die Seite traten. Alle machten glänzende Geschäfte, denn das neue und unerhörte an diesen Banken war, daß sie viel, viel höhere Prozente gewährten, als alle andern

Banken in der Welt, nämlich monatlich 8—10 Prozent. Man schrieb aus München, „außer der Spitzeder'schen Bank floriren hier noch circa 8—10 andere derartige Geschäfte, und es geht soweit, daß man, vom Bahnhof kommend, von den Emmissären dieser Geschäfte angesprochen und aufgefordert wird, sein Geld dort anzulegen. Eine wirklich existirende, von mehreren Zeitungen bereits nachgedruckte derartige Geschäftskarte lautet wörtlich folgendermaßen. Vorderseite: ‚Friedrich Graf v. Holnstein aus Bayern. München, Sonnenstraße Nr. 9, Rückgebäude‘. Rückseite: ‚Bei dem Unterzeichneten können Gelder in jeder beliebigen Größe angelegt werden, per Monat von 100 fl. mit 10 Perzent Zinsen. Die Zinsen werden vierteljährlich vorausbezahlt und können mit entsprechender Sicherheit wieder angelegt werden. Friedrich Graf v. Holnstein aus Bayern. München, Sonnenstraße Nr. 9, Rückgebäude.‘ Diese Karte erregte um so größeres Erstaunen, als der auf derselben genannte Name einem unserer vornehmsten, mit dem Königshause selbst verwandten Geschlechter angehört. Der Träger desselben soll freilich durch seinen bisherigen Lebenswandel schon längst jegliche Gemeinschaft mit seiner erlauchten Familie verwirkt haben." Einer solchen Lockung folgte nun das gemeine Volk massenhaft, wie früher dem verderblichen Lottospiel, aber das Lotto hatte lange nicht so viel zur Verarmung des Volkes beigetragen. Denn überall von Nah und Fern kamen Bauern, Kleinbürger, Arbeiter und Dienstboten herbei, um ihre Ersparnisse bei der Spitzeder niederzulegen. Das einfachste Nachdenken hätte jedem sagen können, die Spitzeder bezahle den Zins für die zuerst eingelegten Kapitale von den nachfolgenden Kapitalen, die daher verloren gehen müßten. Aber soweit dachte das Volk nicht, denn es hatten sich ehrwürdige Bürgen eingefunden, denen es traute. Das nämlich war das zweite charakteristische Merkmal der Dachauer Banken, daß sie im Dienst der h. Kirche und des Papstes zu stehen vorgaben. Das war nun freilich nicht neu, denn der bekannte Langrand-Dumanceau hatte unter demselben Vorwand die gläubigen Katholiken betrogen, indem er, vom Papst zum Grafen erhoben und von den Ultramontanen in Belgien und Oesterreich unterstützt, unter dem Vorgeben, er wolle das Ka-

pital christianisiren und für den Papst sammeln, ungeheure Summen
zusammengeschwindelt hatte. Ganz in gleicher Weise wollte die
Spitzeder „das Kapital katholisiren." Sie selbst spielte eine Ueber-
fromme, eine Art Heilige. Sie pflegte ein schweres goldenes Kreuz
zu tragen und legte auch in ihre vielen Schränke je ein großes
goldenes Kreuz so hin, daß es jedem zuerst in die Augen fiel.
Dazu wimmelte es in ihren Zimmern von Cruzifixen, Marienbil-
dern, frommen Inschriften und Sprüchen. Auch wurde sie und
wurden ihre Banken von Münchener und andern ultramontanen
Blättern aufs wärmste empfohlen und dem Volke versichert, es
könne seine Ersparnisse nirgends sicherer anlegen, als bei der Spitzeder. Auch einer der angesehensten Advokaten Münchens bestätigte
das und drohte sogar, als der erste Verdacht laut wurde, den Ver-
dächtigern mit Injurienklage. Die Münchener Neuen Nachrichten
schrieben: „An diesem ungeheuren Unglücke, das mit elementarer
Macht über unser Land hereingebrochen, tragen in erster Reihe die
literarischen Gauner schuld, die sich zuerst aus der ultramontanen
Partei rekrutirten und dort die Führer spielten." Nach Aufzählung
einer Reihe von Namen, welche der Begünstigung der Spitzeder'schen
Banken beschuldigt werden, heißt es weiter: „Wir sind gesonnen,
auch nicht die geringste Schonung gegen die Preßkosaken zu üben,
damit endlich wieder die Presse Münchens ihren guten Namen vor
dem Auslande herstelle. Die Advokaten und Juristen Münchens
haben bisher sich den Ruf völliger Rechtlichkeit bewahrt, an ihnen
wird es seyn, die Anwälte Dr. Karl Barth, den bekannten ultramontanen Landtagsabgeordneten Jettersdorf, Will, die Conzipienten
Kolb, Brücklmayer und andere aufzuforden, ihre Ehre zu vertheidigen vor den Angriffen der öffentlichen Meinung und den Denun-
ciationen der Bauernfänger und Agenten der Spitzederbank. Die
Strafgewalt wird hoffentlich auch das Corps von Packträgern,
Postboten und niederen Staatsbediensteten zu fassen wissen, die sich
ein Geschäft daraus gemacht haben, die unverständige Masse in
Stadt und Land wie Schafe zu den Dachauer Banken zu treiben,
um sie dort abzuschlachten und auszuziehen zu lassen und sie dahin
zu bringen, daß ein Armer von dem Kapitale des Andern, das ihm

in Form des Zinses ausbezahlt wurde, lebte. München muß sich von dem bodenlosen Moraste der Louis, Bauernfänger, Treiber, Freudenmädchen reinigen, die sammt und sonders dem Dachauer Bankschwindel anklebten und das Geld der Armen in Champagner und feinen Speisen verpraßten."

Gewiß ist, daß die ultramontanen Blätter, namentlich das Sigl'sche Vaterland, aufs eifrigste beflissen waren, die Dachauer Banken zu empfehlen und als dieselben schon verrufen waren, noch zu vertheidigen. „Bezüglich der Literaten, welche mit der Spitzeder in Verbindung gestanden, beziehungsweise deren Geschäfte unterstützt haben, schreiben die N. Nachr.: „An dem Unglücke, welches durch die Spitzeder'sche Bank über das Land gebracht worden ist, sind die Herren Sigl, Karl Zander, Dr. Faist und andere Ultramontane, aber auch die Redacteure der sogenannten ‚auch liberalen‘ Presse nicht ohne Schuld; Herr Theophil Bösl möge sich öffentlich rechtfertigen, aus welchen Gründen und zu welchem Zwecke er von Adele Spitzeder eine bedeutende Summe auf eine letzte Hypothek erhielt; Herr Marchner, Herr Lang, beide von der Redaction des Münchener Extrablattes, mögen öffentlich erklären, in welchem Verhältniß sie zu Adele Spitzeder standen, nachdem aus einem Briefe, den wir in Händen haben, hervorgeht, daß sie alle zur Förderung des Schwindels beitrugen. Die Literaten Reißig und Fränkel haben bereits für gut befunden, das Weite zu suchen." Ueber den seitherigen Redacteur des Südd. Tel., Kellerbauer, welcher als nomineller Eigenthümer des Blattes figurirte, während als dessen wirklicher Eigenthümer der Abg. v. Schauß und der Bierbrauer Jos. Wagner genannt werden, schreibt man dem Frk. Kur., derselbe habe, als wäre er wirklicher Eigenthümer, das Blatt an die Spitzeder verkauft und dabei sich durch Revers verpflichtet. Nun kam aber die Ministerialentschließung in Betreff der Dachauer Banken, die wirklichen Eigenthümer verlangten deren Abdruck in ihrem Blatte, Kellerbauer konnte sich nicht weigern, diesem Verlangen zu entsprechen, und Fräulein Spitzeder genoß die Ueberraschung, in dem vermeintlich ihr gehörigen Blatte den bezeichneten Erlaß zu lesen. Das führte zur Entdeckung des Sachverhalts." Bald erfuhr man: „Der

Redacteur des „Freien Landesboten‘, Theophil Bösl (früher Mit-
rebacteur des „Landboten‘ und der „Germania‘) hat die Summe
von 15,000 fl. als von dem Frl. Spitzeder erhaltenes Geschenk an
die Activmasse einbezahlt.“

Man schrieb aus München: Die Sucht nach mühelosem Gewinne ist gewiß nicht bloß bei den Gläubigen der Unfehlbarkeitslehre zu Hause. Aber schon jetzt ist doch so viel sicher, daß das
eigentliche Arbeitsfeld unseres weiblichen Law die Gegenden gewesen
sind, wo die ultramontanen Blätter am meisten verbreitet und die
Landtagswahlen in diesem Sinne ausgefallen waren. Das Innsbrucker Tagblatt erfuhr: „Das Hauptcontingent directer und indi-
recter Helfershelfer der Schwindlerin, welcher bereits eine zehnfache
Ueberschuldung nachgewiesen seyn soll, lieferte die ultramontane
Partei und deren Presse. In Folge dessen beabsichtigt denn auch
in München eine Anzahl Ultramontaner von hervorragender bürger-
licher Stellung demnächst eine öffentliche Erklärung abzugeben, des
Inhalts: daß sie beabsichtigen, sich der Wahl zur Gemeindevertretung zu enthalten, da einerseits ihre Anschauungen von denen der
Fortschrittspartei grundverschieden sind, aber auch andererseits durch
die Schuld einzelner Führer und eines Theils der ultramontanen
Presse die ultramontane Partei mit dem Schwindel der Dachauer
Bank der Adele Spitzeder und dem Gaunerthum in einem nicht
zu leugnenden Zusammenhang stehe; da endlich der bringendste
Verdacht bestehe, daß der Versuch gemacht werde, die Willensmei-
nung der Bürgerschaft zu fälschen, indem man Insassen (Gott weiß
aus welchen Mitteln) das Geld verschaffe, sich das Bürgerrecht zu
kaufen, unter der offenen oder stillschweigenden Voraussetzung, daß
sie ihre Stimmen zu Gunsten der von der ultramontanen Clique
aufgestellten Candidaten abgeben. Unsere braven ‚Tiroler Stimmen‘ besaßen noch gestern die Unverschämtheit, den unerhörten
Schwindel der Spitzeder zu vertheidigen und ihm ein Loblied zu
singen.“

Es handelte sich aber nicht blos um die Wahlen. Die Südd.
Reichspost berichtete: „daß das berüchtigte Spitzeder’sche Bankgeschäft
bisher auch mit dem Papste in Verbindung oder Fühlung gestanden

habe, insofern nämlich, als jenes Geschäft gewisse Prozente — der
Correspondent glaubt 10 — als Tantième an den heiligen Vater
abgeliefert habe. Der Correspondent weiß dies daher, daß im ver=
gangenen Sommer ein Filialgeschäft der sog. Dachauer Bank in
Nürnberg errichtet werden sollte oder wollte, und bei Gelegenheit
der Unterhandlungen darüber den betreffenden, dem Correspondenten
befreundeten Commissionären das Ansinnen oder die Bedingung ge=
stellt worden, sie müßten von dem sich ergebenden Gewinn so und
so viel Prozente zu Gunsten des Papstes abgeben, worauf sich aber
dieselben in richtiger Einsicht nicht einlassen mochten." Die Augsb.
Postzeitung erklärte, wie auch der Osservatore Romano, die That=
sache für unbegründet, die Reichspost aber beharrte dabei, die That=
sache sey constatirt.

Am großartigsten wurde die Bedeutung der Dachauer Banken
von der ultramontanen Presse als das Mittel aufgefaßt, die christ=
liche Welt von den Juden zu erlösen. Ueber die Herkunft der
Mittel der Dachauer Bank wird den Leuten, einem Berichte des
Kur. f. Niederb. zufolge, vorgeschwindelt: „daß zur Zeit der Auf=
hebung der Klöster ein Frauenkloster eine halbe Million bei Seite
geschafft habe, welche angelegt, und die Zinsen immer wieder zum
Kapital geschlagen wurden, so daß die Summe jetzt auf 75 Millio=
nen Gulden angewachsen sey. Dieses Geld sey nun bestimmt, die
Fortschrittler und die Juden zu Grunde zu richten, und da man
sie nicht umbringen könne und dürfe, müssen sie um ihr Vermögen
gebracht werden. Um dieses zu bewerkstelligen, sey der Spitze der
dieses Geld zur Verfügung gestellt worden, und könne man daher
über die Regierungserlasse und den Kampf der Fortschrittler und
Juden gegen diese „solide und echt katholische" Bank, deren Haupt=
aufgabe auch sey, armen guten Katholiken, die treu zu Papst und
Kirche stehen, zu Vermögen zu helfen, nur lachen!" Auch die ultra=
montanen Tiroler Stimmen schrieben: „Graf Langrand=Dumanceau,
der bekannte Banquier, hatte es sich zur Aufgabe gemacht, das
Kapital zu christianisiren, um auf diese Weise, mit Millionen ar=
beitend, der jüdisch=liberalen Geldmacht in Europa entgegenzutreten
und ihr die Alleinherrschaft entwinden zu können. Daß dieser Plan,

der bereits außerordentliche Fortschritte gemacht, den Juden, Liberalen und Freimaurern nicht recht war, ist auf ganz natürlichem Wege zu erklären. Es wurde deßhalb durch ganz Europa so lange gegen ihn gelogen und verleumdet, bis die belgische Regierung gegen sein Geschäft einschritt. Ein Seitenstück zu dieser Langrand-Affaire wickelt sich jetzt mit Adele Spitzeder in München ab."

Ultramontane Blätter warfen den Liberalen vor, sie hätten längst gegen die Judenwirthschaft, den Börsenschwindel, die Betrügereien mit Aktien kämpfen können, warum sie jetzt gerade über die arme Spitzeder herfielen? Es ist nun ganz richtig, daß Staats- und Volksvermögen schon lange von beschnittenen und unbeschnittenen Juden geplündert werden, aber daraus folgt nicht, daß es die Ultramontanen, noch dazu unter heiliger Maske, gleichfalls thun sollen.

Ehrliche Katholiken sahen das auch ein und suchten nicht, wie das die bayerischen Blätter thaten, den Frevel zu beschönigen. Die kath. Westphälische Zeitung läßt sich folgendermaßen vernehmen: „Daß diese Bauernfängerei zwei Jahre lang sich halten und so riesige Dimensionen annehmen konnte, ist zunächst der außerordentlichen Organisation des ‚Geschäftes‘, dann der Unterstützung des ‚Vaterland‘, ‚Volksboten‘, des freien ‚Landboten‘ und des ‚M. Tageblattes‘ zu verdanken, welche zusammen 30,000 katholische und liberale Leser repräsentiren. Erstere beiden Schandblätter spielten die Rolle katholischer Blätter trotz des empfangenen Sündenlohnes gleichzeitig fort, ja der Schurke Sigl, bei dessen Begegnung sich jeder ehrliche Mensch mit Chlor und Desinfectionspulver versieht, trieb die Frechheit so weit, das oben erwähnte Ausschreiben des Bezirksgerichtsraths Scharrer dahin zu verdrehen, daß eine Ueberschuldung der Frl. Spitzeder nicht vorhanden sey, und daß Niemand werde zu Schaden kommen. Daß dieser Auswurf der ‚patriotischen‘ Partei seine Piraterie unter katholischer Flagge treiben konnte und durfte, daran sind, wir erklären es offen, die maßgebenden Persönlichkeiten innerhalb der Partei Schuld, die es rechtzeitig unterließen, den Menschen wie einen Aussätzigen der öffentlichen Verachtung werth zu stigmatisiren. Die schwächlichen Ver-

suche des Münchener Domkapitels, sich der Zugehörigkeit Sigl's zu
erwehren, nützen uns gar nichts; auf uns, auf die gesammte katho=
lische Partei werfen die Herren den Schimpf zurück, woran auch
der Umstand nichts ändern kann, daß einige liberale Redacteure
mitgefangen wurden. Doch was geschehen, läßt sich nicht ändern,
unsere Pflicht ist es, die Verantwortlichkeit für die Schandthaten
Sigl's und die Unterlassungssünden aller aus der katholischen Partei,
die es anging, von uns zu weisen. Wir haben der Blamagen schon
mehr als eine mit der patriotischen Partei theilen müssen, von
dieser wollen wir nun und nimmermehr etwas wissen."

Als sich immer schwerere Anklagen gegen die Spitzeder erhoben,
verfügte die Regierung endlich am 12. Nov. 1872 eine Untersuchung,
aus der sich ergab, daß die Anklagen nur zu wohl begründet seyen.
Man schrieb aus München: Die in Folge eines Antrages vieler
Gläubiger auf Grund des Artikels 193 der Civilprozeßordnung
vom Bezirksgerichte München verfügte Prüfung der Geschäftsver=
hältnisse der Spitzeder'schen Dachauer Bank ergab äußerst mangel=
haft geführte Bücher, die größte Unordnung in der ganzen Ge=
schäftsgebahrung und eine zweifellose bedeutende Ueberschuldung.
Fräulein Spitzeder ist daher in Civilsicherheitshaft genommen und
Nachts 1 Uhr in das Gerichtsgefängniß überführt worden. Die
Haft dürfte sich in eine Criminalhaft umwandeln, da alle Anhalts=
punkte für einen betrügerischen Bankerott vorliegen. Die Aufregung
im Publikum ist groß, die Ruhe indeß bisher nirgends gestört
worden.

Die Criminalhaft wurde wirklich verfügt. Der Correspondent
von und für Deutschland schrieb: Mit Windeseile verbreitete sich
die Nachricht: Die Spitzeder=Bank ist gerichtlich gesperrt! in der
Provinz. Am meisten betheiligt sind Niederbayern und Oberbayern,
sehr beträchtlich auch die Oberpfalz und Mittelfranken. Schon die
gestrigen und noch mehr die heutigen Bahnzüge brachten auffallend
viele bäuerliche Passagiere hieher, welche sämmtlich, kaum hier an=
gekommen, in großer Hast nach dem Bezirksgerichte I. d. J. fragten,
um dort noch zu retten, was zu retten ist. Wahrlich, es war die
höchste Zeit, daß diesem kolossalen Schwindel Halt geboten wurde,

und einzelne mir zu Ohren gekommene Fälle, daß Pfleger anvertraute Stiftungsgelder auf eigene Faust in der Dachauer Bank anlegten (im Rottthale), Vormünder das Vermögen ihrer Mündel dort einzahlten und die hohen Zinsen für sich verwandten (wovon mir ein paar Beispiele aus hiesiger Stadt verbürgt werden), Landwirthe aus der straubinger Gegend den Erlös ihrer ganzen heurigen Ernte in Spitzeder-Wechsel umtauschten, Andere sogar (nach bezirksamtlichen Anzeigen) ihr Anwesen und Vieh verkauften und nun Bettler sind — alle diese traurigen, fast unglaublichen Thatsachen, welche bis jetzt schon bekannt geworden sind, lassen ahnen, welch großes Unheil die Gier nach den Wucherzinsen dieser Schwindelbanken angerichtet hat. — Die Augsb. Postzeitung berichtete: In München und den Vorstädten sind es hauptsächlich Dienstboten und der Arbeiterklasse Angehörende, welche Einlagen gemacht haben. Das Dienstpersonal in der Spatenbräuerei allein soll 29,050 fl. und das Arbeiterpersonal in der Rathgeber'schen Wagenfabrik circa 18,000 fl. eingelegt haben.

Trotz der gerichtlichen Erklärungen, es liege ein betrügerischer Bankerott vor, fuhr das Sigl'sche Vaterland fort, die Gläubiger zu beruhigen, es sey keine Ueberschuldung vorhanden, sey gar nicht daran zu denken. „Fräulein Spitzeder," sagt Sigl, „besitzt zur Zeit 16 Häuser und Anwesen allein in München, sie besitzt Grundkomplexe hier und auswärts, sie besitzt eine Gemäldegallerie, die auf mindestens 100,000 fl. geschätzt ist, und außerdem noch eine hübsche Summe in Staatspapieren," — woraus er den Schluß zieht, daß ihre Gläubiger (deren Einlagen Millionen ausmachen) in keiner Weise gefährdet seyen! Sigl behauptet ferner, „die Spitzeder'sche Bank stehe fester als je, sie werde sogar höchst wahrscheinlich das sogenannte deutsche Reich überleben." Auch auf dem Lande wurde durch Spitzeder'sche Agenten das Volk glauben gemacht, die Gläubiger liefen gar keine Gefahr.

In der That war die Spitzeder sehr reich geworden. „So wurde in der Wohnung der ‚Gesellschaftsdame‘, welche die Spitzeder in die ursprünglich verfügte Civilsicherheitshaft begleitete, ein Reichthum von Schmuck vorgefunden, daß man sich in einen Ju-

welierladen versetzt glauben mochte, dazu eine Garderobe in den
kostbarsten Stoffen von einer Reichhaltigkeit, daß kaum eine Fürstin
solche besitzt. — Wie mit dem Gelde gewirthschaftet wurde, entzieht
sich aller Beschreibung; es lag überall umher, auf Fensterbrettern,
Komoden, Sophas, es schien förmlich werthlos, die Wechsel lagen
auf dem Fußboden verstreut, im Ofen steckte ein Sack mit Geld,
eine Obligation fand ein wachehabender Soldat an einer Stelle,
wo man sie sicher nicht vermuthet hätte. Der Keller umschloß ein
reichhaltiges Lager der besten Weine, nur das Feinste und Ausge-
suchteste von Tafelgeräthen ꝛc. wurde benutzt, sehr theure Spiel-
uhren und Orgelwerke ergötzten häufig mit ihren sanften Tönen
die ‚fromme Fee‘ (nach dem Ausdrucke der Schnoserlpresse), die
prächtigsten Equipagen standen bereit, die „Heilige‘ (ebenfalls nach
Schnoserl) mit ihrer Gespielin (‚Gesellschaftsdame‘ benannt) und
sonstigen Anhängseln durch Stadt und Land zu tragen, man konnte
sich im Spitzeder'schen Hotel in Wahrheit, wie geschehen, rühmen,
daß man zur Reise nach Salzburg die eigenen Relais legen könne!!
Und das Alles zumeist von den sauer ersparten Groschen der Dienstboten, Fabrikarbeiter, Taglöhner, armer Leute jeder Art.“

Am 19. Nov. war durch die Gerichte bereits ermittelt, die
Activa der Spitzeder beliefen sich auf nahezu 2 Mill. Gulden, die
Passiva aber, soweit bis jetzt Meldungen eingegangen seyen, betrügen
bereits 3½ Mill. Auch die Bankhalter mehrerer Dachauer Nebenbanken wurden wegen Betrug verhaftet.

Man hat nicht gehört, daß der Erzbischof von München, unter
dessen Augen alle diese Dinge sich abwickelten, seinen Einfluß geltend gemacht hätte, um den Unfug überhaupt zu verhindern. Wenn
selbst die Berliner Germania nachträglich eingestand, „daß diese
Auswüchse eine wahre Schande für das katholische Bayern seyen,“
so hätte wohl der oberste Seelenhirt in loco früher schon davon
Notiz nehmen dürfen. Es hieß, das erzbischöfliche Ordinariat habe
einmal gewarnt. Aber es hätte mehr thun können, da die War-
nung nichts fruchtete. Die A. A. Zeitung, die ihm desfalls einen
Vorwurf machte, wurde vom Pastoralblatt des Erzbisthums der
Verleumdung bezüchtigt mit der Bemerkung, der Erzbischof wisse

das Gegentheil durch amtliche Ermittelungen. Die A. A. Zeitung schrieb: Man muß fragen, ob es normale Zustände sind, wenn Pfarrer, die vom Staat bestellt und besoldet werden, direkt ein Unternehmen fördern, das unter die Strafgesetze fällt? Hätte der Staat einen Priesterstand im Land, auf dessen Moral er bauen könnte, so hätte er diesen zu Hülfe gerufen, um durch das geistliche Wort jene fieberhafte Gewinngier zu bannen. Aber was geschah? Die Mehrzahl der Seelsorger empfahl (trotz des oberhirtlichen Erlasses) die Betheiligung, oder sie empfahlen doch zum wenigsten jene Blätter, die mit Feuer und Flammen für den Wucher predigten und die Gefährlichkeit desselben mit Lügen widerlegten. Man muß die Bauern selber fragen, wenn sie jetzt händeringend vor der Thüre stehen; dann wird man hören, wer ihnen gerathen hat, vor diese Thüre zu kommen. — In der Abwehr gegen das Pastoralblatt fährt die A. A. Zeitung fort: Sich in diesem Fall auf amtliche Erhebungen zu berufen und auf das Nichtergebniß derselben den Vorwurf der Verleumdung zu stützen, ist überhaupt ein Sophismus, mit dem man nur die kurzsichtigsten Augen täuscht. Denn wo gewann denn das Ordinariat seine „amtlichen" Erhebungen, als eben wieder bei der untergebenen Geistlichkeit, die sich hüten wird, de propria turpitudine zu bekennen? Und selbst wenn eine vollständige Kontrole der oberhirtlichen Behörde über die officielle Thätigkeit der Seelsorger möglich wäre, lassen sich auch etwa über den tausendfachen Einfluß „amtliche" Erhebungen pflegen, den der Klerus im alltäglichen Verkehr auf das Landvolk übt. — In diesem Punkt aber steht die öffentliche Meinung unerbittlich fest; die Thatsache, daß die Geistlichkeit mit allen Kräften für Verbreitung katholischer Blätter sorgt, und daß es katholische Blätter waren (und zwar zwei sehr populäre Organe), die dem Wucher die Hand boten, steht außer dem Bereich jeder Debatte.

Nach den „Münchener Neuen Nachrichten" hatte ein Cooperator Kannrinther von der Spitzeder 10,000 fl. zur Erbauung eines Hauses für das katholische Casino in Giesing erhalten und waren ihm noch weitere 10,000 versprochen worden.

Dem „Nürnberger Correspondenten" wurde am 5. Dez. aus

München geschrieben: Die in Folge des Dachauerbanken-Schwindels eingeleiteten gerichtlichen Untersuchungen erstrecken sich, eingezogenen Erkundigungen zufolge, auf 10 Personen, die sich in 3 Gruppen theilen: 1) die Bankhalter Herb und Lindner; 2) die Bankhalterin Pauline Dosch und Rechtsconzipient Brücklmaier; 3) Adele Spitzeder mit noch 5 Personen, worunter ihre „Gesellschafterin", bisher Besitzerin der „Villa Rosa" und eines Juwelenschmuckes von eminentem Werthe. Die übrigen sind gewesene „Beamte" des erstgenannten Fräuleins, darunter Herr Homolatsch, gewesener österreichischer Kadett und aus den Kurlisten eines niederbayerischen Bades vom vorigen Sommer bekannt als „Baron Napoleon Homolatsch."

Der berüchtigte Münchener Volksbote machte damals Bankerot. Sein Redacteur Zander, wegen Hochverraths in Untersuchung, und der Kammerherr Freiherr v. Linden, der den angeschuldigten Artikel im Volksboten geschrieben hatte, entwichen nach der Schweiz.

In München hatte sich der fanatische Pfarrer Westermayer dem Grabgeläute bei der Bestattung eines Altkatholiken hartnäckig widersetzt, das Ministerium aber erfüllte den Wunsch des Stadtmagistrats und befahl das Läuten. — Ferner schrieb man aus München: Da die A. Z. behauptete, „von Seite der Ultramontanen seyen für mehr als tausend kleinere Leute Bürgerrechte gekauft worden unter der Bedingung der Abstimmung für die ultramontanen Kandidaten", so erhoben die gewählten kathol. Stadträthe Klage beim Staatsanwalt mit Berufung auf §. 109 des deutschen Strafgesetzbuchs (Kauf einer Wahlstimme).

Das Erzbisthum Freiburg, welches früher mit so vieler Hitze die weltliche Staatsgewalt bekämpft hatte, hielt diesmal mehr an sich, worauf die Absageerklärung des Fürsten von Fürstenberg an die Ultramontanen Einfluß geübt zu haben scheint. „Einem Manne in der Stellung des jetzigen Familienhauptes wird es natürlich sehr schwer, einen Schritt zurück zu thun, noch dazu im Lichte der Oeffentlichkeit. Wenn der Fürst sich dennoch dazu entschloß, so fällt eine solche Entscheidung um so schwerer ins Gewicht. Nimmt man das Auftreten des Kameralisten Baumstark, der für seine reichsfreundliche, wenn auch noch so gut katholische Politik von den Organen des vulgären Ultramontanismus in Acht und Bann gethan ward, und den jetzigen Schritt des Fürsten von Fürstenberg zusammen, so kann man die Rolle des politischen Ultramontanismus im badischen Oberland für ausgespielt erklären. Um so rühriger ist dagegen die gleiche Partei am anderen Ufer des Rheines, wo der Straßburger Bischof durch seine Wühlereien den etwas laßgewordenen Eifer der Freiburger Curie beschämte."

Mehr als einem deutschen Bischof kam die bessere Besinnung und er rieth zur Mäßigung. Der Bischof von Eichstädt, v. Leonrod, befahl mehreren seiner Geistlichen, die allzu eifrig agitirt hatten, sich von der Leitung katholischer Volksvereine zurückzuziehen und sich jeder kirchlich politischen Agitation zu enthalten.

Eine Generalversammlung des katholisch-pädagogischen Vereins zu Dettelbach, welcher Bischof Reyßmann von Würzburg beiwohnte, beschloß: Indem wir an dem positiv christlichen Fundamente der Erziehung festhalten, verschließen wir uns keineswegs den berechtigten Forderungen der Zeit, der Gesellschaft und des nationalen Lebens.

Auch die niedere Geistlichkeit fing an Fürsprecher zu finden. Das „Vaterland" brachte Leitartikel in Bezug auf die Kapläne „mit sehr eigenthümlichen Enthüllungen über die Abhängigkeit, in welcher der katholische Hilfsgeistliche von seinem wohlgenährten Brodherrn und nicht selten auch von der Köchin Sr. Hochwürden steht. Unter dem bepfründeten Klerus war natürlich großes Händeaufheben und Zetern über diese Anmaßung und Taktlosigkeit der unzufriedenen Cooperatoren, dem Blatte wurde beim Fortsetzen solcher Veröffentlichungen mit dem nicht ungewöhnlichen Mittel der Abonnements-Entziehung gedroht; aber nach einer jüngst ergangenen Erklärung der Redaction will sie fortfahren, aller Drohungen ungeachtet, die Sache der Kapläne, ,die größtentheils weit mehr als ihre Schuldigkeit gethan haben', zu führen, zumal aus der Laienwelt vielfache Zustimmung zu dieser Haltung des Blattes gekommen sey. Man hätte somit den vierten Stand im Klerus in Opposition gegen die pfarrherrliche Bourgeoisie auf dem Kampfplatz und mit einem rück-

sichtslosen Organ ausgestattet. Bei solchen Zuständen daheim be=
greift sich eben so wohl, weßhalb der gemäßigte Ultramontanismus
gern wieder den Einfluß des weltlichen Arms auf seine Seite durch
ein abhängiges Ministerium gebracht hätte, und daß die bayerischen
Erzbischöfe und Bischöfe es mit der Heimreise von Fulda so eilig
nahmen. Ob letzteres auffälliges Ereigniß nicht auch noch andere
innere Gründe hat, wird sich wohl bald herausstellen; daß nur die
bischöflichen Firmungsreisen den allgemeinen vorzeitigen Abzug ver=
anlaßt haben sollten, will Niemandem glaublich erscheinen."

Die streng klerikale Schles. Volkszeitung, die man als das
Organ des Fürstbischof Förster in Breslau ansieht, erklärte sich
im Juli 1872 gegen die herausfordernde Sprache der Berliner
Germania und ermahnte zu Mäßigung und Frieden. Da es sich
hier um einen ersten Schritt zu einer richtigeren Ansicht der un=
heilvollen Friedensstörung handelt, erlangte der betreffende Artikel
der Schles. Volkszeitung eine historische Bedeutung. Er lautete:
„Bei der Sprache des Uebermuthes und der unbedingten Sieges=
gewißheit, die sich bei uns auf der ganzen Linie hören läßt, kommt
es uns fast vor, als wären wir so gut wie seiner Zeit Oesterreicher
und Franzosen zum Unterliegen vorherbestimmt. Hochmuth kommt
bekanntlich kurz vor dem Falle. Man muß so etwas selbst erlebt
oder von Augenzeugen direkt erfahren haben, wie es zugeht, wenn
der Paroxismus des Hochmuthes, verbunden allerdings mit dem
Bewußtseyn der gerechten Sache, die Oberhand gewinnt. Der ein=
fache Zweifel am raschen und glücklichen Ausgange ist schon gleich=
bedeutend mit Verrath. Jede Vorsichtsmaßregel ist gleichbedeutend
mit Zweifel, also wiederum Verrath. Jede Untersuchung könnte zu
Vorsichtsmaßregeln führen, ist also Verrath. Nur die wüthendsten
Schreier, zumeist dieselben, die nachher die Ersten sind, um, wenn
die Sache ernst wird, davon zu laufen, in die schwärzeste Verzweif=
lung zu verfallen und auch das Haltbare noch fahren zu lassen —
sie führen das große Wort und sind die wahren Patrioten. Jeder
ruhige Mann verschließt mithin seine Bedenken in seiner Brust;
vielleicht hat er ja allerdings Unrecht, und hat er Recht, so ist jetzt
doch sicher nicht die Zeit für ihn, zu Worte zu kommen, sondern

zu schweigen. Kurz, jedes Mal, wenn die Verhältnisse so liegen, kann man zehn gegen eins wetten, daß die Sache nicht bloß verloren gehen, sondern auch kläglich verloren gehen wird, nicht einmal mit Ehren. Sollte es nicht so jetzt mit dem gesammten Katholicismus in Deutschland, in Preußen stehen? Wie steht es mit unseren Vorsichtsmaßregeln? Bietet unsere Position gar keine Schwächen? Wie viele Katholiken gibt es, die keine Katholiken mehr sind? Wie viele, die es bis jetzt sind, weil sie ohne schweren Nachtheil es seyn durften, die aber anders reden werden in anderer Zeit? Auch wolle man sich erinnern, daß die Art und Weise, wie das Dogma der päpstlichen Lehramtsunfehlbarkeit zu Stande gekommen, auch bei Vielen, die sich gläubig und ordnungsmäßig dem Ausspruche der Kirche unterworfen haben, einen Stachel zurückgelassen hat, und aus der Geschichte sollte man wissen, daß ein Stachel in deutschem Gemüthe sich anders äußert, als in anderen Gemüthern. Dabei sind auf unserer Seite vielfach unnöthige, doctrinäre Aeußerungen vorgekommen, die sowohl bei unseren eigenen Leuten, als auch bei ehrlichen Leuten anderer Parteien, ohne deren ausschlaggebenden Beistand wir den Sieg nicht erringen können, Befremdung und Entfremdung hervorgerufen haben, und schweigende neutrale Bundesgenossen sind in einem Kampfe bekanntlich von um so fraglicherem Werthe, je mehr man sie vorher zum Schweigen, zur Neutralität so zu sagen gezwungen hat, und nichts desto weniger vermessen genug ist, auf sie zu zählen wie auf sich selbst, als wäre nichts, auch gar nichts vorgekommen . . . Das Schlimmste ist, daß wir mit unseren Siegesfanfaren, ehe noch der Kampf begonnen hat, unsere mit den hierländischen Verhältnissen minder bekannten Glaubensgenossen außerhalb Preußen und Deutschland in schweren Irrthum führen. Auch das ist unter dem Regimente Bismarck's diverse Male schon vorgekommen. Berichte wie die des Herzogs von Gramont nach Paris dürfen nicht aus Deutschland nach Rom gehen, und doch scheint es, als ob sie, und nur sie nach Rom gegangen sind. Wenn das auch nur hindert, die langjährigen Schäden, die in dem Verhältnisse zwischen Rom und Deutschland bestehen, geschwind noch auszubessern, so ist das Unglück groß genug, mag es verantworten wer da will, wir nicht." Diese Betrachtungen mögen sich die klerikalen Heißsporne wohl zu Herzen nehmen. Andererseits könnte sich ein Theil der liberalen Presse aus der Sprache des schlesischen Blattes die Lehre schöpfen, daß man nicht ohne Weiteres Katholiken und Ultramontane vermengen soll. Die Angriffe gegen die den Staat unterwühlende Partei verfehlen ihr Ziel, wenn sie gegen den Katholicismus als solchen gerichtet werden, in welchem doch nicht alle Wege unbedingt nach Rom führen; noch mehr aber verfehlen sie ihr Ziel, wenn hinter ihnen der specifisch protestantische Eifer hervorguckt."

Das Mißtrauen gegen die verschlagenen Jesuiten war damals so groß, daß sich Stimmen erhoben, welche diesen Artikel für eine bloße Täuschung halten wollten, er habe vielleicht nur den Zweck zu desorientiren, es sey vielleicht nur ein fingirter Rückzug, um das Cultministerium irre zu führen. v. Florencourt, der die Schlesische Volkszeitung damals redigirte, versicherte umgehend, der Artikel sey mißverstanden worden, sein Blatt stehe mit der Germania in keinem Widerspruch, auch sey es nicht das Organ des Fürstbischofs. Die preußische Provinzialcorrespondenz erkannte dagegen einfach in dem Artikel der Schlesischen Volkszeitung 1) das Geständniß, daß das Zustandekommen der päpstlichen Unfehlbarkeit einen Stachel in den Herzen der deutschen Katholiken zurückgelassen habe; 2) das Zeugniß, daß nur täuschende Berichte nach Rom gehen und die Wiederherstellung guter Verhältnisse zwischen Rom und Deutschland verhindern und 3) das Anerkenntniß, daß bis jetzt noch so gut wie nichts gegen die Kirche geschehen sey. Von der Versicherung der „Schlesischen Volkszeitung", daß Seitens der Regierung noch bei Weitem nicht bitterer Ernst gemacht sey, nimmt das halb offizielle Blatt Veranlassung, darüber den Schleier ein wenig zu lüften, was geschehen werde, wenn es erst „bitterer Ernst" geworden, indem sie auf die nächsten Sessionen des Landtags und des Reichstags hinweist. Die Regierung wünsche zwar noch heute, daß es zum bitteren Ernste nicht kommen möge, aber die Hoffnung werde leider immer geringer, daß die Stimmen, die zur Mäßigung mahnen, bis nach Rom bringen oder dort Gehör finden, selbst wenn sie von ernsten und erprobten deutschen Katholiken kommen.

Am 9. Sept. wurde die 22. Generalversammlung der Katholiken Deutschlands von etwa 600 Theilnehmern in Breslau eröffnet. Der Fürstbischof hielt bei diesem Anlaß eine Rede, worin er, nachdem er die Jesuiten außerordentlich belobt und beklagt hatte, die ganze Angst seines Herzens verrieth: „Die Zeit sey krank; die Krankheit, in Fleisch und Blut des Geschlechtes eingedrungen, sey durch menschliche Macht nicht zu bannen; wenn gelinde Mittel nicht mehr anschlügen, müßten schärfere angewandt werden, am Ende die schärfsten — das Messer und Glüheisen. Jeder könne wahrnehmen, daß die Vorsehung mit Bereitung dieser Mittel umgehe; sie lasse die Menschen sich strafen durch sich selber für ihre Verblendung. „Wir sind" — so fuhr Redner fort — „auf dem Wege dazu, auf dem Wege zu einer Katastrophe der allererschütterndsten Art, und sie naht sich uns mit hörbarem Schritte." Die Zeit der Halbheiten und Täuschungen sey vorüber. Jetzt heiße es „Ja oder Nein", kein Dazwischen; denn Feuer speie der Herr aus seinem Munde. Die Feigen müßten aus ihrer Feigheit aufgerüttelt werden. Aber man solle sich gleichwohl zu keiner Verletzung des Gehorsams gegen die von Gott gesetzte Obrigkeit, der Ehrerbietung gegen den Kaiser, hinreißen lassen.

Die Versammlung faßte ziemlich energische Beschlüsse. Zuerst empfahl sie die Errichtung und Verbreitung des Vereins christlicher Mütter und die Gründung und Förderung katholischer Erziehungsvereine und protestirte dann gegen die Beraubung des Papstes durch den König von Italien, gegen die Aufhebung der Klöster in Rom, gegen die Ausweisung der Jesuiten aus Deutschland, gegen das neue Schulgesetz, gegen die Civilehe, gegen die Anmaßung des Staats, kirchliche Excommunicationen nicht gelten lassen zu wollen, gegen die Einmischung weltlicher Staaten in die künftige Papstwahl. Auch vergaß sie nicht den arbeitenden Klassen ihre Sympathien zu bezeigen.

Vom Domherrn Künzer in Breslau erfuhr man im November, derselbe habe sich geweigert, in das ultramontane Wahlcomité für Schlesien einzutreten. Er motivirte diesen Entschluß in einem Antwortschreiben an den Grafen Ballestrem. Er erklärte sich darin entschieden gegen die „unheilvolle Politik des Centrums, welche die Religion mit Politik vermische." Der Parteiterrorismus sey „ein ebenso unkluges als gewaltthätiges Unternehmen, das sich kein wahrhaft unabhängiger, auch kein ‚christlich conservativer‘ Mann gefallen lassen dürfte, und gegen das ein Jeder protestiren müßte, der noch nicht gelernt hat, seine politischen Ansichten nach Ordre und Parole zu formen. Ueberdies ist die politische Haltung der Centrums-Fraction gerade für uns Katholiken verhängnißvoll geworden, und es wird die Zeit kommen, da es den Meisten klar seyn wird, daß die Bildung der Centrums-Fractionen ein politischer Fehler und die Anklammerung der Katholiken an dieselben ein Unglück gewesen, wie Herr Peter Reichensperger nicht lange vor jener Fractionsbildung im Hause des Herrn v. Savigny bei Tische in Beziehung auf die von dem geistlichen Rath Müller vorgeschlagene Bildung einer ‚katholischen‘ Fraction sehr richtig vorhergesagt hat. Dann aber wird die bessere Erkenntniß wahrscheinlich zu spät kommen ..." Reichensperger antwortete in der Germania, aber ohne der Wahrheit der Künzer'schen Erwägungen Eintrag thun zu können.

Die merkwürdigste Umwandlung eines Bischofs kam in Passau vor. Hier galt Bischof Heinrich Hochstetter für einen sehr frommen Mann, der aber ein wenig hitzig sey und dann nicht immer die volle Geistesgegenwart bewahre. Es kam einmal vor, daß er den Regierungspräsidenten von Lipowski durch extravagante Reden dahin brachte, sich stillschweigend zu entfernen. Der Bischof aber lief ihm nach auf die Straße, schrie fort und forderte endlich ein Paar Polizeidiener auf, sie sollten ihn verhaften, denn die bayerische Regierung müsse bei ihrem jetzigen System der Kirchenverfolgung ihn nothwendig auf die Festung schicken. Bald darauf verlangte der Bischof vom Commandanten der Festung Oberhaus bei Passau, er möge ihn holen lassen.

Trotzdem aber, daß Bischof Heinrich auch noch im Herbst 1872 die Fuldaer Denkschrift unterzeichnete, die dem Staat den Krieg erklärte, trat derselbe Bischof plötzlich gegen die Ultramontanen auf, und das unter seiner Protection stehende Passauer Tagblatt griff energisch den wahnsinnigen Fanatismus des bayerischen Volksboten und

Vaterlands und der Bauernaufwiegler, Pfarrer Mahr ꝛc. an. Es entwarf ein bedenkliches Gemälde der Verwirrung, welche diese und ähnliche Blätter in den Köpfen des bayerischen Landvolks anrichteten, und warnte ernstlich vor den Casinos und kirchlich politischen Bauernvereinen.

Unter anderm wies es auf die Augsburger Postzeitung hin, welche förmlich zu einem Bauernaufstand und Religionskrieg aufforderte. „Mit demselben Tage," — schreibt die Postzeitung — „wo der moderne Staat wie die Napoleonssäule unter den Keulenschlägen der Commune zusammenbricht, wird die ungeahnte sociale Macht des Katholicismus sich entfalten. Derselbe Glockenschlag, der die Todesstunde des modernen Staates verkündet, wird zum Festgeläute der Freiheit der katholischen Völker, denn in demselben Augenblick sind die Fesseln gebrochen, die sie bis dahin zur politischen Unthätigkeit und Machtlosigkeit verdammten; denn es gibt keine berechtigte Autorität mehr; .... los und ledig jeder Unterthanenpflicht, sind die zahlreichen katholischen Elemente zur eigenen Selbsthülfe berechtigt. Die ganze katholische Welt ist in Bewegung, die nach allen Richtungen hin in steigender und schwellender Kraft sich ausdehnt. Die Vereine, Casinos, Wanderversammlungen, öffentlichen Wallfahrten, die katholischen Fractionen in den Kammern und Landesvertretungen, die Wahlversammlungen, der Peterspfennig, die Adressen an den heiligen Vater und die pflichttreuen Bischöfe, die katholische Literatur, Tagesblätter und Zeitschriften, die stündlich sich mehren, sind Erscheinungen, welche das Herz aller Katholiken mit hoffnungsvoller Freude begrüßt. Gottlob! Die Katholiken sind ringsum bereits auf der politischen Schaubühne erschienen. Die Katholiken aller Welttheile sind insbesondere durch die providentiellen Geschicke des Papstthums, durch unseren unsterblichen Pius zu einer Bruderfamilie verschmolzen, die, einig in ihren Principien, ihren Sympathieen und ihren Programmen, eine geistige Phalanx bildet, welche, Schild an Schild gereiht, den Erdball umschließt."

Das bayerische „Vaterland" antwortete in seiner Nr. 245 dem Passauer Bischof: „Den ‚katholischen Männervereinen, Bauernvereinen, katholischen Casinos von Seiten des Staates und der Kirche eine rechtliche Existenz absprechen', das kann nur ein Verrückter oder ein — Sauhirt des Bismarck." Als die Hauptaufhetzer der Bauern wurden der Pfarrer Pfahler in Deggendorf und ein Herr v. Hafenbrädl bezeichnet. Von diesen beiden ging auch die Aufforderung aus, die Mitglieder der Bauernvereine sollten sich zu einer großen Wallfahrt am 24. November nach Deggendorf vereinigen, wo früher schon eine katholische Versammlung abgehalten wurde. Diese Wallfahrt sollte dem Bischof von Passau trotzen. Sie kam wirklich zu Stande, verlief jedoch ziemlich ruhig. Ein ultramontanes Blatt in Bayern beschimpfte den Bischof in pöbelhafter Weise und nannte sein Organ, das Passauer Tagblatt: „Das wahnsinnige Organ für höheren Blödsinn und passauische Niedertracht, welches der bekannte Journalist Heinrich (so heißt der Bischof) mit bischöflichen Geldern herausgibt ..... Der hochwürdige Heinrich Mir-graut-vor-Dir .... Man merkt am Passauer Tagblatt jedesmal, wann der Mond am Abnehmen ist, weßhalb wir es nicht für nothwendig halten, dem Organ Heinrichs des Schrecklichen noch eigens zu sagen, was es für ein nichtswürdiges, verlogenes Papier ist."

In der Mitte des November aber erfuhr man: In Ebermannstadt ist der Vorstand des dortigen katholischen Volksvereins, Pfarrer Mahr, wegen Unterlassung der Anzeige der Versammlung an Allerheiligen in eine Strafe von acht Thalern verurtheilt und nebstdem der Verein wegen angeblicher Beleidigung des Bischofs Heinrich von Passau durch bezirksamtlichen Beschluß vom 16. November geschlossen worden. —

Nachdem die ersten zehn Bogen des vorliegenden Werks bereits gedruckt waren, ereigneten sich noch Dinge von Wichtigkeit in der Schweiz, die ich hier nachtragen will.

Eine große altkatholische Bewegung begann im schweizerischen Bisthum Basel. Zu diesem Bisthum gehörten die Kantone Basel-Stadt und Baselland, Solothurn, Bern, Luzern, Aargau, Thurgau und Zug. Der Bischof aber residirte in Solothurn. Der damalige Bischof Lachat war ein fanatischer Infallibilist, wie auch sein Kanzler Duret. Er setzte 1872 den jungen Pfarrer Gschwind in Starkirch ab, weil derselbe das neue Dogma nicht an

erkannte. Die Regierung von Solothurn erklärte aber die Ab=
setzung des sehr beliebten Pfarrers für ungiltig und seine Gemeinde
brachte ihm am 5. November einen Fackelzug und pflanzte vor
seinem Hause einen Freiheitsbaum auf. Eine zahlreiche Versamm=
lung des liberalen Vereins im benachbarten Olten rief dem Pfarrer
Beifall zu. Die zum Bisthum gehörigen Kantonsregierungen ver=
einigten sich am 19. November zu einer Diöcesanconferenz in Solo=
thurn und diese erklärte die bischöflichen Censuren für ungiltig und
bestätigte den Pfarrer Gschwind in Starkirch, wie auch den früher
schon vom Bischof gemaßregelten Luzerner Pfarrer Egly in ihren
Aemtern. Nur die Kantone Luzern und Zug nahmen an diesem
Beschluß keinen Theil.

Hier der Wortlaut des einstimmigen Beschlusses: „Da der Bi=
schof von Basel entgegen dem Beschluß der Conferenz das Dogma
der Unfehlbarkeit des Papstes verkündigt hat, wodurch die Episcopat=
rechte vergeben, überhaupt die ganze Grundlage der gegenwärtigen
Kirchenverfassung verändert wird, da dieses Vorgehen mit dem Eid
des Bischofs, in welchem er den Regierungen seiner Diöcese Treue
und Gehorsam schwor und überdies gelobte, die öffentliche Ruhe
nicht zu gefährden, in schroffem Widerspruch steht, sofern er Pfarrer
der Diöcese, welche die Unfehlbarkeitslehre bekämpften, eigenmächtig
und widerrechtlich absetzt und excommunicirt; da er hierdurch und
durch seine offene Auflehnung gegen staatliche Erlasse und Rechte
des Staates und der Gemeinden bei den Pfarrerwahlen den Frie=
den ernstlich bedroht; da er ferner rechtswidrig ein eignes Seminar
errichtet hat und hält, da er endlich entgegen dem Recht und seinem
Versprechen den unwürdigen Taxenhandel mit Dispensen forttreibt,
— so wird beschlossen: 1) das Unfehlbarkeitsdogma wird nicht an=
erkannt; 2) der Bischof hat kein Recht, Priester mit Censuren zu
belegen, welche jenes Dogma nicht anerkennen; 3) der Bischof hat
sich innerhalb 14 Tagen beim Vorort der Diöcesanconferenz über
sein Verhalten in Betreff der weiteren Beschwerden zu verantworten
und in gleicher Frist die Excommunicationen und Amtsentsetzungen
des Pfarrers Egly (in Luzern) und des Pfarrers Gschwind (von
Starkirch) bedingungslos zurückzunehmen; 4) der Bischof wird ein=

zeladen, seinen Kanzler, Duret (den Intriganten und Unfrieden=
stifter), zu entlassen; nach 14 Tagen wird die Conferenz wieder zu=
sammentreten und das weitere beschließen."

Bischof Lachat verließ sofort Solothurn und holte sich Rath
in Luzern beim päpstlichen Nuntius Agnozzi. „Von der Diöcesan=
conferenz aber versicherte man, daß, wenn sich der Bischof nicht
innerhalb der ihm gestellten vierzehntägigen Frist beim Vororte über
sein Verhalten gerechtfertigt und die Excommunicationen und Amts=
entsetzungen der Pfarrer Egly und Gschwind bedingungslos zurück=
gezogen, sie ihm die Schlüssel abverlangen und für die Sedisvacanz
die nothwendigen Anordnungen treffen werde." — Uebrigens war
schon einige Wochen vorher im eidgenössischen Bundesrath zur
Sprache gekommen, ob man den Nuntius nicht ganz fortweisen
solle? — In der Stadt Olten, nahe bei Starkirch, hatte sich eine
Gemeindeversammlung der altkatholischen Sache mit besonderm Eifer
angenommen und hier sollte am 1. Dezember eine große Volksver=
sammlung weitere Beschlüsse berathen.*)

Im Kanton Wallis war der Jesuit Allet eigenmächtig vom
Bischof von Sitten zum Pfarrer von Leuk ernannt worden. Der
eidgenössische Bundesrath legte ihm aber das Amt nieder, weil nach
Artikel 85 der Bundesverfassung sich kein Jesuit in der Schweiz
aufhalten darf.

———

Kapitel 3.

Verhalten der Protestanten in Deutschland.

Man hat tadelnd bemerkt, daß sich die deutschen Protestanten,
wenn sie auch den Jesuiten scharf entgegentreten, sich doch der Alt=
katholiken mit keiner besondern Wärme angenommen haben. Das

---

*) Zum Beweise, wie die Wundersucht als pfäffisches Volksbethörungs=
mittel um sich griff, verbreitete sich das Gerücht, über dem Ort Starkirch
sey ein Todtenkopf in der Luft gesehen worden.

war aber natürlich, denn die Altkatholiken stehen noch auf demselben
Standpunkt, auf dem sich die römische Kirche vor dreihundert
Jahren befand, als sie die deutschen Protestanten als Ketzer ver=
dammte und grausam verfolgte. Auch haben die Altkatholiken noch
keine Miene gemacht, zum Protestantismus überzutreten. Drittens
besorgten viele gläubige Protestanten, es könne mit den Altkatholi=
ken einen Verlauf nehmen, wie in den vierziger Jahren mit den
sog. Deutsch=Katholiken.

Trotz alledem geht doch die altkatholische Bewegung viel tiefer,
als jene deutsch=katholische, und ein neues großes Schisma steht
der römischen Kirche unvermeidlich bevor. Die Voraussetzung des
trefflichen Döllinger, es werde möglich seyn, mit einfacher Aus=
scheidung des neuen Infallibilitäts=Dogmas die römische Kirche in
ihrer vollen alten Einheit zu erhalten, wird sich so wenig bewähren,
wie einst der gute Wille Luthers, die alte Kirche durchaus, ohne
daß es zu einer Trennung kommen sollte, an Haupt und Gliedern
zu reformiren. Das Schisma ist heute so unvermeidlich, wie es
damals war, denn Rom wird eben so wenig nachgeben, wie es da=
mals nachgab, und wird immer noch Anhänger genug behalten.
Es kommt nun darauf an, die Altkatholiken, sofern sie doch dem
infalliblen Papst sich nicht unterwerfen wollen, näher zu uns Pro=
testanten herüberzuziehen. Das liegt im Interesse zugleich der Reli=
gion und des Vaterlandes. Als Christen, die das wahre Christen=
thum suchen, und als Deutsche gehören die Altkatholiken, sowie sie
sich von Rom abgewendet haben, mit den Protestanten zusammen.

Die altkatholische Bewegung ist nicht mehr zu unterdrücken.
Erscheint ihre Macht heute noch so schwach, so wartet ihrer doch
eine ungeheure Ausdehnung. Ihre Stärke ist jetzt nur noch eine
latente. Unzählige ihrer Freunde schweigen noch und scheinen noch
nicht vorhanden zu seyn, weil sie sich noch fürchten. Aber die
Stunde wird nicht lange ausbleiben, in welcher der niedere Klerus,
vom Gesetze geschützt, sich frei wird äußern dürfen, ohne geistliche
Strafen, Excommunication und Amtsentsetzung fürchten zu dürfen.
Je hartnäckiger Rom und die Jesuiten die päpstliche Infallibilität
und die dem Papst im Syllabus zuerkannte Weltherrschaft festhalten

werden, um so gewisser werden die weltlichen Staatsgewalten da=
gegen Fürsorge treffen und die Altkatholiken sich genöthigt sehen,
auch solche Dogmen der alten Kirche fallen zu lassen, durch die sie
bis jetzt noch an den Papst gebunden sind. Das wird das einzige
Mittel für sie seyn, eine Stellung zu gewinnen, in welcher der Papst
kein Recht mehr an sie anzusprechen hat. Das wird sie aber auch
veranlassen, Fühlung mit den Protestanten zu nehmen Das alles
liegt noch im Schooße der Zukunft verborgen, aber man kann schon
die Umrisse dessen, was unvermeidlich kommen muß, durch den
Schleier durchschimmern sehen.

Mithin liegt es auch den Protestanten nahe, Fühlung mit den
Altkatholiken zu suchen. Sie sollten es aus zweierlei Gründen
thun, einmal aus Religiosität, aus Christenliebe und zur Ehre des
wahren Christenthums, sodann aus Vaterlandsliebe im deutschen
Gesammtinteresse. Nie war ein Zeitpunkt günstiger, die im welt=
lichen Reich wieder geeinigten Deutschen auch im christlichen Glau=
ben und in der christlichen Liebe wieder zu einigen. Zwar findet
sich auch auf protestantischer Seite eine confessionelle Halsstarrigkeit,
wie auf der katholischen, und man haßt den Bruder um eines ein=
seitigen Dogmas willen. Dem steht aber doch heutzutage bei der
Mehrheit der Deutschen eine überwältigende Macht der gesunden
Vernunft und des Nationalbewußtseyns gegenüber. Auch bietet sich
die Form der Conföderation, der Parität, des rechtlichen Neben=
einanderbestehens verschiedener, jedoch in der Hauptsache verwandter
Confessionen auf ungezwungene Weise dar, um einheitliche Inter=
essen zu wahren, bis vielleicht auch eine Einheitsform gefunden wer=
den kann, die alle befriedigt.

Bis jetzt ist von protestantischer Seite dem Altkatholicismus
nur ein kühles Wohlwollen, hin und wieder sogar Mißtrauen ent=
gegengekommen. In der ersten Ueberraschung konnte das auch kaum
anders seyn; aber wir dürfen von dem Wenigen, was bis jetzt ge=
schehen ist, nicht schließen, daß künftig nicht viel mehr geschehen wird.

Die Protestanten pflegten schon seit längerer Zeit jährliche
Versammlungen zu halten und zwar je nach dem Parteistandpunkt
verschiedene. Die erste, die uns hier seit dem Auftreten der Alt=

Katholiken in Frage kommt, war die große Versammlung in Berlin, welche vom 9.—11. Oktober 1871 tagte. Die Einladung dazu ging vom Berliner Oberhofprediger Hoffmann, dem Staatsminister a. D. v. Bethmann-Hollweg, den Oberconsistorialräthen Wichern und Dorner und von vielen andern berühmten Theologen aus. Diese Partei hatte einen wesentlich unionistischen Charakter mit der Tendenz, die strengen Lutheraner durch das freundlichste Entgegenkommen zu sich herüber zu ziehen, ohne daß es ihr bisher gelungen wäre, jene spröden Lutheraner zu gewinnen. Dieses Verhältniß nun charakterisirt auch die Berliner Octoberversammlung. War es nun nicht einmal möglich, den Gegensatz zwischen den Anhängern der Union und den starren lutherischen Orthodoxen auszugleichen, so verrieth sich auch in den Bemühungen der ersteren, diesen Gegensatz möglichst zu verschleiern und einen ernsten Streit darüber zu vermeiden, die ganze Schwäche der Partei. Um den Jesuiten, welche der angreifende Theil waren, kräftig entgegentreten zu können, mußte man einig, sich selber klar seyn und offen mit der Sprache herausgehen. Sodann durfte die Berliner Versammlung auch die im Protestantenverein concentrirten Rationalisten und Freikirchler nicht gänzlich ignoriren. Wie schroff sie auch in Glaubenssachen denselben gegenüber standen, so waren doch beide im Kampf gegen den Jesuitismus natürliche Verbündete. Auch mit den Altkatholiken hätte die Berliner Versammlung sich verständigen sollen. Es hätte ihr daran gelegen seyn müssen, mit denselben gemeinschaftlich im Interesse des wahren Christenthums, wie der großen deutschen Nation, das im 16. Jahrhundert leider unterbrochene Reformationswerk wieder aufzunehmen und nicht bloß mit einem gnädigen Kopfnicken ihnen stummen Beifall zu bezeugen.

Man hätte protestantischerseits nicht vergessen sollen, daß Döllinger in München schon in seiner berühmten Rede von 1853: „Ueber Vergangenheit und Gegenwart der katholischen Theologie" den dringenden Wunsch ausgesprochen hat, die so lange zu beiderseitigem Schaden getrennten Confessionen in Deutschland sollten sich wieder versöhnen, und eine solche Versöhnung sey möglich und wäre etwas ganz Natürliches. Er sagte: „Deutsche Theologen sind es

gewesen, welche die Spaltung begonnen, welche das Feuer der Zwie=
tracht entzündet, und es seitdem, emsig Holz zutragend, genährt
haben. Deutsche vor allem haben die Lehre, an der die Einheit
der Christen sich verblutet hat, mit allen Mitteln des Geistes aus=
gebildet, mit wissenschaftlichen Bollwerken umgeben und befestiget.
So hat denn auch die deutsche Theologie den Beruf, die getrennten
Confessionen einmal wieder in höherer Einheit zu versöhnen. Sie
wird dies nur unter drei Bedingungen vermögen. Die erste Be=
dingung ist die, daß unsere Wissenschaft das wahrhaft Trennende
und Unkatholische, das heißt das dem Gesammtbewußtseyn der Kirche
aller Zeiten Widersprechende und die Continuität der Ueberlieferung
Zerstörende in der Lehre der Gegenseite mit allen ihr, jetzt mehr
als je, zu Gebote stehenden Mitteln überwinde, wofür noch sehr
viel zu leisten übrig bleibt. — Die zweite Bedingung ist, daß sie
die katholische Lehre in ihrer Totalität, ihrer Verbindung mit dem
kirchlichen Leben, ihrem organischen Zusammenhang und inneren
Consequenz zur Darstellung bringe, daß sie aber dabei auch das
Wesentliche, Bleibende scharf unterscheide von dem Zufälligen, dem
Vorübergehenden und den der Idee fremdartigen Auswüchsen. Dies
ist noch durchaus nicht geschehen, und die aufrichtige Beantwortung
der Frage, warum es noch nicht geschehen sey, dürfte einen Beitrag
zu der uns so nöthigen und heilsamen Selbsterkenntniß liefern.
Endlich die dritte Bedingung wäre, daß die Theologie und durch
sie die Kirche die Art und Kraft jenes Magnetberges der Fabel
annähme, der alles Eisen aus dem ihm nahe gekommenen Schiffe
herauszog, daß es auseinanderfiel — ich meine, daß sie alles
Wahre und Gute, das die getrennten Genossenschaften in Lehre,
Geschichte und Leben entdeckt oder erzeugt haben, sorgfältig von dem
beigemischten Irrthume ausscheide, und dann frei und offen acceptire,
ja, als das rechtmäßige Eigenthum der Einen wahren Kirche, die
dies Alles einmal, im Keime wenigstens und in der Anlage, be=
sessen habe, in Anspruch nehme.

Auf Grund eines solchen Bekenntnisses hin hätte man wohl
von protestantischer Seite den Altkatholiken mehr entgegen kommen
dürfen.

Die Berliner Versammlung wurde am 9. October durch Beth-mann=Hollweg eröffnet. Derselbe erkannte die Wichtigkeit des Mo-mentes, indem er sagte: „Die Wiederherstellung des deutschen Reiches in nie gesehener Eintracht und Macht habe Allerorten den Gedanken geweckt, daß wir Evangelischen Gott unsern Dank und unsere Schuld dem Vaterlande nur dann bezahlen können, wenn wir auf dem kirchlichen Gebiete der Zwietracht steuern." Auch die erste Rede des Pastor Ahlfeld aus Leipzig verhieß Großes, sofern sie davon handeln sollte: Was haben wir zu thun, damit unserem Volke ein geistiges Erbe aus den großen Jahren 1870 und 1871 verbleibe? Leider aber enthielt die Rede nur eine lange Predigt des Inhalts, daß unsere Siege über die Franzosen nur eine unverdiente Gnade Gottes gewesen sey, die uns zur tiefsten Demuth stimmen, deren wir uns also gleichsam schämen müßten. Endlich zur praktischen Frage (Was haben wir zu thun?) übergehend, rief der Pastor im Eifer: „Kein Beginnen ist heilloser als die Gründung einer National-kirche!" Und so kam er schließlich dahin, wir hätten nichts anderes zu thun, als ein jährliches Dankfest zu stiften und jedem Krieger von 1870 zum Andenken ein schön gebundenes Buch vom letzten Kriege, vom Sanitätswesen, von der Thätigkeit der Feldgeistlichen, worin auch die Kriegslieder enthalten seyn müßten, zu schenken. An solcher Stelle und in solch einem Augenblick ließ sich wohl kaum etwas Erbärmlicheres vorschlagen, und mit Recht mögen die Jesuiten tüchtig darüber gelacht haben.

Ungleich praktischer war eine Rede des Professor Beyschlag aus Halle. Derselbe bedauerte, daß nicht schon früher, namentlich nach der großartigen patriotischen und frommen Erhebung der Deutschen im Jahr 1813 etwas für die religiöse Verständigung und Vereinigung unseres Volks geschehen sey. „Damals war es an der Zeit, den jungen Wein in neue Schläuche zu fassen, in die Formen einer vom Staate freigegebenen, der gläubigen Gemeinde zurückgegebenen Kirche. Es ist nicht geschehen und darum ist das Wort des Herrn: Der Wein wird verschüttet und die Schläuche kommen um! die traurige Ueberschrift unserer neuern deutsch=evan-gelischen Kirchengeschichte geworden. Der edle Wein der damaligen religiösen Erweckung ist verschüttet worden, weil ihm die bewahrenden Gefäße eines entsprechenden kirchlichen Lebens fehlten, und die veralteten Formen unserer jetzigen kirchlichen Existenz reißen heute an allen Stellen." Doch begnügte sich der Redner, nur zu sagen, daß es an der Zeit sey, die evangelische Kirche aus der dreihundertjährigen Bevormundung des Staates wieder sich zurückzugeben und sie zu organisiren auf dem Grund der lutherischen Bekenntnisse. Da diese Bekenntnisse aber zu eng sind, widersprach sich der Redner selbst. Von den neuen Schläuchen war keine Rede mehr. Einen bestimmtern Vorschlag zu machen, versuchte Probst Brückner aus Berlin. Nachdem er über die Zerklüftung und den Hader in der evangelischen Kirche geklagt und die Hoffnung ausgesprochen, wie der politische Particularismus gefallen sey, werde auch der kirchliche fallen müssen, anerkannte er doch alles einmal historisch Gewordene der verschiedenen Landeskirchen, wie auch die Union, welche, wenn auch jünger, doch eine Thatsache der Geschichte sey, und schlug endlich vor, die Gegensätze rein föderalistisch durch eine sog. Convocation, eine Gesammtvertretung aller evangelischen Landeskirchen zu versöhnen, wobei ihnen eine Abendmahlsgemeinschaft als Mittel und Stützpunkt dienen sollte.

Nun trat noch Wangemann in langer Rede auf, um die von ihm gradezu antichristlich genannte Union zu verdammen, was den Vorsitzenden veranlaßte, die folgenden Redner zu bitten, doch lieber dieses Terrain gar nicht zu berühren. Zum Ueberfluß hielt Wichern eine noch längere Rede blos über innere Mission, über die sociale Frage, die eingerissene Unsittlichkeit ꝛc., was gar nicht mit der damaligen Aufgabe der Versammlung zusammenhing, denn diese sollte doch offenbar eine gemeinschaftliche Abwehr gegen die Eingriffe des Ultramontanismus in die kirchlichen, politischen und socialen Zustände Deutschlands erzielen. Mit solchem langen unnützen Gerede schloß nun die Versammlung und es war nichts beschlossen. Eine Zustimmung zum Vorschlag der Convocation erfolgte erst nachträglich von solchen, die sich unterschreiben wollten. Beyschlags Erklärung, über die nicht einmal abgestimmt wurde, bezeugte „herzliche Theilnahme allen katholischen Christen, welche, fest gegründet in dem gemeinsamen Glauben der ganzen Christenheit, trotz der neuen vatikanischen Beschlüsse, auch ferner mit der evangelischen Kirche in Frieden zu leben wünschen," 2) insbesondere den Altkatholiken, welche den vatikanischen Beschlüssen tapfern Widerstand entgegensetzten, und von denen wir wünschen, sie möchten das Recht und den Werth der Reformation anerkennen; 3) aber wolle man sich in die innern Angelegenheiten der katholischeu Kirche nicht einmischen.

Am sterilsten verhielt sich die jährlich zu Eisenach abgehaltene evangelische Conferenz, die nun schon seit ein paar Jahrzehnten so viel wie gar nichts zustandegebracht hatte, nicht einmal das neue Gesangbuch, welches sie schon 1852 in Arbeit genommen hatte, und noch weniger die correcte neue Bibelübersetzung, die sie verheißen hatte. Diese Conferenz erfreute sich daher auch keiner Popularität und man warf ihr namentlich in den letzten Jahren vor, daß sie sich in dem schweren Kampfe unseres neuen Reichs gegen die Jesuitenumtriebe wesentlich passiv verhalte. Ein Blatt schrieb: Als Luther noch die Feder führte, zitterte Rom, in Eisenach aber macht man nur Maculatur.

Der Protestantenverein konnte natürlicherweise nicht verfehlen, die altkatholische Bewegung in München zu secundiren, indem er auch seinerseits eine Versammlung, den sog. Protestantentag, in den ersten Tagen des October 1871 nach Darmstadt berief. Seine bekannten Häupter Schenkel, Bluntschli, Schwarz 2c., ergingen sich hier in glänzenden Reden, und die Versammlung faßte kühne Beschlüsse, zunächst in Bezug auf die von Rom aus gegen Deutschland ergriffene Offensive, betreffend die päpstliche Unfehlbarkeit und die Jesuiten, welche Deutschland und die ganze Welt allein beherrschen, uns unsere nationale und politische Freiheit rauben, unsern Geist, unsere Cultur begraben und die beutsche Wissenschaft dem dümmsten Aberglauben opfern wollen. Deßhalb müßten vor allen Dingen die Jesuiten aus dem Reiche verbannt werden.

Der Protestantenverein faßte aber auch noch einen andern Beschluß, nämlich gegen den angeblichen protestantischen Papismus, nach Baumgartens Vorschlag: Die enge, kleinliche und die Gewissen bedrückende Handhabung des Kirchenregiments in den deutschen protestantischen Landeskirchen ist unserer großen Zeit unwürdig und steht im Widerspruch mit der errungenen Einheit des deutschen Volkes und mit den Aufgaben des deutschen Reiches. Die deutsche Nation verlangt vielmehr eine deutsche Volkskirche, welche in Gewissenssachen auf alle staatliche Zwangshülfe verzichtet, das kirchliche Leben der Gegenwart nicht mit Bekenntnissen der Vergangenheit knechtet, die Berechtigung in den Gemeinden nicht nach äußeren Zeichen der Kirchlichkeit bemißt, den verschiedenen religiösen Ueberzeugungen und der wissenschaftlichen Forschung volle Freiheit gewährt und alle die umfaßt, welche Jesus Christus als das wahre geistige Haupt der Kirche und als das höchste Vorbild des religiösen und sittlichen Lebens verehren.

Diese Resolution wurde angenommen. In der Debatte darüber ging v. Holtzendorf aus Berlin am weitesten. Er verlangte „Aufhebung des vom preußischen Staat durch Polizeidiener executirten Taufzwangs, des Confirmationszwangs, Aufhebung des unnatürlichen Ehescheidungsrechts durch Einführung der obligatorischen Civilehe, Aufhebung des Steuerzwangs für Dissidenten."

Es war schade, daß der so kriegslustige Protestantenverein sich nur in Negationen bewegte, immer nur wegschaffen wollte, ohne das Verschwindende durch etwas Besseres ersetzen zu können. Er behauptete zwar noch, innerhalb der Schranken des christlichen Bekenntnisses zu bleiben. Dieser Begriff war aber so vage als möglich, denn in der That war jedes der bestehenden Kirchenbekenntnisse von ihm bereits ausgeschlossen. Die wahren Lutheraner wurden von ihm eben so angefeindet, wie die Jesuiten. Wie reimte sich seine beständige Prahlerei mit Luther, da er doch Luthers Dogma verdammte? Und wie vermochte er dem gänzlichen Indifferentismus, ja dem Atheismus zu begegnen, der aus der proclamirten kirchlichen Anarchie nothwendig hervorgehen muß?

In der Versammlung zu Darmstadt selbst fiel es außerordentlich auf, daß kein einziger Würtemberger an ihr theilnahm. Zum Beweise, daß der Protestantenverein nicht blos ein Mühlersches

Kirchenregiment in Berlin gegen sich habe, sondern auch den positiv evangelischen Glauben in Würtemberg, welcher die kirchliche Gesetz= gebung nicht tumultuarischen Laienversammlungen in die Hände ge= spielt wissen wolle. Wie entschieden auch der Protestantenverein gegen die Jesuiten aufgetreten ist, beraubte er sich doch durch sein Verhalten des Zutrauens und des starken Armes der gläubigen Protestanten. Man gewinnt aber die Schlacht nicht, wenn eine Colonne vorstürmt, ohne daß ihr die andere nachfolgt oder zum Rückhalt dient.

Auch Ohlys Vorschlag in der Darmstädter Versammlung, eine deutsche Nationalkirche zu gründen, schwebte ebenso in der Luft, wie der Vorschlag zu einem Kirchenbunde in der Berliner October= versammlung. Beide Parteien, die freikirchliche wie die orthodoxe, bewiesen mit solchen Wünschen ins Blaue hinaus, denen beim der= maligen Stande der Parteien doch keine praktische Folge gegeben werden konnte, nur eine bedauerliche Impotenz.

Im Juni 1872 nahm in Erlangen die dritte allgemeine Pastoral=Conferenz evangelisch=lutherischer Geistlichen und Nicht= Geistlichen Bayerns nach dem „Nürnb. Korr." einmüthig folgende Resolutionen an: 1) daß sie im sog. Protestantenverein kein ge= sundes Gewächs aus dem Boden unserer Kirche, sondern einen Ab= fall vom schriftmäßigen Bekenntniß und eine Verleugnung seiner Grundwahrheiten erkenne; 2) daß es mit dem Ordinationsgelübde und der Amtspflicht unvereinbar sey, die Grundsätze des Protestanten= Vereins öffentlich zu vertreten und zugleich ein Diener der evange= lisch=lutherischen Kirche bleiben zu wollen (eine Stimme wünschte, zu setzen: „der christlichen Kirche"); 3) daß es die Conferenz mit Freude erfülle, wahrzunehmen, wie sie in voller Uebereinstimmung mit dem Kirchenregimente stehe, und daß sie hoffe, es werde diesem gelingen, den Grundsätzen auch praktische Folge zu geben. Ein= stimmig war ferner alles darin, daß der Protestantenverein nicht in die Kirche gehöre, sondern sich außerhalb derselben eine Stätte suchen müsse; nur darüber wurden verschiedene Ansichten laut, ob man mit weitern Schritten vorgehen, ob man die Kirchenbehörde zu solchen auffordern solle 2c.

Am 21. Mai 1872 tagte zu Hamburg die allgemeine deutsche Lehrerversammlung, zahlreicher als je, indem sich 5100 Lehrer dabei eingefunden hatten. Begreiflicherweise nahm die Mehrheit entschieden Partei für das neue Schulaufsichtsgesetz des Cultminister Falk und überhaupt für das Vorgehen gegen die Jesuiten. J. Schwarz von Berlin war Referent über die Schulaufsicht. Man schrieb aus Hamburg: An diesen Vortrag schloß sich eine ziemlich verworrene Debatte, in welcher mehrere für die Geistlichkeit das Wort nehmende Redner tumultuarisch unterbrochen werden. Es liegen folgende Resolutionen des Referenten vor: 1) Die locale Schulaufsicht muß, principiell genommen, ganz wegfallen. 2) Soll sie aber fortbestehen, dann hat die politische Gemeinde die Organe der Schulaufsicht zu wählen. 3) Die Schulinspectoren sollen aus der Zahl der Volksschullehrer ernannt werden. 1 und 3 werden angenommen, 2 abgelehnt. Ein Kritiker im Schwäb. Merkur berichtete: Wenn eine fast ausschließlich aus Volksschullehrern bestehende Versammlung Beschlüsse über die gegenseitige Stellung der Gymnasien und Realschulen und beider zur Universität faßt, so ist klar, daß denselben die Voraussetzung besonderer Sachkunde nicht zur Seite stehen kann. Und wenn, wesentlich auf Grund eines stark ausgebildeten Selbstgefühls der Lehrer, jede locale Schulaufsicht für überflüssig erklärt wird, so drängt sich auch hier die Erwägung auf, daß für die betreffende Frage die Lehrerversammlung nicht die in erster Reihe competente Beurtheilungsinstanz ist.

Doch war ohne Zweifel guter Wille in dieser großen Versammlung vorhanden, und sie drückte ihre begeisterte Zustimmung zu dem Verhalten der Regierung gegenüber den Jesuiten in Telegrammen an den deutschen Kaiser und Fürsten Bismarck aus. Der Kaiser antwortete: „Mit großer Befriedigung und daher aufrichtigstem Danke habe Ich den Gruß entgegengenommen, den die in Hamburg versammelten Lehrer aus dem gesammten Deutschland Mir darbringen. Die Einigung Deutschlands gelang unter des Allmächtigen Schutz, weil ein nationales Gefühl alle deutschen Stämme durchdrang und deren Waffen tragenden Söhnen Heldenmuth und Ausdauer verlieh. Solche Gesinnungen den kommenden

Geschlechtern anzuerziehen, ist die große Aufgabe der Versammlung, die Ich dankbarst begrüße. Wilhelm."

Der Versammlung der bayerischen Volksschullehrer am 21. Aug. 1872 in München muß hier insofern gedacht werden, als sie entschieden gegen den Klerus auftrat. Schon bei ihrer Begrüßung betonte der zweite Bürgermeister Münchens, Doctor Wiedenmayr, die liberale Tendenz der Versammlung, und der erste Vereinsvorstand, Lehrer Heiß von Augsburg, sprach: Wir befinden uns nicht im Kampfe gegen die erhabene Lehre Christi, sondern nur im Kampf gegen hierarchische Uebergriffe auf dem Gebiete der Volksschule. Wir können nur dann mit der Geistlichkeit Hand in Hand gehen, wenn ihre Handlungen nicht auf Encyklika und Syllabus begründet sind, wenn sie sich in Wahrheit als Träger der Cultur betrachtet. (Bravo!) Dazu bemerkte Lehrer Pfeiffer: Das 19. Jahrhundert kennzeichne sich durch den Kampf zwischen Germanismus und Romanismus. Schulrath Hawerkamp aus Kempten entwarf das Bild einer freien deutschen Nationalschule.

Im Herbst 1872 tagte unmittelbar nach der Altkatholikenversammlung in Köln auch wieder der Protestantenverein in Osnabrück. Das hannöversche Consistorium verweigerte ihm den Gebrauch einer Kirche. Auch wurde ihm eine solche schließlich nur zur Versammlung, aber nicht zum Gottesdienst eingeräumt. Präsident Bluntschli eröffnete die Versammlung am 1. October und hob vor allem die Annäherung der Altkatholiken an den Protestantenverein hervor, sofern sie ihn zum Kölner Congreß förmlich eingeladen hätten. „Die Führer der altkatholischen Bewegung seyen durch die Agitation selbst freier geworden und unserm protestantischen Bewußtseyn wesentlich näher gerückt; er glaube nicht, daß die Bewegung sich im Sande verlaufen, sondern bei fortdauerndem Kampfe zwischen Staat und Kirche möglicherweise zu jetzt kaum geahnten Zielen fortschreiten werde. Die noch entgegenstehenden Schwierigkeiten seyen wesentlich ökonomischer Natur und könnten nur durch Eingreifen der Reichsgesetzgebung überwunden werden. Der von den Altkatholiken in Köln ausgesprochene Wunsch der Verständigung mit den andern Confessionen könne nur auf dem Gebiete

der Ethik in Erfüllung gehen. Mit der zu diesem Behuf in Köln
niedergesetzten Commission aber habe der engere Ausschuß des Pro=
testantenvereins beschlossen, in Verbindung zu treten, und voraus=
sichtlich werde man auch, wie in Köln Protestanten, so auf spätern
Protestantentagen Altkatholiken erscheinen sehen."

Sogar nach der Seite des orthodoxen Protestantismus hin berei=
tete der Protestantenverein eine Annäherung vor, indem er seine freiere
Stellung innerhalb der Union neben der Orthodoxie wahren wollte.

Die conservativen Protestanten hielten ihren Kirchentag um
dieselbe Zeit vom 30. September bis 4. October in Halle ab,
unter ihren bekannten Koryphäen Bethmann-Hollweg, Hermann,
Wichern ıc. Obgleich dieser Kirchentag gegenüber dem Protestanten=
verein den orthodoxen Standpunkt festhielt, wünschte doch auch er
eine Annäherung an die Altkatholiken und nahm eine Resolution
an, des Inhalts, daß die Kirche auf dem Boden der reformatori=
schen Bekenntnißschriften stehe und Allen, welche sich den Inhalt
dieser Glaubensartikel noch nicht vollständig angeeignet hätten, die
Hand biete. Die Kirche solle als Organe der Selbstverwaltung
erzeugen: neben dem Pfarramte stehende Laienälteste, die Kreis=
synode, die Provinzialsynode, die Landessynode und den Oberkirchen=
rath. Den Altkatholiken wird die Hoffnung der Verständigung auf
Grund der reformatorischen Bekenntnißschriften und die Erwartung
ihrer Theilnahme in dem Kampfe gegen die Jesuiten aufs Wärmste
ausgedrückt. Auch beschloß der Kirchentag eine Petition an den
Kaiser um Convocation der Vertretung sämmtlicher evangelischer
Kirchen des Reichs. Eine Beschlußfassung über die Civilehe wurde
abgelehnt. Wenn sämmtliche evangelische Kirchen des Reichs sich
zu verständigen bemühen, so wäre das in der That ein Fortschritt,
bis jetzt sind aber die Gegensätze noch zu schroff und wurzeln in
herkömmlichen und verfassungsmäßigen Zuständen.

Damals feierte auch die unirte Kirche Rheinhessens ihr fünfzig=
jähriges Jubiläum zu Worms und auch hier neigte man zur Ver=
söhnung. „Alle Redner, ohne Ausnahme, betonten die Nothwen=
digkeit des Strebens nach einer allgemeinen deutschen unirten
Nationalkirche."

Wenn von protestantischer Seite viel gefehlt und namentlich versäumt wurde, so hat das seinen natürlichen Grund zunächst in der Macht der Trägheit und der Bequemlichkeit. Die von Jugend auf ihr religiöses Bedürfniß in einer bestimmten Kirche befriedigt haben, wollen aus dieser Gewohnheit nicht herausgehen; der Geistliche will durch Neuerungen sein Amt, seinen bisherigen Einfluß und Erwerb nicht aufs Spiel setzen. Strenggläubige sind auch auf protestantischer Seite meist einseitig und hart gegen Andersdenkende und handeln nach derselben Praxis wie die Jesuiten, d. h. sie sagen: Man muß Gott mehr gehorchen als den Menschen und unbedenklich die Pflichten gegen das Vaterland, wenn es ein Dogma gilt, hintansetzen. Der protestantische Orthodoxe kennt ein deutsches Vaterland so wenig wie der Jesuit und fühlt und denkt über die Grenzen seiner Partei nicht hinaus.

Bei aller Einseitigkeit könnten sich die verschiedenen protestantischen Parteien doch zu einem gemeinsamen Verhalten gegenüber der römischen Hierarchie vereinigen und der föderalistische Vorschlag dürfte der zunächst annehmbare seyn. Allein man sollte sich auch confessionell nähern. Der Grundgedanke sollte immer bleiben: Wir müssen die im 16. Jahrhundert unterbrochene Reformation fortsetzen, als germanische Abwehr der romanischen Fälschung des Christenthums und als allmälige naturgemäße Entfaltung aller gesunden Blüthen am Baume des Lebens, den Christus in die Weltgeschichte gepflanzt hat.

—

Siebentes Buch.

Oesterreichs Verhalten zu den Jesuitenumtrieben.

Kapitel 1.

Oesterreichs erzwungene Neutralität.

Obgleich die Habsburger seit einem halben Jahrtausend im Besitz der deutschen Kaiserkrone waren, stand doch ihr dynastisches Interesse von Anfang an dem deutschen Nationalinteresse fremd und feindlich gegenüber. Schon Rudolf von Habsburg verdankte die Krone nur der Gunst des Papstes und Frankreichs und verkaufte sich dabei an die Welschen. Auch die folgenden Habsburger blieben diesem Systeme treu. Ein Habsburger, Friedrich III., vereitelte durch sein Concordat mit Rom die Reformbestrebungen der Concile von Konstanz und Basel. Immer mit dem Papst im Bunde vergrößerte sich das Haus Habsburg auf Kosten der übrigen deutschen Fürsten, erbte Böhmen, Ungarn, später Spanien, Italien und Westindien. Seitdem bediente es sich der Slaven und Welschen gegen die Deutschen und bildete das System des sog. dominatus absolutus aus, d. h. der Knechtung und Verdummung der Völker, der Knechtung durch Militärmacht, Schrecken und unbarmherzige Verfolgung, der Verdummung durch die Jesuiten.

Joseph II., die französische Revolution und der Napoleonismus durchkreuzten diese alte habsburgische Politik, aber nach dem Sturze Napoleons wurde sie wieder aufgenommen. Der Papst, die Jesuiten kehrten wieder. In neuen Revolutionen sprengten die gefesselten Völker ihre Ketten, auch in Oesterreich im Jahr 1848. Das bigotte und despotische Verdummungssystem mußte der Toleranz und einer freien Verfassung weichen. Aber die Revolution wurde durch Waffengewalt unterdrückt, die Verfassung mit Füßen getreten und mit dem Papst ein neues Concordat geschlossen. Da schwoll den Wiener Reactionären der Kamm und sie wagten zuerst in Italien, dann in Deutschland die nationalen Einheitsbestrebungen niederdrücken zu wollen. Aber ihre blind wüthende und doch schwachköpfige Camarilla verschuldete sowohl 1859 als 1866 nur schmähliche Niederlagen. Da beschwichtigte sie die gerechten Vorwürfe des Volks wieder mit einer liberalen Komödie. Die mit Füßen getretene Verfassung wurde feierlich wieder vom Boden aufgenommen und gesäubert und gleichsam andächtig geküßt und den grollenden Völkern, um sie zu versöhnen, die Volksvertretung wieder freigegeben; zugleich wurde das Concordat mit Rom nicht mehr beachtet und die Schule durch neue Gesetze begünstigt. Niemand aber glaubte, daß es damit Ernst sey. Greuter, der fanatische, aber ehrliche Tiroler, sprach es offen aus, der Kaiser habe nur nothgedrungen ein liberales Ministerium bestellen, einen Reichstag einberufen und ihm widerwärtige Gesetze unterzeichnen müssen. Im Herzen sey er aber noch ganz so absolutistisch und ultramontan wie vorher.

Diese Politik wurde von den restaurirten Jesuiten genährt. Die Neue Freie Presse schilderte die Schicksale der Jesuiten in Oesterreich seit ihrer Wiederherstellung: Franz II. konnte sie noch nicht leiden, ließ aber ihre Vorläufer, Redemptoristen und Liguorianer zu. Erst unter dem jetzigen Papst Pius IX. wurden die Jesuiten selbst in Oesterreich zugelassen und fanden warme Freunde bei Hofe und beim Adel. Vergebens protestirten damals wie heute deutsche Gemeinden in Oesterreich gegen die ungebetenen Gäste; vergebens erklärten die Deutsch-Oesterreicher, „Missionen" gehören nur unter Ungläubige und Heiden. Die Jesuiten gewannen die Bischöfe und hielten sie seit 1850 fest, sie erhielten vom Grafen Leo Thun den Jugendunterricht ausgeliefert und setzten sich in den Besitz einzelner Gymnasien, ohne sich um Staatsgesetze, Lehrpläne und Schulaufsicht zu kümmern. Während für den Bürger ein Vereins= und Versammlungsrecht nicht bestand, überschwemmten die Jesuiten unser Land mit zahllosen „katholischen Vereinen", denen die höchsten Staatsdiener angehörten. War es ein Zufall, daß ein Mann aus der Nähe des Monarchen, Graf Heinrich O'Donnel, der Vorsitzende des Severinus=Vereins gewesen? Und all das geschah zum großen leidenschaftlichen Aerger des Volkes, das 1850 in Ober=Oesterreich, wie 1866 in Prag gewaltthätig gegen die Jesuiten aufzutreten begann. Welche Aufregung gab es, als in Linz der Nachweis aus den Büchern geführt worden war, daß die Jesuiten die für die Armen eingegangenen Gelder zur Erwerbung von Gütern verwendet hatten, die sie auf den Namen eines kaiserlichen Prinzen schreiben ließen. Man führte sie nicht bloß 1853 wieder nach Lombardo=Venetien, nein, man entschädigte sie auch 1859 und 1866 wieder im deutschen Oesterreich. Sie sitzen heute, trotz der von ihnen verwünschten Verfassung, in allen Ländern der Monarchie. Was sie in Cremona und Padua verloren, es wurde ihnen reichlich in Linz, Innsbruck, Baumgartenberg, Tyrnau, St. Andreä, Mariaschein 2c. zurückgegeben. Wie sehr hatte sich seiner Zeit der Feldmarschall=Lieutenant Mamula gegen die Privilegien, mit welchen Thun die Jesuiten in Ragusa reichlich beschenkte, gesträubt! Mit Mühe und Noth haben wir ihnen nach zwei Jahrzehnten den officiellen Gymnasial=Unterricht entrissen. Und in welcher Weise haben die Jesuiten, undankbar gegen den ihnen gegenüber so wohlmeinenden Gönner Thun, auch noch den Rest der ihnen auferlegten geringen gesetzlichen Verpflichtungen gehöhnt! Haben sie auch das Oeffentlichkeitsrecht für ihre Schulen verloren, so halten sie jetzt Privatschulen, Convicte. Sie senden nicht etwa ihre Schüler an ein Staats=Gymnasium, sondern je nach ihren Verbindungen, nach den Anlagen ihrer Schüler, den einen Zögling aus Kalksburg aus Theresianum in Wien, seinen Bruder und Mitzögling nach Iglau. Nicht weniger als 17 „Prinzen" (Fürstensöhne), eine Anzahl Grafen, Freiherren werden

im Augenblicke in Kalksburg erzogen. „Pokrok" und „Vaterland"
werden den Schülern von der sechsten Classe an als Lectüre empfohlen. Nicht minder ist Feldkirchs Jesuiten-Convict vom Adel
begünstigt, nur verlangen die dortigen Verhältnisse, daß sich die
Jesuiten auch der bürgerlichen Creaturen annehmen. Und sie thun
es auch; wenngleich der Adelige getrennt vom Bürgerlichen seine
Speisen verzehrt, die geistige Nahrung ist dieselbe. Jedes Institut
hat seinen besonderen Charakter. In Mariaschein in Böhmen werden Bauernsöhne für den Spottpreis von 200 Gulden verpflegt,
erzogen und unterrichtet. Hier ist der Zweck, Recruten für die
Landgeistlichen zu bilden. Finden wir in Feldkirch die Verwandten
des Hofes, Prinzen von Thurn und Taxis, in Kalksburg mehrere
Lobkowitze, sächsische und bayerische Adelssöhne, so ist die herrliche,
von einem Prinzen geschenkte Besitzung am Freinberge zur Er-
ziehungsstätte für die oberösterreichische Bauernschaft bestimmt. Der
polnische Adel wird in Tarnopol gebildet, der ungarische conservative
in Kalocsa. Die Schwestern von sacré cœur erziehen französische
Gouvernanten. Diese senden genaueste Berichte aus den Familien
an die jesuitischen Beichtväter des Klosters. Ein vielmaschiges Netz
verbindet die österreichischen Jesuiten-Anstalten mit denen von Belgien
und Frankreich.

Die Wiener Montagsrevue brachte (im Mai 1871) folgende
Enthüllung: Der bankerotte Finanzier und Schwindelgraf Langrand-Dumanceau sey vom Kaiser nach Rom geschickt worden,
um den Papst über die confessionellen Gesetze zu beruhigen. Im
Jahr 1864 hatte Langrand päpstliche Obligationen im Werth von
20 Millionen Franken al pari untergebracht und war dafür vom
Papst zum Grafen creirt worden. Deshalb habe er sich besonders
zu einer Vertrauensperson geeignet und sey vom Kaiser und vom
Grafen Beust persönlich instruirt worden, dem Papst des Kaisers
lebhaftes Bedauern über die neuen Gesetze auszudrücken, ihm zu
versprechen, daß dies seine letzte Concession an die Liberalen seyn
soll und ihn zu trösten, man werde bald mit dem deutschen Doc-
torenministerium fertig werden. Das sollte nun Langrand am
27. Mai 1868 dem Papste ausgerichtet haben. Dem wurde als-

bald officiös widersprochen. Die Wiener Abendpost schrieb: „Wahr ist, daß Herr Langrand-Dumanceau, dessen gute Beziehungen zum päpstlichen Hofe, wie schon der ihm verliehene römische Grafenstand beweist, damals außer Frage standen, die von ihm angestrebte vertrauliche Mission hatte, seine hier gewonnenen persönlichen Eindrücke in Rom mitzutheilen, welche darin bestanden, die aus den allgemeinen staatlichen Verhältnissen sich ergebende Nothwendigkeit und Unvermeidlichkeit der confessionellen Gesetze zu begreifen. Unwahr ist alles übrige, insbesondere das auf eine in Aussicht genommene Beseitigung des damaligen Ministeriums, auf eine Rückkehr zum persönlichen Regiment u. s. f. sich beziehende Detail der Langrand'schen Darstellung."

Im Winter 1870 hielt sich Kaiser Franz Josef eine Zeit lang in Meran unter seinen treuen Tirolern auf. Hier soll er von den Ultramontanen sehr bestürmt worden seyn, ein neues Ministerium in ihrem Sinne zu ernennen, wozu es aber kaum einer Ermahnung bedurfte, denn es war schon alles in Wien vorbereitet.

Das Concil in Rom arbeitete auf eine Machterhöhung des Papstes hin, die durch kein religiöses Bedürfniß der Völker, durch keine Stimmung der Zeit motivirt war, vielmehr die Welt überraschte und einzig den politischen Zweck hatte, die Wiederherstellung des deutschen Reichs unter einem protestantischen Oberhaupt im Interesse Frankreichs und Oesterreichs zu verhindern, oder wenigstens zu erschweren. Obgleich nun Oesterreich sein liberales Ministerium beibehielt, ließ es doch die Jesuiten auf dem Concil gewähren, und als Bayern alle weltlichen Mächte aufforderte, dem gefährlichen Concil gegenüber gemeinsame Schritte zu thun, durfte Beust es spöttisch zurückweisen. Auch unterhandelte Oesterreich insgeheim mit Frankreich und rüstete sogar. Als Frankreich 1870 an Deutschland den Krieg erklärte, hätten ihn die Heißsporne in der Wiener Camarilla, die sog. Wiener Turkos, gerne ebenfalls erklärt, aber Andrassy wollte nicht, daß die Reaction in Wien triumphiren sollte, weil alsdann Ungarn wieder aller seiner Freiheiten beraubt worden wäre. Dennoch würde Oesterreich sich mit Frankreich alliirt haben, wenn die Franzosen Siege erfochten, oder Italien zu einer Trippelallianz sich hätte bewegen lassen. Um diesen Zweck zu erreichen, kündigte Oesterreich sogar dem Papst, wenigstens zum Schein, das Concordat auf. Dann bemühte sich Oesterreich eben so vergebens, England in eine Allianz der neutralen Mächte hineinzuziehen, um, nachdem die Deutschen in Frankreich schon Sieg auf Sieg erfochten, wenigstens auf diplomatischem Wege zu erwirken, daß Frankreich Elsaß und Lothringen behalten dürfe. Allen diesen schwächlichen Umtrieben machte aber eine russische Note ein Ende, worin jede Einmischung Oesterreichs in den deutsch=französischen Krieg von russischer Seite für einen casus belli erklärt wurde.

Auch die Polen hatten sich hören lassen. Fürst Czartorisky, das Haupt der polnischen Emigration in Paris, kündigte an, das alte Polen sollte vom österreichischen Galizien aus wieder hergestellt werden, wobei er eine Allianz Oesterreichs mit Frankreich und Siege derselben voraussetzte. Im galizischen Landtag hielt Klazcko, ein Vertrauter des Wiener Kabinets, eine fanatisch=katholische und polnische Rede gegen die Deutschen und zum Lobe der Franzosen, die er als Streiter Gottes bezeichnete und von denen die deutschen Ketzer durch neue gesta Dei per Francos niedergeworfen werden sollten. Unmittelbar nach Sedan war die Wiener Regierung doch so vorsichtig, diesen Klazcko aus dem Staatsdienste zu entlassen. Dagegen genirte sich Levaisre, französischer Consul in Wien, auch später nicht, als Bebel und Liebknecht ihre Brandreden im deutschen Reichstag gehalten hatten, denselben (am 2. Dezember) im Namen der französischen Nation öffentlich zu danken.

Die Aufkündigung des Concordats durch die Beust'sche Note vom 30. Juli 1870 war nicht ernst gemeint. Das scheinbare Aufgeben des Papstes sollte nur dazu dienen, Italien in die Trippelallianz hineinzulocken. Nicht einmal das Placet beanspruchte Beust für Cisleithanien, während es Andrassy für Transleithanien noch festhielt.

Mußte auch in Folge der schrecklichen Niederlagen Frankreichs der Trippelallianz von Frankreich, Oesterreich und Italien entsagt werden, so gaben doch die Jesuiten ihre Hoffnungen nicht auf. Die katholische Agitation im deutschen Reich sollte Preußen lähmen. Sie zu unterstützen sollte Oesterreich bereit seyn. Also wurde am 7. Februar 1871 das schwache Ministerium Potocki gestürzt, und das Ministerium Hohenwart von entschieden ultramontaner und czechischer Färbung trat an seine Stelle. Aber es konnte nur den bösen Willen verrathen und war zum Bösesthun zu ohnmächtig, denn die Deutschen standen siegreich in Frankreich, und in Versailles wurde der König von Preußen zum deutschen Kaiser ausgerufen. In Rom befestigte sich das neue Königthum und wurde der Papst zwar geduldet, blieb aber ohnmächtig. Die Slaven Oesterreichs in die Waffen zu rufen, mußte Hohenwart zaudern, denn die Deutschen Oesterreichs entfalteten eine ungewöhnliche Energie gegen den neuen Verrath, dem sie zum Opfer werden sollten, und im Hintergrunde standen das deutsche Reich und Rußland. Daher beschränkte sich die Thätigkeit des Ministerium Hohenwart auf kleinliche Maßregeln der innern Politik zu Gunsten der Czechen, und auch in seinen Beziehungen zur Kirche schwankte es nur unsicher hin und her. Es perhorrescirte die Altkatholiken, aber es wies auch die Zumuthungen der Deputationen und Adressen zurück, die von ihm bewaffnete Hülfe für den Papst verlangten.

Ohne Zweifel hatte die Camarilla dem Ministerium Hohenwart eine viel höhere Aufgabe gestellt. Es war kaum eingesetzt, als der bekannte Jesuit Klinkowström in einer Predigt, die er vor den kaiserlichen Eltern hielt, das deutsche Reich der Hohenzollern für ein unberechtigtes erklärte, da das echte Kaiserthum deutscher Nation nur in dem von Gott und seinem Statthalter, dem Papste, in legitimer Weise eingesetzten Haus Habsburg beruhe. Auch der Vielschreiber, der sich Konrad von Bolanden nennt, schrieb in einer vom Klerus eifrig empfohlenen Erzählung für das Volk: Kelle oder Kreuz (d. h. Freimaurerei oder Jesuitismus): „Eine feindselige Behandlung oder gar Unterdrückungsversuche der katholischen Kirche von Seiten des Staats müßten folgerichtig die deutschen Katholiken zwingen, mit einem fremden Helfer gegen den protestantischen Kaiser Deutschlands sich zu verbünden. Ein gläubiges Volk bedarf keiner Verzeihung, wenn es seinen Gott und seine Religion höher schätzt, als die Tyrannen seines Vaterlandes." — Auch das ultramontane

„Vaterland" schrieb: Oesterreich muß nach seiner Befreiung von Beust früher oder später wieder zu seinem alten Berufe zurückkehren, die Schutzmacht der katholischen Kirche zu seyn. Der Tag wird kommen, wo man zur Ueberzeugung gelangt, daß das katholische Oesterreich eine gewaltige Macht ist, die Stütze der conservativen Interessen und der Hort der Kirche. Der bei der Camarilla viel geltende Graf Bloome sagte: Die Zukunft Europas liegt im Syllabus.

Aber das Wiener Kabinet mußte, da sich Hohenwart nicht behaupten konnte, wieder andere Saiten aufziehen. Im Januar 1872 wies der neue Ministerpräsident die Zumuthung, Oesterreich solle dem Papst mit Waffengewalt helfen, zurück. Der Kaiser selbst zeigte sich auf einer abermaligen Winterreise nach Tirol den dortigen Liberalen günstig, was die Ultramontanen tief erbitterte. Die Neue Freie Presse schrieb, „daß die klerikale Majorität des Tiroler Landes-Ausschusses das Ersuchen des Bürgermeisters von Innsbruck um einen Beitrag aus Landesmitteln zur Bestreitung der zu Ehren des Kaisers von der Stadt veranstalteten Festlichkeiten rundweg abgelehnt habe. Man kann darauf wetten, daß die Herren Giovanelli und Consorten, welche am liebsten das ganze Landeseinkommen dem heiligen Vater als Peterspfennig zu Füßen legen möchten, auch für eine Huldigung zu Ehren des Kaisers einen Groschen übrig gehabt hätten, wenn ihre Witterung ihnen sagen würde, daß ihr Weizen blühe." — Gleichzeitig wurde dem „Vaterland" aus Innsbruck geschrieben, „daß im conservativen Tirol beschlossen wurde, keine einzige Deputation nach Innsbruck abzuordnen, um dort die Bitten und Beschwerden des Landes dem Monarchen in Ehrfurcht vorzutragen." Als Grund dieser Resignation wird angegeben, daß trotz der 70 Deputirten aus allen Theilen des Landes, welche im vorigen Jahre in der Burg zu Innsbruck dem Kaiser die Ergüsse ihrer römischen Gefühle dargebracht, sich dennoch wieder so ein gottloses liberales Ministerium am Ruder befinde.

Von der Gunst übrigens, welche die Jesuiten bei den Damen des k. k. Hofes genossen, erfuhr die Welt ein auffallendes Beispiel. Am 13. Februar 1872 trat nämlich Maria Beatrix von Oesterreich=Este, Schwester des Herzog von Modena und Gemahlin des Infanten Juan von Spanien, zu Graz in den Orden der Ursulinerinnen ein. Das wäre ihr nicht möglich gewesen, ohne päpstlichen Dispens, denn ihr Gemahl lebte noch. Man schrieb aus Wien: Die Chronik des religiösen Uebereifers, der in Oesterreich in wahrhaft erschreckender Weise auftritt, hat durch einen Fall aus allerhöchsten Regionen einen Zuwachs erhalten. Die Infantin Maria Beatrix gehört seit heute Morgen als „Schwester Maria" dem Orden der h. Ursula an. Daß die hohe Frau ihr großes Vermögen dem höchsten Gotte weihen wird, ist selbstverständlich. „Schwester Maria" bewarb sich schon seit Jahren auf Wunsch ihres geistlichen Rath=gebers um Aufnahme ins Kloster, die ihr aber auf speciellen Wunsch des Kaisers, da ihr Gatte noch lebt und sie Mutter und Großmutter ist, vom Papste stets verweigert wurde. Endlich fand die fromme Prinzessin den Rechten. Nachdem sie den tarifmäßigen Preis be=zahlt, erhielt sie vom Jesuitengeneral Pater Beckx den Dispens, und am Aschermittwoch, nachdem sie durch Hofbälle und Adels=soiréen genügend für die göttliche Buße vorbereitet, trat sie ins Kloster der frommen Ursulinerinnen.

Besonders zu bemerken ist, daß der Sohn dieser von ihrem Gemahl getrennt lebenden Dame gegenwärtig das Haupt der spa=nischen Carlisten ist, nämlich Don Carlos, Herzog von Madrid. Sein Urgroßvater war Don Carlos, Bruder Ferdinands VII. von Spanien, sein Großvater dessen Sohn Don Carlos, Graf von Montemolin, sein Vater dessen Sohn Don Juan, Gemahl der Maria Beatrix von Modena. In ihm vereinigen sich nun die le=gitimen Rechte der Häuser Bourbon und Habsburg, die ihnen in Spanien entzogen worden sind. — Nachträglich hieß es in den Zeitungen, die Infantin sey nicht wirklich Nonne geworden, sondern wolle nur im Kloster wohnen.

In dieselbe Zeit fällt die bayerische Heirath. Im April 1872 wurde nämlich die erst fünfzehnjährige Erzherzogin Gisela, die Tochter Kaiser Franz Josephs, mit dem bayerischen Prinzen Leo=pold, Sohn des Prinzen Luitpold, verlobt. Vater und Sohn gal=ten als eifrige Ultramontane.

In der ersten Hälfte des Mai 1872 waren die österreichi=
schen Bischöfe in Wien versammelt und wurde mit der Regie=
rung viel verhandelt. Damals waren die Bischöfe geneigt, einen
neuen Compromiß mit der Regierung einzugehen, um ihr Ansehen
in den einzelnen Kronländern durch das Ansehen der Regierung
wieder zu verstärken. Ein einsichtiger Correspondent der Kölner
Zeitung schrieb aus Wien am 10. Mai: Sie kennen die Annähe=
rung, die sich bei uns zwischen der Regierung und dem Episcopate
vollzogen hat und Sie kennen auch die Gründe derselben. Es ist
allerdings nicht zu bestreiten, daß letztere ins Gewicht fallen. Der
Klerus befaßte sich mit nationalen Velleitäten nur so lange, als er
sich in Opposition gegen die Regierung befand und ihm jede Waffe
zur Bekämpfung derselben recht war. Davon abgesehen verbindet
sich die katholische Kirche nie mit einzelnen Volksstämmen, sondern
behält jederzeit nur ihre eigenen universellen Interessen im Auge.
Daß die Geistlichkeit noch immer einen großen Einfluß auf die
Masse der Bevölkerung ausübt, zeigt sich bei jeder Gelegenheit —
auch in katholischen Theilen des deutschen Reichs —, und wenn sie
denselben bei uns zu Gunsten der Regierung verwenden will, so
kann sie viel zur Schwächung des Nationalitätenschwindels beitragen.
Ihre Einwirkungen erstrecken sich aber selbst auf den verfassungs=
feindlichen Theil unserer Aristokratie, da mehrere unserer Kirchen=
fürsten solchen Geschlechtern entsprossen, oder ihnen doch durch ihre
hierarchischen, zum Theil mit fürstlichem Range verbundenen Wür=
den gleich und selbst höher gestellt sind. Solche und ähnliche Er=
wägungen haben ebenso die Entschlüsse der Regierung bestimmt, wie
die liberalen Parteien bisher abgehalten, ihr dabei in den Weg zu
treten, obgleich sie die priesterlichen Alliirten nicht ohne Sorge be=
trachten. Umsonst ist die Mitwirkung der Kirche nicht zu erlangen,
und wenn ihr auch keine politischen Rechte geopfert werden, so
würde doch schon der unbeschränkte kirchliche Einfluß auf die Schulen,
der wohl zunächst beansprucht werden dürfte, den Anfängen der
Volksbildung in den unteren Ständen hinderlich seyn und dadurch
der aufkeimenden Kraft des Reiches entgegen wirken. Dem Episco=
pate kamen bei seinen Unterhandlungen mit den Ministern die Vor-

gänge in Deutschland sehr zu Statten. Früher als anderen Leuten
wurden unseren Kirchenfürsten die Besprechungen bekannt, die in
Berlin mit dem Cardinal Fürsten Hohenlohe Statt fanden. Nie=
mand dachte bei uns an die Möglichkeit, daß dieser Versuch zu
einer Aussöhnung mit dem Vatican scheitern könnte, im Gegentheil
wurde die Stellung des Cardinals als Botschafter des deutschen
Reiches bei dem päpstlichen Stuhle gleich anfänglich so gut wie ein
fait accompli betrachtet. Sie werden sich nun leicht vorstellen,
daß die Cardinäle Rauscher und Schwarzenberg diese Ernennung
für ihre Zwecke benutzten. Ein protestantisches Kaiserreich, so hieß
es, nimmt größere Rücksichten auf den Papst, als ein katholisches.
Drüben mache man Frieden, und nur um so schmerzlicher würden
es mithin die katholischen Völker Oesterreichs empfinden, wenn zwi=
schen hier und dem Vatican eine Spannung fortbestände. Diesen
Gründen entzog sich auch die gemeinsame Reichsregierung nicht, und
sie hatten die Folge, daß der Papst unerwartet schnell zu einem
neuen österreichischen Botschafter kam, den er nicht zurückweisen wird.
Urplötzlich und ganz unvorhergesehen ist nun freilich eine Verwick=
lung zwischen der Regierung des deutschen Reiches und der päpst=
lichen Curie eingetreten, die ernster werden dürfte, als sie vor der
Affaire Hohenlohe bestand; doch unsere Regierung ist außer Stande,
auch diese neue Wendung mitzumachen, und so bleibt denn unser
Episcopat im Genusse der Früchte, welche er aus den beregten Vor=
gängen in Deutschland rasch zu ziehen verstand.

Baron Kübeck, der neue österreichische Botschafter in Rom, der
mit dem Cardinal Hohenlohe hätte Hand in Hand gehen sollen, be=
durfte anderer Instructionen. Der Preis, den die Bischöfe auf ihr
neues Zusammengehen mit der Regierung setzten, waren die con=
fessionellen und neuen Schulgesetze. Man las im Innsbrucker Tag=
blatt: „Wenn die Bischöfe ihre Opposition gegen die Staatsgesetze
aufgeben, wird die Regierung nicht ermangeln, bei der Durchfüh=
rung der confessionellen und Schulgesetze alle nur thunliche Scho=
nung vorwalten zu lassen." Der Kölner Zeitung wurde geschrieben:
„Um sich den Rücken unter dem Dache des Hauses Habsburg zu
decken, haben die Ultramontanen, die jüngst noch so heftig bei dem

Wahlkampfe in Böhmen schnaubten, ihren Frieden mit der Regie=
rung gemacht: die großen Bischofsconferenzen, die so eben in Wien
stattfanden, endeten mit einer vollständigen Annäherung. Die hoch=
würdigen Herren sehen mit Recht in den Beziehungen der Schule
zur Kirche den Schwerpunkt der confessionellen Frage, und hier setzen
sie ihre Hebel an: Minister Stremayr hat versprochen, aus den
Schulgesetzen das Aergste auszumerzen und ‚mit der gottlosen
Richtung‘ zu brechen. Dagegen haben die Bischöfe es ruhig ent=
gegengenommen, daß Stremayr eine strengere Ueberwachung der
Kanzeln anbefohlen hat: ihnen ist nicht mit vorlauten Reden und
dem Martyrium von Dorfpfarrern gedient. In Wien traut man
diesem Frieden allerdings wenig und beklagt es offen, daß der Cultus=
minister wieder einmal klüger seyn wollte als die Jesuiten; der Pact
mit diesen sey Oesterreich immer schlecht bekommen. Zu den Be=
sorgnissen der Presse kamen in letzter Zeit, besonders aus Mähren
und Böhmen, Petitionen an das Ministerium gegen die Jesuiten.
Dagegen hielt Herr v. Stremayr am Sonntag in Grinzing eine
Rede, worin er als Zweck der Volksschule bezeichnete, ‚fromme
Christen zu erziehen‘, womit der Episcopat eben so vollkommen ein=
verstanden ist, wie mit der Ernennung des durchaus den Jesuiten
ergebenen Barons von Kübeck zum Botschafter im Vatican.“

Am 3. Juni beantwortete der Cultminister Stremayr die
Interpellation Rechbauers (warum die in Folge Aufhebung des
Concordats zur Regelung des Verhältnisses zwischen Kirche und
Staat nöthigen Vorlagen noch nicht eingebracht worden seyen). Die
kurz angebundene Weise, der gleichgiltige Ton und in erster Reihe
der nichts, und doch wieder vielsagende Inhalt dieser Antwort,
welche Herr von Stremayr von einem Blatt Papier herablas,
sind durchaus nicht von der Art, wie eine parlamentarische
Regierung die Interpellation eines der angesehensten Mitglieder
jener Partei, aus welcher sie hervorgegangen ist, abthut. (Der
Wortlaut der Antwort war: „Die betreffenden Gesetzesentwürfe sind
dem Reichsrathe deßhalb noch nicht vorgelegt worden, weil die Be=
rathungen darüber im Schooße der so vielseitig in Anspruch ge=
nommenen Regierung noch nicht beendet sind. Die Regierung wird

es sich angelegen seyn lassen, dieselben dem Reichsrathe nach seinem Wiederzusammentritte vorzulegen.")

Die „Deutsche Zeitung" bemerkte, der ministerielle Lakonismus erscheine in diesem Falle doppelt verletzend, weil fast alle Mitglieder der Verfassungspartei ihre Namen unter das Rechbauer'sche Schriftstück gesetzt hatten.

Ueber den Minister Stremayr circulirte damals folgender Witz: Ein Wiener frug den andern, ob nicht Bismarck am Ende doch nach Canossa gehen würde? Jener erwiderte, es sey nicht wahrscheinlich, doch wäre es grade jetzt für Bismarck bequem, weil er gleich mit Stremayr gehen könne, der sich eben dahin begebe.

Doch trat wieder eine Wendung ein. In den ersten Tagen des August schrieb der Volksfreund, das cisleithanische Ministerium habe befohlen, daß ohne seine Erlaubniß kein neues Ordenshaus errichtet werden dürfe, und nach der Karlsruher Zeitung habe der österreichische Episcopat in Würdigung der gegebenen Verhältnisse und um nicht ein weiteres Vorgehen der Regierung zu provociren, sich in dem Entschluß geeinigt, vor der Hand die Errichtung neuer Ordenshäuser der Jesuiten nicht zuzulassen. — Das war aber auch alles. Neue Collegien sollten sie nicht gründen dürfen, wohl aber die alten überfüllen.

In den ersten Tagen des September 1872 machte es großes Aufsehen, daß ein österreichischer Cardinal gegen einen andern auftrat, der Cardinal Fürst Schwarzenberg in Prag nämlich gegen den Cardinal Rauscher in Wien. Und zwar in einem heftigen Artikel des „Czech". Darin wurde gesagt, Rauscher halte es mit den Liberalen. Dasselbe wurde auch dem Cultminister Stremayr zum Verbrechen gemacht. Die Anklage lautete wörtlich: „Cardinal Rauscher ist ein gelehrter, aber ehrsüchtiger Mann. Diese seine Schwäche ist Ursache, daß Rauscher den Liberalen hilft, denn nur durch die Liberalen kann Rauscher sein Ziel erreichen, cisleithanischer Primas zu werden, da er ungarischer nicht werden kann. Ob man ihn in Rom als Primas anerkennen wird, ist fraglich; einstweilen wird er es verfassungsmäßig mit Hülfe Stremayrs; deßwegen lobt Rauscher die Thätigkeit der Liberalen; deßhalb stellt er sich allen Experimenten der Katholiken entgegen, durch welche selbe sich und ihrer Religion zum Rechte verhelfen und bestehende Rechte sichern wollen." Fürst Schwarzenberg verrieth mit dieser unbesonnenen Anklage, daß er das der Regierung durch die Umstände aufgedrungene geringe Maaß von Liberalismus für Ernst zu nehmen schien und daraus Gefahr für die Kirche besorgte. Das wahre Motiv seiner Erhitzung war aber wohl Aerger über die neue Geltung des deutschen Elements und die Kaiserreise nach Berlin, oder aber persönliche Rivalität. Jedenfalls besagte dieser Zwiespalt im österreichischen Episcopat nichts anderes, als daß Rauscher, wie auch Stremayr und die k. k. Regierung selbst, obgleich dem Ultramontanismus ergeben, doch dem internationalen Charakter der österreichischen Monarchie treu bleiben und das deutsche Element nicht einseitig dem slavischen preisgeben wollten.

Uebrigens entschuldigte sich Schwarzenberg gegen Rauscher, er sey dem betreffenden Artikel durchaus fremd. Aber auch Fürstbischof Zwerger von Graz griff den Cardinal Rauscher an. „Das Grazer Volksblatt nimmt den Cardinal heuchlerisch gegen die ‚sinnlose Invective‘ von Prag aus in Schutz, um gleich darauf erkennen zu lassen, daß der Weg, der kirchlicherseits in Wien eingeschlagen wird, ein verderblicher ist und daß Cardinal Rauscher zwar nicht als Verräther handle, aber eine sehr kurzsichtige Politik verfolge. Als Kapitalverbrechen wird dem Cardinal Rauscher angerechnet, daß er die Uebergabe der Salvatorkirche an die Altkatholiken nicht zu hintertreiben wußte, und daß jetzt, nachdem dieser ‚Fehler‘ begangen worden, gar nichts geschieht, um die ‚rechtlos verlorene Kapelle‘ wieder zu erwerben. Herr Zwerger befindet sich hier in einem vollständigen Irrthume, wenn er annimmt, daß sich der Cardinal nicht mit Händen und Füßen gegen die Auslieferung der Salvatorkirche gewehrt habe. Cardinal Rauscher hat kein Mittel unversucht gelassen, um von oben herab auf das Ministerium Hohenwart einzuwirken; allein, welche Winke auch dem Minister von allen Seiten zugekommen — er hat der Gemeinde Wien das Recht nicht streitig machen können, über ihr Eigenthum zu verfügen."

Aus alledem geht hervor, daß Cardinal Rauscher zu den ge-

mäßigten Bischöfen gehörte und daß dies den Ultramontanen sehr
unangenehm war. Anfang Dezember 1872 wurde aus Wien berichtet, er habe endlich dem Drängen der Ultramontanen nachgegeben.
„Der feudalen Reichspartei scheint es nunmehr gelungen zu seyn,
den passiven Widerstand zu brechen, welchen Cardinal Rauscher, als
Hort der verfassungstreuen deutsch=österreichischen Katholiken, ihren
Bestrebungen bisher in seinem Organ, dem Volksfreund, entgegen=
gestemmt. Seit 13 Jahren hatte P. Pia die Redaction dieses Blattes
in streng kirchlichem, aber doch verfassungstreuem Geiste geleitet.
Heute wird er verdrängt durch den Wiener Correspondenten der
Berliner Germania, den P. Wiesinger, hier bekannt durch seine
scurrilen Fastenpredigten und seine streng ultramontan=feudale Haltung als Redacteur der Brunner'schen Kirchenzeitung. Die österreichischen Katholiken sehen sich so ihres letzten Organs beraubt,
das mit fliegenden Fahnen ins Lager des Föderalismus überzugehen
sich anschickt. Es muß harte Kämpfe gegeben haben, ehe sich Cardinal Rauscher zu dieser Fahnenflucht hergegeben hat."
Im „Vaterland" wird die Abwendung des Cardinals Rauscher von dem Ministerium Auersperg durch einen Wortbruch des
Letzteren motivirt. Vor einem Jahre sey zwischen den beiden ein
intimer Pakt geschlossen worden. Der Cultus= und Unterrichts=
minister Stremayr und seine Collegen hätten versprochen, daß die
antikirchliche Agitation in der Presse und in den Vereinen beseitigt
und das Recht der Kirche auf die Volksschule auf dem Wege der
Praxis wieder hergestellt werden würde. Cardinal Rauscher habe
jedoch endlich erkannt, daß dieses Versprechen nur einen illusorischen
Werth gehabt habe. Das Ministerium habe zwar dem Drängen
der Verfassungspartei auf die Vorlegung liberaler Gesetzentwürfe
über die Auseinandersetzung zwischen Staat und Kirche widerstanden
und noch in jüngster Zeit die Zusage ertheilt, daß der im niederösterreichischen Landtage gestellte Antrag auf Aufhebung des Jesuitenordens nicht berücksichtigt werden würde, aber diese Concessionen
habe Cardinal Rauscher nicht als genügend betrachten können.
Im October 1872 legte Fürstbischof Witmer von Laibach,
welcher der gemäßigten Richtung des österreichischen Episcopats an=

gehörte, mit Zustimmung des Papstes sein Amt nieder, und man glaubte, daß es nicht ganz freiwillig geschehen sey.

Wie die Stimmung bei Hofe war, erräth man aus einem Artikel der Neuen Fr. Presse aus Wien vom 29. October: „In dem Ehrenbeleidigungs-Processe, welchen der gewesene Seelsorger der hiesigen Altkatholikengemeinde, Alois Anton, gegen den Pfarrer von Biedermannsdorf, A. Scherner, anstrengte, wurde der Beklagte von den Geschworenen schuldig gesprochen und über eine einmonatliche Arreststrafe verhängt. Der Verurtheilte ist aber vom Kaiser begnadigt worden, und die Umstände, unter welchen diese Begnadigung erfolgt ist, haben nicht verfehlt, ein gewisses Aufsehen zu erregen. Der kaiserliche Gnadenakt ist erfolgt, ohne daß der Verurtheilte den ordentlichen Weg durch Ueberreichung eines Gnadengesuches beim Landesgerichte beschritten hätte; weder die Gerichte, noch der Justizminister waren demnach in der Lage, sich über diesen Gnadenakt zu äußern, und die Begnadigung Scherners wurde durch kaiserliches Handbillet ohne vorausgegangene Anhörung des Justizministers verfügt. Die Legalität des Gnadenaktes ist zwar nicht anzuzweifeln, sobald das kaiserliche Handbillet von dem Justizminister contrasignirt ist; allein, daß die Meinung desselben nicht früher gehört wurde, ist sehr geeignet, diesem Falle eine Qualification zu geben, deren Herbheit nur wenig dadurch gemildert wird, daß der Fall nicht ohne Präcedenz ist, indem auch die Begnadigung des Bischofs Rudigier nach seiner Verurtheilung durch das Linzer Geschwornengericht unter dem Bürgerministerium in gleicher Weise ohne frühere Anhörung des Ministers erfolgte.“

Zwei Tage später wurde wieder aus Wien geschrieben: „Als ein besonderes Kennzeichen für die conservative Strömung, die jetzt wieder in den höheren Regionen herrscht, wird namentlich die Haltung in der kirchlichen Frage angesehen. Nirgends wird mehr zu entscheidenden Schritten als auf diesem Gebiete gedrängt; allein, es geschieht von dem Ministerium nichts, rein gar nichts; vielmehr zeigt es sich zu allerlei Concessionen bereit. Gegen den Wanderstrom der Jesuiten ist kein Damm errichtet, ungehindert wirthschaften die Väter vom Orden Jesu fort und sammeln sich in

Galizien, Böhmen und Tirol. Auch die neueste Verordnung des Cultusministers v. Stremayr ist sehr bezeichnend für die Stimmung, die oben herrscht. Obwohl die Staatsgrundgesetze ausdrücklich bestimmen, daß Niemand zu einer religiösen Handlung gezwungen werden kann, hat doch Herr v. Stremayr sich veranlaßt gefunden, die Schuljugend zum Gebet Vormittags vor Beginn der Schule und Nachmittags nach dem Schluß der Schule, ferner zum wöchentlichen Besuch der Messe, zum Empfang der Sakramente dreimal im Jahre und zur Betheiligung an der Fronleichnamsprozession zu verpflichten. Damit sind freilich die Schulgesetze, die vom confessionslosen Charakter der Schule ausgehen, geradezu übertreten.“

Einen Monat später fügte die Neue Fr. Presse hinzu: „Wohl ist jener vielberufene Vertrag, welchen Oesterreich in der Blüthezeit der Reaction mit der römischen Curie geschlossen hat, seit mehr denn zwei Jahren aufgelöst; aber noch fehlen trotz dringender Mahnungen der Volksvertretung, trotz wiederholter feierlicher kaiserlicher Verheißungen dem Lande jene Gesetze, welche an Stelle der aufgehobenen Bestimmungen des Concordats das Verhältniß von Staat und Kirche regeln sollten. Die Herausforderung, welche die ultramontane Majorität des Tiroler Landtages der Regierung zugeschleudert hat, muß diese nun ernstlich gemahnen, das wiederholt verpfändete eigene und kaiserliche Wort, das wir als sichere Bürgschaft für die Einbringung und Erledigung der confessionellen Vorlagen angesehen haben, einzulösen und insbesondere durch die Gesetzgebung die Reform der theologischen Studien, wie sie in den Acten der vielbesprochenen und heißersehnten Entwürfe ja bereits ausgearbeitet vorliegt, auch in Wirklichkeit einzuführen. Es handelt sich jedoch bei der nothwendigen Reform nicht blos um die Beseitigung der Jesuiten von der Innsbrucker Hochschule, sondern vielmehr um eine gründliche Verbesserung des theologischen Unterrichts in allen im Reichsrathe vertretenen Ländern. Gewiß ist die Aufhebung der Jesuiten-Facultät in Innsbruck in erster Reihe wichtig, damit nicht länger Oesterreich Sitz und Herd ihrer von den gewiegtesten Staatsmännern, Canonisten und Juristen als staatsfeindlich anerkannten Lehren bleibe, damit wir endlich des traurigen Ruhmes ledig wer-

den, die nach dem Ausspruche Veuillot's einzig richtige, d. h. in=
fallibiliſtiſche Theologie für ſämmtliche in Innsbruck zuſammen=
ſtrömende Fanatiker zu lehren. Es iſt ein öffentliches Geheimniß,
daß der theologiſche Unterricht, ſeitdem er unter der Leitung der
Biſchöfe ſteht, also seit 1856, immer tiefer geſunken iſt, daß, wäh=
rend unſere weltlichen Facultäten mit denen der deutſchen Univer=
ſitäten an Glanz wetteifern, unſere theologiſchen Facultäten zu ge=
meinen Abrichtungsanſtalten für den Seelſorge=Klerus geworden
ſind, daß wiſſenſchaftlicher Eifer und höheres literariſches Streben
vollſtändig aus den Reihen der öſterreichiſchen Theologen geſchwun=
den ſind. Was jetzt noch unter ihnen einen Namen hat, verdankt
ſeine Bildung noch durchwegs der vorconcordatlichen Epoche. An
die Stelle wiſſenſchaftlicher Thätigkeit iſt eine banauſiſche Schul=
meiſterei getreten, an die Stelle väterlicher Sorgfalt für die Heerde
und prieſterlicher Milde, deren Beruf es iſt, Frieden zu ſtiften, ſind
im Seelſorge=Klerus nationaler Eifer und hierarchiſcher Zelotismus
zur Herrſchaft gelangt. Hetzerei und Aufwühlen, Agitiren in Ver=
einen und Verſammlungen, Conſpiriren mit nationalen Wühlern
und gewiſſenloſen Agitatoren — das iſt die tägliche Arbeit vieler
unſerer Prieſter. Dieſe Curaten in den Alpenländern ſind mehr
Demagogen, denn etwas Anderes. Dieſe Pfarrer und Dechanten
in den ſlaviſchen Ländern ſind huſſitiſche Eiferer mehr denn Prieſter
der chriſtlichen Liebe und Hüter des Geſetzes und der Ordnung.“

Im oberöſterreichiſchen Landtage kam im November 1872
die Schulgeldfrage an die Tagesordnung. Obgleich nun die Kleri=
kalen hier unter dem Einfluß des Biſchof Rudigier von Linz ſehr
mächtig waren und für Beibehaltung des Schulgelds kämpften, um
den mit dem unentgeltlichen Schulbeſuch verbundenen Schulzwang
abzuwehren, der ihr Volksverdummungsſyſtem gefährdete, beſchloß
der Landtag dennoch die Abſchaffung des Schulgelds. Große Heiter=
keit erregte die Rede Wickhoffs. Derſelbe „findet die Vertheilung
der Unterrichtskoſten auf ſämmtliche Steuerträger vollkommen ge=
recht. Warum, fährt er fort, ſollen reiche Leute, welche keine Kin=
der haben, oder prosperirende Aktiengeſellſchaften, welche zwar ‚Junge‘
in die Welt ſetzen, aber doch keine Kinder in die Schule ſchicken,

nicht an den Lasten, die der Unterricht dem Volke aufbürdet, parti=
cipiren? Die reichen Stifte und Klöster endlich werden mit Ver=
gnügen die Gelegenheit ergreifen, auch ihren Theil für die Bildung
und Erziehung des Volkes beizusteuern. (Heiterkeit und lebhaftes
Bravo!)"

Auch im Salzburger Landtage wurde das Schulgeld mit 15
gegen 9 Stimmen abgeschafft, troß des ultramontanen Bischofs
Tarnocki. Der steyrische Landtag dagegen ging über die Schul=
geldsfrage zur Tagesordnung über.

Ungarn hatte in politischer Beziehung seine Sonderstellung
als Vorort der transleithanischen Reichshälfte gegenüber der cis=
leithanischen mit kluger Berechnung genommen; die Deutschen, deren
verhaßtes Joch es abgeworfen, mußten ihm jetzt auch noch gegen
die Slaven behülflich seyn.

Von Seite der weltlichen Regierung in Ungarn waren schon
wiederholte Versuche gemacht worden, das von der Natur so reich
begabte, aber durch Despotismus und Ultramontanismus verwahr=
loste Land dem Wohlstand und der Bildung entgegen zu führen.
Dahin strebte z. B. der Cultminister, Baron Eötvös, der aber im
Februar 1870 starb. Man rühmte ihm nach: Er war einer der
edelsten Vorkämpfer humanistischer Ideen in Ungarn, und wer die
verbitterten Verhältnisse dort vor dem Jahre 1848 kennt, wird den
Muth nicht genug bewundern können, der ihn beseelte, als er gegen
die brutalen Vorrechte des Adels dort auftrat. Wollte man ihn
ja damals niederduelliren. Ihm verdankt Ungarn zumeist die Pflege
europäischer Bildung, und eben in dieser Beziehung wird sein Ruhm
vorzüglich zu suchen seyn. Als Politiker fehlte ihm die Energie und
Rücksichtslosigkeit. Er war mehr ein Mann der Theorie als der
That. Sein milder Charakter, sein urbanes Wesen führte es wohl
auch mit sich, daß ihn seine Umgebung leicht beherrschte und viel=
leicht auch mißbrauchte. Besonders mußte sich dies in den letzten
Jahren die hohe Klerisei zu Nußen zu machen und ihn zu manchen
Schritten zu verleiten, die ihn in den Verdacht eines Klerikalen
brachten, was er seiner Gesinnung und Ueberzeugung nach sicher
nicht war. Eötvös war Präsident der ungarischen Akademie der

Wiffenschaften, die denn trauernd über seinen Tod acht Tage keine Sitzungen hält. Das Abgeordnetenhaus hat an ihm seinen geist= vollsten Redner verloren, denn so groß auch die oratorische Ge= wandtheit in Ungarn ist, jenen Geist, der das Produkt tiefer, viel= seitiger Bildung, verrathen die dortigen Parlamentsreden selten.

Es war ihm aber nicht möglich gewesen, den seit Jahrhunder= ten gänzlich vernachläffigten Augiasstall des ungarischen Schulwesens zu reinigen. Dazu brauchte es mehr Zeit und taugliche Menschen. Der letzte Bericht des Ministers über den Stand des Schulwesens von 1870 umfaßt 11,903 Gemeinden in Ungarn und Siebenbür= gen mit 2,284,741 schulpflichtigen Kindern, von welchen nur 1,152,115 die Schule thatsächlich besuchen, so daß also fast die Hälfte ohne Unterricht bleibt. Zudem genießt von den schulbesuchen= den Kindern nahezu eine halbe Million nur während der Winter= monate den Unterricht, mehr als 200,000 von ihnen haben ferner keine Lehrbücher. Was die Schulen anbelangt — 1712 Gemein= den besitzen ihrer gar keine — so versichert der Minister aus eige= ner Erfahrung, daß in den meisten Lehrzimmern die Kinder an Gesundheit und körperlicher Entwicklung mehr Schaden leiden, als sie geistig durch den Unterricht profitiren. Nicht selten sitzen in solchen dumpfen, engen, feuchten und unreinen Stuben 150—200 Kinder beisammen. Auch die Lehrkräfte genügen weder in Bezug auf Zahl, noch auf Bildung; in einem einzigen Komitate gibt es 17 Lehrer, die nicht einmal schreiben können.

Eötvös wurde durch den Professor Pauler im Cultministerium ersetzt, welcher seinerzeit ein Werkzeug des Grafen Thun war. „Er huldigt der klerikalen Richtung, und entspricht seiner ganzen Geistes= richtung nach dem cisleithanischen Jireczek. Die neuen Elemente, welche in das Ministerium Andrassy eingetreten, bewirken dessen vollständige Umwandlung. Man wird nun auch in Ungarn zu re= gieren anfangen und die klerikalen Tendenzen in den Vordergrund treten laffen. Die Umgestaltung des Ministeriums Andrassy wird einerseits die Heftigkeit des Parteikampfes steigern, andrerseits eine Zersetzung der Deakpartei herbeiführen. Damit werden einem Mi= nisterium Lonyay die Wege geebnet. Darauf rechnen gerade jene

Coterien, mit deren Planen die Existenz des Ministeriums Hohen=
wart so trefflich übereinstimmt. Der altconservative Umschwung soll
sich in Ungarn erst später vollziehen, erst dann, wenn die starke
Hand diesseits der Leitha — Ordnung gemacht hat.

Viele Ungarn kamen auf den Gedanken einer sog. Katho=
likenautonomie, welche nach einer Seite hin die niedere Geist=
lichkeit aufbessern, nach der andern die nationale Selbständigkeit Un=
garns noch sicherer stellen sollte. Begreiflich, daß die Bischöfe dieser
Agitation Meister zu werden suchten, um ihre Vorrechte und ihren
Besitz im Namen der Nationaleinheit durch Vermeidung einer Spal=
tung zwischen dem Episcopat einer= und dem niedern Klerus und der
neuen Autonomie andererseits zu behaupten. In diesem Sinne stellte
sich Simor, der Fürst Primas von Ungarn, im October 1870
selber an die Spitze des Vereins und war mit den übrigen Bischöfen
bereit, zu Gunsten der Kirchen= und Schulzwecke einige Opfer zu
bringen. Damit ihm aber die Nationalen nicht über den Kopf
wüchsen, betonte er die klerikale Einheit. Das war nun den Libe=
ralen nicht recht und auch die Griechisch=Unirten benutzten den An=
laß, Trennungsgelüste geltend zu machen. Da diese Slaven waren,
konnte man den Einfluß einer russischen Propaganda vermuthen.
An der Spitze dieser Partei stand ein Herr v. Popp. Die liberalen
Katholiken Ungarns, deren Führer Ghizy war, unterhandelten mit
Simor mittelst einer Deputation, der er antwortete: Ich will gern
vorwärts gehen, ja bis zu den Pforten der Hölle, aber nicht
hinein!

Die liberalen Katholiken Ungarns waren dadurch nicht befrie=
digt. Man schrieb im Juli 1871: „Abgesehen von den zahlreichen
Adressen an Dr. Döllinger, den Protesten gegen die Unfehlbarkeit ꝛc.
mehren sich in auffallender Weise die Stimmen aus dem Kreise
des niederen ungarischen Klerus, welche einer Reform der Kirche
entschieden das Wort reden. Eine derselben nennt sich: „Reformiren
wir die katholische Kirche" und stellt sich bezüglich der äußerlichen
Reform auf das Programm der liberalen Partei des Katholiken=
Congresses, geht aber in einigen wichtigen Punkten noch weiter. Es
wird nämlich der Wirkungskreis des Katholiken=Congresses auch aus=

gedehnt: 1) auf die äußerlichen gottesdienstlichen Dinge, als: liturgische Sprache, Zeit und Zahl der Feiertage, der Fasten, Bittgänge und Wallfahrten; 2) auf die Erhaltung oder Reform der geistlichen Disziplin; 3) auf die äußerliche Erziehung und äußerlichen Verhältnisse des Klerus; 4) auf die Einführung oder Abschaffung geistlicher Orden; 5) auf jenen Theil der kirchlichen Prozeß- und Strafsachen, die mit einem Dogma oder Sakrament in keiner unmittelbaren Verbindung stehen. Positiv gefordert werden: die Abhaltung der kanonischen Diözesan-Synoden, die Abhaltung des Gottesdienstes in der Volkssprache, die Reduction der Fasttage, die Verlegung der Feiertage auf die Sonntage, die Abschaffung des Cölibats. Der letzte Punkt, dieser „Krebsschaden der katholischen Kirche', wird mit besonderer Ausführlichkeit behandelt."

Als Curiosum wurde aus Rom geschrieben: „Bei Beginn des Concils hatte der Papst auf Vorstellung der ungarischen Bischöfe aus Sanitätsrücksichten ganz Ungarn vom Fasten am Samstag dispensirt. Stroßmayer wendete sich an den Papst mit der Bitte, den Dispens auf seine Diöcese auszudehnen. Die Antwort war, er möge seine Unterwerfung unter das Dogma der Unfehlbarkeit anzeigen, dann solle seiner Bitte gewillfahrt werden, eher nicht. Um der Unfehlbarkeit willen fasten also die Croaten, während die Ungarn Fleisch essen."

Die ungarischen Bischöfe veröffentlichten das neue Dogma der Unfehlbarkeit nicht. Nur in Stuhlweißenburg wurde es unter Glockenklang proklamirt. Im ungarischen Reichstag wurde sofort im April 1871 der Cultminister Pauler desfalls interpellirt und antwortete darauf, er erinnere an die Verordnung vom 9. August 1870, wonach päpstliche Beschlüsse von keinem Bischof verkündet werden dürfen, wenn sie dafür nicht vorher das königliche Placet eingeholt haben. Der Stuhlweißenburger Bischof, er heißt Jekelfalussy, wurde sogar vor den Ministerrath gefordert und nahm dessen Verweis ehrfurchtsvoll entgegen, die Verkündigung aber nicht zurück. Auch der Primas Simor hielt nicht Stich; in Rom hatte er gegen das neue Dogma gesprochen, in Pesth sich an die Spitze des Katholiken-Congresses gestellt und sich mit einer Deputation zum Kaiser begeben, um sich von ihm die Beschlüsse des Congresses sanctioniren zu lassen, war aber kalt von ihm empfangen worden, im Juni 1871. Drei Monate später las man eine Encyclica desselben Primas von Ungarn, worin er weitläufig zu beweisen versuchte, in Ungarn habe der Papst von jeher für untrüglich gegolten und sogar der Vater des Jansenismus habe den Papst in Sachen des Glaubens und der Sitten ebenfalls immer für unfehlbar gehalten. Auch wurde Simor zum Vorwurf gemacht, er habe im Katholiken-Congreß zugegeben, die Domherrn künftig wählen zu lassen, nachher aber willkürlich von sich aus welche ernannt. Auch Erzbischof Haynald von Kalofsa, der auf dem Concil gegen das neue Dogma geeifert, erkannte es jetzt an und im Ganzen thaten es 13 ungarische Bischöfe.

Man erklärte das aus dem Umstande, daß nur der ältere Klerus noch friedlich, tolerant und josephinisch gesinnt, der jüngere aber großentheils von den Jesuiten bevormundet und verhetzt ist. Indessen las man doch, daß fünfzig Weltpriester in Ungarn gemeinschaftlich eine Erklärung gegen das Unfehlbarkeits-Dogma abgegeben hätten, und auch der Magistrat in Ofen erklärte sich in diesem Sinne und wollte nicht dulden, daß die Kinder in den Schulen auf das neue Dogma verpflichtet würden. Damals wurde ein Jesuit, Superior des Waisenhauses zu Pazega, „wegen Unzucht wider die Natur“ zu dreijährigem Kerker verurtheilt.

In einem Artikel vom 12. Dez. 1871 aus Pesth, wurde in der A. Allg. Ztg. geklagt, daß die ungarische Regierung sich in der Kirchenfrage gänzlich passiv verhalte. Das Programm der Katholiken-Autonomie liege ihr seit dem März vor, ohne daß sie sich darüber geäußert habe, und dadurch sey die ganze Bewegung lahm gelegt und den ultramontanen Umtrieben der Weg offen gelassen. Zwei Staatsgesetze verbieten den Jesuiten, sich in Ungarn aufzuhalten, und doch haben sie in diesem Lande fünf Residenzen und ertheilen öffentlich Unterricht. Da die Regierung selber nicht ultramontan ist, erklärt sich ihr Verhalten wohl nur dadurch, daß sie die Solidarität der ungarischen Nationalinteressen durch den Episcopat sicherer aufrecht erhalten zu können glaubt, als durch Opponenten im niedern Klerus. Graf Albert Apponyi, der Je

juitenfreund, stand an der Spitze der Altconservativen und Ultra=
montanen Ungarns.

Die Stellung der Deak=Partei zu den Ultramontanen in Un=
garn wurde in der N. Fr. Pr. so charakterisirt: „Die ungarischen
Bischöfe haben alle, mit Ausnahme von zweien, jenen zahmen, bloß
die Inopportunität der päpstlichen Unfehlbarkeit betonenden Protest
der Concils=Minorität unterzeichnet; ja der Erzbischof Haynald hatte
sich sogar zu einer damals Aufsehen hervorrufenden Rede, deren
Spitze freilich weniger gegen die Unfehlbarkeit als gegen die un=
mittelbare Gerichtsbarkeit des Papstes gerichtet war, aufgeschwungen,
und der wankelmüthige Fürst=Primas Simor hatte an der Spitze
einer Deputation den Papst angefleht, das Unfehlbarkeits=Dogma
zurückzunehmen; trotz alledem aber haben sie um keines Haares Breite
mehr Gesinnungsfestigkeit an den Tag gelegt als ihre deutschen
Amtsbrüder auf der Versammlung zu Fulda. Im November war
es, als der ‚hochgebildete und liberale‘ Erzbischof Haynald die Ge=
treuen seiner Diöcese um sich sammelte und ihnen einschärfte, die
Decrete und Bestimmungen des letzten vatikanischen Concils, dar=
unter auch das Unfehlbarkeits=Dogma, in allen Kirchen und Schulen
als evangelische Glaubenswahrheiten zu lehren. Selbstverständlich
war der Erzbischof von Gran und ungarische Fürst=Primas Simor
früher noch in das infallibilistische Lager übergegangen. Er, der
dreimal in Einem Jahre seine Gesinnung gewechselt, seinen Abfall
von der Fahne der Concils=Minorität in einem umfangreichen Hir=
tenbriefe documentirt hatte und, nach der Meldung des ‚Ungarischen
Vaterland‘ (Magyar Allam), neuerdings an einem Beweise für die
päpstliche Unfehlbarkeit arbeitet, konnte ungescheuter seine Rückkehr
in den ‚Schafstall Roms‘ bewerkstelligen, als der nach dem Rufe
der Freisinnigkeit und einer tiefen Gelehrsamkeit haschende Erzbi=
schof von Kalofsa. So wie in den übrigen Ländern der Klerus
sich willig zum streitbaren Werkzeuge für die Plane der Römlinge
hergibt und nach der vermessenen Kriegserklärung Roms gegen den
modernen Staat für die Verwirklichung der mittelalterlichen Priester=
Despotie eines Gregor und Innocenz auf den Trümmern der ge=
genwärtigen Ordnung mit dem blinden kirchlichen Diensteifer kämpft,

so holt sich auch der ungarische Klerus aus den Spalten der Civiltà Cattolika seine Parole. Schleichend und getreu der Jesuiten=Taktik nach Möglichkeit jedes Geräusch vermeidend, wühlt derselbe auch in Ungarn gegen den Staat und nur manchmal bringt aus der brütenden Stille der ungarischen Puszta der laute Aufschrei eines getroffenen Opfers in die Oeffentlichkeit. In Preßburg verweigert man den Protestanten das bisher nicht verwehrte Grab auf dem unter dem Patronat der Stadtgemeinde stehenden Friedhofe; an anderen Orten sucht der Pfarrer, entgegen den ungarischen Gesetzen, den protestantischen Bräutigam durch feierliche Eide zu binden, die Kinder in der Religion seiner katholischen Braut zu erziehen; in Zombor reißt man gewaltsam unter Assistenz der von den Klerikalen vorgeschobenen Puppe, des Cultusministers Pauler, beschnittene Nazarener=Kinder aus den Armen ihrer Mütter, um sie in dem Glauben der alleinseligmachenden Kirche zu taufen, und in unbegreiflicher Selbstverblendung reicht die ungarische Hauptstadt wider den klaren Wortlaut des Volksschulgesetzes dem veszprimer Bischof Ranolder die Hand zur Errichtung einer Nonnenschule. Durch die ungestraft gebliebenen Erfolge berauscht, betreibt der Klerus immer offener die Hetze. Karl Viola, den ein öffentliches Geheimniß als den vertrauten Abgesandten des Fürst=Primas Simor bezeichnet, hetzt in den Provinzstädten öffentlich zu Kreuzzügen gegen Reichstag und Regierung auf; die Niederlage Lonyay's in Ujhely wird, trotz der ableugnenden Betheuerungen der Ultramontanen, klerikalen Wühlereien zugeschrieben, und das Gerücht, daß die ungarischen Ultramontanen es bei den nächsten Reichstagswahlen auf die Bildung einer eigenen Fraction, die, unabhängig von der Deak=Partei, katholische Politik treiben soll, abgesehen haben, tritt immer deutlicher hervor. Und was thut die Regierung und die Deak=Partei zur Abwehr gegen die als ihre Feinde sich entpuppenden Römlinge? Die ungarische Regierung hat auf dem kirchenpolizeilichen Gebiete eine Anarchie einreißen lassen, die, wie in der Zeit des Faustrechtes, den Einzelnen zwingt, durch eigene Kraft sich gegen das Joch zu wehren, welches die Unfehlbarkeit über Ungarn zu werfen beginnt. Daß der hohe Adel, der sich schon durch seine gesellschaftliche Stellung den läſtigen Feſſeln der Prieſterherrſchaft zu entziehen vermag, ſich nicht zum Vorkämpfer der Geiſtesfreiheit aufwirft, iſt eine von der Geſchichte erhärtete Thatſache, die in der von dem Grafen Andraſſy mit dem ſtuhlweißenburger Biſchofe Jekelſaluſſy in der ofener Königsburg aufgeführten Comödie neuerbings ihre Beſtätigung erhalten hat. Die Deak-Partei iſt bis zur Stunde aus ihrer Paſſivität gegenüber den Umtrieben der Ultramontanen nicht herausgetreten. Von einer vorurtheilsvollen Furcht vor dem klerikalen Einfluſſe und der Mächtigkeit der religiöſen Leidenſchaften des Volkes, das in Wahrheit übrigens mehr an kirchlichem Indifferentismus als an pfäffiſcher Bigotterie leidet, beherrſcht, hat ſie bis jetzt den Klerus unbehelligt gewähren laſſen und ſorgfältig jeden Anlaß zu einem Bruche mit der ihr liirten katholiſchen Kirche gemieden, obwohl ſie gerade zufolge dieſer Allianz in allen jenen Wahlbezirken, in denen der Krummſtab herrſcht, bei den letzten Reichstagswahlen das Terrain an die Linke verloren hat. Aus Rückſicht auf den Klerus ſind die Geſetzentwürfe über die Religionsfreiheit und die Civilehe eingeſargt und iſt die Ehegerichtsbarkeit in den Händen der Geiſtlichkeit gelaſſen worden; Dank dieſer Allianz iſt die katholiſche Kirche, die mit einer laut aufſchreienden Ungerechtigkeit gegen die übrigen gar nicht oder nur ſehr kärglich dotirten Confeſſionen vom Staate reichlich mit Gütern ausgeſtattet iſt, factiſch noch die Staatskirche und das morſche Oberhaus von jeder Reform verſchont geblieben; aus Schonung gegen die Prälaten iſt ferner die einzige Univerſität des Landes noch immer nicht zum Staats-Inſtitute erklärt worden und ſteht endlich das Volksſchulgeſetz lediglich auf dem Papiere. Das Höchſte, wozu ſich die Deak-Partei noch in dieſer Reichstagsſeſſion verſtehen dürfte, wird die Entfernung des Cultusminiſters Pauler ſeyn, deſſen ſie ſich nachgerade zu ſchämen beginnt, nicht weil ihm die gegenwärtig in Ungarn gar nicht begehrten Eigenſchaften eines Lutz mangeln, ſondern weil er offenkundig den Ultramontanismus zur Schau trägt."

Im ungariſchen Reichstage wurde im Januar 1872 der Antrag geſtellt, die geiſtlichen Sinekuren eingehen zu laſſen. Dieſer ſehr zeitgemäße Antrag lautete: Die Opferwilligkeit des Hauſes hat ſich nie glänzender bewährt, als bei Gelegenheit der Berathung des Budgets für den Unterricht. Allein außerordentliche Ausgaben machen außerordentliche Einnahmen nöthig, und Redner hält sich verpflichtet, auf eine solche unerschöpfliche, außerordentliche Einnahmsquelle das Haus aufmerksam zu machen, er meint die geistlichen Güter. Im Augenblicke will Redner die Frage der geistlichen Güter im Allgemeinen nicht erörtern, soviel aber lasse sich nicht leugnen, daß die geistlichen Stiftungen zum größten Theile die Hebung des Unterrichtes zum Zwecke hatten; ebenso wenig aber lasse es sich leugnen, daß die geistlichen Güter zu Allem mehr, als zu diesem Zwecke verwendet werden. Vorzüglich tadelt aber Redner die Besitzer jener Domherren- und Bischofspfründen, jener sog. Sinekuren, die großartige Summen für Nichtsthun, für Faullenzen erhalten. Diese Stellen könne man ohne weiters und ohne die Pietät selbst der eifrigsten Katholiken auch nur entfernt zu beleidigen, aufheben, ihr Ertrag aber könnte dazu dienen, dem ungarischen Volksunterrichte den großartigsten Aufschwung zu geben. Redner beantragt deßhalb, das Haus wolle die Regierung anweisen, noch im Laufe dieses Jahres einen Gesetzentwurf über die Aufhebung der geistlichen Sinekuren einzureichen. (Lebhafter Beifall.)

Die ultramontanen Ungarn fühlten sich inzwischen stark genug, um sogar der Deak-Partei zu drohen. Sie hatten den Vortheil, immer der magyarischen Nationalität geschmeichelt, und konnten sich darauf berufen, die Deak-Partei im Jahr 1869 in ihrem dualistischen Unabhängigkeitsstreben unterstützt zu haben. Jetzt verlangten sie dreist, die Deak-Partei solle nun auch einmal ihren Zwecken dienen und sich ihrem Willen unterwerfen. Man bedauerte in Ungarn, daß von hier aus der von den Croaten vergötterte Bischof Stroßmayr gar nicht unterstützt worden sey, was doch den Ausgleich Croatiens mit Ungarn sehr erleichtert haben würde. Allein man konnte doch den ultramontanen Bischöfen nicht zumuthen, sich mit dem tiefverhaßten Gegner Roms einzulassen.

In der am 20. Febr. 1872 abgehaltenen Sitzung des ungarischen Oberhauses tadelte bei Gelegenheit der Budgetdebatte Erzbischof Haynald die Regierung wegen Ausübung ihres sog. Place-

tums dem ungarischen Klerus gegenüber. Auch klagte er die Regierung der Unterdrückung der confessionellen Schulen an und sprach
sich höchst mißbilligend über die Ausbreitung interconfessioneller
Schulen und die Errichtung von Lehrer-Seminarien aus. Dagegen
bemerkte der Cultus- und Unterrichtsminister Dr. Pauler, daß des
Königs Majestät das Placetum im August 1870 wieder zu Recht
erweckt habe. Das sey kein „sogenanntes", sondern ein seit jeher
zu Recht bestandenes und fortwährend ausgeübtes Recht der apostolischen Könige von Ungarn. Bezüglich der Volksschulen erklärte
Redner, daß die Regierung den Confessionen in Schulangelegenheiten
den weitesten Wirkungsraum beläßt und für sich nur die gesetz-
mäßige Controle, die oberste Aufsicht behält. Diese Zurückhaltung
Paulers erklärt sich aus der oben schon bezeichneten Politik des
Grafen Andrassy, der Ungarn-Oesterreich nicht zum Werkzeug der
Jesuiten wollte machen lassen.

Am 16. April schloß der Kaiser persönlich den Reichstag mit
mehr Befriedigung, als der Stand der Parteien eigentlich erlaubte.
Die Ultramontanen erhoben ihr Haupt. Der Primas Simor hielt
bei Eröffnung des sog. Stephansvereins eine fulminante Rede für
den Papst, „den größten Helden, Weisen und Märtyrer der Jetztzeit" und donnerte gegen den Liberalismus. Graf Andrassy wollte
jedoch nichts von diesem Fanatismus wissen und eben so wenig der
Minister Lonyay.

Ende Juli brachte die Pesther Reform einen großen, allem
Anscheine nach ihr aus Wien aus unmittelbarer Nähe des Grafen
Andrassy zugeschickten Artikel zur Vertheidigung des Ministers des
Aeußern in der Jesuitenfrage. Der Artikel führt aus, daß das
Gesetzgebungsrecht in Cultusangelegenheiten, also auch alle die Je-
suiten betreffenden Maßregeln, nur die zwei Cultusminister und
nicht den Grafen Andrassy angehen. Uebrigens sey die Stellung
Oesterreich-Ungarns gegenüber den kirchlichen Agitationen eine ganz
andere als die Deutschlands. Oesterreich-Ungarn habe keine Ursache,
den Kampf mit der Curie absichtlich zu schüren, speciell sey dies bei
Oesterreich (Cisleithanien) der Fall, vorausgesetzt, daß seine freiheitlichen Institutionen nicht angetastet werden. Oesterreich könne

mit dem jetzigen modus vivendi zufrieden seyn. Bereits in Salzburg hatte Fürst Bismarck in einer Unterredung mit dem Grafen Andrassy die katholische Frage angeregt. Andrassy antwortete wörtlich: „Ich finde es nicht zweckdienlich, mit Kanonen zwischen die Spatzen zu schießen." Bismarck habe darauf erwidert: „Zu schießen denke ich nicht unter die ‚Spatzen‘, aber ich nehme ihre Nester aus. Mich werden die Jesuiten hassen, aber fürchten; Sie werden sie nicht fürchten und doch hassen. Sie wollen nicht schießen, so werden Sie Scheibe seyn." Das N. W. Tagblatt widmet dieser Auslassung der „Reform" einen Leitartikel, worin es heißt: „Die Jesuitenfrage hat einen internationalen Charakter; die Agitation des Jesuitenordens bedroht die Staatenverhältnisse, wie die neueste Zeit sie geschaffen hat, bedroht alle modernen Verfassungen und Freiheiten. Das wird von den Organen der Jesuiten auch ganz offen eingestanden; sie verlangen die Wiederherstellung der weltlichen Macht des Papstes; sie hetzen in Frankreich zum Kriege gegen Italien; sie warten auf das Steinchen, das dem deutschen Colosse die Füße abschlagen wird. Die Spatzen zwitschern somit über Dinge, welche das auswärtige Amt sehr nahe berühren, und wenn Graf Andrassy auch nicht mit Kanonen dreinfeuern will, so kann er doch auch nicht sagen, daß die Sache blos die beiden Cultministerien angehe. Graf Andrassy hat auch den famosen Ausspruch gethan, als er noch ungarischer Minister-Präsident war." — Der ungarische „Hon" verlangte die Ausweisung der Jesuiten.

Die Regierung wollte aber den Ultramontanen nicht wehe thun und traf eine halbe Maßregel. In den ersten Tagen des August meldete die „Neue Freie Presse", daß die Regierung den Landesbehörden in einem Erlasse Verhaltungsreformen bezüglich der Niederlassung aus dem deutschen Reiche ausgewiesener Jesuiten ertheilt hat. Der Erlaß beriefe sich wesentlich auf die bestehenden Gesetze betreffs der Gründung neuer Convente, geistlicher Orden und Congregationen, behalte jedoch für den Fall besonderer Anstände die Entscheidung dem Ministerium vor; die Bewilligung der Niederlassung von nichtösterreichischen Geistlichen würde dem Ermessen und Takte der Statthalter überlassen. Was die Einnistung einzelner

Jesuiten betrifft, so wird Alles dem Takte der Herren Statthalter überlassen. „Das ist so die echte und rechte österreichische Halbheit. Man weiß nicht, was man thun soll, und man getraut sich nicht, das zu thun, was sich von selbst als das Nothwendige aufdrängt. Da wird dann die Verantwortlichkeit auf Andere geschoben, diese verlassen sich wieder auf den Takt der Unterbehörden und so marschiren die Jesuiten frank und frei ‚im Takt' herein. Geschieht später eine Dummheit, nun so müssen sie die taktlosen Beamten büßen, die den Geist des Ministers nicht erfaßt. Bleibt Alles hübsch ruhig, so hat man es wenigstens nicht mit den Jesuiten und ihren Freunden verdorben."

Ein Vorfall in Ungarn erregte vielen Unwillen gegen die Jesuiten. Gegen eine Erziehungsanstalt dieses Ordens in Fünfkirchen hatten sich schon lange Klagen erhoben, die Kinder lernten nichts darin und müßten hungern. Da, am 18. Februar 1872, waren sämmtliche Jesuiten, mit ihnen aber auch alle werthvollen Gegenstände aus der Anstalt verschwunden und die Bürger mußten sich der verlassenen Kinder annehmen.

Solche Vorgänge erklären den Hohn der gebildeten Klassen über die scheinheiligen Pfaffen. In einem Theater zu Pesth wurde damals „Pater Gabriel" aufgeführt, ein Stück, worin die Arglist dieses berüchtigten Priesters, der ein unschuldiges Mädchen in der Beichte verführt hatte, sehr drastisch an den Pranger gestellt war. Das Publikum bedeckte dieses Tendenzstück mit seinem Beifall so laut, daß die Polizei eine weitere Aufführung verbot.

Inzwischen behielten die Jesuiten doch gute Freunde in Ungarn. Insbesondere war ihnen der Primas Simor gewogen und viele junge Kleriker, die in Rom und Innsbruck geschult worden waren. Cultminister Pauler gab dem Primas zuviel nach, Minister Lonyay arbeitete ihm aber entgegen und ging deshalb nach Wien. Auch Deak war ein Gegner der Jesuiten, da er immer nur Ungarns Nationalität verfocht und dieselbe nicht einer fremden, schlechten und gefährlichen Sache dienstbar machen wollte. In Wien herrschte die bekannte Halbheit und somit konnte Simor die Aufnahme der aus Deutschland vertriebenen Jesuiten immerhin vorbereiten. Von diesem

Letzteren wurde, wie man Anfang August erfuhr, die ungeheuere Besitzung Tonello bei Triest für eine Million und achtmalhunderttausend Franken angekauft.

Der ungarische Reichstag wurde am 4. September in der Burg zu Ofen durch den Kaiser selbst eröffnet. In der Thronrede wurden Reformen versprochen, betreffend die materiellen Interessen, das Gewerbe- und das Verkehrswesen. Am meisten aber fiel auf und wurde am günstigsten aufgenommen, daß die Thronrede ganz besonders die Wichtigkeit des Volksunterrichts betonte. Es hieß darin: „Die Bildung der Staatsbürger ist die wesentlichste Garantie des Wohles, des Emporblühens der Staaten. Aus diesem Grunde ist nach jenen wichtigen Verfügungen, welche im Interesse des Volksunterrichtes getroffen wurden, die Fortentwicklung des Unterrichtswesens durch Feststellung eines für das ganze Land gültigen Systems des mittleren und höheren Unterrichts zur unaufschiebbaren Nothwendigkeit geworden.“ Man erkannte darin ein Gegengewicht gegen die ultramontane Tendenz des Cultministers Pauler. — Dagegen verhielt sich die Regierung gegenüber dem böhmischen Landtag ganz anders.

Eine Frage Giskra's in der Delegation zu Pesth am 24. September in Bezug auf das Verhalten der Regierung zu den Jesuiten, rief interessante Aeußerungen des Grafen Andrassy hervor. Der Kern derselben war, Oesterreich wolle nicht katholische, sondern nur österreichische Politik machen. Uebrigens sey die Frage Giskra's eine solche, die nicht in das Ressort des Ministeriums des Aeußern gehöre und ihn erst dann berühre, wenn dadurch Complicationen entstehen würden. Was die vom Vorredner bei dieser Gelegenheit hervorgehobenen guten Beziehungen mit Deutschland anbelange, so müsse er betonen, daß er dieselben als Basis der wohlaufgefaßten Politik der Regierung erkenne und daß er seinerseits das größte Gewicht auf diese aufrichtig guten Beziehungen lege. Diese freundschaftlichen Beziehungen der beiden befreundeten paritätischen Staaten bedingen aber nur das, daß der eine nicht aus den inneren Schwierigkeiten des anderen Vortheil zu ziehen trachte. „Daß dies von unserer Seite geschehen, dafür geben unsere Beziehungen zu Deutsch-

land, so wie unsere in religiösen Fragen sehr liberalen Gesetze voll=
kommen Bürgschaft. Darüber hinauszugehen und die freundschaft=
lichen Beziehungen so zu interpretiren, daß jede momentane innere
Differenz, die in einem Staate entsteht, von dem anderen über=
nommen werde, sey eine Auffassung, die Redner nicht theilen könne,
die ihm aber auch von keiner Seite zugemuthet worden sey, und
er müsse zur Hervorhebung des aufrichtigen Einverständnisses mit
dem Nachbarstaate nur noch beifügen, daß diese Anschauung in
ihrer ganzen Ausdehnung auch von dem leitenden Staatsmanne des
berührten Staates vollkommen getheilt werde. Die Verfügungen
in allen diesen Richtungen überhaupt seyen die Aufgabe der Legis=
lationen und der Regierungen der beiden Staaten. Sollten daraus
äußere Complicationen entstehen, was er — Redner — absolut
nicht glaube, dann erst treffe ihn die Pflicht, die Verantwortung
dafür zu übernehmen." (Beifall.)

Die Dreikaiserzusammenkunft übte keinen Einfluß auf die
Jesuitenfrage in Oesterreich. Die Jesuiten befanden sich einmal im
Genuß der Gastfreundschaft, die ihnen der polnische Adel in
Galizien, der altczechische in Böhmen und ihre alten Freunde in Tirol
gewährten. Die von klerikaler Seite „gemachte Angabe, es seyen
überhaupt nur 200 Jesuiten in Oesterreich eingewandert, ist eine
plumpe Lüge, da sich in Tirol und Vorarlberg allein mindestens
anderthalb Mal so viel befinden, auf Galizien aber 200, auf die
böhmische Ordensprovinz und Ungarn je 100 und auf das Erz=
herzogthum Oesterreich mit Salzburg und den übrigen Erbländern
mindestens 150 Jesuiten zu rechnen sind. Dazu kommen dann
noch die Redemptoristen, welche in ihrem Wesen ganz dasselbe sind
und nur aus Politik eine andere Regel haben, um so bleiben zu
können, wenn der Jesuitenorden ausgewiesen wird; ferner die geist=
verwandten Cistercienser und endlich die überaus zahlreichen Francis=
caner, welche die ‚Abbetung des Rosenkranzes‘ zur Regel haben und
mit ihrem Handel in Ablaßbriefen und den sogenannten ‚Wallfahrts=
artikeln‘ seit jeher die Handlanger der Jesuiten waren und für diese die
groben Arbeiten verrichteten, daher sie das Volkssprüchwort schon im
17. Jahrhundert die ‚Pudelhunde der Jesuiten‘ genannt hat."

Merkwürdiger Weise wurde am Schluß des Jahres in öster-reichischen Blättern gemeldet, der Jesuitengeneral Pater Beckx habe den in Ungarn weilenden Ordensmitgliedern aufgetragen, die Lehr-amtsprüfung vor der Staatskommission abzulegen. Willkommener werden die Jesuiten den Magyaren dadurch nicht werden; merk-würdig jedoch bleibt es, daß Pater Beckx in Ungarn ein bischen Nachgiebigkeit für nöthig hält, in Cisleithanien nicht!

In einem einzigen Falle wurde einem Jesuiten in Oesterreich das Schulhalten untersagt. Man schrieb aus Linz unterm 14. Oc-tober: Die vom städtischen Bezirksschulrathe im Steyr verfügte Zurückweisung des vom Bischof Rudigier zum Religionslehrer an der dortigen Bürgerschule ernannten Jesuitenpaters hat der Landes-schulrath als gesetzlich begründet erklärt, weil die Kirchenbehörde die vorgeschriebene Mittheilung der getroffenen Verfügung an die Be-zirksbehörde unterlassen hatte. — Dagegen blieb die große Jesuiten-schule in Feldkirch ungestört. In derselben studirten besonders viele Söhne von Fürsten, Grafen und Freiherrn. Die Städte Hermann-stadt und Arrad wünschten Ausweisung der Jesuiten. Erzbischof Haynald hielt aber in einer Sitzung des Pesther Comitats eine Rede, worin er den Jesuiten das größte Lob zollte.

Aus Böhmen verlautete: Wer noch daran zweifelt, daß wir in Bezug auf die confessionellen Fragen von der Regierung keinen Schritt zu erwarten haben, der dieselben im fortschrittlichen Sinne zur Erledigung brächte, kann nach den letzten Vorgängen im böh-mischen Landtage darüber nicht mehr im Unklaren seyn. Man hatte dort die Absicht, jene Bestimmungen des Schulgesetzes, welche den Geistlichen einen zu weit gehenden Einfluß in den Ortsschulräthen einräumen, zu beseitigen, und würde auch durchgedrungen seyn, da nur die Großgrundbesitzer sich dagegen erklärten. Da tritt aber auf einmal der eben anwesende Ministerpräsident dazwischen und gibt den Herren zu bedenken, daß die Regierung ein derartig amen-dirtes Gesetz nicht zur Sanction empfehlen könne. Das klingt nicht sehr hoffnungsreich.

Am 12. Dezember begann der österreichische Reichsrath wieder seine Sitzungen. Die Regierung hoffte durch directe Wahlen eine

loyalere Volksvertretung als bisher zu erzielen, aber man verglich
die Lage in Oesterreich mit der in Frankreich. Auch hier nämlich
standen die Ultramontanen und Feudalen den Liberalen gegenüber,
wie in Versailles die Monarchisten den Republikanern, und man
sagte voraus, die Ersteren würden sich keiner österreichischen Regierung anschließen, die an den liberalen Errungenschaften des deutsch-
österreichischen Bürgerministerium und an den neuen Schulgesetzen
festhalten wollten.

Im niederösterreichischen Landtage beantragte am 3. Dezember 1872 der Verfassungsausschuß die Vorlage eines Gesetzes, durch
welches die Jesuiten aus dem Reiche verbannt werden sollten. Abt
Moser vertheidigte die Jesuiten und beschuldigte Preußen, „es wolle
die staatliche Einheit befestigen durch die Einheit der protestantischen
Kirche, weshalb es die katholische verfolge." Giskra trat ihm
energisch entgegen und lobte das deutsche Reich, daß es den gemeinschädlichen Jesuitenorden bereits vertrieben habe. Dechant Renk
nahm wieder die Jesuiten in Schutz und verhöhnte den Kaiser
Joseph, „dessen Geistesbegabung keine besondere war." Diese freche
Rede rief allgemeinen Unwillen hervor und da der Präsident den
Ordnungsruf unterließ, sagte der Statthalter Baron Conrad: Es
mußte nach der Geschäftsordnung der kompetenten Autorität unseres
Vorsitzenden überlassen seyn, ob die Bemerkung, welche der geistliche
Vorredner über den Kaiser Joseph gemacht, einer Ahndung zu unter-
ziehen war, wie die Geschäftsordnung vorschreibt. Ich kann aber
nicht umhin, mein tiefes Bedauern auszudrücken, daß der Redner
den Landtag und mich zum Zeugen dieser Aeußerung gemacht hat.
(Lebhafter Beifall.)

Im Landtage von Kärnthen wurde der Antrag des Dr. Dinzel,
die Ausweisung der Jesuiten aus Cisleithanien zu verlangen, mit
allen gegen vier Stimmen angenommen.

Kapitel 2.

Die Altkatholiken in Oesterreich.

In Oesterreich herrschte mehr Bigotterie als selbst im roma=
nischen Süden. Denn obgleich die Deutsch=Oesterreicher und ein
großer Theil der Ungarn der Reformation eifrig angehangen hatte,
waren sie doch durch die gräßlichen Dragonaden Ferdinands II.
und durch die listigen Jesuiten wieder katholisch gemacht worden,
nur einen Theil der Ungarn und die Sachsen in Siebenbürgen
hatte der tyrannische Kaiser aus Rücksicht auf Polen und die Türkei
geschont und sie hatten ihre Religionsfreiheit behalten. Seit mehr
als zwei Jahrhunderten ist es nun System in Oesterreich geblieben,
das gemeine Volk durch die Pfaffen im finstersten Aberglauben er=
ziehen zu lassen. Nur die gebildeten Stände, vorzugsweise in den
größeren Städten, sind aufgeklärt. Das neue Dogma fand also
beim Landvolk passiven Gewohnheitsgehorsam und nur eine Minder=
heit der städtischen Bevölkerungen wagte zu opponiren.

Der Klerus in Oesterreich war getheilt. Einem Theil des
höhern Klerus war es nur darum zu thun, das Volk im alten
Gehorsam und sich im Besitz der reichen Pfründen zu erhalten, er
nahm daher das neue Dogma um so williger an, als die Ver=
schärfung des päpstlichen Absolutismus auch dem weltlichen Des=
potismus einer Rom von jeher so befreundeten Dynastie, wie es
die habsburgische war, zugute kommen mußte. Nur die ungarischen
Bischöfe nahmen eine Sonderstellung ein und hielten sich an die
Nationalpartei, mit der sie nicht brechen durften, wenn sie nicht den
Verlust ihrer reichen Güter riskiren wollten. Die ungarische Na=
tionalpartei selbst wollte ebensowenig mit den Bischöfen brechen,
sondern ihren Einfluß zu Gunsten der Nationalunabhängigkeit
benutzen.

Wenn also eine altkatholische Bewegung auch in Oesterreich
begann, so blieb sie doch in enge Grenzen eingeschlossen und be=
schränkte sich meist nur auf Minderheiten der deutschen Bevölkerung

in den Städten. Die Mehrheit auch der städtischen Bevölkerungen hatte dem alten Aberglauben nicht entsagt, um sich einem reinern Glauben ernst und begeistert hinzugeben, sondern war mit der französischen Mode schon seit der josephinischen Zeit dem Unglauben verfallen oder ganz indifferent. Das spezifische Wienerthum war bodenloser Leichtsinn, Genuß- und Vergnügungssucht, oberflächliche Spaßmacherei, die Neigung alles zu bespötteln, und Flucht vor allem Ernsten und Heiligen. Dazu trugen wesentlich die in der Wiener Börse und Presse vorherrschenden Juden bei. Unter solchen Umständen konnte die altkatholische Bewegung von München her nicht tief in Oesterreich eindringen.

Der erste Oesterreicher, der sich den Altkatholiken anschloß, war der wissenschaftlich hochstehende Professor v. Schulte in Prag, der aber nur durch Schriften und Reden in altkatholischen Versammlungen im alten Reiche wirken konnte und es bald vorzog, Oesterreich zu verlassen und eine Professur an der Universität Bonn anzunehmen.

Der zweite Altkatholik von Bedeutung in Oesterreich war Aloys Anton, Pfarrer zu Pfenzing bei Wien, der in Wien selbst schnell alle dafür empfänglichen Elemente sammelte und einen altkatholischen Verein stiftete. Er faßte den Kampf sehr richtig als einen des Germanismus gegen den Romanismus auf und sagte in einer offenen Erklärung an die deutschen Bischöfe: „Der deutsche Geist wird selbst im Volke den alten Kampf fortführen und das Schwert nicht früher ihm entsinken, bis der Augenblick des Triumphs, des Wissens über den unberechtigten blinden Glauben, des Gedankens über die willkürliche Autorität gekommen seyn wird. Die Befreiung des Geistes, des Staates, der Gesellschaft von Roms spirituellem Joche ist ja die permanente Tendenz der ganzen Geschichte des deutschen Volkes, überall, wo die deutsche Zunge ihre kräftige Mannessprache redet. Nur zischelnde und näselnde Romanen können vor dem „Unfehlbaren" in der Stadt des Säuglings der Wölfin anbetend in die Kniee sinken. Was aber soll das Schicksal der katholischen Kirche da endlich werden? Jetzt schon erhebt sich allenthalben der Widerspruch gegen Rom, jetzt schon kehren Tausende der durch die neue Lehre verunstalteten Kirche den Rücken, noch Tausende werden folgen; man drängt sie eben aus der Kirche, man jagt die Welt durch stets neue Fabrikation irriger und sinnloser Dogmen zuletzt vollends in die Arme des nackten Unglaubens, man mordet nicht bloß den katholischen, man erwürgt den christlichen Glauben! Da aber, hochwürdigste Kirchenfürsten, gilt kein Händewaschen des Pilatus, da gibt es keine Berechtigung zu winselnden Jeremiaden über die Verdorbenheit der Welt, da nützt kein Poltern und Donnern, eben so wenig als die pharisäische Zuschiebung der eigenen Schuld am Unglücke der Kirche auf die Schultern des Liberalismus, Socialismus, Rationalismus, Materialismus und dergleichen bequemen Blitzableiter des allgemeinen Fluches von den schuldigen Häuptern. Da werden Sie und nur Sie allein verantwortlich seyn dem richtenden Gott und den empörten Völkern, Sie, die Sie zum Schutze und Bollwerke des alten Glaubens berufen wären und weder den Muth noch den Willen besessen haben, den Ränken und Uebergriffen eines listigen und stolzen Ordens Ihr Veto zuzurufen und in geschlossener Phalanx dagegen sich zu stellen, Sie, die nicht einmal Charakterstärke genug hatten, die bischöfliche Macht — Ihre eigene — gegen die unberechtigte Vernichtung zu verfechten, sondern selbst gegen Ihre innere Ueberzeugung — Ihre gesalbten Häupter willig unter das caudinische Joch gebeugt haben." Diese Sprache war für das gemeine Volk wohl nicht populär genug. Auch ging Anton etwas zu hitzig vor, indem er auf der ersten großen Altkatholikenversammlung in Heidelberg sich nicht zunächst auf den Widerstand gegen die Jesuiten beschränken, sondern die Kirche durchgreifend reformiren wollte. Gleich nach seiner Rückkehr erließ Anton im Namen von 3000 Wiener Familien an das Ministerium ein Gesuch der Altkatholiken, worin dieselben nichts geringeres verlangten, als daß ihnen der Stephansdom eingeräumt werde, denn derselbe sey Eigenthum der Wiener Gemeinde. Doch bewilligte der Wiener Gemeinderath den Altkatholiken nur den Gebrauch der kleinen zum Rathhaus gehörigen Salvatorkapelle, und Pfarrer Anton hielt hier am 15. October den ersten altkatholischen Gottesdienst. „Die Umgebung des Rathhausgebäudes bot schon lange vor der 11. Vor-

mittagsstunde, für welche der Beginn des altkatholischen Gottes=
dienstes anberaumt war, ein Bild bewegten Lebens. Während in
der Kapelle die normalmäßigen Messen der ‚Neukatholischen‘ ge=
lesen wurden, hatte sich in den Höfen des Magistratsgebäudes,
sowie in der Wipplingerstraße und Salvatorgasse eine zahlreiche
Menschenmenge, darunter viele Offiziere versammelt. Kurz nach
der zehnten Stunde war der Gottesdienst der ‚Neukatholischen‘ zu
Ende. Nachdem P. Ausim sich mit seinen Anhängern entfernt
hatte, hörte die Orgel zu spielen auf, das ewige Licht, sowie die
Altarkerzen wurden verlöscht und die Monstranz sammt dem Ci=
borium mitgenommen, von den Ministranten der Altkatholiken indeß
wieder zurückgeholt und die Lichter angezündet. Gegen 11 Uhr er=
schien P. Anton und bestieg sofort die Kanzel, um sich nach einem
kurzen Gebete an das Kopf an Kopf gedrängte Auditorium zu
wenden, welches nur einen sehr geringen Theil der herbeigeströmten
Menge repräsentirte, da die Kapelle nur Wenige zu fassen ver=
mochte, so daß die Salvatorgasse und die Hofräume des Rathhauses
während des Gottesdienstes von Menschen erfüllt blieben.“

P. Anton nahm zum Thema seiner Rede eine Stelle aus dem
Evangelium Lucae und knüpfte daran eine Apologie der Kirche als
gottgeweihte Stätte. Doch, fuhr er dann fort, habe Jesus nicht
blos Kirchen von Stein gewollt, sondern solche, welche im Herzen
der Menschen aufgerichtet sind. Diese wieder herzustellen und den
Staub und Schmutz, der sich seit Jahrhunderten in der katholischen
Kirche angesetzt habe, zu entfernen, sey der Zweck des Altkatholicis=
mus. Er wiederholte nun, was er schon in Heidelberg erklärt
hatte, Luther habe gefehlt, indem er aus der Kirche austrat. Man
müsse in der Kirche bleiben, um sie ganz zu reformiren, nicht sich
von ihr trennen, um eine besondere Sekte zu bilden. Aber die ka=
tholische Kirche läßt sich gar nicht reformiren, es wird daher Anton
nicht besser gehen, als es Luther ging. Er tröstete sich indeß (eben
so illusorisch) mit einer Vereinigung der Sekten. „Wir wollen und
müssen die ursprüngliche katholische Kirche wieder herstellen, wie sie
Jesus gelehrt, die Kirche der Liebe und des Friedens. Zu diesem
Behufe wollen wir den Anhängern aller christlichen Sekten die

Hände reichen und uns mit ihnen zu einem Bruderbunde vereinigen!" Hierauf las Pater Anton eine stille Messe. So verlief der erste Gottesdienst der Altkatholiken. Der Landstraßer Männergesangverein hatte bei demselben mitgewirkt. Mehrere Gemeinderäthe bildeten die Eskorte des Pater Anton, dem bei seinem Austritte aus der Kapelle donnernde Hochs ausgebracht wurden, welche Ovation die dem Prediger nachfolgende Menge so lange wiederholte, bis derselbe auf dem Hohen Markt in einen Fiaker stieg und davonfuhr.

Unmittelbar darauf belegte der Wiener Erzbischof Cardinal Rauscher die Salvatorkapelle mit dem Interdikt.

Seitdem geschah in Wien weiter nichts für die Altkatholiken. Die Menge blieb indifferent. Auch die Feier des päpstlichen Jubiläums im Juni fand nur sehr geringe Theilnahme. In Wien geschah es damals sogar, daß bei einem Arbeiterbegräbniß die Arbeiter ihre Hüte aufbehielten, Tabak rauchten, den Priester verhöhnten und ihm sogar zuriefen: "Halt's Maul!"

Auch an andern Orten Oesterreichs wurde die päpstliche Jubelfeier schlecht gefeiert. In Linz lehnte der Bürgermeister Drouot die Zumuthung des Consistoriums, er möge die Hausbesitzer auffordern, anläßlich des Papst-Jubiläums die Häuser zu decoriren und zu illuminiren, mit dem Bemerken ab, daß das gegenwärtige Ministerium, wie das Siegesfestverbot und der Strafprozeß beweisen, gegen öffentliche Feierlichkeiten sei, "welche Anlaß zu Demonstrationen böten." Sogar in Innsbruck lehnte der Gemeinderath die Einladung zur Betheiligung an der Feier des päpstlichen Jubiläums ab und beschloß, die städtischen Gebäude weder zu decoriren, noch zu illuminiren, noch die Betheiligung der städtischen Schulen zuzulassen. — In Prag veranstalteten sogar die Jungczechen als Gegendemonstration gegen das Papstjubiläum eine Trauerfeier für die in der Schlacht am weißen Berge Gefallenen.

Mittlerweile bildeten sich doch einige altkatholische Vereine auch in den Provinzen Oesterreichs. Die Gleichgesinnten versammelten sich, hielten Reden und schlossen einen Verein. Gewöhnlich gingen solche aus schon bestehenden Vereinen von Liberalen hervor. Aus dem Volksbildungsverein in Graz ging am 13. August 1871 eine altkatholische Versammlung in Hitzendorf hervor. Am gleichen Tage hielt Michelis eine Rede in einer Versammlung zu Krems. In demselben Monat schickten deutsche Vereine aus Mähren zustimmende Adressen an Döllinger mit 6,119 Unterschriften. Zu Tachau in Böhmen erklärten 36 Mitglieder der Gemeindevertretung die katholischen Casinos für verderblich und traten zu den Altkatholiken über. Sogar aus dem Banat lief eine Zustimmungsadresse von mehreren hundert Altkatholiken bei Anton ein. — In Pesth hielt am 1. October bei der Eröffnung des Schuljahrs der Universität der neue Rektor, der altkatholische Professor der Theologie, Peter Hatala, eine Rede über die Freiheit der Wissenschaft. Die Aula war überfüllt. Hatala führte aus, daß selbst die Theologen der Wissenschaft nicht ausweichen können; selbst die mit dem Mantel göttlicher Offenbarung geschützten religiösen Thesen müssen sich der Kritik der Vernunft unterwerfen. Rauschender Applaus und Eljenrufe begleiteten den Rektor bis auf die Straße. Prof. Pelleter am Schullehrerseminar zu Eger gab freiwillig aus Widerwillen gegen das neue Dogma seine Stelle auf und wurde Protestant. Bischof Wahala von Leitmeritz excommunicirte den Professor Nittel in Warensdorf, weil derselbe nicht an die Unfehlbarkeit des Papstes glauben wollte. Nittel erklärte: Ich habe meine Weihen und Jurisdictionen von einem rechtgläubigen Bischofe: ein vom alten katholischen Glauben abgefallener Bischof kann mir das Recht zu ihrer Ausübung nicht entziehen. Wenn ich mich zur Zeit gleichwohl der geistlichen Functionen enthalte, so geschieht es nur darum, weil ich der Gewalt weichen muß. Ich werde diese Functionen übrigens an dem Tage wieder aufnehmen, an welchem eine altkatholische Gemeinde meine priesterlichen Dienstleistungen verlangen wird.

Damals schrieb die Presse aus Innsbruck: „Unser Bischof hat eine Art Inquisitionsgericht wieder eingeführt. Es ist das Diöcesangericht; als Richter fungiren Geistliche. Seit hundert Jahren der Erste, stand jüngst der Priester Ignaz Schöpf vor den Schranken und sieht nach dreiunddreißigstündiger Verhandlung dem Spruch entgegen. Schöpf wurde bekanntlich von den fanatischen Weibern von Telfes aus dem Pfarrhof getrieben; er hat eine Broschüre über die kirchlichen Zustände in Kärnten geschrieben und darin allerdings kein Blatt vor den Mund genommen."

Dagegen wurde aus München geschrieben: „Die Tiroler Grenzstadt Kufstein steht im Begriff, sich der altkatholischen Reformbewegung anzuschließen. Die Entwicklung der dortigen kirchlichen Krise ist eine sehr bezeichnende. Kurz nach der Excommunication des Pfarrers Bernard in dem benachbarten bayerischen Dorfe Kiefersfelden wandte sich die dortige ultramontane Minorität an den in der ganzen Umgegend hochgeachteten Kufsteiner Stadtpfarrer Hörfarter mit dem Gesuch um weitere Verhaltungsmaßregeln. Der Dekan Hörfarter verwies die Petenten an ihren Pfarrer, an dessen Redlichkeit und Glaubenstreue kein Zweifel sey, und fügte die Muthmaßung hinzu, daß sich der Erzbischof von München=Freising mit der Excommunication des Pfarrers Bernard übereilt haben dürfte. Der Mißerfolg der ultramontanen Petenten wurde an das hiesige Ordinariat und von diesem an den Erzbischof von Salzburg, den Vorgesetzten des Kufsteiner Dekans, gemeldet. Nach kurzer Frist erging von dort eine Weisung an das Kufsteiner Dekanat, alle Gemeindeglieder, welche die altkatholische Bewegung in dem benachbarten Kiefersfelden irgendwie unterstützt hätten, mit der Excommunication zu belegen. Die betreffende Forderung war um so drastischer, als in dem Erzbisthum Salzburg so gut wie in den übrigen österreichischen Diöcesen dem Klerus niemals die Forderung einer förmlichen Unterwerfung unter das Infallibilitäts=Dogma, vielmehr nur schweigende Beistimmung auferlegt worden ist. Die Antwort des Dekans Hörfarter bestand aus dem bringenden Rath an seinen Erzbischof, einen Zusammenstoß der vorhandenen religiösen Gegensätze, wenn irgend thunlich, zu verhüten, da andernfalls die altkatholische Bewegung sich über ganz Nordtirol bis an den Brenner ausdehnen werde. In der That ist es eigenthümlich, daß gerade bei dem Tiroler Gebirgsvolk, in dem Lande der Glaubenseinheit, das Dogma von der persönlichen Unfehlbarkeit des Papstes so energischen Widerstand findet, wie denn schon bei der altkatholischen Versammlung in Kiefersfelden am 5. d. M. mehrere Tiroler Dorfgemeinden durch eigene Deputationen dem Pfarrer Bernard ihren

Dank und ihre Anerkennung ausdrücken ließen. Was speciell Kuf=
stein betrifft, so stehen außer der überwiegenden Mehrheit der
Bürgerschaft drei unter den vier Vicaren des Ortes zu dem Decan.
Die Excommunication der vier leitenden Geistlichen von Kufstein
und der überwiegenden Gemeindemehrheit ist noch nicht erfolgt, wird
aber jeden Tag erwartet."

Gleichzeitig (Ende November) wurde aus Ober=Oesterreich be=
richtet: In Taiskirchen nächst Ried ließ in der Sonntagspredigt
der dortige Cooperator seiner Beredsamkeit und seinem Schmäheifer
über die Liberalen und Altkatholiken auf eine Art die Zügel schießen,
daß viele Anwesende auf demonstrative Weise die Kirche verließen.
Nach dem Gottesdienste ließ der Gemeindeausschuß den Herrn Ka=
plan rufen und forderte denselben auf, die Schmähausdrücke in seiner
Predigt zu widerrufen, indem sämmtliche Anwesende sich zum Libe=
ralismus bekennen und auch das Unfehlbarkeitsdogma verwerfen,
aber dessenungeachtet nicht gewillt wären, sich von dem Herrn Ka=
plan „Lumpenhunde", „ehrlose Wichte" u. s. w. betiteln zu lassen.
Lange wollte der würdige Diener Gottes sich nicht dazu verstehen,
mußte aber endlich dem immer heftiger werdenden Drängen des
Gemeindeausschusses nachgeben und leistete den verlangten Wider=
ruf beim Nachmittagsgottesdienste vor der ganzen versammelten Ge=
meinde, erklärte die gebrauchten Ausdrücke als unwahr und unbe=
gründet und leistete allen Anwesenden, welche sich durch seine Pre=
digt beleidigt und an ihrer Ehre angegriffen erachten, förmliche
Abbitte.

Die Zeitung von Feldkirch und das Innsbrucker Tagblatt
brachten Anfang Dezember viele Nachrichten von wuthschnaubenden
Pfarrern, die von den Kanzeln herab die Wahlen zum Reichstag
beeinflußten. Einer rief: „Wer einen Liberalen wählt, begeht eine
Todsünde!" Andere: „Wer einen Liberalen wählt, ist excommuni=
cirt." Das Innsbrucker Tagblatt bemerkte: „Den Impuls zu
diesem tollwüthigen Treiben gibt außer dem bischöflichen Wahl=
schreiben ein im ‚V. Volksblatt' erschienener Aufruf, in welchem es
heißt: ‚Staaten und Throne schwimmen wie morsche Wracke auf
sturmbewegter See. Mit dem Glauben an die ewige Auktorität

ist auch der Glaube an das ewige Recht erschüttert. Religion und Kirche werden geächtet, die Schule entchristlicht, die segensvollen heiligen Bande der Sitte und Treue, der Ehre und Familie zer=rissen.' Zehnmal schon hat man das arglose Landvolk gegängelt und belogen mit dem Lockrufe: ‚Die Religion ist in Gefahr!' Daß doch die Leute die Augen öffnen und den Thatsachen nachgehen möchten! Wo ist eine Person landaus, landein, die jemals zur An=nahme eines andern Glaubens verleitet oder etwa gar gezwungen wurde? Wo ist ein Ehepaar, das bei der Schließung der Ehe nach kirchlichen Vorschriften von weltlicher Seite die mindeste Hinderung erfahren? Wo ist ein Kind, dem man in der Schule eine andere Religion beigebracht, als die Religion der Eltern? Wer rüttelt mehr an der Autorität, als jene unverschämten Hetzer im Priestergewande, welche dadurch, daß sie ohne Unterlaß die weltliche Autorität unter=wühlen, auch sich selbst um Ansehen und Credit bringen? Wer ist eifriger bemüht, die Bande der Familie zu zerreißen, als jene fal=schen Propheten, welche das Weib gegen den Mann, die Mutter gegen den Sohn, die Schwester gegen den Bruder verhetzen und der bethörten Menschheit mit Hölle und Teufel drohen, nur um ihre wahrlich nicht lautern Zwecke zu erreichen?"

Man hätte glauben sollen, der Schutz des Altkatholicismus hätte der österreichischen Regierung angelegen seyn dürfen, da ihr durch denselben sowohl gegenüber dem ultramontanen Frankreich, als dem protestantischen Norddeutschland eine neue, nicht zu unter=schätzende Macht zugewachsen wäre. Sie würde manche Sympathie, die sie in den katholischen Theilen Deutschlands verloren hatte, wie=der gewonnen haben. Aber zu einer so großartigen Politik konnte sie sich diesmal so wenig, als zur Zeit der Reformation erheben. Die zahlreichen Altkatholiken in Wien wurden Ende Februar durch die k. k. Statthalterei von Niederösterreich dahin beschieden, ihre Constituirung als selbständige Gemeinde und die Ueberlassung einer Kirche zum Behuf ihres Gottesdienstes werde nicht genehmigt. Gleichzeitig sistirte die k. k. Bezirkshauptmannschaft zu Ried den Beschluß des dortigen Gemeinderaths, den Altkatholiken eine Kirche einzuräumen. Als am 17. Februar im Wiener Abgeordnetenhause

Doctor Waldert den Antrag stellte, die Verhältnisse der Altkatholi=
ken durch ein Gesetz zu regeln, sprach der Cultminister v. Stremayr
seine Ansicht dahin aus, daß das innere Wesen der katholischen
Kirche durch Annahme des Dogmas von der Unfehlbarkeit ein total
anderes geworden sey; allein der Staat habe es innerhalb seines
Gebietes nur mit der äußeren Erscheinungsform der Kirche zu thun,
und diese sey allerdings unverändert geblieben, die äußere hierarchische
Organisation sey dieselbe wie zuvor. Deßhalb könne sich der Staat
nicht darauf einlassen, zu erkennen, wer den echten Glauben bewahrt
habe, ob die Altkatholiken oder die Anhänger der Infallibilität.
Der Staat könne daher auf die Altkatholiken nur dann die Be=
stimmungen der Staatsgrundgesetze in Anwendung bringen, wenn
sie sich als selbständige Religionsgenossenschaft constituiren, was be=
kanntlich die Altkatholiken perhorresciren, da sie sich als die eigent=
lichen Katholiken betrachten. Von dieser Auffassung geleitet, be=
antwortete der Minister auch die Frage über das Eigenthum am
Kirchenvermögen und die Verleihung von Pfründen; auf das Factum
hingewiesen, daß in Böhmen bereits eine ganze Pfarrgemeinde bis
auf zwei Personen, den Pfarrer und eine andere Person, sich als
altkatholisch erklärt habe, erklärte der Minister, daß er auch in
diesem Falle den Genuß der betreffenden Pfründe dem infallibilisti=
schen Pfarrer zuerkennen müsse; die weitere Frage aber, wie sich
die Regierung verhalten würde, wenn auch der Pfarrer mit der
ganzen Gemeinde sich altkatholisch erklärt hätte, beantwortete der
Minister dahin, daß dann allerdings der Pfarrer im Besitze der
Pfründe zu schützen wäre. Ueber den Religionsunterricht befragt,
ob altkatholische Eltern angehalten werden können, ihre die öffent=
liche Schule besuchenden Kinder an dem Unterrichte eines infallibili=
stischen Religionslehrers theilnehmen zu lassen, antwortete Dr. v. Stre=
mayr bejahend. In Bezug auf Trauungen von Altkatholiken, die
der katholische Priester verweigerte, wies der Minister darauf hin,
daß den Betreffenden der Weg der Civilehe ungehindert offen
stehe. Dem entsprach ein Erlaß Stremayrs vom 20. Februar,
in welchem er verordnete, daß sämmtliche Akte der Altkatholiken und
Handlungen ihrer Priester keine staatsrechtliche Gültigkeit haben sollten.

Ohne Zweifel stellte sich die k. k. Regierung nach der Erklärung Stremayrs offen auf die Seite der neukatholischen Kirche und der Jesuiten und rief dadurch neue Stürme in dem schon so lange beunruhigten Kaiserreich hervor. Daß sie diese Stellung nahm, erklärt sich aus dem großen Jesuitenplan, nach welchem, wenn in Frankreich die Monarchie restaurirt seyn und sich anschicken würde, auch den Papst zu restauriren, auch Oesterreich bereit seyn sollte, gegen Preußen Front zu machen und dasselbe zu verhindern, daß es dem König von Italien helfe. Allein Frankreich war noch nicht im Stande, sich Roms annehmen zu können, und somit war es voreilig, dem kaum beschwichtigten Liberalismus in Oesterreich zu neuem Aufflammen aufzureizen. Schon am 4. März wurde aus Wien geschrieben: Gegen das Circular des Cultusministers Stremayr an die Länderchefs in Oesterreich über die Stellung der Altkatholiken hat der Cultusvorstand der Wiener Gemeinde einen Aufruf erlassen, worin die vom Cultusminister aufgestellten Ansichten als entschieden unrichtig bezeichnet werden. Nicht die Altkatholiken hätten gegen das Recht und die Verfassung Oesterreichs gehandelt; sie wollten nur, daß man sie nicht zwinge, von der katholischen Lehre abzufallen. Die Kirchengemeinde sey im Staate kein Rechtsobjekt, ihre Beamten verlangen nicht mit den Rechten der Staatsdiener anerkannt zu werden oder aus confessionellen Gründen sich staatlichen Pflichten zu entziehen. Zum Schluß wird die Hoffnung ausgesprochen, daß sich die Volksvertreter gegen die Regierung aussprechen werden.

Im Abgeordnetenhause gab an demselben Tage der Abgeordnete Waldert der Entrüstung der Liberalen Ausdruck. Er motivirte den eingebrachten Antrag, zur Prüfung der Rechtsverhältnisse der altkatholischen Gemeinden einen Specialausschuß zu wählen, der dem Hause nöthigenfalls einen Gesetzentwurf vorzulegen habe, durch den Hinweis auf das ministerielle Rundschreiben, welches die Altkatholikenfrage nicht lösen, sondern gewaltsam beseitigen wolle. Nachdem Waldert den Wortlaut jenes im Jahr 1871 nach der Verkündigung des Unfehlbarkeitsdogmas von dem Minister Stremayr an den Kaiser erstatteten Vortrags über die Nothwendigkeit der

Außerkraftsetzung des Concordats vorgelesen, zeigt er, daß derselbe Minister Stremayr in seinem Rundschreiben gegen die Altkatholiken in direkten Widerspruch mit sich selbst gerathen. Dieses Rundschreiben sey der Ausdruck einer Politik, welche im Gegensatz zu dem Geiste der Staatsgrundgesetze Oesterreichs den ärgsten Gewissensdruck gerade gegen jene Staatsbürger ausüben wolle, welche ehrliche Bekenner ihres Glaubens und treue Anhänger der Verfassung seyen. Das Haus beschloß mit großer Mehrheit die Wahl eines Ausschusses. Nur die Tiroler und Krainer stimmten dagegen. Sie wählten aber mit und so kam Greuter in den Ausschuß.

In Prag veranstaltete der deutsch=böhmische Verfassungsverein eine Versammlung, worin er unter der Leitung des Professor v. Schulte an die Regierung das Verlangen stellte, durch ein Gesetz die Altkatholiken zu schützen, sie den Neukatholiken im Besitz ihrer Pfründen und sonstigen Rechten gleichzustellen. Welcher altkatholische Pfarrer schon im Besitz einer Pfründe sey, solle sie behalten und neue altkatholische Gemeinden sollten sich bilden dürfen, wenn mindestens 24 Hausväter sich dazu vereinigten und für einen neuen Pfarrer sorgten. Ueberdieß sollten Altkatholiken der neukatholischen Kirche nicht mehr steuerpflichtig bleiben.

Eine Arbeiter= und Volksversammlung zu Klagenfurt sprach sich energisch gegen die klerikalen Umtriebe aus und bildete sich eine altkatholische Gemeinde in Warnsdorf, ja selbst das Wiener Abgeordnetenhaus nahm am 19. März den Antrag an, die Regierung zu genauer Ueberwachung der Kanzel und zu Anwendung des Strafgesetzes gegen Kanzelmißbrauch aufzufordern.

Am 20. März gab der Cultminister Stremayr folgende merkwürdige Erklärung ab: Die Regierung sehe die Altkatholiken immer noch als Katholiken an. Sie habe durch den Erlaß vom 20. Februar ihren Gottesdienst nicht gestört, und wenn die Verwerfung des Dogmas der Unfehlbarkeit von einem oder dem andern ordentlichen Seelsorger als ein Hinderniß der kirchlichen Eheschließung erklärt werde, so stehe der Weg offen, die Ehe vor der Civilbehörde zu schließen, und es stehe den betreffenden Brautleuten dann immer noch frei, die Ehe nachträglich auch von ihren altkatholischen Geist=

lichen einsegnen zu lassen. Nicht zu übersehen sey auch, daß die Altkatholiken sich mit der Bestreitung des Dogmas der Unfehlbarkeit nicht begnügen; sie gehen viel weiter und wollen namentlich die Kirchenverfassung in der Richtung abgeändert haben, daß den Laien ein wesentlicher Einfluß gesichert werde. Mit diesem Bestreben richten sie sich aber gegen die Bestimmungen des Concils von Trient und mithin auch gegen den Katholicismus, wie er schon vor dem 18. Juli 1870 bestanden hat. Sie streben mithin zwei Dinge an, die sich gegenseitig ausschließen: sie wollen Katholiken bleiben und die katholische Kirchenverfassung nicht anerkennen. Darum müsse man auch mit größerer Vorsicht in der Sache vorgehen und namentlich auch der Staat solle sich solchen Reformbestrebungen gegenüber möglichst kühl verhalten, weil wir in der Zeit des Indifferentismus leben. Es sey sehr wohl zu erwägen, was gethan oder unterlassen werden soll, denn gerade im Kampf zwischen Kirche und Staat müsse jeder falsche Schritt vermieden werden.

Die Linzer Tagespost schrieb: „Aus guter Quelle kommt die Mittheilung, daß das Ministerium Auersperg, um in anderen Dingen freie Hand zu erhalten, sich zu sehr bedenklichen Zugeständnissen auf dem Gebiete der confessionellen Fragen hat herbeilassen müssen. Ist diese Mittheilung richtig — und wir halten sie für richtig —, so wird man sich bezüglich der verheißenen Vorlagen über die Regelung des Verhältnisses zwischen Staat und Kirche keinen übergroßen Hoffnungen hingeben, sondern man wird darauf gefaßt seyn müssen, daß, wie es in Sachen der Altkatholiken bereits geschehen, vor den also übernommenen Verpflichtungen selbst persönliche Ueberzeugungen und Neigungen zurücktreten. Herr v. Stremayr wird allerdings nicht umhin können, den Klerikalen den Pelz zu waschen, aber er hat die bestimmte Ordre, ihn nicht naß zu machen."

Das geschah am 10. April mittelst eines Erlasses, worin das Cultministerium den Mißbrauch der Kanzel zu politischen Invectiven verbot.

Am 19. März beschäftigte sich das Wiener Abgeordnetenhaus „mit den Petitionen um ein Specialgesetz gegen den Mißbrauch der Kanzel zu verfassungsfeindlichen Agitationen. Der Berichterstatter des Petitionsausschusses, Appellationsgerichtsrath a. D. Mende, sagte, die Petitionen seyen veranlaßt durch die Thatsache, daß von dem Klerus allenthalben und mit offenem Mißbrauch der Kanzel Agitationen gegen die Verfassung und die Staatsgrundgesetze betrieben werden, und zwar seit der Verkündigung des Dogmas von der päpstlichen Unfehlbarkeit mit einer potenzirten Leidenschaftlichkeit, so daß man zu zweifeln beginne, ob es in Oesterreich der Regierung wirklich Ernst sey, in dieser Richtung die Achtung vor den Gesetzen des Staates aufrecht zu erhalten. Die Vorgänge in dem benachbarten deutschen Reich hätten den Wunsch nahegelegt, daß auch in Oesterreich ein Specialgesetz zur Verhinderung oder Bestrafung solcher klerikalen Agitationen beschlossen werde. Der Petitionsausschuß habe jedoch nach eingehender Prüfung gefunden, daß die bestehenden Gesetze vollkommen gegen derartige Ausschreitungen genügen. Es bestehe z. B. seit langer Zeit ein Gesetz, welches die Besprechung politischer Fragen auf der Kanzel überhaupt verbiete. Nicht ein neues Specialstrafgesetz also sey nothwendig, sondern es komme zunächst darauf an, die bestehenden Gesetze zur praktischen Anwendung zu bringen. Die Organisation der hierarchischen Gewalten sey eine derartige, daß der niedere Klerus, welcher von Seite des Staates keinen Schutz finde, unbedingt den Befehlen seiner Oberen folgen müsse. Deßhalb sey auch das nur in einzelnen flagranten Fällen vorgekommene Einschreiten der Staatsbehörden gegen Mitglieder des niederen Klerus ohne Wirkung geblieben. Wenn die Bischöfe verschont würden, so helfe die Bestrafung einiger Kapläne nichts. Uebrigens sey nicht blos auf dem strafgerichtlichen Wege vorzugehen. Der Staat müsse sein Verhältniß zur Kirche in definitiver, den modernen Rechtsprincipien entsprechenden Weise ordnen. Aus diesen Gründen beantrage der Petitionsausschuß, die Regierung aufzufordern, daß sie die politischen und die Justizbehörden zur genauen Ueberwachung der durch den Mißbrauch der Kanzel von Seite des Klerus erfolgenden Verletzungen der Gesetze und zur unverzüglichen Anwendung der bestehenden Strafgesetze ernstlich anweise. Ferner sey die Regierung dringend aufzufordern,

die in der Thronrede vom 28. December 1871 in nächste Aussicht
gestellten Gesetzentwürfe zur Regelung des Verhältnisses zwischen
dem Staat und der katholischen Kirche noch in dieser Session zur
verfassungsmäßigen Behandlung einzubringen. Dieser Antrag wurde
ohne Debatte angenommen. Die katholischen Abgeordneten schwiegen. Greuter fehlte.

Am 15. April 1872 ließ der Wiener Polizeidirektor Lemonnier
dem Pfarrer Anton und den Altkatholiken Wiens folgenden Erlaß
zugehen: „Die als ‚altkatholisch' bezeichnete Bewegung innerhalb
der katholischen Kirche hat der Regierung in so lange keinen Anlaß zu irgend einer Ingerenz gegeben, als diese Bewegung auf
innerkirchlichem Gebiete verblieb und lediglich den Rechtsbestand dogmatischer Sätze betraf. In jüngster Zeit hat jedoch diese Bewegung
die rein kirchlichen Gebiete überschritten und in jene äußeren Rechts-
bereiche hinüber gegriffen, für welche nicht die Kirchen-, sondern
die Staatsgesetze maßgebend sind. Laut Erlaß Sr. Excellenz des
Cultus- und Unterrichtsministers Dr. Stremayr vom 20. Febr. 1872,
Nr. 98 Pr., muß daher die Regierung die sogenannten Altkatholiken in so lange als innerhalb der katholischen Kirche und auf dem
Boden des geschichtlich herausgestalteten kirchlichen Gesammt-Organis-
mus stehend betrachten, als dieselben nicht in Gemäßheit des Artikels VI. des Gesetzes vom 25. Mai 1868, R.-G.-B. Nr. 49, ihrem
Austritte aus der Kirche den vorgeschriebenen Ausdruck gegeben
haben. Würde ein solcher Schritt Seitens der Altkatholiken rechts-
förmlich vorgenommen, dann stünden denselben allerdings jene Rechte
offen, welche Artikel XVI. des Staatsgrundgesetzes vom 21. December 1867, R.-G.-B. Nr. 142, einräumt, während bezüglich ihrer
Eheschließungen, Eheaufgebote, überhaupt bezüglich aller ihrer Civil-
standsakte das Gesetz vom 9. April 1870, R.-G.-B. Nr. 51, maßgebend seyn würde. In so lange aber ein solcher Schritt nicht geschehen ist, kann die Regierung zur Ausübung jener staatlichen
Functionen, welche der Seelsorge-Geistlichkeit der gesetzlich anerkannten Bekenntnisse anvertraut sind, nur diejenigen Priester als legitimirt ansehen, welche nach den bestehenden Gesetzen und kirchlich-
staatlichen Einrichtungen als die ordentlichen Seelsorger jener Be-

kenntniſſe erſcheinen, und es wird in Folge deſſen Ew. Hochwürden, der Sie als Seelſorger der ſog. ‚Altkatholiken‘ fungiren, unter An=brohung der geſetzlichen Folgen (kaiſ. Verordnung vom 10. April 1854, R.=G.=B. Nr. 96) die Ausübung der erwähnten ſtaatlichen Functionen hiermit unterſagt.“ Alſo wie gleichzeitig in Frankreich, denn in Bordeaux wurde dem Prediger Junqua ſogar das Fort=tragen des geiſtlichen Gewandes verboten.

Am 16. April, alſo nur einen Tag nach dem obigen Erlaß, beſchloß der Wiener Gemeinderath einſtimmig den Dringlichkeits=antrag, den vom Ausland ausgewieſenen Jeſuiten den Aufenthalt in Oeſterreich, insbeſondere in Wien, nicht zu geſtatten. Dieſe und ähnliche Petitionen, die in reicher Zahl eingingen, empfahl auch das liberale Abgeordnetenhaus des Reichstags in Wien der Re=gierung.

Am 16. Juni verſammelten ſich die Delegirten ſämmtlicher Altkatholiken Oeſterreichs und Ungarns in Wien und beſchloſſen: 1) Die Delegirten=Conferenz der Altkatholiken Oeſterreich=Ungarns hält, dem Münchener Programme gemäß, feſt an der Bildung auto=nomer katholiſcher Kirchengemeinden, welchen das Recht zuſteht, ſich ihre Seelſorger (Pfarrer und Kaplan) ſelber zu wählen und ihre Angelegenheiten ſelbſt zu verwalten. 2) Die Delegirten=Conferenz hält in weiterer Ausführung des Münchener Programmes feſt an dem Rechte der Laien, ſich ihre Biſchöfe ſelbſt zu wählen, und be=ſchließt demgemäß, die Wahl eines Biſchofes vorzunehmen und die geſchehene Wahl der ſtändiſchen Altkatholiken=Commiſſion in Mün=chen mitzutheilen. 3) Die Delegirten=Conferenz einigt ſich in dem Beſchluſſe, beim zweiten allgemeinen Altkatholiken=Congreß in Köln einmüthig einzuſtehen für das Recht der Laien: zu allen, was immer für einen Namen habenden Kirchenverſammlungen ihre aus direkter Wahl hervorgegangenen Vertreter zu ſenden, mit Sitz und Stimme auch in dogmatiſchen Angelegenheiten. In Betreff der Schulfrage wurde beſchloſſen, dafür Sorge zu tragen, daß den Kindern von Altkatholiken nicht von einem infallibiliſtiſchen Geiſtlichen der Re=ligionsunterricht zu Theil werde.

Auch ſchrieb man aus Vorarlberg: Am 14. Juli war die

Hauptversammlung des Landesvereines der Verfassungsfreunde in Dornbirn sehr zahlreich besucht, besonders von Seiten des Bauern-standes. Es herrschte die gehobenste Stimmung, namentlich bei der Resolution in Betreff der Jesuiten erfolgte minutenlanger Zuruf. Als Redner traten auf: Kofler, Gohr, Sander und Rudolph Ga-nahl, die sämmtlich stürmischen Beifall erhielten. Es wurden drei Resolutionen angenommen. Die erste spricht das Bedauern dar-über aus, daß die in Aussicht gestellten Gesetze zur Regelung des Verhältnisses zwischen Staat und Kirche noch nicht zur verfassungs-mäßigen Verhandlung gebracht wurden. In der zweiten Resolution spricht der Verein seine Ueberzeugung dahin aus, daß die Staats-gewalt in Oesterreich zur Vertheidigung der freiheitlichen Staats-einrichtungen und zum Schutze der friedlichen Entwicklung des Reiches in die Nothlage versetzt ist, der Thätigkeit des Jesuiten-ordens dauernde Schranken zu setzen. In der dritten Resolution wurde der wegen eines Wahlaufrufes bei den Landtagswahlen klerikalerseits angegriffenen Gemeindevorstehung von Dornbirn die Anerkennung des Vereins für ihre Haltung ausgesprochen. Auch zu Kindberg im Mürzthal verlangte eine Volksversammlung die Ausweisung der Jesuiten.

Anfangs September 1872 wurde zu Klagenfurt in Kärnthen ein Lehrertag abgehalten, welcher ganz in den freisinnigen Ton der frühern Wiener Versammlung einstimmte. Man faßte nämlich den Beschluß: „Der confessionelle, auf Dogmen beruhende Unterricht ist auszuschließen, weil er mit der Geschichtswissenschaft und natur-geschichtlichen Forschung nicht übereinstimmt." Stangl (Oberlehrer in Gaya) charakterisirte die „Jesuiten" und stellte ihren schädlichen Einfluß auf die Schule und das Geistesleben der Völker in das gehörige Licht.

Im Juni wurde Pfarrer Anton wegen „Herabwürdigung einer gesetzlich anerkannten Kirche" zu vierzehntägigem Arrest verurtheilt. Er legte nun sein Pfarramt nieder. Als er aber im October den Pfarrer Scherner wegen Ehrenbeleidigung verklagte, wurde dieser Letztere zwar vom Gericht zu einem Monat Arrest verurtheilt, aber vom Kaiser Franz Joseph begnadigt.

Der Bischof Stroßmayr reiste 1871 nach Rom, aber nicht, um sich dem Papst zu unterwerfen, wie es voreilig hieß, sondern um sich mit dem Pater Hyacinth zu besprechen, der auch dort weilte. Erst im Januar 1872 kehrte er in seine kroatische Heimath zurück. Dem Wiener „Vaterland" wurde geschrieben: „Vorgestern hat sich Bischof Stroßmayr beim h. Vater verabschiedet. Er hatte in der ersten Audienz sich bereit gezeigt, eine Erklärung abzugeben, die seine Unterwerfung unter die Entscheidungen des vaticanischen Concils ausdrücken sollte. Lo farò, wiederholte er drei bis vier Mal. Der h. Vater erinnerte ihn in der letzten Audienz daran und reichte ihm die Feder, um eine solche Erklärung zu unterzeichnen. Stroßmayr weigerte sich durchaus, und der h. Vater entließ ihn ohne seinen apostolischen Segen, indem er sagte: ‚Monsignore, Sie sind nicht mehr katholisch; Sie werden nicht als Katholik sterben.'" — Stroßmayr blieb seiner Ueberzeugung treu, ohne daß er weder vom Papst, noch von einem transleithanischen Erzbischof deswegen beunruhigt wurde.

<hr>

Kapitel 3.

Pfaffennufug in Oesterreich.

Die römische Curie ging von jeher darauf aus, Eroberungen im germanischen Sprachgebiet zu machen, hier alles so weit als möglich zu verwelschen. Sie wollte die Deutschen zu ihren Sclaven machen und machte ihnen nicht nur den Gebrauch ihrer Vernunft zum Verbrechen, sondern wollte ihnen, wo sie es vermochte, nicht einmal ihre Sprache lassen. Dieses System setzt sie noch heute durch ihre dienstwilligen Organe in Deutschland fort. Der in Prag residirende Erzbischof Cardinal Fürst Schwarzenberg, bekanntlich einer der ärgsten Ultramontanen, diente trotz seines berühmten deutschen Namens den Czechen in ihrer wüthenden Agitation gegen die Deutschen. Unter anderm befahl er „für den glücklichen Erfolg der czechischen Wahlen" in allen Kirchen zu beten und Lieder zum

heil. Wenzel abzusingen, deren Refrain den „fremden deutschen Ein=
bringlingen" die Vertreibung aus dem Lande in Aussicht stellt.
Auch die oben schon erwähnte gehässige Polemik Schwarzenberg's
gegen seinen Collegen, den Cardinal Erzbischof Rauscher in Wien,
hatte nur das Kokettiren mit den Czechen und den unnatürlichen
Deutschenhaß eines Deutschen zum Motive. Schwarzenberg prote=
stirte auch gegen die Schulgesetze, weil er das Volk in der alten
stockböhmischen Dummheit erhalten wollte, und die von ihm begün=
stigten Blätter empfahlen den Anschluß an Rußland, um dem preußi=
schen Militärismus zu entrinnen.

In ganz ähnlicher Weise trachtete Fürstbischof Gasser in Brixen
im Süden der österreichischen Monarchie die ehrlichen und kern=
deutschen Tiroler zu verwelschen. Auch er trägt einen deutschen
Namen, diente aber den italienischen Heißspornen zum Werkzeug,
welche unter dem Vortritt Giovanelli's im innigsten Bunde mit
den Jesuiten womöglich ganz Südtirol bis zum Brenner italienisch
machen wollten.

Wer vom Brenner nach Italien hinunter reist, staunt über
die kraftvollen und schönen Deutsch=Tiroler, welche so edel und hoch
über die kleinen verschmitzten Italiener der lombardischen Ebene
emporragen, und dieses edle deutsche Kernvolk läßt man entdeutschen.
Im „Boten für Tirol" erschienen im Herbste 1861 einläßliche Ar=
tikel über die systematische Unterdrückung des deutschen Elements
in Südtirol durch den Fürstbischof von Brixen. Was schon unter
Metternich's deutschfeindlicher Regierung begonnen hatte, die unver=
antwortliche Preisgebung der deutschen Bevölkerung an die undank=
baren Italiener, wird also heute noch fortgesetzt. In Kirche und
Schule werden ausschließlich Italiener angestellt.

Ueber die systematische Verwelschung Südtirols, die zwar nur
von den Ultramontanen ausgeht, die aber die österreichische Regie=
rung schon längst hätte verhindern können und sollen, enthielt auch
die A. A. Ztg. einen beherzigenswerthen Artikel: „Seit 1866 ver=
treibt Italia ihre nationalen Jesuiten, und diese welschen Pionniere
erbauen sich nicht in Welschtirol, sondern auf der deutschen Straße
nach Brenner und Finstermünz in Tramin, Eppan, St. Pauls und

Brixen feste Sitze und entfalten die rege Wirksamkeit in welscher Sprache. Schon ist Bozen halbwelsch, zum vierten Theil Gargazon vor Meran und Brixen am Eisak. Italien und Welschtirol hindern die Ehen der Armen nicht; darum haben sie nur wenige außereheliche Kinder und eine Ueberfülle des Volkes; sie sind arbeitsam, fröhlich, sparsam, vertheilen sich als Arbeiter über Deutschtirol und Deutschland und kaufen mit ihren Ersparnissen auf deutschtirolischem Boden gern sich ein Heimwesen. In Deutschtirol hingegen sind die Heirathen der Aermeren vor einem Jahrzehent noch mehr beschränkt worden, daher Abnahme der ländlichen Bevölkerung und Mangel an Feldarbeitern. Seit Jahren hat die Geistlichkeit jede Erheiterung verhindert, das deutsche Volkslied ausgerottet und außer den Gebetbüchern dem Volk keine Bücher in die Hände gegeben. Der Bauer kennt deshalb außer den Glas= und Löffelfreuden nichts, und diese bringen ihn von Haus und Hof. Die Geistlichkeit des Bisthums Brixen hat seit 15 Jahren die Rolle ergriffen, welche die des Bisthums Trient seit 600 Jahren gespielt. Vincenz Gasser schwärmte einst für Goethe, und im Jahre 1848 auf dem deutschen Reichstag zählte er zur freisinnigen (?) großdeutschen Reichspartei; jedoch als Bischof wurde er Renegat des Freisinns, Deutschlands und der deutschen Sprache. Die deutsche Wissenschaft ist ihm längst ein Gräuel, mit dem liberalen deutschen Oesterreich habert er seit einem Jahrzehent voll verbissenen Eigensinns, das deutsche Reich unter dem protestantischen Kaiser perhorrescirt er, und die deutsche Sprache ist ihm eine ‚Holzhacker‘=Sprache. Vor zehn Jahren gestand er im Tiroler Landtag zu Innsbruck: ‚Meine politischen Ueberzeugungen habe ich schon oft gewechselt.‘ Während sein General=vikar Feßler im Bregenzer Landtage den Armen die Heirath erleichtern wollte, kämpfte er in Innsbruck (es war ebenfalls vor zehn Jahren) an der Spitze seiner Partei für unfreiwilligen Armencölibat der Deutschtiroler. Das materielle Volkswohl scheint ihm fürs ewige Seelenheil gefährlich, denn er suchte das Unglück eines Hauptbahnhofes von seiner Residenzstadt Brixen glücklich fern zu halten, und in Bruneck prophezeite er einer intelligenten Gesellschaft, als die Pusterthaler Bahn eben ausgesteckt wurde, mit voller Sicherheit:

‚Sie wird nie zu Stande kommen.‘ Die Priester, welche selbständig
seyn — also Freiheit wollen, auf Oesterreich und Deutschland hoffen
und etwa die Meisterwerke Walthers von der Vogelweide lesen,
schlägt er mit Härte und Gewalt darnieder. Die welsche Sprache
preißt er als die wahre Rednersprache, und er meint, daß die
Muttersprache des heiligen Vaters die beste Schutzwehr gegen Deutsch=
thum und deutsche Wissenschaft sey. So erzieht er seinen jungen
Klerus und hebt diejenigen empor, die seine Weisheitssprüche wieder=
kauen und seine Redeformen und Gebärden glücklich nachäffen. Im
Jahre 1871 versuchte er's, sechs welschen Jesuiten das Stadtbürger=
recht in Brixen zu verschaffen, wenn auch für diesmal vergeblich,
aber er stürzte doch den Statthalter Grafen v. Lodron in Inns=
bruck, der ihm entgegengestanden.“

Natürlicherweise standen die Ultramontanen in Südtirol wäh=
rend des letzten französischen Krieges ganz auf Seite Frankreichs.
Auch die officielle Gazetta in Trient und die voce cattolica. Noch
im April 1872 las man in den ultramontanen „Tiroler Stimmen“
die Prophezeihung eines stigmatischen Mädchens in Italien, derzu=
folge sich im Juli des nämlichen Jahres Rußland, Amerika, Eng=
land und Oesterreich mit Frankreich vereinigen und Preußen ver=
nichten würden. Dann werde Heinrich V. den französischen Thron
besteigen und Pius IX. seinen Kirchenstaat zurückerhalten.

Die Wiener „Presse“ schrieb: Vor wenigen Jahrhunderten noch
gab es an der alten Straße der Römerzüge nur deutsche Gemeinden;
insbesondere in den Gebirgen und Thälern des linken Etschufers
war die deutsche Sprache bis ins Vicentinische hinein herrschend.
Heute sind die Hauptthäler ganz und die Nebenthäler größtentheils
dem welschen Idiom überliefert. Die Gemeinden haben aber keines=
wegs deutsche mit italienischer Cultur vertauscht. Sie sind nur der
römischen Hierarchie leibeigen geworden. Das päpstliche Rom haßt
das Deutschthum, und es weiß warum. Immer sieht es sich den
Weg, zur absoluten Geistesherrschaft zu gelangen, durch die Deut=
schen verlegt. Es hat nie versäumt, wo es konnte, dafür Rache zu
nehmen. Die Deutschen in den österreichischen Erblanden hatten
darunter am meisten zu leiden, denn sie waren durch die spanische

Hofpolitik der römischen Geistlichkeit schutzlos Preis gegeben. In Südtirol konnte Rom seinem Hange folgen nach Gefallen; Niemand störte es darin. Da wurde denn verwelscht, was möglich war. Die deutschen Gemeinden jammerten zwar und baten: „Gebt uns Pfarrer, gebt uns Lehrer, die wir und unsere Kinder verstehen," aber das machte den Herren des Landes, den frommen Hirten, keine Sorge. Sie schickten ohne Unterlaß nur italienisch redende Priester und Lehrer nach den deutschen Thälern und Gebirgen. Die Männer mieden zwar jetzt die Kirche, allein das that nichts. Die Frauen und Mädchen kamen doch und brachten auch die Kinder mit. Letztere lernten noch am raschesten so viel Welsch, um den Catechismus zu verstehen. Das genügte vorläufig. Die Klagen währten zwar fort, aber sie wurden doch stiller und verstummten mit dem Tode des Opponenten nach und nach ganz. Schon im Jahre 1838 wurde durch den Sprachforscher J. Andreas Schmeller auf den Nothstand und die Gefahr, in welcher die kärglichen Ueberreste deutscher Gemeinden in Südtirol schwebten, aufmerksam gemacht. Rath Bergmann in Wien, Pater Gotthard und J. G. Kohl in München, endlich der tiroler Beda Weber folgten nicht minder eifrig dem gegebenen Beispiele. Am entschiedensten aber trat im Jahre 1845 Dr. Ludwig Steub für das Deutschthum in Südtirol auf. All das traf aber überall nur taube Ohren. Wohl kam bald das Jahr 1848 und mit ihm die Jugendbegeisterung für ein einiges mächtiges Deutschland. Allein die politischen Kinder von damals verträumten die Zeit mit Idealen. Seit Abschluß des Concordats konnte der Bischof in Trient seine fromme Arbeit mit um so größerer Zuversicht wieder aufnehmen. Er überschätzte nicht seine Macht, wohl aber seine Executive. Einigen deutschen Gemeinden war nicht beizukommen: sie verweigerten hartnäckig die Aufnahme von italienischen Geistlichen und Lehrern. Endlich wurden ihre, lange Zeit hindurch vergeblichen Schmerzens- und Hülferufe doch von der Innsbrucker Landesbehörde vernommen, welche auf Anregung des Schulraths Stimpel und in Würdigung dessen, daß in deutschen Gemeinden die Kinder denn doch in ihrer Muttersprache unterrichtet werden sollen, alsbald zwei deutsche Schulen, in Luserna und Palu, grün-

bete. Wenn wir nicht irren, hatte an diesem Acte, der nah und
fern mit Dank und Freude aufgenommen wurde, der Referent bei
der tiroler Statthalterei, v. Ehrhart, ein hervorragendes Verdienst.
Zur Unterstützung dieser wichtigen Schulen bildete sich in Innsbruck
ein Comité, dessen bisheriges Wirken ein erfolgreiches genannt werden darf. Sein im Jahre 1867 erlassener Aufruf wurde mit Beiträgen aus Nord- und Süddeutschland beantwortet, die freilich nicht
reichlich genug waren, die armen Schulen mit mehr als dem Aller-
nothwendigsten zu versehen. Man blieb bei den erstgenannten deutschen Schulen nicht stehen. Es wurden solche auch in Aichled (Ro-
vedo) und Gereut (Frussilongo) errichtet, und demnächst wird auch
das Verlangen der Gemeinden Vignolo bei Pergine und Ruffie am
Mendelpasse nach deutschen Schulen erfüllt werden können. In der
Abendschule zu Gereut sitzen drei Generationen, Großvater, Vater
und Enkel, auf der nämlichen Schulbank; mit solcher Begierde ergreifen die lange gemaßregelten armen Gemeinden im Süden die
gebotene Gelegenheit, sich in ihrer lieben Muttersprache zu unterrichten. Verdienen solche Stammesbrüder in ihrem Bestreben, deutsch
zu bleiben, nicht die ausgiebigste Unterstützung? In seinem neuesten
Rechenschaftsberichte wendet sich das innsbrucker Comité neuerlich
an die Stammesgenossen, es in seinem edlen Wirken mit, wenn
auch kleinen Spenden kräftigst zu unterstützen. „Als der Kampf
für deutsche Nationalität in Schleswig-Holstein gekämpft wurde,"
sagt der Bericht, „nahmen wir im Süden daran innigsten Antheil
und gaben unserer Gesinnung wiederholt thatsächlichen Ausdruck.
Möchte unser Kampf für die deutsche Sache im Süden gleiche Theilnahme und Unterstützung finden. Da aber nur durch Vereinigung
der Kräfte dauernder und lohnender Erfolg zu erzielen ist, so richten
wir an Jeden, dem seines Volkes nationale Ehre theuer ist, die
Bitte, in seinen Kreisen für unsere gerechte und edle Sache zu wirken.
Beiträge wolle man an die Wagner'sche Buchhandlung in Innsbruck
adressiren." Daß diese Worte in Deutschland gehört, und daß sie
nicht erfolglos verhallen werden, können wir überzeugt seyn. Bei
allen Freunden der Jugend wird unsere Bitte Gehör finden. Bei
den warmen Anhängern der Nation nicht weniger, denen wir zu-

rufen: „Gebt, was ihr könnt, für die deutschen Schulen in Südtirol!"

Von jeher haben sich die Welschen, Franzosen und Italiener jede Unverschämtheit und Lüge gegen uns Deutsche erlaubt. Wie die Franzosen in ihren berüchtigten Reunionskammern ein Drittel von Deutschland als ihr angeblich früheres Besitzthum ansprachen, so sprechen jetzt die Italiener ganz Südtirol bis zum Brenner als das ihrige an. Der Bote von Tirol schrieb: Es ist bedeutungsvoll, daß allbereits die Jesuiten in Brixen ein Privatgymnasium mit ausschließlich italienischer Unterrichtssprache haben und darin eine ziemliche Anzahl von Söhnen wackerer Deutschen italienisch gebildet werden. Nimmt man italienische Handbüchlein der Geographie zur Hand, so wird man überall das Trentino in seiner Ausdehnung bis zum Monte Pirene oder Pireneo, wofür wir deutsche Barbaren dermalen noch Brenner sagen, als „noch unter fremder Herrschaft stehend" beschrieben finden. Die Jesuitenknechte in Brixen haben, nachdem sie absichtlich alle deutschen Urkunden in den Archiven vernichtet haben, es gewagt, das alte Brunneck Brunopoli, Brixen Bressanone zu taufen. Das thun aber nicht etwa Garibaldianer, sondern Ultramontane, Deutsche, Untergebene eines deutschen Bischofs.

In Innsbruck erzählte man, „wie die Frankf. Ztg." berichtet, daß auch der glaubenseifrige Bischof von Brixen zu den Opfern der Bankhalterin Adele Spitzeder gehört. Er soll derselben 10,000 fl. anvertraut haben, in der Hoffnung, daß die hohe Verzinsung in wenigen Jahren eine stattliche Summe ergeben werde, welche zur Gründung eines neuen Knabenseminars verwendet werden sollte, da in Tirol der Nachwuchs an Priesteramts-Aspiranten in den letzten Jahren immer schwächer geworden ist.

Die Dorfschulen waren merkwürdig vernachlässigt. Die Schule in Roppen ist, wie der Tiroler Bote berichtet, so schlecht wie kaum eine andere im Oberinnthal. Als der Schulinspector Durig sie am 10. Oct. 1872 visitirte, fand er weder ein Schülerverzeichniß, noch Schreibhefte, noch ein Lehrmittel vor. Nur die größern Schüler konnten nothdürftig lesen. Ein Weib riß ihren Sohn und ein älterer Bruder seinen jüngern gewaltsam aus dem Schulzimmer heraus. Als der Inspector den Ort verließ, wurde ihm spöttisch mit Kuhschellen nachgeläutet. Das neue Schulgesetz sammt den neuen Inspectoren war eben dem Klerus zuwider. Von dem eigenmächtigen Verfahren des Fürstbischof Gasser meldete das Innsbrucker Tagblatt schon unter dem 6. April 1871: Uns liegt ein in den jüngsten Tagen in einer hiesigen Druckerei für ein tirolisches Decanatamt neu aufgelegtes Formular eines Schulvisitations=Protokolls vor, aus welchem bis zur Evidenz ersichtlich ist, daß sich die Geistlichkeit in Tirol dem Schulgesetz zum Hohn noch als Herrin der Schule auch in allen weltlichen Lehrgegenständen betrachtet.

In derselben Nummer berichtete dasselbe Blatt: Daß in Welschtirol wie in allen romanischen Ländern der Aufklärung der gebildeten Klassen der krasseste Aberglaube des Landvolks gegenübersteht, bewiesen in jüngster Zeit die Wallfahrtszüge nach Ebrezzo bei Brentonico, wo Anfangs Februar die Madonna einigen Hirtenkindern erschienen und fürchterliche Prophezeihungen über bevorstehenden Krieg zc. verkündigt haben soll. Zahlreiche Schaaren von Landvolk zogen prozessionsweise unter Absingung der Piushymne nach der Melodie des Polenta=Liedes und Verwünschungen gegen die Signori nach Ebrezzo, um die Madonna und einen „vom Himmel gefallenen Brief" zu sehen. Die Erscheinung des Nordlichts wurde als ein neues Wunder gedeutet. Die Geistlichkeit hielt sich scheinbar passiv, die Behörden schritten endlich ein, nachdem eine junge Frau närrisch geworden und zwei Fanatiker sich mit Messerstichen regalirt hatten. Da gleichzeitig aus Neapel, Frankreich und Belgien, Baden zc. solche Erscheinungen und Prophezeihungen ekstatischer Jungfrauen gemeldet werden, so scheint dies Zusammentreffen auf eine internationale Aberglaubens=Propaganda mit politischem Hintergrunde hinzudeuten.

Damals erfuhr man auch „aus einem mit Approbation des Ordinariats Brixen gedruckten Gebetzettel, der uns aus einem hiesigen Nachlaß mitgetheilt wurde, daß der Papst unterm 10. Januar 1871 für die Annahme seiner Lieblingslehre einen Ablaß von — 100 Tagen bewilligt hat. Die Kargheit des sonst so gütigen heiligen Vaters erklärt sich wohl aus dem Umstande, daß es eigentlich ohnehin Schuldigkeit ist, sich nicht lange zu sträuben. Mancher ohnedies Gläubige wird den kleinen Vortheil gern mitnehmen; aber wir fürchten, daß es den meisten Neuketzern auf drei Monate auch nicht mehr ankommt. Besagter Zettel enthält die Schlußsätze des dritten und vierten Capitels der ‚Glaubensconstitution‘ in Form eines Stoßseufzers ‚zu den drei heiligsten Herzen‘ mit Vignette. Das eine Herz ist mit Dornen gekrönt, das andere von einem Schwert durchbohrt, das dritte mit einer Lilie verziert! Also der erst im vorigen Jahre zu einem Festesheiligen erster Klasse beför= derte Nährvater Joseph richtig mit dem Herrn Christus in eine Reihe gestellt! Und diese herrliche Gabe wird von dem Ordinariat Brixen hieher geschickt.“

Von der Rücksichtslosigkeit, mit welcher in Tirol klare Staats= gesetze von klerikaler Seite umgangen werden, gab das Innsbrucker Tagblatt vom 7. Dec. 1872 ein auffallendes Beispiel. Am Tage vorher trug zu Innsbruck der Bürgermeister Tschurtschenthaler im Bürgerausschuß vor, ein Fräulein Angelini habe aus ihrem Hause auf dem Hirschanger ein Kloster gemacht, gegen das ausdrückliche Verbot der Statthalterei, und nehme darin Novizen auf. Man schickte einen Commissär hin, der das Fräulein in Nonnentracht hinter einem doppelt vergitterten Fenster fand. Sie leugnete, daß ihr Haus ein Kloster und daß sie eine Nonne sey, behauptete, daß jeder ihrer Hausgenossinnen der Austritt aus ihrem Hause zu jeder Zeit freistehe, daß sie nur nicht ausgehe, weil es ihr eben nicht beliebe, und daß die Ablegung eines Gelübdes dem freien Willen der Einzelnen anheimgegeben sey. Uebrigens habe sie von der Kai= serin Marianna ein Handschreiben des Kaisers erhalten, welches sie berechtige, in ihrem Hause zu schalten und zu walten, wie sie wolle. Sie sehe sich in ihrem Hause im Auftrage des Bürgermeisters über= wacht und werde dasselbe mit einer Mauer einschließen, ohne den Magistrat zu fragen. Sie verkehre überhaupt nur noch mit dem a. h. Hofe, was der Magistrat gegen sie unternehme, habe nichts zu bedeuten. — Auch ging das Gerücht, das Fräulein habe eine Entführung vorgehabt. Eine verdächtige Frau, die deshalb ver=

nommen wurde, erklärte, sie sey vor längerer Zeit in Wien mit einer reichen Hamburger Bankierstochter protestantischer Confession, Namens Constanzia Röder, bekannt geworden. Diese habe sich seither dem Katholicismus geneigt gezeigt und sie in einem Brief um Auskunft über die hiesigen Klöster und die Bedingungen zum Eintritt in dieselben ersucht. Frl. Angelini habe ihr die Aufnahme zugesagt und als Einkaufsgeld 5000 fl. verlangt oder „wenn mehr, desto besser." Inzwischen habe jedoch Herr Röder in Hamburg seine Tochter in strengen Gewahrsam genommen, weil er den Eintritt in ein Kloster nicht dulden wolle. Bei einer zweiten Unterredung habe nun Frl. Angelini der Penz den Antrag gemacht, Frl. Röder aus Hamburg abzuholen, und ihr (der Penz) 10 Silberthaler zur Bestreitung der Reisekosten gegeben, was die Penz als Aufmunterung zu einem Entführungsversuche auffaßte. Gemeinderath Meyer erklärte, er finde keine Worte, um den Eindruck zu schildern, welchen die Schilderungen des Herrn Bürgermeisters auf ihn machen. Wissen möchte er nur das Eine, ob in Oesterreich noch das Gesetz gelte, oder ob unser Staat von der für uns unsichtbaren Hand des Jesuitengenerals P. Beck regiert werde. Während die Acten über diesen Vorfall aus der Magistratscanzlei geholt wurden, interpellirte Gemeinderath Payr den Bürgermeister, ob der Rekurs, welchen der Magistrat gegen eine Entscheidung des Herrn Statthalters wegen unbefugten Bettels fremder Nonnen in Innsbruck an das Ministerium des Innern richtete, eine Erledigung gefunden habe und eventuell, was für eine? Der Bürgermeister antwortete, daß auffälliger Weise diese Erledigung noch immer auf sich warten lasse, und daß es den Anschein gewinne, als wolle man diese Angelegenheit hohen Orts durch Todtschweigen abthun.

Frl. Angelini reiste hoffnungsvoll nach Prag, wurde aber von der Kaiserin nicht zur Audienz zugelassen. Die Protection wäre hier zu auffallend gewesen. Das Innsbrucker Tagblatt vom heil. Christtag brachte einen geharnischten Artikel über der Ultramontanen „unerlaubte Waffen".

„Zuerst ist diese liebenswürdige Kampfweise von den klerikalen Blättern und den klerikalen Parteiführern in Uebung gebracht wor-

den. Wir erinnern uns mit dem tiefsten Widerwillen, wie Herr
Greuter in einer öffentlichen Versammlung der ‚Katholikenvereine
Deutschlands‘ im Jahre 1867 in der Reitschule dahier, um seine
nach oben speichelleckerische, nach unten gebieterische Kapuzinade
wirksamer zu machen, den Kaiser von Oesterreich als den Gesinnungsgenossen aller Römlinge und Freiheitsfeinde hinzustellen sich
berufen fühlte, und wie eine Schaar von Pionniren der Geistesab-
stumpfung wohlgefällig nickte und vergnügt schmunzelte, als sie sich
nach der Darstellung des genannten Schwätzers plötzlich in so hohe
Gesellschaft eingeführt wähnte. Diese kurzsichtigen Landgeistlichen
merkten es gar nicht, daß das Mannöver nur gemacht wurde, um
sie desto leichter zu fangen; um ihnen, wie allsogleich darauf geschah, ein lautes und feierliches Gelöbniß abzuschwindeln, den Bischöfen in allen Dingen unbedingten Gehorsam entgegen zu bringen.
Promittimus! schrie Herr Greuter, und promittimus! (wir geloben
es) schrie die ganze Schaar abhängiger Cooperatoren mit emporge-
streckten Händen nach, und bald darauf ging die frische fröhliche
Agitation gegen Vernunft und Fortschritt durchs ganze Land in
vorher nie dagewesener Zudringlichkeit. Die kleinen Schwarzröcke
hatten ja in Innsbruck aus dem Munde Greuter's im Angesicht
des Bischofs von Brixen gehört, der Kaiser sey mit den Bestrebungen
der Ultramontanen vollkommen einverstanden!

Die klerikalen Blätter setzten das unsaubere Geschäft des Herein-
ziehens des Monarchen in den Streit in der von Greuter begonnenen Weise fort, und als im Mai des folgenden Jahres der Kaiser
seinen Namen unter das Schul- und Ehegesetz setzte, sprengte die
ultramontane Clique aus, der Monarch habe nicht nach eigener Ein-
gebung gehandelt, sondern sey von den Wiener ‚Freimaurern‘ durch
Androhung der ‚Revolution‘ dazu gezwungen worden. Die berüchtigte Rede zu Hippach spann bekanntlich denselben Faden weiter;
es galt, dem Bauernvolke weiß zu machen, der Kaiser sey ganz einverstanden mit den unerhörten Wühlereien, welche sich die schwarze
Verschwörung gegen Verfassung und Freiheit erlaubte. So ging
es fort und fort. Das Rescript vom 12. Sept. 1871 an den böhmischen Landtag, womit das czechische ‚Staatsrecht‘ anerkannt

wurde, stellten die ‚Patrioten‘ vom hundertbändigen tirolischen Landesrecht als den Ausfluß des kaiserlichen Willens hin, das Rescript vom 28. Oct. desselben Jahres, womit die Verfassung als für alle Königreiche und Länder der westlichen Reichshälfte gültiges Recht bezeichnet wurde, legten die braven, allzeit „loyalen“ und allzeit ‚patriotischen‘ Herren so aus, als hätte es der Kaiser wieder gegen seinen Willen unterzeichnet.

Welche erbaulichen Folgen das Sich=Verschanzen hinter die kaiserliche Autorität nach sich zieht, zeigte an einem drastischen Beispiele die Affaire Angelini und des Klosters auf dem Hirschanger. Die halsstarrige Weibsperson will sich dem Gesetz nicht fügen und beruft sich — niemand weiß, mit welchem Befugniß — auf ein Handschreiben des Kaisers. Auch da wird wieder mit dem Namen des Monarchen schnöder Mißbrauch getrieben und dem Gang der Gesetzmäßigkeit und öffentlichen Ordnung in der unwürdigsten Weise Einhalt gethan. Wohin soll das noch führen!

Leider findet man solches Vorschützen der nach den Staatsgrundgesetzen unverantwortlichen und unverletzlichen Person des Staatsoberhauptes auch in solchen Kreisen, welche man nicht dem Ultramontanismus zuzählen kann. Bekanntlich stützt der Bürgermeister Dr. Felder von Wien seine absurde Abstimmung im niederösterreichischen Landtag ebenfalls mit der angeblichen Zustimmung des Kaisers. Auch das kann nicht nachdrücklich genug getadelt werden. Mag der Kaiser über die Aufhebung der Wahlkörper in Wien denken und urtheilen, wie immer, die Aeußerungen des Monarchen in die Oeffentlichkeit zu tragen, stand dem Bürgermeister nicht zu, weil Entschließungen der Krone stets durch die verantwortlichen Minister gedeckt werden müssen.

Aber die angedeuteten Verstöße reichen noch weiter hinauf. Selbst den Ministern beliebte es, in der bekannten Conferenz mit den Führern der Verfassungspartei zu bemerken, die Wahlreform sey nur nach den vorgelegten Grundzügen durchführbar, weil die Krone eine weitere Beschränkung der Vertretung des Großgrundbesitzes nicht zugeben würde. Das ist eine vollständige Verwechslung der Standpunkte. Die Minister umstehen bei jeder feierlichen Er=

öffnung des Reichsrathes die Stufen des Thrones, damit die Aus=
stellungen, welchen möglicher Weise der Inhalt der Thronrede begeg=
net, nicht auf die Krone, sondern auf die Räthe desselben zurückfallen.
Ihre Aufgabe ist es, für das Vertrauen, welches ihnen der Monarch
bei ihrer Wahl entgegen bringt, die Krone mit ihrer ganzen Ver=
antwortlichkeit zu decken, und nicht umgekehrt."

In den letzten Tagen des Jahres 1872 wurde das vom Bischof
von Brixen in besondern Schutz genommene Malfattische Knaben=
institut in Folge unerhörter Unordnungen, deren sich die das In=
stitut leitenden Schulbrüder schuldig gemacht hatten, geschlossen.
Das Innsbrucker Tagblatt berichtete darüber am 28. Dezember:
„Die Aufsichtslosigkeit, welcher die armen Knaben in dem zarten
Alter von 6—16 Jahren preisgegeben waren, in einem Alter,
welches für den künftigen Menschen mit unwiderstehlicher Macht be=
stimmend ist, war eine aller Erziehungswissenschaft, so wie dem ge=
sunden Hausverstande spottende, eine geradezu grenzenlose. Ent=
weichungen aus der Anstalt waren durch längere Zeit an der Tages=
ordnung, und es kam sogar vor, daß dem Institut anvertraute
Kinder halbe Monate lang vermißt wurden, ohne daß der Vorsteher
der Anstalt auch nur einen Finger rührte, ihrem Aufenthalte nach=
zuforschen. So entwichen Knaben bis nach Rattenberg, nach Pinz=
gau, nach Welschtirol, selbst bis nach Breguzzo, ohne daß die Leiter
der Anstalt sich darob grämten, und wir haben einen Fall mitan=
gesehen, in welchem sich in leider nur zu großer Klarheit erwies,
daß die Zöglinge dieses Erziehungshauses zu wahrhaft thierischer
Rohheit qualifizirt werden." Das Aergste war, daß die armen
Knaben von ihren Lehrern auf das schauderhafteste zur Unsittlichkeit
mißbraucht wurden. Die städtische Polizei nahm eine Untersuchung
vor, die so abscheuliche Dinge enthüllte, daß der Oberstaatsanwalt
einschritt, das ganze Institut am 26. Dezember geschlossen und
Vorsorge getroffen wurde, die Knaben ihren Eltern und Vormün=
dern zurückzugeben. „Die Schulbrüder sind aus der Anstalt ent=
fernt. Wenn wir noch hinzufügen, daß einer der letzteren bereits
um die Mitte Octobers das Weite suchte, daß ein zweiter am
20. Dezember aus der Anstalt entwich, und daß ein dritter vom

Strafgerichte verhaftet und festgesetzt wurde, so haben wir die Situation gezeichnet, wie sie sich leider mit allen ihren traurigen Schattenseiten darstellt. Eine größere Anzahl Knaben deutscher Zunge, welche so unglücklich sind, in die schmutzige Affaire verwickelt zu seyn, ist bereits gerichtlich vernommen; die Vernehmungen mit den Zöglingen italienischer Nationalität, welche die ‚Schoßkinder‘ der frommen Schulbrüder gewesen seyn sollen, stehen noch bevor. Das ist der Stand dieser beklagenswerthen Angelegenheit.“ Schließlich fragt das Blatt, wie es komme, daß der Bischof von Brixen, welcher von Anfang an ein Protektor und Fürsprecher dieser von frommen in geistlicher Gewandung einherschleichenden „Brüdern“ geleiteten Anstalt war, solche Dinge geduldet hat und daß die ultramontanen Blätter Tirols beständig über die neuen Schulgesetze, welche die Jugend mit sittlichem Verderben bedrohen, geschimpft hatten. Immer wiederholt wurden die von Priestern geleiteten Knabenschulen den Eltern als die einzigen empfohlen, in denen das zeitliche und ewige Heil ihrer Kinder gesichert sey. Man vermehrte diese Schulen, nahm die ersten besten Lehrer an, wenn sie nur bigotte Pfaffen waren und den Jesuiten schmeichelten, ohne für den Lehrerberuf befähigt und eingeübt zu seyn. „Man füllt fortwährend neue Ställe mit neuen Heerden und hat nicht Acht auf die eingepferchten Heerden, bis sie im Mist ersticken und der Gestank weithin die Luft verpestet.“

Aus Innsbruck wurde am 8. Januar 1873 geschrieben: Drei von den 11 braven Schulbrüdern, welche das Malfattische Institut zu so trauriger Berühmtheit brachten, sitzen bereits hier in Innsbruck hinter Schloß und Riegel. Einer derselben wurde auf eigenthümliche Weise eingebracht. Er bewarb sich um eine Lehrstelle bei der Gemeinde Hernals nächst Wien. Der dortige Magistrat wandte sich nun an den Bürgermeister von Innsbruck um nähere Auskünfte, da der Competent angab, daß er früher im Malfattischen Institut in Verwendung war. Inzwischen war der Skandal in besagtem Institut zum Ausbruch gekommen, und die hiesige Polizei telegraphirte an den Bürgermeister und den Bezirkshauptmann von Hernals um gefällige Einsendung des fraglichen Individuums, weil man hier noch so Manches mit ihm zu reden habe. So kam der fromme Bruder hieher."

Vom Seminar des Bischof von Brixen wurde geschrieben: „Die Zöglinge des Priesterseminars verbreiten alljährlich in Briefen und auf Ferienreisen seltsame Mären über das ‚geistliche Zuchthaus‘ und die ‚Seelenfrommheit und wissenschaftliche Mastung‘ in demselben. Die Uebereinstimmung der vielen räumlich und zeitlich geschiedenen Aussagen scheint doch für deren Wahrheit zu sprechen; liefert ja in aller Welt die übereinstimmende Aussage dreier Zeugen den vollgültigen Beweis. Unleugbare Thatsache ist es, daß die jungen Leute, welche gesund und blühend aus den Gymnasien austraten, durch das vierjährige Leben im Priesterseminar zur Erschöpfung und Verwelkung herabsinken; daß der Kreisarzt hie und da es nicht wagt, behufs der Erwerbung des Tischtitels auf den Religionsfond ein Gesundheitszeugniß auszustellen; daß jungen Priestern schon in den ersten Jahren ihrer Seelsorgswirksamkeit vom Religionsfonde der Defizientengehalt ausbezahlt werden muß, und daß alljährlich zwei bis drei solcher blutjungen Priester an der Abzehrung sterben. Ursache dieser Jugendentnervung ist die fortwährende Centnerlast des geistlichen und geistigen Mechanismus, und der völlige Mangel des Vertrauens und der Erheiterung von wegen der allsehenden und allgegenwärtigen geheimen geistlichen Polizei. Von dem ‚wilden Feuer‘ der Andacht hat das Tagblatt im Sommer 1872 tragische Beispiele gebracht. Manche junge Männer ergreifen nach eingenommenem Augenschein für immer die Flucht aus dem Priesterseminar und ich hörte aus dem Munde solcher Flüchtlinge die gewiß traurigen Worte: ‚Es stünde besser um meinen katholischen Glauben, wenn ich nie im Priesterseminar in Brixen gewesen wäre.‘ Wir wissen aus ganz zuverlässiger Quelle, daß der Bischof von Brixen keine Kritik über seine Vertrauensmänner dortselbst gestattet und auch Sachverständige über die vielen Mißstände dieses Instituts nicht anhört. Wenn man ferner erwägt, daß die jungen Leute in diesem Priesterseminar nur zu ‚Schäferhunden‘ des milden Schäfers dressirt werden, und daß ihre ganze Zukunft in jeder Hinsicht ein elendes ‚Hundeleben‘ seyn werde — so ist das Räthsel gelöst. Die Jünglinge von wenigstens 18 Jahren fliehen seit vielen Jahren das Priesterseminar zu Brixen, weil sie auf den Bischof und seine Vertrauensmänner Vertrauen nicht setzen können. Gerade diese Thatsache legt für dieselben ein schönes Zeugniß der Unverdorbenheit und Ehrlichkeit — ja wenn man will, des katholischen Geistes ab. Noch herrlicher ist dieses Zeugniß, wenn wir auf die Geldarmuth vieler Studenten Rücksicht nehmen und sehen, daß solche lieber auf freiem Fuße durch bittere Noth sich durchschlagen, als im Priesterseminar an den vom Religionsfonde gedeckten guten Tisch sitzen. Freilich treibt die Noth manchen weniger selbständigen Studenten doch dahin, und er tritt um ‚zu probiren‘ ein, und ‚probirt‘ 4 Jahre und sieht sich zuletzt durch die Verhältnisse gezwungen, die Priesterweihe und den Priesterstand zu ‚probiren‘.“

Am ersten Sonntag des Jahres 1873 sagte in der Sitzung des deutschen Vereins in Wien Prof. Wildauer von Innsbruck, der wackere Tiroler, der früher schon auf dem Frankfurter Schützenfest eine berühmte Rede gehalten hatte, die zeitgemäßen Worte: „Freilich hat Tirol sich nicht von jeher unter klerikale Willkür und Anmaßung gebeugt; gerade die Glanzzeiten Tirols im 15. und Anfang des 16. Jahrhunderts kennzeichnen sich durch eine außerordentliche scharfe Grenzscheidung zwischen kirchlichen und staatlichem Gebiete. Gerade in dem Kampfe gegen Rom hat sich die tirolische Treue zu dem angestammten Fürstenhause zuerst bewährt, im Kampfe gegen den Ultramontanismus haben die alten Tiroler sich eine feste, sichere Heimat gegründet, haben sie die Felsenburg Oesterreich erhalten. (Bravo! Bravo!) Damals war Tirol eines der reichsten Erbländer, wie es heute eines der ärmsten ist. Und wer hat Tirol dahingebracht? Es sind dieselben Mächte, die überhaupt daran schuld sind, daß die österreichischen Länder hinter der Entwicklung des übrigen Deutschland zurückgeblieben sind.“ (Beifall.) Dr. Wildauer schildert sodann die Zusammensetzung der klerikalen Partei, die Führer und Gefolgschaften. „Letztere bilden insbesondere die Bauern; der Bauer hat aber keine innere Wärme; was er thut, thut er nur passiv; einen Beleg hiefür bildet die letzte Wahl in Greuter’s Wahl-

bezirk: von 1115 Wahlberechtigten erschienen zur Wahl der Wahl=
männer nur 59 (Sensation), und dennoch hat das Schlachtroß von
Hippach den Uebermuth, zu wiehern, als ob sein Gewieher wirklich
die Stimme des ganzen Landes wäre. (Bravo! Bravo!)"

Ueber den Fürstbischof von Brixen bemerkte das Blatt (28. No=
vember), er habe sich im Sommer durch eine Adresse der Geistlich=
keit ihrer vollsten Ergebenheit versichern lassen, dagegen die armen
Schulmeister zurückgewiesen. „Als die am 10. October 1872 in
Wörgl tagenden armen Lehrer Tirols eine berechtigte und bescheidene
Bitte um endliche Regelung der Schulverhältnisse an den hohen
Landtag Tirols, dessen Oberlandeshauptmann der Fürstbischof von
Brixen ist, eingereicht hatten, wurden sie für dieses Unterfangen von
den bischöflich offiziösen ‚T. Stimmen‘ sogleich in sehr zarter Weise
‚barärmliche Holzschuhmänner‘ gescholten und unter Drohung ab=
gewiesen." Auch ließ der Fürstbischof durch das Brixener Kirchen=
blatt den Bischof von Passau, weil derselbe die revolutionären ka=
tholischen Vereine bekämpfte, gröblich verunglimpfen und die katho=
lischen Bauernvereine höchlich preisen.

Der Bischof ließ sogar die Kirchen seines Sprengels entweihen,
indem er sie den tumultuarischen Katholikenvereinen öffnete. Das
Innsbrucker Tagblatt meldete: „Daß man sich hierzulande vor keiner
Verunehrung der heiligen Stätte mehr scheute, bewies am besten
die Thatsache, daß auf bischöfliches Geheiß die Kirchen sogar zu
Versammlungsorten der sog. patriotischen Vereine verwendet wurden,
wo es oft kunterbunt genug herging. Da ward vor den Altären
gelacht und gekichert, wenn ein ehrsamer Handwerker oder biederer
Landmann bei seiner ihm vom Frühmesser eingetrichterten Rede ins
Stottern kam und kläglich stecken blieb, oder wenn ein tapferer
Kooperator seinen Witz gegen die Liberalen und ‚Freimaurer‘ recht
knallen ließ; da schrie man Bravo, strampfte mit den Füßen und
klatschte mit den Händen in der Kirche wie in einer Komödianten=
Bude u. s. f. — Und zu solchem ‚katholischen‘ Treiben gab der
Bischof schließlich seinen Segen!"

Unter den andern österreichischen Bischöfen war bekanntlich
Rudigier von Linz der fanatischste Ultramontane. Rücksichtslos und

ohne sich um die Staatsbehörde zu bekümmern, schritt er gegen Pfarrer und Lehrer ein, die das neue Dogma nicht anerkannten. Der Erzbischof von Olmütz riß eigenhändig aus den amtlichen Büchern die Blätter heraus, in welchen Civilehen eingetragen waren.

Die niedere Geistlichkeit war ganz von den Bischöfen abhängig. Von Jugend auf zu Devotionen erzogen, meist Söhne aus niedern Ständen und absichtlich unwissenschaftlich und abergläubisch erzogen, gaben sich die Pfarrer den Bischöfen hin oder gehorchten ihnen wenigstens aus Furcht. Erfreute sich einer der besondern Gunst des Bischofs, so ahmte er ihm gern im Terrorismus nach. Die bäuerische Rohheit guckte dabei auffallend aus dem Priesterkleide heraus. In der Gemeinde Hopfenbach bei Kempten z. B. excommunicirte der Pfarrer Glotzmaier zwei Bauern im Wirthshause.

Abscheulich und doch zugleich komisch war folgender Vorfall, über den die Linzer Tagespost berichtet: „Am 4. Januar 1873 ist um 5 Uhr Abends in einem Pfarrhofe des Mühlviertels ‚nächst der Aist‘ die Köchin eines Mädchens genesen, welches das achte Kind ist, das in jenem Pfarrhofe das Licht der Welt erblickte. Der Kooperator machte in Folge dessen Spektakel, und in der Nacht darauf wurden Kind und Wöchnerin in ihrem Bette in ein anderes Haus getragen. Der betreffende Pfarrer ist, wie die ‚L. Tpst.‘ hinzufügt, ein Liebling des Bischofs Rudigier, ein eifriger Anhänger der Unfehlbarkeit und ein thätiger Hetzer gegen den Liberalismus und die ‚Entsittlichung‘ der Schule. Als der fromme Seelenhirt dann am Dreikönigtage in der Predigt immer ‚von dem Kindlein‘ sprach, ‚welches geboren worden‘ sey, da brach unter den Zuhörern allgemeine Heiterkeit aus, denn sie wußten, daß vorgestern im Pfarrhofe eben auch ‚ein Kindlein geboren worden‘ sey.“

In Obermais in Tirol machte gleichzeitig eine Rotunde großes Aufsehen, welche ein Protestant auf seinem eigenen Grund und Boden als Familiengruft hatte erbauen lassen. Obgleich er die Bewilligung dazu vom Bezirkshauptmann von Meran erhalten hatte, ließ sich das bigotte Landvolk doch gegen diesen Bau verhetzen, und der Landesausschuß von Tirol erklärte den Bezirkshaupt=

mann für incompetent, in dieser Sache eine Bewilligung zu ertheilen. Die Gemeinde allein habe zu entscheiden.

Merkwürdigerweise dämmerte in dem niedern Klerus eine, wenn auch nur schwache Opposition auf gegen die Tyrannei der Bischöfe. Die armen Pfarrer wurden zu allem gehetzt, schändlich mißbraucht zur Mißleitung des Volks und hatten nicht einmal einen Dank oder Lohn davon. Ein unvorsichtiges Wort Greuters löste ihnen die Zunge. Derselbe hatte im Wiener Reichstage gesagt, der niedere Klerus werde eher verhungern, als aus den Händen des Staates und durch den Staat eine Aufbesserung annehmen. Dagegen protestirten nun mehrere Tiroler Pfarrer, Greuter habe gut reden und kenne in seiner gesicherten Stellung die Noth der armen Pfarrer nicht. Das Wiener Ministerium selbst versprach eine Aufbesserung des niedern Klerus, aber die österreichischen Bischöfe protestirten dagegen. Hierauf bat im „Prager Abendblatt" ein Pfarrer in seinem Namen und dem von zehn Berufsgenossen: die Regierung möge von ihrem Werke der Kongrua-Aufbesserung nicht ablassen; der innigste Dank einer großen Mehrzahl des niedern Klerus sey ihr dafür gewiß. Zugleich hat eine Versammlung der aus dem Religionsfonds dotirten Pfarrer und Kooperatoren der Leitmeritzer Diöcese den vom Bischof dem Klerus zur Unterschrift übermittelten Protest gegen Erhöhung der Kongrua verworfen und ferner beschlossen: eine Petition an den Reichsrath wegen Aufbesserung der Kongrua zu richten, in welchem Gesuche der Reichsrath angefleht wird, durch unsinnige Einwendungen sich nicht irre machen zu lassen. „Die armen Seelsorge-Priester," heißt es darin, „sind nicht Willens, jemanden zu liebe zu verhungern."

Am kläglichsten waren wohl die Zustände in Galizien, worüber im Februar 1872 aus Lemberg geschrieben wurde: „Die ruthenische Gemeinde Kurbanowka hatte vor vier Wochen an den k. k. Bezirkshauptmann in Buczacz eine Eingabe überreicht, worin sie anzeigte, daß sie sich von der griechisch-katholischen Kirche lossage, weil der Pfarrer zu theuer sey und weil sie von lauter römisch-katholischen Gemeinden umgrenzt sey und daher sowohl die griechischen als auch die römischen Festtage feiern müsse, was sehr kostspielig sey, endlich weil auch der Kaiser römisch=katholisch sey. Zugleich aber beschwerten sie sich, daß der lateinische Pfarrer sie nicht aufnehmen wolle. Darauf erging ein Bescheid des Bezirkshauptmanns in Buczacz, daß die Regierung den römisch=katholischen Pfarrer nicht zwingen könne, die Gemeinde aufzunehmen, und er, falls die Aufnahme nicht erfolge, sie als confessionslos betrachten müßte. Unsere Bäuerlein ließen sich durchs schauderhafte Wort ‚confessionslos‘ nicht abschrecken, sondern antworteten in der Eingabe unterm 27. Januar: Da der lateinische Pfarrer sie nicht in seine Pfarre aufnehmen wolle, so er= klären sie sich damit selber als confessionslos.“

Da nach dem alten System der Volksunterricht in Oesterreich schauderhaft vernachlässigt oder nur ertheilt worden war, um ins= besondere das Landvolk von früher Jugend an zum dümmsten Aber= glauben abzurichten, hatten die katholischen Dorfpfarrer auch wenig Mühe, in ihren Predigten und in ihren Beichten dem Volk alle den Unsinn beizubringen, den zu verbreiten ihnen von ihren geist= lichen Obern nach dem jesuitischen Plane befohlen wurde. Die Hetzerei gegen die schon früher erlassenen liberalen Schulgesetze kam in neuen Schwung. Die sträfliche Bevorzugung, welche die Regie= rung bisher den Juden hatte angedeihen lassen, wurde jetzt von den Jesuiten schlau benutzt, um auch hier, wie in preußisch Polen, dem dummen Landvolk Angst zu machen, man werde ihnen jüdische Lehrer aufdringen und ihnen mittelst der Schule den h. Glauben aus dem Herzen reißen. Schon 1870 wurden die Bauernweiber in Mariazell in Steyermark im Beichtstuhl aufgehetzt, das Schul= gebäude zu stürmen und die Landkarten, naturgeschichtlichen Bilder und einen Globus als Teufelswerk hinauszuwerfen und zu zerstören.

Wie begründet die Klagen über den Mißbrauch der Kanzel von Seiten vieler katholischen Geistlichen im deutschen Oberlande wa= ren, bewies das Verbrechen von Stainz. In dieser steiermärkischen Stadt hatten die ultramontanen Pfaffen ein Hauptnest und hier entlud sich ihr Gift auf eine Weise, die keine Entschuldigung der Partei zuläßt. Die Wiener „Presse“ schrieb aus Stainz: „Der Bürgermeister und Bezirksobmann Franz Hangi war Protestant und ein entschiedener Liberaler, der es mit Befolgung der Staats=

grundgesetze sehr genau nahm und der deßhalb von den Ultramontanen vielfache Anfeindungen auszustehen hatte. Er war pünktlich in seiner Amtsgebahrung, überaus fleißig und durch sein ganzes Thun und Lassen ging ein aufgeklärter Zug. Deßhalb sagten die Verdreher des Rechts und der Wahrheit von Hangi, daß er dem Volke den Glauben nehmen wolle, daß er ein ‚Religionsräuber‘, ‚Himmelsstürmer‘ sey und wie die Hetzphrasen der Klerikalen eben lauten. Diese Verhetzungen wirkten auf die ohnehin stark erregte Phantasie des Bauernburschen Joseph Puches, den die religiösen Verhetzungen, die ewigen Drohungen mit Hölle und Teufel und die Verschimpfungen der Gesetze und des Liberalismus wahnsinnig gemacht haben. Puches, der vor zwei Jahren bereits gedroht hatte, er werde den Bürgermeister, der ein ‚Religionsräuber‘ sey, ermorden, wurde in gerichtliche Untersuchung gezogen, vom Strafgerichte jedoch als Religions=Fanatiker in das Irrenhaus gebracht, aber vor Kurzem als geheilt entlassen. Kaum war er jedoch in der Freiheit und hatte die Verhetzungen wieder gehört, so verfiel er neuerdings in seine frühere religiöse Schwärmerei. Auf den Bürgermeister Hangi hatte er es abgesehen. Am 12. Dezember lud Puches mit 14 groben ‚Pfosten‘ seine Pistole und schlich sich zur Gemeindekanzlei. Der Fanatiker öffnete leise die Thür und sah den Bürgermeister vor sich sitzen und arbeiten. Den Rücken hatte der Bürgermeister gegen die Thür gekehrt und er hatte sich auch nicht umgesehen, als Puches eingetreten war. Dieser erhob die Pistole, richtete sie gegen den Rücken des Bürgermeisters . . . der Schuß krachte und der Getroffene stürzte lautlos — todt darnieder! Nachdem der Schuß gehört worden war, eilten viele Leute herbei. Sie fanden den Mörder mit der Mordwaffe in der Hand, sein Opfer höhnisch anblickend. Puches wurde sogleich festgenommen, zeigte keinerlei Bewegung oder Reue und gestand unverhohlen seine That.“

Die Presse fügte hinzu: „Die That fällt in die Zeit der Landtagswahlen; ihr Schauplatz ist eine Gegend, in deren unmittelbarer Nachbarschaft gerade jetzt die Deutschen und die Slovenen hart aneinander gerathen, und die Geistlichen der Steiermark, wo das Verbrechen begangen worden, haben sich als eben so

zelotische Gegner germanischen Wesens, als eben so bigotte Vorkämpfer des ultramontanen Slaventhums erwiesen, wie nur jemals
ihre Collegen auf der anderen Seite der Karawanken. Der Mord
wurde von einem religiösen Schwärmer verübt, dessen Fanatismus
sich bereits früher bis zum ausgesprochenen Wahnsinn gesteigert
hatte. Zunächst in Krain hatte Belcredi den nationalen Fanatismus, der nirgends in engerer Allianz mit den Finsterlingen auftrat, als bei den Slovenen, dermaßen entfesselt, daß die deutsche
Auswanderung aus dem Kronlande begann und der unter Schmer-
ling noch deutsche Landtag in Laibach, dessen Zierde Anastasius
Grün gewesen, zur rein slavischen Beseda herabsank. Die Helden-
thaten der Sokolisten gegen deutsche Turner am Jantschberge und
anderwärts mußten nicht nur den Sturm zum Orkan anfachen,
sondern auch den Rechtssinn des Volkes verdunkeln. Hörte es nicht
von denen, die es als seine Lehrer und Führer von Jugend auf
anzusehen gewohnt war, rohe Gewaltthaten als Kundgebungen des
Patriotismus und der Rechtgläubigkeit preisen? Als nun gar unter
Hohenwart die Flamme nach Steiermark hinüberschlug und das
Czechen-Ministerium Jirccel-Schäffle mit vollen Backen in die Feuers-
brunst blies: haben wir es da nicht erlebt, daß Geistliche an der
Spitze betrunkener Bauernhorden einhermarschirten und sie animirten,
nur derb zuzuhauen, es müsse Blut wie Bier fließen, um die deutsch-
liberalen Volks-Versammlungen in Deutsch-Feistritz und anderswo
zu sprengen, bis die zur Rechtlosigkeit verdammten Deutschen in
Mürzzuschlag gleichfalls mit Turnern und Feuerwehr aufmarschirten?
Wer ist so kindlich naiv, sich noch zu verwundern, wenn ihm am
Ende einer solchen Perspective das Medusenhaupt des Meuchel-
mordes aus politisch-religiösen Motiven entgegengrinst?"

Auch erfuhr man noch, der Mörder habe unmittelbar vor der
That lange im Beichtstuhl vor dem Geistlichen zugebracht. Hangi
wurde mit großer Feierlichkeit beerdigt, und zufolge der N. Presse
wurde von einer großen Anzahl Bürger und Bauern eine energische
Erklärung abgegeben, in welcher es heißt, die Klerikalen seyen die
größten und gefährlichsten Feinde der Gesittung, da sie aus einer
Religion der Liebe eine Religion des Hasses und des Blutes ge-

macht. Die Bevölkerung sey schutzlos gegen die feigen Angriffe von der Kanzel und beantrage daher die Abfassung einer Petition an die Regierung, damit die Geistlichkeit aufhöre, die Religion als Deckmantel für ihre Geschäfts=Interessen zu mißbrauchen.

Am Tage der Beerdigung des Bürgermeisters wurde eine Adresse in Stainz mit zahlreichen Unterschriften bedeckt, worin das Ministerium gebeten wurde, dem Unfug der Pfaffen zu steuern.

Dem Stainzer Morde folgte bald ein Selbstmord. Die Grazer Vorstadtzeitung berichtete, daß in Obbach eine junge Magd von einem jungen Kaplan überredet worden sey, sie wäre reif zum Himmel, und das habe sie so verwirrt gemacht, daß sie, den Rosenkranz betend, in einem Backofen sich selbst verbrannt habe.

Das größte Aufsehen erregte ein Prozeß in Linz. Die Linzer Tagespost erhielt 1871 ein Schreiben, was dieselbe abdrucken ließ. In diesem Schreiben erzählte die Mutter, eine arme Arbeiters=wittwe, ihre bisher blühende und brave Tochter, Anna Dunziger, sey durch den Carmeliterpater Gabriel in Linz in der Beichte unter empörenden Umständen verführt worden. „Sie erzählt, daß bei einem Experimente, das der Pater mit ihr machte, sie plötzlich einen Krach vernommen habe, wobei ihre Seele entflohen ist. Tag und Nacht ruft sie in ihrem Wahne zu Gott oder zu der heiligen Jungfrau mit der Bitte, dieselbe möge ein Wunder wirken und ihr eine neue Seele eingießen, wendet sich dann zu mir mit den Worten: ‚Hätte ich dir nur nicht gefolgt und wäre ich noch öfter zum Pater Gabriel gegangen, derselbe hätte mir eine neue Seele einge=gossen und ich wäre jetzt schon eine Heilige‘ 2c. Dabei ist das sonst so üppige Mädchen zum Skelette abgemagert.“ Das arme Mäd=chen mußte ins Irrenhaus gebracht werden. Der Pater aber trotzte und verklagte sogar ein Blatt, das die Geschichte aufgenommen hatte. Der Redacteur des Letztern wurde wegen Formfehlern wirk=lich zu den Prozeßkosten und einer kleinen Strafe von 20 Gulden verurtheilt, aber von der Verleumbungsklage freigesprochen, die Wahrheit der Thatsachen also anerkannt. Ein ganz ähnlicher Fall ereignete sich in Klagenfurt, von wo der Deutschen Zeitung am 12. August geschrieben wurde: Der Kapuzinerpater Lang in Ober=

vellach (Oberkärnthen) hat ein fünfzehnjähriges Mädchen systematisch verführt. Der Bezirksschulinspektor untersagte ihm durch den Orts=schulrath die weitere Ertheilung des Religionsunterrichtes. Gegen Lang ist die Untersuchung eingeleitet. Der Fall erregt allgemeines Aufsehen.

Im Tiroler Boten lasen wir im August 1872: „Zu dem Bezirksgerichte von Pergine gelangte vor ein paar Wochen die Anzeige, daß ein Frater des dortigen Franziskaner=Klosters mehrere Knaben und auch drei Mädchen zu unzüchtigen Handlungen ver=leitet habe. Die gerichtlichen Erhebungen sollen 15 Fälle sicher=gestellt haben, und der gedachte Frater befindet sich bereits in Unter=suchungshaft beim k. k. Kreisgerichte in Trient. Dieser Frater war Pförtner des Klosters; die Knaben soll er stets in die Pförtner=zelle gelockt, die Mädchen aber in eine Kapelle der Kirche zu sich gezogen haben.

In einem „Eingesandt“ der Deutschen Zeitung wurde berichtet, der Cooperator von St. Gilgen im Salzburgischen sey empörender Unsittlichkeiten mit jungen Burschen bezüchtigt worden. Eine Peti=tion des Gemeinderaths von Klagenfurt bat die Regierung drin=gend, gegen den Pfaffenunfug einzuschreiten, der die Familien und die Volksschulen demoralisire. Ein geharnischter Artikel der Feld=kircher Zeitung klagte über denselben Unfug und warf der Regie=rung vor, sie thue nichts, um namentlich gegen die Vernachlässigung der Schulen einzuschreiten. Wie den Leuten in kleinen Städten das Lesen freisinniger Blätter verleidet wurde, davon hier ein kleines Beispiel aus dem Innsbrucker Tagblatt vom Dezember 1872. „Ein ultramontaner Postmeister an einem gewissen Ort läßt kein Blatt austragen. Jedes muß bei ihm geholt werden, unter einer Stube voll schwarzer ‚Wölfe‘ heraus, weil er die Expedition in seiner Familienwohnstube hat, so daß jeder, der ein Blatt will, sich fast übermenschliche Gewalt und Ueberwindung kosten lassen muß. So ist jetzt alles dazu angethan, das Halten eines liberalen Blattes zu den schwierigsten Dingen eines Menschen zu machen, schon wegen der Liebenswürdigkeit dieser staatlichen Verkehrsanstalt. Aus dieser kurzen, aber keineswegs übertriebenen Schilderung mögen besser

Situirte entnehmen, daß es hier keine kleine Charakterstärke braucht, standhaft der liberalen Sache treu zu bleiben, selbst wenn man nicht materiell abhängig ist.

Welcher Mittel sich die Pfaffen bedienten, um das einfältige Landvolk zu täuschen, darüber brachte das Laibacher Tagblatt aus Stein unterm 18. Dezember nachstehende Mittheilung: „Die Wahlen in Neumarktl sind diesmal ziemlich ruhig verlaufen. Unter den klerikalen Wühlereien, die denselben vorangingen, will ich nur einer Predigt erwähnen, die kürzlich von dem hiesigen Caplan Blasius Muhic in der Pfarrkirche gehalten wurde. Unter Anderem bemerkte der fromme Mann: ‚der Papst ist so zerlumpt und zerrissen, daß man es nicht beschreiben kann. Das christliche Volk in Rom hörte dies und erbarmte sich des armen zerlumpten Oberhirten, legte eiligst Geld zusammen damit der Vater der Christenheit wenigstens warme Kleider bekäme. Und richtig ließ der heilige Vater nach Empfang des Geldes einen Schneider holen und sich einen neuen Rock anmessen. Als das Kleid fertig war, bezahlte der Papst die Rechnung, jedoch den Rest des Geldes übergab er dem Schneider, um es unter die Armen zu vertheilen. Das abgelegte zerlumpte Kleid aber wurde öffentlich ausgestellt, zum Beweise, wie tief die Gottesräuber den heiligen unfehlbaren Vater heruntergebracht. Das Volk fiel über die geheiligten Lumpen her, und Jeder war bestrebt, wenigstens eines Fetzens zum Andenken habhaft zu werden‘. Bei dem Vortrage dieser Schauergeschichte redete sich der fromme Caplan so in salbungsvolle Rührung hinein, daß ihm ein Thränenstrom entstürzte.“

In den „Freien Stimmen“ las man vom Pfarrer von Eisenkappel in Kärnthen, derselbe habe von der Kanzel herab den Bauern vorgelogen, der Papst sey so arm, daß er seinen letzten silbernen Löffel habe verkaufen müssen. Als nun bald darauf ein Bäuerlein zu ihm kam und ihn bei einer reichlichen Tafel sitzen fand, sagte es zutraulich zu ihm, er möge doch seine Pfarre dem armen Papste abtreten, dann bekäme er doch wieder silberne Löffel. In Oberösterreich ist ein katholischer Volksverein gegründet worden, der 20,000 Mitglieder zählt, unter denen zehnmal im Jahr Flugschriften

verbreitet werden, worin zum Widerstand gegen die Regierung ge=
reizt und gegen Schule und Liberalismus geeifert wird. Die
„Freimaurer“ sind hauptsächlich der Wauwau, mit dem die Ein=
fältigen erschreckt und ins Bockshorn gejagt werden. Auch die
Augsburger Postzeitung verbreitete einmal die ungeheuerliche Lüge,
in mehreren deutschen Städten hätten die Freimaurer am Charfreitage
wüste Orgien gefeiert, dabei das Abendmahl nachgeäfft, wobei ein
freches Weibsbild als der Jünger Johannes figurirt habe, das Cru=
zifix verhöhnt und mit Knochen beworfen 2c.

Aus Graz wurde geschrieben, der Unfug der Pfaffen mit dem
Verkauf von Amuletten, Reliquien und andern angeblichen wunder=
thätigen Dingen an das einfältige Landvolk, habe im Gebirge un=
geheuer zugenommen. Der Berichterstatter sah selbst, wie eine
Bauersfrau ein kleines, altes Stückchen Leder, angeblich aus der
Brust der Jungfrau Maria, um theures Geld erkauft und inbrünstig
küßte, weil es in Kindesnöthen helfe. Häufig findet man bei den
Bauern den sog. heiligen Brief, von dem die Pfaffen lügen, Christus
selbst habe ihn geschrieben und wer ihn kaufe, müsse selig, wer ihn
nicht kaufe, ewig verdammt werden. Der Brief ist aber nichts als
ein gedruckter Papierfetzen und man erzählt von ihm die dummste
Legende von der Welt, die aber die Pfaffen dem Volk glaubhaft
zu machen wissen, damit es den Brief kaufe. Der Brief war, wie
sie sagen, in einen ganz kleinen Stein eingeschlossen, der vom Him=
mel fiel. Bauern wollten das Steinchen aufheben, aber es war
centnerschwer, erst geweihte Priester vermochten ihn aufzuheben und
zu öffnen.

Vom Aberglauben in der Bukowina schrieb die „Presse“: „Die
allgemeine Besorgniß, es werde am 12. August die Welt unter=
gehen, herrschte auch in unserem Ländchen, um so mehr, als auch
die Bukowina mit eigenen Jesuiten gesegnet ist, und deren Bewoh=
ner in der Cultur nicht höher als die ‚frommen Tiroler‘ stehen,
denen die Weltuntergangs=Geschichte ihren eigentlichen Ursprung zu
verdanken hatte. Daß dabei die Geistlichen mit Aufträge zu Messe=
lesen, Bitten zum Veranstalten von Prozessionen u. dgl., um die
Gnade Gottes zu erflehen und das verhängnißvolle Schicksal abzu=

wenden, förmlich überhäuft wurden, braucht nicht erst erwähnt zu werden; sind sie es doch gewesen, welche bei den Predigten öffentlich verkündigten, Gott werde die ‚verdorbene und sündhafte Menschheit‘ dadurch bestrafen, daß er bald die Welt untergehen lassen werde. Derlei ‚himmlischen Verkündigungen‘ schenkte unser abergläubisches Bauernvolk volles Gehör, und blitzschnell verbreitete sich die Kunde von dem Weltuntergang in allen Orten und Gauen, und drang selbst dorthin, wo derlei gar nicht gepredigt wurde. Es ist wirklich unglaublich, welch ein panischer Schrecken sich unseres Volkes bemächtigte, und wie es diesem ‚letzten Tag‘ seines Daseyns mit banger Wehmuth entgegen lebte. Man sah bald hier bald dort Processionen, begleitet von allen den ‚rechtgläubigen Christen‘, welche sich, mit ihren ‚rechtgläubigen Jesuiten‘ voran, also zum himmlischen Gange vorbereiteten. Es kam der 12. August. Alles kleidete sich in reine Fest-, resp. Todtengewänder, Wachslichter wurden in jedem Hause angezündet, und die Leute begannen schon in der frühesten Stunde die Erde zu küssen und zu beten, sie möge sich doch erbarmen und nicht unter ihnen zusammenstürzen. Es war einem wirklich bange zu Muthe beim Anblick dieser Leute, welche mit ihren traurigen, todtenblassen Gesichtern zitternd und bebend mit jeder Stunde ihr Ende erwarteten.“

Im August 1872 wurde zu S. Antonio bei Capo d’Istria einem betrügerischen Schwindel ein Ende gemacht. Eine Bäuerin prellte dort unter der Vorgabe, daß sie mit der Muttergottes in vertrautem Verkehre stehe und wisse, ob sich ein Abgeschiedener im Himmel oder in der Hölle befinde, die armen Bauern. „Die saubere Person ist vor einigen Tagen durch die Behörde in Capo d’Istria sammt ihrer Helfershelferin mittelst Gendarmerie arretirt und in das Gefängniß abgeliefert worden. Eine große Summe Geldes und eine werthvolle Sammlung von für die Madonna als Geschenke bestimmten Juwelen wurden in der Wohnung dieses Weibes vorgefunden; auch ging aus ihren Papieren hervor, daß sie mit einer andern ‚Heiligen‘, die zu Merna bei Görz domicilirt, in sehr lebhaftem Verkehr stand.“

Im Innsbrucker Tagblatt las man: „Am 8. September pre-

digte ein Weltpriefter: ‚Die Engel haben nur eine, eine augen=
blickliche und nur eine Gedankenfünde begangen: aber Gott hat fie
in feiner Gerechtigkeit unbarmherzig mit dem ewigen Feuer beftraft.
Damals lebte Maria nicht; hätte fie gelebt, es wäre vielleicht nicht
gefchehen. — Die Welt vor der Sündfluth war in Unfittlichkeit
und Unkeufchheit verfunken, und Gott hat fie in feiner Gerechtig=
keit erbarmungslos im Waffer ertränkt. Damals lebte Maria nicht;
hätte fie gelebt, es wäre vielleicht nicht gefchehen. Heute ift die
Welt unfittlicher als fie vor der Sündfluth gewefen, und fie wird
mit keiner Sündfluth gezüchtigt, denn heute lebt Maria.‘ So
predigt ein Geiftlicher Brixens auf der Domkanzel des hochge=
lehrten und hochkatholifchen Bifchofes Vincenz. Zu allem Un=
ftern waren damals zwei Münchener Gelehrte in der heil. Stadt
Brixen!“

Am 2. Dezember wurde aus Innsbruck gefchrieben: „Zu einer
Wittwe in einem Dorfe bei Sterzing kam vor Kurzem eine Zigeu=
nerin und bedeutete der Bäuerin, daß deren vor einigen Monaten
verftorbener Mann im Fegfeuer unfäglich zu leiden habe. Da das
die Wittwe fehr angriff, wußte die Zigeunerin allfogleich ein fehr
probates Mittel gegen die fegfeuerlichen Flammen. Sie ließ die
Bäuerin Weihwaffer, ein Ei und all ihr Geld herbeibringen, nahm
von dem Geld einen Guldenzettel, um denfelben zuerft auf neun
Friedhöfe zu tragen und fchließlich in Egypten ein feierliches Seelen=
amt lefen zu laffen; fie ließ das Ei verfchwinden und wußte dafür
mit großer Handfertigkeit einen Todtenkopf auf den Tifch zu „zau=
bern“, was natürlich die Bäuerin in ihrem frommen Glauben an
die übernatürliche Macht der Zigeunerin mächtig beftärkte; endlich
nähte die Zigeunerin das ihr ausgelieferte Geld im Betrage von
44 fl. in Leinwandlappen ein, befahl der Bäuerin ftrenges Still=
fchweigen und erlaubte ihr, zur Oeffnung des Päckchens mit dem
Geld erft nach Verlauf von neun Freitagen zu fchreiten. Nachdem
die Zigeunerin noch unterfchieblichen frommen Hokuspokus gemacht,
empfahl fie fich. Als die Bäuerin nach drei Tagen den Vorfall
erzählte, und man fie auf den unzweifelhaften Betrug aufmerkfam
machte, wurde das Päckchen geöffnet und da waren die 44 fl., wie

sich wohl ganz von selbst versteht, verschwunden. So betrügt man jene Leute, welche die Aufklärung fürchten und fliehen."

In frechster Weise beutete der Klerus den Aberglauben aus. Aus Passau schrieb man am 15. August der „Linzer Tagespost": Von den verschiedenen Seiten laufen aus Niederbayern Nachrichten ein, daß die „Kometenfurcht" gar Seltsames zu Tage förderte. Bauern gaben 100, ja selbst 1500 fl. her, um ein 40stündiges Gebet zur Abwehr des Kometen halten zu lassen, und das Geld wurde angenommen. — Im „Innsbrucker Tagblatt" las man vom 23. August: „Wenn ein ehrsamer Karrenzieher die Dörfer abbettelt, so kann es ihm passiren, daß er auf den Schub in seine Heimat befördert wird. Gegen Tagediebe anderer Art scheint man nichts zu thun. Das zeigt uns ein Zettel, welcher uns aus dem Stubai zugesandt wird. Derselbe ist mit ‚Bewilligung des Hochwürdigen Herrn Kaspar Josef, Bischof von Tournay' vom P. Hyacinthus, Prior des Liebfrauen-Trappisten-Klosters zum h. Josef von Forges, bei Chinay, Provinz Hennegau in Belgien ausgestellt und kostet 1 fl. 9 kr. rhn. Wer den Zettel gegen genannten Betrag erwirbt, wird als Stifter in das Klosterregister eingeschrieben und wird ‚der Vortheile der Stiftung theilhaft.' Charakteristisch für die Aus-saugekunst des Herrn Trappisten-Priors ist eine auf dem Zettel be-findliche Bemerkung: ‚Man kann die Verstorbenen an den Vor-theilen des Stifters theilnehmen lassen, wenn man für sie den be-stimmten Beitrag leistet.' — Belgischer Vogelleim für tirolische Gimpel!"

Während das bigotte Landvolk durch die Geistlichkeit auf alle Art um sein Geld beschwindelt wurde, dachte der höhere Klerus nicht entfernt daran, von seinem Reichthum der Armuth des niede-ren Klerus abzuhelfen. Man las darüber im Innsbrucker Tag-blatt vom 11. Oct. 1872: „Unsere hochwürdigen Bischöfe haben be-kanntlich sehr stolz gethan, als die Regierung mit dem Plane her-ausrückte, die Verbesserung der materiellen Lage des niederen Klerus in die Hand zu nehmen. ‚Die Kirche bedarf keines Almosens — so hieß es allgemein — sie wird schon selber für sich handeln.' Wie dieses ‚Handeln' aber in Wirklichkeit aussieht, dafür liefert das Ergebniß einer in sämmtlichen Vicariaten der Königgrätzer Diöcese kürzlich stattgefundenen Priesterconferenz einen schlagenden Beleg. Diese Conferenz fand über Intervention des Erzbischofs von Prag statt und hatte die Einleitung einer allgemeinen Subscription behufs Gründung eines Unterstützungsfonds für hilfsbedürftige Geistliche zum Zweck. Das Resultat dieser Subscription war nach dem ‚Czech‘, einer in derlei Dingen durchaus competenten Quelle, Folgendes: Im ersten Vicariate kam nicht einmal das zusammen, ‚was dem alten Tobias in die Augen fiel‘, im zweiten Vicariate subscribirten drei der wohlhabendsten Pfarrer zusammen 20 fl., im dritten, dem reichsten Vicariate der ganzen Diöcese, kamen sämmtliche Conferenztheilnehmer wohl in glänzenden Equipagen angefahren, die Subscription fiel aber folgendermaßen aus: Ein Pfarrer, der notorisch 12,000 fl. disponibles Kapital besitzt, zeichnete — 5 fl., ein zweiter Pfarrer, der die schönsten und größten Gründe in der ganzen Gegend sein Eigen nennt, zeichnete — 20 fl., ein dritter Pfarrer, der über 2000 fl. nur an jährlichem Pachtzins einnimmt und von Zeit zu Zeit bedeutende Summen in der Vorschußkassa anlegt — 10 fl., endlich ein vierter Pfarrer, der herrschaftlich eingerichtet ist und die schönsten Equipagen besitzt — 6 fl. Die übrigen Conferenz=Theilnehmer zeichneten — nichts, die Herren Bischöfe — gar nichts. Davon werden wohl schon die am Hungertuche nagenden Kapläne und Cooperatoren fett werden!"

Die Tiroler „Stimmen" prophezeihten aus Anlaß des kleinen Erdbebens im Frühjahr 1872 den Untergang des neuen deutschen Reichs: „Bilder an der Wand bewegten sich, Tische und Stühle wackelten, Thüren sprangen auf, kurz diese Naturerscheinung brachte recht eindringlich in Erinnerung, daß eine höhere Kraft nur zu wollen braucht und der ganze irdische Krempel mit Einschluß des sog. deutschen Reichs fällt zusammen."

Im Sommer wurde aus Wien geschrieben: An den Wallfahrtsorten Oesterreichs wird gegenwärtig den andächtigen Pilgern über den nahen „Weltuntergang" gepredigt. Die geistlichen Hirten versichern den frommen Schafen, daß der in Aussicht stehende Zusammenstoß eines großen Kometen mit der Erde nur dann durch die göttliche Gnade abgewendet werden könne, wenn das katholische Volk seine Stimme für den bedrängten Papst und für die grausam verfolgten Jesuiten erhebe.

Das Wiener Judenthum machte schlechte Witze über den Weltuntergang, während das abergläubische Landvolk in Angst und Schrecken versetzt war. Die Kölner Zeitung bemerkte sehr richtig: Ehe die Volksschule in Oesterreich nicht nach den Forderungen der Neuzeit und den Bedürfnissen eines civilisirten Volksthums eingerichtet und von deutsch gesinnten Lehrern geführt wird, wird und kann sich in Oesterreich kein gutes und gedeihliches Verfassungsleben entfalten. Die bloße Aufklärungshast und die nackte Frivolität, wie sie in österreichischen Blättern zu Tage treten, werden es allein nicht thun. Aber während die Presse zankt und höhnt, spielt die Regierung Fangball in den wichtigsten Fragen der Civilisation, die Jesuiten aber richten sich derweile gemüthlich in Vorarlberg und Tirol ein, wo sie zahlreiche, wohlsituirte Niederlassungen und Schulen besitzen, in denen die eingewanderten Brüder offene Arme finden. In Feldkirch in Vorarlberg haben, laut der Wiener „Presse", allein vierzig Patres Aufnahme im dortigen Jesuitenhause und Pensionate gefunden. — „Hohn" berichtete aus Pilis, daß der dortige Gemeindevorstand austrommeln ließ, daß die Welt am 12. August untergehe und daher am Morgen die Leute aufs Feld ziehen sollten, damit sie nicht in den Häusern erschlagen würden. In Mscheno erhängte sich, laut dem „Czech", ein Mann aus Furcht vor dem Kometen. Dies nur einige Zeichen der Zeit, wie es in Oesterreich steht. Man sage nicht, dies seyen lächerliche Auswüchse; es sind die Pilze, welche nur in einer verdorbenen Atmosphäre in Schulen und Kirchen so üppig wachsen und die Freunde der Gesittung entsetzen müssen. Wenn dergleichen in China vorkommt, so nennt man das eine Folge einer überlebten, einer erstarrten Cultur: was ist es aber, wenn es im Herzen Europa's und in der zweiten Hälfte des neunzehnten Jahrhunderts spielt?

In Folge der allgemein verbreiteten Angst, die Welt werde am 12. August untergehen, trug sich Folgendes in der Hauptstadt Tirols zu. In Abwesenheit des achtbaren und verständigen Stadtpfarrers von Leis, welcher den Unsinn nicht würde gutgeheißen haben, wurde in der Stadt Innsbruck eine große Prozession abgehalten, um durch Gebet den Weltuntergang abzuwenden. Das Innsbrucker Tagblatt berichtete: „Das Malfattische Knabeninstitut unter der Leitung zweier blasser frères ignorants war vollzählig vertreten, ebenso die Inwohnerinnen des Waisenhauses, welchen ein Spaziergang durch die Stadt zur Verdauung ihres halbgekochten schwarzen Blentes gar nicht schaden konnte. Den Malfatti-Zöglingen folgten einige Hundert Zirler und Höttinger Maurer und Zimmerleute mit ihren hoffnungsvollen Mörteljungen, diesen die Innungen, welche derlei Umgänge gegen Bezahlung mitzumachen pflegen, dann die Bruderschaften und die Geistlichkeit, worunter jedoch die Jesuiten fehlten, endlich die Frauenspersonen in erklecklicher Anzahl. Von einem verläßlichen Gewährsmann wissen wir, daß sich die Zahl der männlichen Theilnehmer auf 1600, jene der weiblichen auf 2600, die gesammte andächtige Menge also auf 4200 Personen belief, glücklicher Weise nicht über den vierten Theil der Bewohnerschaft Innsbrucks, trotz Maurer und Mörtelbuben. Wenn wir nun die Theilnehmer qualifiziren und dabei das ‚zarte Geschlecht‘ artigkeitshalber aus dem Spiele lassen, so dürfen wir mit aller Beruhigung sagen: Es war nicht ein einziger Mann in dem langen Zuge, dessen Betheiligung an demselben wir bedauert oder nicht vorausgesetzt hätten. Die, welche sonst mit den Liberalen zu halten pflegen, waren zählbar, ohne daß man dazu aller Finger der einen Hand bedurfte; aber selbst die klerikale Partei war nur durch die Diis minorum gentium vertreten: der Landeshauptmann Dr. Rapp, Baron Giovanelli 2c. fehlten in den Reihen dieser intelligenten Experimenteure gegen Erdbeben und Weltuntergang, ja, wie gesagt, sogar die Jesuiten glänzten durch vollständigste Abwesenheit. Daraus mag man erkennen, welchen Leuten jene zwanzig Mitglieder des aus 36 Köpfen bestehenden ‚liberalen‘ Bürgerausschusses, welche gestern um 10 Uhr dem ‚Dank- und Bittamt‘ beiwohnten, zu Gefallen handelten. Von welchem Geiste christlicher Erbauung manche der frommen Beter getragen waren, mag der geneigte Leser einer Zuschrift entnehmen, welche wir von einem Augenzeugen einer garstigen Skandal-Szene

erhalten. Dieselbe stimmt mit uns gewordenen mündlichen Mit=
theilungen der Hauptsache nach vollkommen überein und lautet:
‚Bei der gestrigen Prozession zur Abwendung des Weltuntergangs
fügte es sich, daß ein junger Herr, wie es scheint, ein reisender
Engländer, die von frommen Gläubigen vollgepfropfte Pfarrgasse
passiren wollte. Mehrere Betschwestern männlichen und weiblichen
Geschlechts forderten ihn auf, den Hut abzunehmen. Der Fremde
that es nicht, sey es, daß er die Sprache nicht verstand, sey es,
daß er einer andern Confession angehört oder aus andern Gründen.
Plötzlich überrumpelt ihn ein Haufe wüthender Furien in Röcken
und Hosen, stürzt sich auf den Fremden, drängt ihn in den Haus=
flur der Wagner'schen Buchdruckerei, schlägt ihn dort mit Stöcken
und Regenschirmen; stößt ihn mit den Stiefeln und würgt ihn am
Halse, so daß er, wäre ihm nicht das Personal genannter Buch=
druckerei zu Hülfe gekommen, diesen frommen Thieren in Menschen=
gestalt sicher zum Opfer gefallen wäre. Nach Beendigung dieser
schönen Szene trabten die frommen Tigerkatzen weiter, in Demuth
und zerknirschten Herzens ‚Heilige Maria, bitt' für uns!' flehend.'
— Dieß die Darstellung eines Augenzeugen. Wir fügen ihr nichts
bei. Die Thatsache spricht laut genug. Sie bildet einen Schmutz=
fleck in der Chronik Innsbrucks, an dem glücklicher Weise die bessere
und weit überwiegend größere Hälfte der Bewohnerschaft keinen An=
theil hat." — Doch gereicht es dem abergläubischen Volke zur Ent=
schuldigung, daß zwei Tage vorher, am 7. August, die Stadt Inns=
bruck durch einige heftige Erdbebenstöße erschüttert worden war.

Im Juli 1872 schrieb die „Bohemia": „Die Furcht vor dem
Kometen, welcher sich im nächsten Monate der Erde nähern soll,
greift unter der abergläubischen Bevölkerung Prags derart um sich,
daß viele Familien bereits Anstalten treffen, um auf einen Zu=
sammenstoß dieses Gestirnes mit der Erde gefaßt zu seyn. Einige
glauben an eine allgemeine Ueberschwemmung, Andere an eine Berstung
der Erde und die Vernichtung der Erde durch Feuer. Wir könnten
hier Beispiele anführen, wie weit diese Furcht im Familien= und
selbst im öffentlichen Leben schon hemmend gewirkt hat. Bei der
letzten Prozession nach St. Margareth glaubte ein großer Theil der

Theilnehmer, daß es sich um einen Bittgang wegen Abwendung der Kometengefahr handle." — Aus Cilli, 18. Juli, wird der Grazer „Tagespost" geschrieben: „Die Lazaristen auf dem Josephiberge haben ein neues Zugmittel für ihre gläubigen Schäflein gefunden. Ein Marienbild vergießt nunmehr Thränen über den Untergang der Welt am 12. August 1872, angeblich, wie es den Gläubigen gepredigt wurde, deßhalb, weil Christus sich bis jetzt noch nicht gegen den drohenden Kometen ins Mittel gelegt hat. Die Gläubigen ziehen schaarenweise zum Madonnenbilde, dessen Thränenquellen unversiegbar zu seyn scheinen. Daß Opfer zur Erweichung unseres Herrn reichlich gespendet werden, ist selbstverständlich. Geht nun die Welt am 12. August nicht zu Grunde, so haben dies die reichlichen Opfer bewirkt. Dieses Mittel ist sehr geeignet, die Opferspenden wieder gehörig in Schwung zu bringen."

Der „Deutschen Zeitung" schrieb man: „Als ob unsere Landsleute keine bessere Beschäftigung wüßten, sieht man sie unter Führung ihrer Pfarrer und Capläne allwöchentlich nach einem neuen ‚Gnadenorte‘ pilgern, wo ihnen dann in herzergreifender Weise das Leid des ‚Gefangenen im Vatican‘ geschildert und der Peterspfennig abgenommen wird. Nebenbei werden ein Bißchen die Civilehe und das Schulgesetz verunglimpft und die liberalen Vereine und die ‚Judenpresse‘ verflucht. Solche ‚Wallfahrten‘ sind nichts anderes als öffentliche Volksversammlungen mit politischem Hintergrunde. Ihre Arrangeure brauchen sie aber der Behörde nicht anzumelden, sie brauchen das Programm nicht vorzulegen, und kein landesfürstlicher Commissar ist anwesend, der seine Einsprache gegen die Verhöhnung der Gesetze des Staates an geweihtem Orte erheben könnte. Es wäre hohe Zeit, daß die Regierung diesem volksverführerischen Treiben ein Ende machte."

In den südslavischen Provinzen Oesterreichs rührten sich jetzt in auffallender Weise die Bischöfe, indem sie massenhafte Bittgänge für den h. Vater veranlaßten und selber leiteten. Die Neue Fr. Presse schrieb: „Ganze Armeen von Wallfahrern, männlichen und weiblichen Geschlechts, dem besitzenden Bauernstande und dem Bauernproletariat angehörig, brechen von ihren Wohnsitzen auf und wan-

dern unter Anführung ihrer Geistlichen nach irgend einem Gnaden=
orte der Himmelskönigin Maria. Die Bergwände widerhallen von
den wilden Gesängen der Tausende, ihre Gebete und Rezitationen
füllen die Lüfte, und dazwischen bringt das Jauchzen und Toben
der Betrunkenen, als unheilige Beigabe des frommen Unternehmens.
Was für ein Unheil ist über unsere Alpenländer, die Thäler der
Steiermark, Kärnthens und des Vorarlberger Ländchens hereinge=
brochen, daß es ganze Bevölkerungen in Aufregung bringt? Nicht
Dürre und nicht Regenfluthen, nicht Pest und Seuchen erfüllen die
Gemüther mit Angst und Schrecken, im Gegentheil, dem Landmann
lächelt eine gesegnete Ernte, und Dank gegen die Gottheit im Her=
zen mag er die Früchte seiner Arbeit heimbringen. Es ist die „Be=
drängniß des h. Vaters‘, so hören wir, welche so mächtig die Ge=
müther aufwühlt, daß der Bauer seinen Hof, Knechte und Mägde
die Arbeit des Feldes verlassen, um durch Massenfürbitten den Nach=
folger Petri von seinen Bedrängern zu befreien. Zu Zehntausenden
durchziehen sie das Land, und an ihrer Seite schreitet, einem Feld=
herrn gleich, der Bischof einher und blickt seelenvergnügt auf die
hinter ihm johlenden Schaaren und freut sich, sie dereinst zur —
That führen zu können. Den fanatischen Häuptling der römischen
Kriegsmacht ficht nicht Unzucht und Völlerei an, welche die unzer=
trennliche Begleitung der frommen Wallfahrten bilden; ihn kümmert
nicht, wie üppig die Saat der Zuchtlosigkeit und der Arbeitsscheu,
der Trägheit und des Verbrechens aufgeht, wenn tagelang die
Massen von Männern und Weibern, alt und jung, auf den Heer=
straßen lagern, in Feld und Wald herumirren und die Wirthshäuser
füllen; ihn macht nicht irre die entsetzliche Verwilderung und Ent=
sittlichung des Volkes, deren Brutstätte die Massenansammlungen
der rohesten Individuen sind, denn er braucht die sittliche Verwilde=
rung, die Aufregung und die Zuchtlosigkeit zur größeren Ehre
Gottes. Die Bedeutung solcher Vorgänge ist nicht zu verkennen.
Diese mit auffallender Gleichzeitigkeit in den verschiedenen Provinzen
in Szene gesetzten Massenwallfahrten ‚zur Fürbitte gegen die Be=
drängniß des h. Vaters,‘ die Thatsache, daß die Bischöfe selbst sich
an die Spitze der Prozessionen stellen, nachdem sie wochenlang zu=

vor durch Pfarrer und Kapläne das Landvolk zu massenhafter Betheiligung haben bearbeiten lassen, läßt ein planmäßiges Vorgehen
erkennen, welches dahin zielt, Aufregung in die bäuerliche Bevölkerung zu bringen und sie für die offene Auflehnung zu drillen.
Und wenn noch neue Kräfte vonnöthen wären, um die bereits vor-
handene Exaltation der Bauernmassen zur Spannung bis zum
Reißen zu steigern, so sind sie in den dichten Schaaren der Jesuiten
gegeben, die täglich die Grenze unseres Reiches im Norden und im
Westen überschreiten, um ihr dunkles Handwerk bei uns zu üben.
Ungestört auf ihren Schleichwegen werden sie bald offen durch die Gaue
und Thäler Oesterreichs ziehen und mit ihren berüchtigten Missionen
die Fackel der Zwietracht und der Empörung in jeden Winkel tragen,
der von den heimischen Streitkräften noch verschont geblieben ist.

Aus Vorarlberg wurde berichtet, daß am 15. August (Mariä
Himmelfahrt und zugleich Napoleons Geburtstag) „dort nicht we-
niger als 27 Prozessionen zu Gunsten der weltlichen Herrschaft des
Papstes demonstrativ nach Rankweil pilgerten. Die zahlreichen
Wirthe genannter Ortschaft sollen sehr gute Geschäfte gemacht ha-
ben, jedenfalls bessere als der Papst. — Zu den in Feldkirch be-
reits ansässigen Jesuiten wandern nun auch noch solche aus dem
Elsaß ein; jüngst kamen deren 12 auf einmal in Feldkirch an."

Da der Papst unlängst gesagt hatte, „daß dem armen Oesterreich nur durch eifriges Gebet zu helfen sey, so schlägt der päpstliche
Gregoriusritter Chowanetz in der Wochenschrift ‚Gegenwart' vor,
einen ‚allgemeinen Gebetssturm' zu organisiren, um den Staat und
die Kirche zu retten. Sämmtliche Betbrüder und Betschwestern der
habsburg-lothringischen Monarchie sollen unter der Führung der
geistlichen Orden und des Weltklerus in Legionen eingetheilt werden.
Die Klöster, deren Zahl sich allein in Cisleithanien während der
letzten zehn Jahre von 651 auf 770 vermehrt hat, bilden die Ar-
senale für die betende Armee."

Eine zweite Abtheilung wird baldmöglichst nachfolgen. Gebe Gott, daß die deutsche Nation den Plan, sie zur Sclavin Roms zu machen, mit festem Blick und fester Hand zerreißt!

~~~~~~~

Eine zweite Abtheilung wird baldmöglichst nachfolgen. Gebe Gott, daß die deutsche Nation den Plan, sie zur Sclavin Roms zu machen, mit festem Blick und fester Hand zerreißt!
~~~~~~~